Banques :
gouvernance et gestion prudentielle

Collection « Études africaines »

dirigée par Denis Pryen et son équipe

Forte de plus de mille titres publiés à ce jour, la collection « Études africaines » fait peau neuve. Elle présentera toujours les essais généraux qui ont fait son succès, mais se déclinera désormais également par séries thématiques : droit, économie, politique, sociologie, etc.

Dernières parutions

Sylvain SHOMBA KINYAMBA, *Critique de l'université congolaise par l'université. Reculade scientifique et marchandisation des patrimoines*, 2024.

Babou DIÈNE, Modou Fatah THIAM et Mamadou Hady BA (dir.), *La littérature africaine à l'épreuve des récits de filiation. L'autofiction et le récit transpersonnel*, 2024.

Mamane HALIDOU, *Un pouvoir traditionnel à l'épreuve de l'histoire au Niger (1849-2017). La Sarauta Samna Karhe de Tibiri dans le Dallol Mawri*, 2024.

Joseph Pascal MBAHA, Armand LEKA ESSOMBA, Paul TCHAWA (dir.) *Territoires, pluralisme identitaire et coexistence communautaire en Afrique. Dynamique de conflits et imaginaires de l'espace*, 2023.

Jean-Pierre NZEZA KABU ZEX-KONGO, *Le Congolais, pire ennemi du Congo. Comment l'ancien Congo belge est-il devenu si pauvre ?* 2023.

Nouhoum DABITAO, *Géopolitique des rébellions touareg au Mali. (1960-2015)*, 2023.

Moriba TOUNKARA, *Cartographie des risques dans les institutions de microfinance de l'espace UMOA, Une contribution du professionnel comptable*, 2023.

Balla CISSÉ, *Le durcissement du régime de transition au Mali*, 2023.

Issoufou Soulé MOUCHILI NJIMOM et Fidèle MVIADAMBA MINDJEME (dir.), *Etat et développement en Afrique*, 2023.

Bob David Nzoimbengene Luyindula

Banques :
gouvernance et gestion prudentielle

L'Harmattan

5-7, rue de l'École-Polytechnique ; 75005 Paris

http://www.editions-harmattan.fr/

ISBN : 978-2-336-44555-7
EAN : 9782336445557

TABLE DES MATIÈRES

LISTE DES TABLEAUX

LISTE DES FIGURES

LISTE DES ABRÉVIATIONS

AG	Assemblée générale
ASBL	Association sans but lucratif
BBCM	BDN Banking Categorization Matrix
BC	Blanchiment de capitaux
BC/FTP	Blanchiment de capitaux et financement du terrorisme et de la prolifération des armes de destruction massive
BCC	Banque centrale du Congo
CA	Conseil d'administration
CD	Comité de direction
CDF	Franc congolais
CENAREF	Cellule nationale des renseignements financiers
DGI	Direction générale des impôts
DGRAD	Direction générale des recettes administratives,judiciaires,domaniales et de participations
EPNFD	Entreprises et professions non financières désignées
FTP	Financement du terrorisme et de la prolifération des armes de destruction massive
GABAC	Groupe d'action contre le blanchiment d'argent en Afrique centrale
GAFI	Groupe d'action financière
GCEC	Guide comptable des établissements de crédit
KYC	Know Your Customer
LCB	Lutte contre le blanchiment de capitaux
LCB/FT	Lutte contre le blanchiment de capitaux et financement du terrorisme
LCB/FTP	Lutte contre le blanchiment de capitaux et le financement du terrorisme et de la prolifération des armes à destruction massive

OHADA	Organisation pour l'harmonisation en Afrique du droit des affaires
ONG	Organisation non gouvernementale
PIB	Produit intérieur brut
PPE	Personne politiquement exposée
RDC	République démocratique du Congo
USD	Dollar américain

AVANT-PROPOS

De nos jours, s'observe une forte attente des acteurs socio-économiques sur le secteur bancaire, qui est censé prendre à bras-le-corps son rôle décisif dans le processus de croissance économique et de développement des pays.

Compte tenu du rôle que les banques sont appelées à jouer dans le développement économique des pays en général et de la République démocratique du Congo en particulier, les banques sont censées mettre en place une organisation efficace, devant contribuer à leur solidité, performance et résilience.

Assurément, la question de la gestion adéquate et efficace des banques revêt un intérêt de premier ordre, car un système bancaire solidement géré incite psychologiquement le public à lui faire confiance, en lui confiant la gestion de ses ressources financières sous forme de dépôts, permettant ainsi aux banques de financer l'économie. De même, le public va recourir à ce système bancaire fiable pour certains services, notamment la facilitation des opérations de paiement et d'encaissement, les opérations de change et les conseils en gestion. In fine, une solide organisation et une gestion efficace des banques s'avèrent bénéfiques non seulement aux actionnaires et aux clients, mais également à l'économie dans son ensemble.

Cependant, une solide organisation et une gestion efficace des banques impliquent la nécessité de connaitre et de comprendre la législation et la réglementation applicables ainsi que les bonnes pratiques internationales.

De nos recherches et de nos observations, il ressort que les banques établies en RDC ont été profondément touchées par la grande crise économique qu'a connue l'Afrique au milieu des années 90, rendant ainsi le système bancaire défaillant. Cette faillite du système bancaire congolais était tributaire des diverses causes, notamment : (i) la mauvaise qualité de la gestion, (ii) le manque de rigueur dans le contrôle interne, (iii) l'insuffisante maîtrise des dispositions légales et réglementaires applicables ; (iv) la non-conformité volontaire ou par ignorance aux dispositions légales et réglementaires.

Face à cette situation asphyxiante, et à l'instar d'autres pays de la région, le gouvernement congolais, appuyé par ses différents partenaires de développement, s'était aussi engagé, en 1998, dans un programme d'assainissement et de restructuration de son système bancaire.

Cette restructuration du système bancaire congolais visait, entre autres, l'amélioration de la gouvernance des banques de droit congolais, en vue d'assurer leur solidité et la sécurité du système économique du pays dans son ensemble.

C'est dans ce cadre que deux lois fondamentales avaient été promulguées en 2002. Il s'agit de la loi n° 003/2002 du 2 février 2002 relative à l'activité et au contrôle des établissements de crédit, dite « **loi bancaire** » et la loi n° 022/2002 du 30 octobre 2002 portant régime spécial de restructuration des établissements de crédit.

Vingt ans après sa promulgation, la loi n° 003/2002 du 2 février 2002 relative à l'activité et au contrôle des établissements de crédit, ainsi que certaines de ses mesures d'application dont notamment les instructions prises par la Banque centrale du Congo, ont démontré leurs limites et faiblesses. Aussi, l'on a constaté que les dispositions de cette loi et ses mesures d'application n'étaient plus en adéquation avec les évolutions notées dans les opérations bancaires.

Ainsi, en 2022, une nouvelle loi portant n° 22/069 du 27 décembre 2022 relative à l'activité et au contrôle des établissements de crédit a été promulguée.

En ce qui concerne la Banque centrale du Congo, en tant qu'autorité régulatrice de l'activité bancaire, elle a procédé également à la révision et à l'élaboration des instructions applicables aux banques établies en RDC.

Il s'avère aujourd'hui que les personnes qui s'intéressent aux banques en RDC, qu'elles soient en position de dirigeants, d'employés, de conseillers, de chercheurs, d'auditeurs externes, de partenaires ou de régulateurs, souffrent de l'absence d'un document de référence sur la gestion des banques. Elles sont, par conséquent, obligées de recourir aux sites de la BCC ou aux différents numéros du *Journal officiel* de la RDC, pour prendre connaissance de la loi et de la réglementation qui régissent l'activité bancaire en RDC.

À cet égard, l'objectif du présent ouvrage est de proposer aux professionnels, aux experts et aux chercheurs, un outil scientifique et technique, qui a le mérite de présenter les contours théoriques et pratiques de la gestion des banques, et ce, conformément à la législation et réglementation bancaire congolaise et aux bonnes pratiques internationales.

Cet ouvrage a le mérite de proposer également à toutes les personnes qui s'intéressent au secteur bancaire panafricain en général et celui de la RDC en particulier, un outil évolutif et quantitatif de catégorisation des banques. Cet outil a permis à l'auteur du présent ouvrage de constater que le secteur bancaire congolais ne compte aucune grande banque. Il compte plutôt une banque de taille moyenne, une petite banque et de très petites banques.

Pour rédiger cet ouvrage, j'ai consacré trois années à la recherche, aux consultations et aux discussions avec les professionnels du secteur bancaire, avec les autorités de supervision bancaire et avec des collègues professeurs et chercheurs. Cet ouvrage n'a pas la prétention de répondre à toutes les questions et interrogations autour de la gestion des banques en général et celles établies en RDC en particulier. Il est cependant animé par la ferme conviction de répondre à un besoin réel, en particulier pour les personnes et les entités intéressées par l'activité bancaire. À ce titre, l'œuvre sous votre main constitue un outil de référence en matière de management des banques.

Pendant des moments de réclusion en vue de mûrir mes réflexions et finaliser la rédaction de cet ouvrage, qui a connu plusieurs versions successives, mon épouse Gisèle et mes enfants David Alexandre, Dan Emmanuel, Darren Yohan et Dalhia Maria m'ont offert un soutien inestimable. Qu'ils trouvent en ces lignes l'expression de ma profonde gratitude pour les sacrifices consentis, les conseils prodigués et les précieux encouragements.

Mes remerciements vont également à l'endroit de certains de mes collègues et collaborateurs Yannick Lessay, Aurélie Nsuangana, Justin Abudi, Godelive Mulumba, Délivrance Magbomuta, Raoul Kalala, Moïse Carlos, Corneille Maluzeyi et Jonathan Tshitolo. Merci à chacune et à chacun de m'avoir assisté dans la relecture et la revue de différentes parties de l'ouvrage.

INTRODUCTION GÉNÉRALE

En ce XXIe siècle, l'économie mondiale se caractérise par un dynamisme quasi permanent et une compétitivité accrue, aussi bien sur le plan fonctionnel que sur le plan opérationnel. Cette situation n'est que le reflet d'un dynamisme accru des acteurs privés et publics.

Nul ne peut ignorer qu'au cours des échanges et multiples opérations entre agents économiques, l'on retrouve les institutions financières dont, notamment, les banques qui, à travers leur rôle de facilitateur de paiement entre deux agents économiques, de collecteur des ressources (épargne) auprès des personnes en capacité de financement et de distributeur de ces ressources au profit des personnes en besoin de financement (crédit), assurent la fonction d'intermédiaire financier entre les agents économiques.

À travers leurs opérations, les banques sont appelées à traiter et à négocier avec les entreprises de différentes tailles et de divers secteurs, le secteur public et les organismes et institutions internationaux ; ce qui, à côté des avantages tirés, leur occasionne certaines externalités, en les exposant à une série de risques, qui sont les sources potentielles de défaillance, tant dans leurs activités courantes que dans le respect de la réglementation (conformité) et leur valeur comptable, prudentielle et économique.

Parmi ces risques, nous pouvons citer le risque de marché, le risque de contrepartie, le risque opérationnel et le risque réputationnel.

Pour faire face à ces différents risques évoqués ci-dessus et les assumer, les banques sont tenues d'adopter une approche prudente consistant à se protéger et à protéger tous leurs partenaires, dont notamment les clients (public), en mettant en place un système efficace et adéquat de gouvernance, que nous appelons « **Gestion prudentielle des banques** ». Vu son rôle et sa mission, une banque ne peut pas adopter une approche consistant à reporter l'ensemble des conséquences opérationnelles, financières et réputationnelles de ces risques à l'époque où elles se concrétisent.

Ainsi, dans le contexte actuel de la République démocratique du Congo, les banques, qui représentent plus de 80 % des acteurs du système financier du pays, sont appelées à jouer un rôle important dans la reconstruction et le développement du pays. Par conséquent, elles sont tenues de mettre en place un management efficace et adéquat, afin d'assurer une gestion appropriée, prudentielle et préventive de l'institution.

C'est dans ce cadre que nous publions cet ouvrage, à l'attention de celles et ceux qui s'intéressent aux banques, en particulier les banquiers, les autorités de contrôle (BCC, DGI, DGRAD, CENAREF, et autres), les chercheurs dans le domaine financier, les avocats, les experts-comptables, les commissaires aux comptes et conseillers des banques, afin de leur permettre de disposer d'un outil scientifique, technique et pratique de référence, qui couvre les matières relatives à (aux) :

- ✓ La gestion organisationnelle, prudentielle et préventive des banques ;
- ✓ Normes prudentielles de gestion édictées par la BCC ;
- ✓ La gestion des crédits ;
- ✓ La gestion des risques attachés à l'activité bancaire ;
- ✓ La bonne gouvernance des banques ;
- ✓ La lutte contre le blanchiment de capitaux et le financement du terrorisme et de la prolifération des armes de destruction massive.

CHAPITRE I
NOTIONS GÉNÉRALES SUR LES BANQUES

I.1. Définition de la banque

Les chercheurs et auteurs (Echaudemaison, D. *et al.* 1993 ; Mishkin, F. 2007 et Ogien, D. 2009) sont unanimes qu'il n'est pas aisé de donner une définition universelle à la « Banque », définition qui soit claire, exacte et complète, car il est difficile de résumer les diverses opérations de banque. Surtout que ces opérations diffèrent d'un pays à un autre, suivant le régime dans lequel s'exerce l'activité bancaire. Cette notion s'étend aussi en mesure qu'évolue la sphère économique dans laquelle les banques gravitent.

Et s'il faut mettre un dénominateur commun entre les différentes définitions des banques parcourues, nous pouvons déduire que par banque, il faut entendre les institutions financières qui acceptent les dépôts du public, en vue de les fructifier en octroyant des crédits aux personnes en besoin de financement. Cette définition générale qui considère la banque comme un acteur économique se distinguant par une activité relativement homogène de collecte des fonds sous forme de dépôts et d'octroi de crédits, n'est plus d'actualité. Aujourd'hui, dans la plupart des pays, les banques qui font partie des établissements de crédit sont définies en fonction de leurs activités dont l'exercice est conditionné par l'obtention d'un agrément préalable, délivré par les autorités compétentes.

Cette difficulté de proposer une définition universellement acceptée est induite, en premier lieu, par la multiplicité d'activités que peuvent réaliser les banques, et en second lieu, par les réglementations qui leur sont propres et parfois différentes d'un pays à l'autre.

De nos recherches, nous avons noté que plusieurs pays définissent la banque par ses activités. Aussi, les législations et réglementations de beaucoup de ces pays ne définissent pas la banque en tant que telle, mais donnent plutôt une définition du concept « Établissements de crédit » qui inclut les banques.

En France, par exemple, l'article L.511-1 du Code monétaire et financier (Sardi, A. 2012), définit les établissements de crédit comme des personnes morales qui effectuent à titre de profession habituelle des opérations de banque et des opérations connexes à leurs activités. Les opérations de banque comprennent la réception des fonds du public, les opérations de crédit ainsi que les services bancaires de paiement. Quant aux opérations connexes, elles comprennent, entre autres, les opérations de change, le conseil et l'assistance en matière de gestion de patrimoine, le conseil et l'assistance en matière de gestion financière, les opérations de location simple des biens mobiliers ou immobiliers, etc.

Cette loi ajoute la précision que les fonds utilisés par les banques ne proviennent pas exclusivement des dépôts effectués par leur clientèle, mais aussi des capitaux qui leur sont confiés sous d'autres formes que celle de dépôt.

La réglementation bancaire actuelle de l'Union économique et monétaire ouest-africaine (UEMOA) définit quant à elle les établissements de crédit comme les personnes morales qui effectuent, à titre de profession habituelle, des opérations de banque ci-après :

- La réception de fonds du public ;
- Les opérations de crédit ;
- La mise à disposition de la clientèle ;
- La gestion de moyens de paiement.

Toujours en Afrique, la Commission bancaire de l'Afrique centrale (COBAC) définit les établissements de crédit comme des organismes qui effectuent à titre habituel des opérations de banque, qui comprennent pratiquement, en sus de la délivrance de garanties en faveur d'autres établissements de crédit, les mêmes opérations que celles retenues par l'UEMOA.

Les définitions des établissements de crédit, présentées dans les précédents paragraphes, se rapprochent toute de celle de la République démocratique Congo (RDC), où le législateur définit également les établissements de crédit de manière générale tout en définissant de façon singulière *la banque*. En effet, conformément à la loi n° 22/069 du décembre 2022 relative à l'activité et au contrôle des établissements de crédit (loi bancaire congolaise), les établissements de crédit « sont des personnes morales de droit congolais dont l'activité consiste à recevoir du public des dépôts d'argent ou d'autres fonds remboursables, à octroyer des crédits pour leur propre compte, à effectuer les opérations de paiement et à gérer des moyens de paiement ».

La même loi précitée définit, à son article 6, la *banque* comme un « établissement de crédit constitué sous la forme de société anonyme, autorisé à effectuer, d'une façon générale, toutes les opérations de banque ».

Les opérations de banque renvoient aux éléments suivants :

- La réception et la collecte des fonds du public ;
- Les opérations de crédit ;
- Les opérations de paiement et la gestion des moyens de paiement.

Au regard de la loi bancaire congolaise, quatre catégories d'établissements de crédit sont régies par les réglementations spécifiques. Il s'agit des :

1. Banques ;
2. Caisses d'épargne ;
3. Coopératives d'épargne et de crédit ;
4. Sociétés de microfinances.

I.1.1. Opérations de banque

I.1.1.1. Réception et collecte des fonds du public

Sont considérés comme fonds reçus du public, les fonds qu'une banque recueille d'un tiers, notamment sous forme de dépôt, avec le droit d'en disposer pour son propre compte, mais à charge pour elle de les restituer (article 6 de la loi bancaire congolaise). Les dépôts représentés par les personnes physiques et morales sont généralement effectués ou comptabilisés sous trois formes, à savoir :

- Les dépôts à vue (comptes chèques, comptes courants, etc.)
- Les comptes sur livrets d'épargne ;
- Les dépôts à terme (comptes à terme, bons de caisse, etc.).

Les dépôts facilitent, d'une part, à la clientèle ses opérations de règlement par voie bancaire et constituent d'autre part les moyens de consentir des crédits. Dans la mesure où l'on définit la fonction bancaire par la création de la monnaie, la réception des dépôts et l'octroi des crédits constituent les deux faces d'une seule activité. Toutefois, suivant l'article 6 de la loi bancaire précitée, ne sont pas considérés comme fonds reçus du public :

- Les fonds reçus ou laissés en compte par les actionnaires détenant au moins 5 pour cent (5 %) du capital social, les administrateurs, les membres du comité de gestion, les membres du conseil de surveillance ainsi que les fonds provenant de prêts participatifs ;
- Les fonds qu'une banque reçoit de ses salariés dans le cadre de l'actionnariat salarié, sous réserve que le montant n'excède pas 10 pour cent (10 %) de ses capitaux propres ;
- Les fonds reçus en contrepartie de la monnaie électronique ;
- Sommes affectées en garantie du remboursement des crédits et les fonds qui font l'objet de séquestre.

En parlant des dépôts du secteur bancaire congolais, ils sont constitués essentiellement des dépôts à vue, comme l'atteste le tableau 1 ci-dessous. Aussi, il ressort de la lecture dudit tableau que le secteur bancaire congolais a réalisé des croissances notables en termes de collecte des dépôts durant les trois dernières années de la période retenue, soit 2019, 2020 et 2021. En effet, de 2018 à 2021, les dépôts du secteur bancaire congolais ont plus que doublé, passant de USD 4,4 milliards à USD 11 milliards, soit une croissance annuelle moyenne d'environ 35 % contre 6 % notée durant les trois années précédentes

(2016 à 2018). Cette croissance est soutenue essentiellement par le secteur privé (entreprises privées) dont les dépôts auprès des banques commerciales sont passés de 1,8 milliard en 2018 à 5,3 milliards de USD en 2021, soit une croissance de près de 200 %. Autant pour les entreprises et établissements du secteur public, dont les dépôts auprès des banques de droit congolais sont passés de 0,35 milliard en 2018 à 1,2 milliard en 2021, soit une augmentation de près de 250 %.

Tableau 1 : Dépôts du secteur bancaire congolais en milliards de USD

Description	2015	2016	2017	2018	2019	2020	2021
Dépôts à vue	2,74	2,44	2,73	3,59	4,42	6,36	8,82
Dépôts à terme	1,07	1,03	1,15	0,90	2,07	2,15	2,18
Total	3,81	3,47	3,88	4,49	6,49	8,51	11,00
Variation		-9 %	12 %	16 %	45 %	31 %	29 %

Source : Tableau conçu par l'auteur sur la base des données tirées des rapports annuels de la BCC

Tableau 2 : Dépôts du secteur bancaire congolais en pourcentage

Description	2015	2016	2017	2018	2019	2020	2021
Dépôts à vue	72 %	70 %	70 %	80 %	68 %	75 %	80 %
Dépôts à terme	28 %	30 %	30 %	20 %	32 %	25 %	20 %
Total	100 %	100 %	100 %	100 %	100 %	100 %	100 %

Source : Tableau conçu par l'auteur sur la base des données tirées des rapports annuels de la BCC

Malgré l'augmentation importante observée sur les dépôts dans le tableau 1, l'on note cependant que la part des dépôts à vue reste plus importante que celle des dépôts à terme, soit une relation moyenne de 74-26, comme l'atteste le tableau 2 ci-dessus. Cette situation est expliquée, entre autres, par une faible promotion du produit « dépôts à terme » par les banques, qui évitent certainement les coûts associés à ce produit (rémunération de ces dépôts), et surtout que le secteur bancaire congolais reste en général sur liquide.

Aussi, il ressort de l'analyse des tableaux 3 et 4 ci-dessous, une prépondérance des dépôts en monnaies étrangères[1] (85 % en 2021), motivée par la dollarisation de l'économie congolaise, à la suite de la perte de la souveraineté monétaire de ce si grand pays d'Afrique.

En effet, la réglementation de change de la RDC autorise officiellement le dénouement en monnaies étrangères, des transactions et prestations sur le

[1] Les dépôts en devises étrangères représentent près de 85 % des dépôts du système bancaire congolais (RDC).

territoire national, suivant l'accord des parties[2], à l'exception des loyers des baux d'immeubles à usage d'habitation, des crédits à court terme octroyés aux ménages par les banques, des frais scolaires et académiques, des frais de soins de santé et des factures de consommation d'eau et d'électricité à usage domestique, qui sont fixées et payées exclusivement en monnaie nationale.

Par conséquent, les différents acteurs de l'économie congolaise, y compris les banques et leurs clients, ont opté de se tourner vers le dollar américain, pour se prémunir principalement du risque de change lié à la dépréciation chronique de la monnaie nationale, le CDF. À titre illustratif, de 2015 à 2023, la monnaie nationale a connu une dépréciation d'environ 200 % face au dollar américain.

Force est de souligner également que malgré l'interdiction de fixer et de régler certaines transactions en monnaies étrangères, les hôpitaux privés, les écoles, les universités et les banques (concernant les prêts aux ménages) continuent à fixer les prix et à accepter les paiements en dollar américain (USD), sans aucune sanction de la part des autorités compétentes.

Tableau 3 : Unités monétaires de dépôts du secteur bancaire congolais en milliards de USD

Description	2015	2016	2017	2018	2019	2020	2021
Dépôts en monnaie nationale	0,64	0,53	0,41	0,53	0,65	0,82	1,64
Dépôts en monnaies étrangères	3,17	2,94	3,47	4,51	5,84	7,70	9,36
Total	3,81	3,47	3,88	5,04	6,49	8,51	11,00

Source : Tableau conçu par l'auteur sur la base des données tirées des rapports annuels de la BCC

Tableau 4 : Unités monétaires de dépôts du secteur bancaire congolais en pourcentage

Description	2015	2016	2017	2018	2019	2020	2021
Dépôts en monnaie nationale	17 %	15 %	11 %	11 %	10 %	10 %	15 %
Dépôts en monnaies étrangères	83 %	85 %	89 %	89 %	90 %	90 %	85 %
	100 %	100 %	100 %	100 %	100 %	100 %	100 %

Source : Tableau conçu par l'auteur sur la base des données tirées des rapports annuels de la BCC

[2] La RDC est l'un des rares pays de l'Afrique subsaharienne qui autorise légalement le dénouement des transactions en monnaies étrangères.

I.1.1.2. Opérations de crédit

Par **opération de crédit**, il faut entendre tout acte par lequel une personne agissant à titre onéreux met ou promet de mettre des fonds à la disposition d'une autre personne ou prend dans l'intérêt de celle-ci un engagement par signature tel qu'un aval, un cautionnement ou une garantie (article 6 de la loi bancaire congolaise).

Il ressort de cette définition que les banques peuvent octroyer deux principaux types de crédit, à savoir le crédit de décaissement et le crédit par signature. La première forme se matérialise par le décaissement des fonds, reçus essentiellement du public, alors que la deuxième forme ne donne pas lieu à un décaissement, mais il s'agit d'engagement pris au profit de son client (l'affacturage[3] et le crédit-bail[4] sont des exemples parmi tant de ceux qui pourraient être assimilés au crédit par signature).

Par ailleurs, il sied de souligner que certaines opérations comme le crédit-bail et, de manière générale, toute opération de location assortie d'une option d'achat sont assimilées aux opérations de crédit.

Comme indiqué ci-haut, les fonds recueillis par la banque auprès de ses clients déposant sous forme de dépôts à vue (mouvants) ou à terme (stables) constituent des ressources importantes, de fois rémunérées (charges financières) dont la gestion occasionne aussi des coûts additionnels (assurance des séjours des fonds, frais de sécurité, frais de contrôle de la Banque centrale du Congo, etc.).

Par conséquent, ces fonds ne doivent pas rester dormants (non productifs) dans les caisses et auprès des correspondants. La loi autorise ainsi les banques de les utiliser en partie sous leur entière responsabilité, pour accorder des crédits dans les limites légales (instruction n° 14 de la BCC) aux agents économiques dignes de confiance qui ont besoin de capitaux pour investir, produire et consommer.

Il y a eu lieu de souligner ici que les banques de droit congolais octroient essentiellement les crédits de décaissement, dont une part importante est à court terme. Ces crédits représentent en moyenne 90 % du volume total des crédits octroyés par le système bancaire du pays, comme l'attestent les tableaux 5 et 6 ci-dessous. La durée à court terme est fondamentalement expliquée par le fait que les ressources utilisées pour financer les crédits sont principalement constituées des dépôts à vue (cf. Section précédente sur les dépôts).

---

[3] L'affacturage est une opération par laquelle une personne (titulaire d'un droit de créance) cède à une autre personne (affactureur) sa créance sur un tiers moyennant une rémunération. L'affactureur se chargera par la suite du recouvrement de ladite créance.

[4] Le crédit-bail ou leasing peut être compris comme une location avec option d'achat. Autrement dit, le crédit-bailleur donne en location un bien au crédit-acheteur, ce dernier pourrait décider à la fin du contrat de location de l'acheter ou non.

Tableau 5 : Évolution des crédits octroyés par le système bancaire congolais (en milliards de USD)

Description	2015	2016	2017	2018	2019	2020	2021
Crédits de décaissement	2,12	2,11	1,91	2,05	2,93	3,48	3,20
Crédits de signature	0,21	0,19	0,24	0,26	0,35	0,41	0,75
Total	2,33	2,30	2,15	2,32	3,28	3,89	3,95

Source : Tableau conçu par l'auteur sur la base des données tirées des rapports annuels de la BCC

Tableau 6 : Répartition par nature des crédits octroyés par le système bancaire congolais en pourcentage

Description	2015	2016	2017	2018	2019	2020	2021
Crédits de décaissement	91 %	92 %	89 %	89 %	89 %	90 %	81 %
Crédits de signature	9 %	8 %	11 %	11 %	11 %	10 %	19 %
Total	100 %	100 %	100 %	100 %	100 %	100 %	100 %

Source : Tableau conçu par l'auteur sur la base des données tirées des rapports annuels de la BCC

De l'analyse des quatre tableaux (tableaux 3, 4, 5 et 6) présentés précédemment, il ressort que le rapport entre les crédits octroyés et les dépôts collectés par le système bancaire congolais, appelé aussi « Taux d'intermédiation du système bancaire congolais » est faible, comme le révèle le tableau 7 ci-dessous. À titre illustratif, en 2021, ce taux s'est situé à 36 %. Ce qui revient à dire que les banques établies en RDC n'ont réussi à ne transformer que 36 % des dépôts en crédits. Face aux coûts associés aux dépôts reçus de la clientèle, cette situation n'est pas profitable à ces banques, qui restent sur liquides.

Tableau 7 : Tableau évolutif des taux d'intermédiation du système bancaire Congolais

Description	2015	2016	2017	2018	2019	2020	2021
Crédits en milliards de USD (A)	2,33	2,30	2,15	2,32	3,28	3,89	3,95
Dépôts en milliards de USD (B)	3,81	3,47	3,88	4,49	6,49	8,51	11,00
Taux d'intermédiation (A) / (B)	61 %	66 %	55 %	52 %	51 %	46 %	36 %

Source : Tableau conçu par l'auteur sur la base des données tirées des rapports annuels de la BCC

La baisse continue du ratio d'intermédiation, constatée durant la période de 2015 à 2021, est expliquée par le fait que l'évolution des crédits alloués à l'économie est plus faible que celle des dépôts collectés auprès du public, comme le démontre la figure 1 ci-dessous.

Figure 1 : Ratio d'intermédiation et évolution des dépôts et crédits en %

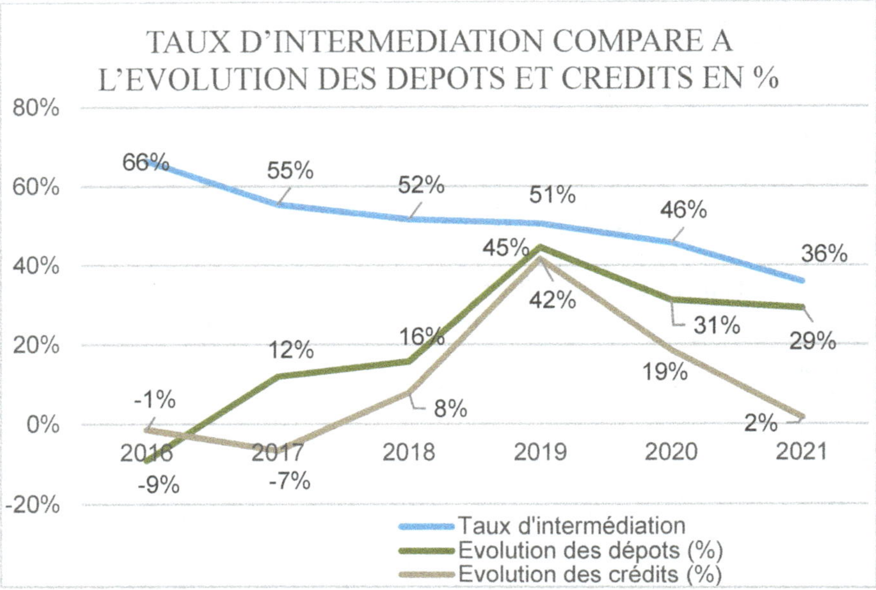

Source : Figure conçue par l'auteur sur la base des tableaux 3, 4, 5, 6 et 7 du présent ouvrage

I.1.1.3. Opérations de paiement et de gestion des moyens de paiement

Comme troisième opération de banque, nous avions listé les moyens de paiement, définis comme tous les instruments qui, quel que soit le support ou le procédé technique utilisé, permettent à toute personne de retirer, de payer par transfert ou virement.

Les banques mettent à la disposition de leurs clients divers outils ou moyens de paiement, dont notamment :

- **Des instruments de paiement** qui sont définis comme tout moyen, quel que soit le support utilisé, qui permet à toute personne, cliente de la banque, de transférer des fonds. À titre illustratif, nous pouvons citer le chèque, l'ordre de transfert, l'ordre de virement ;
- **Des instruments de paiement électronique** définis comme tout dispositif ou outil qui peut être utilisé par toute personne cliente de la banque, pour effectuer des paiements, soit par voie électronique ou par voie numérique.

En parlant des opérations de banque, hormis les opérations identifiées dans les lignes précédentes, les banques établies en RDC peuvent aussi effectuer les opérations connexes à leurs activités, telles que :

- Les opérations de change ;

- Les opérations sur or, métaux précieux et pièces ;
- Le placement, l'achat, la gestion, la garde et la vente des valeurs mobilières et de tout produit financier ;
- Les prises de participation dans les limites fixées par la Banque centrale ;
- Le conseil et l'assistance en matière de gestion de patrimoine ;
- Le conseil et l'assistance en matière de gestion financière, l'ingénierie financière et, d'une manière générale, tous les services destinés à faciliter la création et le développement des entreprises, sous réserve des dispositions relatives à l'exercice illégal de certaines professions ;
- Les opérations de location simple de biens mobiliers ou immobiliers pour les entreprises habilitées à effectuer des opérations de crédit-bail.

En général, les activités bancaires connexes sont nombreuses et variées mais généralement complémentaires les unes des autres. Parmi ces opérations, il est opportun de souligner que les banques établies en RDC excellent plus dans les opérations de change. À ce jour, elles ne réalisent pas assez d'opérations relatives aux prises de participation, aux conseils et à l'assistance en matière de gestion de patrimoine, au conseil et à l'assistance en matière de gestion financière, de l'ingénierie financière.

Le compte de résultat des banques de droit congolais est bourré essentiellement des revenus issus des opérations avec la clientèle (45 %) et des produits nets sur opérations bancaires diverses (50 %). Cependant, les revenus issus des opérations avec la clientèle sont constitués essentiellement de ceux relatifs aux opérations de crédit alors que ceux tirés des opérations bancaires diverses comprennent principalement les commissions de tenue des comptes, les commissions sur chèques et effets, les commissions et profits sur opérations de change ainsi que les profits de change.

Figure 2 : Répartition des revenus des banques de droit congolais en 2021

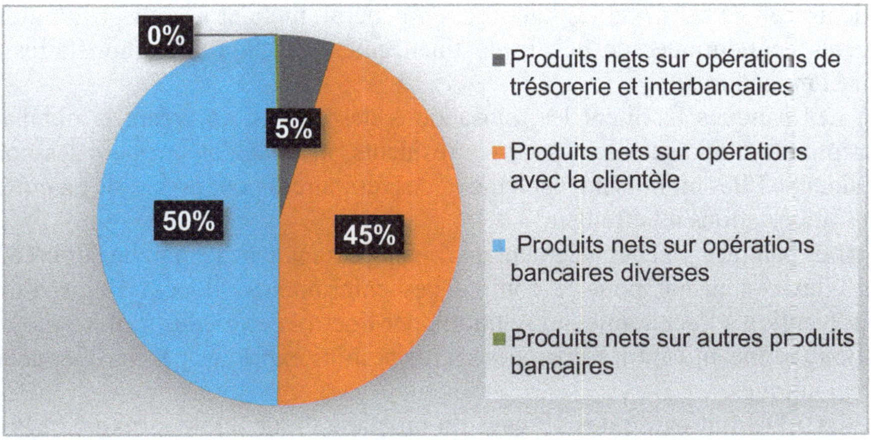

Source : Auteur sur la base des données provisoires des banques de l'exercice 2021

Au regard de ce qui précède, nous pouvons conclure cette section portant sur la définition de la banque en RDC, en la définissant comme étant une société commerciale créée sous la forme d'une société anonyme pluripersonnelle avec Conseil d'administration et ayant obtenu l'agrément de la Banque centrale du Congo, pour effectuer :

- ✓ Les opérations de réception et de collecte des fonds du public ;
- ✓ Les opérations de crédit suivant les limites prudentielles fixées par la BCC ;
- ✓ Les opérations de paiement et la gestion des moyens de paiement ;
- ✓ Les opérations connexes à leurs activités, dont notamment les opérations de change, les opérations sur or, métaux précieux et pièces, le placement, l'achat, la gestion, la garde et la vente des valeurs mobilières et de tout produit financier, les prises de participation dans les limites fixées par l'autorité de régulation, le conseil et l'assistance en matière de gestion de patrimoine et le conseil et l'assistance en matière de gestion financière, de l'ingénierie financière et, d'une manière générale, tous les services destinés à faciliter la création et le développement des entreprises, sous réserve des dispositions relatives à l'exercice illégal de certaines professions.

I.2. Rôle des banques

Les banques ont plusieurs rôles dans l'économie, dont notamment :

- ✓ La sécurisation des dépôts du public ;
- ✓ L'intermédiation ;
- ✓ La création de la monnaie scripturale ;
- ✓ La sécurisation et la facilitation des paiements.

L'intervention des banques est d'une importance capitale, qui va au-delà même de leurs intérêts qu'elles projettent réaliser sur les avoirs de leurs clients ; en ce sens que les banques, en général, mettent à la disposition des agents économiques en besoin de financement les liquidités monétaires et quasi monétaires.

Les banques facilitent les transactions des clients, en créant la monnaie scripturale, non seulement pour les résidents, mais également pour les non-résidents. Elles mobilisent, également, des ressources pour assurer le paiement des importations à l'étranger.

Les banques jouent également un rôle important dans le marché des crédits qu'elles organisent pour le compte des emprunteurs. Il peut s'agir d'une intervention à l'économie qui se traduit par l'octroi des crédits à court, moyen et long terme suivant les urgences ou les besoins exprimés par les opérateurs économiques.

La RDC fait partie des 10 pays du monde au plus faible ratio crédit/PIB, soit un ratio qui est resté inférieur à 10 % durant les dix dernières années contre une moyenne mondiale de 148 %. Cette situation démontre que la contribution du secteur bancaire congolais au financement de l'économie reste faible. Ci-dessous le graphique qui représente le ratio crédit/PIB du système bancaire congolais.

Graphique 1 : Évolution du ratio crédit/PIB du système bancaire congolais

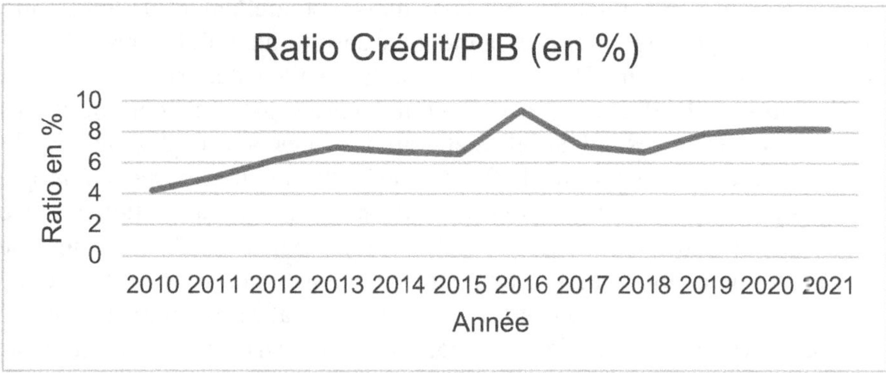

Source : Auteur sur la base des données tirées des rapports annuels de la BCC

En somme, comme attesté par plusieurs chercheurs (King et Levine, 1993 ; Levine, 1996 ; Caprio, Laeven et Levine, 2004) dans leurs études, les banques jouent un rôle très important dans le système financier en tant que moteurs de la croissance économique. La RDC est un pays sans marché boursier où le système financier, relativement modeste est essentiellement dominé par les banques dont les actifs représentent 97 % de l'ensemble du système (FMI, 2022). L'autorité de régulation, qu'est la BCC, doit veiller à la stabilité du système bancaire pour assurer le bon fonctionnement du système financier, favoriser la croissance économique et la stabilisation de l'économie du pays.

I.3. Classification des banques

Il n'existe pas de classification règlementaire ou unanime des banques, mais les différents auteurs les classifient suivant divers critères dont notamment la taille, le contrôle (actionnariat) par l'État ou les privés, le contrôle (actionnariat) de la banque par les résidents ou non-résidents et la nature des activités de la banque.

I.3.1. Typologie des banques suivant la nature d'activité

Suivant le critère de nature d'activité, nous distinguons cinq catégories de banques, à savoir :

- Banques de dépôt ;
- Banques d'affaires ;
- Banques agricoles ;
- Banques d'émission ;
- Banques assurance.

(i) **Banques de dépôt** : sont celles qui traitent essentiellement avec un segment spécifique de la clientèle, généralement les particuliers et les micro, petites et moyennes entreprises (MPME). Elles ont comme fonction essentielle la collecte de l'épargne et l'octroi des crédits à court et moyen terme. Leurs moyens d'action sont constitués essentiellement de leurs fonds propres, des dépôts des clients et la monnaie scripturale qu'elles créent. 80 % des banques établies en RDC se retrouvent dans cette catégorie.

(ii) **Banques d'affaires** : sont celles qui ont principalement comme clients, les grandes entreprises industrielles et commerciales, auprès desquelles elles offrent des crédits (opérations de financement) de valeur importante à moyen et long terme, les services de la gestion des portefeuilles de participations et les conseils en matière des opérations de fusion/acquisition. De notre analyse, aucune banque établie en RDC ne peut être classée dans cette catégorie, car même si certaines sont des filiales des banques d'affaires internationales et travaillent avec les filiales des multinationales industrielles et commerciales établies en RDC, elles n'interviennent presque pas dans les opérations de financement à long et moyen terme de ces dernières. Aussi, même si elles pouvaient s'intéresser à ces types d'opérations, elles sont limitées par le niveau de leurs fonds propres.

(iii) **Banques agricoles** : sont celles qui sont spécialisées dans le secteur agricole. Elles se focalisent essentiellement sur les opérations de financement et de conseil aux compagnies agricoles. Actuellement, la RDC ne compte pas une banque agricole en activité.

(iv) **Banques assurances (bancassurance)** : sont celles qui commercialisent, outre les produits et services propres à l'activité bancaire, les produits d'assurance à leurs clients, améliorant ainsi la satisfaction de ces derniers, qui auront l'opportunité d'acheter plusieurs produits financiers auprès d'un même prestataire. L'offre de ces produits d'assurance par une banque résulte généralement d'un partenariat signé avec une société d'assurance. Aujourd'hui, sur les 15 banques en activité en RDC, deux sont agréées par l'Autorité de régulation et de contrôle des assurances (ARCA), en tant qu'intermédiaires d'assurances. Statut qui leur permet d'offrir les produits d'assurances à leur clientèle.

(v) **Banque d'émission** : il s'agit des banques qui ont pour mission principale, la surveillance et la gestion de la monnaie. Elles ont le privilège d'émettre les deux types de monnaie, à savoir la monnaie scripturale et fiduciaire. Cependant, c'est la seule institution qui est habilitée à émettre les billets de banque (monnaie nationale). La Banque d'émission de la RDC est la Banque centrale du Congo (BCC) qui est régie par la loi n° 18/027 du 13 décembre 2018 portant organisation et fonctionnement de la Banque centrale. Elle a, entre autres, comme missions :

- La sauvegarde et la stabilité monétaire ;
- La définition et la mise en œuvre de la politique monétaire ;

- Le contrôle et la réglementation de l'ensemble de l'activité bancaire ;
- La définition et la mise en œuvre de la politique de change.

I.3.2. Typologie des banques suivant le contrôle de l'actionnariat par l'État

Suivant le critère du contrôle de l'actionnariat de la banque par l'État, nous distinguons deux catégories de banques ci-dessous :

- Banques publiques ;
- Banques privées.

(i) **Banques publiques :** sont celles qui sont contrôlées à plus de 50 % par l'État (pouvoir central), les provinces, les entités territoriales décentralisées, les organismes ou établissements publics ou les entreprises publiques.

(ii) **Banques privées :** sont celles qui sont contrôlées à plus de 50 % par les personnes morales privées de droit congolais ou étranger ou les personnes physiques résidentes ou non.

De toutes les banques présentes en RDC, l'État congolais n'est actionnaire que dans une seule banque (Equity BCDC SA), mais son contrôle est largement inférieur au seuil de 50 %. Il contrôle cette institution bancaire à moins de 20 %. Nous pouvons, par conséquent, déduire que toutes les banques de droit congolais sont des banques à capitaux privés : banques privées.

I.3.3. Typologie des banques suivant la nationalité et/ou la résidence des actionnaires majoritaires

Suivant le critère lié à la nationalité et/ou à la résidence de l'actionnaire majoritaire, nous distinguons trois catégories de banques, présentées ci-dessous.

- Banques locales ;
- Banques panafricaines ;
- Banques internationales.

(i) **Banques locales :** sont celles qui sont contrôlées à plus de 50 % par des ayants droit économiques, personnes morales ou physiques, établies ou résidentes en RDC.

(ii) **Banques panafricaines :** sont celles qui sont contrôlées à plus de 50 % par les banques panafricaines ou les institutions financières panafricaines.

(iii) **Banques internationales :** il s'agit des banques qui sont contrôlées à plus de 50 % par les banques internationales ou les institutions financières internationales.

Suivant ce critère de catégorisation, le système bancaire congolais compte, au 30 octobre 2023, trois (3) banques locales, deux (2) banques internationales et dix (10) banques panafricaines, toutes en activité, tel que présenté ci-dessous :

Figure 3 : Catégorisation des banques établies en RDC suivant le critère de nationalité et/ou de résidence des actionnaires majoritaires

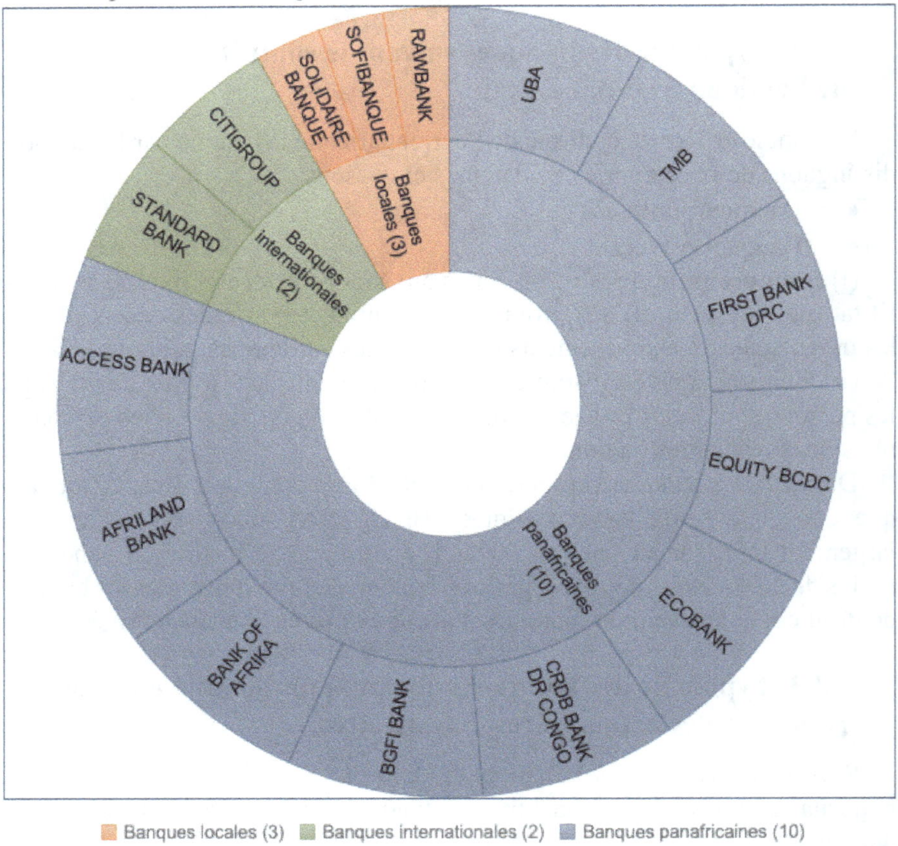

Source : Auteur sur la base des informations tirées des statuts de ces banques et des entretiens avec certains acteurs.

Il s'avère important de souligner ici que Advans Bank n'est pas reprise car elle a été dissoute durant l'année 2023. Les actionnaires de cette institution ont créé Advans Congo, une société de microfinance. Durant la même année, la BCC a accordé l'agrément bancaire à la CRDB, une banque panafricaine d'origine tanzanienne.

I.3.4. Typologie des banques suivant le critère lié à la taille

La Banque centrale du Congo distingue les banques en trois catégories ci-après, suivant trois indicateurs, dont principalement le total actif :

- Grande banque ;
- Banque de taille moyenne ;
- Petite banque.

Les critères utilisés par la BCC reposent essentiellement sur la part du marché contrôlée par chaque banque, en termes principalement de total bilan, total crédits et total dépôts, sachant que l'indicateur principal est la taille de la banque appréciée par le total des actifs. Les seuils retenus pour catégoriser les banques sont les suivants :

- Grande banque : part contrôlée supérieure ou égale à 10 % ;
- Banque de taille moyenne : part contrôlée comprise entre 5 % et 9,9 % ;
- Petite banque : part contrôlée inférieure à 5 %.

De ce qui précède, les banques peuvent être classées comme suit, suivant les données financières au 31 décembre 2021 :

Tableau 8 : Classement des banques suivant les critères utilisés par la BCC

CATÉGORIE	BANQUE	Total bilan		Total Crédits		Total Fonds propres	
		Millions de USD	Part en %	Millions de USD	Part en %	Millions de USD	Part en %
Grande banque	RAWBANK	4 205	29 %	980	23 %	278	25 %
	EQUITY BCDC	3 655	25 %	1 051	25 %	238	21 %
	TMB	1 462	10 %	433	10 %	114	10 %
	S/total	9 322	65 %	2 465	58 %	630	56 %
Moyenne banque	FBN BANK	986	7 %	122	3 %	69	6 %
	STANDARD BANK	825	6 %	396	9 %	43	4 %
	ECOBANK	852	6 %	134	3 %	47	4 %
	S/total	2 662	19 %	652	15 %	159	14 %
Petite banque	SOFIBANQUE	605	4 %	226	5 %	64	6 %
	AFRILAND BANK	441	3 %	332	8 %	60	5 %
	BANK OF AFRIKA	295	2 %	196	5 %	28	2 %
	ACCESS BANK	294	2 %	33	1 %	50	4 %
	CITIGROUP	227	2 %	112	3 %	29	3 %
	UBA	233	2 %	71	2 %	23	2 %
	BGFI BANK	173	1 %	86	2 %	42	4 %
	SOLIDAIRE BANQUE	58	0 %	36	1 %	28	3 %
	ADVANS BANK	42	0 %	31	1 %	4	0 %
	S/total	2 368	16 %	1 124	26 %	329	29 %
Total		14 352	100 %	4 240	100 %	1 118	100 %

Source : Auteur sur base des données financières des banques au 31/12/2021 et des critères de catégorisation de la BCC

Partant de cette approche, l'on arrive à la conclusion selon laquelle le système bancaire congolais comprend trois grandes banques, bien que la taille globale du secteur soit trop petite et que le rapport crédits et PIB (moins de 10 %) est l'un des plus faibles du monde en général et de l'Afrique subsaharienne en particulier. Ainsi, nous pensons que cette approche de catégorisation des banques n'est pas appropriée et risque de constituer un frein au développement de la taille du système bancaire congolais, en général, et des acteurs pris individuellement, en particulier.

Pour répondre aux faiblesses évoquées dans le paragraphe précédent, nous avons mis en place, à travers cet ouvrage, une matrice de catégorisation des banques, qui tient compte des seuils à atteindre, pour être considérée comme une grande banque. Cette matrice appelée « BDN BANKING CLASSIFICATION MATRIX », BBCM en sigle, prend en compte trois composantes, pour catégoriser les banques. Il s'agit de (du) :

(i) Niveau des crédits par rapport au Produit intérieur brut (PIB) du pays ;

(ii) La capacité prudentielle à financer les investissements dans le secteur minier ;

(iii) La taille de la banque vue par le total bilan.

(i) <u>Niveau des crédits par rapport au Produit intérieur brut (PIB)</u>

Cette composante est déterminée à partir du rapport entre le volume des crédits et le Produit intérieur brut. La moyenne de ce ratio pour l'Afrique subsaharienne est d'environ 50 % (FMI, 2022).

Partant de cette moyenne, nous retenons 10 % comme seuil individuel (par banque) sur le volume des crédits attendus du secteur bancaire pour atteindre le ratio crédits/PIB de 50 %, tel que présenté ci-dessous :

(a) PIB RDC en 2021	:	USD 56 000 000 000 (BCC, 2021)
(b) 50 % de (a)	:	USD 28 000 000 000
(c) 10 % de (b)	:	USD 2 800 000 000

Par conséquent, le montant maximum attendu pour cette composante est de USD 2 800 000 000. Ce seuil peut varier chaque année, en fonction du niveau du PIB du pays.

(ii) <u>Capacité prudentielle à financer les investissements dans le secteur minier</u>

La deuxième composante de notre matrice est conçue à partir des investissements des entreprises du secteur minier.

En effet, la RDC étant un pays à vocation minière et dont les recettes fiscales proviennent essentiellement de ce secteur, nous avons retenu comme indicateur la capacité prudentielle à financer au moins 10 % de l'investissement moyen des entreprises minières[5].

---

[5] Nous avons retenu trois opérateurs miniers, à savoir TFM, KCC et Sicomines.

L'investissement moyen des grandes entreprises minières étant estimé à USD 5 000 000 000. Le seuil de cette composante est fixé à USD 500 000 000, soit 10 %. Ceci revient à dire que la banque doit être en mesure d'octroyer un crédit d'au moins USD 500 000 000, à une entreprise de droit congolais, sans violer les règles prudentielles de gestion (capacité prudentielle).

(iii) <u>Taille de la banque vue par le total bilan</u>

La troisième et dernière composante est évaluée en fonction du total bilan. Le seuil retenu pour cette composante est de USD 7 500 000 000. Il est fixé en prenant les hypothèses ci-après :

a) Le ratio d'intermédiation (crédits sur dépôts) de 60 % ;

b) La capacité prudentielle à financer représente 25 % des fonds propres ;

c) Les autres ressources représentent 10 % du total bilan.

Le tableau ci-dessous reprend la synthèse des seuils pondérés retenus et les indices BBCM (notes) de catégorisation des banques :

Tableau 9 : BDN Banking Categorization Matrix 2021

A. Seuils			
Description	Montant en USD	Pondération	Note en USD
Total bilan	7 500 000 000	75	562 500 000 000
Crédits	2 800 000 000	28	78 400 000 000
Capacité prudentielle à financer le secteur minier	500 000 000	5	2 500 000 000
Seuil de la note			643 400 000 000
B. Catégorisation			
Type	Indice BBCM		
Grande banque	> 0,75		
Moyenne banque	0,51-0,75		
Petite banque	0,26-0,50		
Très petite banque	0-0,25		

Source : Tableau conçu par l'auteur

En conclusion, suivant la BDN Banking Categorization Matrix, **BBCM** en sigle, nous distinguons quatre catégories de banques :

- ✓ Grande banque ;
- ✓ Moyenne banque ;
- ✓ Petite banque ;
- ✓ Très petite banque.

À titre illustratif, une banque X présentant un total actif de USD 4 200 000 000, un total crédits de USD 980 000 000 et une capacité prudentielle de financement de USD 69 500 000, sera catégorisée comme banque moyenne, telle que présentée dans le tableau ci-dessous :

Tableau 10 : Illustration de calcul de coefficient BBCM

Calcul du coefficient de catégorisation BBCM			
Description	Montant en USD	Pondération	Note
Total bilan	4 200 000 000	75	315 000 000 000
Crédits	980 000 000	28	27 440 000 000
Capacité prudentielle à financer le secteur minier	69 500 000	5	347 500 000
Note totale (A)			342 787 500 000
Seuil de la note (B)			643 400 000 000
Coefficient de catégorisation (A)/(B)			0,53
Conclusion	0,53 est compris entre 0,51 et 0,75		Banque moyenne

Source : Tableau conçu par l'auteur

La catégorisation des banques suivant la BBCM, sur la base des données tirées des états financiers de l'exercice clos le 31 décembre 2021, relève que la RDC ne compte aucune grande banque dans l'ensemble de son système bancaire. Elle compte plutôt une banque moyenne, une petite banque et 13 très petites banques, telles que présentées dans la figure ci-dessous.

Figure 4 : Catégorisation des banques établies en RDC suivant le BBCM

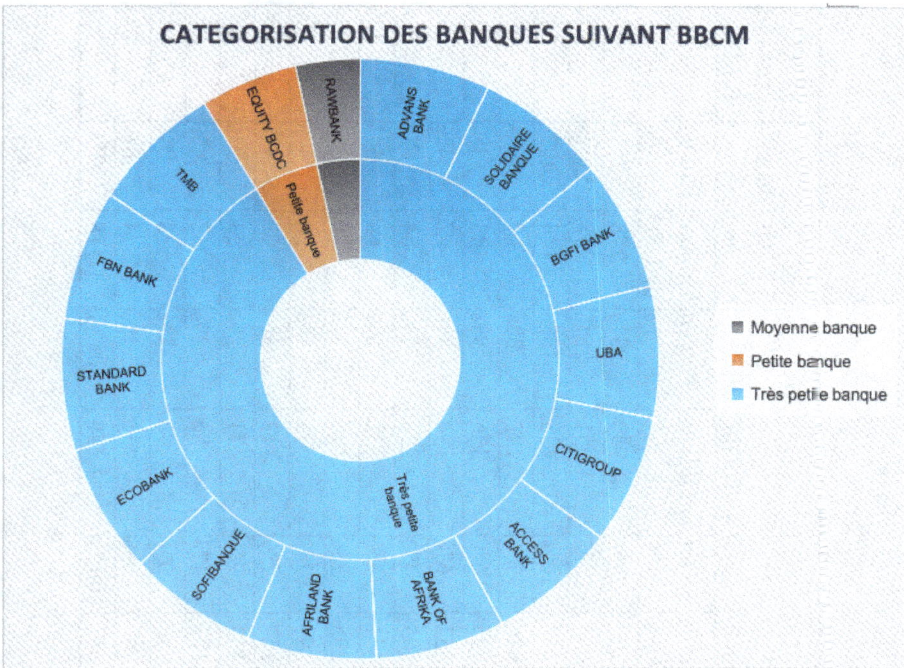

Source : Auteur sur la base des informations tirées du tableau 11 ci-dessous

Tableau 11 : Catégorisation des banques suivant le BBCM

CATEGORIE	BANQUE	Coefficie BBCM	Total bilan		Total Crédits		Total Fonds propres		Ratio Crédits/PIB RDC
			Millions de USD	Part en %	Millions de USD	Part en %	Millions de USD	Part en %	En %
Banque moyenne	RAWBANK	0,53	4 205	29%	980	23%	278	25%	2%
Petite banque	EQUITY BCDC	0,47	3 655	25%	1 051	25%	238	21%	2%
Très petite banque	TMB	0,19	1 462	10%	433	10%	114	10%	1%
	FBN BANK	0,12	986	7%	122	3%	69	6%	0%
	STANDARD BANK	0,11	825	6%	396	9%	43	4%	1%
	ECOBANK	0,10	852	6%	134	3%	47	4%	0%
	SOFIBANQUE	0,08	605	4%	226	5%	64	6%	0%
	AFRILAND BANK	0,07	441	3%	332	8%	60	5%	1%
	BANK OF AFRIKA	0,04	295	2%	196	5%	28	2%	0%
	ACCESS BANK	0,04	294	2%	33	1%	50	4%	0%
	CITIGROUP	0,03	227	2%	112	3%	29	3%	0%
	UBA	0,03	233	2%	71	2%	23	2%	0%
	BGFI BANK	0,02	173	1%	86	2%	42	4%	0%
	SOLIDAIRE BANQUE	0,01	58	0%	36	1%	28	3%	0%
	ADVANS BANK	0,01	42	0%	31	1%	4	0%	0%
Total			**14 352**	**100%**	**4 240**	**100%**	**1 118**	**100%**	**8%**

Source : Tableau conçu par l'auteur

Il ressort de ce tableau que seules deux banques, l'unique moyenne banque et l'unique petite banque du pays, contrôlent près de 50 % du secteur bancaire congolais, en termes de total bilan, total crédits et fonds propres comptables. Cependant, leur contribution en termes de ratio crédits/PIB reste trop faible. Ce qui dénote la faible activité de l'industrie bancaire congolaise.

I.4. Agrément des banques en RDC

L'exercice de l'activité bancaire en République démocratique du Congo est conditionné par l'obtention préalable de l'agrément de la Banque centrale du Congo.

Cet agrément est subordonné aux conditions ci-après :

- ✓ La banque doit être constituée sous la forme d'une personne morale de droit congolais avec au moins quatre actionnaires détenant chacun à minima 15 % du capital social ;
- ✓ Les quatre actionnaires détenant au moins 15 % du capital social de la banque en constitution ne doivent[6] pas être des personnes apparentées ou des parties liées, au sens des définitions données par le régulateur (BCC) dans son instruction n° 51 du 16 mai 2023 ;
- ✓ L'un des actionnaires, personne physique ou morale doit apporter toutes les garanties de renommée, d'éthique, de surface financière et/ou de professionnalisme dans le secteur bancaire, économique, financier et autres ;
- ✓ La banque doit être constituée sous la forme de Société anonyme avec Conseil d'administration ;
- ✓ Le siège social et l'administration centrale doivent être basés en RDC ;
- ✓ La banque doit justifier d'un capital social minimum entièrement libéré, **en numéraires** équivalant en franc congolais à dollars américains cinquante millions (USD 50 000 000)[7].
- ✓ La banque doit répondre à un besoin économique local ou général.

Concernant le capital minimum, le montant fixé à l'équivalent en franc congolais de USD 50 000 000 est un seuil minimum (plancher). Toutefois, l'autorité de régulation, qui est la Banque centrale du Congo, a le droit, soit lors de l'analyse de la demande de l'agrément, soit lors de l'examen ultérieur de la situation d'une banque en activité, d'exiger un montant du capital social supérieur à ce minimum réglementaire.

Aussi, il n'est pas recommandé à une banque en création de ne libérer qu'un montant du capital social équivalent juste au minimum légal, au risque

---

[6] Il s'agit de l'actionnaire de référence qui doit disposer des capacités suffisantes pour faire face à ses obligations de soutien en cas de difficulté de la banque. Cependant, il ne doit pas détenir plus de 55 % du capital social de la banque concernée.

[7] Au plus tard le 1er janvier 2025, 1er janvier 2024 et 1er janvier 2023, respectivement de USD 50 millions, USD 40 millions et USD 35 millions.

de ne pas se conformer aux normes prudentielles relatives au capital minimum et aux fonds propres réglementaires, dès la fin du premier exercice comptable. Le montant du capital social à libérer lors de la demande d'agrément doit être au moins égal au capital minimum réglementaire (USD 50 000 000) majoré des pertes prévisionnelles de trois (3), voire cinq (5) premiers exercices comptables. Nous prenons l'hypothèse de trois à cinq exercices, car les recherches empiriques (Deloitte, 2014 et Nzoimbengene, 2017) démontrent que les banques nouvellement établies en RDC réalisent leurs premiers résultats positifs entre la quatrième et la cinquième année.

Le dossier de demande d'agrément à introduire auprès de la Banque centrale du Congo, doit être constitué de plusieurs documents, dont notamment :

- ✓ Un exemplaire original du procès-verbal notarié de l'assemblée générale constitutive de la nouvelle société ;
- ✓ Un exemplaire original des statuts notariés (rédigés en français) du requérant ;
- ✓ Les copies des mandats des représentants des personnes morales, actionnaires, de la banque en création, les habilitant à les représenter à l'assemblée générale constitutive ;
- ✓ Les copies des procès-verbaux des assemblées générales et/ou des décisions des organes de direction/gestion des personnes morales actionnaires, les autorisant à participer au capital social de la banque en création ;
- ✓ Les statuts notariés ainsi que les copies des états financiers des trois derniers exercices comptables certifiés par un commissaire aux comptes des personnes morales actionnaires de la banque en création ;
- ✓ Une copie du Registre de commerce et du crédit mobilier (RCCM) de la banque en création ;
- ✓ Une copie de l'identification nationale de la banque en création ;
- ✓ Une copie du nouvel identifiant fiscal (NIF) de la banque en création ;
- ✓ Une copie de l'autorisation d'ouverture de la commune ou de la mairie où sera (est) installé le siège social de la banque en création ;
- ✓ L'attestation de dépôt auprès d'une banque locale, du capital social libéré en numéraires ;
- ✓ Une liste des actionnaires ainsi que leurs identités ;
- ✓ Une liste des membres du Conseil d'administration ainsi que leur identité, curriculum vitae, titres académiques, justifications d'expériences professionnelles et casier judiciaire ;
- ✓ Une liste des membres du comité de direction, ainsi que leur identité, curriculum vitae, titres académiques, justifications d'expériences professionnelles et casier judiciaire ;
- ✓ Une liste des responsables des fonctions de contrôle et d'autres fonctions sensibles ainsi que leur identité, curriculum vitae, titres

académiques, justifications d'expériences professionnelles et casiers judiciaires ;

- ✓ Un document décrivant les procédures et le processus de sélection des actionnaires et des membres du Conseil d'administration ;
- ✓ Un document décrivant les procédures et le processus de recrutement et/ou de nomination des membres du comité de direction, des responsables des fonctions de contrôle et d'autres fonctions sensibles ;
- ✓ Un plan d'affaires (Business Plan) qui présente les prévisions d'activité sur une période de trois (3) ans minimums.

Ce plan d'affaires comprend, entre autres :

- Le plan stratégique de la banque en création ;
- Les hypothèses de développement commercial du plan d'investissement et de déploiement ;
- La typologie des produits et services proposés à la clientèle ;
- Les états financiers prévisionnels, établis selon le Guide comptable des établissements de crédit (GCEC) ;
- Les situations prévisionnelles des normes prudentielles conformément à l'instruction n° 14 de la BCC ;
- Le dispositif de gouvernance incluant les différents sous-comités du Conseil d'administration ;
- Le dispositif de contrôle interne et de gestion des risques ;
- Le dispositif de lutte contre le blanchiment de capitaux et le financement du terrorisme et de la prolifération des armes de destruction massive ;
- L'organisation opérationnelle (organigramme, effectifs prévisionnels…) ;
- Le détail des moyens techniques et financiers ;
- La présentation du système d'information.

- ✓ Le procès-verbal notarié de désignation du commissaire aux comptes et son suppléant.

La réception du dossier de demande d'agrément se fait moyennant paiement des frais de dossier fixés par la Banque centrale du Congo. Ce montant est fixé chaque année dans la grille tarifaire de la BCC. En 2023, il se chiffre à CDF 13 465 500.

Sur la base de tous les documents mis à sa disposition, la Banque centrale du Congo vérifie la conformité de la demande aux exigences de la loi relative à l'activité et au contrôle des établissements de crédit. Lorsque l'agrément est sollicité par une banque agréée dans un pays étranger, la Banque centrale du Congo consulte, avant d'accorder l'agrément, les autorités de supervision bancaire du pays d'origine en vue de s'assurer notamment de la crédibilité du candidat à l'agrément.

La Banque centrale dispose d'un délai de nonante (90) jours, à compter de la réception de la lettre informant le requérant du caractère complet du dossier, pour statuer et se prononcer.

Les frais d'agrément correspondent à 0,5 % du montant du capital minimum, en sus des droits proportionnels qui sont fixés à 1 % du capital social.

L'acte d'agrément, notifié par une décision de la Banque centrale du Congo doit être publié aux frais de ladite banque, au *Journal officiel* et dans au moins un des principaux organes de la presse nationale.

Il est important de noter que même le refus d'agrément doit être notifié au promoteur par la Banque centrale du Congo.

I.5. Rôles de la Banque centrale vis-à-vis des banques commerciales

La Banque centrale du Congo est l'organe régulateur de toutes les banques établies en République démocratique du Congo. De ce fait, elle est chargée de :

- ✓ Délivrer l'agrément aux banques et les membres du Conseil d'administration ;
- ✓ Délivrer l'agrément aux membres du comité de direction et aux responsables des fonctions de contrôle et d'autres fonctions sensibles ;
- ✓ Délivrer l'agrément aux commissaires aux comptes ;
- ✓ Édicter la réglementation applicable aux banques, y compris la réglementation comptable ;
- ✓ Veiller au respect par les banques des dispositions légales et réglementaires qui leur sont applicables ;
- ✓ Examiner les conditions d'exploitation des banques ;
- ✓ Veiller à la qualité de la situation financière des banques et au respect de la bonne conduite de la profession ;
- ✓ Faciliter les règlements entre les banques par la chambre de compensation ;
- ✓ Sanctionner les manquements aux dispositions légales et réglementaires applicables aux banques. Cette sanction peut aller jusqu'au retrait de l'agrément.

Il ressort de ce qui précède que tous les responsables des fonctions sensibles doivent préalablement être agréés par la BCC, avant leur prise de fonction.

Pour une meilleure compréhension, il s'avère nécessaire de définir ce que l'on entend par fonction sensible.

Par fonction sensible, il faut entendre une activité opérationnelle, qui nécessite une expertise réelle, avérée et justifiée, et qui se rapporte directement aux opérations bancaires ou apporte un appui évident dans la réalisation de ces dernières, et dont la désorganisation ou le dérèglement est susceptible d'impacter négativement et significativement l'organisation et le fonctionnement normaux de la banque. À titre illustratif, nous pouvons considérer comme sensibles les fonctions ci-après :

- ✓ Le responsable de la direction des opérations ;
- ✓ Le responsable de service des opérations en monnaies étrangères ;
- ✓ Le responsable de service des opérations en monnaie nationale ;
- ✓ Le responsable de service des opérations internes (domestiques) ou le chef comptable ;
- ✓ Le responsable de la direction (ou service) de la trésorerie ;
- ✓ Le responsable de la direction (ou service) en charge du système d'information ;
- ✓ Le responsable de la direction (ou service) de la sécurité informatique ;
- ✓ Le responsable de la direction financière et/ou le contrôleur financier ;
- ✓ Le responsable de la direction des engagements et/ou crédits.

Par ailleurs, il est important de préciser que, conformément à l'article 42 de la loi n° 22/069 du 27 décembre 2022 relative à l'activité et au contrôle des établissements de crédit ainsi que ses mesures d'application prises par la BCC, les activités ou opérations ci-après sont subordonnées à l'autorisation préalable de la Banque centrale du Congo :

a. Toute modification des statuts ;

b. Toute opération de fusion, de scission ou de cession d'une branche d'activités intéressant une banque ;

c. La cession, par une banque, de l'ensemble ou d'une partie de ses actifs, de sa clientèle ou de son activité ;

d. L'acquisition par une banque des participations dans une entreprise étrangère ;

e. Les opérations de placement se rapportant aux titres émis ou garantis par un État étranger, un organisme international ou une entreprise étrangère ;

f. L'ouverture, le transfert ou la fermeture d'une succursale ou d'une agence de la banque sur le territoire national ou à l'étranger ;

g. La dissolution volontaire d'une banque ;

h. Toute opération d'acquisition de titres représentatifs ou non du capital d'une banque qui conduirait le cessionnaire à acquérir directement ou indirectement, seul ou de concert avec d'autres personnes, une quotité significative du capital social ou des droits de vote ;

i. Toute opération de cession de titres ou parts représentatifs ou non du capital d'une banque qui conduirait le cédant à perdre, directement ou indirectement, seul ou de concert avec d'autres personnes, une quotité significative du capital social ou des droits de vote ;

j. Toute autre décision stratégique.

En revanche, certaines opérations, bien qu'elles ne nécessitent pas une autorisation spécifique de l'autorité de régulation, les acteurs établis en RDC qui souhaitent les réaliser sont tenus d'informer préalablement la BCC. Il s'agit notamment de :

- L'ouverture, le transfert ou la fermeture d'un guichet de la banque (Guichet avancé) qui ne réalise que les opérations de caisse ;
- Toute opération d'acquisition de titres représentatifs ou non du capital d'une banque, qui ne conduirait pas le cessionnaire à acquérir directement ou indirectement, seul ou de concert avec d'autres personnes, une quotité significative du capital social ou des droits de vote ;
- Toute opération de cession de titres ou parts représentatifs ou non du capital d'une banque qui ne conduirait pas le cédant à perdre, directement ou indirectement, seul ou de concert avec d'autres personnes, une quotité significative du capital social ou des droits de vote ;

Il convient de signaler que les banques sont tenues d'adresser leur demande d'agrément ou d'autorisation préalable et leurs notifications d'information a priori à l'attention du gouverneur de la Banque centrale du Congo, et non à l'attention d'une direction quelconque. Les documents annexés à ces demandes ou notifications doivent être notariés, sauf lorsqu'il s'agit des documents délivrés par les autorités publiques compétentes congolaises.

Conformément à ses prérogatives, la BCC doit s'assurer que les banques respectent les dispositions légales et réglementaires qui leur sont applicables. Ainsi, elle procède régulièrement ou à chaque fois qu'elle juge nécessaire, au contrôle sur pièces et/ou sur place des banques. Cette activité de supervision n'est pas gratuite, car la BCC charge les banques commerciales au titre des frais de supervision (contrôle), un montant équivalent à 0,6 % du total des dépôts moyens mensuels. Ils sont payables trimestriellement. De ce qui précède, nous pouvons déduire que plus une banque a des dépôts, plus les frais de contrôle à payer à la BCC sont importants.

I.6. Contrôle des banques

Étant donné le rôle important que jouent les banques dans l'économie de la République démocratique du Congo et surtout les conséquences néfastes, notamment la mise en péril de l'économie dont elles peuvent être le vecteur la loi relative à l'activité et au contrôle des établissements de crédit, confère explicitement la supervision des établissements de crédit à la Banque centrale du Congo. Cette dernière, à travers son instruction n° 19, relative à l'exercice des fonctions de commissaire aux comptes, reconnait l'attribut du contrôle qu'exercent les commissaires aux comptes et fixe par voie de conséquence les règles spécifiques à l'exercice des fonctions de commissaires aux comptes des établissements de crédit.

La BCC veille à l'application stricte de la loi et réglementations bancaires au vu des rapports périodiques établis par les banques, des rapports consécutifs aux missions de contrôle sur place et des rapports des commissaires aux comptes.

Les banques sont obligées de désigner en qualité de commissaire aux comptes deux personnes physiques ou une personne morale parmi les commissaires aux comptes agréés par la Banque centrale, pour une durée de trois ans, renouvelable une fois. En cas de non-observation de cette obligation, la BCC peut procéder à une désignation d'office du (des) commissaire(s) aux comptes.

L'Assemblée générale et l'organe délibérant ne peuvent pas mettre fin par anticipation au mandat du commissaire aux comptes, sans requérir au préalable l'accord de la BCC. Cependant, cette dernière peut mettre fin au mandat du commissaire aux comptes pour des motifs d'incompétence ou d'immoralité.

Il ressort des points ci-haut que les banques sont soumises au contrôle externe de deux organes ci-après :

(i) Le commissaire aux comptes ;

(ii) La Banque centrale du Congo (BCC), en tant qu'autorité de régulation.

I.6.1. Du rôle et de la mission du commissaire aux comptes

Par définition, le commissaire aux comptes est un « expert-comptable ou société d'experts-comptables exerçant une profession réglementée et ayant pour mission de contrôler la sincérité et la régularité des comptes annuels établis par une entité à travers un audit financier[8] ». Le commissaire aux comptes est une personne externe à la banque, et donc ne faisant pas partie de son système de contrôle interne. Toutefois, il influe sur la qualité du contrôle interne à travers ses travaux d'audit ; plus concrètement grâce à ses recommandations visant l'amélioration du système de contrôle interne. L'adéquation de ce dernier est de grande importance pour le commissaire aux comptes parce que cela lui offre la possibilité de s'en remettre dans la réalisation de sa mission.

Le commissaire aux comptes a pour objectif principal « la certification des états financiers publiables ». Ces derniers doivent être en conformité avec le référentiel comptable spécifique aux établissements de crédit, à l'occurrence le Guide comptable des établissements de crédit (GCEC), aux normes internationales d'audits ou aux normes internationales d'information financière en vigueur.

Le contrôle des banques par le moyen des audits externes effectués d'après les normes d'audit et d'éthique de haute qualité renforce la confiance du marché.

[8] BCC, instruction relative à l'exercice des fonctions de commissaire aux comptes des établissements de crédit et des institutions de microfinance, modification n°, article 3.

L'audit des états financiers qui, en fait, est un examen réalisé par un professionnel indépendant consistant à la vérification des états financiers ou autres informations financières d'une entité donnée en vue d'exprimer une opinion motivée destinée à renseigner les utilisateurs sur la régularité, la sincérité et l'image fidèle que ces états financiers ou informations donnent sur les opérations de l'exercice sous audit ainsi que sur la situation financière et les résultats de l'entité à la fin de l'exercice.

I.6.1.1. Objectifs généraux

Le commissariat aux comptes a deux objectifs généraux qu'il s'évertue à atteindre dans le cadre de sa mission :

✓ Obtenir une assurance raisonnable que les états financiers pris dans leur ensemble, ne comportent pas d'anomalies significatives, que celles-ci proviennent de fraudes ou résultent d'erreurs. C'est sur cette base que le commissaire aux comptes formule son opinion selon laquelle les états financiers sont établis ou non dans tous leurs aspects significatifs, conformément à un référentiel comptable en vigueur ;

✓ Produire un rapport sur les états financiers et de procéder aux communications requises par les normes internationales d'audit (International Standards on Audition, ISA en sigle).

I.6.1.2. De la lettre de mission

La lettre de mission d'audit est un document qui contient les clauses contractuelles, dont les conditions pour la mise en œuvre des procédures convenues entre la direction et le commissaire aux comptes.

Le commissaire aux comptes est tenu d'inclure dans sa lettre de mission notamment :

✓ Les diligences de vérification et de certification à accomplir portant sur les états financiers, le contrôle interne et les risques ;

✓ Ses responsabilités ;

✓ Les responsabilités du comité de direction (l'organe exécutif) et celles du Conseil d'administration ;

✓ Le référentiel comptable applicable pour l'élaboration des états financiers ;

✓ Le format de l'attestation relative à la conformité du référentiel comptable appliqué par la banque par rapport à celui en vigueur en République démocratique du Congo ;

✓ L'étendue et la profondeur des contrôles à opérer, par exemple, l'échantillonnage des engagements à examiner, le format de l'émission de l'opinion sur la sincérité et la régularité des comptes.

Pour réaliser sa mission du commissariat aux comptes, le commissaire aux comptes a le droit d'obtenir toute pièce, toute information ou document qu'il juge utile. Aucun refus ne pourrait lui être opposé sous prétexte du secret professionnel[9].

I.6.1.3. Des rapports de fin de mission et de la communication

À la fin de sa mission, le commissaire aux comptes établit d'abord un rapport à l'attention du Conseil d'administration, et ce, conformément à l'article 715 de l'Acte uniforme OHADA relatif au droit des sociétés commerciales et du Groupement d'intérêt économique. Ce rapport dit **« Rapport 715 »**, comprend, entre autres, les informations et conclusions ci-après :

✓ Les principaux chiffres clés du projet d'états financiers annuels à présenter et à soumettre au Conseil d'administration par la direction générale. Il s'agit, entre autres, du total bilan, des fonds propres, du Produit net bancaire et du résultat net de la période ;

✓ Les travaux en cours c'est-à-dire non encore finalisés à la date de la tenue du Conseil d'administration ;

L'étendue des travaux mis en œuvre pour exprimer une opinion motivée sur la régularité et la sincérité des états financiers annuels. Ces travaux concernent notamment :

- La prise de connaissance de l'environnement et du secteur dans lesquels évolue la banque ;
- La prise de connaissance de la banque, de son organisation et des changements intervenus au cours de l'exercice ;
- L'appréciation du contrôle interne ;
- L'identification des risques d'anomalies significatives dans les états financiers ;
- Les demandes d'informations et/ou de confirmation directe de soldes auprès des correspondants de la banque, ses fournisseurs, ses clients, ses avocats, ses conseillers fiscaux et autres partenaires (organismes sociaux, parties liées et d'autres structures qui sont en relation financière avec la banque) ;
- La revue de la sécurité, de l'intégrité, de l'adéquation et du fonctionnement correct des systèmes d'information et autres applications utilisés par la banque, et qui concourent à la production de l'information financière (états financiers) ;
- La mise en exécution des travaux de validation : revue analytique, tests substantifs, vérifications physiques, test de re-performance, etc. ;
- La revue des événements postérieurs à la date de clôture et de la traduction éventuelle de ses incidences dans les comptes de la banque ;

[9] Loi n° 22/069 du 27 décembre 2022 relative à l'activité et au contrôle des établissements de crédit, article 103.

- La revue des éléments qui concourent à l'application du principe de continuité d'activité dans la préparation du projet des états financiers ;

✓ Les résultats des travaux mis en œuvre qui se résument en quatre parties ci-après :

- Les conclusions portant sur les méthodes d'évaluation et de la comptabilisation des opérations de la banque ;
- Les points de contrôle interne ;
- Les points de non-conformité, les irrégularités et autres observations issues des vérifications spécifiques déjà effectuées.

✓ La conclusion des travaux incluant :

- Le projet d'opinion à exprimer sur les états financiers, dans le rapport général à adresser à l'Assemblée générale ordinaire annuelle des actionnaires ;
- Les points à remonter éventuellement dans les sections « **Observations** » et « **Autres points** » du rapport général à adresser à l'Assemblée générale ordinaire annuelle des actionnaires ;
- Les irrégularités à remonter dans la section « Vérifications spécifiques » du rapport général à adresser à l'Assemblée générale ordinaire annuelle des actionnaires.

Le commissaire aux comptes doit mettre ce « **Rapport 715** » à la disposition du président du Conseil d'administration avant la réunion du Conseil d'administration qui arrête les comptes de l'exercice écoulé. Il est plus recommandé aux banques de tenir ladite réunion du Conseil d'administration au plus tard le 10 avril de l'année qui suit l'exercice clos. Le Conseil d'administration est tenu de convoquer le commissaire aux comptes à cette réunion, au risque que cette dernière ainsi que les résolutions prises soient annulées.

Aussi, en l'absence de ce rapport du commissaire aux comptes à l'attention du Conseil d'administration (**Rapport 715**), cet organe délibérant ne peut pas prendre la décision d'arrêter des comptes.

Après la réunion du Conseil d'administration ayant pris la décision d'arrêter les comptes de la banque au 31 décembre de l'exercice comptable concerné, le commissaire aux comptes doit préparer les rapports ci-après, à présenter à l'Assemblée générale ordinaire annuelle des actionnaires, devant approuver les comptes arrêtés par l'organe délibérant :

✓ Le rapport général qui présente l'opinion de l'auditeur sur les états financiers arrêtés par le Conseil d'administration. Ce rapport comprend huit sections présentées ci-dessous :

- L'introduction qui rappelle l'organe qui a confié le mandat au commissaire aux comptes et le scope couvert dans ce rapport, à savoir l'audit des états financiers annuels et les vérifications spécifiques prévues par la loi et la réglementation bancaires. Cette section renseigne également sur l'exercice comptable concerné, le nom d'institution auditée, les chiffres clés des états financiers qui ont fait l'objet de l'audit (Total bilan, Fonds propres,

Produit net bancaire et Résultat net) et la date d'arrêter des comptes par l'organe délibérant ;

- L'opinion du commissaire aux comptes sur les états financiers : Il peut s'agir d'une opinion non modifiée ou d'une opinion modifiée. Les différents types d'opinion modifiée sont présentés dans le tableau 14 de cet ouvrage ;
- Le fondement de l'opinion ;
- Les observations (éventuellement) ;
- Les autres points (éventuellement) ;
- Les responsabilités de la direction et du Conseil d'administration relatives aux états financiers annuels ;
- Les responsabilités du commissaire aux comptes relatives à l'audit des états financiers annuels ;
- Les vérifications spécifiques prévues par la loi et la réglementation bancaires, concernant notamment la sincérité et la concordance avec les états financiers de synthèse, des informations données dans le rapport de gestion du Conseil d'administration et dans les documents sur la situation financière et les états financiers de synthèse de la banque adressés aux actionnaires. Ces vérifications portent également sur la tenue correcte des registres des titres nominatifs de la banque, en application de l'article 746-2 de l'Acte uniforme de l'OHADA relatif au droit des sociétés commerciales et du GIE et le respect des normes prudentielles édictées par la BCC, dans son instruction n° 14.

✓ L'attestation sur les informations communiquées dans le cadre de l'article 525 de l'Acte uniforme OHADA relatif au droit des sociétés commerciales et du GIE sur le montant global des rémunérations versées aux dix (si l'effectif du personnel est supérieur à 200) ou cinq (si l'effectif du personnel est inférieur ou égal à 200) dirigeants sociaux et salariés les mieux rémunérés pour l'exercice clos, qui a fait l'objet de l'audit ;

✓ Le rapport spécial établi en application de l'article 432 de l'Acte uniforme OHADA relatif au droit des sociétés commerciales et du GIE, sur les rémunérations exceptionnelles versées aux membres du Conseil d'administration et le remboursement des frais de voyage, déplacements et dépenses engagées par ces derniers, dans l'intérêt de la banque ;

✓ Le rapport spécial sur les conventions réglementées, établi conformément aux dispositions des articles 440 à 442 de l'Acte uniforme OHADA relatif au droit des sociétés commerciales et du GIE et à l'instruction n° 51 de la BCC fixant les règles relatives aux transactions des établissements de crédit et sociétés financières avec les personnes apparentées ;

✓ Le rapport ad hoc (éventuellement) établi en application de l'article 716 de l'Acte uniforme OHADA relatif au droit des sociétés commerciales et du GIE, sur les irrégularités et les inexactitudes relevées dans l'accomplissement de sa mission, mais qui ne sont pas remontées dans le rapport général, car elles ne sont pas soit significatives (prises individuellement ou collectivement), soit prévues dans les vérifications spécifiques, mais le commissaire aux comptes juge opportun et nécessaire de les partager avec les actionnaires.

Tous ces rapports sont transmis aux actionnaires de la banque au moins quinze (15) jours avant la tenue de l'Assemblée générale ordinaire annuelle devant approuver les comptes de l'exercice passé. Les banques ont l'obligation d'organiser cette réunion au plus tard le 30 avril de l'année qui suit l'exercice clos.

En sus des rapports à présenter au Conseil d'administration et à l'Assemblée générale des actionnaires, le commissaire doit établir un rapport spécial détaillé en application des dispositions de l'article 15 de l'instruction n° 19, modification n° 2, relative à l'exercice des fonctions de commissaire aux comptes dans les établissements de crédit et des institutions de microfinance.

Conformément à l'instruction n° 19 précitée, dans ce rapport, le commissaire aux comptes est appelé :

✓ À annexer sa lettre de contrôle interne qui présente ses observations sur les éventuelles anomalies relevées concernant notamment le contrôle interne, la conformité, la gestion des risques et le respect des normes prudentielles de gestion ;

✓ En cas d'émission d'une opinion modifiée dans son rapport général adressé à l'Assemblée générale des actionnaires, à fournir les motifs d'une telle opinion ;

✓ À donner son appréciation sur l'organisation, la gouvernance, l'adéquation et l'efficience du système de contrôle interne, le respect et l'observation des lois et réglementations applicables à la banque et la qualité des dispositifs de la gestion des risques ainsi que son avis sur la maitrise des risques inhérents aux prestations de services essentiels externalisés.

Aussi, vis-à-vis de la BCC, les commissaires aux comptes des banques ont une obligation légale et réglementaire de communication de leurs différents rapports. En effet, ils sont tenus de transmettre directement à la Banque centrale du Congo, après la tenue de l'Assemblée générale annuelle, les différents rapports adressés aux trois organes de gouvernance (Assemblée générale des actionnaires, Conseil d'administration et comité de direction) de la banque qui a fait l'objet de l'audit légal, à l'exception du rapport général relatif à la certification des comptes annuels qui doit être adressée à la Banque centrale du Congo au moins quinze jours avant la tenue de l'Assemblée générale annuelle ordinaire.

Il est à noter que tous ces rapports du commissaire aux comptes présentés ci-dessus ne peuvent être signés que par un associé, agréé par la Banque centrale du Congo à titre personnel, lorsque le mandat du commissariat aux comptes est confié à une société d'experts-comptables (un cabinet d'audit). Il s'observe malheureusement que les rapports de certains commissaires aux comptes (personnes morales) des banques ne sont pas signés par un associé agréé par la BCC à titre personnel.

Par conséquent, la Banque centrale du Congo et l'Ordre national des experts-comptables de la RDC devraient sensibiliser les commissaires aux comptes et experts comptables sur le respect de cette disposition légale et réglementaire.

À titre d'information, au 23 août 2023, les experts-comptables agréés par la BCC comme commissaires aux comptes-personnes morales et comme commissaires aux comptes-personnes physiques, sont présentés respectivement dans les tableaux 12 et 13 ci-dessous :

Tableau 12 : Liste des personnes morales agréées commissaires aux comptes par la BCC

N°	DÉNOMINATION
1	AUDITING ACCOUNTING AND CONSULTING FIRM (A.A.C.F.)
2	ANALYSES ET CONSEILS EN GESTION AU CONGO (A.C.G.C.)
3	LA GÉNÉRALE D'ÉTUDES ET DE DÉVELOPPEMENT (GED)
4	PRICEWATERHOUSECOOPERS (PWC)
5	LA PRADELLE CONSULTING
6	CAUDITEC
7	STRONG NKV
8	CABINET GESTION, ÉTUDES, AUDIT ET CONSEIL (GEAC)
9	CABINET BEDAP
10	CABINET HUMANITAS
11	DELOITTE SERVICES
12	ABN NZAILU CO
13	KPMG RDC
14	AFT CONSULTING ASSOCIÉS (AFT)
15	INADOF
16	ERNST YOUNG
17	MAZAR RDC
18	FIDUCIAIRE DES CONSULTANTS EN GESTION ET CONSEILS (FICOGEC)
19	CABINET D'EXPERTISE COMPTABLE TRANSPARENCY (CTRS)
20	CABINET DIAGNOSTIC INGÉNIERIE AUDIT-SERVICES (DIAS)

Source : Auteur sur base des recherches menées auprès de la direction des agréments et de la réglementation de la BCC

Tableau 13 : Liste des personnes physiques agréées commissaires aux comptes par la BCC

N°	NOMS
1	PANDI KABULI-J AUDITEC
2	MULUMBA KOLOMONI
3	Nico MABATA NTANTUG
4	Samuelson LUKIMUENA KUBA
5	Bruno KABUNDA MUSASA
6	YAONE
7	Bob David NZOIMBENGENE LUYINDULA
8	Cyprien BONGULUMATA LORELE
9	Bruno KAMBAJA MUBALATA
10	Maurice MBAYA KANGOMBA
11	Roger KAMBALE
12	Jean Jacques MUKIJLA MIJI
13	Patrick KASIGWA NYENYEZI
14	BENGEYA MACHOZI
15	Josue KASILEMBO BUJINGA
16	Alidor KAPUKU MUAMBA
17	Gabriel LUSAMBI BAYATAMBI
18	Adolphe TSHIPEPELE
19	Marco KAYAMBA KAYEMBA
20	Jean-Marie TUMBA KABALAMBI
21	KABEMBA BARAKA
22	MUTANDA NGOY-MWANA
23	Théophile NDANGI NDANGANI
24	Daddy NKUVU WENA
25	Dieudonné MAMPASI MABAYA
26	Danny NKUVU-A-MBlNDA
27	Glodie NTIAKULU BAYAKISA
28	BONTALA EKULA YONI
29	Samy LIGBAKELO MAYKPELE
30	DIASIVI LUSANVUKU MFULAMA

Source : Auteur sur base des recherches menées auprès de la direction des agréments et de la réglementation de la BCC

Il nous parait judicieux de ne pas clôturer cette section concernant le commissariat aux comptes, sans présenter les différents types d'opinion qu'un commissaire aux comptes peut exprimer.

Le commissaire aux comptes peut exprimer deux principaux types d'opinion :

- ✓ Opinion non modifiée ;
- ✓ Opinion modifiée.

Il exprime une **opinion non modifiée** sur une banque lorsqu'il conclut que les états financiers ont été préparés, dans tous leurs aspects significatifs, conformément au Guide comptable des établissements de crédit. Dans ce cas, son opinion peut être décrite comme suit dans son rapport général :

« À notre avis, les états financiers annuels ci-joints sont réguliers et sincères et donnent une image fidèle du résultat des opérations de l'exercice écoulé, ainsi que de la situation financière et du patrimoine de la banque à la fin de cet exercice conformément aux règles et méthodes comptables édictées par le Guide comptable des établissements de crédit ».

Il exprime une **opinion modifiée** lorsqu'il constate que les états financiers pris dans leur ensemble ne sont pas exempts d'anomalies significatives ou s'il n'est pas en mesure d'obtenir des éléments probants suffisants et appropriés lui permettant de conclure que les états financiers pris dans leur ensemble sont exempts d'anomalies significatives. Dans ce cas, son opinion sera exprimée conformément à la norme internationale d'audit (ISA) 705.

En cas d'une opinion modifiée, trois cas sont possibles :

- ✓ Opinion avec réserves ;
- ✓ Opinion défavorable ;
- ✓ Impossibilité d'exprimer une opinion.

Ces trois cas sont présentés dans le tableau 14 ci-dessous, qui présente les différentes formes d'opinion du commissaire aux comptes.

Tableau 14 : Différents scénarios d'opinion modifiée

Nature du problème donnant lieu à une opinion modifiée	Jugement du commissaire aux comptes quant au caractère généralisé des incidences sur les états financiers	
	Incidences significatives mais non généralisées	Incidences significatives généralisées
Présence d'une ou plusieurs anomalies significatives dans les états financiers	Opinion avec réserve	Opinion défavorable
Impossibilité d'obtenir des éléments probants, suffisants et appropriés	Opinion avec réserve	Impossibilité d'exprimer une opinion

Source : Nzoimbengene B.D. (2020)

I.6.1.4. Du devoir d'alerte du commissaire aux comptes

Dans l'exercice de ses fonctions lui dévolu par l'organe délibérant, le commissaire aux comptes doit alerter l'autorité de contrôle de toutes opérations, transactions, tout fait :

- ✓ Qui l'amènerait, soit à émettre une réserve dans son rapport, dès lors que cette réserve n'a pas pu être levée après échange avec ladite banque, soit à une situation de refus d'opinion ;

- ✓ De nature à influer négativement de manière significative sur la situation financière de l'organisation administrative et comptable de la banque, du contrôle interne et de la gestion de risque de l'institution bancaire ;
- ✓ Susceptible de constituer une violation des lois et des instructions de nature à mettre en cause la responsabilité de la banque ou de ses dirigeants ;
- ✓ De nature à compromettre la continuité de l'exploitation.

I.6.1.5. De la responsabilité règlementaire du commissaire aux comptes et de l'organe délibérant au regard de la mission d'audit

Les commissaires aux comptes doivent s'assurer que :

- ✓ La banque présente une situation conforme aux exigences de la BCC relative aux normes prudentielles de gestion ;
- ✓ Les pratiques de la banque en matière de classification et de provisionnement des créances sont conformes aux prescriptions y afférentes de la BCC ;
- ✓ Le plan de continuité d'activité est effectivement mis en place et en œuvre.

Le Conseil d'administration, par le truchement du comité d'audit, doit s'assurer de la qualité de la révision opérée par le commissaire aux comptes selon la taille et le profil des risques de la banque. Et cela en :

- ✓ Étant informé des objectifs et du plan de travail du commissaire aux comptes ;
- ✓ Supervisant et facilitant l'exécution de ses diligences ;
- ✓ Évaluant les constats relevés dans le rapport du commissaire aux comptes ;
- ✓ Procédant annuellement ou tous les deux ans, à une évaluation documentée de la qualité des prestations des commissaires aux comptes ;
- ✓ Évaluant le caractère raisonnable de ses honoraires.

I.6.1.6. Du secret professionnel, du mandat et de la rémunération

Le commissaire aux comptes dispose d'un droit d'accès permanent à l'établissement bancaire. Si son accès aux documents et informations de la banque est restreint, sa connaissance des activités et opérations de la banque serait limitée. Ainsi, la régularité et la sincérité des états financiers pourraient être remises en question. C'est pourquoi le secret professionnel ne lui est pas opposable.

La banque est appelée à mettre à la disposition du commissaire aux comptes tous les documents et informations qu'il juge nécessaires pour l'accomplissement de sa mission.

Le secret professionnel n'est pas non plus applicable à la Banque centrale du Congo. Lors des diligences de cette dernière, le commissaire aux comptes ne peut évoquer le secret professionnel pour ne pas lui transmettre tous documents et/ou informations qu'elle juge utiles.

Les banques établies en RDC sont tenues de désigner un commissaire aux comptes personne morale ou deux commissaires aux comptes personnes physiques, parmi ceux inscrits sur la liste des commissaires aux comptes (personnes morales et physiques) agréés par la BCC.

De même, elles doivent désigner également en qualité de commissaire aux comptes suppléant, un commissaire aux comptes personne morale ou deux commissaires aux comptes personnes physiques, sélectionnés sur la liste des commissaires aux comptes (personnes morales et physiques) agréés par la BCC.

Soulignons que le régulateur interdit aux banques de nommer un commissaire aux comptes titulaire et un suppléant, qui ont tous deux ou entre eux, des liens d'intérêt ou de subordination.

Une fois que la résolution de la nomination du commissaire aux comptes est prise par l'Assemblée générale, la banque est tenue d'informer la BCC, avec en annexe la copie du procès-verbal notarié de ladite réunion.

L'article 12 de l'instruction n° 19, modification n° 2, relative à l'exercice des fonctions de commissaires aux comptes dans les établissements de crédit et les sociétés financières, interdit aux organes de gouvernance de toute banque de mettre fin unilatéralement et par anticipation au mandat du commissaire aux comptes. Cela n'est possible que sur injonction de la BCC ou après son autorisation préalable. Toutefois, le commissaire aux comptes peut librement démissionner de son mandat à sa propre initiative.

Cependant, en cas d'expiration du mandat du commissaire aux comptes, la banque assujettie a l'obligation d'informer la direction des agréments et de la réglementation de la BCC, au moins six mois avant la date d'expiration, sa décision de renouvellement ou de désignation d'un autre commissaire aux comptes. En d'autres mots, six (6) mois avant la tenue de l'Assemblée générale annuelle ordinaire, devant approuver les comptes du dernier exercice à auditer par le commissaire aux comptes dans le cadre de son mandat, soit au plus tard le 31 octobre dudit dernier exercice comptable, la banque assujettie doit faire parvenir à la BCC, sa décision de renouvellement ou de changement de commissaire aux comptes.

Cette disposition protège le commissaire aux comptes et limite les pressions que les organes de gouvernance peuvent maintenir sur ce dernier, dans le cadre des conclusions de ses travaux, avant de renouveler son mandat.

En ce qui concerne la rémunération des commissaires aux comptes (titulaire et suppléant), elle est à la charge de la banque à laquelle ils sont rattachés.

Lorsque la Banque centrale met fin ou s'oppose à la désignation de commissaire aux comptes, la banque doit désigner un autre commissaire aux comptes sur la liste de ceux agréés par la Banque centrale et le faire adouber par elle (BCC) endéans 90 jours de la date de réception de l'avis d'opposition de la BCC. Au cas contraire, cette dernière désignerait d'office un commissaire aux comptes et fixerait sa rémunération qui sera supportée par la banque à laquelle il sera rattaché (banque commerciale).

I.6.1.7. De l'incompatibilité de la fonction du commissaire aux comptes

Les commissaires aux comptes personnes physiques ou les associés personnes morales ayant exercé la fonction de commissaire aux comptes dans une banque ne peuvent occuper aucune fonction auprès de ladite banque avant cinq (5) ans après la fin de leur mandat. Ils ne peuvent pas non plus exercer, auprès de ladite banque, une autre fonction que celle relative à la certification des comptes.

Il peut se faire que les commissaires aux comptes personnes physiques ou l'associé du commissaire aux comptes personne morale (ainsi que les membres de l'équipe de mission) désignés soient clients de la banque auprès de laquelle ils sont appelés à certifier les comptes. Dans ce cas, toutes les opérations qu'ils ont réalisées dans le cadre de leur relation, postérieures à la date de signature du mandat, doivent :

- ✓ Être limitées aux seuls dépôts ;
- ✓ Être effectuées aux conditions habituelles du marché ;
- ✓ Ne plus concerner de crédits nouveaux, ni de renouvellement de crédits ;
- ✓ Être soumises à l'approbation du Conseil d'administration sur l'avis du comité d'audit.

Si, dans le cadre de sa mission, il advenait que le commissaire aux comptes fasse appel au personnel extérieur, il doit s'assurer que ce dernier ne soit pas frappé d'incompatibilité telle que définie par les dispositions légales et réglementaires.

I.6.1.8. De la sanction du commissaire aux comptes par la BCC

Les commissaires aux comptes agréés par la BCC sont tenus d'observer les dispositions légales et réglementaires, prévues notamment dans la loi bancaire et dans l'instruction n° 19, modification n° 2 de la BCC, qui leur sont applicables. En cas de non-respect de ces dispositions, ils sont exposés aux sanctions ci-après, de la part de la BCC :

- ✓ L'avertissement ;
- ✓ Le blâme ;
- ✓ La suspension de l'agrément ;
- ✓ Le retrait de l'agrément.

En sus de ces sanctions, l'Ordre national des experts-comptables de la RDC (ONEC), peut également infliger des sanctions additionnelles, conformément à la loi n° 15/002 du 12 février 2015, portant création et organisation de l'Ordre national des experts-comptables, telle que modifiée et complétée à ce jour et aux dispositions de son règlement d'ordre intérieur.

I.6.2. Du rôle et de la mission du régulateur

La problématique de l'équilibre du système bancaire est l une des préoccupations majeures des autorités de régulation du système bancaire de chaque État, compte tenu du rôle central des banques dans le circuit économique. Les banques assurent une mission essentielle dans la vie économique des États, conformément à leur pouvoir de création monétaire, leur rôle primordial dans la mobilisation de l'épargne ainsi que dans les relations financières avec les autres agents économiques tels que les entreprises (pour qui elles jouent aussi le rôle du trésorier), l'État (pour qui elles jouent le rôle du caissier), le ménage (qui finance les banques par leurs dépôts et autres, qui est aussi financé par les banques par le moyen des crédits).

- **Organes de contrôle et de régulation bancaire**

(i) En République démocratique du Congo

Faisant suite à l'argumentaire ci-haut, le statut particulier des banques est étayé par le risque de contagion que leur défaillance fait courir à l'ensemble de l'économie. Ce secteur qui constitue le rouage essentiel de l'économie doit être contrôlé par une institution qui inspire confiance du fait de son indépendance, de sa compétence et de sa rigueur.

En République démocratique du Congo, le contrôle des banques est effectué par la Banque centrale du Congo elle-même, contrairement à d'autres pays où sont créés des organes ou des commissions spécifiques dédiés à la supervision bancaire.

L'exercice et le contrôle de l'activité bancaire en RDC sont régis par la loi n° 22/069 du 27 décembre 2022 relative à l'activité et au contrôle des établissements de crédit, ainsi qu'une panoplie d'instructions de la Banque centrale du Congo à l'égard des banques commerciales dont le but consiste essentiellement à garantir la solvabilité, la liquidité, la protection des déposants et, de manière générale, la sécurité du système bancaire dans son ensemble.

(ii) Dans d'autres pays

Le contrôle des institutions bancaires ne s'organise pas de la même façon d'un pays à l'autre. Ci-dessous, quelques autorités de contrôle bancaire de certains pays du monde :

- Aux USA, le contrôle des banques est assuré par les organes suivants :
  - Federal Reserve System (FED) : elle supervise les holdings bancaires et les banques à importance systémique. Mais aussi toutes les banques intégrées au système de la Federal Reserve System c'est-à-dire les banques

dont les actifs sont de USD 50 milliards ou plus. Elle veille également au respect des exigences du Comité de Bâle ;

- Federal Deposit Insurance Corporation (FDIC) : elle supervise toutes les autres banques qui ne sont pas intégrées au FED. Elle a pour mission principale de maintenir la stabilité et la confiance du public dans le système financier de la nation. La FDIC assure les dépôts, examine et supervise les institutions financières en matière de sécurité, de solidité et de protection des consommateurs, rend les institutions financières importantes et complexes résolubles et gère les mises sous séquestre ;
- Office of the Comptroller of the Currency : est un organisme étatique, sous la tutelle du département du Trésor des États-Unis, chargé de réguler et de surveiller les banques nationales implantées aux États-Unis.

❖ En Chine, la supervision des banques est faite par la China Banking and Insurance Regulatory Commission (CBIRC) qui travaille en étroite collaboration avec la Banque centrale chinoise ;

❖ En France, l'organe de supervision français de la banque et de l'assurance est l'Autorité de contrôle prudentiel et de résolution (ACPR) ;

❖ Dans la zone de l'Union monétaire ouest-africaine, l'organe de contrôle est la Commission bancaire de l'UMOA : elle est chargée de veiller à l'organisation et au contrôle des banques et établissements financiers.

Une chose est vraie, le contrôle des banques n'a pas pour rôle d'enrayer les défaillances bancaires, étant donné que dans une économie de marché, la défaillance est une composante de la prise de risque. La surveillance prudentielle est plutôt conçue pour réduire la probabilité de faillite ainsi que leur impact sur l'ensemble du système bancaire.

En somme, un contrôle globalisant, pour ne pas dire exhaustif, couvre les points sensibles suivants du management et des opérations bancaires :

- La gouvernance d'entreprise ;
- La stratégie mise en place par l'établissement bancaire pour la gestion de risque ;
- L'adéquation des politiques et procédures permettant le maintien d'un niveau adéquat de provisions et de réserves ;
- La politique de gestion de risque pays et le risque de transfert ;
- Contrôles et audit internes ;
- Communication financière et audit externe ;
- L'adéquation de politique anti-blanchiment ;
- Le respect des normes prudentielles de gestion :
  - L'adéquation des fonds propres par rapport au risque encouru par l'établissement bancaire ;
  - L'adéquation des dispositifs de gestion du risque de crédit ;
  - Le risque de marché ;
  - Le risque de taux d'intérêt dans le portefeuille bancaire ;
  - Le risque de liquidité ;

- Le risque opérationnel ;
- Les opérations réalisées avec des parties liées à la banque ;
- La division de risque et la limitation de l'expansion aux grands risques.

L'essentiel des points susmentionnés sera décrypté dans la suite de l'ouvrage, soit comme chapitre, soit comme section.

I.6.2.1. Les prérequis d'un contrôle bancaire efficace

L'efficacité d'un contrôle bancaire dépend de la capacité qu'ont les autorités de régulation de faire respecter la règlementation, notamment les normes prudentielles. Encore faut-il que ces normes soient mises en œuvre en tenant compte des spécificités du marché (cf. Principe n° 16 de principes fondamentaux pour un contrôle bancaire efficace de BÂLE).

Selon ces derniers, six principes constituent de prélude à un contrôle bancaire efficace du fait de leur incidence directe sur l'efficacité de la surveillance bancaire :

- Des politiques macroéconomiques saines et soutenables ;
- Un cadre bien établi pour la formulation des politiques de stabilité financière ;
- Des infrastructures publiques bien développées ;
- Un dispositif clair encadrant la gestion des crises ainsi que les mécanismes de redressement et de résolution ;
- Un degré approprié de protection systémique ;
- Une discipline de marché efficace.

De nombreux domaines de l'information financière exigent des jugements importants de la part de la direction – lors de la mise en œuvre des normes – et des auditeurs – lors de l'interprétation des normes au cours du processus d'audit – de l'autorité de contrôle et de surveillance bancaire. Ces domaines comprennent :

(1) La provision pour pertes sur prêts et la comptabilisation d'autres dépréciations ;

(2) La consolidation et d'autres participations avec des véhicules hors bilan ;

(3) Les estimations de la juste valeur et imprécision connexe (instruments financiers illiquides ou complexes) ; et

(4) Les informations à fournir notamment les méthodes d'évaluation et d'exposition au risque. (Basel Committee on Banking Supervision, 2008).

I.6.2.2. Les types de contrôle de la BCC

La loi n° 22/069 du décembre 2022 relative à l'activité et au contrôle des établissements de crédit à son article 81 confère à la Banque centrale du Congo le pouvoir d'effectuer des contrôles sur pièces et sur place. D'évaluer le caractère adéquat de la structure de gestion, de l'organisation administrative et comptable et du contrôle interne de l'établissement de crédit.

La banque centrale procède à trois types de contrôles suivants :

(1) Le contrôle a priori ;

(2) Le contrôle sur pièces ;

(3) Le contrôle sur place.

I.6.2.2.1. Le contrôle a priori

La Banque centrale effectue le contrôle a priori des banques candidates à l'agrément. Ce contrôle porte également sur l'agrément des dirigeants des banques et des modifications des dispositions statutaires.

La Banque centrale du Congo fixe, au travers de son instruction n° 18, relative aux conditions d'agrément des banques et de leurs dirigeants ainsi que de modification de leurs situations statutaires les éléments constitutifs du dossier de demande d'agrément, comme présenté au point I.4 portant agrément des banques en RD Congo. Le contrôle a priori se fait sur la base des exigences règlementaires et légales et a pour conséquence l'agrément ou le refus d'agrément.

I.6.2.2.2. Le contrôle sur pièces

Le contrôle bancaire est un exercice qui peut s'avérer long et exiger le déploiement d'un nombre important et qualifié de personnel de l'autorité de contrôle bancaire. Cette dernière ne peut s'offrir le luxe d'immobiliser son personnel sur une seule mission de contrôle, compte tenu du nombre de banques agréées et du temps qu'une mission de contrôle pourra prendre.

Cependant, les autorités de contrôle bancaire se servent des travaux des auditeurs externes pour se rendre compte de la situation de banques agréées. Ce choix se justifie par le fait qu'elles ont la possibilité d'orienter les travaux des auditeurs externes (cf. instruction n° 19, modification n° 2, de la BCC qui fixe notamment les responsabilités du commissaire aux comptes). Elles peuvent aussi utiliser le rapport de l'auditeur interne et ses différentes alertes.

Le contrôle sur pièces d'une banque permet d'ausculter et d'analyser régulièrement la situation financière des banques afin de mener des études plus approfondies. Mais aussi de déceler et d'évaluer les risques naissants, et de contribuer à déterminer les priorités ainsi que le périmètre des prochains contrôles sur place et sur pièces.

Grâce aux éléments périodiques mis par les banques commerciales à la disposition de l'autorité de régulation, cette dernière vérifie et analyse afin d'apprécier l'observation de la réglementation à laquelle les banques sont assujetties. Ce travail consiste notamment à analyser les états prudentiels qui lui sont fournis périodiquement. En plus des éléments à transmettre à la BCC, cette dernière peut accéder aux systèmes informatiques et y extraire des données elle-même pour de fin de contrôle sur pièces. Elle peut également convoquer toute personne liée (personnel, actionnaire, administrateur ou commissaire aux comptes) à la banque qu'elle contrôle afin d'obtenir toutes informations nécessaires.

Le contrôle sur pièces qu'effectue le régulateur permet de :

(1) S'assurer notamment du respect des lois et règlements relatifs au statut des banques, à l'exactitude et la sincérité des états financiers ;

(2) Vérifier l'adéquation des structures de gestion (le comité de gestion), de l'organisation administrative et comptable et du contrôle interne ;

(3) Vérifier l'honorabilité et l'expérience des animateurs du comité de direction de la banque ;

(4) S'assurer que la banque est gérée de manière à garantir dans le temps sa solidité par une gestion saine et prudente.

I.6.2.2.3. Le contrôle sur place

Le contrôle sur place, c'est-à-dire dans les locaux de la banque, permet de vérifier, de façon indépendante, que des politiques, procédures et contrôles adéquats sont mis en place au sein de la banque. Il permet également de s'assurer que les renseignements fournis par la banque sont fiables. La descente sur terrain permet d'obtenir, au sujet de la banque et des sociétés liées, des informations supplémentaires qui sont nécessaires pour évaluer la situation de la banque, et de contrôler que la banque suit réellement les questions prudentielles en suspens.

L'issue de travaux de contrôle réalisés par la Banque centrale par le truchement de ses inspecteurs peut l'amener à prendre l'une des décisions suivantes :

(1) Faire une mise en garde adressée à la banque, précéder de la mise en demeure de ses dirigeants à présenter leurs explications ;

(2) Adresser à l'endroit de la banque une injonction avec pour but de prendre dans un délai déterminé, toutes mesures correctives appropriées ;

(3) Désigner un représentant de la BCC pour une durée ne dépassant pas six mois, dans le but de prendre toute disposition de sauvegarde ;

(4) Nommer un administrateur provisoire à la tête de la banque ;

(5) Retirer l'agrément.

Toutes ces décisions découlent des constats suivants :

- ✓ Les opérations de la banque sont réalisées contrairement à la loi bancaire, aux lois et règlement en vigueur ;
- ✓ Les structures de gestion de la banque, son organisation administrative et comptable ou son contrôle interne présentent des lacunes graves ;
- ✓ La banque refuse de se soumettre au contrôle.

I.7. Transparence et discipline de marché dans le secteur bancaire

Du fait de la nature de leurs principales activités qui reposent essentiellement sur la confiance, les banques sont tenues d'observer la transparence, en publiant certaines informations qualitatives et quantitatives, devant permettre au public en général et à la clientèle, aux partenaires et aux contreparties en particulier, d'évaluer et d'apprécier leur situation financière et leur gouvernance, de manière globale, individuelle et comparée.

De même, les banques sont tenues de publier leurs conditions pour permettre aux clients d'effectuer des choix rationnels et judicieux des produits et services proposés par les différents acteurs. Parlant des conditions des banques, il s'agit, entre autres, des taux, frais et commissions applicables aux opérations avec la clientèle, les prélèvements et retenues obligatoires pour le compte du Trésor public ou des institutions publiques et de tous les autres frais liés aux services offerts par les banques.

On note cependant que la plupart des banques établies en RDC n'observent ni la transparence, ni la discipline de marché. À peine 15 % des banques congolaises publient leurs états financiers complets, la situation exhaustive de leurs normes prudentielles de gestion ainsi que le rapport de gouvernance de leurs institutions.

Plusieurs cadres des banques établies en RDC ont du mal à mettre les informations financières (états financiers certifiés, normes prudentielles, etc.) de leurs institutions bancaires à la disposition du public, dont notamment les chercheurs et leurs clients, au motif que ces informations seraient confidentielles. Ce qui constitue une aberration pour une banque de considérer que ses états financiers sont confidentiels.

Face à une telle situation, il était temps pour la BCC, en tant qu'autorité de régulation du secteur bancaire congolais, de renforcer et de prendre des mesures adéquates et contraignantes concernant la transparence et la discipline du marché dans le secteur bancaire du pays, afin non simplement de protéger le public, mais aussi de se conformer aux accords de Bâle dont l'un des piliers porte sur les notions de transparence et de la discipline de marché.

C'est dans ce cadre que la loi bancaire congolaise ainsi que les instructions de la BCC n° 40 du 3 janvier 2019, n° 21 du 4 juillet 2023 et n° 55 du 7 septembre 2023, portant respectivement sur la publication des conditions de banque, sur le gouvernement d'entreprise des établissements de crédit et la discipline de marché, imposent aux banques de droit congolais d'observer la discipline du marché et la transparence sur leurs conditions générales et leurs informations quantitatives et qualitatives.

En effet, conformément aux dispositions des textes précités dans le paragraphe précédent, les banques sont tenues de :

(1) Déposer au plus tard le 15 juin de l'année N+ leurs états financiers[10] de l'exercice N certifiés par leurs commissaires respectifs, pour publication au *Journal officiel* (article 52 de la loi bancaire, 2022) ;

(2) Publier trimestriellement, et immédiatement après tout changement, par voie d'affichage permanent dans leurs agences, guichets et site internet, leurs conditions de banque applicables à la clientèle : des taux, frais et commissions applicables aux opérations avec la clientèle, les prélèvements et retenues obligatoires pour le compte du Trésor public ou des institutions publiques et de tous les autres frais liés aux services offerts à la clientèle (instruction BCC n° 40, 2019)[11] ;

(3) Publier chaque année au minimum, par voie de presse, dans leurs rapports annuels et sur leurs sites internet (instruction BCC n° 21, 2023) :

✓ Les critères et le processus de sélection de leurs administrateurs ;

✓ La liste des comités spécialisés de leurs Conseils d'administration ainsi que les synthèses de leurs travaux ;

✓ La liste des comités internes opérationnels permanents mis en place par le comité de direction ainsi que les synthèses de leurs travaux ;

✓ Leurs objectifs, leurs organisations et leurs politiques de gouvernance[12] ;

✓ La liste de leurs actionnaires ainsi que les droits de vote de chacun ;

✓ La liste des transactions avec leurs parties liées ;

✓ Les points importants de leurs stratégies d'appétence au risque ;

✓ Les points clés de leurs politiques de gestion des risques ;

✓ Une déclaration annuelle détaillée sur la gouvernance de leurs organisations.

(4) Publier le rapport dénommé « Rapport Pilier III[13] », qui doit inclure à minima les informations quantitatives et qualitatives ci-après (instruction BCC n° 55, 2023) :

✓ Le bilan, le hors bilan, le compte de résultat, l'état de variation des capitaux propres et les notes annexes et explicatives ;

✓ Les indicateurs de gestion tels que le coefficient d'exploitation, les produits exceptionnels, les charges exceptionnelles, la rentabilité financière (ROE) et la rentabilité économique (ROA) ;

---

[10] Les états financiers à publier comprennent le bilan, le hors bilan, le compte de résultat, le tableau de flux de trésorerie, l'état de variations des capitaux propres et l'annexe. Chaque liasse de ces états financiers annuels à publier forme un tout indissociable.

[11] Ces conditions de la banque doivent être décrites de manière claire, concise, en français et dans les quatre (4) langues nationales de la RDC. Ces conditions de la banque doivent décrire de manière claire et précise les prestations offertes ainsi que les tarifications correspondantes et les dates valeur.

[12] Les politiques de gouvernance incluent notamment les principes du code d'éthique, de la gouvernance et de la politique de rémunération.

[13] Les informations contenues dans le Rapport pilier III doivent être claires, exhaustives, pertinentes pour les utilisateurs, cohérentes dans le temps, comparables entre les banques.

✓ Les normes prudentielles de gestion (ces normes détaillées dans le chapitre IV de cet ouvrage) ;

✓ La qualité du portefeuille conformément aux instructions n°s 14 et 16 de la Banque Centrale du Congo ;

✓ Une description globale de leurs objectifs et politiques en matière de gestion des risques ;

✓ La structure organisationnelle, la forme juridique et la structure de gestion[14] ;

✓ Une synthèse des principes et politiques de rémunération de l'ensemble du personnel ;

✓ Les modalités d'exercice du droit d'alerte des responsables des fonctions clés de contrôle interne auprès du Conseil d'administration ;

✓ Les informations relatives à la stratégie de développement et à la politique commerciale.

Le rapport pilier III de fin d'exercice doit être publié au plus tard le 30 avril de l'exercice suivant alors que celui du premier semestre de l'année N doit être publié au plus tard le 30 septembre de l'année N.

Concernant les modalités de publication, le rapport pilier III annuel doit être publié au *Journal officiel* de la RDC, sur le site web de la banque, ainsi que dans la presse dans le cadre d'une conférence formelle. :

I.8. Organisations professionnelles

La loi bancaire de la RDC impose à toutes les banques établies en RDC à adhérer à l'Association congolaise des banques, ACB en sigle. Cette association a pour objet de (ACB, 2012) :

- Représenter les intérêts collectifs des banques auprès des pouvoirs publics et d'organiser des services d'intérêt commun ;
- Assurer la protection, le développement et la représentation des intérêts et droits de banque auprès des pouvoirs publics ;
- Assurer l'information de ses adhérents et du public ;
- Favoriser la coopération entre les banques ;
- Participer aux travaux préparatoires relatifs à l'élaboration ou à la révision des lois et les mesures d'application et réglementaires applicables aux banques ;
- Réaliser des études sur toute question d'intérêt commun, dont notamment les lois, les mesures d'application et réglementations auxquelles les banques sont assujetties ;

[14] Il s'agit notamment de la liste des administrateurs et des membres du comité de direction, de leurs qualifications et expériences respectives, de la composition des comités spécialisés du Conseil d'administration, du processus de nomination des administrateurs, de la structure de l'actionnariat et les droits de vote de chaque actionnaire.

- Assurer la promotion auprès des banques, de l'adoption et de la conduite de l'activité bancaire dans le respect des textes légaux, réglementaires et standards bancaires internationaux ;
- Assurer la médiation entre les banques en vue de la résolution à l'amiable des conflits éventuels.

Outre l'ACB, les banques établies en RDC peuvent également opter d'adhérer à la Fédération des entreprises du Congo, FEC en sigle, qui a pour objet en tant que syndicat du patronat congolais, d'assumer la défense des intérêts des entreprises membres, d'encourager et promouvoir la formation professionnelle de ses membres et celle de son personnel et de fournir l'information au public et des conseils professionnels sur les relations de travail, de participer à l'élaboration et la mise en œuvre des politiques d'emploi et de la sécurité sociale et d'œuvrer pour le maintien de la paix sociale dans les entreprises par un dialogue permanent avec les organisations professionnelles des travailleurs et le gouvernement (FEC, 2011).

CHAPITRE II
STRUCTURE ORGANISATIONNELLE ET GOUVERNEMENT D'ENTREPRISE DANS LES BANQUES

Les banques, qui sont appelées à jouer un rôle assez important au sein de l'économie, en termes d'intermédiation et de facilitation des opérations de paiement, pour contribuer in fine au développement et à la croissance économique des pays, doivent mettre en place une organisation et une gouvernance adaptées et adéquates à leurs activités et à leurs missions. Dans un pays comme la RDC, une bonne organisation et gouvernance des banques est un gage au bon fonctionnement de l'ensemble du secteur financier et par voie de conséquence de l'économie nationale.

Pour assurer le bon fonctionnement de toute organisation ou entreprise, il est important que les tâches et les affectations de chaque organe soient clairement définies au préalable. Le respect de ces tâches et affectations constitue un élément primordial pour assurer la ségrégation des tâches et fonctions, mais aussi la performance de toute organisation. C'est pourquoi il est utile qu'une banque mette en place une organisation rigoureuse, formelle, saine et surtout conforme aux instructions n°s 17, 21 et 22 de la BCC, respectivement relatives au contrôle interne, au gouvernement d'entreprise et à la gestion des risques dans les établissements de crédit.

L'objectif ultime de la mise en place d'un dispositif organisationnel et de gouvernance solide et efficace dans les banques est la gestion préventive des conflits d'intérêts, préservation et la protection des parties prenantes, principalement la clientèle (épargne du public) et la préservation de l'économie dans son ensemble.

La mise en œuvre d'une bonne gouvernance et efficace des banques est tributaire de la qualité et de la pertinence des règles législatives et réglementaires, mais aussi de la justice.

En somme, un environnement des affaires de qualité, caractérisé par une législation et une réglementation commode et adaptée, une justice efficace et équitable et une supervision efficiente et rigoureuse, influe positivement sur la bonne gouvernance.

En vue d'assurer la transparence de leur gouvernance, le régulateur (BCC) impose aux banques de publier chaque année au minimum deux fois[15], par voie de presse et sur leurs sites internet :

- ✓ Les critères de sélection des membres de l'organe délibérant ;
- ✓ La liste des comités spécialisés de l'organe délibérant et de principaux comités internes opérationnels permanents ainsi qu'une synthèse de leurs travaux ;
- ✓ Les objectifs de la banque, son organisation et ses politiques de gouvernance, dont celle de la gestion des risques ;
- ✓ La liste des actionnaires et le droit de vote reconnu à chacun ;
- ✓ La liste des transactions avec des parties liées ;
- ✓ Les informations financières (états financiers) établies suivant le Guide comptable des établissements de crédit (GCEC) ;
- ✓ Les données relatives à la rentabilité financière (ROE) et économique (ROA) ;
- ✓ Les données prudentielles concernant notamment les fonds propres de base, les fonds propres réglementaires, la solvabilité, les risques, les ratios de liquidité, le coefficient de transformation, la limitation de participation et le coussin des fonds propres ;
- ✓ Les données relatives à la qualité du portefeuille des crédits ;
- ✓ La ventilation des dépôts reçus de la clientèle.

Chaque banque a l'obligation d'insérer dans son rapport annuel publié, une déclaration annuelle détaillée, clairement présentée, sur sa gouvernance (article 51 de l'instruction n° 21, modification n° 2, relative au gouvernement d'entreprise dans les établissements de crédit).

Il est important de rappeler également que le secteur bancaire congolais regorge différentes catégories de banques dont notamment les banques panafricaines, les banques internationales, les banques locales, les banques de taille moyenne, les petites banques et les très petites banques. N'ayant pas toutes les mêmes caractéristiques, les banques de droit congolais ne font pas toutes face aux mêmes réalités et problématiques. D'où la nécessité pour le régulateur de ne pas fixer les règles communes en matière de gouvernance à toutes ces banques, pour ne pas asphyxier certaines banques, dont notamment les très petites banques et d'éviter aussi de mettre en place une réglementation inadaptée (sous réglementation) aux autres catégories de banques, dont celles à importance systémique.

Ainsi, la réglementation en matière de gouvernance devrait prendre en compte un certain nombre de facteurs ou paramètres, dont notamment la taille, la complexité, la structure, le poids économique, le profil de risque et le modèle opérationnel.

---

[15] À la fin du premier semestre et à la fin de l'exercice comptable.

Pour les banques de taille moyenne ou à importance systémique, par exemple, la gouvernance à mettre en place devrait être beaucoup plus rigoureuse que celles d'autres catégories.

Par banque d'importance systémique, il faut entendre une banque de taille critique, qui joue un rôle clé dans l'intermédiation (contribution importante en matière de crédits et de collecte des dépôts), avec une interconnectivité importante avec le système financier, et dont la défaillance peut mettre à mal l'ensemble du système financier, voire l'activité économique du pays.

II.1. Structure organisationnelle d'une banque

En RDC, la question de la gouvernance des banques est régie par plusieurs dispositions légales et réglementaires, à savoir :

- La loi n° 22/069 du 27 décembre 2022 relative à l'activité et au contrôle des établissements de crédit ;
- L'Acte uniforme OHADA relatif au droit des sociétés commerciales et du Groupement d'intérêt économique ;
- L'instruction n° 18, modification n° 3 de la BCC relative aux conditions d'agrément des établissements de crédit, de leurs dirigeants et modification de leurs situations statutaires ;
- L'instruction n° 21, modification n° 2 de la BCC relative au gouvernement d'entreprise des établissements de crédit.

La structure organisationnelle d'une banque de droit congolais est composée des organes sociaux ci-après :

- L'Assemblée générale ;
- Le Conseil d'administration (en ce compris ses comités spécialisés que sont le comité d'audit, comité des risques, le comité d'éthique et conformité, le comité de rémunération et le comité des ressources humaines) ;
- Le comité de direction.

Le rapport entre ces trois organes et les autres parties prenantes internes à la banque qui permettent d'orienter, de surveiller, de diriger, d'organiser, de mettre en œuvre et de contrôler les activités de la banque, est-ce qu'il convient de désigner par « **Gouvernance des banques** » (BCC, instruction n° 21, 2023).

En vue d'assurer la transparence et de privilégier la compétence, les banques sont tenues de mettre en place une procédure formalisée (écrite et approuvée) en matière de :

- ✓ Sélection et nomination des membres du Conseil d'administration et du comité de direction ;
- ✓ Recrutement de certains hauts cadres et responsables des fonctions sensibles, dont notamment : les responsables de la direction financière et de la direction des opérations, le responsable de l'audit interne, le responsable du

contrôle interne, le responsable de la direction commerciale, le responsable de la conformité et le responsable de la direction des risques.

II.1.1. Assemblée générale (A.G)

L'Assemblée générale est l'organe suprême constitué des apporteurs personnes physiques ou morales des capitaux en capital social des banques. En d'autres termes, c'est l'organe qui regroupe les propriétaires juridiques de la banque. Ces apporteurs ou propriétaires sont appelés actionnaires.

Les membres de l'Assemblée générale, c'est-à-dire les actionnaires, doivent s'informer de l'activité, la situation financière et la gestion de la banque par le biais des rapports réguliers et circonstanciés, qui leur sont communiqués par le Conseil d'administration.

Ces actionnaires qui espèrent recevoir des dividendes à titre de rémunération de leurs investissements, ne peuvent s'attendre à une quelconque autre rémunération (salaires, avantages sociaux, indemnités, etc.).

Au regard de l'article 11 de la loi n° 22/069 du 27 décembre 2022 relative à l'activité et au contrôle des établissements de crédit, les actionnaires ou sociétaires d'une banque doivent être au nombre de 4 au minimum. Ces quatre (4) actionnaires qui ne doivent être ni des personnes apparentées, ni des parties liées, doivent détenir chacun au moins 15 % du capital social de la banque. Par conséquent, aucun actionnaire d'une banque de droit congolais ne peut détenir à lui seul plus de 55 % du capital social.

Cette disposition présente une opportunité aux Congolais, personnes physiques ou morales d'entrer dans le capital social des banques établies en RDC, qu'elles soient panafricaines ou internationales. Par ailleurs, ces Congolais désireux de participer au capital social des banques doivent être en mesure de justifier correctement l'origine de leurs capitaux (fonds).

Cet organe, qu'est l'Assemblée générale a pour missions principales :

(i) L'approbation des états financiers annuels de la banque au plus tard le 30 avril de l'année suivante ;

(ii) L'approbation de l'affectation du résultat (dotations des réserves facultatives, détermination de la part de bénéfices à distribuer, le report à nouveau éventuel) ;

(iii) L'approbation du rapport de gestion ;

(iv) L'avis pour statuer sur le rapport du commissaire aux comptes sur les conventions réglementées ;

(v) L'approbation des conventions réglementées présentées et autorisées par le Conseil d'administration (les actionnaires concernés ou intéressés ne participent pas au vote de cette résolution) ;

(vi) La nomination du (des) commissaire(s) aux comptes et des membres de l'organe délibérant dans le respect des dispositions de l'instruction n° 18, modification n° 3 de la BCC relative aux conditions d'agrément des établissements de crédit, de leurs dirigeants et modification de leurs situations statutaires ;

(vii) L'approbation du rapport du commissaire aux comptes sur l'acquisition par la banque, dans les deux (2) ans suivant son immatriculation au RCCM, d'un bien appartenant à un actionnaire et dont la valeur est au moins égale à cinq millions (5 000 000) de francs CFA (CDF 9 627 000 00)[16], car toute délibération prise à défaut de ce rapport est nulle. Ce rapport qui est demandé par le président du Conseil d'administration de la banque doit indiquer le bien acquis, les critères retenus pour la fixation du prix, et apprécier la pertinence de ces critères ;

(viii) Les modifications des statuts de la banque.

L'Assemblée générale des actionnaires peut se réunir en session ordinaire pour toutes questions générales concernant la banque ou en session extraordinaire, pour toute question touchant la modification des statuts dans toutes ses dispositions.

Cet organe se réunit au moins une fois chaque année, en Assemblée générale ordinaire annuelle, réunion au cours de laquelle, il est appelé à approuver le rapport de gestion, l'inventaire et les états financiers de l'exercice comptable passé (N-1) arrêtés par le Conseil d'administration et les conventions réglementées. Cette réunion d'Assemblée générale annuelle est tenue au plus tard le 30 avril de chaque année.

Pour permettre aux actionnaires de bien préparer cette réunion, les documents indiqués au paragraphe précédent, le projet des résolutions et les rapports du commissaire aux comptes doivent leur être transmis au moins quinze (15) jours avant la tenue de la réunion de l'Assemblée générale annuelle.

Par conséquent, la convocation des actionnaires d'une banque à une Assemblée générale doit être envoyée au moins quinze (15) jours avant la réunion (six jours au moins pour les convocations suivantes) et doit indiquer clairement la date, le lieu de la réunion et l'ordre du jour.

Concernant l'Assemblée générale ordinaire, elle ne peut valablement délibérer, sur première convocation, que si les actionnaires présents ou représentés détiennent au moins 25 % des actions ayant le droit de vote. À partir de la deuxième convocation, aucun quorum n'est requis.

A contrario, pour éviter la nullité des décisions ou résolutions prises par une Assemblée générale extraordinaire, leur réunion ne peut valablement se tenir que si elle connait la participation d'une majorité d'actionnaires représentant au moins la moitié du capital social, sur une première convocation, et 25 % des actions sur une deuxième convocation.

---

[16] Taux FCFA/CDF : 1 9254 ; utilisé est le taux moyen de la Banque centrale du Congo du 30 janvier 2014, date d'adoption de l'Acte uniforme OHADA relatif au droit des sociétés commerciales et GIE, révisé.

Il est à noter qu'une réunion de l'Assemblée irrégulièrement convoquée peut être annulée, sauf si tous les actionnaires de la banque étaient présents ou représentés.

Pour éviter la nullité de sa délibération, toute question non inscrite à l'ordre du jour ne peut pas être traitée. Toutefois, l'Assemblée générale des actionnaires d'une banque peut procéder en toutes circonstances à la révocation et aux propositions de remplacement d'un ou plusieurs membres de l'organe délibérant, sous réserve de l'agrément des nouveaux par la BCC.

Toutefois, en cas d'un constat grave, susceptible de compromettre la continuité d'activité de la banque, en particulier l'insuffisance de fonds propres, le dysfonctionnement sérieux de la gouvernance, une situation de violation grave en matière de la réglementation prudentielle, fraude significative ou contournement des contrôles avérés par l'organe délibérant et/ou de gestion, les actionnaires sont tenus de se réunir au plus tard dans les 48 heures qui suivent la remontée de ce constat à leur niveau.

Si le commissaire aux comptes constate la non-tenue de la réunion de l'Assemblée générale pour apporter des solutions correctives aux problèmes soulevés ci-haut, il est tenu d'informer immédiatement la BCC et de convoquer ladite Assemblée, conformément aux dispositions légales et règlementaires.

Toute réunion d'Assemblée générale d'une banque en activité est convoquée par l'organe délibérant. À défaut de la convocation par l'organe délibérant, il est prévu que (qu') :

(i) Le commissaire aux comptes convoque cette réunion, après avoir requis sans succès la convocation de ladite réunion par Conseil d'administration ;

(ii) Un mandataire désigné par le tribunal de commerce ou la Banque centrale du Congo (en cas de mise sous administration provisoire) à la demande de tout intéressé (en cas d'urgence), convoque ladite réunion de l'Assemblée générale des actionnaires ;

(iii) Un ou plusieurs actionnaires détenant au moins 10 % du capital social convoquent la réunion de l'Assemblée générale des actionnaires.

Les réunions des actionnaires en Assemblée générale se tiennent au siège social de la banque ou en tout autre lieu en RDC. Toutefois, les statuts de la banque peuvent librement prévoir d'autres dispositions sur la tenue des réunions d'actionnaires en Assemblée générale.

D'un point de vue fiscal, l'ordonnance-loi n° 69/009 du 10 février 1969 relative aux impôts cédulaires sur les revenus, telle que modifiée et complétée à ce jour, dispose en son article 3, que l'Assemblée générale ordinaire des sociétés de droit national doit obligatoirement se réunir en République démocratique du Congo. Par prudence, il est ainsi recommandé aux banques d'organiser leurs Assemblées générales ordinaires en RDC.

Toute Assemblée générale d'une banque est présidée par le président de l'organe délibérant (Conseil d'administration). En cas d'empêchement de ce dernier, et sauf clause statutaire contraire, la réunion est présidée par l'actionnaire ayant ou représentant le plus grand nombre d'actions. En cas d'égalité, par le doyen d'âge.

Les scrutateurs de la réunion d'Assemblée générale des actionnaires sont les deux (2) actionnaires représentant le plus grand nombre d'actions par eux-mêmes ou comme mandataires, sous réserve de leur acceptation.

Le secrétariat, chargé d'établir le procès-verbal des débats, peut quant à lui être désigné en dehors des actionnaires.

À l'issue de chaque réunion d'Assemblée générale, un procès-verbal des délibérations qui renseigne les informations ci-après est établi :

- La date de la réunion ;
- Le lieu de la réunion ;
- La nature de l'Assemblée,
- Le mode de convocation,
- L'ordre du jour ;
- La composition du bureau (président, scrutateurs et secrétaire) ;
- Le quorum ;
- Le texte des résolutions soumises au vote et les résultats y relatifs ;
- Les rapports, avis et documents présentés à l'Assemblée ;
- Le résumé des débats.

Le régulateur tient à l'insertion du résumé des débats dans le procès-verbal des Assemblées générales. Par conséquent, le président du Conseil d'administration et le secrétaire de l'Assemblée sont tenus de veiller à l'insertion du verbatim dans le procès-verbal des Assemblées générales.

II.1.2. Conseil d'administration (C.A)

Le Conseil d'administration est l'organe qui définit l'orientation de la stratégie de la banque, assure la surveillance de sa mise en œuvre, et en rend compte aux actionnaires. C'est également l'instance qui contrôle et supervise les actions de la direction de la banque.

Le Conseil d'administration est constitué des personnes qui reçoivent le mandat direct des actionnaires, afin d'assurer pour le compte de ces derniers, la surveillance de la situation et la gestion de la banque concernée. Ces personnes mandatées par les actionnaires sont appelées **« administrateurs »**. Leur nomination ou désignation doit être publiée au Registre du commerce et du crédit mobilier (RCCM).

Ces membres du Conseil d'administration sont collectivement responsables devant l'Assemblée générale des actionnaires. Sauf à engager sa responsabilité personnelle, chaque administrateur est tenu aux obligations de diligence, de loyauté et doit se considérer comme le représentant de l'ensemble des actionnaires. Il devra donc se comporter comme tel dans l'exercice de ses fonctions (BCC, instruction n° 21, 2023).

Ces administrateurs doivent avoir une bonne maîtrise de la langue française (français écrit et parlé), être de différents profils d'expertise, et dotés de compétences complémentaires dans divers domaines, dont notamment :

- ✓ Le domaine bancaire ou financier ;
- ✓ Le domaine de marché de capitaux ;
- ✓ L'analyse financière et d'expertise-comptable ;
- ✓ Les nouvelles technologies d'information ;
- ✓ La planification stratégique ;
- ✓ La conformité et la gestion des risques ;
- ✓ La réglementation ;
- ✓ La gouvernance d'entreprise.

Bien que disposant des compétences dans certains domaines détaillés ci-haut, les personnes physiques ayant le statut de Personne politiquement exposée, au sens de la loi n° 22/068 du 27 décembre 2022, portant lutte contre le blanchiment de capitaux et le financement du terrorisme et de la prolifération des armes de destruction massive, ne peuvent pas être nommées « administrateurs » dans les banques de droit congolais. En cas d'acquisition de ce statut pendant l'exécution de son mandat d'administrateur, le concerné doit directement et immédiatement démissionner de ses fonctions d'administrateur au sein de la banque[17].

Par ailleurs, conformément à l'article 15 alinéa 2 de la loi n° 22/069 telle que précitée, et aux dispositions de l'instruction n° 18, modification n° 3, relative aux conditions d'agrément des établissements de crédit, de leurs dirigeants et modification de leurs situations statutaires, le Conseil d'administration de la banque doit être constitué en majorité de membres de nationalité congolaise et de 50 % d'administrateurs femmes.

Il ressort de l'analyse des dispositions légales et réglementaires applicables aux banques, qu'une institution bancaire établie en RDC est administrée par un Conseil d'administration composé d'au moins de sept (7) membres, actionnaires ou non, dont trois (3) administrateurs indépendants au moins. Cependant, contrairement aux dispositions du droit commun concernant les sociétés anonymes avec Conseil d'administration, une banque peut avoir un Conseil d'administration avec plus de douze (12) administrateurs (BCC, instruction n° 21, article 28, 2023).

En général, le Conseil d'administration des banques est composé de trois types d'administrateurs, à savoir :

- Administrateur exécutif ou actif ;
- Administrateur non exécutif ou passif ;
- Administrateur indépendant.

[17] La BCC émettra des lignes directrices pour expliciter la situation des assimilés aux Personnes politiquement exposées.

Un administrateur actif ou exécutif est une personne physique, membre du Conseil d'administration, mais qui exerce simultanément les fonctions au sein de l'organe exécutif de la banque, c'est-à-dire au sein de la direction de la banque. La durée du mandat des administrateurs actifs dans une banque est de cinq (5) ans, renouvelable une fois.

Un administrateur non exécutif est un membre exclusif du Conseil d'administration. Autrement dit, il n'occupe aucune autre fonction au sein de la direction de la banque. La durée de son mandat est de six (6) ans, renouvelable.

Un administrateur indépendant, quant à lui, est un membre du Conseil d'administration, qui n'entretient aucune relation, de quelque nature que ce soit avec la banque ou l'actionnaire majoritaire ou de référence (groupe auquel la banque appartient), qui puisse compromettre l'exercice de sa liberté de jugement. En d'autres termes, il s'agit d'un administrateur dont la capacité à exercer un jugement objectif n'est pas entravée par une quelconque influence d'origine interne ou externe, de nature politique ou patrimoniale. La durée de son mandat est de trois (3) ans, renouvelable une fois.

En vue de prévenir les conflits d'intérêts, les administrateurs indépendants ne doivent pas, entre autres :

- Être salariés ou mandataires de la banque dont il est question ou de son actionnaire majoritaire (actionnaire de référence) ou d'une autre entreprise du groupe d'appartenance, durant les trois (3) dernières années ;
- Apparentés à la banque ;
- Clients ou fournisseurs de la même banque ;
- Avoir un lien de parenté avec un mandataire de la même banque ;
- Avoir été auditeurs ou commissaires aux comptes de la banque concernée au cours des trois (3) dernières années ;
- Avoir été membres du Conseil d'administration de la banque assujettie depuis plus de six ans ;
- Être liés par une influence, de nature politique ou patrimoniale, d'origine interne ou externe à la banque, qui puisse compromettre l'exercice de sa liberté de jugement ;
- Être membre du Conseil d'administration dans un autre établissement de crédit ou société financière.

Aussi, le Conseil d'administration d'une banque doit être composé majoritairement, et de façon permanente, d'administrateurs non exécutifs. Toujours dans la même optique de prévention contre le conflit d'intérêts, un administrateur d'une banque, qu'il soit exécutif ou non, ne peut simultanément :

- Exercer une quelconque autre fonction dans un autre établissement de crédit ou société financière de droit congolais, sauf dans le cas où l'autre établissement de crédit appartient aux mêmes actionnaires ;
- Être membre du Conseil d'administration dans une autre banque ;

- Être employé, administrateur ou mandataire dans un organe de régulation et/ou du contrôle du secteur financier, comme la CENAREF, la BCC et l'ARCA.
- Être propriétaire ou détenir des actions en tant que personne physique dans un autre établissement de crédit ou société financière de droit congolais.

Cependant, il n'est pas interdit à un administrateur d'une banque de droit congolais d'être simultanément membre des Conseils d'administration des autres sociétés anonymes non bancaires ayant leur siège en République démocratique du Congo. Mais ils ne peuvent pas l'être dans plus de quatre sociétés, hormis la banque.

Les premiers administrateurs d'une nouvelle banque sont désignés soit dans les statuts, soit lors de l'Assemblée générale constitutive. Toutefois, pour obvier à modifier les statuts régulièrement, il est recommandé de nommer les premiers administrateurs lors de l'Assemblée générale constitutive. Durant la vie sociale de la banque, ses administrateurs sont nommés par l'Assemblée générale ordinaire des actionnaires.

En termes de mission, le Conseil d'administration d'une banque de droit congolais a la responsabilité de définir les orientations stratégiques de l'activité de la banque et de s'assurer de leur mise en œuvre. Il est tenu dans la limite de l'objet social de la banque de se saisir de toutes questions intéressant sa bonne marche et de les régler. Ces questions peuvent porter sur divers sujets dont notamment la continuité d'activité de la banque, les conflits entre les membres du comité de direction, la non-conformité aux règles prudentielles édictées par la BCC et la non-observation des règles et normes de lutte anti-blanchiment des capitaux et financement du terrorisme.

De ce qui précède, nous résumons ci-dessous, les principales activités du Conseil d'administration :

(i) Définir la stratégie de la banque ;

(ii) Assurer la surveillance de la mise en œuvre de la stratégie par le comité de direction et en rendre compte aux actionnaires ;

(iii) Définir une politique d'appétence pour le risque comportant notamment un système formalisé et structuré de délégations et de limites de tolérance à la prise de risque ;

(iv) Approuver les valeurs de la banque, le code de conduite et les valeurs d'éthique communiqués à l'ensemble du personnel permanent et non permanent ;

(v) S'assurer de l'application des codes de déontologie et des règles d'éthique ;

(vi) Instituer des critères de compétence et d'honorabilité régissant la sélection de ses membres, des mandataires sociaux et des hauts cadres de la banque ;

(vii) Proposer à l'Assemblée générale la désignation d'administrateurs répondant au profil requis ;

(viii) Désigner des membres du comité de direction dans le respect des dispositions de l'instruction n° 18, modification n° 3 de la BCC relative aux conditions d'agrément des établissements de crédit, de leurs dirigeants et modification de leurs situations statutaires ;

(ix) Mettre en place des plans de succession des membres de l'organe exécutif ;

(x) Évaluer les membres de l'organe exécutif et s'assurer qu'ils gèrent la banque conformément à la politique qu'il a définie ;

(xi) S'assurer de la préservation et de l'affectation des ressources conformément à l'objet social de la banque ;

(xii) Veiller à la qualité de l'information fournie à l'Assemblée générale des actionnaires et au public ;

(xiii) Établir et décider de l'arrêté des états financiers annuels de la banque conformément au Guide comptable des établissements de crédit (GCEC) au plus tard le 14 avril de l'année suivante ;

(xiv) Assurer la revue et la validation du rapport de gestion préparé par le comité de direction et qui doit être présenté à l'Assemblée générale ordinaire annuelle. Ce rapport présente les éléments clés qui ont caractérisé les activités de la banque durant l'exercice écoulé, dont notamment et obligatoirement la situation (financière, commerciale et sociale) de la banque, la situation de la conformité en matière des normes prudentielles et de la lutte contre le blanchiment des capitaux et le financement du terrorisme et de la prolifération des armes de destruction massive, l'évolution prévisible de l'institution, les événements significatifs survenus entre le 31 décembre de l'exercice écoulé et la date de la rédaction du rapport de gestion, les perspectives de continuation de l'activité, les modifications dans la présentation des états financiers ou dans les méthodes d'évaluation, d'amortissement ou de provisions, l'évolution de la situation de trésorerie et le plan de financement ;

(xv) Rédiger la proposition d'affectation du résultat (dotations des réserves facultatives, détermination de la part de bénéfices à distribuer, fixation du report à nouveau éventuel) à soumettre à l'Assemblée générale ordinaire annuelle ;

(xvi) Prendre ou non la décision d'autorisation préalable des conventions réglementées à soumettre à l'approbation de l'Assemblée générale ordinaire ;

(xvii) S'assurer en permanence de l'adéquation du niveau de fonds propres prudentiels au regard du profil des risques et conformément aux dispositions réglementaires ;

(xviii) Veiller à l'indépendance des fonctions de gestion des risques, de conformité et d'audit interne par rapport aux unités opérationnelles ;

(xix) Sélectionner et proposer le commissaire(s) aux comptes aux actionnaires dans le respect des dispositions des instructions n° 18 (modification n° 3) et n° 19 (modification n° 2) de la BCC, relatives respectivement aux conditions d'agrément des établissements de crédit, de leurs dirigeants et modification de leurs situations statutaires et à l'exercice des fonctions de commissariat aux comptes dans les établissements de crédit et les sociétés financières.

Le Conseil d'administration d'une banque se réunit au moins quatre (4) fois par année, à raison d'une (1) réunion par trimestre, selon un calendrier prédéfini et un ordre du jour prédéterminé. Il se réunit également à chaque fois que la situation de la banque nécessite une rencontre formelle de ses membres. La présidence du Conseil d'administration ne peut être assurée que par un administrateur non exécutif ou un administrateur indépendant. Cependant, ce président ne peut pas être membre d'un des comités spécialisés de la banque.

À l'issue de chacune de ses réunions, le Conseil d'administration doit produire un procès-verbal qui doit :

- Reprendre les différentes décisions prises ainsi que les verbatims (comptes rendus détaillés et exhaustifs des points présentés, des débats et des opinions de chaque administrateur ou invité du Conseil, sur les différentes questions traitées ou analysées) ;
- Être approuvé et signé par tous les administrateurs présents ;
- Être soumis au notaire pour authentification (établir l'acte notarié), y compris le compte rendu de la séance.

En rémunération de leurs activités et engagements pris, l'Assemblée générale ordinaire de la banque concernée peut allouer à ses administrateurs une indemnité de fonction, sous forme d'une somme fixe annuelle qu'elle détermine souverainement. Si les statuts de la banque n'ont rien prévu en termes de répartition de cette indemnité globale, le Conseil d'administration repartit librement les indemnités de fonction entre ses membres.

Suivant une enquête que nous avons menée et en fonction de la catégorie des banques, nous pensons que les rémunérations des administrateurs non actifs (passifs) des banques peuvent nager dans les fourchettes ci-après :

Tableau 15 : Grille de rémunération nette des administrateurs des banques

	Indemnité annuelle minimum en USD	Indemnité annuelle minimum en USD	Indemnité annuelle minimum en USD	Indemnité annuelle minimum en USD	Indemnité annuelle minimum en USD	Indemnité annuelle minimum en USD
	Présidents du Conseil d'Administration		**Administrateur indépendant**		**Administrateur**	
Grande banque	24 001	32 000	19 201	26 000	15 401	20 800
Banque moyenne	20 001	24 000	16 001	19 200	12 801	15 400
Petite banque	12 001	20 000	9 601	16 000	7 801	12 800
Très petite banque	8 000	12 000	6 400	9 600	6 400	7 800

Source : Tableau conçu par l'auteur sur base de ses enquêtes

Les frais indiqués ci-dessus n'incluent pas des frais de voyage, déplacements et logement, qui doivent être pris en charge également par la banque.

Le Conseil d'administration peut également confier des missions spéciales à ses membres. Dans ce cas, il peut allouer des rémunérations exceptionnelles à ces derniers, en vue de leur permettre de réaliser avec succès ces missions. Les frais engagés pour les missions et mandats qui leur sont confiés par le Conseil d'Administration et dans l'intérêt de la banque sont pris en charge par celle-ci.

Les rémunérations et frais payés à l'occasion des missions spéciales confiées aux administrateurs donnent lieu à un rapport spécial du commissaire aux comptes à l'Assemblée générale ordinaire annuelle.

Afin de réaliser sa mission en toute efficacité et conformément à la réglementation bancaire applicable en RDC, le Conseil d'administration (C.A) se fait assister par les comités spécialisés ci-après, qu'il crée en son sein :

(i) Le comité d'audit ;
(ii) Le comité de gestion des risques ;
(iii) Le comité d'éthique et de conformité ;
(iv) Le comité de nomination ou des ressources humaines ;
(v) Le comité de rémunération.

Ces comités qui rendent compte au Conseil d'administration au moins deux fois par an doivent être composés majoritairement d'administrateurs indépendants. Aussi, seuls les administrateurs non exécutifs, peuvent être membres de ces comités spécialisés de l'organe délibérant.

Aucun administrateur ne peut être membre dans plus de deux comités spécialisés à la fois. Dans le même ordre d'idées, aucun administrateur ne peut être président de plus d'un comité spécialisé du Conseil d'administration. Cependant, il s'avère utile de préciser que la présidence des comités spécialisés des risques, d'audit et d'éthique et de conformité ne peut être assurée que par un administrateur indépendant.

Dans les banques de petite taille et sous réserve de l'autorisation préalable de la Banque centrale du Congo :

✓ Les fonctions de gestion des risques et de conformité peuvent être mises ensemble, en fusionnant le comité des risques et celui d'éthique et de conformité ;

✓ Les attributions des comités de nomination et des rémunérations peuvent être prises en charge par un comité unique, soit directement par le Conseil d'administration.

II.1.2.1 Comité d'audit

Le comité d'audit assiste le Conseil d'administration dans sa mission de surveillance, en s'assurant de manière générale du bon fonctionnement du dispositif du contrôle interne et en assurant plus particulièrement l'évaluation et la supervision de la fonction de contrôle interne de troisième niveau. Son secrétariat est assuré par le responsable de l'audit interne. Ce comité assure, entre autres, les fonctions suivantes :

✓ Le suivi du processus d'élaboration de l'information financière ;

✓ Le suivi de l'efficacité des systèmes de contrôle interne et de gestion des risques de la banque ;

✓ Le suivi de l'audit interne et de ses activités ;

✓ Le suivi de l'audit externe et la mise en application des recommandations des commissaires aux comptes ;

✓ Le suivi et examen de l'indépendance des commissaires aux comptes.

II.1.2.2 Comité des risques

Le comité des risques assiste le Conseil d'administration dans sa mission de gestion des risques, en veillant à la mise en place et au suivi d'une cartographie des risques. Ce comité est tenu de proposer des politiques d'appétence pour le risque approprié et d'en surveiller le respect. Le secrétariat de ce comité est assuré par le responsable de la fonction de gestion des risques.

II.1.2.3 Comité d'éthique et de conformité

Ce comité est composé d'au moins trois administrateurs n'appartenant pas au comité d'audit. Il assiste le Conseil d'administration dans la supervision et le contrôle de la fonction de contrôle de la conformité et dans la surveillance de la conformité des activités des unités opérationnelles :

✓ À la politique et aux procédures de l'institution ;

✓ Aux dispositions légales et réglementaires applicables à l'institution ;

Dans le cadre de son assistance au Conseil d'administration, ce comité veille également à l'observation des valeurs éthiques et au respect du code déontologique au sein de la banque.

Les membres de ce comité sont tenus de se réunir au moins trois fois par an et son secrétariat est assuré par le responsable du contrôle de la conformité.

II.1.2.4 Comité des nominations

Le comité des nominations ou de ressources humaines assiste le Conseil d'administration dans la désignation des candidats aptes à l'exercice des fonctions qui font l'objet d'un agrément ou d'un accord préalable de la BCC. Sa mission est, entre autres, de s'assurer que le processus de désignation, de nomination et/ou de renouvellement des membres du Conseil d'administration, du comité de direction, des hauts cadres, des responsables des fonctions de contrôle et des responsables des fonctions sensibles, soit rigoureux, objectif et transparent.

Dans le cadre du processus de nomination et de remplacement des personnes citées dans le paragraphe précédent, il doit également identifier, traiter et écarter les cas de conflit d'intérêts en vue d'assurer une sélection adéquate.

Ce comité doit également assister l'organe délibérant de la banque dans la mise en place d'un plan de succession formel, solide et adéquat pour les postes de direction en général et les responsables des fonctions sensibles et fonctions de contrôle en particulier.

Outre les missions détaillées ci-haut, il doit notamment appuyer l'organe délibérant sur la politique des ressources de la banque et s'assurer de la mise en place effective d'un processus transparent et adéquat d'évaluation des membres du Conseil d'administration et ses comités spécialisés et ceux du comité de direction.

II.1.2.5 Comité des rémunérations

Ce comité assiste le Conseil d'administration dans la conception et la mise en application de la politique et système de rémunération et dans la surveillance de sa conformité à la politique générale et aux dispositions légales.

Il s'occupe, entre autres, des questions des rémunérations des membres des organes délibérants et exécutifs, des responsables des principales lignes de métiers opérationnels, des responsables des fonctions sensibles et ceux des fonctions de contrôle.

Pour conclure cette section relative à l'organisation du Conseil d'administration des banques, nous devons noter que les sous-comités de cet organe surveillent, chacun en ce qui le concerne, la mise en œuvre effective et conforme par l'organe exécutif et les directions opérationnelles des politiques et procédures, telles que définies et approuvées par l'organe délibérant.

II.1.3. Comité de direction (C.D)

Le comité de direction est un organe exécutif, qui est chargé de la gestion courante et quotidienne des activités de la banque, de la supervision et de l'évaluation de la performance des unités opérationnelles et du pilotage effectif du processus de réalisation des objectifs stratégiques fixés par l'organe délibérant.

Il a aussi comme attribution de déléguer des tâches aux employés et d'établir une structure de gestion qui incite la banque et l'ensemble de son personnel à faire preuve de responsabilité et de transparence.

Il rend compte régulièrement (à minima une fois par trimestre) à l'organe délibérant, du fonctionnement de l'institution et des informations qu'il juge utiles à l'exercice de ses responsabilités. À ce titre, il communique à l'organe délibérant, plusieurs informations concernant le fonctionnement de l'institution, dont notamment :

- ✓ Les changements envisagés dans la stratégie opérationnelle, notamment la stratégie en matière de risque ou d'appétence pour le risque ;
- ✓ Les indicateurs de performance ;
- ✓ La situation financière et sociale de la banque (bilan social) ;
- ✓ La situation des ressources humaines ;
- ✓ La situation des réclamations des clients ;
- ✓ La situation du traitement et du suivi des problèmes remontés dans le cadre de la procédure de lancement d'alerte.
- ✓ L'état des normes prudentielles de gestion telles que définies dans l'instruction n° 14 de la Banque centrale du Congo ;
- ✓ Les cas de violation des règles de conformité et de contrôle interne ;
- ✓ L'état d'évolution des dispositions légales ou réglementaires applicables à la banque ;
- ✓ L'état des violations des dispositions légales et réglementaires et les plans de correction proposés ;
- ✓ Les préoccupations éventuelles sur des sujets concernant la mise en application de certaines dispositions légales et réglementaires, surtout quand il s'agit des nouvelles dispositions ;
- ✓ La matrice de suivi des points ou faiblesses de contrôle interne ou points de conformité, à incidence significative pour l'entité, relevés par les différentes fonctions internes de contrôle et les organes externes de contrôle (Banque centrale et commissaire aux comptes) ;
- ✓ Les dépassements des plafonds de risque préalablement fixés par l'organe délibérant ;
- ✓ Les cas de fraude interne et externe.

L'organe exécutif a l'obligation réglementaire de rédiger au moins une fois l'an (à la fin de chaque exercice comptable), un rapport synthèse, à adresser au Conseil d'administration, au commissaire aux comptes et à la BCC qui reprend les dispositifs d'organisation mis en place, pour assurer une gestion efficace, adéquate, conforme et prudente de la banque.

Parlant de sa composition, le comité de direction est constitué au minimum de deux personnes physiques, à savoir le directeur général et le directeur général adjoint. Tous les membres de l'organe exécutif doivent avoir une bonne maîtrise de la langue française (français écrit et parlé).

Cependant, les personnes physiques ayant le statut de personne politiquement exposée, au sens de la loi n° 22/068 du 27 décembre 2022 portant lutte contre le blanchiment de capitaux et le financement du terrorisme et de la prolifération des armes de destruction massive, ne peuvent pas être nommées « membres de l'organe exécutif » dans les banques de droit congolais. En cas d'acquisition de ce statut pendant l'exécution de son mandat en tant que membre du comité de direction, le concerné doit directement et immédiatement démissionner de cette fonction au sein de la banque[18].

Outre les directeurs généraux (directeur général et directeur général adjoint), dans la pratique, les responsables des directions ci-après sont généralement membres du comité de direction :

- ✓ Direction financière ;
- ✓ Direction des risques ;
- ✓ Direction des ressources humaines ;
- ✓ Direction des opérations ;
- ✓ Direction commerciale.

Il sied important de souligner que tout directeur ou chef de département n'est pas ipso facto membre du comité de direction.

En plus, comme pour le Conseil d'administration, les membres du comité de direction doivent en principe être en majorité de nationalité congolaise. Les femmes doivent représenter 33 % de l'effectif des membres du comité de direction.

Concernant la nomination des membres de l'organe exécutif, ils sont désignés par le Conseil d'administration. Les décisions de leur nomination sont assujetties à l'approbation préalable de la Banque centrale du Congo.

Leur mandat est de cinq ans, renouvelable une seule fois. En effet, le renouvellement de leur mandat est fait par le même organe qui les nomme, compte tenu de leur performance.

Il est impérieux de rappeler ici qu'un membre du comité de direction d'une banque ne peut exercer une fonction en ce même titre dans une autre banque qu'après une période de viduité de six (6) mois, courant à partir de la fin son mandat.

Pour garantir l'équilibre des pouvoirs et éviter à ce que le pouvoir de décision soit exclusivement confié à une seule personne, il est demandé à chaque banque de répartir clairement les responsabilités en son sein, car, du

---

[18] La BCC émettra des lignes directrices pour expliciter la situation des assimilés aux Personnes Politiquement Exposées.

point de vue réglementaire, les membres du comité de direction engagent juridiquement la banque et sont chacun pleinement responsables de l'ensemble des activités de celle-ci. Ils sont ainsi tenus de collaborer et d'exercer un contrôle mutuel entre eux.

C'est dans ce cadre que le régulateur du secteur bancaire de la RDC impose aux banques d'instaurer un système de double signature des correspondances et publications. De ce fait, toutes les correspondances et publications de la banque assujettie doivent être signées par au moins deux membres de l'organe exécutif.

Dans l'optique de conduire pour le mieux les activités de la banque, de maitriser les risques inhérents à ses activités et de renforcer son efficacité opérationnelle, l'organe exécutif de la banque peut mettre en place, en tant que de besoin, les comités ci-après :

- ✓ Le comité de crédit ;
- ✓ Le comité de gestion des risques ;
- ✓ Le comité de gestion des actifs et passifs (Asset and Liability Management « ALM ») ;
- ✓ Le comité des carrières.

Aussi, il sied de rappeler que conformément à l'article 46 de l'instruction n° 21, modification n° 2 de la BCC, relative au gouvernement d'entreprise des établissements de crédit, les organes délibérants et exécutifs d'une banque agréée en RDC, filiale d'un groupe étranger sont pleinement responsables :

- ✓ de la gouvernance de ladite filiale, notamment par l'élaboration d'un processus efficace de conduite de l'activité et de gestion des risques au niveau de la filiale ;
- ✓ de la déclinaison locale adéquate des règles du groupe d'appartenance (en matière de la gestion stratégique des activités et des risques à l'échelle du groupe et de ses politiques), et ce, en conformité avec la réglementation en vigueur en RDC.

Par conséquent, les organes sociaux ou les dirigeants du groupe d'appartenance ne peuvent pas se permettre de limiter les responsabilités légales et réglementaires des organes délibérants et exécutifs de leur filiale, qui est une banque de droit congolais. Il est ainsi important de préciser que ces organes sont pleinement responsables de l'administration et de la direction de la banque, bien que celle-ci appartienne à un groupe bancaire, car en cas d'infraction en matière d'administration, de direction et de contrôle de la banque assujettie, ce sont les membres de ces deux organes (Conseil d'administration et comité de direction) qui sont exposés aux sanctions pénales, financières et administratives.

II.2. Directions opérationnelles d'une banque

Ce point s'inspire principalement des standards internationaux et la pratique dans notre pays, faisant suite au non-dit de la réglementation bancaire sur la structuration des directions d'une banque.

En effet, chaque banque est libre de mettre en place une organisation des directions opérationnelles, selon sa politique, sa stratégie et sa vision.

Toutefois, l'instruction n° 17, modification n° 1 de la BCC relative aux règles prudentielles en matière de contrôle interne, exige aux banques de disposer d'un département d'audit interne, d'un département de contrôle permanent, d'un département de conformité et d'un département de gestion des risques.

De ce qui précède et conformément aux standards internationaux et à la pratique courante en RDC, nous pouvons distinguer les directions opérationnelles ci-après dans une banque :

- La direction des ressources humaines ;
- La direction financière ;
- La direction commerciale ;
- La direction des opérations ;
- La direction des engagements ;
- La direction de la trésorerie, qui constitue dans certaines banques un service, sous la direction des opérations ;
- La direction de l'Information Technology (IT) ;
- La direction de contrôle permanent ;
- La direction de la conformité ;
- La direction de la gestion des risques ;
- La direction d'audit interne.

II.2.1. Direction des ressources humaines

Cette direction est en charge des activités ci-après :

- Recrutement du personnel ;
- Gestion de l'orientation et de l'intégration du personnel ;
- Gestion de redéploiement du personnel ;
- Gestion de la formation du personnel (identification des besoins de formation, planification, organisation et évaluation de la formation) ;
- Traitement des salaires du personnel ;
- Gestion des performances et de l'évaluation du personnel ;
- Gestion de l'action sociale (mariage, anniversaire, naissance, maladie, deuil, etc.) ;
- Gestion de la prise en charge des soins médicaux du personnel et leurs ayants droit ;
- Gestion des congés du personnel ;
- Traitement des prêts au personnel ;

- Gestion et suivi des frais de mission et avances au personnel ;
- Gestion des plaintes des employés ;
- Gestion de la rupture des contrats ;
- Administration des mesures disciplinaires ;
- Gestion de la mise en retraite du personnel ;
- Gestion de la rupture des contrats ;
- Gestion de la relation avec la délégation syndicale ;
- Gestion de la relation avec les organismes sociaux tels que la Caisse nationale de la sécurité sociale (CNSS), l'Institut national de préparation professionnelle (INPP) et l'Office national de l'emploi (ONEM) ;
- Gestion des missions de contrôle diligentées par l'inspection du travail.

II.2.2. Direction financière

La direction financière est chargée principalement de :

- La préparation du rapport financier à présenter au Conseil d'administration ;
- La coordination de l'analyse et justification des soldes des comptes internes ;
- La coordination de l'audit externe ;
- La revue de la paie des salaires, des fournisseurs et créditeurs divers ;
- La liaison avec la Banque centrale ;
- La préparation et compilation des rapports réglementaires et périodiques exigés par la Banque centrale ;
- La préparation de paiement des impôts ;
- La gestion fiscale et parafiscale ;
- La coordination de la préparation du budget annuel ;
- La gestion de déclaration et paiement des impôts ;
- L'évaluation de la performance de la banque par rapport au budget annuel et au secteur (calcul et appréciation des indicateurs de performance) ;
- La préparation du rapport périodique de la performance ;
- La gestion budgétaire (suivi du budget) ;
- Les recherches sur le marché ;
- L'analyse de la loi des finances (budget, dispositions fiscales, parafiscales et douanières).

II.2.3. Direction commerciale

La direction commerciale s'occupe principalement des activités ci-après :

- Prospection des marchés ;
- Gestion des relations avec la clientèle ;
- Commercialisation des produits et services de la banque ;
- Préparation des dossiers de demande des facilités bancaires à présenter au comité des crédits ;

- Négociation des tarifications préférentielles pour certains clients ;
- Suivi des plaintes des clients ;
- Développement du niveau des dépôts et du portefeuille des crédits ;
- Identification des besoins de formation ou d'assistance des clients (principalement les PME et PMI).

Dans certaines banques, la gestion des relations avec la clientèle est confiée au service de gestion des comptes clients. Ce qui revient à dire que les commerciaux, à travers la prospection et la commercialisation, ramènent les clients à la banque. Une fois que la relation d'affaires est établie, la gestion courante de la relation avec le client est confiée au gestionnaire de compte désigné.

II.2.4. Direction des opérations

Les activités de la direction des opérations sont exécutées, en général, à travers les services ou lignes opérationnelles ci-après :

- Opérations diverses ;
- Opérations en monnaie étrangère ;
- Opérations en monnaie locale ;
- Gestion des agences.

(a) Le service des opérations diverses

Le service des opérations diverses s'occupe principalement de la comptabilisation des opérations internes de la banque. Autrement dit des opérations qui n'ont aucun lien avec sa clientèle.

Dans certaines banques (surtout francophones), les opérations diverses sont suivies et comptabilisées par le service de la comptabilité, qui dépend de la direction financière.

Ce service réalise plusieurs tâches, dont notamment :

- La liquidation des dépenses du personnel ;
- La comptabilisation des dotations aux amortissements et provisions ;
- Le suivi et comptabilisation des opérations de régularisation (charges à payer, factures non parvenues, charges comptabilisées d'avance, etc.) ;
- L'émission et suivi des chèques certifiés de la banque ;
- La comptabilisation de paiement des fournisseurs et créditeurs divers ;
- La comptabilisation des acquisitions et cessions (et/ou déclassement) des actifs immobilisés ;
- La comptabilisation des opérations d'achat ;
- La comptabilisation des opérations de modification du capital social et des affectations du résultat ;
- L'analyse et la justification des soldes des comptes internes qui sont sous sa gestion.

(b) <u>Service des opérations – monnaies étrangères</u>

Le service des opérations en monnaies étrangères est chargé de toutes les opérations avec la clientèle, libellées en monnaies étrangères ; à l'exception des opérations de dépôt et retrait.

Ainsi, nous pouvons dire que ce service a, entre autres, pour attributions celles détaillées ci-dessous :

- Gestion des virements et transferts libellés en monnaies étrangères ;
- Gestion des chèques à l'encaissement libellés en monnaies étrangères (envoi et suivi) ;
- Comptabilisation de toutes les opérations de bureau de change ;
- Analyse, validation et suivi des licences à l'importation et/ou à l'exportation ;
- Analyse, validation et suivi des licences se rapportant aux opérations autres que l'importation et l'exportation des biens et services (il s'agit notamment des opérations avec l'étranger relatives au capital social des sociétés, à la distribution des dividendes, aux prêts et emprunts, à l'assistance sociale et au paiement des frais académiques et scolaires.)
- Collecte, déclaration et reversement des redevances de suivi de change collectées pour le compte de la Banque centrale du Congo ;
- Gestion de rapatriement des fonds pour les licences d'exportation des biens ou services validés ;
- Traitement des remises documentaires ;
- Traitement des placements interbancaires en monnaies étrangères ;
- Ouverture, amendement et exécution des crédits documentaires.

(c) <u>Service des opérations –monnaie locale</u>

Contrairement au service des opérations en monnaies étrangères, ce service est chargé de toutes les opérations avec la clientèle, libellées en monnaie locale, à l'exception des opérations de dépôt et retrait. Parmi les activités couvertes par le service des opérations – monnaie nationale, il y a notamment :

- Le traitement des virements et transferts libellés en monnaie nationale ;
- Le traitement des opérations de régies financières nationales et provinciales (direction générale des impôts, direction générale des recettes administratives, judiciaires, domaniales et de participations, direction générale des douanes et accises, etc.). Il s'agit de la collecte des impôts, droits de douane et taxes et de leur reversement au compte du trésor public ;
- La gestion des chèques à l'encaissement libellés en monnaie nationale (envoi et suivi) ;
- La gestion des opérations de la compensation entre les banques du système bancaire congolais.

(d) **Service des agences**

Les agences ou branches d'une banque s'occupent des diverses activités réalisées à leur niveau, dont notamment celles listées ci-dessous :

- ✓ Gestion des comptes bancaires (ouverture, réactivation et clôture) ;
- ✓ Vérification des signatures des personnes autorisées ;
- ✓ Traitement des demandes de chèques des clients ;
- ✓ Gestion des demandes d'extraits bancaires ;
- ✓ Traitement des réclamations des clients ;
- ✓ Vérification des soldes ;
- ✓ Gestion des oppositions ;
- ✓ Gestion des dépôts et retrait en espèces ;
- ✓ Traitement des opérations de messagerie financière ;
- ✓ Traitement des opérations inter-agences ;
- ✓ Gestion de la chambre forte.

II.2.5. Direction des engagements

La direction des engagements est celle qui couvre la fonction des facilités bancaires à accorder aux clients. Dans le cadre de ses activités, la direction des engagements s'occupe de la (du) :

- Revue documentaire de demande de crédit ;
- Revue financière de demande de crédit ;
- Gestion et organisation des réunions du comité de crédit ;
- Préparation du rapport sur les engagements ;
- Revue du portefeuille des crédits ;
- Suivi des créances en souffrance ;
- Calcul des provisions sur les crédits octroyés ;
- Préparation et transmission des rapports réglementaires de crédits, exigés par la Banque centrale ;
- Gestion de la mise en index des clients (demande de mise en index ou de la levée).

II.2.6. Direction de la trésorerie

Cette direction génère directement des revenus à la banque. Les principaux revenus générés par la direction de la trésorerie sont de trois catégories

- **Les revenus de change** : sont des gains réalisés dans les opérations d'achat ou vente des devises ou de la monnaie nationale ;
- **Les revenus de placement** : sont des intérêts générés par les placements ou les prêts accordés à d'autres établissements de crédit ;
- **Les revenus sur titres** : sont les revenus issus des opérations sur les titres, dont principalement les billets de trésorerie, les bons BCC, bons du Trésor et les obligations.

En plus d'être une direction génératrice des revenus pour la banque, la direction de trésorerie s'occupe également de la gestion de (des) :

- ✓ Actifs et passifs de la banque (Asset and Liability Management « ALM ») ;
- ✓ Produits « Comptes d'épargnes et comptes à terme », spécifiquement la gestion des conditions générales : taux d'intérêt, nombre de retraits sans frais pour les comptes épargnes, durée de placement pour les dépôts à terme, conditions de rupture des contrats de dépôt à terme ;
- ✓ De la position de change, afin d'éviter des pertes éventuelles de change et des cas de non-conformité à la norme prudentielle y relative.
- ✓ De la liquidité en monnaies nationale et étrangère, en veillant au respect des limites prudentielles fixées par l'autorité de régulation.

II.2.7. Direction d'Information Technology (IT)

Cette direction a pour mission principale d'assurer le fonctionnement adéquat et ininterrompu du système d'information de la banque, ainsi que les autres applications, en vue d'assurer une qualité de service et de performance de haut niveau.

Pour accomplir sa mission, la direction d'Information Technology (IT) est appelée à réaliser plusieurs activités qui s'étendent sur un grand nombre de domaines, mais comprennent généralement les activités suivantes :

- ✓ La définition et la mise en œuvre de la politique du système d'information de la banque ;
- ✓ La conception, la mise en œuvre et l'harmonisation des systèmes, des stratégies et des procédures informatiques ;
- ✓ La maintenance ou la mise à jour des systèmes d'information ;
- ✓ La maintenance des équipements informatiques ;
- ✓ La sécurité des systèmes d'information, ainsi que celle des opérations et données qui y sont enregistrées ;
- ✓ La sécurité des systèmes d'exploitation, des outils de sécurité et des serveurs ;
- ✓ La sécurité de la banque en général et celle des locaux sensibles en particulier ;
- ✓ La conception et le développement des produits innovants ;
- ✓ La mise en œuvre des contrôles réguliers de premier niveau sur la sécurité des réseaux et des données ;
- ✓ L'amélioration permanente des systèmes d'information et applications, en étudiant et en analysant les technologies, les outils et les logiciels émergents ;
- ✓ La réalisation des inspections des systèmes ;
- ✓ L'évaluation des prestations des fournisseurs des équipements et services informatiques.

II.2.8. Direction de contrôle permanent

La direction de contrôle permanent est l'une des trois fonctions de contrôle permanent de 2e niveau que les banques sont tenues de mettre en place.

Sachant que le premier niveau du contrôle est assuré par les superviseurs ou responsables des lignes opérationnelles eux-mêmes (contrôle interne au sein de l'unité opérationnelle elle-même), le contrôle permanent de deuxième niveau est un contrôle à postériori mais qui peut être réalisé aussi a priori, pour certaines activités.

La direction du contrôle permanent des activités de chaque banque est confiée à un employé ayant le grade de cadre de direction et dont le rang hiérarchique est immédiatement inférieur à la direction générale. En d'autres termes, il doit être à minima cadre de collaboration.

La nomination par le comité de direction, du responsable du contrôle permanent, est soumise à l'accord préalable du Conseil d'administration de la banque concernée, puis à l'agrément préalable de la Banque centrale du Congo.

De même, la cessation de ses fonctions est approuvée au préalable par le Conseil d'administration et doit être portée à la connaissance de la Banque centrale du Congo. Cette dernière peut s'opposer à une telle décision en cas de raisons non objectives et insuffisamment motivées par le comité de direction et/ou le Conseil d'administration.

Par ailleurs, le contrôle permanent peut être externalisé, mais uniquement au sein du groupe d'appartenance et après obtention de l'accord préalable de la BCC.

Les principales missions du contrôle permanent sont les suivantes :

- ✓ S'assurer de la bonne exécution des contrôles permanents de premier niveau en effectuant les contrôles de routine et en vérifiant les opérations sur pièces ;
- ✓ S'assurer du respect par les unités opérationnelles de la politique et des manuels de procédures mis en place ;
- ✓ Mettre en place un programme de contrôles récurrents sur les processus opérationnels les plus sensibles dont notamment les opérations des agences et guichets avancés et conformément à la cartographie des risques de l'institution ;
- ✓ S'assurer de la bonne exécution des mesures correctives décidées à la suite des différents contrôles (contrôle permanent, conformité, audit interne, BCC, commissaire aux comptes) ;
- ✓ Organiser les inventaires inopinés des avoirs disponibles des caissiers et/ou des agences ;
- ✓ Organiser les tests d'intégrité des employés des unités opérationnelles, dont principalement ceux des agences ou guichets avancés.

Les résultats du contrôle permanent sont présentés à l'organe délibérant au moins deux fois par an, à raison d'un rapport synthèse par semestre, au minimum.

II.2.9. Direction de la conformité

La direction de la conformité est l'une des trois fonctions de contrôle permanent de 2e niveau que les banques sont tenues de mettre en place.

Les tâches de la fonction de conformité sont généralement mises en œuvre à postériori mais elles peuvent également être réalisées a priori pour certaines activités, dont notamment les demandes d'ouverture des comptes bancaires.

Comme pour le contrôle permanent, la responsabilité de la direction de la conformité est assurée par un employé ayant le grade de cadre de direction et dont le rang hiérarchique est immédiatement inférieur à la direction générale. En d'autres termes, il doit être à minima cadre de collaboration. Aussi, sa nomination par le comité de direction est soumise à l'accord préalable du Conseil d'administration de la banque concernée, après avis préalable des comités d'audit et d'éthique et de conformité ; puis à l'agrément préalable de la Banque centrale du Congo.

De même, la cessation de ses fonctions en tant que responsable de la direction de la conformité est approuvée au préalable par le Conseil d'administration et doit être portée à la connaissance de la Banque centrale du Congo. Cette dernière peut s'opposer à une telle décision en cas des raisons non objectives et insuffisamment motivées par le comité de direction et/ou le Conseil d'administration. La décision de l'accord préalable du Conseil d'administration est, quant à elle, prise après avoir obtenu l'avis des comités d'audit et d'éthique et de conformité.

Les missions du contrôle de la conformité (fonction qui est en lien fonctionnel renforcé avec l'organe délibérant par l'intermédiaire du comité d'éthique et de conformité) sont les suivantes :

✓ Coordonner la gestion du risque de non-conformité au sein de la banque ;

✓ Recenser les normes, lois et réglementations en vigueur régissant l'exercice des activités de la banque ;

✓ S'assurer de la conformité des activités aux lois et réglementations applicables à l'institution bancaire ;

✓ Identifier et mesurer le risque de non-conformité inhérent à toute nouvelle activité ou clientèle, aux produits de la banque, à une transformation importante sur des produits existants et aux opérations exceptionnelles ;

✓ Examiner pour avis les échanges des correspondances entre la banque et certaines autorités dont notamment la Banque centrale du Congo et la CENAREF ;

✓ Coordonner la mise en œuvre du dispositif de lutte contre le blanchiment des capitaux et le financement du terrorisme ;

✓ S'assurer du respect et de l'observation des dispositions légales et réglementaires relatives à la lutte contre le blanchiment des capitaux et le financement du terrorisme et de la prolifération des armes de destruction massive ;

✓ S'assurer de la conformité par l'ensemble du personnel au code d'éthique et de déontologie de la banque ;

✓ Sensibiliser et s'assurer de la formation permanente du personnel, y compris les dirigeants, sur l'importance et les procédures de contrôle de la conformité ;

✓ S'assurer que chaque agent de la banque ait suivi au moins une formation chaque année sur les questions de la lutte contre le blanchiment des capitaux et le financement du terrorisme et de la prolifération des armes de destruction massive.

En vue de permettre à cette fonction d'avoir une vue globale des cas de non-conformité, le contrôle permanent et l'audit interne sont tenus de communiquer au responsable de la conformité les dysfonctionnements relatifs au risque de non-conformité relevés dans le cadre de leurs différentes missions au sein de la banque.

Le responsable de la conformité adresse au moins une fois par an, un rapport sur ses activités au comité de direction, qui le transmet à son tour au comité d'audit, au comité d'éthique et de conformité, puis au Conseil d'administration.

II.2.10. Direction de la gestion des risques

La direction de la gestion des risques est la troisième fonction de contrôle permanent de 2e niveau que les banques sont tenues de mettre en place.

Sur proposition du comité de direction, la nomination du responsable de la direction de la gestion des risques est approuvée par le Conseil d'administration, après obtention de l'avis du comité spécialisé des risques. Cette nomination est également soumise à l'agrément préalable de la Banque centrale du Congo.

De même, la cessation des fonctions du responsable de la direction de la conformité doit être communiquée à la Banque centrale du Congo.

Par ailleurs, comme pour le contrôle permanent, la gestion des risques peut être externalisée, mais uniquement au sein du groupe d'appartenance et après obtention de l'accord préalable de la BCC.

Les missions de la fonction de gestion des risques sont reprises dans l'instruction n° 21 de la BCC, aux établissements de crédit et sociétés financières, relative à la gestion des risques. Il s'agit notamment de (d') :

✓ Élaborer la politique de gestion des risques, soutenue par les procédures efficaces qui permettent de détecter, d'analyser, de mesurer, de surveiller, d'atténuer et de maîtriser les risques inhérents aux différentes activités de la banque. Cette proposition de politique de gestion des risques est transmise au comité de direction pour revue, puis au Conseil d'administration pour son approbation ;

- ✓ Assurer la coordination et la mise en application effective et conforme de la politique d'appétence aux risques, définie par le Conseil d'administration ;
- ✓ Mettre en place une cartographie qui présente l'ensemble des risques identifiés de manière exhaustive, les mesures d'atténuation de ces risques ainsi que les risques résiduels et leur niveau de sensibilité ;
- ✓ Procéder régulièrement, soit trimestriellement, à une évaluation des systèmes de mesure des risques, des modalités de détermination des limites et de leur configuration ;
- ✓ Identifier et évaluer les risques associés à tout nouveau produit, à toute nouvelle activité, à toute modification substantielle de la politique de commercialisation d'une ligne de produits et à toute entrée sur un nouveau marché, en vue de donner leur avis préalable ;
- ✓ Identifier et évaluer les risques associés à toute opération d'acquisition ou de cession d'actifs importants ou des fonds de commerce, en vue de donner leur avis préalable.

II.2.11. Direction de l'audit interne

Les fonctions de contrôle permanent, de contrôle de la conformité et de gestion des risques, constituent ensemble la deuxième ligne de contrôle. La direction de l'audit interne, quant à elle, assure le contrôle de 3e niveau, qui est effectué de manière périodique, sous la responsabilité de l'organe délibérant au travers de son comité d'audit.

La direction de l'audit interne réalise des missions de contrôle périodique et non permanent, comme celui de deuxième niveau. Elle est une fonction indépendante qui intervient sur pièces ou sur place dans le cadre des missions.

Bien que rattaché hiérarchiquement à la direction générale, l'audit interne est rattaché fonctionnellement au comité spécialisé d'audit.

La décision de nomination du responsable de l'audit interne est prise par le comité de direction, après accord et agrément préalable du Conseil d'administration et de la Banque centrale du Congo, respectivement.

Sa rémunération est également approuvée par le Conseil d'Administration.

De même, la révocation du responsable d'audit interne est soumise à l'approbation préalable de l'organe délibérant et la décision y relative est communiquée à la Banque centrale du Congo.

Il est essentiel de souligner que contrairement aux fonctions de contrôle de 2e niveau, l'externalisation de la fonction d'audit interne ne peut être que partielle. Elle est également soumise à l'accord préalable de la BCC.

Aussi, une banque de droit congolais ne peut pas recourir à une ressource de son groupe d'appartenance, pour réaliser une mission ponctuelle, sans requérir l'accord préalable de la BCC. En d'autres termes, les auditeurs du groupe d'appartenance ne peuvent pas réaliser une mission d'audit interne dans leur filiale, banque de droit congolais, sans requérir l'accord préalable de la BCC, et ce, quelle que soit l'entité qui a pris l'initiative (groupe d'appartenance ou filiale banque de droit congolais).

La direction de l'audit interne a pour mission principale de vérifier ou d'évaluer notamment :

- ✓ L'existence des politiques et procédures dument approuvées par l'organe délibérant, qui couvrent les différentes activités de la banque ;
- ✓ L'efficacité des procédures et des politiques internes, en s'assurant particulièrement qu'elles sont adaptées aux différentes activités et produits de la banque ;
- ✓ La conformité des opérations de la banque aux dispositions légales et réglementaires ainsi qu'aux procédures approuvées par le Conseil d'administration ;
- ✓ L'efficacité des processus de gestion des risques et de la gouvernance ;
- ✓ Le fonctionnement effectif et efficace des différents niveaux de contrôle ;
- ✓ La fiabilité, la conformité, la qualité et l'exactitude des informations publiées dans le rapport annuel de la banque concernée ainsi que celles communiquées à la BCC, aux administrations fiscales et aux tiers ;
- ✓ La maîtrise des risques encourus par les différentes parties prenantes, dont notamment le comité de direction et les directions opérationnelles ;
- ✓ L'efficacité et l'effectivité de la gestion de la continuité de l'activité ;
- ✓ L'efficacité et l'effectivité des contrôles mis en œuvre par la direction de la conformité et celle en charge du contrôle permanent.

En vue d'assurer son efficacité opérationnelle, la direction d'audit interne doit proposer un plan d'audit annuel ou pluriannuel établi suivant une approche par les risques et procéder à une répartition adéquate et conséquente de ses ressources. Ce plan doit être approuvé par le comité d'audit.

De même, la direction d'audit interne doit disposer des ressources suffisantes, d'outils et d'effectifs en rapport avec les activités à auditer et le profil des risques qu'elles présentent. Ainsi, elle doit également inclure des experts en audit des systèmes d'information dans son équipe, de préférence ceux qui sont certifiés CISA (Certified Information Systems Auditor).

Aussi, l'audit interne doit veiller à la formalisation et à la restitution de ses conclusions dans un rapport écrit, et ce, après échange contradictoire avec les unités opérationnelles ou agences auditées. Ce rapport écrit doit inclure également les recommandations. Les copies des différents rapports définitifs d'audit interne sont transmises au comité d'audit et au conseil d'administration.

Le comité d'audit doit veiller à l'efficacité opérationnelle de l'audit interne, en s'assurant, entre autres, que le plan d'audit est strictement suivi et que les moyens ou ressources nécessaires sont mis à sa disposition.

Il est à noter que la Banque centrale du Congo, en tant qu'autorité de régulation des banques, peut entrer en contact directement avec le responsable de la direction d'audit interne, en vue d'obtenir toute information utile à l'exercice de ses missions.

Nous ne pouvons conclure cette section, sans spécifier que les responsables des fonctions de contrôle (contrôle permanent, conformité, gestion des risques et audit interne) ainsi que ceux des fonctions sensibles (direction des opérations, service des opérations en monnaies étrangères, service des opérations en monnaie nationale, service des opérations internes ou domestiques, chef comptable, direction ou service de la trésorerie, direction ou service en charge du système d'information, direction ou service de la sécurité informatique, direction financière ou contrôle financier, direction des engagements et/ou des crédits) :

- Doivent avoir une bonne maîtrise de la langue française (français écrit et parlé) ;
- Ne doivent pas avoir le statut de personne politiquement exposée (PPE), au sens de la loi n° 22/068 du 27 décembre 2022 portant lutte contre le blanchiment de capitaux et le financement du terrorisme et de la prolifération des armes de destruction massive[19].

Il sied également de préciser que les responsables des fonctions de contrôle (contrôle permanent, conformité, gestion des risques et audit interne) doivent être en majorité de nationalité congolaise.

II.3. Agrément des membres des organes de gouvernance et des responsables des fonctions sensibles

Les banques sont tenues de solliciter l'agrément préalable de la BCC, avant la désignation ou la nomination effective des personnes ci-après au sein de la banque :

- Les administrateurs ;
- Les membres du comité de direction ;
- Le responsable du contrôle permanent ;
- Le responsable de la conformité ;
- Le responsable de la gestion des risques ;

[19] En cas d'acquisition de ce statut de PPE pendant qu'il est responsable d'une fonction sensible ou d'une fonction de contrôle, le concerné doit directement et immédiatement démissionner de cette fonction au sein de la banque.
Aussi, la BCC émettra des lignes directrices pour expliciter la situation des assimilés aux PPE.

- Le responsable de l'audit interne ;
- Le responsable de la direction des opérations ;
- Le responsable du service des opérations en monnaies étrangères ;
- Le responsable du service des opérations en monnaie nationale ;
- Le responsable du service des opérations internes ou domestiques ;
- Le chef comptable ;
- Le responsable de la direction ou du service de la trésorerie ;
- Le responsable de la direction ou du service en charge du système d'information ;
- Le responsable de la direction ou du service de la sécurité informatique ;
- Le responsable de la direction financière ou le contrôleur financier ;
- Le responsable de la direction des engagements et/ou des crédits.

Avant d'adresser la demande d'agrément à la BCC, la banque concernée doit s'assurer que les résolutions de nomination ou de désignation, ainsi que celles relatives aux rémunérations et aux avantages liés à la fonction, ont été prises par les organes habilités, à savoir le Conseil d'administration et/ou l'organe exécutif. Ces résolutions doivent être clairement inscrites dans les procès-verbaux des réunions des organes concernés.

La demande d'agrément, quant à elle, doit être soutenue par plusieurs documents justificatifs de l'expérience, des compétences nécessaires et de professionnalisme, notamment :

- La copie du passeport ou l'attestation de nationalité ;
- Les copies des procès-verbaux notariés des organes ayant pris la résolution de la nomination ou de la désignation, ainsi que la rémunération et les autres avantages liés à la fonction ;
- Le curriculum vitae, les attestations de service et/ou de fin de service et les copies certifiées des diplômes et certificats obtenus ;
- Le contrat de travail (pour les employés permanents ou actifs) ainsi que l'état des autres avantages liés à la fonction ;
- L'attestation de bonnes vie et mœurs et l'extrait de casier judiciaire valide.

Il s'avère indispensable de souligner que pour toutes ces fonctions qui nécessitent l'agrément préalable de la BCC (avant la nomination ou la désignation effective), la banque assujettie est tenue d'informer immédiatement la BCC en cas de cessation de fonction, en indiquant les motifs et le contentieux antérieur s'il y en a eu. Aussi, en cas de contentieux ultérieur subséquent à la cessation de fonction ou résiliation du contrat, elle est toujours tenue d'informer la BCC.

II.4. Gouvernance du dispositif de contrôle interne

Dans la quasi-totalité des textes de « corporate governance », il est indiqué qu'il revient au Conseil d'administration d'assurer la haute surveillance sur la gestion du comité de direction. D'où la nécessité de la mise en place d'un système de contrôle interne de manière à pouvoir remplir sa fonction de haute surveillance. Ce système de contrôle interne et de la conformité recouvre aussi la gestion des risques auxquels la banque doit faire face dans ses activités de tous les jours.

Pour rencontrer cette exigence, chaque institution bancaire doit élaborer et mettre à jour régulièrement ses manuels de procédures formels qui couvrent l'ensemble de ses activités. Ces manuels de procédures sont dits **« formels »** lorsqu'ils sont documentés (écrits) et approuvés par l'organe délibérant.

Les manuels de procédures sont décrits et approuvés respectivement par le comité de direction et le Conseil d'administration ; et doivent être diffusés au personnel. Ils doivent également ressortir clairement une séparation stricte entre les unités chargées pour chaque opération ou activité de (du) :

- ✓ L'initiation ;
- ✓ La mise en exécution ;
- ✓ L'approbation ou de la validation ;
- ✓ Contrôle.

Dans une banque, chaque unité opérationnelle doit être dotée d'un manuel qui décrit les procédures des tâches ou des activités qu'elle est chargée d'exécuter ou de réaliser.

En somme, les banques sont tenues d'assurer une bonne gouvernance de leurs systèmes de contrôle, pour assurer leurs différents partenaires, dont particulièrement les clients, les actionnaires et l'autorité de régulation.

Ainsi, pour assurer une gouvernance appropriée du système de contrôle interne, les administrateurs et les membres du comité de direction sont tenus de promouvoir une solide culture du respect du contrôle interne, de la gestion des risques et de la conformité aux lois, réglementations et procédures.

L'organe délibérant est tenu de procéder, au moins chaque semestre, à la revue de l'activité et des résultats des fonctions du contrôle interne.

Cette revue est réalisée sur la base des informations reçues du comité de direction, des comités spécialisés d'audit et d'éthique et de conformité et des fonctions de contrôle opérationnelles au sein de la banque.

Cette revue doit permettre au Conseil d'administration de proposer à l'organe exécutif de procéder à la mise à jour de certaines dispositions du contrôle interne et à leur adaptation aux réalités actuelles (nouvelles activités, nouveaux produits, nouvelle politique, nouvelles législations et réglementations, etc.)

Le Conseil d'administration doit veiller également à ce qu'il y ait une politique efficace et adéquate de formation, de sensibilisation et d'information de l'ensemble du personnel sur la politique, les procédures, les questions relatives à la conformité et à la fraude et les objectifs de contrôle. Il doit s'assurer, à travers le comité de direction ou les fonctions de contrôle, que chaque agent de la banque ait suivi au moins une formation par an, sur la lutte contre le blanchiment de capitaux et le financement du terrorisme et de la prolifération des armes de destruction massive.

L'on note cependant que dans plusieurs institutions bancaires, la politique et les procédures ne sont pas connues de l'ensemble du personnel. C'est le cas des nouvelles recrues qui ne sont ni formées, ni informées et ni sensibilisées sur la politique et les procédures de leurs banques respectives. Le constat est le même concernant la formation et la sensibilisation annuelle du personnel, y compris les nouvelles recrues, sur les sujets de la fraude et de la lutte contre le blanchiment de capitaux et le financement du terrorisme et de la prolifération des armes de destruction massive.

Il ressort de nos enquêtes et observations que seuls 33 % des banques de droit congolais veillent à la formation et à la sensibilisation annuelle et régulière de leur personnel sur ces différents sujets.

Pour conclure cette section, il convient de souligner que tout le personnel de la banque doit être régulièrement sensibilisé et informé sur les conséquences de la non-conformité aux règles, qu'elles soient des lois, des instructions bancaires, des procédures ou politiques internes, ou des règles déontologiques. En effet, la non-conformité expose leur employeur (l'institution bancaire) à ce que l'on appelle « ROR : Regulatory and Operational Risk » ou « RRO : Risque réglementaire et opérationnel », en sus du risque réputationnel.

De même, la gouvernance des banques doit être suffisamment transparente à l'égard de toutes les parties prenantes, dont particulièrement celles qui n'ont pas facilement accès aux informations y relatives. Il s'agit notamment de la clientèle, du personnel et des autres acteurs du secteur. Ainsi, pour renforcer cette exigence, le régulateur impose à chaque banque de publier par voie de presse et sur son site internet, chaque année au minimum, un rapport annuel (BCC, instruction n° 21, article 49, 2023). Ce rapport doit être accessible à la clientèle, aux acteurs du marché et à toutes les autres parties prenantes et doit inclure, entre autres, les informations ci-après :

- La situation financière de l'institution (bilan, compte de résultat, tableau de variation des fonds propres, tableau des flux de trésorerie et les notes aux comptes importantes) ;
- Le tableau de synthèse des normes prudentielles de gestion de la banque telles que prévues dans l'instruction n° 14, modification n° 7 de la BCC ;
- L'opinion du commissaire aux comptes ;
- Les informations importantes relatives aux objectifs de la banque ;
- Une déclaration annuelle détaillée de gouvernance ;

- La structure organisationnelle (y compris l'organigramme) et la politique de gouvernance de la banque, en fournissant notamment les informations relatives aux principes du code d'éthique, de la gouvernance et de la politique de rémunération ;
- La synthèse de la stratégie d'appétence aux risques et de la politique de gestion des risques ;
- La structure de l'actionnariat ainsi que les droits de vote de chaque actionnaire ;
- Les critères de sélection des membres de l'organe délibérant ;
- La liste des comités spécialisés du Conseil d'administration ainsi qu'une synthèse de leurs travaux ;
- Les principaux comités internes opérationnels permanents du comité de direction ainsi qu'une synthèse de leurs travaux ;
- La liste des transactions avec des parties liées.

II.5. Gestion de conflits d'intérêts

Le conflit d'intérêts est défini comme une situation où les intérêts personnels d'un membre des organes de gouvernance ou d'un personnel ou de ceux des personnes avec lesquelles ils ont un lien familial proche ne sont pas compatibles avec les intérêts de la banque et pourraient, de ce fait, impacter leur neutralité dans l'accomplissement de leurs fonctions.

Trois situations principales sont les causes des conflits d'intérêts :

- La multiplicité des activités et des rôles que joue la banque ;
- La contradiction entre les intérêts de la banque et ceux des membres du Conseil d'administration, du comité de direction et des responsables des directions opérationnelles ;
- L'appartenance de la banque à un groupe (le fait d'être filiale) d'un groupe.

Les situations de conflits d'intérêts préoccupent au plus au haut point l'autorité de régulation.

Ainsi, les banques sont obligées, à travers l'organe délibérant, de définir une politique et de mettre en œuvre des procédures de prévention et de gestion des conflits d'intérêts ; et de prendre les mesures idoines afin de prévenir et gérer des conflits d'intérêts. Cette politique doit prévoir :

- Des exemples de conflits susceptibles de se présenter à un membre du Conseil d'administration, de l'organe exécutif et à un responsable d'une direction opérationnelle ;
- L'obligation pour un membre du Conseil d'administration ou tout employé de signaler rapidement tout élément qui pourrait donner ou aurait donné lieu à un conflit d'intérêts ;

- La démarche à suivre par tout membre du personnel ou membre des organes sociaux pour signaler rapidement tout élément qui pourrait donner ou aurait donné lieu à un conflit d'intérêts. Il s'agit notamment de la décision et/ou l'engagement volontaire de la personne en conflit à s'abstenir de voter (ou de participer à une réunion) sur des questions pour lesquelles elle pourrait être en situation de conflit d'intérêts ou lorsque son objectivité ou sa capacité à remplir correctement ses obligations envers la banque pourraient être compromises ;
- Les sanctions à l'encontre de tout employé ou membre des organes sociaux qui serait en situation des conflits d'intérêts, sans le déclarer à l'organe compétent ;
- L'option de la non-participation pour toute personne (employé ou membre des organes sociaux) en situation de conflit, à une réunion ou au vote qui se rapporte à l'objet du conflit.

Lorsque les banques se retrouvent en situation de conflits d'intérêts, elles doivent réunir les informations appropriées y relatives, les documenter et décrire la manière dont les cas ont été gérés.

La gestion des situations de conflit d'intérêts ne se limite pas à l'intérieur des banques, qui sont tenues de partager les informations sur les cas identifiés avec la BCC et les autres parties prenantes. De ce fait, elles sont tenues de communiquer de manière formelle, à la BCC et à toutes les parties protagonistes, dans les deux jours calendriers qui suivent le constat, la nature et les sources des cas de conflits d'intérêts identifiés ou pouvant provenir de leur politique de gouvernance ou de l'exercice de leurs activités.

De ce qui précède, nous pouvons conclure cette section en insistant sur le fait que les banques sont tenues de gérer correctement toute situation porteuse de conflits d'intérêts dans leurs relations avec leurs actionnaires, les membres de leurs organes sociaux ou leurs employés, en vue de ne pas porter préjudice à elles-mêmes ou aux autres parties prenantes, dont notamment la clientèle, le personnel et les membres des organes sociaux.

CHAPITRE III
LES BANQUES FACE À LA LUTTE CONTRE LE BLANCHIMENT DE CAPITAUX ET LE FINANCEMENT DU TERRORISME ET DE LA PROLIFÉRATION DES ARMES DE DESTRUCTION MASSIVE

III.1. Notions générales

Le blanchiment des capitaux sous ses différentes facettes remonte à plusieurs centaines d'années. Cependant, cette activité criminelle a commencé à attirer l'attention particulière des nations dont notamment les États-Unis d'Amérique et les institutions internationales, avec la progression importante des grandes organisations criminelles aux États-Unis. Cette progression des activités criminelles coïncide avec la période au courant de laquelle une loi a tenté d'interdire certaines activités, dont notamment l'importation, la fabrication et la vente d'alcool aux États-Unis.

Ce concept de blanchiment de capitaux a commencé à émerger, d'un point de vue juridique, à partir des années 80, lorsque les acteurs économiques, les nations et les institutions internationales ont compris qu'il était nécessaire de s'attaquer à ce phénomène, qui a pris une ampleur considérable à travers le monde, grâce à la globalisation et à la dérégulation de l'économie.

C'est ainsi que les organisations internationales avaient opté de mettre en place une stratégie commune de lutte contre le blanchiment de capitaux et de définir les infractions assorties des sanctions liées à celles-ci, à travers différentes mesures législatives comme la Déclaration de Bâle du 12 décembre 1988 et la Convention des Nations unies contre le trafic illicite de stupéfiants et de substances psychotropes du 20 décembre 1988, signée à Vienne (Lawarée, Aurélie, 2020).

Poursuivant le même objectif, les pays du G7[20] ont créé en 1989 le Groupe d'action financière (GAFI), chargé d'examiner et d'élaborer des mesures de lutte contre le blanchiment des capitaux. Cette organisation, qui ne comptait que 15 pays et la Commission européenne à sa naissance, compte aujourd'hui 37 pays membres et dispose d'un réseau de neuf (9) partenaires, dont le Groupe d'action contre le blanchiment d'argent en Afrique centrale (GABAC), qui gère les questions de blanchiment des capitaux en Afrique centrale.

Tableau 16 : Réseau et pays membres du GAFI

	Pays membres	**Réseau mondial du GAFI**
1	Afrique du Sud	Conseil de l'Europe (MONEYVAL)
2	Allemagne	Groupe anti-blanchiment en Afrique orientale et australe (GABAOA)
3	Arabie saoudite	Groupe Asie/Pacifique sur le blanchiment de capitaux
4	Argentine	Groupe d'action financière d'Amérique latine (GAFILAT)
5	Australie	Groupe d'action financière des Caraïbes (GAFIC)
6	Autriche	Groupe d'action financière du Moyen-Orient et de l'Afrique du Nord (GAFIMOAN)
7	Belgique	Groupe d'action contre le blanchiment d'argent en Afrique centrale (GABAC)
8	Brésil	Groupe Eurasie (EAG)
9	Canada	Groupe intergouvernemental d'action contre le blanchiment d'argent en Afrique de l'Ouest (GIABA)
10	Chine	*******************************
11	Corée	
12	Danemark	
13	Espagne	
14	États-Unis (USA)	
15	Fédération russe[21]	
16	Finlande	
17	France	
18	Grèce	
19	Hong Kong, Chine	
20	Inde	

[20] L'Allemagne, le Canada, les États-Unis, la France, l'Italie, le Japon, et le Royaume-Uni.
[21] Pays suspendu comme membre du GAFI depuis le 24 février 2023.

	Pays membres	Réseau mondial du GAFI
21	Irlande	
22	Islande	
23	Israël	
24	Italie	
25	Japon	
26	Luxembourg	
27	Malaisie	
28	Mexique	
29	Norvège	
30	Nouvelle-Zélande	
31	Pays-Bas	
32	Portugal	
33	Royaume-Uni	
34	Singapour	
35	Suède	
36	Suisse	
37	Turquie	

Source : Auteur sur la base des informations tirées du site du GAFI (www.fatf-gafi.org)

À son origine, le GAFI qui fonctionnait avec des mandats à durée déterminée, était chargé essentiellement des questions liées au blanchiment des capitaux, en examinant ses techniques et ses tendances, en assurant la revue critique des mesures mises en œuvre au niveau national ou international et en définissant les nouvelles mesures jugées nécessaires dans le cadre de la lutte contre fléau mondial de blanchiment de capitaux. Aujourd'hui, le GAFI, qui fonctionne avec un mandat à durée indéterminée, a élargi son champ d'action pour intégrer également la lutte contre le financement du terrorisme et la prolifération des armes de destruction massive.

Qu'il s'agisse du blanchiment de capitaux ou du financement du terrorisme et de la prolifération des armes de destruction massive, ces deux actes sont toujours d'actualité et constituent des menaces réelles qui exposent les banques aux risques de réputation et d'image vis-à-vis du public et des partenaires et qui peuvent, in fine, causer des dommages financiers, économiques et sociaux considérables non seulement aux banques mais à l'ensemble du secteur financier d'un pays, voire du pays tout entier.

Face à cette exposition, ces fléaux de blanchiment des capitaux et du financement du terrorisme et de la prolifération des armes de destruction massive font aujourd'hui l'objet des préoccupations de l'ensemble des États, des organisations internationales (ONU, PNUD, Union européenne, Union africaine, Comité de Bâle sur le contrôle bancaire, Groupe d'action financière « GAFI », etc.) et des banques centrales. Ces préoccupations accompagnées par une prise de conscience de presque tous les États, se sont matérialisées par l'élaboration et la mise en place des cadres juridiques et structures appropriées en vue de renforcer les mesures et les actions de lutte contre le blanchiment des capitaux et le financement de terrorisme et de la prolifération des armes de destruction massive.

C'est dans ce cadre que les deux chambres du parlement congolais et le président de la République démocratique du Congo ont, respectivement, adopté et promulgué la loi n° 04/016 du 19 juillet 2004 portant lutte contre le blanchiment des capitaux et le financement du terrorisme. S'en est suivie l'instruction n° 15 de la BCC, du 15 décembre 2006, portant sur les normes relatives à la lutte contre le blanchiment de capitaux et le financement du terrorisme, qui a connu plusieurs modifications au fil de temps.

Suite aux insuffisances du cadre législatif et réglementaire de la RDC en matière de lutte contre le blanchiment des capitaux et le financement du terrorisme, soulevées lors de la revue mutuelle réalisée par le Groupe d'action de lutte contre le blanchiment d'argent en Afrique centrale (GABAC), la RDC s'est vue obligée de renforcer son arsenal juridique, en revisitant sa loi n° 04/016 du 19 juillet 2004 et les autres textes réglementaires pour les adapter aux normes internationales telles que fixées par la GAFI. C'est ainsi qu'en décembre 2022, une nouvelle loi a été promulguée en remplacement de l'ancienne. Il s'agit de la loi n° 22/068 du 27 décembre 2022, portant lutte contre le blanchiment de capitaux et le financement du terrorisme et de la prolifération des armes de destruction massive.

Ainsi, dans cet ouvrage, nous avons opté pour les définitions telles que proposées par la législation congolaise dans la loi n° 22/068 du 27 décembre 2022, pour comprendre ces trois concepts, à savoir :

(i) Le blanchiment de capitaux ;
(ii) Le financement du terrorisme ; et
(iii) Le financement de la prolifération des armes de destruction massive.

A priori, retenons déjà que ces trois infractions précitées constituent ce que l'on appelle « **Activité criminelle** ».

III.1.1 Blanchiment de capitaux

Au sens de la loi précitée, **le blanchiment de capitaux** est défini à travers un certain nombre d'actes commis intentionnellement par une ou plusieurs personnes, quel que soit le type et/ou la valeur du bien ayant fait l'objet du crime ou de l'infraction. Il s'agit notamment de (du) :

(a) *La conversion, le transfert ou la manipulation de biens par toute personne qui a l'information que ces biens proviennent d'une activité criminelle ou d'une participation à une activité criminelle, et ce, dans le but de dissimuler ou de déguiser l'origine illicite desdits biens ou d'aider toute personne impliquée dans la commission de l'infraction à échapper aux conséquences juridiques de ses actes* ;

(b) *La dissimulation ou le déguisement de la nature, de l'origine, de l'emplacement, de la disposition, du mouvement ou de la propriété réelle de biens ou des droits y relatifs, par toute personne qui sait que ces biens proviennent d'une activité criminelle ou d'une participation à une activité criminelle* ;

(c) *L'acquisition, la détention ou l'utilisation de biens par une personne qui sait, qui suspecte ou qui aurait dû savoir que lesdits biens proviennent d'une activité criminelle ou d'une participation à une activité criminelle.*

S'agissant des banques, l'expression « qui aurait dû savoir » renvoie à l'observation stricte de la politique, des procédures et des mesures prises par une banque conformément à la législation et à la réglementation relatives à la Lutte contre le blanchiment des capitaux (LCB). Ainsi, pour déterminer si la banque aurait dû suspecter que les biens sont les produits d'une activité criminelle ou douteuse, les deux (2) questions principales à se poser sont les suivantes :

1°) Est-ce que si la banque avait mis en place une politique, des procédures et des mesures adéquates et conformes aux exigences légales et réglementaires de la LCB, elle n'aurait pas suspecté l'origine criminelle ou douteuse de ces biens acquis, utilisés ou détenus pour compte d'une tierce personne (cas des dépôts) ?

2°) Est-ce que si la banque (ou son personnel) avait observé la politique, les procédures et les mesures de la LCB mises en place, elle n'aurait pas suspecté l'origine criminelle ou douteuse de ces biens acquis, utilisés ou détenus pour compte d'une tierce personne (cas des dépôts) ?

(d) L'entente ou la participation à une association en vue de la commission d'une infraction de blanchiment de capitaux ;

(e) L'association pour commettre ou tenter de commettre une infraction de blanchiment de capitaux ;

(f) L'action d'aider, d'inciter ou de conseiller une personne physique ou morale à réaliser une opération de blanchiment de capitaux ou faciliter une telle opération.

Les différents actes ou opérations retenus pour définir le blanchiment des capitaux ne se limitent pas simplement aux capitaux mais intègrent la notion générale des biens.

Le législateur congolais définit les biens comme étant « *les avoirs de toute nature, corporels ou incorporels, meubles ou immeubles, tangibles ou intangibles, fongibles ou non fongibles ainsi que les documents ou instruments juridiques sous quelque forme que ce soit, y compris électroniques ou numériques, attestant la propriété de ces avoirs ou des droits y afférents ainsi que les intérêts sur lesdits avoirs, notamment, les crédits, les chèques de voyage, les chèques, les mandats, les actions, les valeurs mobilières, les obligations, les traites ou lettres de crédit ainsi que les éventuels intérêts, dividendes ou autres revenus ou valeur tirés de tels avoirs, ou générés par de tels avoirs* »[22].

En somme, nous pouvons définir le blanchiment des capitaux comme étant un ensemble de processus utilisés ou des stratégies mises en œuvre par les criminels et leurs complices, en vue de dissimuler l'origine et la propriété des fonds et/ou biens issus ou tirés des activités criminelles. En d'autres termes, il s'agit de dissimuler ou de faire disparaître les indices ou taches de l'origine criminelle des biens, dont notamment les fonds (l'argent), en vue de leur conférer une légalité apparente.

Il ressort des points développés dans les lignes précédentes que le blanchiment de capitaux est une infraction secondaire ou de conséquence, c'est-à-dire qu'il n'est pas possible de parler de blanchiment de capitaux, si, à la base, il n'y a pas eu une infraction primaire ou plusieurs infractions sous-jacentes (activité criminelle ou délit).

Il est vrai qu'à l'origine, on associait principalement l'infraction primaire ou sous-jacente de blanchiment des capitaux au trafic illicite de stupéfiants, à la vente illicite d'armes, à la traite des êtres humains, à la vente de la drogue et au proxénétisme.

Aujourd'hui, l'infraction primaire ou l'origine illicite est associée à plusieurs crimes et délits, qui précèdent l'infraction de blanchiment. Il s'agit notamment des crimes et délits ci-après, commis à l'intérieur ou à l'extérieur de la RDC :

- Le terrorisme ;
- La participation à un groupe criminel ;
- La traite des êtres humains ;
- Le trafic illicite d'armes ;
- Le proxénétisme et l'exploitation sexuelle ;
- Le commerce de la drogue ;
- La corruption ;
- La fraude, y compris la fraude fiscale ;
- Le vol ;
- Le détournement des fonds ;
- Le faux et l'usage de faux ;
- La contrefaçon de la monnaie ;
- La contrefaçon et le piratage de produits.

Quant à l'infraction secondaire (blanchiment de capitaux), elle est généralement réalisée en trois (3) étapes principales ci-après : le placement, l'empilement et l'intégration.

---

[22] Définition tirée de la loi n° 22/068 du 27 décembre 2022 portant lutte contre le blanchiment des capitaux, le financement du terrorisme et de la prolifération des armes de destruction massive.

(I) **Le placement** : consiste à introduire les biens issus des activités illicites dans le circuit économique légal, en recourant aux divers moyens, dont notamment le dépôt des fonds dans les banques, le remboursement anticipatif des prêts immobiliers, les opérations de change manuel, les opérations de transfert et le financement des projets immobiliers. C'est l'étape la plus proche de l'infraction d'origine ou primaire. Ici, l'auteur et/son complice cherchent à injecter les produits de crimes dans le système financier sans attirer l'attention des tiers et régulateurs, sur tout soupçon quelconque. En RDC, cette étape de prélavage (phase de placement) se fait particulièrement :

- En effectuant les dépôts sur différents comptes bancaires ou un seul compte, en de plus petites quantités d'espèces, moins suspectes, lorsque les banques exigent une justification de l'origine des fonds pour les dépôts supérieurs à l'équivalent en CDF de USD 10 000 ;
- En effectuant les dépôts d'importantes sommes en liquides sur différents comptes bancaires ou un seul compte, lorsque les banques qui réceptionnent n'exigent pas une justification quelconque de l'origine des fonds pour les dépôts supérieurs à l'équivalent en CDF de USD 10 000 ;
- En remettant des fonds en espèces issus d'une activité criminelle, à une personne, qui va effectuer une opération de virement du même montant ou réduit des frais de facilité, en faveur de la première.

(II) **L'empilement :** est la deuxième étape qui consiste en la multiplication de transactions effectuées les unes après les autres de manière à brouiller les pistes ou à créer un réseau d'une complexité telle que la remontée à la source illicite des fonds devient très épineuse, voire impossible pour les banques et les autorités de régulation en charge de la LCB. Ces transactions sont généralement faites à travers les sociétés fictives, le règlement des factures imaginaires et les opérations irréelles. Cette phase de lavage est la plus sophistiquée car dans cette étape, les auteurs de blanchiment de capitaux recourent souvent aux diverses méthodes complexes.

(III) **L'intégration (conversion)** : est l'étape de recyclage qui permet d'introduire les capitaux qui paraissent comme des fonds ou biens d'origine légale dans des activités économiques légitimes. À ce stade, les auteurs du crime et les complices ont la possibilité d'utiliser les produits du crime dans le circuit financier légal ou dans l'économie légale. Ils peuvent, notamment, procéder aux achats d'œuvres d'art, aux placements financiers, aux acquisitions immobilières et des instruments d'investissement.

Le blanchiment des capitaux qui s'avère être une activité extrêmement créative et complexe ne l'est pas dans tous les environnements (pays). Dans certains environnements (pays), compte tenu de la vulnérabilité de quelques secteurs au blanchiment de capitaux, les bénéficiaires des revenus des crimes ne trouvent même pas l'importance de passer par les trois étapes pour blanchir leurs fonds d'origine criminelle en les intégrant dans l'économie légale. Ils passent directement par l'intégration, faute de mesures et actions réelles et effectives de LCB/FTP.

Les facteurs tels que la structuration de l'économie dominée par le secteur informel, l'utilisation excessive et non encadrée des transactions en espèces, l'inobservation non sanctionnée des dispositions légales et réglementaires en matière de LCB, l'absence de la transparence dans le chef de la plupart des acteurs du secteur public et privé, la corruption endémique, l'évolution exponentielle du secteur immobilier sans un mécanisme approprié de justification de l'origine des fonds qui y sont investis, l'absence de la traçabilité des opérations réalisées dans la plupart des bureaux de change et agences de transfert des fonds, accroissent la vulnérabilité de certaines économies, comme celle de la RDC, au blanchiment de capitaux. Ces différents facteurs sus-évoqués présentent des opportunités de blanchiment de capitaux et de financement du terrorisme.

C'est ainsi que bon nombre d'observateurs estiment que le secteur immobilier de certains pays africains en général et celui de la RDC en particulier est extrêmement exposé au blanchiment de capitaux[23]. Les auteurs de blanchiment des capitaux ainsi que leurs complices, ont la possibilité de réaliser les acquisitions des matériaux de construction et d'effectuer le paiement de la main-d'œuvre essentiellement en espèces, quel que soit le montant, étant donné que le pays n'a pas encore pris des mesures contraignantes et solides dans ce secteur.

Par ailleurs, soulignons que les ministères des Affaires foncières et des Finances de la RDC ont pris un arrêté salutaire concernant les acquisitions immobilières. En effet, conformément à l'arrêté interministériel n° 0116/CAB/MIN.AFF.FONC/ASM/JMI/2021 et n° 089/CAB/MIN/FINANCES/2021, du 3 juin 2021, portant sur la bancarisation des opérations foncières et immobilières à travers la République démocratique du Congo, toutes les opérations foncières dont le prix du bien foncier ou immobilier est égal ou supérieur à l'équivalent en francs congolais de dollars américains dix mille (10 000 USD) doivent passer par le circuit bancaire[24].

---

[23] Le secteur de l'immobilier est florissant en RDC, sans que la licéité de l'origine des fonds à la base des acquisitions immobilières ne soit toujours vérifiée, ce qui fait en sorte que le secteur immobilier reste très vulnérable au blanchiment de capitaux (GABAC, 2021).

[24] À notre avis, nous estimons que cette mesure devrait être élargie aux acquisitions des matériels et services de construction, en interdisant le règlement en espèces de ces transactions.

III.1.2 Financement du terrorisme

Comme pour le blanchiment de capitaux, nous retenons dans cet ouvrage, la définition proposée par la législation congolaise pour pénétrer le concept de financement du terrorisme.

Au sens de la présente loi n° 22/068 du 27 décembre 2022, portant lutte contre le blanchiment de capitaux et le financement du terrorisme et de la prolifération des armes de destruction massive, on entend par financement du terrorisme, *tout acte commis par une personne physique ou morale ou toute autre organisation qui, par quelque moyen que ce soit, directement ou indirectement, a délibérément fourni ou réuni des biens, fonds et autres ressources financières dans l'intention de les utiliser ou sachant qu'ils seront utilisés, en tout ou en partie, en vue de la commission d'un ou de plusieurs actes terroristes par une organisation terroriste ou par un terroriste ou un groupe de terroristes.*

Aussi, il faut préciser que l'infraction ne concerne pas qu'un acte terroriste réussi, mais aussi toute tentative de commettre un tel acte. De la même manière, l'infraction de financement du terrorisme ne frappe pas que l'auteur de l'acte mais également toute personne qui aurait contribué à l'incitation, à la facilitation ou à l'assistance des personnes qui ont commis ou tenté de commettre un acte terroriste.

III.1.3 Financement de la prolifération des armes de destruction massive

La toute première loi (de 2004) relative à la lutte contre le blanchiment de capitaux et le financement du terrorisme en RDC, n'avait pas intégré cet aspect relatif au financement des armes de destruction massive.

C'est dans le souci de se conformer au dispositif du GAFI, qui a intégré en février 2012, les questions relatives au financement des armes de destruction massive dans ses recommandations, que le législateur congolais les a également incorporées dans sa loi n° 22/068 du 27 décembre 2022.

Ainsi, au sens de cette loi, le ***financement de la prolifération des armes de destruction massive,*** est défini comme tout acte destiné à fournir des fonds ou des services financiers qui sont utilisés en tout ou en partie pour fabriquer, se procurer, mettre au point, posséder, développer, exporter, transborder, transférer, pour le courtage, le stockage et l'utilisation d'armes nucléaires, chimiques ou biologiques et leurs vecteurs et éléments connexes en violation des lois en vigueur ou, le cas échéant, des obligations internationales.

Nous ne pouvons pas clore cette section relative aux notions générales, sans relever que la première infraction (blanchiment de capitaux) et les deux dernières (financement du terrorisme et de la prolifération des armes de destruction massive) développées ci-haut, sont fondamentalement opposées. En effet, si la première cherche à dissimuler l'origine illicite des biens, les deux dernières cherchent plutôt à masquer l'utilisation des fonds qu'ils soient d'origine licite ou illicite, dans les activités criminelles (terrorisme et prolifération des armes de destruction massive). Le blanchiment poursuit un but économique tandis que celui du terrorisme et de son financement est essentiellement politique et idéologique. Néanmoins, ce sont deux activités financières illégales à caractère transnational qui, finalement, requièrent des moyens de lutte assez similaires : une coopération internationale favorisant l'échange d'informations et une surveillance accrue des différents flux financiers pour permettre de détecter et geler au plus vite les fonds suspects. Ainsi, pouvons-nous déduire qu'il n'est pas possible de parler de blanchiment de capitaux sans infraction primaire (biens d'origine illicite). Pourtant, il est possible d'évoquer l'infraction du financement du terrorisme et de la prolifération des armes de destruction massive sans faire allusion à une infraction primaire (biens d'origine illicite). L'on peut financer le terrorisme et la prolifération des armes de destruction massive avec des capitaux d'origine licite.

III.2. Dispositif de la lutte contre le blanchiment de capitaux et le financement du terrorisme et de la prolifération des armes de destruction massive

Comme indiqué dans la section précédente, la question de la lutte contre le blanchiment de capitaux et le financement du terrorisme et de la prolifération des armes de destruction massive préoccupe toutes les nations et les institutions internationales et régionales, dont notamment le Fonds monétaire international, la Banque mondiale, les Nations unies, l'Union européenne et l'Union africaine.

III.2.1 Dispositif international de la lutte contre le blanchiment de capitaux et le financement du terrorisme et de la prolifération des armes de destruction massive

Au niveau international, c'est le Groupe d'action financière (GAFI), organisme mondial de surveillance du blanchiment de capitaux et du financement du terrorisme et de la prolifération des armes de destruction massive. Cet organisme intergouvernemental fixe des normes internationales visant à prévenir ces activités illégales et les dommages qu'elles causent à la société. En tant qu'organe d'élaboration des politiques, le GAFI s'efforce de susciter la volonté politique nécessaire à la mise en place de réformes législatives et réglementaires nationales dans ces domaines.

Plus de 200 pays et juridictions se sont engagés à mettre en œuvre les recommandations du GAFI, qui garantissent une réponse mondiale coordonnée pour prévenir le crime organisé, la corruption, le terrorisme et la prolifération des armes de destruction massive. Ces normes du GAFI constituent aujourd'hui le référentiel international de lutte contre le blanchiment de capitaux et le financement du terrorisme et de la prolifération des armes de destruction massive.

Le GAFI examine et évalue régulièrement les techniques de blanchiment de capitaux et de financement du terrorisme et de la prolifération des armes de destruction massive, en vue de renforcer continuellement ses normes pour faire face aux nouveaux risques.

C'est ainsi que depuis 1990 à ce jour, le GAFI est passé par la publication :

- D'une série de quarante recommandations, qui visaient à fournir un plan d'action complet de lutte contre le blanchiment de capitaux (en 1990) ;
- D'une série de huit recommandations spéciales portant sur la lutte contre le financement du terrorisme (en 2001), suivie d'une neuvième recommandation en 2003 ;
- De ses 40 recommandations initiales amendées, intégrant de ce fait les questions relatives au financement des armes de destruction massive et les neuf (9) recommandations sur le financement du terrorisme.

Ces quarante (40) recommandations constituent aujourd'hui le référentiel international de lutte contre le blanchiment de capitaux et le financement du terrorisme et de la prolifération des armes de destruction massive, que cette structure internationale (le GAFI) continue à réviser, à améliorer, à enrichir et à renforcer, en vue de s'assurer que les pays disposent des outils les plus solides possible pour lutter contre ces trois fléaux qui menacent le monde dans son ensemble.

Pour atteindre ses objectifs, le GAFI, en collaboration avec d'autres structures continentales ou régionales partenaires, appelle et sensibilise tous les pays à faire le nécessaire pour mettre en œuvre dans leurs systèmes nationaux, des mesures complètes, efficaces, solides et conformes à ses quarante (40) recommandations.

Le GAFI ou les organismes régionaux de type GAFI (ORTG) organisent des revues mutuelles des pays, à l'issue desquelles ils peuvent décider de mettre le pays soit sur la **liste grise**, soit sur la **liste noire**.

À l'issue de l'évaluation mutuelle d'un pays, en cas d'identification des défaillances stratégiques importantes dans son dispositif légal et réglementaire de lutte contre le blanchiment de capitaux, le financement du terrorisme et de la prolifération des armes de destruction massive, si le pays prend un engagement politique ferme de haut niveau d'adopter les mesures idoines pour remédier à ces défaillances dans les délais convenus, le GAFI peut soumettre le pays à une surveillance renforcée pendant une période donnée. La liste des pays soumis à cette surveillance renforcée et qui travaillent activement avec le GAFI est dénommée « Liste grise ».

Au 24 février 2023, les pays inscrits sur la liste grise du GAFI sont repris dans le tableau 17 ci-dessous.

Tableau 17 : Liste grise du GAFI au 24 février 2023

#	Pays	Date d'insertion
1	Syrie	Février 2010
2	Yémen	Février 2010
3	Panama	Juin 2019
4	Albanie	Février 2020
5	Barbade	Février 2020
6	Ouganda	Février 2020
7	Jamaïque	Février 2020
8	Burkina Faso	Février 2021
9	Îles Caïmans	Février 2021
10	Sénégal	Février 2021
11	Haïti	Juin 2021
12	Philippines	Juin 2021
13	Soudan du Sud	Juin 2021
14	Jordanie	Octobre 2021
15	Mali	Octobre 2021
16	Turquie	Octobre 2021
17	Émirats arabes unis	Février 2022
18	Gibraltar	Juin 2022
19	République démocratique du Congo	Octobre 2022
20	Mozambique	Octobre 2022
21	Tanzanie	Octobre 2022
22	Nigeria	Février 2023
23	Afrique du Sud (RSA)	Février 2023

Source : Auteur sur la base des recherches effectuées sur le site de GAFI (www.fatf-gafi.org)

Ces pays doivent continuer de travailler avec le GAFI et les organismes régionaux de type GAFI (ORTG), dont notamment le GABAC pour la RDC. Sur ce, ils sont tenus de communiquer constamment des actions déjà mises en œuvre pour remédier aux défaillances stratégiques qui avaient été identifiées.

Par ailleurs, en cas de découverte des défaillances stratégiques considérables dans le dispositif légal et réglementaire de lutte contre le blanchiment de capitaux, le financement du terrorisme et de la prolifération des armes de destruction massive, à l'issue d'une revue mutuelle d'un pays conduite par le GAFI ou les ORTG, le pays concerné qui présente, dans ce cas, un risque élevé pour l'ensemble du système financier international, est inscrit sur une liste communément désignée « **liste noire** ». Face à cette situation, pour protéger l'ensemble du système financier mondial, le GAFI invite tous les pays à appliquer soit des mesures de vigilance renforcée, soit des contre-mesures vis-à-vis des pays inscrits sur sa liste noire.

Au 24 février 2023, les pays inscrits sur la liste noire du GAFI sont repris dans le tableau 18 ci-dessous.

Tableau 18 : Liste noire du GAFI au 24 février 2023

#	Pays	Date d'insertion
1	République populaire démocratique de Corée	Février-2011
2	Iran	Octobre-2019
3	Myanmar	Février-2020

Source : Auteur sur la base des recherches effectuées sur le site de GAFI (www.fatf-gafi.org)

Dans le tableau ci-dessous, nous présentons les 40 recommandations du GAFI regroupées en sept catégories.

Tableau 19 : Recommandations de GAFI

N°	RECOMMANDATION
A	POLITIQUES ET COORDINATION EN MATIÈRE DE LBC/FT
1	Évaluation des risques et application d'une approche fondée sur les risques
2	Coopération et coordination nationales
B	BLANCHIMENT DE CAPITAUX ET CONFISCATION
3	Infraction de blanchiment de capitaux
4	Confiscation et mesures provisoires
C	FINANCEMENT DU TERRORISME ET FINANCEMENT DE LA PROLIFÉRATION
5	Infraction de financement du terrorisme
6	Sanctions financières ciblées liées au terrorisme et au financement du terrorisme
7	Sanctions financières ciblées liées à la prolifération
8	Organismes à but non lucratif
D	MESURES PRÉVENTIVES
9	Lois sur le secret professionnel des institutions financières
10	Devoir de vigilance relative à la clientèle
11	Conservation des documents
12	Personnes politiquement exposées
13	Correspondance bancaire
14	Services de transfert de fonds ou de valeurs
15	Nouvelles technologies

N°	RECOMMANDATION
16	Virements électroniques
17	Recours à des tiers
18	Contrôles internes et succursales et filiales à l'étranger
19	Pays présentant un risque plus élevé
20	Déclaration des opérations suspectes
21	Divulgation et confidentialité
22	Entreprises et professions non financières désignées – Devoir de vigilance relative à la clientèle
23	Entreprises et professions non financières désignées – Autres mesures
E	TRANSPARENCE ET BÉNÉFICIAIRES EFFECTIFS DES PERSONNES MORALES ET CONSTRUCTIONS JURIDIQUES
24	Transparence et bénéficiaires effectifs des personnes morales
25	Transparence et bénéficiaires effectifs des constructions juridiques
F	POUVOIRS ET RESPONSABILITÉS DES AUTORITÉS COMPÉTENTES ET AUTRES MESURES INSTITUTIONNELLES
26	Réglementation et contrôle des institutions financières
27	Pouvoirs des autorités de contrôle
28	Réglementation et contrôle des entreprises et professions non financières désignées
29	Cellules de renseignements financiers
30	Responsabilités des autorités de poursuite pénale et autorités chargées des enquêtes
31	Pouvoirs des autorités de poursuite pénale et des autorités chargées des enquêtes
32	Passeurs de fonds
33	Statistiques
34	Lignes directrices et retour d'informations
35	Sanctions
G	COOPÉRATION INTERNATIONALE
36	Instruments internationaux
37	Entraide judiciaire
38	Entraide judiciaire : gel et confiscation
39	Extradition
40	Autres formes de coopération internationale

Source : Auteur sur la base des recommandations de GAFI

III.2.2 Dispositif national de la lutte contre le blanchiment de capitaux et le financement du terrorisme et de la prolifération des armes de destruction massive

Au niveau national, chaque État est tenu de prendre des dispositions légales et réglementaires efficaces, solides et adaptées à son environnement, pour contribuer à la lutte contre ces fléaux de blanchiment de capitaux et du financement du terrorisme et de la prolifération des armes de destruction massive.

En RDC, les différents textes légaux et réglementaires qui encadrent les activités de la lutte contre le blanchiment de capitaux et le financement du terrorisme et de la prolifération des armes de destruction massive, dans le secteur bancaire, sont détaillés ci-dessous :

- La loi n° 22/068 du 27 décembre 2022 portant lutte contre le blanchiment de capitaux et le financement du terrorisme et de la prolifération des armes de destruction massive ;
- La loi n° 22/069 du 27 décembre 2022 relative à l'activité et au contrôle des établissements de crédit ;
- Le décret n° 23/26 du 12 août 2023, fixant l'organisation et le fonctionnement de la cellule nationale des renseignements financiers, « CENAREF » en sigle[25] ;
- Le décret n° 23/28 du 12 août 2023 fixant l'organisation et le fonctionnement du comité consultatif de lutte contre le blanchiment de capitaux et le financement du terrorisme et de la prolifération, « COLUB » en sigle[26] ;
- Le décret n° 23/29 du 12 août 2023 fixant l'organisation et le fonctionnement du comité interministériel de lutte contre le blanchiment de capitaux et le financement du terrorisme et de la prolifération, « CILB » en sigle[27] ;
- Le décret n° 23/31 du 12 août 2023 fixant l'organisation et le fonctionnement d'un établissement public dénommé Fonds de lutte contre le crime organisé, en sigle FOLLUCO[28] ;

---

[25] La CENAREF est la cellule chargée de recueillir et de traiter les renseignements financiers sur les circuits de BC/FTP.

[26] La mission du COLUB est d'assister le gouvernement dans la définition et la mise en œuvre de la politique nationale de lutte contre le BC/FTP.

[27] Le CILB est chargé de déterminer les priorités et les objectifs du Gouvernement en matière de lutte contre le BC/FTP et de coordonner les activités relatives à la mise en œuvre de la politique du Gouvernement en la matière.

[28] Le FOLLUCO est un établissement public qui a pour mission principale le financement de l'organisation et du fonctionnement des structures chargées de lutte contre le crime organisé, notamment le BC/FTP, le financement de la formation des agents des services publics et autres institutions de l'État impliqués dans la lutte contre le crime organisé et celui des études sur l'évolution des techniques utilisées aux fins notamment de BC/FTP sur le territoire national.

- L'instruction n° 15 de la BCC, modification n° 2, du 15 décembre 2006, concernant les normes relatives à la lutte contre le blanchiment de capitaux et le financement de terrorisme ;
- L'instruction n° 15 bis, modification n° 3, du 20 mai 2020, portant dérogation aux dispositions légales interdisant tout paiement en espèces ou par titre au porteur d'une somme égale ou supérieure à USD 10 000 ;
- La lettre n° Gouv. D.15/n° 002340 du 6 septembre 2022, à l'attention de l'ACB, concernant le rappel de l'obligation de vigilance sur le paiement en espèces ou par titre au porteur d'une somme supérieure ou égale à USD 10 000 ;

Parmi les actions légales de lutte contre le blanchiment des capitaux et le financement du terrorisme et de la prolifération des armes de destruction massive, prises par les autorités congolaises, nous pouvons évoquer l'interdiction d'acquitter en espèces ou par titres au porteur, toute opération ou transaction, en monnaie nationale (francs congolais) ou en devise, équivalente à un montant supérieur ou égal à dix mille dollars américains (USD 10 000). De même, tout transfert de fonds d'une valeur équivalente à un montant supérieur ou égal à dix mille dollars américains (USD 10 000) ne peut être effectué que par voie d'un établissement de crédit ou par son intermédiaire, qu'il s'agisse d'un transfert vers l'étranger ou en provenance de l'étranger.

L'article 24 de la loi n° 22/068 du 27 décembre 2022 portant lutte contre le blanchiment de capitaux et le financement du terrorisme et de la prolifération des armes de destruction massive, rajoute que, quel qu'en soit le montant, les paiements des rémunérations, indemnités et autres prestations dues par tout employeur à son personnel et/ou à ses prestataires ainsi que l'acquittement des impôts, taxes et autres prestations dues à l'État ou à ses démembrements, doivent être effectués par un virement bancaire ou postal ou par chèque. Ils ne peuvent, en aucun cas, être réglés en espèces.

Il s'avère cependant que ces dispositions ne sont pas respectées, rendant ainsi l'économie congolaise en général et le système financier en particulier, vulnérable au blanchiment des capitaux et au financement du terrorisme.

C'est ainsi que le GABAC (2021), dans son évaluation mutuelle, a noté que « *la RDC est particulièrement exposée à des risques de blanchiment de capitaux liés à l'intégration dans le système financier des produits issus de la corruption, des détournements de deniers publics, de la fraude douanière et fiscale, du braconnage, du trafic d'espèces fauniques et d'essences forestières protégées, du trafic des minéraux.* ***Ces risques sont accentués par des vulnérabilités inhérentes à l'importance du secteur informel, la prépondérance de l'utilisation du cash dans les transactions financières, le faible niveau de l'inclusion financière*** *et l'insuffisance du cadre législatif et réglementaire encadrant les EPNFD et les ASBL* ».

Nous recommandons ainsi aux banques, y compris la BCC d'arrêter de servir les clients en espèces, quand il s'agit des transactions dont la valeur totale est supérieure ou égale à l'équivalent en francs congolais de dollars américains dix mille (USD 10 000), surtout dans les grandes villes comme Kinshasa, Lubumbashi, Kolwezi, Kisangani, Matadi, Bukavu et Goma. Des exceptions ne devraient pas être acceptées dans ces villes, sachant que le système bancaire du pays peut s'appuyer également sur les établissements de monnaie électronique, qui sont bien établis à travers la République. En d'autres termes, les raisons ou motifs validés par les dirigeants de certaines banques pour servir leurs clients en espèces ne sont pas suffisamment soutenus et justifiés. Ainsi, nous pouvons conclure que ces raisons et motifs ne sont ni acceptables, ni solides.

De même, tous les services de l'État dans les grandes villes, notamment les communes, les mairies, la Direction générale de migration, la régie des voies aériennes, devraient bancariser toutes leurs opérations. Les paiements en espèces ne devraient plus être acceptés, surtout dans les grandes villes (Kinshasa, Lubumbashi, Kolwezi, Kisangani, Matadi, Bukavu et Goma, etc.).

De ce qui précède, en termes d'exigences internationales et nationales en matière de lutte contre le blanchiment des capitaux et le financement du terrorisme et de la prolifération des armes de destruction massive (LCB/FTP), les banques devraient mettre en place un programme de conformité LCB/FTP, autour de cinq (5) piliers ci-dessous :

- **1er pilier : Mise en place d'une cartographie des risques**

Définition des mesures appropriées d'identification et d'évaluation de leurs expositions aux risques de blanchiment de capitaux et de financement du terrorisme et de la prolifération des armes de destruction massive ;

- **2e pilier : Mise en place d'une politique, des procédures et des contrôles**

Définition d'une politique et des procédures adéquates et efficaces ; et des contrôles appropriés en matière de prévention et de lutte contre le blanchiment d'argent et le financement du terrorisme et de la prolifération des armes de destruction massive. L'un des leviers importants de ce pilier est l'observation stricte du principe de « Know Your Customer (KYC) » ;

- **3e pilier : Désignation d'un responsable indépendant en charge de la conformité**

Mise en place d'une fonction de la conformité, dirigée par un responsable, ayant le rang minimum de cadre de collaboration, doté de ressources et d'indépendance nécessaires et qui doit être assisté par un représentant au niveau de chaque agence ou succursale ;

- **4e pilier : Mise en place d'un programme de formation et de sensibilisation continue**

Assurer la formation continue (au moins une fois chaque année) et la sensibilisation régulière de l'ensemble des membres de son personnel sur les sujets liés au blanchiment de capitaux et au financement du terrorisme et de la prolifération des armes de destruction massive ;

- **5e pilier : Mise en place d'un système de filtrage des transactions des clients**

Mettre en place un dispositif de revue et de filtrage des transactions des clients et de déclenchement de déclaration des opérations suspectes.

III.3. Programme de conformité de LCB/FTP dans les banques

Comme indiqué dans la section précédente, les banques sont tenues de mettre en place un programme de conformité de LCB/FTP. Ce programme est construit autour de cinq piliers :

(i) Pilier I : Cartographie des risques de BC/FTP ;

(ii) Pilier II : Dispositif de la politique, des procédures et contrôles de LCB/FTP ;

(iii) Pilier III : Fonction de conformité et les lignes de défense ;

(iv) Pilier IV : Programme de formation et de sensibilisation continue du personnel ;

(v) Pilier V : Système de revue et de filtrage des transactions des clients.

III.3.1. Cartographie des risques de BC/FTP

Suite aux recommandations issues du rapport d'évaluation mutuelle réalisée par le GABAC sur la République démocratique du Congo (GABAC, 2021) et conformément aux recommandations du GAFI, la loi n° 022/068 du 27 décembre 2022 portant lutte contre le blanchiment de capitaux et le financement du terrorisme et de la prolifération des armes de destruction massive, promulguée en remplacement de la loi de 2004 relative à la lutte contre le blanchiment de capitaux et le financement du terrorisme, a introduit l'approche fondée sur les risques dans le dispositif préventif de LCB/FTP.

L'introduction de cette approche basée sur les risques constitue une des évolutions majeures observées de cette nouvelle loi. Cette approche permet aux banques d'allouer plus de ressources dans les domaines présentant des risques élevés et a contrario moins des ressources dans les domaines à faibles risques. D'où la nécessité pour chaque banque de mettre en place une cartographie qui :

1. Identifie, évalue et décrit les risques de blanchiment de capitaux et de financement du terrorisme et de la prolifération des armes de destruction massive, auxquels elle est confrontée ;
2. Définit les mesures appropriées, y compris les procédures et contrôles à mettre en œuvre pour atténuer ces risques identifiés.

Dans le cadre des obligations légales et réglementaires de prévention de blanchiment des capitaux et du financement du terrorisme et de la prolifération des armes de destruction massive, cette approche, qui se matérialise par la mise en place d'une **cartographie des risques de BC/FTP**, a l'avantage de permettre aux institutions bancaires, d'allouer leurs ressources limitées consacrées dans cette activité de LCB/FTP, de manière rationnelle, optimale et efficace, en mettant en œuvre des mesures préventives proportionnelles à la nature des risques.

Toutefois, cette approche fondée sur les risques n'est pas infaillible, car il est toujours possible qu'une institution bancaire soit utilisée à des fins de transactions criminelles, malgré toutes les mesures raisonnables mises en place pour identifier et atténuer les risques de BC/FTP.

Ainsi, la cartographie des risques, mise en place suivant l'approche basée sur les risques, doit faire l'objet d'une évaluation régulière, sur la base d'une fréquence annuelle, en vue de l'adapter aux nouvelles réalités (environnementales, lancement des nouveaux produits, nouvelles techniques de blanchiment…) et aux nouveaux enjeux. Cet exercice doit être considéré comme un processus continu et évolutif.

De ce qui précède, nous pouvons noter que la cartographie des risques de BC/FTP est établie en trois étapes :

(1) Identification et compréhension des risques ;
(2) Mise en place des actions ou mesures ;
(3) Évaluation.

III.3.1.1. Identification et compréhension des risques

Dans cette phase, il est question de procéder à l'identification des risques de BC/FTP auxquels la banque est exposée, puis de développer une compréhension suffisante et approfondie de ces risques, afin de les catégoriser en :

- ✓ Risque faible ;
- ✓ Risque modéré ;
- ✓ Risque élevé ;
- ✓ Risque très élevé.

Cette catégorisation se fait en fonction des produits et services que la banque offre sur le marché, du profil de sa clientèle et de ses correspondants, des zones opérationnelles où les agences sont implantées et du profil de ses partenaires.

Dans la pratique, il est recommandé de mettre en place un système de notation de chaque client, qui varie de 1 à 10. Cette note est définie ou calculée en fonction de la géographie, du profil du client et des produits et services que le client peut acheter. L'on peut adopter 1-3 pour le risque faible, 4-6 pour le risque modéré, 7-8 pour le risque élevé et 9-10 pour le risque très élevé.

Concernant la localisation géographique, les banques doivent consulter régulièrement les rapports du département d'État américain qui notent les contrôles de lutte contre le blanchiment de plus de cent (100) pays, les rapports annuels de Transparency International sur l'indice de perception de la corruption, la liste « GAFI » des juridictions à haut risque et autres juridictions surveillées et les rapports d'évaluation mutuelle du réseau mondial du GAFI (comme le GABAC).

Cette évaluation des risques des clients doit être dynamique. Les banques sont tenues de mettre en place un processus de réexamen des risques, devant leur permettre d'identifier les facteurs qui peuvent nécessiter la révision ou non des niveaux des risques des clients.

À titre illustratif, l'analyse des transactions réalisées par un client à risque faible peut ramener la banque à reconsidérer sa notation à un niveau de risque plus élevé. Un employé d'une société internationale de télécommunication qui ouvre un compte salaire est considéré au départ comme un client à risque faible. Au fil des années, si l'on note qu'il effectue plusieurs transactions des dépôts et retraits en espèces, cela peut amener la banque, après une due diligence, à classifier cet employé comme client présentant un risque élevé ou très élevé.

Une fois les risques inventoriés, il faut analyser l'exposition à ces risques. Pour ce faire, l'institution doit au moins prendre en considération la finalité des comptes ou des relations, le niveau d'actifs déposés par les clients ou le volume d'opérations effectuées et la régularité ou la durée des relations d'affaires.

Ci-dessous un tableau qui présente les différents niveaux de risque, en fonction des facteurs profil client, la localisation géographique et les produits et services offerts par la banque, ainsi que les actions à mettre en œuvre.

Tableau 20 : Tableau des risques BC/FTP

Niveaux de risque	Risque faible	Risque modéré	Risque élevé	Risque très élevé
Facteurs				
Clients	Clients classiques : employés des firmes multinationales, sociétés multinationales qui publient leurs informations au public, sociétés évoluant dans les secteurs réglementés (banques, assurances, cabinets d'audit)	Personnes physiques commerçantes qui acceptent les espèces en faible quantité	Clients avec activités brassant beaucoup d'espèces comme les vendeurs de voitures d'occasion, les agences de voyages, les négociants des bijoux et métaux précieux, les restaurants et les commerçants de détail.	Clients sanctionnés et repris sur les listes de sanction des Nations unies, de l'Union européenne, du bureau américain du contrôle des actifs étrangers (OFAC) ou de la CENAREF
		Avocats et experts-comptables mais qui réalisent peu des transactions en espèces	PPE, Églises, ASBL, ONG, bureaux de change, producteurs personnes physiques des artistes, sociétés de transfert des fonds, casinos et jeux de paris sportifs	Chefs de guerre et des mouvements rebelles
Géographique	Pays avec une législation et une réglementation de LCB/FTP adéquates et efficaces	Pays avec une législation et une réglementation de LCB/FTP de niveau moyen	Pays avec une législation et une réglementation de LCB/FTP inadéquates et inefficaces	Pays impliqué dans le financement ou le soutien des activités terroristes
			Pays caractérisé par un niveau élevé de corruption, fraude et détournement (vulnérabilité accrue à la corruption)	

Niveaux de risque	Risque faible	Risque modéré	Risque élevé	Risque très élevé
Produits et services	Comptes salaires	Comptes salaires des PPE	Transferts internationaux et les produits prépayés	Opérations immobilières en espèces
			Paiements reçus des personnes inconnues	Opérations d'import-export sans licence validée
			Transferts des fonds avec les entités du groupe	
			Services de dépôts et retraits	
			Opérations de change et les transactions bank to walet ou walet to bank	
Actions				
	Acceptable et nécessite juste des mesures classiques et communes	Acceptable mais ne nécessite pas un des contrôles plus stricts et assez rigoureux : due diligence approfondie et revue permanente et stricte des transactions	Risques significatifs, mais acceptables nécessitant une attention plus soutenue, une gestion assez rigoureuse et des contrôles stricts : due diligence approfondie et revue permanente et stricte des transactions	Non accepté. La banque ne doit accepter aucune transaction ou aucune relation

Source : Tableau établi par l'auteur sur la base de ses recherches et observations en RDC

Une fois que l'identification et la compréhension des risques sont bouclées, la deuxième phase sur les mesures à mettre en place doit être lancée.

III.3.2. Dispositif de la politique, des procédures et de contrôles de LCB/FTP

Dans la première phase de la mise en place d'une cartographie des risques LCB/FTP, il est question d'identifier et de comprendre les différents risques. Cette évaluation des risques permet à l'institution bancaire de définir et de mettre en place de manière concise et précise, les politiques, les procédures et les mesures de contrôle, appropriées et proportionnées aux actions de LCB/FTP. De même, elle facilite une allocation adéquate et rationnelle des ressources dans le cadre de la LCB/FTP.

Sur base des risques identifiés et bien circonscrits, il revient ainsi au Conseil d'administration et à l'organe exécutif de chaque institution bancaire, chacun en ce qui le concerne, de :

✓ Définir la politique de la banque en matière de LCB/FTP ;

✓ Définir et d'approuver les procédures des activités de LCB/FTP ;

✓ Définir les mesures de contrôle des activités de LCB/FTP ;

✓ D'évaluer régulièrement l'efficacité de la politique et des procédures de LCB/FTP mises en place, à l'aide de rapports préparés par le responsable de la conformité et celui de l'audit interne.

Le Conseil d'administration, en tant qu'organe d'orientation stratégique et de contrôle, a la responsabilité de définir les politiques générales de LCB/FTP de l'institution. C'est cet organe qui doit donner le ton pour toute l'institution. Dès lors, c'est à lui de déterminer les principes généraux de gestion des risques de BC/FTP et de valider la politique en matière de LBC/FTP de la banque concernée, conformément aux standards internationaux du GAFI, à la loi et à la réglementation. Dans ce cadre, il est appelé à :

✓ Arrêter la politique générale d'acceptation des clients suivant le secteur et le profil, avec des critères bien déterminés ;

✓ Mettre en place la politique de formation et de sensibilisation du personnel de l'institution ;

✓ Définir la politique de détection et de déclaration des transactions inhabituelles et suspectes.

L'organe exécutif, à son tour, doit mettre en œuvre la politique de LCB/FTP définie par le Conseil d'administration. En ce sens, il est notamment responsable de la mise en application effective des procédures internes et des mécanismes de contrôle interne en matière de LCB/FTP, afin de se conformer non simplement à la politique de l'institution, mais aussi aux standards internationaux en la matière et de respecter les lois et réglementations nationales.

En somme, les procédures de LCB/FTP doivent être formelles, c'est-à-dire consignées dans un manuel et approuvées par l'organe délibérant. Elles doivent couvrir notamment les aspects ci-après :

✓ L'identification de la clientèle (Know Your Customer « KYC ») ;

✓ La mise à jour de l'identification et du profil des clients ;

✓ L'archivage et la conservation des données et documents ;

✓ Le filtrage et le suivi des clients et leurs transactions, afin de détecter et de déclarer dans le meilleur délai, les transactions suspectes auprès de la CENAREF ;

✓ La documentation des motifs qui soutiennent la non-déclaration d'une transaction qualifiée « suspecte », à l'issue de l'enquête ;

- ✓ La sensibilisation et la formation de l'ensemble du personnel, y compris les membres de l'organe délibérant ;
- ✓ Le blocage des opérations et gel des avoirs ;
- ✓ Les mesures de contrôle.

La politique et les procédures de LCB/FTP, y compris les mesures de contrôle, dument documentées et approuvées par le Conseil d'administration de la banque doivent être mises à jour régulièrement et communiquées à l'ensemble du personnel de la banque. Chaque institution bancaire devrait publier, dans son site internet, sa politique de LCB/FTP.

De ce qui précède, abordons succinctement dans les lignes qui suivent, les aspects qui touchent à l'identification de la clientèle (KYC), un des points importants de la politique de la LCB/FTP, surtout que la RDC est un pays qui présente assez des risques en matière d'identification des personnes physiques et morales, situation expliquée par plusieurs obstacles dont notamment l'absence de carte d'identité nationale, l'absence des statistiques fiables de l'état civil et de la population auprès des communes et mairies, l'absence de registre public de toutes les entreprises inscrites au Registre du commerce et du crédit mobilier (RCCM), l'absence de registre national des ONG et ASBL agréées par le ministère de la Justice et/ou le ministère des Affaires étrangères.

III.3.2.1. Connaître son client (Know Your Customer "KYC")

Au nombre des mesures arrêtées pour éviter qu'une banque ne soit impliquée dans une infraction de BC/FTP, figurent notamment la vigilance et la prudence avant, pendant et après la relation avec un client donné.

Cette vigilance qui doit revêtir un caractère constant nécessite que chaque banque mette en place les dispositifs adéquats pour s'assurer de l'identité correcte et exacte de leur potentiel client avant d'établir une relation (ouverture d'un compte, réalisation d'une opération occasionnelle, location de coffre-fort, etc.).

Pour observer sainement cette obligation de vigilance, chaque institution bancaire doit :

(1) Identifier et s'assurer de l'exactitude de l'identité du client potentiel ou occasionnel ;

(2) À l'aide de la revue documentaire et de l'entretien, ressortir les caractéristiques du client ainsi que l'objet et de la nature de la relation qu'il souhaite avoir avec elle ;

(3) Mettre à jour régulièrement (annuellement) ou à chaque fois que cela est nécessaire[29] les dossiers de ses clients (changement de profession, changement de statut ou de dirigeants, lancement de nouveaux produits, etc.) ;

---

[29] L'on peut évoquer à titre illustratif le changement de l'actionnariat ou des dirigeants, le changement de profil du client et l'identification des transactions qui ne cadrent pas avec le profil du client.

Cet exercice, qui est nécessaire pour l'évaluation du risque que présente chaque client des institutions bancaires, devrait permettre à chaque institution de catégoriser chacun de ses clients suivant la matrice présentée dans le tableau 20 « Tableau des risques BC/FTP » en :

- ✓ Client à risque faible ;
- ✓ Client à risque modéré ;
- ✓ Client à risque élevé ;
- ✓ Client à risque très élevé[30].

Concernant les clients à risque modéré ou élevé, il faut réaliser une due diligence approfondie, en renforçant la vigilance.

Il est interdit aux institutions bancaires d'ouvrir des comptes anonymes ou des comptes sous des noms fictifs ou pseudonymes. De même, elles ne peuvent pas enregistrer les fonds (dépôts) des clients dans les comptes internes des banques (compte de suspens, interagence ou autre) en lieu et place des comptes clients bien identifiés.

Dans le souci d'encadrer légalement l'archivage et la conservation des données des clients des banques, la loi n° 022/068 du 27 décembre 2022, portant lutte contre le blanchiment de capitaux et le financement du terrorisme et de la prolifération des armes de destruction massive, impose aux banques d'assurer la conservation des pièces et autres documents relatifs à l'identité de leurs clients, pendant une période de dix (10) ans, à compter de la date de clôture des comptes ou de la cessation de relation, qu'il s'agisse d'un client permanent ou occasionnel. Cette obligation doit être observée également pour les bénéficiaires effectifs ou les ayants droit économiques des clients des banques.

Les quatre mesures de vigilance en matière de lutte contre le BC/FTP que doivent appliquer les banques lors de l'entrée en relation d'affaires avec un client sont :

- ✓ Identifier le client et vérifier son identité au moyen de documents, de données et d'informations provenant de sources fiables et indépendantes ;
- ✓ Identifier le bénéficiaire effectif et prendre des mesures raisonnables pour vérifier son identité de sorte que la banque soit certaine de connaître l'identité du bénéficiaire effectif ;
- ✓ Pour les personnes morales et les constructions juridiques, les établissements bancaires doivent connaître la structure du capital et de contrôle du client ;
- ✓ Comprendre l'objet et la nature envisagée de la relation d'affaires et, le cas échéant, obtenir des informations sur ces points.

Pour mieux mettre en œuvre les procédures d'identification, il faut distinguer les clients en deux catégories ci-après :

- ✓ Clients personnes physiques : il s'agit des personnes physiques qui souhaitent ouvrir des comptes bancaires à titre personnel ;

---

[30] Il n'est pas recommandé d'établir une relation avec un tel client.

✓ Clients personnes morales : il s'agit des comptes ouverts sur demande des personnes physiques habilitées (autorisées), pour compte des personnes morales (société, établissement public, association sans but lucratif, Organisation non gouvernementale, État…).

Concernant les clients personnes physiques, les informations à renseigner sur la fiche KYC ou questionnaire client, les documents à obtenir au moment de la mise en relation initiale (nouveau client) permettant également de vérifier les informations collectées et les autres actions à mettre en œuvre sont présentés dans le tableau 21 ci-après :

Tableau 21 : Identification des clients personnes physiques

Informations à renseigner sur la fiche client (Fiche KYC)	Documents à obtenir pour vérifier les informations collectées	Autres actions
Nom officiel (nom, postnom et prénom)	Carte d'identité ou passeport en cours de validité, portant une photographie du client	Vérification et confirmation de l'adresse de résidence
Autre nom usuel (nom de jeune fille, surnom, alias, ancien nom abandonné)	Toutes pièces attestant que le client est habilité à exercer dans le secteur d'activité renseigné[31]	Confirmation de la validité et de l'authenticité des documents obtenus
Date et lieu de naissance	Photos passeports récentes du client	Vérification des références bancaires
Nationalité et statut de résident	Carte de service	
Adresse de résidence, numéro de téléphone et adresse électronique	Références bancaires ou d'un client de la banque	
Profession et/ou activités exercées	Registre de commerce et du crédit mobilier (RCCM), Numéro d'impôt (NIF) et identification nationale (Id. Nat.)[32]	
Objet de la relation d'affaires envisagée et type de compte à ouvrir	Spécimen de signature	
Employeur et fonction occupée		

[31] S'il s'agit d'une personne physique exerçant une activité professionnelle (expert-comptable, avocat, pharmacien, etc.).

[32] S'il s'agit d'une personne physique commerçante.

Informations à renseigner sur la fiche client (Fiche KYC)	Documents à obtenir pour vérifier les informations collectées	Autres actions
Origine des fonds et niveau annuel ou mensuel des revenus		
État civil et sexe		
Date et lieu de délivrance de la pièce d'identité ou passeport		

Source : Tableau conçu par l'auteur

Pour les clients personnes morales, les informations à renseigner sur la fiche KYC ou le questionnaire client, les documents et les autres actions à mettre en œuvre sont détaillés dans le tableau 22 ci-dessous :

Tableau 22 : Identification des clients personnes physiques

Informations à renseigner sur la fiche client (Fiche KYC)	Documents à obtenir pour vérifier les informations collectées	Autres actions
Nom ou dénomination sociale	Statuts ou accord-cadre (pour les organisations internationales)	Vérification et confirmation de l'adresse du siège social
Forme juridique	Acte accordant la personnalité juridique : Registre de commerce et du crédit mobilier (RCCM) pour les sociétés commerciales et arrêté du ministère de la Justice pour les ONG et les ASBL.	Confirmation de la validité et de l'authenticité des documents obtenus
Adresse du siège social	Identification nationale du ministère de l'Économie pour les sociétés commerciales	Vérification des références bancaires
Numéro de téléphone, adresse postale et électronique	Numéro impôt	Vérification de la source des revenus et des fonds
Numéro d'identification national pour les sociétés de droit congolais	Agrément de l'autorité de régulation ou compétente si la personne morale exerce ses activités dans un secteur réglementé	Vérification pour s'assurer que les personnes autorisées à faire fonctionner le compte à ouvrir sont juridiquement habilitées à agir au nom et pour le compte de la personne morale cliente

Informations à renseigner sur la fiche client (Fiche KYC)	**Documents à obtenir pour vérifier les informations collectées**	**Autres actions**
Numéro et date de l'acte accordant la personnalité juridique	États financiers statutaires des trois derniers exercices (audités si possible)	
Numéro impôt (NIF)	Autorisation communale ou de la mairie	
Identités complètes (nom complet, fonction, adresse, nationalité...) des actionnaires ou associés	Cartes d'identité ou passeports en cours de validité (portant une photographie) des actionnaires, associés ou membres	
Identités complètes (nom complet, fonction, adresse, nationalité...) des dirigeants membres du Conseil d'administration, de la direction générale ou de la gérance	Cartes d'identité ou passeports en cours de validité (portant une photographie) des membres du Conseil d'administration, de la Direction générale ou de la Gérance	
Identités complètes (nom complet, fonction, adresse, nationalité...) des personnes physiques autorisées à faire fonctionner le compte à ouvrir	Photos passeport et cartes d'identité ou passeports en cours de validité (portant une photographie) des personnes autorisées à faire fonctionner le compte à ouvrir ainsi que l'acte juridique qui leur accorde ce pouvoir	
Identités complètes (nom complet, fonction, adresse, nationalité...) des bénéficiaires effectifs (ayants droit économiques)	Références bancaires ou d'une personne morale cliente de la banque	
Objet de la relation d'affaires envisagée et type de compte à ouvrir		
Autorités qui régulent le secteur d'activité de la personne morale cliente		
Origine des fonds et destination des fonds qui transiteraient sur le compte, ainsi que la situation financière du client		

Source : Tableau conçu par l'auteur

Ainsi, avant d'établir une relation avec un client potentiel, les agents de la banque doivent s'assurer qu'ils ont collecté assez d'éléments importants devant faciliter une connaissance suffisante du client.

Il est indispensable de souligner que lorsque le risque client sur le blanchiment de capitaux et de financement du terrorisme et de la prolifération des armes de destruction massive est noté faible, la législation permet à la banque concernée de réaliser la vérification de l'identité du client pendant l'établissement de la relation d'affaires. Dans ce cas, il est recommandé à la banque de mettre le compte ouvert pour ce client en statut « None Debit Account[33] ».

Clôturons cette section en soulignant que l'activité d'identification, pour assurer une connaissance complète de son client (KYC), n'est pas à mettre en œuvre uniquement lors de l'entrée en relation avec le client, mais elle doit être une activité continue et permanente.

Chaque banque doit prévoir, dans sa politique et dans ses procédures de LCB/FTP, les règles et modalités de mise à jour des données et informations collectées auprès de sa clientèle, et ce, en fonction des profils de risques identifiés, car il est qu'au fil du temps, le statut et le profil du client peuvent changer.

Ainsi, pour maintenir une connaissance suffisante, continue et permanente de leurs clients, chaque institution bancaire doit mettre à jour au moins une fois tous les trois ans les dossiers de ses clients. Cependant, les dossiers des clients personnes morales et ceux des clients à risque modéré ou élevé doivent être mis à jour chaque année. À titre illustratif, pour les personnes morales, parmi les documents à obtenir absolument chaque année, nous pouvons citer :

✓ Les procès-verbaux des assemblées générales ordinaires et extraordinaires ;

✓ Les procès-verbaux des Conseils d'administration et

✓ Éventuellement des éléments d'identification des nouveaux administrateurs, dirigeants et mandataires.

Aussi, lorsque la banque a des informations ou renseignements additionnels pouvant accroitre le niveau du risque du client (employé d'une société qui devient PPE, presse négative[34] sur un client de la banque), la banque doit immédiatement mettre à jour le dossier et le profil du client concerné.

En somme, les quatre (4) facteurs de succès de l'activité de KYC dans les banques sont :

(i) Mise en place d'un questionnaire d'identification (questionnaire KYC) ;

---

[33] « None Debit Account » : le compte ne peut pas enregistrer les transactions débitrices, à l'exception des frais de maintenance du compte.

[34] Faits de détournement des deniers publics, de fraude, de corruption et d'implication dans les groupes armés ou terroristes.

(ii) Organisation d'entretien avec le client pour réunir et corroborer certaines informations le concernant ;

(iii) Constitution du dossier physique du client ;

(iv) Mise à jour continue, permanente et ponctuelle du profil et du dossier du client.

III.3.2.2. Personne politiquement exposée (PPE)

Avant de clore cette section relative au dispositif de politique, des procédures et de contrôle de LCB/FTP, nous avons estimé utile d'aborder brièvement le sujet de Personne politiquement exposée, au regard du risque de blanchiment de capitaux que présente ce type de client.

Selon le glossaire de GAFI, l'expression « Personnes politiquement exposées (PPE) » désigne les personnes physiques qui exercent ou ont exercé d'importantes fonctions publiques ou d'importantes fonctions au sein d'une organisation internationale ou pour son compte. Il s'agit de : chefs d'État et de gouvernement, politiciens de haut rang, hauts responsables au sein des pouvoirs publics, magistrats et militaires de haut rang, dirigeants d'entreprises publiques, hauts responsables de partis politiques, directeurs, directeurs adjoints et les membres du Conseil d'administration et toutes les personnes exerçant des fonctions équivalentes dans une organisation internationale.

La loi n° 22/068 du 27 décembre 2022 portant lutte contre le blanchiment de capitaux et le financement du terrorisme et de la prolifération des armes de destruction massive définit la Personne politiquement exposée (PPE) comme toute personne physique, quelle que soit sa nationalité ou son origine, qui exerce ou a exercé au cours des trois dernières années, dans un État tiers ou en République démocratique du Congo, notamment l'une des fonctions suivantes détaillées dans le tableau ci-dessous.

Tableau 23 : Catégorisation des Personnes politiquement exposées (PPE)

PPE nationale	PPE étrangère	PPE d'une organisation internationale
Chef d'État	Chef d'État	Directeur
Chef de gouvernement ou membre d'un gouvernement national ou provincial	Chef de gouvernement ou membre d'un gouvernement national	Directeur adjoint

PPE nationale	PPE étrangère	PPE d'une organisation internationale
Député national, sénateur et député provincial	Membre d'une Assemblée parlementaire nationale	Membre du Conseil d'une organisation internationale créée par un traité ou une personne qui occupe une position équivalente en son sein
Secrétaires généraux des institutions, des ministères et directeurs généraux des services et établissements publics de l'État	Membre de l'organe dirigeant d'un parti ou d'un groupement politique étranger	
Membre de l'organe dirigeant d'un parti ou d'un groupement politique	Membre d'une Cour suprême, d'une Cour constitutionnelle ou d'une autre juridiction dont les décisions ne sont pas, sauf circonstances exceptionnelles, susceptibles de recours	
Membre de la Cour constitutionnelle, de la Cour de cassation, du Conseil d'État et des parquets y rattachés		
Membre d'une Cour des comptes		
Ambassadeur, chargé d'affaires, consul général, consul de carrière		
Officier général ou officier supérieur assurant le commandement des forces armées ou la police nationale congolaise	Officier général ou officier supérieur assurant le commandement d'une armée ou de la force publique	
Membre d'un organe d'administration, de direction ou de surveillance d'une entreprise publique ou parastatale		
Agents publics de l'État ayant le rang de directeur.		

Source : Tableau conçu par l'auteur sur la base des dispositions de la loi n° 22/068 du 27 décembre 2022

S'ajoutent à cette liste le conjoint (ou partenaire assimilé), les descendants (enfants) et leurs conjoints (ou partenaire assimilé à un conjoint) et les ascendants (parents) des Personnes politiquement exposées listées ci-dessus.

Les proches, étroitement liés à ces dernières, sont également assimilés aux Personnes politiquement exposées.

La prudence doit être de rigueur de la part des banques dès lors qu'elle est sur le point d'établir une relation d'affaires avec une PPE compte tenu du fait que cette dernière occupe ou a occupé des fonctions dont il est possible d'en abuser à des fins de blanchiment de fonds d'origine illicite. En effet, les banques, tout comme les autres assujetties, doivent adopter les dispositifs spécifiques suivants :

- Disposer de systèmes appropriés de gestion des risques permettant de déterminer si le client ou le bénéficiaire effectif est une PPE ;
- Obtenir l'autorisation de la direction générale avant d'établir (ou de poursuivre, s'il s'agit d'un client existant) de telles relations d'affaires ;
- Prendre des mesures raisonnables pour établir l'origine du patrimoine et l'origine des fonds ;
- Assurer une surveillance continue et renforcée à l'égard de la relation d'affaires, car toute PPE est considérée comme client à risque élevé, l'atténuation éventuelle du niveau de risque d'un tel client doit être suffisamment documentée et justifiée.

Les banques doivent mettre en place un dispositif assez solide de filtrage des transactions des PPE. Dans certains pays, comme les États-Unis d'Amérique, l'acceptation des produits issus de la corruption constitue une infraction de blanchiment de capitaux.

III.3.3. Fonction « Conformité » et lignes de contrôle

L'implication effective des organes d'administration et de direction est cruciale pour la réussite du programme de LCB/FTP. La stratégie de ce programme doit être définie par le Conseil d'administration de la banque et mise en œuvre par le comité de direction.

Les institutions bancaires sont tenues de mettre en place les lignes de défense pour assurer la conformité de leurs opérations aux standards internationaux, à la loi et à la réglementation, se rapportant aux questions de la LCB/FTP.

La première ligne de défense est assurée par l'ensemble du personnel, dont particulièrement ceux qui traitent directement les opérations de la clientèle, partant de la demande d'ouverture des comptes bancaires ou de location des coffres, de la gestion des opérations dans les comptes bancaires, jusqu'à la demande de clôture des comptes. Cette première ligne de défense repose essentiellement sur les activités quotidiennes de contrôle et de surveillance définies dans les procédures de LCB/FTP mises en place par chaque institution.

D'où la nécessité de partager et de diffuser les politiques et les procédures de LCB/FTP à l'ensemble du personnel de la banque, principalement à ceux qui traitent les opérations de la clientèle ou sont en contact permanent avec cette dernière. Ceci passe par la formation et la sensibilisation permanente des agents de la banque à tous les niveaux, y compris les administrateurs non exécutifs. Pour assurer le succès d'un programme de LCB/FTP, le ton doit être donné par le haut (Conseil d'administration et direction générale).

La deuxième ligne de défense est portée par les fonctions indépendantes de contrôle, à savoir le contrôle permanent et la fonction « Conformité ». Bien que ces deux fonctions soient responsables de la deuxième ligne de défense, la responsabilité légale et réglementaire incombe plutôt à la fonction **« Conformité »**.

Les banques sont ainsi tenues de mettre en place une fonction de la conformité appelée aussi département de compliance ou département AML, qui est dirigée par une ressource ayant au moins le grade de cadre de collaboration (cf. Point II.2.9 de cet ouvrage).

En effet, conformément à l'article 44 de la loi n° 22/068 du 27 décembre 2022 portant lutte contre le blanchiment de capitaux et le financement du terrorisme et de la prolifération des armes de destruction massive, les banques de droit congolais sont tenues de désigner un responsable de conformité au niveau de la direction et des responsables de conformité dans leurs succursales et agences, à travers le pays.

Le département où la direction de la conformité assure, à travers ses activités, la formation et la sensibilisation de l'ensemble du personnel, la gestion et la surveillance des risques de blanchiment de capitaux et du financement du terrorisme et de la prolifération des armes de destruction massive, auxquels son institution bancaire est exposée. Il doit à tout moment s'assurer que les politiques, les procédures et les mesures de contrôle de LCB/FTP sont suffisamment documentées et en phase avec les différents niveaux de risques identifiés. Il doit également s'assurer que ces politiques, procédures et mesures de contrôle sont mises à jour régulièrement ou à chaque fois que cela est nécessaire. En somme, la direction de conformité a, entre autres, comme tâches :

- ✓ La conservation de l'ensemble des documents et informations relatifs au programme de LCB/FTP approuvé par le Conseil d'administration ;
- ✓ La mise en œuvre effective et efficace du programme de LCB/FTP, tel qu'approuvé par le Conseil d'administration ;
- ✓ La veille de la conformité des opérations de la banque au cadre légal, réglementaire et au programme de LCB/FTP ;
- ✓ L'évaluation périodique et ponctuelle du programme de LCB/FTP et les propositions de plan d'action aux insuffisances soulevées en matière de LCB/FTP, par les fonctions de contrôle indépendant interne et les contrôleurs externes (BCC, CENAREF, commissaire aux comptes…) ;
- ✓ Les propositions de mise à jour régulière du dispositif de LCB/FTP ;
- ✓ La proposition et le suivi du plan de formation du personnel et des membres du Conseil d'administration, en matière de LBC/FTP ;

- ✓ L'identification et la prévention de situations de conflit d'intérêts qui peuvent entraver le bon déploiement dudit dispositif ;
- ✓ La déclaration à la CENAREF, dans le délai légal, de toutes les opérations suspectes ;
- ✓ La mise en œuvre des décisions de blocage d'opérations et de gel des avoirs ;
- ✓ La gestion des échanges avec la CENAREF, la BCC, les autres structures de LCB/FTP et les autres autorités compétentes.

Pour assurer une organisation efficace et efficiente de la fonction « **Conformité** », nous recommandons aux banques de mettre en place les services ci-après dans cette direction[35] :

- ✓ Service de gestion du programme de LCB/FTP ;
- ✓ Service en charge d'acceptation et d'évaluation des clients (KYC) ;
- ✓ Service en charge de revue des transactions des clients et de filtrage des listes de sanction ;
- ✓ Service en charge des investigations.

La troisième et dernière ligne de défense est couverte par la fonction « **Audit interne** », qui est appelée à réaliser les revues périodiques des activités de la fonction « Conformité » ainsi que celles réalisées au niveau de la première ligne, en vue de donner une certaine assurance au comité de direction et au Conseil d'administration de la banque, quant à l'efficacité de la gestion des risques de blanchiment de capitaux et du financement du terrorisme et de la prolifération des armes de destruction massive, au sein de l'institution bancaire.

III.3.4. Programme de formation et de sensibilisation

La formation continue du personnel est l'un des piliers du succès du programme de LCB/FTP mis en place par chaque institution bancaire. D'où chaque institution bancaire doit s'assurer que tous ses employés, voire ses consultants, impliqués directement ou indirectement dans la mise en œuvre du programme de LCB/FTP, suivent de manière continue des solides formations et appropriées sur les questions de la LCB/FTP.

Cette formation, qui doit être continuelle, permanente et régulière, ne doit pas porter uniquement sur les dispositions légales et réglementaires de la LCB/FTP, mais elle doit également couvrir d'autres thématiques, dont spécifiquement les normes internationales en la matière[36], les techniques de blanchiment ainsi que les politiques, procédures et contrôles mis en place par l'institution pour réduire les risques de BC/FTP via ses canaux ou ses produits et services.

---

[35] La liste n'est pas exhaustive.

[36] Les 40 recommandations du GAFI.

En vue d'assurer le caractère continu et permanent, le programme de formation de LCB/FTP, à mettre en place dans chaque institution bancaire, doit inclure les fréquences minimales ci-après, en fonction de la catégorie des employés[37] :

- ✓ Quatre (4) séances de formation et de sensibilisation par an, à l'attention du personnel de conformité, des employés qui entretiennent des relations directes avec les clients ;
- ✓ Trois (3) séances de formation et de sensibilisation par an, à l'attention des employés de la direction des crédits et ceux en charge des opérations ;
- ✓ Deux (2) séances de formation et de sensibilisation par an, à l'attention des autres employés de l'institution, hormis ceux listés dans les deux précédents alinéas ;
- ✓ Une (1) séance de formation et/ou de sensibilisation à l'attention des membres des organes d'administration et de direction.

Chaque année, le programme de formation et de sensibilisation doit prévoir les thématiques à couvrir, en fonction de l'évolution des techniques de blanchiment de capitaux et du financement du terrorisme et de la prolifération des armes de destruction massive, des produits et services de la banque, de l'évolution de la législation sur ces questions, des risques identifiés et des besoins exprimés par les employés.

Sans présenter une liste exhaustive, les contenus de ces séances de formation et de sensibilisation peuvent couvrir les sujets et matières ci-après, selon la catégorie des employés :

- ✓ Les notions générales de la LCB/FTP ;
- ✓ Les dispositions légales et réglementaires en matière de LCB/FTP ;
- ✓ Les évolutions légales et réglementaires en matière de LCB/FTP ;
- ✓ Les normes internationales de LCB/FTP ;
- ✓ L'observation de la confidentialité sur les questions relatives à la LCB/FTP ;
- ✓ Les devoirs et les obligations des employés en matière de LCB/FTP ;
- ✓ La démarche à suivre en cas de détection des transactions ou opérations suspectes ;
- ✓ La conservation d'informations dans le cadre de la LCB/FTP ;
- ✓ Les typologies de BC/FTP spécifiques à la banque ;
- ✓ Les tendances et nouvelles typologies du BC/FTP.
- ✓ La gestion des risques de BC/ FTP ;
- ✓ Les risques auxquels les banques et leurs employés sont exposés, en matière de LCB/FTP ;
- ✓ La surveillance et le filtrage des opérations ;
- ✓ Les obligations de déclaration des opérations et transactions suspectes ;

---

37 Toutefois, chaque employé doit suivre au moins une formation chaque année.

- ✓ L'identification et la gestion des activités et transactions suspectes ;
- ✓ Le processus de déclaration des transactions suspectes à la direction de la conformité ;
- ✓ Le processus de déclaration des transactions suspectes à la CENAREF.

Dans le cadre de la prise de conscience et de la sensibilisation, chaque institution doit mettre, à la disposition de l'ensemble de son personnel ainsi que les membres des organes d'administration et de direction, les informations relatives au cadre légal et réglementaire en matière de LCB/FTP ainsi que les politiques, procédures et contrôles mis en œuvre pour réduire les risques BC/FTP au sein de l'institution.

III.3.5. Système de revue et de surveillance des transactions

Les institutions bancaires assurent une vigilance accrue lors de l'ouverture des comptes des clients ou avant d'établir la relation avec eux, et ce, pour avoir une connaissance suffisante de leurs profils et de la nature des relations qu'ils souhaitent entretenir avec la banque.

Cependant, cette vigilance doit être permanente et continue, sur l'ensemble des opérations des clients permanents ou occasionnels.

Pour ce faire, les banques doivent mettre en place un dispositif adéquat et efficace, qui doit leur permettre de s'assurer que les opérations de leurs clients et les ressources, dont notamment les dépôts qui leur sont confiés par ces derniers, cadrent avec leurs profils et leurs activités économiques déclarées et se rapportent aux activités licites.

C'est dans ce cadre que la BCC, dans son instruction n° 15 relative aux normes de la lutte contre le blanchiment de capitaux et le financement du terrorisme, dispose aux banques de s'assurer que les opérations et les avoirs qui leur sont confiés par leurs clients sont en rapport avec les activités économiques et le patrimoine de ces derniers.

Il s'agit précisément d'examiner les opérations effectuées par les différents clients de la banque, y compris les opérations occasionnelles, en vue de s'assurer qu'elles cadrent avec les informations collectées sur le profil du client. Cette activité de surveillance ou de revue des opérations des clients doit être renforcée et plus sévère, quand il s'agit des clients à risque modéré ou élevé, comme les PPE.

Ce processus de surveillance des opérations et activités des clients devrait permettre à chaque institution bancaire d'identifier les transactions ou les opérations anormales, qui ne cadrent pas avec le profil du client ainsi que les transactions suspectes ou inhabituelles.

Cette surveillance des opérations ne peut être efficace que si la banque a de façon permanente une bonne connaissance et compréhension des activités normales et raisonnables attendues sur les différents comptes de leurs clients. Dans le même ordre d'idées, au vu du nombre de clients, du volume des transactions à surveiller et des données impliquées dans cet exercice, les banques sont tenues de disposer des systèmes technologiques spécifiques devant leur permettre d'automatiser les diligences de revue et de surveillance des clients et leurs transactions, car il est presque impossible de les réaliser manuellement.

La détection des transactions anormales, suspectes ou inhabituelles peut aboutir soit à leur blocage, soit à une mise à jour du profil du client, soit à une déclaration des transactions suspectes à l'autorité compétente, c'est la Cellule nationale des renseignements financiers, CENAREF en sigle. Pour apporter une réponse appropriée aux opérations anormales, inhabituelles ou suspectes identifiées, la direction de la conformité doit lancer une investigation qui doit être suffisamment documentée, en termes notamment des diligences mises en œuvre, des points soulevés, des évidences obtenues comme preuves et des actions à mettre en œuvre (déclaration des transactions suspectes à la CENAREF, blocage de la transaction concernée, mise à jour du dossier et profil du client concerné…).

Cependant, il parait pertinent de souligner ici qu'il ne revient pas à la banque, à sa fonction « Conformité » ou à ses dirigeants de conclure et de confirmer que la transaction inhabituelle ou suspecte détectée constitue une infraction en matière de blanchiment de capitaux, de financement du terrorisme ou du financement de la prolifération des armes de destruction massive. L'institution bancaire a juste une obligation déclarative des transactions suspectes à la CENAREF. Cette déclaration est appelée déclaration de soupçon.

En effet, suivant le principe de la prévention, et conformément à la loi n° 22/068 du 27 décembre 2022, relative à la LCB/FTP, les banques sont tenues de déclarer à la Cellule nationale des renseignements financiers (CENAREF) les transactions des clients, lorsqu'elles portent sur des fonds suspectés provenant de l'accomplissement d'une ou de plusieurs infractions, ou d'être liés au financement du terrorisme ou de la prolifération des armes de destruction massive.

La CENAREF procède ensuite à l'analyse de la déclaration reçue de la banque et si elle estime que le soupçon est justifié, elle transmet le dossier ainsi que ses conclusions au Ministère public.

Parlant de la Cellule nationale des renseignements financiers (CENAREF), il s'agit d'un établissement public, indépendant dans l'accomplissement de sa mission, doté d'une autonomie financière, d'un pouvoir de décision propre et qui est placé sous la tutelle du ministère des Finances. Elle est chargée de recevoir, d'analyser et de traiter les déclarations de soupçon de BC/FTP, reçues des personnes assujetties, dont notamment les banques. Elle collabore également avec le ministère de la Justice afin que les dispositions judiciaires soient appliquées sur tout « contrevenant ».

Les déclarations de soupçon sont transmises à la CENAREF par tout moyen écrit, numérique, électronique ou par téléphone. S'il s'agit d'une déclaration par téléphone, celle-ci doit être confirmée dans le plus bref délai par écrit.

Les déclarations de soupçon doivent contenir les informations ci-après :

- ✓ L'identification du client concerné ;
- ✓ Le montant et la date de la transaction ;
- ✓ La description de l'opération ;
- ✓ Toute indication utile sur les personnes impliquées ;
- ✓ Les raisons pour lesquelles l'opération a déjà été ou doit être exécutée ;
- ✓ Le délai dans lequel l'opération suspecte doit être exécutée.

Bien que tenu au secret professionnel, aucune poursuite pour violation du secret professionnel ne peut être engagée contre les banques, ses dirigeants ou les agents de conformité qui, de bonne foi, ont transmis les informations ou effectué les déclarations prévues par les dispositions de la loi.

De même, aucune action en responsabilité civile, pénale ou disciplinaire ne peut être intentée, ni aucune sanction professionnelle contre les personnes ou les dirigeants de banques qui, de bonne foi, ont transmis les informations ou effectué les déclarations prévues par les dispositions de la loi, même si les enquêtes ou les décisions judiciaires n'ont donné lieu à aucune condamnation.

À la fin de cette section, il est intéressant de souligner qu'il n'existe aucune liste complète de la nature des transactions suspectes ou d'indicateurs d'activités suspectes. Cependant, de nos observations et recherches à travers les entretiens que nous avons eus avec les banquiers et autres experts en matière de LCB/FTP, nous avons identifié quelques cas détaillés ci-dessous[38] :

- ✓ Comportement inhabituel d'un client, se montrant nerveux ;
- ✓ Compte client étudiant qui enregistre des mouvements débiteurs et créditeurs trop importants ;
- ✓ Client qui refuse une collaboration transparente ;
- ✓ Versement des grosses sommes (en espèces) dans le compte d'une PPE ;
- ✓ Tentative d'ouverture d'un compte bancaire avec une adresse ou une identité incomplète ;
- ✓ Client qui réalise fréquemment des transactions débitrices et créditrices avec les bureaux de change ;
- ✓ Client accompagné d'un ou plusieurs autres clients, qui effectuent des transactions en espèces légèrement inférieures au seuil de l'équivalent en franc congolais de USD 10 000 ;
- ✓ Retrait des espèces d'un compte pour les déposer dans un autre ;
- ✓ Retrait régulier des espèces sans aucune raison professionnelle apparente ou pour une activité qui ne nécessite pas des espèces ;
- ✓ Virements ou transferts reçus de la même personne en provenance des comptes différents ;

---

[38] Cette liste n'est pas exhaustive.

✓ Virements ou transferts envoyés à une même personne, mais vers des comptes différents ;

✓ Remboursement anticipé d'un emprunt qui avait permis de réaliser une acquisition immobilière ;

✓ Multiplicité des comptes auprès d'une même banque.

III.4. Correspondance bancaire, facteur d'accentuation de risque BC/FTP

La correspondance bancaire a pour fondement le manque de représentation d'une banque à l'échelle planétaire. Ainsi, pour assurer les services bancaires là où elle ne s'est pas implantée, cette banque devra passer par un correspondant (la banque correspondante) qui va réaliser les opérations en son nom.

Le Groupe d'actions financières (GAFI) définit la correspondance bancaire comme « la prestation de services bancaires par une banque (la « banque correspondante ») à une autre banque (la « banque cliente ») ». Partant de cette définition, on tire comme conséquence logique qu'en réalisant une prestation bancaire au client de la banque cliente, cela ne fait pas de lui un client de la banque correspondante. Dans cette situation, s'il faut réfléchir en termes de client et prestataire, le client de la banque correspondante est la banque cliente.

Cette relation de correspondance peut être unilatérale ou bilatérale. Elle est unilatérale (c'est-à-dire seule la banque B est la correspondante de la banque A) lorsqu'une seule banque a ouvert un compte (nostro) chez l'autre ; elle devient bilatérale (c'est-à-dire la banque A est la correspondante de la banque B, et la banque B l'est également pour la banque A), c'est-à-dire lorsque toutes les deux ont ouvert réciproquement les comptes. Un compte bancaire dit « nostro », notre, c'est le compte de la banque A dans les livres de la banque B. Alors que dans le livre de la banque B, ce même compte et appelé loro, votre.

Les banques en relation de correspondance peuvent contribuer au processus de blanchiment des capitaux et financement du terrorisme, même involontairement, à partir du moment où la banque cliente est impliquée dans ce circuit de blanchiment, involontairement ou pas.

Ainsi, la BCC, à l'article 21 de son instruction n° 15, modification n° 2, relative à la lutte contre le blanchiment de capitaux et le financement du terrorisme, exige aux banques de prendre les mesures adéquates pour rassembler suffisamment d'informations sur un correspondant bancaire de droit étranger afin de bien comprendre la nature de ses activités et d'évaluer sa réputation, avant qu'elles ne réalisent des opérations avec lui.

De son côté, la banque correspondante met également en œuvre certaines diligences pour mieux connaitre la banque cliente. La précision sur les éléments à prendre en compte pour mieux cerner la banque cliente a été apportée par le Comité de Bâle. Il s'agit entre autres des éléments ci-après :

- ✓ L'État ou le territoire dans lequel la banque cliente est établie ;
- ✓ Le groupe auquel appartient la banque cliente et les États ou territoires dans lesquels les filiales et succursales du groupe peuvent être établies ;
- ✓ Les informations sur la direction et les propriétaires de la banque cliente (en particulier la présence de bénéficiaires effectifs ou de PPE), sa réputation, ses principales activités, ses clients et le lieu où ils sont établis ;
- ✓ L'objet des services fournis à la banque cliente ;
- ✓ L'activité de la banque cliente, y compris ses marchés cibles et sa clientèle ;
- ✓ La situation et la qualité de la réglementation et du contrôle bancaires du pays d'origine de la banque cliente (en particulier les lois et règlements en matière de LCB/FTP) ;
- ✓ Les politiques et procédures de la banque cliente en matière de prévention et de détection du blanchiment de capitaux, comprenant une description des mesures de vigilance à l'égard de la clientèle qu'elle applique à ses clients ;
- ✓ La possibilité d'obtenir l'identité de toute entité tierce qui pourra faire appel aux services de correspondance bancaire ;
- ✓ L'utilisation potentielle du compte par d'autres banques clientes dans une relation de correspondance bancaire « imbriquée ».

III.5. Risques et sanctions

La mauvaise gestion des risques de blanchiment des capitaux et de financement du terrorisme et de la prolifération des armes de destruction massive expose les banques à d'autres risques tels que :

- ✓ Le risque de réputation ;
- ✓ Le risque de non-conformité ;

Le risque d'atteinte à la réputation d'une banque peut conduire à la remise en question de son intégrité et celle des dirigeants, avec comme conséquence la rupture de la confiance du public en général et des clients, correspondants bancaires et autres prestataires en particulier, vis-à-vis de l'institution concernée. Cette rupture de confiance peut impacter l'ensemble du système bancaire du pays, surtout si l'institution dont la réputation est atteinte pour les faits de BC/FTP est une banque systémique, car la confiance est un pilier important et fondamental pour fonctionnement normal de l'activité bancaire.

En effet, si des fonds illicites provenant d'activités criminelles ou des fonds licites provenant d'activités saines mais pour financer les activités criminelles (terrorisme, prolifération des armes de destruction massive…) peuvent facilement être logés dans une banque ou transiter via elle, cela pourrait être interprété comme étant une complicité active de cette institution bancaire avec des criminels ou une négligence de sa part facilitant les activités criminelles, au risque pour elle de devenir une composante du réseau criminel lui-même. Une telle situation provoquerait certainement un manque de confiance dans l'institution de la part des clients, des correspondants bancaires, des commissaires aux comptes et autres prestataires, déclenchant ainsi certaines attitudes dont notamment les retraits en masse, les clôtures des comptes et la résiliation des contrats des prestations.

En revanche, une saine gestion des risques de blanchiment des capitaux et de financement de terrorisme contribue à la protection de la réputation du système bancaire et de l'économie dans son ensemble, en évitant à ce que les banques servent de moyen pour blanchir des revenus illicites ou pour lever ou faire circuler des fonds de soutien aux activités criminelles.

Quant au risque de non-conformité, chaque banque a intérêt à être respectueuse du cadre légal et réglementaire de la LCB/FTP et se doit d'être honnête et collaborative envers les autorités compétentes en charge de ces matières, comme la BCC et la CENAREF, car en cas de non-respect des dispositions légales et réglementaires relatives à la LCB/FTP, des mesures correctives ou des sanctions pénales, financières et administratives peuvent être prises à leur égard. En somme, la non-conformité aux dispositions légales et réglementaires relatives à la LCB/FTP expose la banque contrevenante ainsi que ses dirigeants aux sanctions précitées.

Nous présentons dans le tableau 24 ci-dessous quelques sanctions prévues dans les différents textes réglementaires et légaux de la RDC, relatives à la LCB/FTP.

Tableau 24 : Grille de quelques sanctions en matière de LCB/FTP

Infraction	**Sanction**			**Sanction administrative (BCC)**
	Servitude pénale	Amende pénale	Autres	
Infraction ou manquement aux dispositions de la législation sur la LCB/FTP	-	-	-	Une amende administrative allant de 500 000 000 de francs congolais à 2 000 000 000 de francs congolais à la banque et aux membres de l'organe délibérant et/ou de l'organe exécutif, responsables du manquement constaté
Participation ou complicité à la commission de l'infraction de	Cinq (5) à dix (10) ans de servitude	Un montant dont le maximum est égal à six		

Infraction	Sanction			Sanction administrative (BCC)
BC (personne physique)	pénale principale	(6) fois le montant blanchi		
Participation ou complicité à la commission de l'infraction de FTP (personne physique)	Dix (10) à vingt (20) ans de servitude pénale principale	Un montant égal au moins au décuple de celui utilisé dans les opérations de FTP		
Défaut de surveillance ou de contrôle d'un client, rendant possible la commission de l'infraction de BC (personne morale)	-	Un montant équivalent au quintuple des amendes spécifiées pour les personnes physiques	Interdiction à titre définitif ou pour une durée de cinq (5) ans au plus d'exercer directement ou indirectement certaines activités professionnelles ; Fermeture définitive ou pour une durée maximale de cinq (5) ans de l'agence ou succursale qui a servi à la commission de l'infraction ; Exclusion des marchés publics à titre définitif ou pour une durée de six (6) mois à cinq (5) ans	

Infraction	Sanction			Sanction administrative (BCC)
Défaut de surveillance ou de contrôle d'un client, rendant possible la commission de l'infraction de FTP (personne morale)	-	Un montant équivalent au quintuple des amendes spécifiées pour les personnes physiques	Idem	
Violation de la confidentialité de la déclaration de soupçon par un dirigeant ou employé d'une banque	Deux (2) mois à cinq (5) ans	Amende dont le maximum est égal à trois fois le montant de la somme concernée		
Violation de l'obligation de conservation des pièces et des documents des clients (l'auteur de destruction ou soustraction volontaire avant la période de conservation de 10 ans)	Deux (2) mois à cinq (5) ans	Amende dont le maximum est égal à trois fois le montant de la somme concernée		
Violation de l'obligation de vigilance	-	Amende dont le maximum est égal à trois fois le montant de la somme en jeu		
Violation de l'interdiction de règlement en espèces d'un montant supérieur à	-	Amende dont le maximum est égal à trois fois le montant de		

Infraction	**Sanction**			**Sanction administrative (BCC)**
l'équivalent de USD 10 000		la somme en jeu		
Violation de l'obligation de déclaration de soupçon (Banque qui n'aura pas procédé intentionnellement à la déclaration de soupçon alors que les circonstances de l'opération amenaient à déduire que les fonds pouvaient provenir du BC)	Deux (2) mois à cinq (5) ans	Amende dont le maximum est égal à trois fois le montant de la somme en jeu		
Transmission des informations fausses, inexactes et incomplètes (aux autorités judiciaires, à la CENAREF et à la BCC)	Deux (2) mois à cinq (5) ans	Amende dont le maximum est égal à trois fois le montant de la somme en jeu		

Source : Auteur sur la base des informations tirées de la loi n° 22/068 du 27/12/2022, portant LCB/FTP

Bouclons ce chapitre en présentant quelques sanctions portant sur les manquements et violations des dispositions de LCB/FTP, qui ont été infligées à certaines institutions financières en Europe et aux États-Unis d'Amérique.

Tableau 25 : Sanctions infligées aux institutions financières au niveau international

Année	Pays	Organe	Institution	Personne visée	Cause	Sanction
2014	USA	FinCEN/OCC	North Dade Community Development Federal Credit Union	Entité	Défaillances du programme LAB et détention dans son portefeuille d'un nombre important d'entreprises de services monétaires. Cette Coopérative de crédit a manqué de faire l'évaluation des risques ; soutenu par le fait que la « due diligence » de son portefeuille de clients était faite par l'un de ses clients, conjecturant ainsi sur le manque d'indépendance de celui-ci	Sanction civile monétaire
2012	USA	Plusieurs agences américaines	HSBC Holdings plc et HSBC Bank USA		Manque de conformité aux normes LAB/LFT, notamment la conservation d'informations concernant les	USD 1,2 milliard

Année	Pays	Organe	Institution	Personne visée	Cause	Sanction
					transactions réalisées par les personnes sous sanction	
2014	Royaume-Uni	FCA Britannique (Financial Conduct Authority)	Standard Bank PLC	Entité	Défaillances répétées en matière de politiques, de procédures et de contrôles LAB/LFT : mauvaise gestion du risque tributaire de clients en relation avec les PPE	£ 7,64 millions
2016	USA	FinCEN/OCC	Gibraltar Private Bank and Trust Company	Entité	Violations délibérées de la conformité LAB, principalement pour manque de formations adéquates du personnel de la conformité	Sanction civile monétaire de USD 2,5 et 4 millions imposés respectivement par OCC et FinCEN
2023	Belgique	Banque Nationale belge	BNP Paribas Fortis	Entité	Manques des procédures et des mesures de contrôle interne efficaces. Un filtrage inadéquat des clients désirant effectuer des opérations sur métaux précieux	USD 15 millions

Année	Pays	Organe	Institution	Personne visée	Cause	Sanction
2021	Royaume-Uni	FCA britannique (Financial Conduct Authority)	HSBC	Entité	Faiblesses graves constatées sur les trois éléments clés des processus automatisés de contrôle des transactions de la banque sur une période de huit (8) ans	£ 63,95 millions (soit USD 75,22 millions)
2021	France	Cours d'appel de France	UBS	Entité	Encouragement de riches clients français à placer des sommes inconnues de l'administration fiscale française en Suisse sur une période allant de 2004 à 2012	Euros 1,8 milliard
2023	France	Autorité de contrôle prudentiel et de résolution (ACPR)	AXA Banque	Entité	Défaut de vigilance et des mesures de vigilance, défaut de déclaration de soupçon, dispositif de suivi et d'analyse des opérations insuffisant	Euros 1 million
2023	France	Autorité de contrôle prudentiel et de résolution (ACPR)	La Financière des paiements électroniques (FPE)	Entité	Carences dans le suivi et analyse des risques de blanchiment de capitaux et de	Euros 1 million

Année	Pays	Organe	Institution	Personne visée	Cause	Sanction
					financement du terrorisme	
2017	France	ACPR	Société Générale	Entité	Faiblesses de l'organisation de la banque en matière de déclaration de soupçon à Tracfin	Euros 5 millions et un blâme
2016	USA	FinCEN	Thriftway Food Mart	Propriétaire et chargé de conformité	Violations délibérées et répétées de la loi sur le secret bancaire et violations systématiques en matière de LCB	Sanction civile financière de USD 10 000 contre le chargé de conformité
2016	USA	FinCEN	MoneyGram	Ancien responsable de la conformité	Non-respect des lois de LCB et de celles du secret bancaire	USD 1 million

Source : Auteur sur la base des informations tirées des livres de préparation de certification CAMS (2017)

CHAPITRE IV
NORMES PRUDENTIELLES DE GESTION

Les faiblesses d'un système bancaire, que ce soit dans un pays en développement ou dans un pays développé, peuvent menacer la stabilité financière, tant au sein de ce pays qu'à l'échelle internationale. Ainsi, la nécessité de renforcer la solidité des systèmes financiers fait l'objet d'une attention croissante de la part de la communauté internationale et des organes régulateurs[39].

Ainsi, pour définir un cadre commun de référence bancaire et promouvoir la stabilité et la sécurité du système financier, hormis le contrôle sur pièces qui est un contrôle à postériori, les autorités de régulation, comme la Banque centrale du Congo[40], édictent des normes prudentielles qui s'appliquent aux banques, et mènent des actions de supervision préventives, c'est-à-dire destinées à réduire la probabilité de défaillance des banques.

En République démocratique du Congo, les normes prudentielles édictées par la Banque centrale du Congo sont essentiellement décrites dans son instruction n° 14.

Ces normes prudentielles de gestion édictées par la Banque centrale du Congo peuvent être regroupées en sept catégories, à savoir :

1. Capital minimum ;
2. Fonds propres réglementaires ;
3. Coussins des fonds propres ;
4. Solvabilité :
   a. Risque de crédit ;
   b. Risque de marché ;
   c. Risque opérationnel ;
5. Ratio de levier ;
6. Division des risques ;

---

[39] Les autorités de supervision bancaire, la Banque des règlements internationaux, par le truchement du Comité de Bâle sur le contrôle bancaire, en constitue le socle.

[40] Pour rappel, la Banque centrale du Congo est l'autorité de régulation du secteur bancaire de la RDC.

7. Surveillance des positions de change ;
8. Liquidité ;
9. Transformation à long et moyen termes ;
10. Limitation des participations.

IV.1. Capital minimum

En République démocratique du Congo, les banques sont tenues, au moment de leur création et agrément (inscription sur la liste des banques agréées), de disposer d'un capital social libéré équivalent en franc congolais d'un montant au moins égal à USD 35 000 000. Ce seuil minimum devrait passer à USD 50 millions le 1er janvier 2025 ; à raison de USD 35 millions le 1er janvier 2023, USD 40 millions le 1er janvier 2024, puis USD 50 millions le 1er janvier 2025 (BCC, instruction n° 44, modification 1, 2021).

Ce montant constitue un plancher. La Banque centrale du Congo se réserve le droit, au moment de l'agrément d'une banque ou ultérieurement lors de l'examen de sa situation, d'exiger un complément de capital en fonction des prévisions d'activité lui soumises.

Contrairement à d'autres secteurs d'activité, les actionnaires des banques sont tenus de libérer intégralement le capital minimum réglementaire en numéraire, avant de débuter leurs activités.

En vue de renforcer cette disposition, les exigences ci-après doivent être respectées :

- Les banques doivent disposer, à tout moment, d'un capital social libéré égal à l'équivalent en CDF d'un montant minimum de dollars américains trente-cinq millions (USD 35 000 000) ;
- Toute banque doit justifier, à tout moment, que son actif excède d'un montant au moins égal au capital minimum le passif dont elle est tenue envers les tiers. Arithmétiquement, cette exigence est matérialisée par la formule suivante :

TOTAL ACTIF – DETTES À COURT, MOYEN ET LONG TERMES >= 35 000 000 USD[41]

Pour toute banque en activité, le respect de la norme relative au capital minimum est apprécié à partir de ses fonds propres de base.

Exemple : First Bank RDC SA, une banque en activité dont les fonds propres de base sont de CDF 80 000 000 000 au 31/12/N. Le cours de change à la même date est de CDF 2 000 pour un dollar américain (1 USD). L'appréciation de la norme se fera comme suit :

⇒ **Fonds propres de base / Cours de change**
⇒ 80 000 000 000 / 2 000
⇒ 40 000 000 USD > 35 000 000 USD

[41] Ce seuil passera à USD 50 000 000 au 1er janvier 2025.

Conclusion : La banque respecte la norme du capital minimum puisque ses fonds propres de base sont supérieurs au plancher réglementaire.

IV.2. Fonds propres réglementaires

Les fonds propres illustrés dans la section précédente ne constituent qu'une composante des fonds propres prudentiels ou réglementaires.

En effet, les fonds propres réglementaires des banques sont constitués de deux composantes ci-après :

(1) Fonds propres de base de catégorie 1 (Tiers 1 ou T1) : qui assurent la continuité d'exploitation de l'institution et renforcent sa résilience ;

(2) Fonds propres complémentaires (Tiers 2 ou T2) : qui servent à absorber les pertes en cas de dissolution de l'institution (+).

IV.2.1 Fonds propres de base (Tiers 1)

Les fonds propres de base ont pour rôle d'assurer la continuité d'exploitation. Suivant la réglementation bancaire en vigueur en RDC, les éléments constitutifs des fonds propres de base sont au nombre de trois. Il s'agit de(s) :

(1) Actions ordinaires et assimilées de T1 appelées « composante dure » (+) ;

(2) Autres éléments de T1 appelés « fonds propres additionnels de catégorie 1 » (+) ;

(3) La part des crédits de décaissement et d'engagement octroyés aux personnes apparentées, excédant 20 % des fonds propres prudentiels (-).

Les deux premières composantes sont prises en considération en addition, alors que la troisième est en déduction. D'où le sens des signes indiqués à côté de chaque composante.

Dans le tableau 26 ci-après, nous présentons les éléments faisant partie de chaque composante des fonds propres de base, ainsi que l'approche arithmétique à suivre pour déterminer le montant total du **Tiers 1**.

Tableau 26 : Modèle de détermination des fonds propres de base

N°	Intitulé	Montant
	Éléments à inclure	
1	Capital	a1
2	Primes d'émission ou de fusion	a2
3	Provision pour reconstitution du capital	a3
4	Réserves légales, statutaires, facultatives et autres	a4
5	Report à nouveau créditeur	a5

N°	Intitulé	Montant
6	Résultat positif du dernier exercice clos, en attente de son affectation*	a6
7	Résultat en cours (positif) aux conditions de l'article 5 de l'instruction n° 14 de la BCC après l'accord préalable de cette dernière**	a7
8	Fonds en instance d'incorporation au capital	a8
A	**Sous-total**	**A** = ∑ de a
	Éléments à déduire	
1	Actionnaires, restant dû	b1
2	Actions propres détenues par la banque	b2
3	Report à nouveau débiteur	b3
4	Écart d'acquisition (Goodwill) et autres actifs incorporels	b4
5	Résultat négatif de l'exercice clos aux conditions de l'article 5 de l'instruction n° 14 de la BCC***	b5
6	Résultat en cours (négatif) aux conditions de l'article 5 de l'instruction n° 14 de la BCC****	b6
7	Plus-values sur Actifs disponibles à la vente	b7
8	Actifs des fonds de pension à prestations déterminées, en termes nets	b8
9	Impôts différés actifs*****	b9
10	Réserve de couverture des flux de trésorerie	b10
11	Provisions complémentaires (insuffisance de l'encours des provisions pour pertes attendues)	b11
12	Montant cumulé des gains et pertes sur les passifs financiers estimés à la juste valeur, résultant de la modification du risque de crédit	b12
13	Participations croisées aux fonds propres de banques, entreprises d'assurance et autres entités financières	b13
14	Participations de l'Établissement dans les banques, entreprises et autres établissements de crédit qui sortent du périmètre de la consolidation réglementaire à hauteur de 10 % au plus de leurs fonds propres (montant supérieur à 10 % des propres de l'établissement)	b14
15	Participations significatives de l'Établissement aux fonds propres des banques, entreprises d'assurance et autres établissements de crédit (montant supérieur à 10 % des fonds propres de l'Établissement)	b15
B	**Sous-total des éléments à déduire des fonds propres de base de catégorie 1 avant déduction des concours et garanties**	**B** = ∑ de b

N°	Intitulé	Montant
C	**Fonds propre de base catégorie 1 avant déduction des concours et garanties aux personnes apparentées**	**C = A-B**
D	Crédits accordés aux personnes apparentées excédant 20 % des fonds propres réglementaires	D
E	**Fonds propre de base catégorie 1 après déduction des crédits accordés aux apparentés, excédant 20 % des fonds propres réglementaires (Composante dure)**	**E = C-D**
i	Instruments émis conformément aux critères d'inclusion dans les autres éléments du T1 (et qui ne font pas partie des actions ordinaires et assimilées) suivant les conditions de l'article 6	i
ii	Primes liées au capital résultant de l'émission des instruments compris dans les autres éléments de T1 ; conformément à l'article 6 de l'instruction n° 14 de la BCC	ii
iii	Instruments émis par les filiales consolidées de la banque et détenus par des tiers, qui satisfont aux critères d'inclusion dans les autres éléments de T1 (et qui ne font pas partie des actions ordinaires et assimilées, conformément à l'article 6 de l'instruction n° 14 de la BCC	iii
F	**Fonds propres additionnels de catégorie 1 (autres éléments de T1)**	(F = i+ii+iii)
G	**Fonds propres additionnels de catégorie 1 acceptés (FPACIA)**	G[42]
H	**Fonds propres de base**	(E+G)

Source : Auteur sur la base des informations tirées de l'instruction n° 14 de la Banque centrale du Congo

* : Ce résultat doit être certifié par les commissaires aux comptes, déduction faite des prévisions des dividendes à distribuer.

** : À condition, d'une part, qu'il soit calculé après déduction de toutes les charges, dotations aux amortissements, provisions et corrections des valeurs afférentes à la période ainsi que des impôts prévisibles, des acomptes sur dividendes ou des prévisions de dividendes et, d'autre part, qu'il soit certifié par le commissaire aux comptes.

*** : Résultat négatif en attente d'approbation, certifiée par le commissaire aux comptes.

**** : En prenant en compte toutes les charges, dotations aux comptes d'amortissement, provisions et corrections de valeurs afférentes à la période.

---

42 Conformément à l'instruction n° 14 de la BCC, le montant des fonds propres additionnels de catégorie 1 ne peut pas être supérieur au seuil de 1,5 % des risques pondérés : Si le montant des fonds propres additionnels de catégorie 1 dit « Autres éléments de T1 » est supérieur à 1,5 % de la somme des risques de crédit, opérationnel et de marché, il faut prendre le montant correspondant à 1,5 % de la somme de ces risques pondérés.

***** : Il est à noter que la compensation entre impôts différés actifs et passifs est autorisée si ces impôts relèvent de la même autorité fiscale et sous réserve de son approbation.

Il sied important de souligner que la part des crédits accordés aux personnes apparentées, excédant 20 % des fonds propres réglementaires, constitue un élément déductible des fonds propres de base, car les banques ne peuvent pas accorder des crédits aux personnes apparentées pour un montant global excédant ce seuil de 20 % de leurs fonds propres prudentiels.

Conformément à l'article 9 de l'instruction n° 14, modification n° 7, sont considérées comme personnes apparentées :

- Les actionnaires, les administrateurs, les dirigeants et le personnel d'une banque ;
- Les personnes morales dans lesquelles la banque détient des participations ;
- Les filiales de la banque, des sociétés affiliées et toute partie sur laquelle la banque exerce un contrôle ou qui exerce un contrôle sur elle ;
- Les personnes physiques ou morales non bancaires liées à la banque par des contrats de garanties croisées ou de contrat d'affaires, en l'occurrence la sous-traitance ou le contrat de franchise.

Autant, il nous parait pertinent d'apporter des clarifications sur deux éléments, assez spécifiques au droit comptable bancaire de la RDC (GCEC), qui sont inclus dans le calcul des fonds propres de base. Il s'agit de la provision pour reconstitution du capital social (ligne 3 du tableau 26) et des fonds en instance d'incorporation au capital social (ligne 8 du tableau 26).

(a) Provision pour reconstitution du capital social : il s'agit d'une provision instituée par l'article n° 3 du décret n° 04/049 du 20 mai 2004 complétant l'ordonnance n° 77-332 du 30 novembre 1977 fixant les modalités d'application obligatoire du Plan comptable général congolais. Conformément à cette disposition et à la lettre de la Banque centrale du Congo référencée GOUV/14/n° 03325 du 30 décembre 2003, les banques sont tenues de calculer et de comptabiliser cette provision, **si et seulement si leur capital social est exprimé (libellé dans les statuts) en une monnaie étrangère**[43], et ce, en vue de préserver leurs fonds propres. L'article 4 du même décret dispose que la dotation annuelle de cette provision représente la différence négative entre la contrevaleur du capital social en CDF au taux de change de clôture et celle à l'ouverture, après prise en compte de la plus de réévaluation des immobilisations dégagée pendant l'exercice comptable.

Cette provision, qui ne peut être utilisée pour une opération d'augmentation du capital social est néanmoins une charge déductible du point de vue fiscal.

---

[43] L'on note malheureusement que certaines banques calculent et comptabilisent cette provision pendant que leur capital social est exprimé en monnaie nationale. Pratique qui n'est pas conforme à ce décret.

Nous présentons ci-après un cas illustratif de calcul des provisions pour reconstitution du capital social.

15/03/2017	Montant	Note	Commentaire
Capital social libellé et libéré en USD (A)	40 000 000		
Taux de change USD/CDF (B)	1 370		
Capital social comptabilisé en CDF (C)	54 800 000 000	(A)* (B)	Comptabilisé dans le compte capital social

Au 31/12/2017	Montant	Note	Commentaire
Taux de change USD/CDF (D)	1 592		
Contrevaleur du capital social (E)	63 680 000 000	(A)* (D)	
Différence dégagée (F)	8 880 000 000	(E)-(C)	
Plus-value de réévaluation de 2017 (G)	3 300 000 000		Tirée du fichier de la réévaluation des immobilisations de l'exercice 2017
Provision pour reconstitution du capital social (H)	5 580 000 000	(F)-(G)	Comptabilisée au crédit du compte « Provision pour reconstitution du capital social » par le débit d'un compte des charges et/ou de report à nouveau

Au 31/12/2018	Montant	Note	Commentaire
Taux de change USD/CDF (I)	1 635		
Contrevaleur du capital social (J)	**65 400 000 000**	(A)* (I)	
Différence dégagée (K)	1 720 000 000	(J)-(E)	
Plus-value de réévaluation de 2018 (L)	520 000 000		Tirée du fichier de la réévaluation des immobilisations de l'exercice 2018
Provision pour reconstitution du capital social	1 200 000 000	(K)-(L)	Comptabilisée au crédit du compte « Provision pour reconstitution du capital social » par le débit d'un compte des charges et/ou de report à nouveau

Test	Montant en CDF	Taux USD/CDF	Montant en USD
Plus-value de réévaluation	3 820 000 000		
Provision pour reconstitution du capital	6 780 000 000		
Capital social	54 800 000 000		
Montant reconstitué au 31/12/2018	**65 400 000 000**	**1 635**	**40 000 000**

(b) Fonds en instance d'incorporation au capital social : il s'agit des fonds apportés par un ou plusieurs actionnaires d'une banque, dans le cadre d'une opération d'augmentation du capital social, non encore approuvée par la BCC. Cela suppose que la banque concernée a déjà introduit une lettre d'approbation de modification des statuts auprès de la BCC. Si ce n'est pas le cas, les fonds reçus des actionnaires pour une opération d'augmentation du capital social doivent être comptabilisés dans le compte courant des actionnaires (Compte 440 : **Comptes – courants actionnaires**).

Pour conclure cette section, il s'avère utile de rappeler que les fonds propres de base des banques ne peuvent à aucun moment être inférieurs au montant du capital minimum réglementaire, fixé en 2023 à l'équivalent en CDF de dollars américains trente-cinq millions (USD 35 000 000[44]).

IV.2.2 Fonds propres complémentaires (Tiers 2)

Les fonds propres complémentaires servent à procurer à chaque banque une capacité d'absorption des pertes en cas de sa dissolution.

Conformément à l'article 7 de l'instruction n° 14, modification n° 7, les fonds propres complémentaires, deuxième composante des fonds propres prudentiels, sont constitués des éléments ci-après :

- La plus-value résultant d'opérations de réévaluation légale et réglementaire des immobilisations ;
- Les dettes subordonnées dans les conditions définies dans les lignes qui suivent ;
- Les provisions générales ou les provisions ne couvrant pas un risque spécifique constituées en couverture des pertes futures non encore identifiées, à condition qu'elles ne soient pas affectées à une dévalorisation constatée d'actifs spécifiques ou d'engagements connus, considérés individuellement ou en groupe ;
- Les subventions non affectées ;

[44] Ce montant va passer à USD 40 000 000 en janvier 2024, puis à USD 50 000 000 à partir de janvier 2025.

- Les instruments émis par la banque qui satisfont aux critères d'inclusion dans la composante **Tiers 2,** car n'entrant pas dans la composante **Tiers 1** ;
- Les primes relatives à l'émission des instruments inclus dans **Tiers 2 ;**
- Les instruments émis par les filiales consolidées de la banque et détenus par des tiers, qui satisfont aux critères d'inclusion dans Tiers 2, car n'entrant pas dans la composition de Tiers 1 ;

Néanmoins, il s'avère nécessaire de souligner que cette approche de calcul des fonds propres complémentaires est soumise à un certain nombre de limites ou conditions, parmi lesquelles nous citons les suivantes :

- Les instruments doivent être émis, libérés et d'une durée minimum de cinq (5) ans ;
- L'option de remboursement anticipé des instruments à l'initiative de l'émetteur ne peut être exercée qu'au bout d'une période de cinq (5) ans minimum et après autorisation préalable de la BCC ;

En vue de faciliter la compréhension de calcul des fonds propres complémentaires et réglementaires, une démarche de calcul est décrite dans les deux tableaux ci-dessous :

Tableau 27 : Modèle de détermination des fonds propres complémentaires

N°	Intitulé	Montant
j	Plus-value résultant d'opérations de réévaluation légale et réglementaire des immobilisations	j
k	Dettes subordonnées	k
l	Subventions non affectées	l
m	Provisions générales ou toute autre provision ne couvrant pas un risque spécifique constituées en couverture des pertes futures non encore identifiées, à condition qu'elles ne soient pas affectées à une dévalorisation constatée d'actifs spécifiques ou d'engagements connus, considérés individuellement ou en groupe	m
n	Instruments émis par la banque qui satisfont aux critères d'inclusion dans T2 suivant l'article 7 de l'instruction n° 14 de la BCC	n
o	Primes relatives à l'émission des instruments inclus dans Tiers 2, suivant l'article 7 de l'instruction n° 14 de la BCC	o
p	Les instruments émis par les filiales consolidées de la banque et détenus par des tiers, qui satisfont aux critères d'inclusion dans T2, car n'entrant pas dans la composition de T1, suivant l'article 7 de l'instruction n° 14 de la BCC	p

N°	Intitulé	Montant
Q	Fonds propres complémentaires (FPC)	(Q=j+...+p)
S	Fonds propres complémentaires acceptés (FPCA)	S[45]

Source : Tableau conçu par l'auteur sur la base des informations tirées de l'instruction n° 14 de la BCC

Le montant des fonds propres est déterminé par la somme des fonds propres de base et les fonds propres complémentaires acceptés. Cependant, cette somme est déduite des créances subordonnées détenues dans d'autres établissements de crédit, entreprises d'assurance et autres entités financières.

Tableau 28 : Modèle de détermination des fonds propres réglementaires

N°	Intitulé	Montant
	Fonds propres de base	H
	Fonds propres complémentaires acceptés (FPCA)	S
T	Fonds propres réglementaires avant déduction	(T = H+S)
	Élément à déduire de fonds propres réglementaires Créances subordonnées aux autres Établissements de crédit, entreprises d'assurance et autres entités financières	U
Z	Fonds propres réglementaires	(Z = T-U)

Source : Tableau conçu par l'auteur sur la base des informations tirées de l'instruction n° 14 de la BCC

IV.3. Coussins des fonds propres (Volant de conservation des fonds propres)

Pour renforcer la résilience des banques, le régulateur impose à ces dernières de constituer un « volant de conservation des fonds propres ». Ce dernier permet aux banques de constituer des marges de fonds propres pendant des périodes hors tensions. Les banques peuvent mobiliser ces marges des fonds quand elles enregistrent des pertes.

Ce coussin des fonds propres devrait permettre aux banques de renforcer leur capacité à faire face aux situations défavorables, dont notamment la défaillance d'un client important, une crise généralisée qui impacte les opérateurs économiques présents en RDC.

---

45 Conformément à l'instruction n° 14 de la BCC, les fonds propres de catégorie 2 (Fonds propres complémentaires) sont pris en compte pour un montant maximum de 2,5 % des risques nets pondérés. Si le montant des fonds propres complémentaires (Q) est supérieur à 2,5 % de la somme des risques de crédit, opérationnel et de marché, il faut prendre le montant correspondant à 2,5 % de la somme de ces risques nets pondérés.

Cette imposition réglementaire relative au volant de conservation des fonds propres permet aux banques de conserver une part significative de leurs bénéfices et réserves, afin de leur permettre, en phase de repli conjoncturel, de s'assurer de la disponibilité des fonds propres nécessaires pour poursuivre leur activité, sans la moindre difficulté. Le seuil réglementaire du coussin de conservation des fonds propres est fixé à 2,5 % de leur exposition aux risques nets pondérés. Et ce, en sus des fonds propres réglementaires.

En cas d'insuffisance du niveau de volant de conservation de fonds propres par rapport à l'exposition aux risques nets pondérés, la distribution des dividendes est interdite. Cette restriction est limitative et ne concerne que la distribution des bénéfices et non le fonctionnement de la banque. Ainsi, une banque, dont le niveau de fonds propres atteint un niveau inférieur au volant de conservation parce qu'elle enregistre des pertes pourra continuer d'exercer ses activités normalement.

Quant aux banques systémiques, elles sont tenues d'observer un coussin de fonds propres spécifique, fixé de manière individuelle par la BCC, dans une fourchette de 1 à 2 %. Ce niveau fixé par la BCC vise à réduire leur risque de faillite au regard de l'importance qu'elles revêtent pour l'économie du pays. Cette restriction est limitative et ne concerne que la distribution des bénéfices et non le fonctionnement de la banque.

Le volant contracyclique vise à faire en sorte que les exigences de fonds propres du secteur bancaire tiennent compte de l'environnement macro-financier dans lequel les banques évoluent. Il sera activé par la Banque centrale du Congo quand celle-ci l'estimera nécessaire au regard des risques à l'échelle du système, et il servira à doter le secteur bancaire d'un volant de fonds propres lui permettant de se protéger contre des pertes potentielles futures.

Les banques sont tenues de constituer un coussin de fonds propres contracycliques spécifique, destiné à limiter les effets de la conjoncture économique sur la résilience du système bancaire.

En vue d'intégrer et de prendre en compte l'environnement macro-financier où évoluent les banques, dans la détermination des exigences des fonds propres de ces dernières, la BCC a mis en place un volant contracyclique. L'activation de ce volant contracyclique est de la responsabilité de la Banque centrale du Congo, à chaque fois qu'elle estimera nécessaire par rapport aux risques notés à l'échelle du système.

En fait, ce coussin permettra de limiter les effets de la conjoncture économique sur la résilience du système bancaire.

Le montant de ce coussin est fixé dans une fourchette de 0 à 2,5 % des actifs pondérés des risques, en fonction du degré estimé d'accumulation de risques.

La Banque centrale du Congo se réserve le droit de revoir ce taux à la baisse ou à la hausse.

Les trois coussins, à savoir celui de conservation, le volant contracyclique et celui des banques d'importance systémique, ne prennent en compte que les fonds propres de base de catégorie 1.

Les banques sont autorisées à comptabiliser ces trois coussins en devises.

IV.4. Solvabilité

Partant de leur définition, les banques sont appelées à garder les ressources du public sous forme de dépôts reçus des clients, qu'ils soient des dépôts courants ou à terme. Sur ce, l'autorité de régulation, Banque centrale du Congo, qui a pour mission de protéger l'épargne du public, doit veiller à ce que toutes ces banques soient solvables de manière permanente.

C'est dans ce cadre que l'article 15 de l'instruction bancaire n° 14, modification n° 7 stipule que les banques sont tenues de respecter de manière permanente un ratio de solvabilité au moins égal à 10 %.

Ledit ratio est la résultante du rapport entre le montant des fonds propres réglementaires et la somme du montant des expositions pondérées au risque de crédit et du montant des exigences en fonds propres au titre du risque de marché et du risque opérationnel, multiplié par 10.

IV.4.1. Risque de crédit

Plusieurs définitions du risque de crédit existent dans la littérature financière. Mais l'on n'en retiendra *que le risque de crédit mesure le risque de défaillance d'une contrepartie*.

Le montant des risques pondérés est déterminé en fonction du type d'exposition ; qu'il s'agisse des éléments d'actif ou de hors bilan. Les éléments d'actif doivent être affectés des coefficients de pondération de 0 %, 20 %, 50 %, 100 % et 150 %.

Il sied de signaler que pour les créances, le montant assorti de la pondération est le montant net de l'exposition (montant brut diminué des garanties) minoré de provisions spécifiques.

En ce qui concerne les éléments de hors bilan, ils sont convertis en équivalent-crédit, au moyen de facteurs de conversion de 0 %, 20 %, 50 %, et 100 %. Le facteur de conversion en équivalent crédit représente la probabilité que les engagements pris par la banque se matérialisent et se transforment en éléments inscrits à l'actif et au passif du bilan.

Les éléments représentant un risque élevé sont pris en compte pour leur montant total, ceux présentant un risque moyen sont pris en compte pour 50 % de leur montant total, ceux présentant un risque modéré sont pris en compte pour 20 % et les éléments présentant un risque faible ne sont pas pris en compte.

Ainsi, conformément à l'article 20 de l'instruction n° 14, modification 7, les éléments de hors bilan sont classés de la manière suivante :

1. Les éléments de hors bilan pondérés à 0 % sont :

- Les facilités, découverts et engagements de crédit non utilisés de durée initiale inférieure à un an, ou qui peuvent être annulés sans préavis.

2. L'élément de hors bilan pondéré à 20 % :

- Les crédits documentaires accordés ou confirmés lorsque les marchandises servent de garantie.

3. Les éléments de hors bilan pondérés à 50 % sont :

- Les engagements de payer résultant de crédit documentaire accordés ou confirmés, sans que les marchandises servent de garantie ;
- Les cautionnements sur marchés publics, les garanties de bonne fin, les engagements fiscaux ou douaniers ;
- Les ouvertures de crédit irrévocables ou les cautionnements ne constituant pas un substitut de crédit ;
- Les facilités, découverts et engagements de crédit non utilisés de durée initiale supérieure à un an.

4. Les éléments de hors bilan pondérés à 100 % sont :

- Les garanties données à des crédits distribués par un autre établissement de crédit ;
- Les acceptations des créances commerciales ;
- Les endos d'effets ne portant pas la signature d'un établissement de crédit ;
- Les ouvertures de crédit irrévocables ou les cautionnements constituant un substitut de crédit ;
- La partie non libérée du capital souscrit dans un autre établissement.

Le calcul de l'ensemble des risques bancaires pondérés est récapitulé dans le tableau ci-dessous.

Il est à noter que les échelons de crédit correspondent aux notations attribuées par les agences internationales de notation, reconnues par la Banque centrale du Congo, selon une grille de correspondance publiée chaque année par cette dernière.

Tableau 29 : Modèle de détermination de risque de crédit

Types d'exposition	Échelon 1		Échelon 2		Échelon 3		Échelon 4		Échelon 5		Échelon 6		Échelon non noté		Risque net pondéré
	ME	MN	ME	MN	ME	MN	ME	MN	ME	MN	ME	MN	ME	MN	
Les créances sur les administrations publiques locales et les entités publiques	20 %	15 %	50 %	40 %	100 %	80 %	100 %	80 %	100 %	80 %	150 %	120 %	100 %	80 %	**Montant**
Risque net bancaire															
Risque net pondéré															
Les créances sur les banques et établissements financiers	20 %	20 %	50 %	40 %	100 %	80 %	100 %	80 %	100 %	80 %	150 %	120 %	100 %	80 %	**Montant**
Risque net bancaire															
Risque net pondéré															
Les expositions sur les entreprises	20 %	15 %	50 %	40 %	100 %	80 %	100 %	80 %	150 %	80 %	150 %	120 %	100 %	80 %	**Montant**
Risque net bancaire															
Risque net pondéré															
S/total risque net bancaire (A)															
S/total risque net pondéré (Risque de crédit) (B)															

Types d'exposition	Échelon 1	Échelon 2	Échelon 3	Échelon 4	Échelon 5	Échelon 6	Échelon non noté	Risque net pondéré
Les créances sur les emprunts souverains – États et banques centrales	0 %	20 %	50 %	100 %	100 %	150 %	100 %	**Montant**
Risque net bancaire								
Risque net pondéré								
S/total risque net bancaire (C)								
S/total risque net pondéré (Risque de crédit) (D)								

Types d'exposition	Traitement spécial		Risque net pondéré
	ME	MN	Montant
Les expositions sur la clientèle de détail (ménages et petits entrepreneurs, non constitués sous forme de société, micro, petites et moyennes entreprises)	80 %	70 %	
Risque net bancaire			
Risque net pondéré			
S/total risque net bancaire (E)			
S/total risque net pondéré (Risque de crédit) (F)			

Types d'exposition	Traitement spécial	Risque net pondéré
Les créances sur les banques multilatérales de développement, sur le Fonds monétaire international ou la Banque des règlements internationaux	0 %	**Montant**
Risque net bancaire		
Risque net pondéré		
Les créances en monnaie nationale sur la BCC	0 %	**Montant**
Risque net bancaire		
Risque net pondéré		
Les créances sur l'État de la RDC en monnaie nationale	75 %	**Montant**
Risque net bancaire		
Risque net pondéré		
Les expositions en monnaie nationale d'une durée initiale inférieure à trois (3) mois	20 %	**Montant**
Risque net bancaire		
Risque net pondéré		
Les expositions en devises étrangères d'une durée initiale inférieure à trois (3) mois	25 %	**Montant**
Risque net bancaire		
Risque net pondéré		
Les créances dans des éléments de fonds propres d'autres établissements financiers, et qui ne sont pas déduits des fonds propres dans les conditions prévues dans l'article 10 de l'instruction 14	150 %	**Montant**
Risque net bancaire		
Risque net pondéré		
Les crédits hypothécaires, destinés à financer la résidence de l'emprunteur	35 %	**Montant**
Risque net bancaire		
Risque net pondéré		
Les crédits immobiliers hypothécaires, destinés à financer l'immobilier commercial ou industrie de l'emprunteur	75 %	**Montant**
Risque net bancaire		
Risque net pondéré		
Les créances pré-douteuses, douteuses et compromises	150 %	**Montant**
Risque net bancaire		
Risque net pondéré		
Les actions	150 %	**Montant**
Risque net bancaire		

Types d'exposition	Traitement spécial	Risque net pondéré
Risque net pondéré		
Les avoirs en caisse et les éléments assimilés	0 %	**Montant**
Risque net bancaire		
Risque net pondéré		
Les autres actifs non rattachés à un type d'exposition (notamment les immobilisations)	100 %	**Montant**
Risque net bancaire		
Risque net pondéré		
Les comptes de régularisation	150 %	**Montant**
Risque net bancaire		
Risque net pondéré		
Les créances sur les personnes apparentées	150 %	**Montant**
Risque net bancaire		
Risque net pondéré		
S/total risque net bancaire (G)		
S/total risque net pondéré (Risque de crédit) (H)		
Total risque net bancaire	= A + C + E + G	
Total risque net pondéré (Risque de crédit)	= B + D + F + H	

Source : Auteur sur la base des informations tirées de l'instruction 14 de la Banque centrale du Congo

IV.4.2 Risque de marché

De manière générale, le risque de marché est le risque de variation de valeur d'un actif sur un marché organisé.

La détermination de la contribution du risque de marché au dénominateur du ratio de solvabilité se fait au titre du risque de change que courent les banques, conformément à l'article 36 de l'instruction n° 14, modification 7. Les banques adoptent la démarche suivante :

✓ La détermination, individuelle et devise par devise, des positions de change, longues ou courtes ;

✓ La position la plus importante, longue ou courte, représente le risque maximum de change ;

✓ Puis, on multiplie par 10 % la valeur absolue de cette position pour obtenir l'exigence en fonds propre.

Tableau 30 : Modèle de détermination du risque de marché

Code	Intitulé	Devise 1	Devise 2	Formule
A	Somme des avoirs	A1	A2	
B	Somme des engagements	B1	B2	
C	Positions de change	C1 = A1-B1	C2 = A2-B2	
F	La position la plus importante	F = Montant le plus important en valeur absolue entre C1 et C2		
G	Exigence en fonds propres pour le risque de marché			F*0,1
H	Risque de marché			F

Source : Auteur sur la base des informations tirées de l'instruction n° 14 de la BCC

IV.4.3. Risque opérationnel

Le risque opérationnel est le risque résultant de la défaillance ou l'inadéquation de processus interne, de personnes et de système, ou des événements externes.

La détermination de la contribution du risque opérationnel au dénominateur du ratio de solvabilité se fait, soit par le truchement de la méthode de l'indicateur de base, soit par la méthode standard. L'application de cette dernière méthode par les banques est subordonnée à l'autorisation préalable de la Banque centrale du Congo.

La détermination du risque opérationnel est récapitulée dans le tableau 31 ci-dessous :

Tableau 31 : Modèle de détermination du risque opérationnel (méthode d'indicateur de base)

CODE	Intitulé	MONTANT
A	Produit net bancaire (PNB) de l'exercice n-3	A
B	Produit net bancaire (PNB) de l'exercice n-2	B
C	Produit net bancaire (PNB) de l'exercice n-1	C
D	Total	D = A+B+C
E	Moyenne	E = D/3
F	Exigence en fonds propres pour le risque opérationnel	F = E × 0.15
G	Risque opérationnel (G)	G = F × 10

Source : Tableau conçu par l'auteur sur la base des informations tirées de l'instruction 14 de la Banque centrale du Congo

En ce qui concerne l'approche standard, l'exigence en fonds propres est calculée séparément par ligne de métier. L'exigence en fonds propres correspond à la moyenne sur trois (3) ans du Produit net bancaire, multipliée par un coefficient déterminé par la Banque centrale du Congo. Le mode de détermination des différentes composantes du ratio de solvabilité + coussins ayant été élucidés, il devient plus aisé de déterminer ledit ratio de solvabilité.

Ci-dessous le tableau récapitulatif de la détermination du ratio de solvabilité plus coussins.

Tableau 32 : Modèle de détermination du ratio de solvabilité

CODE	Intitulé	Montant
	Risques de crédit	R1
	Risque opérationnel	R2
	Risque de marché	R3
R	TOTAL RISQUES BANCAIRES R = R1 + R2 + R3	
Sa	Ratio de solvabilité des FPB catégorie 1 ≥ 6 %	E/R
Sb	Ratio de solvabilités fonds propre des additionnels catégorie 1 ≤ 1,5 %	J/R
Sc	Ratio de solvabilité des fonds propres de base ≥ 7,5 %	K/R
Sd	Ratio de solvabilité des fonds propres complémentaires ≤ 2,5 %	M/R
Se	Ratio de solvabilité global ≥ 10 %	P/R
Ta	Coussin de conservation des fonds propres ≥ 0,75 % (Première année)	Sa-6 %
Tb	Coussin de conservation des fonds propres ≥ 1,5 % (Deuxième année)	Sa-6 %
Tc	Coussin de conservation des fonds propres ≥ 2,5 % (Troisième année)	Sa-6 %
Ua	Coussins contracycliques ≥ 0,5 %	Sa−Ta
Ub	Coussin systémique ≥ 1 %	Ua
	Total des coussins ≥1,5 %	
	Ratio de solvabilité global + l'ensemble des coussins ≥ 11,25 %	

Source : Tableau conçu par l'auteur sur la base des informations tirées de l'instruction n° 14 de la BCC

Où :

E = Fonds propres de base catégorie 1 après déduction des concours et garanties aux apparentés ;

J = Fonds propres additionnels catégorie (autres éléments de T1) acceptés ;

K = Fonds propres complémentaires acceptés ;
M = Fonds propres complémentaires acceptés ;
P = Fonds propres réglementaires.

IV.5. Ratio de levier

Ce ratio sert à préserver la stabilité du système bancaire, en complétant les exigences en fonds propres sur les risques[46]. En outre, il permet de limiter la part des actifs de la banque qui est financée par le fonds emprunté.

Les banques sont tenues d'observer un ratio de levier minimum de 5 %, calculé comme suit :

Tableau 33 : Modèle de détermination du ratio de levier

CODE	Intitulé	Montant
T	Total Actif	T
V	Éléments déduits lors de la détermination des Fonds propres de catégorie 1	V = B
W	Sous-total des éléments à déduire des fonds propres de base de catégorie 1 avant déduction des concours et garanties	W = T-V
X	Total Éléments de hors bilan assortis des FCEC	X
Y	Total Actif déduit des éléments de T1 et Hors bilan assorti de FCEC	W+X
	Ratio de levier ≥ 5 %	E/Y

Source : Auteur sur la base des informations tirées de l'instruction 14 de la Banque centrale du Congo

Où :

B = Sous-total des éléments à déduire des fonds propres de base de catégorie 1 avant déduction des concours et garanties

E = Fonds propres de base catégorie 1 après déduction des concours et garanties aux apparentés

IV.6. Division des risques

L'instruction n° 14, modification n° 7 de la Banque centrale du Congo stipule en son article 43 que les banques doivent respecter, de manière permanente, les exigences ci-après :

➢ Le rapport entre l'ensemble des risques nets pondérés courus sur un même bénéficiaire, y compris les avoirs ou les créances auprès d'un

[46] Ceci est l'une des réponses de la crise financière enclenchée en 2007.

correspondant étranger et le montant de leurs fonds propres réglementaires ne peut pas être supérieur à 25 % ;

➢ Le rapport entre le montant total des grands risques et le montant des fonds propres réglementaires ne peut être supérieur à 800 %. Par grand risque, il faut entendre l'ensemble des risques courus sur les bénéficiaires dont les risques nets pondérés dépassent pour chacun d'entre eux 10 % des fonds propres réglementaires de la banque.

Contrairement à la position de la Banque centrale du Congo, qui soutient que les créances auprès d'un correspondant étranger doivent, aussi, être incluses dans la détermination de l'ensemble des risques nets pondérés, la commission bancaire de l'Afrique centrale stipule dans le « Règlement COBAC R-93/04 », relatif à la division des risques des établissements de crédit que les encours sur des États membres de la BEAC ou sur des établissements de crédit dont le siège est implanté dans le ressort géographique de la Commission bancaire ne sont pris en considération dans le calcul de la division des risques.

Au regard de ce qui est décrit ci-haut, les formules de calcul de risque net pondéré sur un même client et celui de grand risque peuvent être décrites de la manière suivante :

$$\frac{\textbf{RNPMB}}{\textbf{FPR}} \leq \textbf{25 \%}$$

$$\frac{\textbf{SGR}}{\textbf{FP R}} \leq \textbf{800 \%}$$

SGR = Somme de tous les RNPMB > 10 %

Où :

RNPMB : Risques nets pondérés sur un même bénéficiaire

FPR : Fonds propres réglementaires

SG R : Somme des grands risques

Conformément à l'article 46 de la même instruction, sont considérés comme un même bénéficiaire :

1. Les personnes physiques ou morales qui ont des liens de capitaux tels que l'une d'entre elles exerce sur les autres, directement ou indirectement, un

pouvoir de contrôle exclusif ou conjoint ou une influence notable, ou qui sont soumises à une direction de fait commune ;

2. Les personnes physiques ou morales qui sont liées de telle sorte que les difficultés financières rencontrées par l'une ou certaines d'entre elles entraineraient nécessairement des difficultés financières sérieuses chez l'autre ou toutes les autres.

Dans les cas ci-dessous, nous pouvons également établir que ce genre de liens existe entre deux personnes physiques ou morales :

- Les personnes sont apparentées jusqu'au second rang ;
- Les personnes sont les filiales de la même entreprise mère ;
- Les personnes sont soumises à une direction de fait commune ;
- Les personnes sont des collectivités territoriales ou des établissements publics et ont des liens de dépendance financière entre elles ;
- Les personnes qui sont liées par les contrats des garanties croisés ou qui entretiennent entre elles des relations d'affaires prépondérantes, notamment lorsqu'elles sont liées par des contrats de sous-traitance ou de franchise.

Pour rendre aisé le calcul de la division des risques, nous avons conçu le tableau modèle ci-dessous :

Tableau 34 : Modèle de détermination de la division des risques

CODE	Intitulé	Montant
P	Fonds propres réglementaires	P
Q	Seuil des grands risques (10 % FPP)	Q = P×0.1
R	Engagements nets maximums sur un même débiteur (25 % FPP)	P×0.25
S	Engagements nets maximums ensemble des grands risques FPP x 8	P×8

Source : Auteur sur la base des informations tirées de l'instruction n° 14 de la BCC

IV.7. Surveillance des positions de change

Dans une banque, le traitement des opérations en devises ne relève pas exclusivement d'un service ou d'une fonction donnée. Les opérations en devises peuvent être traitées régulièrement ou occasionnellement par n'importe quel service. Ainsi, nous pouvons distinguer :

- ✓ Les opérations de change de trésorerie (Achat et vente des devises) ;
- ✓ Les opérations de change diverses (Dépenses engagées en devises ou revenus réalisés en devises).

Le trésorier, qui, dans la plupart des banques, est responsable de la fonction relative à la gestion des opérations de change, a souvent tendance à ne gérer que les opérations de change de trésorerie, sans pour autant prendre en considération les opérations de change diverses.

À titre illustratif, nous pouvons citer les cas ci-après :

- Si les revenus réalisés sont principalement issus des transactions en monnaie nationale, et que 80 % des engagements à régler sont en devises, le trésorier ne se pose pas souvent la question de savoir comment assurer leur règlement ;
- La non-intégration des engagements hors bilan dans les prévisions de trésorerie ; Etc.

Le fait de ne pas considérer toutes les opérations en devises dans la gestion de la trésorerie d'une banque peut exposer cette dernière à des contraintes de trésorerie en une devise donnée. Cette contrainte peut être traduite :

- ➢ par une position de change courte en une devise X, avec comme conséquence, l'incapacité de régler les engagements libellés en devise X. D'où l'obligation d'aller acheter les devises à l'extérieur, ce qui pourrait couter cher ;
- ➢ par une position longue dans cette devise donnée, pendant que la monnaie nationale est en train de s'apprécier. D'où l'obligation de vendre rapidement l'excédent, afin d'éviter ou de réduire toute perte de change éventuelle.

Par position de change (PC), il faut entendre la différence entre les avoirs et les engagements, en une devise donnée ou en toutes devises confondues. Ainsi, nous pouvons schématiser cette définition par la formule suivante :

PC = Avoirs en devise X – Engagements en devise X

De cette formule, nous pouvons déduire trois cas possibles, à savoir :

1. Position de change positive (longue) ;
2. Position de change négative (courte) ;
3. Position de change neutre.

La position de change est dite longue, lorsque les avoirs en devise X sont supérieurs aux engagements libellés dans la même devise.

La position de change est dite courte, lorsque les avoirs en devise X sont inférieurs aux engagements libellés dans la même devise.

Et en fin, la position de change est dite neutre, lorsque les avoirs en devise X équivalent exactement aux engagements libellés dans la même devise.

Quand il s'agit de la position de change globale, la logique reste la même, mais dans ce cas, toutes les devises sont mises ensemble, c'est-à-dire, d'un côté, nous avons l'équivalent en CDF des avoirs libellés en monnaies étrangères et, de l'autre côté, l'équivalent en CDF des engagements libellés également en monnaies étrangères.

Pour éviter toute déviation qui pourrait à court, long ou moyen terme causer du tort à la banque et à sa clientèle (épargne du public), les banques centrales ou les autorités de régulation bancaire fixent des limites ou des normes auxquelles toutes les banques doivent se conformer.

Ainsi, en République démocratique du Congo, les banques sont tenues de respecter de façon permanente :

- Un rapport maximum de 5 % entre le montant de leur position, longue ou courte, dans chaque devise et le montant de leurs fonds propres réglementaires. Pour les devises les plus utilisées dans leurs transactions, comme le dollar américain (USD), le rapport maximum est fixé à 10 % ;
- Un rapport maximum de 15 % entre la somme de toutes les positions (courtes ou longues) des devises et la valeur de leurs fonds propres prudentiels.

Formule de calcul pour chaque devise étrangère

$$\frac{\textbf{Position de change}}{\textbf{Fonds propres réglementaires}} \leq \textbf{5 \%}$$

Formule de calcul pour la devise étrangère la plus utilisée

$$\frac{\textbf{Position de change}}{\textbf{Fonds propres réglementaires}} \leq \textbf{10 \%}$$

Formule de calcul pour l'ensemble de devises

$$\frac{\textbf{Position change}}{\textbf{Fonds propres réglementaires}} \leq \textbf{15 \%}$$

Tableau 35 : Modèle de détermination de la position de change

DEVISE	Somme des avoirs	Somme des engagements	Position nette
EUR	Ae	Ee	D = Ae-Ee
GBP	Ag	Eg	E = Ag-Eg
USD	Au	Eu	C = Au-Eu

Source : Auteur sur la base des informations tirées de l'instruction 14 de la BCC

Tableau 36 : Modèle d'appréciation de la position de change

LIBELLÉ	Montant/ME	Montant /CDF	Ratio en %	Norme	Appréciation
Fonds propres réglementaires	B = A/TC	A	100 %	-	-
Risque maximum pour la position de change globale (15 % des fonds propres réglementaires)	B*0.15	A*0.15	15 %	-	-
Risques maximums par devise (5 % des fonds propres réglementaires) et 10 % des fonds propres réglementaires pour les devises les plus utilisées, comme le dollar américain (USD) en RDC	B*0.05 (B*0.10)	A*0.05 (A*0.10)	5 % (10 %)	-	-
Position USD	C	Cmn = C*TC	Cmn/A	≤ 10 %[47]	Co ou NC
Position EUROS	D	Dmn = D*TC	Dmn/A	≤ 5 %[48]	Co ou NC
Position GBP	E	Emn = E*TC	Emn/A	≤ 5 %[49]	Co ou NC
Total		F = Cmn + Dmn + Emn	F/A	≤ 15 %[50]	Co ou NC

Source : Auteur sur la base des informations tirées de l'instruction 14 de la Banque centrale du Congo

47 En valeur absolue.
48 *Idem.*
49 *Idem.*
50 *Idem.*

Où :

- A : Fonds propres réglementaires en CDF
- B : Fonds propres réglementaires en devise
- C : Position de change en USD
- NC : Non conforme
- TC : Taux de change applicable
- D : Position de change en euros
- E : Position de change en GBP
- Co : Conforme

IV.8. Liquidité

La liquidité constitue un indicateur clé d'appréciation de la solvabilité immédiate d'une banque. Une banque qui n'est pas en mesure d'honorer, immédiatement ou dans un délai raisonnable, les chèques qui lui sont présentés au guichet de la banque ou en compensation, est exposée au risque de réputation. Certains bénéficiaires, clients effectifs ou potentiels de la banque risquent de ne plus accepter les chèques de cette banque, d'arrêter la relation avec ladite banque ou de réduire le niveau des transactions.

Ainsi, afin d'assurer la liquidité des banques implantées en République démocratique du Congo, l'autorité régulatrice exige aux banques le respect permanent d'un ratio de liquidité de 100 % entre les emplois disponibles et les ressources exigibles à un (1) mois au plus (confère l'article 50 de l'instruction n° 14, modification 7, de la BCC).

L'appréciation de ce ratio de liquidité s'effectue sous trois formes, à savoir :

- Le ratio de liquidité en monnaie nationale, c'est-à-dire le rapport entre les emplois disponibles en monnaie nationale (CDF) et les ressources exigibles à un mois au plus libellés dans la même monnaie ;
- Le ratio de liquidité en devises étrangères qui représente le rapport entre les emplois disponibles en devises étrangères et les ressources exigibles à un mois au plus libellés dans les mêmes devises ;
- Le ratio de liquidité en toutes devises confondues.

Conformément à l'article 51 de l'instruction n° 14 précitée, les emplois disponibles des banques sont constitués des actifs et des éléments hors bilan liquides à un (1) mois au plus ou mobilisables à moins d'un (1) mois au plus. De cette définition, nous pouvons déduire que les emplois disponibles (disponibilités) d'une banque sont constitués des éléments ci-après (BCC, instruction n° 14, modification 7) :

- Le solde de trésorerie lorsqu'il est positif, c'est-à-dire que la banque est prêteuse (la part en devises étrangères de ce solde est prise en compte après une baisse de sa valeur de 5 %) ;

- La fraction à échoir dans un (1) mois maximum des prêts et crédits, quelle que soit leur maturité générale (la part en devises étrangères des prêts et crédits à échoir est prise en compte après une diminution de valeur de 5 %) ;
- 70 % des billets de trésorerie et titres de créance souscrits (ayant au plus un (1) mois à courir) ;
- 90 % des bons du Trésor ou assimilés ;
- 60 % des obligations et valeurs mobilières à revenu fixe, cotées sur un marché structuré, et convertibles en liquidités sur une période maximale d'un (1) mois ;
- 50 % d'actions et valeurs mobilières assimilées cotées sur un marché structuré, et convertibles en liquidités sur une période maximale d'un (1) mois ;
- Le solde prêteur des comptes de recouvrement (ayant au plus un (1) mois à courir) ;
- Les produits à recevoir dans le mois en cours ;
- L'excédent des titres à livrer sur les titres à recevoir dans le mois en cours ;
- L'excédent des accords de refinancement reçus d'établissements de crédit sur ceux donnés à ces derniers.

Les ressources à un (1) mois au plus, quant à elles, sont constituées des éléments de passif exigible à moins d'un (1) mois, énumérés ci-après :

- Le solde de trésorerie lorsqu'il est négatif, c'est-à-dire la banque est emprunteuse ;
- 100 % des dépôts et comptes à terme et produits assimilés ayant au maximum un (1) mois à courir ;
- 25 % des dépôts à vue libellés en monnaie nationale ;
- 60 % des dépôts à vue libellés en monnaies étrangères ;
- 30 % des livrets d'épargne (comptes épargne) ;
- Les emprunts obligataires et subordonnés remboursables dans un délai d'un (1) mois ;
- Le solde emprunteur des comptes de recouvrement ;
- Les charges à payer dans le mois à venir ;
- L'excédent des titres à recevoir sur les titres à livrer dans le mois à venir ;
- L'excédent des accords de refinancement donnés à des établissements de crédit sur ceux reçus de ces derniers.

En ce qui concerne le solde de trésorerie, il est obtenu de la différence entre les encours débiteurs et les encours créditeurs suivants :

1. Encours débiteurs :

- Les avoirs en caisse ;
- Les comptes débiteurs à vue auprès de la Banque centrale et auprès des correspondants ;

➢ Les prêts au jour le jour ;

➢ Les prêts ayant au maximum un (1) mois à courir à la Banque centrale et aux établissements de crédit ;

➢ Les réserves obligatoires constituées auprès de la Banque centrale, à concurrence de 95 % ;

➢ Les billets de trésorerie et titres de créances négociables souscrits (ayant moins d'un (1) mois à courir).

2. Encours créditeurs :

➢ Les comptes créditeurs à vue auprès de la Banque centrale et auprès des correspondants ;

➢ Les emprunts au jour le jour ;

➢ Les emprunts ayant un (1) mois au plus à courir auprès de la Banque centrale et des établissements de crédit ;

➢ Les titres de créance négociables émis (ayant un (1) mois au plus à courir).

De manière pratique, la détermination des ratios de liquidité et solde de trésorerie s'effectue de la manière suivante :

Tableau 37 : Modèle de détermination du solde de trésorerie

Intitulé	Montant /CDF	Montant/ME	Montant total
A. Avoirs	A = ∑ de X	B = ∑ de Y	C = A + B
Caisse	X1	Y1	X1 + Y1
BCC disponible	X2	Y2	X2 + Y2
Comptes nostri disponibles auprès des correspondants	X3	Y3	X3 + Y3
Prêt au jour le jour à la BCC	X4	Y4	X4 + Y4
Prêt à terme à un (1) mois maximum à la BCC	X5	Y5	X5 + Y5
Placement à la BCC à un (1) mois maximum	X6	Y6	X6 + Y6
Prêts au jour le jour aux correspondants	X7	Y7	X7 + Y7
Prêts et compte à terme aux correspondants à un (1) mois maximum	X8	Y8	X8 + Y8
Portefeuilles effets à la BCC à un (1) mois	X9	Y9	X9 + Y9
Billet de trésorerie et titres des créances négociables souscrits ayant un (1) mois au plus à courir	X10	Y10	X10 + Y10

Intitulé	Montant /CDF	Montant/ME	Montant total
BCC réserve obligatoire (95 %)	X11	Y11	X11 + Y11
B. Engagements	D = ∑ de Z	E = ∑ de V	F = D + E
Découvert auprès de la BCC	Z1	V1	Z1 + V1
Compte lori à vue	Z2	V2	Z2 + V2
Marché monétaire (exclusivement)	Z3	V3	Z3 + V3
Refinancement auprès de la BCC	Z4	V4	Z4 + V4
Emprunt au jour le jour	Z5	V5	Z5 + V5
Emprunt à terme à un (1) mois maximum	Z6	V6	Z6 + V6
Emprunt au jour le jour auprès des correspondants	Z7	V7	Z7 + V7
Compte à terme lori chez les correspondants à un (1) mois	Z8	V8	Z8 + V8
Emprunts à CT auprès de la BCC à 1 mois	Z9	V9	Z9 + V9
Titres de créances négociables émis ayant un (1) mois au plus à courir	Z10	V10	Z10 + V10
C. Solde de trésorerie A-B	A - D	B - E	C - F
Position prêteuse A > B	SI A > B	SI B > E	SI C > F
Position emprunteuse A < B	SI A < B	SI B < E	SI C < F

Source : Auteur sur la base des informations tirées de l'instruction n° 14 de a BCC

Tableau 38 : Modèle de détermination du ratio de liquidité

Intitulé	ME			MN			Liquidité globale
	MB	Coef. en %	MP	MB	Coef. en %	MP	Total
Position prêteuse		95			100		
Créances sur la clientèle ayant au maximum un (1) mois à courir et/ou fraction		95			100		

Intitulé	ME			MN			Liquidité globale
à échoir dans un (1) mois maximum							
Encours de créances privées ayant au maximum un (1) mois à courir éligibles aux interventions de la Banque centrale		100			100		
Bons du Trésor ou assimilés		90			90		
Billets de trésorerie et titres de créances négociables souscrits (ayant au plus un (1) mois à courir)		70			70		
Obligations et valeurs mobilières à revenu fixe, cotées sur un marché structuré et convertibles en liquidités sur une période maximale d'un (1) mois		60			60		
Actions et valeurs mobilières assimilées, structurées et convertibles en liquidités sur une période maximale d'un (1) mois		50			50		
Solde prêteur des comptes de valeurs en recouvrement ayant au plus un (1) mois à courir		100			100		
Produits à recevoir dans le mois en cours		100			100		
Excédent des titres à livrer sur les titres à recevoir dans le mois en cours		100			100		
Excédent des accords de refinancement reçus d'établissements de crédit sur ceux donnés à ces derniers.		100			100		
Total Avoirs			A			B	C = A + B
Position emprunteuse		95			100		

Intitulé	ME			MN			Liquidité globale
Dépôts et comptes à terme et produits assimilés ayant au maximum un (1) mois à courir		100			100		
Dépôts à vue		60			25		
Livrets d'épargne		30			30		
Emprunts obligataires et subordonnés remboursables dans un délai d'un (1) mois		100			100		
Solde emprunteur des comptes de recouvrement		100			100		
Charges à payer dans le mois à venir		100			100		
Excédent des titres à recevoir sur les titres à livrer dans le mois à venir		100			100		
Excédent des accords de refinancement donnés à des établissements de crédit sur ceux reçus de ces derniers		100			100		
Total Engagements			D			E	F = D + E
Ration = Y61 (Norme de liquidité globale : **Ratio** ≥ 100 %)			A/D			B/E	C/F

Source : Auteur sur la base des informations tirées de l'instruction n° 14 de la BCC

Où :
ME = Monnaie étrangère
MN = Monnaie nationale
MB = Montant brut
MP = Montant pondéré

IV.9. Transformation à moyen et long termes

Les banques sont tenues de respecter en permanence un rapport d'au moins 80 % entre leurs fonds propres réglementaires augmentés des ressources permanentes et la valeur comptable des actifs immobilisés et des emplois longs. Ce rapport est appelé *le coefficient des fonds propres et de ressources permanentes.*

Le calcul du coefficient des fonds propres et des ressources permanentes se fait de la manière suivante :

Tableau 39 : Modèle de détermination du coefficient de transformation à moyen et long termes

Intitulé	Montant
Fonds propres règlementaires et Ressources permanentes	
Fonds propres réglementaires (A)	(A)
Emprunts obligataires et autres ressources	G
Titres de créances négociables émis par la banque	H
Dépôts à terme (moyen et long termes)	I
Excédent ayant une fraction résiduelle à courir au-delà de douze 12 mois des emprunts contractés auprès d'établissements de crédit sur les prêts de même nature accordés à ces derniers	J
75 % des dépôts à terme à moins de douze (12) mois en monnaie nationale	K
50 % des dépôts à terme à moins de douze 12 mois en devises étrangères	L
75 % des dépôts moyens annuels à vue en monnaie nationale	M
40 % dépôts moyens annuels à vue en devises étrangères	N
Sous-total Ressources permanentes (B)	B = G + H + I + J + K + L + M + N
Total FP augmentés des ressources permanentes (C) = (A) + (B)	C = A + B
Actifs immobilisés	
Valeur comptable nette des immobilisations corporelles	O
Valeur brute des titres de participation et de filiales (à l'exception de ceux des établissements de crédit)	P
Dotations des succursales et agences à l'étranger	Q

Intitulé	Montant
Montant brut des créances immobilisées ou en souffrance	R
Fraction des crédits accordés à la clientèle, ayant une durée restant à courir supérieure à une (1) année	S
Excédent des prêts accordés à des établissements de crédit sur les emprunts de même nature contractés auprès d'eux, ayant une fraction résiduelle à recouvrer sur une durée supérieure à une (1) année	T
Total Actifs immobilisés et emplois longs	E = O + P + Q + R + S + T
Ratio de couverture des immobilisations ≥ 100 %	F = A/O
Coefficient de transformation ≥ 80 %	Z = C/E

Source : Auteur sur la base des informations tirées de l'instruction 14 de la Banque centrale du Congo

IV.10. Limitation des participations

Au sens de l'instruction n° 14, modification 7 de la Banque centrale du Congo, sont considérées, comme participations, les titres qui :

1. confèrent au moins 10 % du capital ou des droits de vote dans une entreprise ;
2. permettent d'exercer, directement ou indirectement, une influence tangible sur la gestion et la politique financière d'une entreprise.

Pour éviter que les banques prennent des risques de participation démesurés dans une autre entreprise, elles sont tenues de respecter les limites de la valeur nette comptable de leur participation de la manière suivante :

- Aucune participation ne peut excéder 15 % des fonds propres prudentiels (réglementaires) ;
- L'ensemble des participations ne peut excéder 60 % des fonds propres réglementaires de la banque concernée.

À titre exceptionnel, la valeur nette comptable des participations détenues dans les établissements de crédit assujettis ou dans les entreprises dont l'activité constitue un prolongement de l'activité de la banque détentrice ou consiste en la détention d'immobilisations affectées à l'exploitation de la banque concernée, soit en la fourniture de services nécessaires à l'exploitation de la banque, est limitée à 30 % des fonds propres réglementaires.

Tableau 40 : Modèle d'appréciation de la norme de limitation des participations

Description	Montant
Fonds propres règlementaires	
Limite des participations dans les entreprises (15 % de FPR)	
Limite des participations dans les établissements de crédit ou dans une autre entreprise qui constituent un prolongement de l'activité (30 % de FPR)	
Limite des participations globales (60 % de FPR)	

Source : Auteur sur la base des informations tirées de l'instruction n° 14 de la BCC

Dans ce chapitre, nous avons défini et ressorti le bien-fondé des normes prudentielles de gestion édictées par la BCC, à savoir : le capital minimum, les fonds propres réglementaires, les coussins des fonds propres, la solvabilité, le ratio de levier, la division des risques, la surveillance des positions de change, la liquidité, la transformation à moyen et long termes et la limitation des participations. Nous avons également démontré la démarche ainsi que l'approche réglementaire de calcul et de détermination de ces différentes normes.

Force est de constater que, de toutes ces normes prudentielles, la norme relative aux fonds propres prudentiels (réglementaires) constitue un indicateur clé, en ce sens que, presque toutes les autres normes prudentielles de gestion se mesurent par rapport au montant des fonds propres réglementaires.

IV.11. Cas pratique sur les normes prudentielles de gestion

A. QUESTIONNAIRE

Le bilan de la banque Dalhia Maria SA renseigne les informations ci-après :

ACTIF				
	Dev. d'orig.	Brut	Provisions	Solde net
Opérations interbancaires		108 637 650 000	0	108 637 650 000
Barclay (compte à vue)	USD	17 340 000 000	0	17 340 000 000
Citi New-York (compte à vue)	USD	21 420 000 000	0	21 420 000 000

ACTIF				
HSBC (compte à vue)	USD	12 495 000 000	0	12 495 000 000
Equity Bank (prêt au jour le jour)	EURO	11 172 000 000	0	11 172 000 000
Sofibank (prêt au jour le jour)	USD	17 850 000 000	0	17 850 000 000
Rawbank (prêt au jour le jour)	EURO	11 742 000 000	0	11 742 000 000
Banque centrale (compte à vue)	CDF	3 768 000 000	0	3 768 000 000
Caisse	USD	3 383 850 000	0	3 383 850 000
Caisse	EURO	7 546 800 000	0	7 546 800 000
Caisse	CDF	1 920 000 000	0	1 920 000 000
Opération avec la clientèle		713 808 000 000	112 521 500 000	601 286 500 000
Crédits à LT aux entreprises	USD	19 890 000 000	10 080 000 000	9 810 000 000
Crédits à LT aux entreprises	EURO	12 540 000 000	2 268 000 000	10 272 000 000
Crédits à LT aux entreprises	CDF	71 250 000 000	7 280 000 000	63 970 000 000
Crédits à MT à l'administration publique	USD	280 500 000 000	67 200 000 000	213 300 000 000
Crédits à MT aux particuliers	EURO	4 389 000 000	415 800 000	3 973 200 000
Crédits à MT aux particuliers	CDF	79 500 000 000	18 900 000 000	60 600 000 000
Crédits à CT aux entreprises	USD	69 360 000 000	0	69 360 000 000
Crédits à CT aux particuliers	EURO	13 566 000 000	1 285 200 000	12 280 800 000
Crédits à CT aux PME	CDF	105 000 000 000	0	105 000 000 000
Découverts bancaires aux entreprises à échoir dans un (1) mois	USD	29 325 000 000	5 040 000 000	24 285 000 000

ACTIF				
Découverts bancaires aux PME à échoir dans un (1) mois	EURO	4 788 000 000	52 500 000	4 735 500 000
Découverts bancaires aux entreprises à échoir dans un (1) mois	CDF	23 700 000 000	0	23 700 000 000
Régularisation et divers		15 622 800 000	0	15 622 800 000
Charges payées d'avance	CDF	1 068 800 000	0	1 068 800 000
Débiteurs divers	USD	2 065 500 000	0	2 065 500 000
Débiteurs divers	CDF	6 140 000 000	0	6 140 000 000
Comptes d'attente	USD	5 788 500 000	0	5 788 500 000
Comptes d'attente	CDF	560 000 000	0	560 000 000
Immobilisations		359 990 400 000	40 845 000 000	319 145 400 000
Immobilisations incorporelles	CDF	69 450 000 000	8 925 000 000	60 525 000 000
Immobilisations corporelles	CDF	105 000 000 000	31 920 000 000	73 080 000 000
Titres (des entités non financières)	USD	165 000 000 000	0	165 000 000 000
Garanties locatives	USD	2 690 400 000	0	2 690 400 000
Prêts subordonnés société du groupe	USD	17 850 000 000	0	17 850 000 000
TOTAL		1 198 058 850 000	153 366 500 000	1 044 692 350 000

PASSIF		
	Dev. d'origine	C/V en CDF
Opérations interbancaires		**77 650 000 000**
Rawbank (emprunt au jour le jour)	USD	77 650 000 000
Opérations avec la clientèle		**591 150 150 000**

PASSIF		
Comptes courants	USD	255 000 000 000
Comptes courants	EURO	14 934 000 000
Comptes courants	CDF	41 040 000 000
Dépôts à terme M/T	USD	41 820 000 000
Dépôts à terme M/T	EURO	9 687 900 000
Dépôts à terme moins d'une (1) année	CDF	43 960 350 000
Dépôts à terme moins d'une (1) année	EURO	81 396 000 000
Comptes épargne	USD	49 980 000 000
Comptes épargne	EURO	8 778 000 000
Comptes épargne	CDF	44 553 900 000
Régularisation et divers		**44 482 200 000**
Charges à payer (dans six (6) mois)	EURO	8 853 500 000
Créditeurs divers	EURO	5 283 500 000
Créditeurs divers	CDF	1 785 000 000
Comptes d'attente	EURO	28 560 000 000
Capitaux permanents		**331 410 000 000**
Capital social	**CDF**	78 800 000 000
Prime d'émission	USD	8 650 000 000
Plus-value de réévaluation	CDF	85 780 000 000
Réserves	CDF	7 500 000 000
Provision pour reconstitution du capital	CDF	11 200 000 000
Report à nouveau débiteur	CDF	- 25 000 000 000
Fonds en instance d'incorporation au capital	CDF	74 000 000 000
Résultat négatif, certifié et approuvé par la BCC	CDF	- 12 370 000 000
Résultat positif de l'exercice en cours, certifié par les commissaires aux comptes, et approuvé par la BCC	CDF	52 830 000 000
Provision générale	CDF	4 020 000 000
Emprunts subordonnés approuvés par la BCC	USD	46 000 000 000
TOTAL		**1 044 692 350 000**

Vous avez été contacté par le management de cette institution bancaire afin de l'assister dans la détermination et l'appréciation des normes prudentielles de gestion, selon l'instruction n° 14, modification 7 de la BCC.

En plus du bilan présenté ci-haut, les informations ci-dessous vous ont été fournies afin de vous permettre de disposer de toutes les informations nécessaires, pour assister cette institution bancaire :

I. Produit net bancaire

Les Produits nets bancaires de la banque Dalhia Maria SA durant les trois derniers exercices se présentent comme suit (en CDF) :

- ✓ Exercice n-3 : 130 000 000 000
- ✓ Exercice n-2 : 150 984 549 000
- ✓ Exercice n-1 : 200 868 454 000

II. Crédits accordés

Le portefeuille des crédits de la banque Dalhia Maria SA est composé du solde :

- Sur les prêts à moyen terme accordés à la province du Kongo Central et à la ville province de Kinshasa pour un solde restant dû de USD 36 750 000, soit CDF 73 500 000 000 et USD 100 000 000, soit CDF 200 000 000 000, respectivement. Aucune garantie n'a été donnée pour ces deux crédits à moyen terme. Ces créances sont provisionnées à concurrence de CDF 17 608 556 150 et CDF 47 914 438 503, respectivement pour la province du Kongo Central et la ville de Kinshasa ;
- Restant dû sur un crédit à long terme de USD 35 000 000 accordé à SOUTH-UBANGUI SA. Une provision de CDF 7 152 280 702 a été constituée ;
- Restant dû d'un montant de USD 1 000 000, soit CDF 2 000 000 000 sur un crédit à long terme accordé au cabinet d'audit IBN & Associés. Une provision de CDF 600 000 000 est constituée sur cette créance, qui est couverte par un dépôt à terme en USD auprès de la même banque d'une valeur de USD 700 000, soit CDF 1 400 000 000 ;
- Restant dû d'un montant de CDF 1 250 000 000 sur un crédit à long terme accordé à la société Groupe BONZOI SARLU. Une provision de CDF 127 719 298 a été constituée sur cette créance. Toutefois, aucune garantie n'a été donnée ;
- Restant dû sur un crédit à court terme de CDF 105 000 000 000 et un solde débiteur en euros équivalent en CDF 4 788 000 000 relatif à une ligne de découvert bancaire provisionné à hauteur de CDF 52 500 000 (à recouvrer dans vingt-deux (22) jours). Ces deux crédits sont octroyés au Fonds de promotion des PME ;
- Restant dû d'un montant de USD 14 662 500, soit CDF 29 325 000 000 (à recouvrer dans seize (16) jours) sur un découvert consenti

au Groupe Service. Crédit couvert par une garantie admise en déduction de CDF 325 000 000. Une provision de CDF 5 040 000 000 est constituée sur crédit.

- Le compte courant de la société BNL PACAI affiche un solde débiteur (découvert bancaire autorisé) de CDF 23 700 000 000 (à recouvrer dans dix-huit (18) jours) ;
- Restant dû d'un montant de USD 34 680 000, soit CDF 69 360 000 000 sur un crédit à court terme accordé à PPC Barnet contre une garantie d'une valeur de CDF 10 000 000 000.
- Restant dû d'un montant de Euros 5 700 000 sur un crédit à long terme accordé à la Bralima. La provision constituée sur ce crédit est de CDF 2 268 000 000. Cette société a nanti ses bons BCC d'une valeur de CDF 15 000 000 000 ;
- Restant dû d'un montant de USD 8 945 000, soit CDF 17 890 000 000 sur un crédit à long terme consenti à CFAO. Une provision de CDF 9 480 000 000 est constituée sur ce prêt, qui est couvert par un dépôt à terme de USD 5 000 000, soit CDF 10 000 000 000 ;
- Restant dû d'un montant de USD 3 500 000, soit CDF 7 000 000 000 sur un crédit à moyen terme accordé à la RD Congo. Une provision de CDF 1 677 005 348 a été constituée ;
- Restant dû d'un montant de CDF 5 000 000 000 (dont CDF 5 000 000 000 est à recouvrer dans vingt (20) jours) sur un crédit en euros à court terme octroyé à Venance MBOYO, couvert par un dépôt à terme dans la même banque d'une valeur de Euros 75 000. La provision constituée sur ce prêt est de CDF 473 684 211 ;
- Restant dû d'une somme de CDF 5 000 000 000 (dont CDF 5 000 000 est à recouvrer dans dix (10) jours) sur un crédit en euros à court terme octroyé à Yannick LESSAY. Ce dernier a donné en garantie ses bons BCC d'une valeur de CDF 2 500 000 000. La provision constituée sur ce crédit s'élève à CDF 615 789 473 ;
- Restant dû d'un montant de Euros 681 818,182, soit 1 500 000 000 (à recouvrer dans vingt-cinq (25) jours) sur un crédit à court terme accordé à Delly D. KAPASA. Ce dernier a hypothéqué sa maison (résidentielle) d'une valeur de CDF 10 000 000, qui a fait l'objet d'une expertise immobilière et d'une inscription hypothécaire auprès des Affaires foncières. Une provision de CDF 142 105 263 est constituée sur ce crédit ;
- Restant dû de Euros 681 818,182, soit 1 500 000 000 sur un prêt de groupe à court terme accordé à Gervais MAVUNGU, Jonathan LOMBOTO, Christian ILASHI et Gisèle LUTUNDULA (soit ¼ à chacun). Tous membres du Conseil d'administration ;
- Solde restant dû de Euros 1 995 000 sur les autres crédits à moyen terme accordés aux clients particuliers. Il est constitué de plusieurs montants

individuels ne dépassant Euros 10 000 chacun. Ces crédits sont provisionnés à hauteur de CDF 415 800 000 ;

- Restant dû d'un montant de CDF 50 000 000 000 sur un crédit à moyen terme accordé à Darren. Ce dernier a donné en garantie ses biens couverts par une assurance tous risques et faisant l'objet d'un crédit-bail, d'une valeur de CDF 10 000 000 000. En outre, une provision de CDF 11 886 792 453 est constituée sur ce crédit ;
- Restant dû sur le crédit à moyen terme d'un montant de CDF 29 500 000 000 accordé à Dalhia, couvert par un dépôt à terme d'une valeur de CDF 8 000 000 000. Une provision de CDF 7 013 207 547 est constituée sur cette créance ;
- Restant dû d'un montant de Euros 257 272,7277 soit CDF 566 000 000 sur un crédit accordé à DIAFUAMBUTA. Une provision de CDF 53 621 053 est constituée sur ce crédit.

III. Titres

Le portefeuille des titres renseigne que la banque détient les actions des sociétés ci-après :

- David et Dan Emma CONSULTING SA (un cabinet conseil nouvellement créé) pour un montant total de CDF 70 000 000 000 ;
- Dalhia Putshu SA pour CDF 5 000 000 000 ;
- DCMP, un club de football, pour une valeur totale de CDF 15 000 000 000 ;
- Darren SA, une société de microfinance, pour un montant total de CDF 75 000 000 000.

Travail demandé :

- Apprécier les différentes normes prudentielles, sachant que les taux de change à la clôture sont les suivants :

✓ USD/CDF = 2 000

✓ Euros/CDF = 2 200

RÉSOLUTION

Ce point traite de la résolution des questions ci-haut qui se décline aux étapes suivantes :

- Reconstitution du montant des crédits octroyés et des provisions constituées : l'objectif poursuivi ici est de reconstituer les montants des crédits par nature, selon qu'il s'agit des crédits à long, moyen et court termes ou des facilités de trésorerie (découverts bancaires), et de s'assurer qu'ils correspondent à ceux renseignés au bilan ;

- Capital minimum : nous avons émis un postulat selon lequel la banque Dalhia Maria SA existe depuis un certain temps. Cela étant, l'appréciation de cette norme ne se fera que sur le niveau de l'actif net et des fonds propres de base ;

- Fonds propres règlementaires : nous avons fait de notre mieux pour circonscrire ce cas pratique, du moins pour cette édition, **à la** réalité de l'environnement bancaire congolais. En ce qui concerne le montant des fonds propres de base (autres éléments de T1) et celui des fonds propres complémentaires acceptés, le mode de calcul est présenté après leur résolution.

- Solvabilité : le détail de la démarche de déterminations de trois risques (de crédit, opérationnel et de marché) est présenté après la détermination de la norme de solvabilité :

- **Risque de crédit :** le montant du crédit sur lequel porte l'évaluation du risque est le montant brut diminué des collatéraux reçus par la banque (dont l'évaluation se fait en conformité avec l'instruction n° 16 dont la substance est présentée au chapitre portant gestion de crédit bancaire) et des provisions constituées. En outre, étant donné la réalité de notre système financier où il n'existe pas, à date, un marché boursier, nous n'avons utilisé que l'échelon des entreprises non cotées ;
- **Risque opérationnel :** nous avons opté pour la méthode de l'indicateur de base qui est une méthode appliquée par les banques établies en RDC, compte tenu du fait que le recours à l'approche standard est soumis à l'approbation préalable de la BCC ;
- **Risque de marché :** la démarche retenue par la Banque centrale du Congo pour la détermination du risque de marché est celle qui se fait par le truchement de la norme de la surveillance des positions de change. Au regard de cette démarche, le risque de marché correspond à la position de change la plus importante, longue ou courte. Dans ce cas pratique, nous avons eu à ne présenter qu'une seule fois la démarche de détermination du risque de marché, qui se prolonge après avoir déterminé la position de change.

Aussi, qu'il faille de préciser que nous n'avons pas abordé la question de hors bilan. Ce qui ne nous a pas donné matière à la conversion de ces engagements donnés et reçus à leur équivalent crédit (par le truchement de Facteur de Conversion à Équivalent Crédit).

- Division des risques :

- **Division des risques associés aux crédits à la clientèle :** la démarche adoptée est celle qui consiste à déterminer les différents seuils règlementaires et de procéder, dans un second temps, au rapprochement en cascade desdits seuils aux différents risques nets bancaires des crédits octroyés à la clientèle ;
- **Division des risques associés aux créances sur les correspondants :** ici, nous avons abordé la démarche qui consiste à dégager le pourcentage de la créance détenue individuellement sur un correspondant par rapport aux fonds propres règlementaires (FPR), par cette formule : (créance sur correspondant/FPR). Le taux dégagé est rapproche au seuil règlementaire maximum.

- **Liquidité :** la détermination du ratio de liquidité est faite en monnaie nationale et en monnaies étrangères. La position prêteuse n'est rien d'autre que l'une de deux possibilités de solde de trésorerie.

- **Transformation à moyen et long termes :** l'objectif poursuivi est notamment d'apprécier la couverture des actifs immobilisés par les ressources permanentes dont les fonds propres règlementaires, les dépôts à terme d'une durée supérieure à douze (12) mois et une portion des dépôts à vue. Cette norme se rapproche plus ou moins de l'appréciation du fonds de roulement dans les sociétés industrielles ou commerciales non bancaires.

- **Norme de la limitation de participation :** la démarche adoptée est celle qui consiste à déterminer les différents seuils règlementaires, puis à procéder, dans un second temps, au rapprochement en cascade desdits seuils aux différentes valeurs des titres détenus par la banque.

Crédits octroyés (A)						
EMPRUNTEURS	LT			MT		
	USD	EURO	CDF	USD	EURO	CDF
Kongo Central	-	-		73 500 000 000	-	-
Kinshasa	-	-		200 000 000 000	-	-
SOUTH-UBANGUI SA	-	-	70 000 000 000	-	-	-
IBN & Associés	2 000 000 000	-		-	-	-
Groupe Bonzoi SARLU	-	-	1 250 000 000	-	-	-
Bralima	-	12 540 000 000	-	-	-	-
CFAO	17 890 000 000	-	-	-	-	-
RDC	-	-	-	7 000 000 000	-	-
Darren (MT)	-	-	-	-	-	50 000 000 000
Dalhia (MT)	-	-	-	-	-	29 500 000 000
Autres emprunteurs particuliers (moyen terme)	-	-	-	-	4 389 000 000	
TOTAL	**19 890 000 000**	**12 540 000 000**	**71 250 000 000**	**280 500 000 000**	**4 389 000 000**	**79 500 000 000**
Provisions constituées (B)						
EMPRUNTEURS	LT			MT		
	USD	EURO	CDF	USD	EURO	CDF
Kongo Central	-	-	-	17 608 556 150	-	-
Kinshasa	-	-	-	47 914 438 503	-	-
SOUTH-UBANGUI SA	-	-	7 152 280 702	-	-	-
IBN & Associés	600 000 000	-	-	-	-	-
Groupe Bonzoi SARLU	-	-	127 719 298	-	-	-
Bralima	-	2 268 000 000	-	-	-	-
CFAO	9 480 000 000		-	-	-	-
RDC	-	-	-	1 677 005 348	-	-
Darren (MT)	-	-	-	-	-	11 886 792 453
Dalhia (MT)	-	-	-	-	-	7 013 207 547
Autres emprunteurs particuliers (moyen terme)	-		-	-	415 800 000	-
TOTAL	**10 080 000 000**	**2 268 000 000**	**7 280 000 000**	**67 200 000 000**	**415 800 000**	**18 900 000 000**
NET (A - B)	**9 810 000 000**	**10 272 000 000**	**63 970 000 000**	**213 300 000 000**	**3 973 200 000**	**60 600 000 000**

Crédits octroyés (A)						
EMPRUNTEURS	CT			Découverts		
	USD	EURO	CDF	USD	EURO	CDF
Fonds Promotion des PME (CT)	-	-	105 000 000 000			
Fonds Promotion des PME (Découvert bancaire)	-	-	-		4 788 000 000	
Groupe Service SA (Découvert bancaire)	-	-	-	29 325 000 000		
BNL PACAI SARL (Découvert bancaire)	-	-	-	-	-	23 700 000 000
PPC Barnet (CT)	69 360 000 000	-	-	-	-	-
Venance MBOYO	-	5 000 000 000	-	-	-	-
Yannick LESSAY	-	5 000 000 000	-	-	-	-
Delly D. KAPASA	-	1 500 000 000	-	-	-	-
MAVUNGU Gervais, LOMBOTO Jonathan, ILASHI Christian et LUYINDULA Gisèle	-	1 500 000 000	-	-	-	-
DIAFUAMBUTA (CT)	-	566 000 000	-	-	-	-
TOTAL	**69 360 000 000**	**13 566 000 000**	**105 000 000 000**	**29 325 000 000**	**4 788 000 000**	**23 700 000 000**
Provisions constituées (B)						
EMPRUNTEURS	CT			Découverts		
	USD	EURO	CDF	USD	EURO	CDF
Fonds Promotion des PME (Découvert bancaire)	-	-	-	-	52 500 000	-
Groupe Service SA (Découvert bancaire)	-	-	-	5 040 000 000	-	-
Venance MBOYO	-	473 684 211	-	-	-	-
Yannick LESSAY	-	615 789 473	-	-	-	-
Delly D. KAPASA	-	142 105 263	-	-	-	-
DIAFUAMBUTA (CT)	-	53 621 053	-	-	-	-
TOTAL	-	**1 285 200 000**	-	**5 040 000 000**	**52 500 000**	-
NET (A-B)	**69 360 000 000**	**12 280 800 000**	**105 000 000 000**	**24 285 000 000**	**4 735 500 000**	**23 700 000 000**

I. NORME DE CAPITAL MINIMUM

1. Appréciation par l'actif net

			TAUX DE CHANGE USD/CDF	2000
DESCRIPTIONS	**MONTANTS (CDF)**	**MONTANTS (USD)**	**CAPITAL MINIMUM RÉGLEMENTAIRE**	**APPRÉCIATION DE LA NORME**
TOTAL ACTIF	1 044 692 350 000	522 346 175		
TOTAL DETTES	713 282 350 000	356 641 175		
ACTIF NET	331 410 000 000	165 705 000	35 000 000	Respectée

2. Appréciation par les fonds propres de base

			TAUX DE CHANGE USD/CDF	2000
DESCRIPTIONS	**MONTANTS (CDF)**	**MONTANTS (USD)**	**CAPITAL MINIMUM RÉGLEMENTAIRE**	**APPRÉCIATION DE LA NORME**
Fonds propres de Base	135 085 000 000	67 542 500	35 000 000	Respectée

II. FONDS PROPRES RÉGLEMENTAIRES

Code poste	Intitulé	Montant
	Éléments à inclure	
	Capital	78 800 000 000
	Prime d'émission ou de fusion	8 650 000 000
	Provision pour reconstitution du capital	11 200 000 000
	Réserves légales, statutaires, facultatives et autres	7 500 000 000
	Report à nouveau créditeur	0
	Fonds en instance d'incorporation au capital	74 000 000 000
	Résultat positif de l'exercice clos	0
	Résultat en cours (positif)	52 830 000 000
A	Sous-total	**232 980 000 000**
	Élément à déduire	
	Actionnaires, restant dû	0
	Actions propres détenues par la banque	0
	Report à nouveau débiteur	25 000 000 000
	Écart d'acquisition (Goodwill) et autres actifs incorporels	60 525 000 000
	Résultat négatif de l'exercice clos	12 370 000 000
	Résultat en cours (négatif)	0
	Plus-values sur actifs disponibles à la vente	0
	Actifs des fonds de pension à prestations déterminées, en termes nets	0
	Impôts différés actifs	0
	Réserve de couverture des flux de trésorerie	0
	Provisions complémentaires (insuffisance de l'encours des provisions pour pertes attendues)	0
	Montant cumulé des gains et pertes sur les passifs financiers estimés à la	0

Code poste	Intitulé	Montant
	juste valeur, résultant de la modification du risque de crédit	
	Participations croisées aux fonds propres de banques, entreprises d'assurance et autres entités financières	0
	Participations de la banque dans les autres banques, entreprises et autres établissements de crédit qui sortent du périmètre de la consolidation réglementaire à hauteur de 10 % au plus de leurs fonds propres (montant supérieur à 10 % des fonds propres de l'établissement)	0
	Participations significatives de la banque aux fonds propres des banques, entreprises d'assurance et autres établissements de crédit (montant supérieur à 10 % des fonds propres de l'Établissement)	0
B	Sous-total des éléments à déduire des fonds propres de base de catégorie 1 avant déduction des concours et garanties	97 895 000 000
C	***Fonds propre de base catégorie 1 avant déduction des concours et garanties aux apparentés (C = A - B)***	135 085 000 000
D	Concours et garanties aux actionnaires, administrateurs, dirigeants et personnels excédant 20 % des fonds propres réglementaires	0
E	***Fonds propre de base catégorie 1 après déduction des concours et garanties aux apparentés (E = C - D)***	**135 085 000 000**
i	Instruments émis conformément aux critères d'inclusion dans les autres éléments du T1 (et qui ne font pas partie des actions ordinaires et assimilées)	0
ii	Primes liées au capital résultant de l'émission des instruments compris dans les autres éléments de T1	0

Code poste	Intitulé	Montant
iii	Instruments émis par les filiales consolidées de la banque et détenus par des tiers, qui satisfont aux critères d'inclusion dans les autres éléments de T1 (et qui ne font pas partie des actions ordinaires et assimilées)	0
F	***Fonds propres additionnels catégorie (autres éléments de T1) (F = i + ii + iii)***	**0**
G	***Fonds propres additionnels catégorie (autres éléments de T1) acceptés***	0
H	***Fonds propres de base (E + G)***	**135 085 000 000**
j	Réserves et écarts de réévaluation résultant d'opérations de réévaluation effectuées conformément aux dispositions législatives et réglementaires en vigueur	85 780 000 000
k	Dettes subordonnées	46 000 000 000
l	Subventions non affectées	0
m	Provisions ou réserves pour pertes sur prêts constituées en regard de pertes futures non identifiées (aux conditions de l'article 7 de l'instruction n° 14 de la BCC)	4 020 000 000
n	Instruments émis par la banque qui satisfont aux critères d'inclusion dans T2 suivant l'article 7 de l'instruction n° 14 de la BCC	0
o	Primes liées au capital résultant de l'émission des instruments inclus dans T2, suivant l'article 7 de l'instruction n° 14 de la BCC	0
p	Les instruments émis par les filiales consolidées de la banque et détenus par des tiers, qui satisfont aux critères d'inclusion dans T2 et qui n'entrent pas dans la composition de T1, suivant l'article 7 de l'instruction n° 14 de la BCC	0
Q	***Fonds propres complémentaires (FPC) (Q = j + … + p)***	**135 800 000 000**

Code poste	Intitulé	Montant
S	***Fonds propres complémentaires acceptés***	37 356 671 167
T	***Fonds propres réglementaires avant déduction (T = H + S)***	**172 441 671 167**
	Éléments à déduire de fonds propres réglementaires	
u	Créances subordonnées aux autres établissements de crédit, entreprises d'assurance et autres entités financières	17 850 000 000
Z	**Fonds propres réglementaires (Z = T - u)**	**154 591 671 167**

Les conditions d'acceptation des fonds propres de base (autres éléments de T1) et fonds propres complémentaires dans la détermination des fonds propres règlementaires :

✓ Conformément à l'instruction n° 14 de la BCC, le montant des fonds propres additionnels de catégorie 1 (fonds propres de base) ne peut pas être supérieur au seuil de 1,5 % des risques pondérés. Si le montant des fonds propres additionnels de catégorie 1 dit « autres éléments de T1 » (I) est supérieur à 1,5 % de la somme des risques de crédit, opérationnel et de marché, il faut prendre le montant correspondant à 1,5 % de la somme de ces risques pondérés ;

✓ Conformément à l'instruction n° 14 de la BCC, les fonds propres de catégorie 2 (Fonds propres complémentaires) sont pris en compte pour un montant maximum de 2,5 % des risques nets pondérés. Si le montant des fonds propres complémentaires (L) est supérieur à 2,5 % de la somme des risques de crédit, opérationnel et de marché, il faut prendre le montant correspondant à 2,5 % de la somme de ces risques nets pondérés.

III. NORME DE LA SOLVABILITÉ ET RATIO DE LEVIER

	NORME DE SOLVABILITÉ + coussins	
R1	**Risques de crédit**	**1 149 802 095 197**
R2	**Risque opérationnel**	**240 926 501 500**
R3	**Risque de marché**	**103 538 250 000**
R	**TOTAL RISQUES BANCAIRES R = R1 + R2 + R3**	**1 494 266 846 697**
aa	Ratio de solvabilité des FPB catégorie 1 ≥ 6 % (aa = E/R)	9 04 %
bb	Ratio de solvabilité des fonds propres additionnels catégorie 1 ≤ 1,5 % (bb = G/R)	0 00 %

	NORME DE SOLVABILITÉ + coussins	
cc	Ratio de solvabilité des fonds propres de base ≥ 7,5 % (cc = H/R)	9,04 %
dd	Ratio de solvabilité des fonds propres complémentaires ≤ 2,5 % (dd = S/R)	2,50 %
ee	Ratio de solvabilité global ≥ 10 % (ee = Z/R)	10,35 %
ff	Coussin de conservation des fonds propres ≥ 2,5 % (ff = aa-6 %)	3,04 %
gg	Coussins contracycliques ≥ 0,5 % (gg = aa + ff)	12,08 %
hh	Coussin systémique ≥ 1 % (hh = gg - 0,05 %)	12,03 %
kk	Total des coussins ≥1,5 % (kk = ff + gg + hh)	27,15 %
ll	Ratio de solvabilité global + l'ensemble des coussins ≥ 11,25 % (ll = ee + kk)	37,50 %
	Ratio de levier	
Aa	**Total Actif**	**1 044 692 350 000**
Ab	**Éléments déduits lors de la détermination des fonds propres de catégorie 1 (B)**	**97 895 000 000**
Ac	Total actif diminué du sous-total des éléments déduits des fonds propres de base de catégorie 1 avant déduction des concours et garanties (Ac = Aa - Ab)	**946 797 350 000**
Ad	**Éléments de hors bilan assortis des Facteurs de conversion à équivalent crédit (FCEC)**	**0**
Ae	**Total Actif déduit des éléments de T1 et hors bilan assorti de FCEC (Ae = Ac-Ad)**	**946 797 350 000**
Af	Ratio de levier ≥ 5 % (Af = E/Ae)	14,27 %

A. RISQUE DE CRÉDIT

RISQUES BANCAIRES PONDÉRÉS NETS				
Code	Types d'exposition	Échelon non noté		Risque net pondéré
		ME	MN	
	Les créances sur les administrations publiques locales et les entités publiques	**100 %**	**80 %**	**Montant**
	Risque net bancaire	207 977 005 348	-	**207 977 005 347,59**
	Risque net pondéré	207 977 005 348	-	**207 977 005 347,59**
	Les créances sur les banques et établissements financiers	**100 %**	**80 %**	**Montant**
	Risque net bancaire	51 255 000 000	-	**51 255 000 000,00**
	Risque net pondéré	51 255 000 000	-	**51 255 000 000,00**
	Les expositions sur les entreprises	**100 %**	**80 %**	**Montant**
	Risque net bancaire	150 903 219 298	129 822 280 702	**280 725 500 000,00**
	Risque net pondéré	150 903 219 298	103 857 824 561	**254 761 043 859,65**
A	**S/total Risque net bancaire**	**410 135 224 646**	**129 822 280 702**	**539 957 505 347,59**
B	**S/total Risque net pondéré (Risque de crédit)**	**410 135 224 646**	**103 857 824 561**	**513 993 049 207,24**

Code poste	Types d'exposition	Échelon non noté	Risque net pondéré
	Les créances sur les emprunts souverains – États et Banques centrales	100 %	**Montant**
	Risque net bancaire	0	-
	Risque net pondéré	0	-
C	**S/total Risque net bancaire**	0	-
D	**S/total Risque net pondéré (Risque de crédit)**	**0**	-

Code	Types d'exposition	Traitement spécial		Risque net pondéré
	Les expositions sur la clientèle de détail (ménages et petits entrepreneurs, non constitués sous forme de société, micro, petites et moyennes entreprises)	**ME**	**MN**	**Montant**
		80 %	100 %	
	Risque net bancaire	12 084 000 000	42 600 000 000	54 684 000 000
	Risque net pondéré	9 667 200 000	29 820 000 000	39 487 200 000
E	**S/total Risque net bancaire**	12 084 000 000	42 600 000 000	54 684 000 000
F	**S/total Risque net pondéré (Risque de crédit)**	**9 667 200 000**	**29 820 000 000**	39 487 200 000

Code poste	Types d'exposition	Traitement spécial	Risque net pondéré
	Les créances sur les banques multilatérales de développement, sur le Fonds monétaire international ou la Banque des règlements internationaux	0 %	**Montant**
	Risque net bancaire		-
	Risque net pondéré	-	-
	Les créances en monnaie nationale sur la BCC	0 %	**Montant**
	Risque net bancaire	3 768 000 000	**3 768 000 000**
	Risque net pondéré	-	-
	Les créances sur l'État de la RDC en monnaie nationale	75 %	**Montant**
	Risque net bancaire	5 322 994 652	**5 322 994 652**
	Risque net pondéré	3 992 245 989	**3 992 245 989**
	Les expositions en monnaie nationale d'une durée initiale inférieure à trois (3) mois	20 %	**Montant**
	Risque net bancaire		-
	Risque net pondéré	-	-
	Les expositions en devises étrangères d'une durée initiale inférieure à trois (3) mois	25 %	**Montant**
	Risque net bancaire		-
	Risque net pondéré	-	-

	Les créances dans des éléments de fonds propres d'autres établissements financiers, et qui ne sont pas déduits des fonds propres dans les conditions prévues dans l'article 10 de l'instruction n° 14 de la BCC	150 %	**Montant**
	Risque net bancaire	75 000 000 000	**75 000 000 000**
	Risque net pondéré	112 500 000 000	**112 500 000 000**
	Les crédits hypothécaires, destinés à financer la résidence de l'emprunteur	35 %	**Montant**
	Risque net bancaire		-
	Risque net pondéré	-	-
	Les crédits immobiliers hypothécaires, destinés à financer l'immobilier commercial ou industrie de l'emprunteur	75 %	**Montant**
	Risque net bancaire		-
	Risque net pondéré	-	-
	Les créances pré-douteuses, douteuses et compromises	150 %	**Montant**
	Risque net bancaire	-	-
	Risque net pondéré	-	-
	Les actions	150 %	**Montant**
	Risque net bancaire	90 000 000 000	**90 000 000 000**
	Risque net pondéré	135 000 000 000	**135 000 000 000**
	Les avoirs en caisse et les éléments assimilés	0 %	**Montant**
	Risque net bancaire	12 850 650 000	**12 850 650 000**
	Risque net pondéré	-	-
	Les autres actifs non rattachés à un type d'exposition (notamment les immobilisations)	100 %	**Montant**
	Risque net bancaire	319 145 400 000	**319 145 400 000**
	Risque net pondéré	319 145 400 000	**319 145 400 000**
	Les comptes de régularisation	150 %	**Montant**
	Risque net bancaire	15 622 800 000	**15 622 800 000**
	Risque net pondéré	23 434 200 000	**23 434 200 000**

	Les créances sur les personnes apparentées	150 %	**Montant**
	Risque net bancaire	1 500 000 000	**1 500 000 000**
	Risque net pondéré	2 250 000 000	**2 250 000 000**
G	**S/total Risque net bancaire**		**523 209 844 652**
H	**S/total Risque net pondéré (Risque de crédit)**		**596 321 845 989**

	Total Risque net bancaire = (A) + (C) + (E) + (G)	**1 117 851 350 000**
	Total Risque net pondéré (Risque de crédit) = (B) + (D) + (F) + (H)	**1 149 802 095 197**

B. RISQUE OPÉRATIONNEL

RISQUE OPÉRATIONNEL		
Code	**Produit net bancaire**	**MONTANT**
	Exercice n – 3	130 000 000 000
	Exercice n – 2	150 984 549 000
	Exercice n – 1	200 868 454 000
A	**Total**	**481 853 003 000**
B	**Moyenne (B) = (A)/3**	**160 617 667 667**
C	**Exigence en FP pour le risque opérationnel (C) = (B) * 0,15**	**24 092 650 150**
D	**Risque opérationnel (D) = C * 10**	**240 926 501 500**

C. RISQUE DE MARCHE

La démarche retenue par la Banque centrale du Congo pour la détermination du risque de marché est celle qui se fait par le truchement de la *norme de la position de change*. Au regard de cette démarche, le risque de marché correspond à la position de change la plus importante, longue ou courte.

	POSITION DE CHANGE			
Code	**Avoirs**	**DEVISES**		**TOTAL**
		USD	**EURO**	
A	**B**	**C**	**D**	**E**
	Compte de trésorerie et opérations interbancaires			
	Marché monétaire	-	-	-
	Autres valeurs reçues en pension	-	-	-
	Titres créances et assimilés	-	-	-
	Prêts et comptes à terme aux correspondants			
	Prêts à terme	-	-	-
	Compte à terme nostri	-	-	-
	Prêts au jour le jour aux correspondants	17 850 000 000	22 914 000 000	40 764 000 000
	Banque centrale	-	-	-
	Comptes dépôts à vue chez des correspondants	51 255 000 000	-	51 255 000 000
	Caisse	3 383 850 000	7 546 800 000	10 930 650 000
	Créances litigieuses	-	-	-
	Créances rattachées	-	-	-
	Opérations avec la clientèle			
	Crédit à long terme	9 810 000 000	10 272 000 000	20 082 000 000
	Crédit à moyen terme	213 300 000 000	3 973 200 000	217 273 200 000
	Crédit à court terme	69 360 000 000	12 280 800 000	81 640 800 000
	Découverts	24 285 000 000	4 735 500 000	29 020 500 000
	Valeurs non imputées débiteurs	-	-	-
	Créances en souffrance	-	-	-
	Créances rattachées	-	-	-
	Comptes des tiers et de régularisation			
	Fournisseurs	-	-	-
	Chèques et effets à l'encaissement	-	-	-
	Personnel	-	-	-

	POSITION DE CHANGE			
	État	-	-	-
	Compte de liaison	-	-	-
	Débiteurs divers	7 854 000 000	-	7 854 000 000
	Comptes de régularisation	-	-	-
	Créances en souffrance	-	-	-
	Immobilisations			-
	Avances et acomptes sur immobilisations	-	-	-
	Titres de participation et autres valeurs engagées à plus d'un (1) an	-	-	-
	– Dotation des succursales à l'étranger	-	-	-
	– Titres de participation	-	-	-
	– Parts liées dans les entreprises	-	-	-
	– Titres de l'activité du portefeuille	165 000 000 000	-	-
	– Prêts subordonnés	17 850 000 000	-	-
	Prêts et titres à souscription obligatoire	-	-	-
	– Bons d'équipement	-	-	-
	– Créances titrisées sur l'État	-	-	-
	– Autres prêts et titres à souscription obligatoire	-	-	-
	Garantie et cautionnement à moyen terme	2 690 400 000	-	-
	Créances litigieuses ou en souffrance	-	-	-
	Créances rattachées	-	-	-
	Hors bilan			-
	Titres à recevoir	-	-	-
	Engagements sur opérations de chèque comptant à recevoir	-	-	-
	Engagements sur opérations de chèque à terme à recevoir	-	-	-
	Opération de prêt en devises	-	-	-
	Report/dépôt	-	-	-
	Ponction de charge hors bilan	-	-	-
	Contrevaleur de la position de change	-	-	-

	POSITION DE CHANGE			
	Compte d'ajustement en devises	-	-	-
	Opération sur marché organisé	-	-	-
	Opération sur marché gré à gré	-	-	-
A	**TOTAL AVOIRS EN ME (A)**	**582 638 250 000**	**61 722 300 000**	644 360 550 000
	Engagements			
	Compte de trésorerie et opérations interbancaires			
	Marché monétaire	-	-	-
	Autres valeurs données en pension	-	-	-
	Emprunts et comptes à terme auprès des correspondants			
	Compte à terme	-	-	-
	Emprunts à terme	-	-	-
	Emprunts au jour le jour aux correspondants	77 650 000 000	-	77 650 000 000
	Compte à la Banque centrale	-	-	-
	Comptes à vue des correspondants	-	-	-
	Dettes rattachées	-	-	-
	Opérations avec la clientèle			
	Dépôts ordinaires	304 980 000 000	23 712 000 000	328 692 000 000
	Dépôts à terme	41 820 000 000	91 083 900 000	132 903 900 000
	Dépôts à régime spécial	-	-	-
	Autres comptes de la clientèle	-	-	-
	Valeurs non imputées	-	-	-
	Créances rattachées	-	-	-
	Comptes des tiers et de régularisation			
	Fournisseurs	-	-	-
	Compte d'encaissement	-	-	-
	Personnel	-	-	-
	État	-	-	-
	Actionnaire et associés	-	-	-
	Compte de liaison	-	-	-
	Créditeurs divers	-	33 843 600 000	33 843 600 000
	Comptes de régularisation	-	8 853 600 000	8 853 600 000
	Capitaux propres			

	POSITION DE CHANGE			
	Primes liées au capital et réserve	8 650 000 000	-	8 650 000 000
	Report à nouveau créditeur	-	-	-
	Résultat en instance d'approbation ou d'affectation	-	-	-
	Résultat de l'exercice en cours	-	-	-
	Provision pour reconstitution du capital	-	-	-
	Subvention d'équipement	-	-	-
	Emprunt et dettes à moyen et long termes	46 000 000 000	-	46 000 000 000
	Fonds de financement et garantie	-	-	-
	Provisions pour perte, risque et charges	-	-	-
	Dettes rattachées	-	-	-
	Hors bilan			
	Titres à livrer	-	-	-
	Engagements sur opérations de charge au comptant à livrer	-	-	-
	Engagement sur opérations de change à terme à livrer	-	-	-
	Emprunts en devises	-	-	-
	Report/Dépôt	-	-	-
	Position de change hors bilan	-	-	-
	Contrevaleur de la position de change	-	-	-
	Comptes d'ajustement en devises	-	-	-
	Opération sur marché organisé	-	-	-
	Opération sur marché gré à gré	-	-	-
B	**TOTAL ENGAGEMENT**	**479 100 000 000**	**157 493 100 000**	636 593 100 000
C	**Position nette de change (C = A-B)**	**103 538 250 000**	**- 95 770 800 000**	**7 767 450 000**
Z	Fonds propres réglementaires			154 591 671 167
D	**Ratio de la position de change par monnaie (D = C/Z)**	**67 %**	**-62 %**	**5 %**

	POSITION DE CHANGE		
E	**Position la plus importante au titre de risque de marché**		**103 538 250 000**
F	Exigence en fonds propres pour le risque de marché (F = E*10 %)		10 353 825 000
G	**Risque de marché (G = F*10 %)**		**103 538 250 000**

IV. NORME DE LA DIVISION DES RISQUES

1. Division des risques – clientèle

NORME SUR LA DIVISION DES RISQUES (Crédit à décaissement et engagements donnés en faveur de la clientèle)		
Code	**Description**	**Montant**
Z	Fonds propres réglementaires	154 591 671 167
A	Seuil des grands risques (10 % FPP) ou (A = Z*10 %)	15 459 167 117
B	Engagements nets maximums sur un même débiteur (25 % FPP) ou (B = Z*25 %)	38 647 917 792
C	Engagements nets maximums sur un même débiteur partie liée (20 % FPP) ou (C = Z*20 %)	30 918 334 233
D	Engagements nets maximums ensemble des grands risques FPP x 8 ou (D = Z*800 %)	1 236 733 369 339

1. Division des risques – clients

DIVISION DE RISQUE								
NOMS DE CLIENTS	**Devise**	**Crédits**		**Garanties**	**Provision**	**Risque net bancaire**	**Grand risque**	**Appréciation de la norme**
		E	F	G	Voir bilan Actif (H)	I = E-G-H	J = Si I > A	Si I > B = Non respect Sinon = Respect
Kongo Central	USD	73 500 000 000	36 750 000	-	17 608 556 150	55 891 443 850	55 891 443 850	**Non respectée**
Kinshasa	USD	200 000 000 000	100 000 000	-	47 914 438 503	152 085 561 497	152 085 561 497	**Non respectée**
SOUTH-UBANGUI SA	USD	70 000 000 000	35 000 000	-	7 152 280 702	62 847 719 298	62 847 719 298	**Non respectée**
IBN & Associés	USD	2 000 000 000	1 000 000	1 400 000 000	600 000 000	-	-	**Respectée**
Groupe Bonzoi SARLU	CDF	1 250 000 000			127 719 298	1 122 280 702	-	**Respectée**
Fonds Promotion des PME (CT)	CDF	105 000 000 000			-	105 000 000 000	105 000 000 000	**Non respectée**
Fonds Promotion des PME (Découvert bancaire)	EURO	4 788 000 000	2 176 364	-	52 500 000	4 735 500 000	-	**Respectée**
Groupe Service SA (Découvert bancaire)	USD	29 325 000 000	14 662 500	325 000 000	5 040 000 000	23 960 000 000	23 960 000 000	**Respectée**
BNL PACAI SARL (Découvert bancaire)	CDF	23 700 000 000		-	-	23 700 000 000	23 700 000 000	**Respectée**
PPC Barnet (CT)	USD	69 360 000 000	34 680 000	10 000 000 000	-	59 360 000 000	59 360 000 000	**Non respectée**
Bralima (LT)	EURO	12 540 000 000	5 700 000	15 000 000 000	2 268 000 000	-	-	**Respectée**
CFAO (LT)	USD	17 890 000 000	8 945 000	10 000 000 000	9 480 000 000	-	-	**Respectée**
RDC (MT)	USD	7 000 000 000	3 500 000	-	1 677 005 348	5 322 994 652	-	**Respectée**
Venance MBOYO (CT)	EURO	5 000 000 000	2 272 727	165 000 000	473 684 211	4 361 315 789	-	**Respectée**
Yannick LESSAY (CT)	EURO	5 000 000 000	2 272 727	2 500 000 000	615 789 473	1 884 210 527	-	**Respectée**
Delly D. KAPASA (CT)	EURO	1 500 000 000	681 818	5 000 000	142 105 263	1 352 894 737	-	**Respectée**
MAVUNGU Gervais, LOMBOTO Jonathan, ILASHI Christian et LUYINDULA Gisèle (CT) (1/4 à chacun)	EURO	1 500 000 000	681 818	-	-	1 500 000 000	-	**Respectée**[51]
Darren (MT)	CDF	50 000 000 000		10 000 000 000	11 886 792 453	28 113 207 547	28 113 207 547	**Respectée**
Dalhia (MT)	CDF	29 500 000 000		8 000 000 000	7 013 207 547	14 486 792 453	-	**Respectée**
DIAFUAMBUTA (CT)	EURO	566 000 000	257 273	-	53 621 053	512 378 947	-	**Respectée**
Autres clients particuliers	EURO	4 389 000 000	1 995 000	-	415 800 000	3 973 200 000	-	**Respectée**
SOMME DES GRANDS RISQUES							**510 957 932 193**	**Respectée**[52]

[51] Si I > C = Non respectée ; sinon = Respectée.
[52] Si J > D = Non respectée ; sinon = Respectée.

2. Division des risques – correspondants

DIVISION DES RISQUES DES AVOIRS ET CRÉANCES SUR LES CORRESPONDANTS ÉTRANGERS								
I.	**Montant des fonds propres règlementaires (A)**							**152 757 892 783**
II.	**Correspondants**	**Montant brut**	**Types de garanties ou qualité du garant**	**Valeur de la garantie (atténuation)**	**Provisions constituées**	**Montant net du risque couru**	**Montant net du risque couru/ Fonds propres réglementaires**	**Appréciation de la norme**
		B	**C**	**D**	**E**	**F = B – D - E**	**G = F/A**	**G < = 30 %**
	Barclay (compte à vue)	17 340 000 000		-	-	17 340 000 000	11 %	Respectée
	Citi New York (compte à vue)	21 420 000 000		-	-	21 420 000 000	14 %	Respectée
	HSBC (compte à vue)	12 495 000 000		-	-	12 495 000 000	8 %	Respectée
	Total	**51 255 000 000**		**0**	**0**	**51 255 000 000**		

V. NORME DE LA LIQUIDITÉ

A. SOLDE DE TRÉSORERIE

SOLDE DE TRÉSORERIE				
Code poste	**Intitulé**	**Montant / CDF**	**Montant / ME**	**Montant total**
A	**Avoirs**	**5 688 000 000**	**102 949 650 000**	**108 637 650 000**
	Caisse	1 920 000 000	10 930 650 000	12 850 650 000
	BCC disponible			-
	Comptes nostri disponibles auprès des correspondants		51 255 000 000	51 255 000 000
	Prêt au jour le jour à la BCC			-
	Prêt à terme à un (1) mois maximum à la BCC			-
	Placement à la BCC à un (1) mois maximum	3 768 000 000		3 768 000 000
	Prêts au jour le jour aux correspondants		40 764 000 000	40 764 000 000
	Prêts et compte au terme aux correspondants à un (1) mois maximum			-
	Portefeuilles effets à la BCC à un (1) mois			-
	Billet de trésorerie et titres des créances négociables souscrits ayant un (1) mois au plus à courir			-
	BCC réserve obligatoire (95 %)			-
B	**Engagements**	-	77 650 000 000	77 650 000 000
	Découvert auprès de la BCC			-
	Compte lori à vue			-
	Marché monétaire (exclusivement)			-
	Refinancement auprès de la BCC			-
	Emprunt au jour le jour		77 650 000 000	77 650 000 000
	Emprunt à terme à un (1) mois maximum			-
	Emprunt au jour le jour auprès des correspondants			-
	Compte à terme lori chez les correspondants à un (1) mois			-
	Emprunts à CT auprès de la BCC à un (1) mois			-

SOLDE DE TRÉSORERIE				
Code poste	**Intitulé**	**Montant / CDF**	**Montant / ME**	**Montant total**
	Titres de créances négociables émis ayant un (1) mois au plus à courir			-
C	**Solde de trésorerie A – B**			
	Position prêteuse A > B	5 688 000 000	25 299 650 000	30 987 650 000
	Position emprunteuse A < B	-	-	-

2. Norme de liquidité globale

NORME DE LA LIQUIDITÉ GLOBALE							
Intitulé	Monnaies étrangères			Monnaie nationale			Liquidité globale
	Montant brut	Coeff. en %	Montant pondéré	Montant brut	Coeff. en %	Montant pondéré	Total
Position prêteuse	25 299 650 000	95 %	24 034 667 500	5 688 000 000	100 %	5 688 000 000	29 722 667 500
Créances sur la clientèle ayant au maximum un (1) mois à courir et/ou fraction à échoir dans un mois maximum	29 020 500 000	95 %	27 569 475 000	23 700 000 000	100 %	23 700 000 000	51 269 475 000
Encours de créances privées ayant au maximum un (1) mois à courir éligibles aux interventions de la Banque centrale		100 %	-		100 %	-	-
Bons du Trésor ou assimilés		90 %	-		90 %	-	-
Billets de trésorerie et titres de créances négociables souscrits (ayant au plus un (1) mois à courir)		70 %	-		70 %	-	-
Obligations et valeurs mobilières à revenu fixe faisant l'objet d'une cotation sur un marché organisé présentant des garanties de liquidité (ayant au plus un (1) mois à courir)		60 %	-		60 %	-	-

Actions et valeurs mobilières assimilées faisant l'objet d'une cotation sur un marché organisé présentant des garanties de liquidité (ayant au plus un (1) mois à courir)		50 %	-		50 %	-	-
Solde prêteur des comptes de valeurs en recouvrement ayant au plus un (1) mois à courir		100 %	-		100 %	-	-
Produits à recevoir dans le mois à venir		100 %	-		100 %	-	-
Excédent des titres à livrer sur les titres à recevoir dans les mois à venir		100 %	-		100 %	-	-
Excédent des accords de financement reçus d'établissement de crédit sur les accords de financement donnés à des Établissements de crédit		100 %	-		100 %	-	-
Total Avoirs (A)	**54 320 150 000**		**51 604 142 500**	**29 388 000 000**		**29 388 000 000**	**80 992 142 500**
Position emprunteuse		95 %	-		100 %	-	-
Dépôts et comptes à terme et produits assimilés ayant au maximum un (1) mois à courir		100 %	-		100 %	-	-
Dépôts à vue	269 934 000 000	60 %	161 960 400 000	41 040 000 000	25 %	10 260 000 000	172 220 400 000
Livrets d'épargne	58 758 000 000	30 %	17 627 400 000	44 553 900 000	30 %	13 366 170 000	30 993 570 000
Les emprunts obligataires et subordonnés remboursables dans un délai d'un (1) mois		100 %	-		100 %	-	-
Solde emprunteur des comptes de recouvrement		100 %	-		100 %	-	-

Charges à payer dans le mois à venir		100 %	-		100 %	-	-
Excédent des titres à recevoir sur les titres à livrer dans le mois à venir		100 %	-		100 %	-	-
L'excédent des accords de financement donnés à des établissements sur les accords de financement reçus d'établissement de crédit		100 %	-		100 %	-	-
Total Engagements (B)	**328 692 000 000**		**179 587 800 000**	**85 593 900 000**		**23 626 170 000**	203 213 970 000
Norme de liquidité globale : Ratio (A/B) ≥ 100 %			**29 %**			**124 %**	**40 %**

NORME DE TRANSFORMATION À MOYEN ET LONG TERMES

COEFFICIENT DE TRANSFORMATION À MOYEN ET LONG TERMES			
Intitulé	Montant		Montant
Fonds propres règlementaires et ressources permanentes			
Fonds propres réglementaires (A)	-	-	152 757 892 783
Les emprunts obligataires et autres ressources	-	-	
Les titres de créances négociables émis par l'établissement	-	-	
Les dépôts à terme (moyen et long termes)	-	-	51 507 900 000
L'excédent des emprunts contractés auprès d'établissements de crédit sur les prêts de même nature accordés à des établissements de crédit	-	-	-
75 % des dépôts à terme à moins de douze (12) mois en monnaie nationale	43 960 350 000	75 %	32 970 262 500
50 % des dépôts à terme à moins de douze (12) mois en devises étrangères	81 396 000 000	50 %	40 698 000 000
75 % des dépôts moyens annuels à vue en monnaie nationale[51]	41 040 000 000	75 %	30 780 000 000
40 % dépôts moyens annuels à vue en devises étrangères[52]	269 934 000 000	40 %	107 973 600 000
Sous-total Ressources permanentes (B)	-	-	263 929 762 500
Total Fonds propres augmentés des ressources permanentes (C) = (A) + (B)	-	-	**416 687 655 283**
Actifs immobilisés	-	-	
Les immobilisations corporelles nettes des amortissements et des provisions	-	-	73 080 000 000

[51] Par manque de données pouvant nous permettre de calculer les dépôts moyens, nous avons supposé que le montant moyen des dépôts correspond au solde renseigné au bilan.

[52] Par manque de données pouvant nous permettre de calculer les dépôts moyens, nous avons supposé que le montant moyen des dépôts correspond au solde renseigné au bilan.

COEFFICIENT DE TRANSFORMATION À MOYEN ET LONG TERMES			
Les titres de participation et de filiales pour les montants bruts à l'exception de ceux des établissements de crédit	-	-	165 000 000 000
Les dotations des succursales et agences à l'étranger	-	-	
Les créances ou en souffrance pour leur montant brut	-	-	
La fraction ayant une durée restant à courir au-delà de douze (12) mois des prêts accordés à la clientèle	-	-	548 566 000 000
L'excédent ayant une fraction résiduelle à courir au-delà de douze (12) mois des prêts accordés à des établissements de crédit sur les emprunts de même nature contractés auprès d'établissements de crédit	-	-	-
Total Actifs immobilisés et emplois longs (F) = (D) + (E)	-	-	**786 646 000 000**
Ratio de couverture des immobilisations ≥ 100 %	-	-	**209 %**
Coefficient de transformation (G = C/F x 100) ≥ 80 %	-	-	**53 %**

NORME DE LA LIMITATION DES PARTICIPATIONS

DE LA LIMITATION DE PARTICIPATION		
Code poste	**Description**	**Montant**
	Fonds propre réglementaire	**152 757 892 783**
	Limite de participation dans une entreprise (15 % FPR)	22 913 683 917
	Limite de participation dans un établissement de crédit ou une entité constituant un prolongement d'activité (30 % FPR)	45 827 367 835
	Limite des participations globales (60 % FPR)	91 654 735 670

Code poste	**NOMS DE LA SOCIÉTÉ**	**MONTANTS**	**Maximum réglementaire**	**Appréciation de la norme**
	David et Dan Emma CONSULTING SA	70 000 000 000	22 913 683 917	Non respectée

	Dalhia Putshu SA	5 000 000 000	22 913 683 917	Respectée
	DCMP SA	15 000 000 000	22 913 683 917	Respectée
	Darren SA (Société de microfinance)	75 000 000 000	45 827 367 835	Non respectée
	Participation totale	**165 000 000 000**	**91 654 735 670**	**Non respectée**

CHAPITRE V
GESTION DES CRÉDITS

Une des activités principales de presque toutes les banques est la création de la monnaie par l'octroi des crédits, opération qui leur permet non seulement de fructifier les dépôts reçus de la clientèle, mais aussi de contribuer à la croissance économique du pays en général et celle des agents économiques en particulier.

C'est aussi une activité risquée pour la banque, car elle est soumise à la fois aux cycles économiques[53], à la conjoncture du secteur d'activité où évolue le client bénéficiaire du crédit, au risque pays et aux événements propres à la gestion et à la vie de l'entreprise emprunteuse.

Il est ainsi important pour les banques de mettre en place une gestion prudente et efficace des opérations de crédit.

Une gestion peu efficace, non prudentielle et approximative des opérations de crédit, expose toute banque à la volatilité de ses résultats, à la contre-performance, à la défaillance et à la faillite, car en cas de non-respect des obligations par les clients bénéficiaires du crédit, la banque s'exposera au risque d'immobilisation ou de non-remboursement (ou recouvrement) des fonds prêtés ainsi que celui de non-paiement des intérêts et autres frais à supporter par le client débiteur. Une telle situation peut lui être préjudiciable, puisqu'elle doit à son tour faire face à ses propres échéances vis-à-vis de ses créanciers, dont notamment les clients demandeurs de leurs dépôts (retraits) et d'autres bailleurs.

La faillite de certaines banques en RDC, comme la BIAC, la Congolaise des banques et la FIBANK était expliquée entre autres par les problèmes liés à la gestion des crédits.

Ainsi, dans ce chapitre, nous avons abordé les opérations de crédit dans les banques, en nous focalisant sur les notions générales des crédits, les procédures courantes et prudentes de mise en place des crédits, le mécanisme

[53] En phase d'expansion économique, les entreprises engrangent généralement des revenus importants, ce qui leur permet d'honorer aisément leurs engagements vis-à-vis des banques prêteuses. A contrario, la probabilité de défaillance des clients augmente généralement en période de récession, car les entreprises notent souvent une baisse de leurs revenus, situation qui les met en difficulté pour respecter leurs promesses.

de suivi des crédits, la classification prudentielle et le provisionnement des crédits.

V.1. Notions générales du crédit bancaire

Les **classiques** définissent le *crédit bancaire* comme le fait de mettre à la disposition d'un bénéficiaire (qui peut être un particulier ou une entité) des fonds avec l'engagement de ce dernier de rembourser la somme empruntée assortie d'intérêt, suivant un échéancier.

Les **professionnels** définissent le crédit bancaire comme un risque couru par une banque sur une contrepartie (personne physique ou morale) sous les formes de prêts par caisse ou d'avances en compte, d'engagements par signature donnés de manière irrévocable (tels que les cautions, avals, engagements de financement, etc.) en faveur de la contrepartie ; ou titres de créance émis par la contrepartie et détenus par la banque.

La loi bancaire congolaise (*Journal officiel* de la RDC, 2022) définit le crédit comme un acte par lequel une personne agissant à titre onéreux met ou promet de mettre des fonds à la disposition d'une autre personne ou prend dans l'intérêt de celle-ci un engagement par signature tel qu'un aval, un cautionnement ou une garantie. Le législateur congolais assimile l'affacturage, le crédit-bail et toute opération de location assortie d'une option d'achat, à une opération de crédit.

De ce qui précède, nous pouvons définir le crédit bancaire comme une opération par laquelle une banque agissant à titre onéreux met immédiatement ou s'engage à mettre des fonds à la disposition d'une personne morale ou physique ou prend dans l'intérêt de celle-ci un engagement par signature au profit d'une tierce personne, sous forme notamment d'aval, de cautionnement et de garantie, moyennant une promesse ferme de remboursement des fonds perçus et de paiement des intérêts et autres frais relatifs à la mise en place du crédit, dans un délai convenu. En plus, le crédit bancaire est octroyé dans le respect de la norme prudentielle relative à la division des risques. Conformément à cette norme tirée de l'instruction n° 14 de la BCC[54], aucune banque de droit congolais ne peut accorder un crédit :

- ✓ Dont le risque net est supérieur à 25 % de ses fonds propres réglementaires, à un même client ou aux clients appartenant à un même groupe ;
- ✓ Dont le montant du risque net est supérieur à 20 % de ses fonds propres réglementaires, à une personne apparentée.

De ce qui précède, nous pouvons déduire que le crédit bancaire est caractérisé par la conjugaison de quatre éléments présentés dans la figure 5 ci-dessous :

---

[54] Cette norme est présentée dans le chapitre 4 de cet ouvrage.

Figure 5 : Schéma du crédit

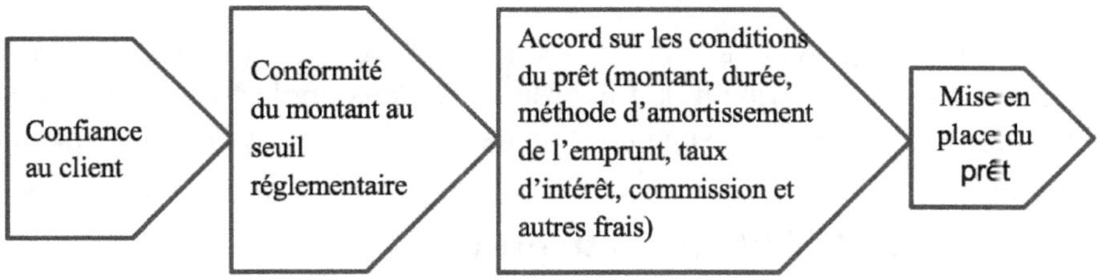

Source : Auteur sur la base de ses recherches et de la réglementation bancaire

V.2. Types de crédits bancaires

Pour distinguer les crédits, plusieurs critères peuvent être pris en compte, dont notamment la durée, la destination du financement et la nature ou le mode de financement.

V.2.1. Types de crédit bancaire suivant la durée

Suivant le critère de la durée, nous distinguons trois types de crédit, à savoir le crédit à long terme, le crédit à moyen terme et le crédit à court terme.

(i) **Les crédits à court terme** : Il s'agit des crédits consentis généralement pour faire face aux engagements ponctuels et dont la durée ne dépasse pas douze (12) mois. Pour une entreprise, ce genre de crédit sert principalement à couvrir le déficit de trésorerie, à suppléer ses besoins intermittents et à renforcer l'approvisionnement en fournitures et stocks. Pour un particulier, il lui permet essentiellement de financer les besoins de la consommation.

(ii) **Les crédits à moyen terme :** Il s'agit des crédits dont la durée de remboursement est supérieure à douze (12) mois et inférieure à soixante (60) mois, soit au-delà d'un (1) an à cinq (5) ans (BCC, GCEC, 2010). Ce type de crédit sert à financer essentiellement les investissements dont la durée de vie ne dépasse pas cinq (5) ans, comme l'acquisition des véhicules, des mobiliers de bureau et des matériels informatiques.

(iii) **Les crédits à long terme :** regroupent les crédits dont la durée de remboursement est supérieure à cinq (5) ans. C'est un crédit dont la durée est supérieure à trois (3) ans. Ces crédits sont généralement destinés à financer les investissements lourds des entreprises du secteur minier, de l'énergie, des télécommunications et pétrolier, soit en raison de l'importance de leurs programmes d'investissement, soit compte tenu de la faiblesse relative de leur capacité de remboursement. Quant aux particuliers, les crédits à long terme servent principalement à financer les acquisitions immobilières.

V.2.2. Types de crédit bancaire suivant le critère de destination du financement

Pour mieux cerner les crédits suivant le critère de destination du financement, il est pertinent de l'aborder sous deux angles, selon qu'il s'agit des crédits octroyés aux sociétés, ou des crédits octroyés aux personnes physiques.

V.2.2.1. Crédits aux entreprises

Pour assouvir leur besoin de financement, les entreprises recourent à plusieurs modes de financement dont les crédits bancaires. En effet, les banques proposent plusieurs types de crédit aux sociétés, selon la nature du besoin à financer. D'où la nécessité de mieux les connaitre afin de solliciter un crédit adapté aux besoins de l'entité d'une part et d'autre part d'octroyer un crédit qui répond au mieux aux besoins de la société cliente de la banque.

Entrent dans cette catégorie le crédit d'investissement et le crédit d'exploitation.

(i) **Le crédit d'investissement** : Le crédit d'investissement fait référence au financement accordé soit à une personne morale pour acquérir, développer ou renouveler ses actifs immobilisés ou acycliques. Puisqu'il sert à financer les immobilisations, le crédit d'investissement ne peut être accordé que sous forme d'un crédit à moyen ou à long terme, car il sert à financer la partie haute de l'actif du bilan. Il est comptabilisé dans les sociétés commerciales comme dettes financières, composante des capitaux permanents.

(ii) **Le crédit d'exploitation ou de trésorerie :** Le crédit de trésorerie est constitué des ressources à court terme qu'une banque met à la disposition d'une société et toute organisation, pour lui permettre de financer ses besoins d'exploitation ou son Besoin en fonds de roulement (BFR). Cependant, ce crédit ne peut pas servir au paiement des dettes envers l'État congolais, concernant les impôts, droits, taxes et redevances. Le crédit d'exploitation est octroyé pour une durée maximale de douze (12) mois. Le crédit d'exploitation peut être octroyé sous diverses formes dont notamment l'escompte, le découvert bancaire, le crédit de campagne, la facilité de caisse, le crédit de décaissement à court terme et le crédit documentaire.

(a) L'escompte des effets de commerce est une opération de crédit à court terme permettant au détenteur d'un effet de commerce (preneur ou bénéficiaire), qui l'endosse au profit d'une banque, d'obtenir auprès de cette dernière la disposition des sommes correspondantes sans attendre la date d'échéance de sa créance, et ce, moyennant une retenue appelée « **Agio** ». L'agio est constitué de l'escompte (intérêt), de la commission et d'autres frais bancaires. Par conséquent, le montant versé (crédité) au compte du preneur ou bénéficiaire est la valeur actuelle, c'est-à-dire la valeur nominale de l'effet de commerce diminuée de l'agio.

(b) Le découvert bancaire est la possibilité accordée au client d'une banque d'avoir un solde courant débiteur. En d'autres termes, le client peut faire fonctionner son compte en position débitrice, sans dépasser un seuil (plafond du solde débiteur) convenu avec la banque, durant une période ne dépassant pas une (1) année. Ce crédit permet à une société ou toute organisation de financer temporairement ses charges courantes ou son besoin d'exploitation non financé par le fonds de roulement, en attendant de percevoir le paiement dû par ses clients. En d'autres termes, nous pouvons dire que le découvert bancaire permet de couvrir le besoin résultant des décalages de trésorerie entre les entrées (recouvrement des créances à court terme) et les sorties (règlement des dettes courantes).

(c) Le crédit de campagne est spécifique à certains secteurs, notamment ceux dont les activités sont saisonnières, comme le secteur agricole. C'est le cas également de toute entreprise ou tout secteur d'activité dont la vente de ses produits et services est saisonnière. Ce type de crédit permet de financer le décalage entre les dépenses et les recettes, entraînant un besoin de trésorerie pendant une partie du cycle d'exploitation.

(d) La facilité de caisse est un concours bancaire accordé à un client qui a exprimé un besoin de trésorerie qui nécessite un financement immédiat, à rembourser généralement dans un délai qui ne dépasse pas trois (3) mois. Dans certains cas, la banque peut mettre en place une ligne de facilité de caisse que le client peut tirer à tout moment en cas de nécessité, à une seule condition que le montant tiré soit remboursé dans un délai qui ne dépasse pas trois (3) mois.

(e) Le crédit de décaissement à court terme est un prêt remboursable suivant un échéancier d'une durée maximale de douze (12) mois, accordé à une société ou organisation, pour financer son besoin d'exploitation.

(f) Le crédit documentaire est une opération de crédit de signature à court terme ayant pour objet le financement des transactions commerciales internationales. Cet instrument financier permet à l'acheteur (importateur) d'intimer l'ordre à son banquier de verser au banquier du fournisseur (exportateur) la valeur des marchandises encours de route, contre remise de documents prouvant l'expédition et la conformité des marchandises.

Par l'ouverture d'un crédit documentaire, l'importateur reçoit de son banquier l'engagement de signature de régler au banquier du fournisseur la valeur des marchandises, une fois que les documents de transport international qui attestent l'expédition conforme des marchandises commandées sont disponibles et mis à la disposition de la banque de l'acheteur. La mise en place d'un tel crédit ne donne pas lieu à un décaissement.

V.2.2.2. Crédits aux particuliers

Pour répondre à certains besoins imminents à court, moyen et/ou long termes, les particuliers, à l'image des sociétés, font recours aux crédits bancaires.

On retrouve principalement dans cette catégorie divers types de crédit, dont notamment, le crédit immobilier, le crédit automobile et le crédit de trésorerie.

(i) **Le crédit immobilier** : est un prêt à long terme consenti par une banque à une personne physique en vue de lui permettre de financer l'acquisition d'une propriété immobilière, à usage résidentiel, commercial ou mixte. Étant donné qu'il sert au financement d'acquisition d'un bien immobilier, ce crédit ne peut être accordé que sous forme d'un crédit à long terme.

(ii) **Le crédit automobile** : appelé le plus souvent « crédit auto », est un crédit à moyen terme affecté à l'acquisition d'un véhicule automobile. Il s'agit en fait d'une somme d'argent mise à la disposition d'une personne physique, qui n'a pas des fonds suffisants, pour financer son opération d'acquisition d'un véhicule, aussi bien neuf que d'occasion.

(iii) **Le crédit de trésorerie :** est un prêt à court terme accordé à une personne physique pour lui permettre de financer un besoin immédiat (à court terme) de consommation. Il permet aux particuliers de financer leurs besoins de consommation, comme le paiement des frais scolaires, des frais académiques et des charges locatives. Comme pour les sociétés, ce crédit ne peut être utilisé pour effectuer le paiement des dettes envers l'État congolais, concernant notamment les impôts, droits, taxes et redevances.

Le crédit de trésorerie peut être octroyé sous plusieurs formes dont notamment le découvert bancaire, le crédit de campagne, la facilité de caisse, le crédit de décaissement à court terme.

V.2.3. Types de crédit bancaire suivant le mode de financement

Les banques peuvent recourir à deux modes de financement de l'économie, à savoir le crédit de décaissement et le crédit d'engagement ou de signature.

(i) **Le crédit de décaissement** : Le crédit de décaissement implique une mise à disposition des fonds ou un décaissement effectif des fonds au profit du client bénéficiaire de la facilité. Il se traduit par une immobilisation immédiate des fonds. Toutefois, dans certains cas, comme le découvert bancaire, ce décaissement n'est pas immédiatement fait lors de la mise en place du crédit, mais plutôt à chaque fois que le client bénéficiaire initie une transaction débitrice, alors qu'il n'a pas une provision suffisante.

Parmi les formes de crédit qui donnent lieu au décaissement, nous pouvons citer le crédit à remboursement échelonné, le découvert bancaire, la facilité de caisse et l'escompte.

a. Crédit à remboursement échelonné : il s'agit d'un crédit accordé moyennant une mise à disposition immédiate des fonds, en créditant le compte du client emprunteur et dont le remboursement et le paiement des intérêts se font suivant un échéancier convenu entre les deux parties. Ce crédit est amorti suivant plusieurs méthodes, parmi lesquelles, nous retenons :

- ✓ Amortissement par annuités constantes (mensualités constantes) ;
- ✓ Amortissement par principal constant ;
- ✓ Amortissement fin de période.

a.1. Amortissement par annuités constantes (mensualités constantes)

Suivant cette méthode, le montant de l'amortissement périodique (mensuel) du principal majoré des intérêts est constant, c'est-à-dire fixe. La somme de ces deux éléments, l'amortissement du principal et l'intérêt périodique, s'appelle annuité (en cas de périodicité annuelle) ou mensualité (en cas de périodicité mensuelle).

Dans ces conditions, l'annuité (a) est calculée comme suit :

$$a = D \frac{i}{1-(1+i)^{-n}}$$

Où :

- **a :** Annuité constante
- **D :** Montant de l'emprunt
- **i :** Taux d'intérêt annuel
- **n :** Durée de l'emprunt en années

Cependant, dans la pratique bancaire, le remboursement du principal et le paiement des intérêts sont plutôt mensualisés (mensualité) et non annualisés (annuités). Ainsi, nous présentons ci-dessous la formule de la mensualité constante :

$$m = D \frac{im*(1+im)^{nm}}{(1+im)^{nm}-1}$$

Où :

- **m :** Mensualité constante
- **D :** Montant de l'emprunt
- **im :** Taux d'intérêt mensuel (i/12)
- **nm :** Durée de l'emprunt en mois

Une fois que la mensualité constante est déterminée, l'intérêt est calculé sur le solde de début période. L'amortissement mensuel du principal est la différence entre la mensualité constante et l'intérêt de la période. Et le solde fin période correspond à la différence entre le solde début période et l'amortissement mensuel du principal (remboursement de la période).

Cas pratique Amortissement par mensualités constantes

La société Groupe Bonzoi SAS a contracté un emprunt de CDF 1 000 000 auprès de la First Bank RDC SA dans les conditions suivantes :

- ✓ Durée : Trois (3) ans, soit trente-six (36) mois ;
- ✓ Taux d'intérêt : 12 % l'an (soit 1 % le mois) ;
- ✓ Amortissement par mensualités constantes.

Solution

$$m = 1\,000\,000 \; \frac{0{,}01 * (1 + 0{,}01)^{36}}{(1 + 0{,}01)^{36} - 1}$$

m = CDF 33 214

Période	Dette début de la période	Intérêt de la période	Amortissement	Mensualité constante	Dette fin de la période
1	1 000 000	10 000	23 214	33 214	976 786
2	976 786	9 768	23 446	33 214	953 339
3	953 339	9 533	23 681	33 214	929 658
4	929 658	9 297	23 918	33 214	905 741
5	905 741	9 057	24 157	33 214	881 584
6	881 584	8 816	24 398	33 214	857 185
7	857 185	8 572	24 642	33 214	832 543
8	832 543	8 325	24 889	33 214	807 654
9	807 654	8 077	25 138	33 214	782 516
10	782 516	7 825	25 389	33 214	757 127
11	757 127	7 571	25 643	33 214	731 484
12	731 484	7 315	25 899	33 214	705 584
13	705 584	7 056	26 158	33 214	679 426
14	679 426	6 794	26 420	33 214	653 006

Période	Dette début de la période	Intérêt de la période	Amortissement	Mensualité constante	Dette fin de la période
15	653 006	6 530	26 684	33 214	626 322
16	626 322	6 263	26 951	33 214	599 371
17	599 371	5 994	27 221	33 214	572 150
18	572 150	5 721	27 493	33 214	544 657
19	544 657	5 447	27 768	33 214	515 889
20	516 889	5 169	28 045	33 214	488 844
21	488 844	4 888	28 326	33 214	460 518
22	460 518	4 605	28 609	33 214	431 909
23	431 909	4 319	28 895	33 214	403 014
24	403 014	4 030	29 184	33 214	373 830
25	373 830	3 738	29 476	33 214	344 354
26	344 354	3 444	29 771	33 214	314 583
27	314 583	3 146	30 068	33 214	284 514
28	284 514	2 845	30 369	33 214	254 145
29	254 145	2 541	30 673	33 214	223 472
30	223 472	2 235	30 980	33 214	192 493
31	192 493	1 925	31 289	33 214	161 203
32	161 203	1 612	31 602	33 214	129 601
33	129 601	1 296	31 918	33 214	97 683
34	97 683	977	32 237	33 214	65 445
35	65 445	654	32 560	33 214	32 885
36	32 885	329	32 885	33 214	0
Total		**195 715**	**1 000 000**	**1 195 715**	

a.2. Amortissement par principal constant

D'après cette méthode, le montant de l'amortissement périodique (mensuel) du principal est constant. Ce qui revient à dire que la mensualité n'est plus constante mais variable. Ainsi, dans cette méthode, l'on commence par calculer le montant de l'amortissement mensuel : Emprunt/Durée en mois.

Une fois que l'amortissement mensuel constant est calculé, l'intérêt est calculé sur le solde de début de chaque période. Et la mensualité est la somme de l'intérêt de la période et l'amortissement mensuel du principal. Et le solde de fin de période correspond à la différence entre le solde de début période et l'amortissement mensuel du principal (remboursement de la période).

Dans ce cas, partant des données de l'application précédente, l'amortissement mensuel sera égal à CDF 1 000 000/36, soit FC 27 778.

Période	Dette début de la période	Intérêt de la période	Amortissement	Mensualité	Dette fin de la période
1	1 000 000	10 000	27 778	37 778	972 222
2	972 222	9 722	27 778	37 500	944 444
3	944 444	9 444	27 778	37 222	916 667
4	916 667	9 167	27 778	36 944	888 889
5	888 889	8 889	27 778	36 667	861 111
6	861 111	8 611	27 778	36 389	833 333
7	833 333	8 333	27 778	36 111	805 556
8	805 556	8 056	27 778	35 833	777 778
9	777 778	7 778	27 778	35 556	750 000
10	750 000	7 500	27 778	35 278	722 222
11	722 222	7 222	27 778	35 000	694 444
12	694 444	6 944	27 778	34 722	666 667
13	666 667	6 667	27 778	34 444	638 889
14	638 889	6 389	27 778	34 167	611 111
15	611 111	6 111	27 778	33 889	583 333
16	583 333	5 833	27 778	33 611	555 556
17	555 556	5 556	27 778	33 333	527 778
18	527 778	5 278	27 778	33 056	500 000
19	500 000	5 000	27 778	32 778	472 222
20	472 222	4 722	27 778	32 500	444 444
21	444 444	4 444	27 778	32 222	416 667
22	416 667	4 167	27 778	31 944	388 889
23	388 889	3 889	27 778	31 667	361 111
24	361 111	3 611	27 778	31 389	333 333
25	333 333	3 333	27 778	31 111	305 556
26	305 556	3 056	27 778	30 833	277 778
27	277 778	2 778	27 778	30 556	250 000
28	250 000	2 500	27 778	30 278	222 222
29	222 222	2 222	27 778	30 000	194 444
30	194 444	1 944	27 778	29 722	166 667
31	166 667	1 667	27 778	29 444	138 889
32	138 889	1 389	27 778	29 167	111 111
33	111 111	1 111	27 778	28 889	83 333
34	83 333	833	27 778	28 611	55 556
35	55 556	556	27 778	28 333	27 778
36	27 778	278	27 778	28 056	0
Total		**185 000**	**1 000 000**	**1 185 000**	

a.3. Amortissement fin période

D'après cette méthode, le montant emprunté est remboursé à la fin de la période. Dans ces conditions, seul l'intérêt est calculé à la fin de chaque période. L'annuité correspond à l'intérêt durant toute la période, à l'exception de la dernière période (dernier mois) où l'annuité équivaut à la somme de l'intérêt de la période et le montant de l'emprunt.

Dans ce cas, partant des données de l'application précédente, le tableau d'amortissement de l'emprunt peut être présenté comme suit :

Année	**Dette début de la période**	**Intérêt de la période**	**Amortissement**	**Mensualité**	**Dette fin de la période**
1	1 000 000	10 000	-	10 000	1 000 000
2	1 000 000	10 000	-	10 000	1 000 000
3	1 000 000	10 000	-	10 000	1 000 000
4	1 000 000	10 000	-	10 000	1 000 000
5	1 000 000	10 000	-	10 000	1 000 000
6	1 000 000	10 000	-	10 000	1 000 000
7	1 000 000	10 000	-	10 000	1 000 000
8	1 000 000	10 000	-	10 000	1 000 000
9	1 000 000	10 000	-	10 000	1 000 000
10	1 000 000	10 000	-	10 000	1 000 000
11	1 000 000	10 000	-	10 000	1 000 000
12	1 000 000	10 000	-	10 000	1 000 000
13	1 000 000	10 000	-	10 000	1 000 000
14	1 000 000	10 000	-	10 000	1 000 000
15	1 000 000	10 000	-	10 000	1 000 000
16	1 000 000	10 000	-	10 000	1 000 000
17	1 000 000	10 000	-	10 000	1 000 000
18	1 000 000	10 000	-	10 000	1 000 000
19	1 000 000	10 000	-	10 000	1 000 000
20	1 000 000	10 000	-	10 000	1 000 000
21	1 000 000	10 000	-	10 000	1 000 000
22	1 000 000	10 000	-	10 000	1 000 000
23	1 000 000	10 000	-	10 000	1 000 000
24	1 000 000	10 000	-	10 000	1 000 000
25	1 000 000	10 000	-	10 000	1 000 000
26	1 000 000	10 000	-	10 000	1 000 000
27	1 000 000	10 000	-	10 000	1 000 000
28	1 000 000	10 000	-	10 000	1 000 000
29	1 000 000	10 000	-	10 000	1 000 000
30	1 000 000	10 000	-	10 000	1 000 000
31	1 000 000	10 000	-	10 000	1 000 000
32	1 000 000	10 000	-	10 000	1 000 000
33	1 000 000	10 000	-	10 000	1 000 000
34	1 000 000	10 000	-	10 000	1 000 000

35	1 000 000	10 000	-	10 000	1 000 000
36	1 000 000	10 000	1 000 000	1 010 000	-
Total		**360 000**	**1 000 000**	**1 360 000**	

b. Découvert bancaire : Contrairement au crédit échelonné, ici la banque ne crédite pas automatiquement le compte du client bénéficiaire du crédit, mais lui autorise d'avoir un solde débiteur jusqu'à certain seuil, durant une période. La banque autorise à son client pendant une certaine période de disposer d'un solde débiteur, en fixant une limite maximale de ce dernier. Dans ce cas, il n'y a pas décaissement immédiat, ni engagement par signature mais juste l'ouverture d'une ligne de découvert bancaire (solde débiteur maximum autorisé).

Le client ne paie les intérêts que sur le montant effectivement tiré et durant la période où il est en découvert bancaire (solde débiteur). En d'autres termes, il ne paie les intérêts qu'en cas de solde débiteur.

En cas de la mise en place d'un découvert bancaire, le solde du client ne doit pas rester débiteur durant une longue période. Le compte doit fonctionner en dents de scie (solde créditeur – solde débiteur – solde créditeur – solde débiteur, ainsi de suite). Cependant, certaines banques mettent en place la politique de pénalité en cas de non-utilisation ou d'utilisation insuffisante de la ligne de découvert mise en place. Ci-dessous une figure qui présente le compte courant d'un client qui a bénéficié d'un crédit sous forme de découvert bancaire.

Figure 6 : Graphique de compte courant d'un client bénéficiaire d'un découvert de CDF 200

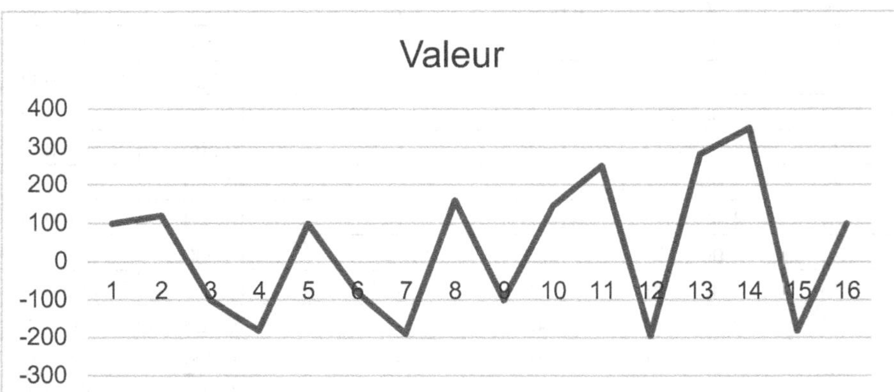

Source : Auteur

c. Facilité de caisse : est un concours bancaire apporté à un client pour lui permettre de répondre à un besoin de trésorerie urgent. Il ressemble au découvert bancaire mais la seule différence est qu'en cas de facilité de caisse, le solde débiteur doit être comblé intégralement dans un délai donné.

d. Escompte : présuppose que le client a une créance sur une autre personne morale ou physique. Il consiste pour ce client à céder à une banque ses effets de commerce avant leurs échéances respectives, afin de lui permettre d'avoir de la trésorerie. Dans ce cas, la banque met un montant net (montant nominal déduit des frais et commission sur escompte) à la disposition de son client, en attendant qu'elle recouvre auprès du débiteur de ce dernier le montant nominal de l'effet.

(ii) **Le crédit de signature** : appelé aussi crédit d'engagement, est une forme de crédit qui ne donne pas lieu à un décaissement des fonds, ni à une écriture comptable qui touche les comptes de crédit de la classe 3 suivant le GCEC et le compte courant du client. Il s'agit juste d'une garantie ou caution donnée à un tiers, pour l'intérêt d'un client de la banque bénéficiaire de ce crédit et qui ne nécessite que la signature de la banque. La banque s'engage à honorer une dette de son client en cas de défaillance de ce dernier.

Le banquier qui a octroyé un crédit d'engagement à son client se porte juridiquement garant de ce dernier vis-à-vis d'un tiers. Par conséquent, il peut être appelé à décaisser des sommes, en cas d'appel de la garantie par le tiers. Si le client n'a pas une provision suffisante et que le crédit à l'origine n'était pas couvert par une garantie adéquate, la banque sera contrainte d'honorer l'appel de la garantie en payant le tiers.

En somme, nous pouvons déduire que le crédit d'engagement est une sureté ou garantie que donne la banque aux tierces parties à satisfaire aux obligations contractées envers elles par son client (personne physique ou morale bénéficiaire dudit crédit) au cas où ce dernier n'y satisferait pas lui-même.

Le crédit d'engagement peut être accordé sous plusieurs formes. Il peut s'agir du crédit documentaire, de l'aval et de la lettre de garantie.

La mise en place de toutes ces formes de crédit de garantie ne donne pas lieu aux écritures comptables au niveau du bilan et du compte de résultat, à l'exception des frais et commissions sur le crédit. Sa comptabilisation est faite plutôt en hors bilan.

(a) **Le crédit documentaire** est un accord en vertu duquel une banque, agissant à la demande de son client, prend l'engagement de payer la facture du fournisseur de ce dernier, moyennant remise d'un certain nombre de documents, qui attestent entre autres l'arrivée (au port ou à l'aéroport) ou la réception conforme des biens achetés à l'importation. Ce crédit fait intervenir généralement quatre intervenants ci-dessous :

- ✓ Le client (importateur) ;

✓ La banque émettrice (banque du client importateur) qui octroie ce crédit ;

✓ Le fournisseur (exportateur) ;

✓ La banque notificatrice (banque du fournisseur exportateur) qui doit se charger de transmettre les documents convenus à la banque émettrice, afin de permettre à cette dernière d'exécuter le crédit documentaire en payant la facture du fournisseur.

(b) **La lettre de garantie** est un contrat par lequel la banque prend l'engagement d'honorer une obligation de son client (bénéficiaire de la facilité) envers un tiers créancier, si le débiteur (client de la banque) n'y satisfait pas lui-même. En d'autres mots, c'est l'engagement pris par une banque envers un créancier, de s'exécuter sur un montant précis, en cas de défaillance de son débiteur principal.

(c) **L'aval** : on parle de l'aval lorsque la banque prend l'engagement de payer au créancier le montant d'un chèque, d'un titre de paiement ou d'un effet de commerce (lettre de change, billet à ordre...), en cas de défaillance du débiteur émetteur du titre de paiement (bénéficiaire du crédit d'engagement).

De ce qui précède, nous pouvons déduire que le crédit d'engagement permet de rendre les débiteurs plus crédibles auprès de leurs créanciers.

Clôturons cette section en présentant la structure des crédits octroyés par les banques congolaises, qui reste dominée par les crédits de décaissement :

Tableau 41 : Crédits octroyés par le système bancaire congolais (en milliards de USD)

Nature	2015	2016	2017	2018	2019	2020	2021
Crédits de décaissement	2,12	2,11	1,91	2,05	2,93	3,48	3,20
Crédits de signature	0,21	0,19	0,24	0,26	0,35	0,41	0,75
Total	**2,33**	**2,30**	**2,15**	**2,32**	**3,28**	**3,89**	**3,95**

Source : Auteur sur la base des données tirées du rapport annuel BCC de l'année 2021

Tableau 42 : Répartition des crédits octroyés par le système bancaire congolais (en %)

Nature	2015	2016	2017	2018	2019	2020	2021
Crédits de décaissement	91 %	92 %	89 %	89 %	89 %	90 %	81 %
Crédits de signature	9 %	8 %	11 %	11 %	11 %	10 %	19 %
Total	**100 %**	**100 %**	**100 %**	**100 %**	**100 %**	**100 %**	**100 %**

Source : Auteur sur base des données tirées du rapport annuel BCC de l'année 2021

Il ressort de ces tableaux 40 et 41 que les banques congolaises accordent plus des crédits de décaissement que les crédits de signature. L'on note cependant une augmentation significative du volume des crédits de signature durant la période de 2015 à 2021, augmentation expliquée essentiellement par une demande accrue des crédits documentaires et des garanties bancaires qui sont de plus en plus exigées dans les marchés publics ou les marchés avec les institutions internationales telles que la Banque mondiale, la Banque africaine de développement et l'Agence française de développement.

V.3. Processus d'octroi des crédits bancaires

L'activité d'octroi des crédits expose les banques à plusieurs risques dont notamment le risque d'insolvabilité (quand le client a des difficultés pour rembourser le principal et/ou payer les intérêts), le risque d'immobilisation ou d'illiquidité (quand le client n'arrive pas à respecter les échéances ou garde le solde de son compte courant en position débitrice pendant une longue période)[55], le risque de change (difficulté rencontrée par le client pour rembourser le crédit dans la monnaie de contractualisation) et le risque de déviation (affectation du crédit à un autre objet que celui communiqué à la banque lors de la demande de crédit).

Pour mitiger ou réduire la vulnérabilité de ces risques, les banques sont tenues de renforcer leurs politiques et procédures d'octroi des crédits. Elles sont ainsi tenues d'analyser les demandes de crédit sous deux axes :

(1) Revue documentaire ;
(2) Revue financière.

La revue documentaire consiste essentiellement à :

✓ analyser et à mieux comprendre le profil du client (Know Your Customer Profile and Activity « KYCPA ») ;

✓ connaitre le statut matrimonial en cas de demande de crédit par une personne physique ;

✓ s'assurer que la demande de crédit est justifiée et répond à un besoin réel ;

✓ s'assurer que le type de crédit demandé cadre avec le besoin réel du client ;

✓ s'assurer que le client n'est pas indexé au niveau de la BCC ;

✓ s'assurer que la demande de crédit n'a pas pour objectif de dissimuler l'origine criminelle des fonds devant servir à un investissement ou à une acquisition immobilière ;

✓ évaluer la moralité du client personne physique et des dirigeants du client personne morale ;

✓ évaluer le climat social au sein de la personne morale demandeuse du crédit.

---

[55] Position débitrice pendant plus d'un (1) mois.

La revue financière, quant à elle, consiste principalement à :

- ✓ évaluer la capacité financière du client à respecter les échéances[56] ;
- ✓ s'assurer de la conformité du montant demandé au seuil réglementaire (division des risques) ;
- ✓ vérifier la capacité de la banque à mettre en place ce crédit.

Il est crucial de noter qu'une banque ne doit pas octroyer des crédits en fonction simplement des garanties matérielles ou immatérielles proposées par le client. Les garanties seules ne suffisent pas pour décider d'octroyer un crédit. Une analyse holistique qui intègre l'analyse documentaire et financière s'avère indispensable, car l'incapacité d'un client à honorer ses engagements en termes de crédits vis-à-vis d'elle a des conséquences négatives sur son exploitation.

Il est vrai que certains demandeurs des crédits estiment que seules les valeurs de leurs biens matériels donnés en garantie devraient suffire à la banque pour prendre la décision d'octroi des crédits. Face à une telle position, nous disons et soulignons que les banques n'ont pas pour vocation la vente ou la réalisation des biens reçus en garantie. En effet, les banques octroient les crédits pour financer les besoins des agents économiques, en vue de contribuer au développement économique des pays, en espérant le respect des clauses contractuelles[57] par les bénéficiaires de ces prêts. En aucun cas, les banques devraient prendre la décision d'octroi des crédits, en misant essentiellement sur la possibilité de la réalisation des garanties matérielles (biens immobiliers) fournies par les clients.

V.4. Rémunérations des crédits

L'activité de crédit est l'une des activités principales des banques en général et celles de la RDC en particulier. Nul ne peut ignorer que les fonds prêtés ont un coût, quelle que soit l'origine des fonds prêtés. Qu'il s'agisse des fonds tirés des dépôts des clients, des ressources propres ou des emprunts, les banques doivent exiger une rémunération raisonnable, devant leur permettre de couvrir les charges associées aux ressources prêtées ainsi que celles d'exploitation.

Bien qu'il soit de leur droit d'appliquer les taux d'intérêt élevés sur les crédits comparés à ceux supportés sur les dépôts en compte épargne et à terme, l'on note néanmoins que les taux d'intérêt débiteur appliqués par les banques

---

[56] Pour une personne morale : Appréciation de certains indicateurs dont notamment le niveau d'endettement, le fonds de roulement, le besoin en fonds de roulement, la trésorerie, la solvabilité, la rentabilité, la continuité d'exploitation (Going concerne) et le niveau des revenus. Pour une personne physique : Appréciation du niveau des revenus et de l'endettement.

[57] Par respect des clauses contractuelles, on entend respect des échéances de remboursement du principal et de paiement des intérêts ainsi que l'affectation du crédit à l'objet pour lequel il a été demandé et accordé (éviter le risque de déviation).

congolaises sont largement élevés et supérieurs aux taux d'intérêt créditeur. La différence moyenne entre les deux durant les dix dernières années[58] est de 17 et 12 points, respectivement en monnaie nationale et en monnaie étrangère, soit 79 % et 78 %.

Ci-dessous le tableau 43 qui présente les taux moyens débiteurs et créditeurs appliqués par les banques congolaises :

Tableau 43 : Taux d'intérêt créditeurs et débiteurs des banques en RDC

RUBRIQUES	2012	2013	2014	2015	2016	2017	2018	2019	2020	2021	Moyenne
Taux d'intérêt débiteurs											
Crédits en monnaie nationale (a)	23	19	20	19	16	21	27	27	24	24	22
Crédits en monnaies étrangères (b)	16	15	15	14	15	16	16	16	16	16	15
Taux d'intérêt créditeurs											
Crédits en monnaie nationale (C)	6	4	5	3	1	4	5	6	7	5	5
Crédits en monnaies étrangères (d)	3	3	3	3	3	4	3	3	3	4	3
Points de différences entre taux débiteurs et créditeurs											
En monnaie nationale (a) – (C)	17	15	15	16	14	17	22	21	17	19	17
En monnaies étrangères (b) – (d)	13	12	11	11	11	12	13	12	12	12	12
Marge nette											
En monnaie nationale	73 %	80 %	76 %	83 %	91 %	81 %	80 %	78 %	72 %	80 %	79 %
En monnaies étrangères	79 %	79 %	77 %	78 %	78 %	77 %	79 %	78 %	78 %	77 %	78 %

Source : Auteur sur la base des données tirées du rapport annuel 2021 de la BCC

[58] De 2012 à 2021.

De nos échanges avec certains dirigeants des banques et experts en matière bancaire, nous avons noté que l'application des taux élevés par les banques congolaises est expliquée entre autres par le coût d'exploitation[59] qui est très élevé et l'environnement des affaires qui est très complexe en RDC.

Il s'avère important de souligner que conformément à l'ordonnance-loi n° 10/001 du 20 août 2010 portant institution de la taxe sur la valeur ajoutée, telle que modifiée et complétée à ce jour, les intérêts relatifs aux crédits bancaires à l'investissement, aux crédits-bails, aux crédits agricoles et aux découverts bancaires ainsi que ceux rémunérant les dépôts effectués auprès des établissements de crédit par des non-professionnels sont exemptés de la taxe sur la valeur ajoutée en RDC.

V.5. Classification et provisionnement réglementaire des crédits

La gestion prudentielle d'entreprise, quel que soit le secteur d'activité, exige un sens élevé d'anticipation, d'autant plus qu'elle est, l'entreprise, appelée à s'inscrire dans la durée puisque la réalisation de son objet social ne se fait pas du jour au lendemain. L'étendu de ladite exigence est encore plus important dans la gestion des entreprises bancaires qui, en principe et de manière générale, utilisent le fonds du public en leurs noms et pour leur compte dans la réalisation des certaines opérations, notamment la prise de participation dans la structure actionnariale des autres établissements de crédit ou des entreprises non bancaire, et/ou l'octroi de crédit à la clientèle. C'est ce dernier élément qui fera l'objet d'un traitement méticuleux tout au long de cette section.

Du point de vue comptable, la notion de provision traduit une certaine incertitude que l'entité devra faire face à l'avenir. En d'autres termes, la notion de provision est intimement liée à l'existence d'un risque, même d'un risque apparent. Ce qui conduit à constituer une provision sur créances que lorsque le débiteur est en difficulté de remboursement du principal et de paiement des intérêts. La réglementation bancaire a contrario transcende cette compréhension comptable de la provision. Puisque la provision est constituée, même si le débiteur ne présente aucune difficulté de remboursement de l'emprunt contracté et de paiement des intérêts sur cet emprunt (c'est le cas de la provision sur créance saine[60]).

---

[59] Les coûts d'exploitation incluent les charges du personnel, les impôts et taxes et les autres charges d'exploitation (loyer, fournitures de bureau, frais de contrôle BCC, autres services consommés…).

[60] Cette situation d'extrême prudence peut être expliquée par la corrélation qui existe entre le risque de crédit et les autres risques. Aux yeux du régulateur, il existe toujours un risque sous-jacent d'irrécouvrabilité de la totalité de la créance que l'établissement bancaire devra en tenir compte afin de ne pas être surpris lorsqu'il survient.

V.5.1. Classification réglementaire des crédits

Le crédit ne revêt pas que la forme fiduciaire, bien au contraire, elle peut prendre diverses formes abordées dans la deuxième section du présent chapitre.

Conformément à l'instruction n° 16 (modification 3) de la BCC aux établissements de crédit portant sur les règles prudentielles relatives à la classification et au provisionnement des créances, nous distinguons deux catégories de crédits, à savoir :

- ✓ Les crédits sains
- ✓ Et les crédits en souffrances

V.5.1.1. Crédits sains

Entrent dans cette catégorie les crédits dont le remboursement du principal et le paiement de l'intérêt ne suscitent aucune inquiétude puisque se faisant selon les dispositions contractuelles. De même, il n'y a aucune crainte à avoir sur la capacité du client à rembourser le montant de l'encours restant à recouvrer.

V.5.1.2. Crédits en souffrance

On parle des crédits en souffrance lorsque l'une des clauses contractuelles se trouve être violée par le bénéficiaire. Il peut s'agir entre autres de non-respect des échéances de remboursement du principal et/ou de paiement des intérêts ou des indices mettant en exergue les difficultés du bénéficiaire à honorer ses engagements futurs.

Les crédits en souffrance sont fragmentés en deux catégories suivantes :

- ✓ Les crédits à surveiller et
- ✓ Les crédits non performants.

V.5.1.2.1 Crédits à surveiller

Les critères de classement des crédits dans la catégorie des « **crédits à surveiller** » sont détaillés dans le tableau 44 ci-dessous.

Tableau 44 : Critères de classification dans la catégorie des crédits à surveiller

CRITÈRES DE CLASSIFICATIONS EN CRÉDITS À SURVEILLER
1. Le remboursement du crédit (principal et intérêts) ne souffre d'aucun retard ; les perspectives, quant à la capacité de l'emprunteur à rembourser l'encours de crédit restant, sont bonnes ;
2. Les valeurs escomptées et non échues, acceptées par le tiré et l'encaissement n'est sujet à aucune inquiétude ;
3. Les encours de crédits restructurés mais dont la durée ou les termes du contrat n'ont pas été actualisés, et dont au moins une échéance reste impayée pendant une période ne dépassant pas quatre-vingt-dix (90) jours ;
4. Les encours de crédits non restructurés mais dont la durée ou les termes du contrat n'ont pas été actualisés, et dont au moins une échéance reste impayée pendant une période ne dépassant pas quatre-vingt-dix (90) jours ;
5. Les dépassements de ligne de découvert (en montant et durée de remboursement) autorisé, et non régularisés dans un délai inférieur à quatre-vingt-dix (90) jours ;
6. Les soldes débiteurs des comptes courants gelés, dont le délai d'apurement est inférieur à quatre-vingt-dix (90) jours ;
7. Les titres de créance (obligations) émis par l'emprunteur dont le remboursement du principal et/ou intérêt enregistre un retard inférieur à quatre-vingt-dix (90) jours après la date d'échéance ;
8. Les encours de crédits-bails mobiliers ou immobiliers dont le retard de paiement de loyer est inférieur à quatre-vingt-dix (90) jours après la date d'échéance ; sans prorogation ou renouvellement des clauses ;
9. Les engagements par signature irrévocables, donnés en faveur de l'emprunteur, classés dans cette catégorie ou dont la situation financière soulève des sujets d'inquiétude ;
10. Les créances détenues sur des contreparties qui soulèvent des motifs d'inquiétude quant à leur capacité actuelle et/ou future à honorer leurs engagements (du fait notamment du début de détérioration de la situation financière du client, de l'indice de dépréciation des collatéraux reçus, l'instabilité constatée dans le secteur d'activité du client).

Source : Auteur sur base des dispositions de l'instruction n° 16 (modification 3) de la BCC

V.5.1.2.2 Crédits non performants

La catégorie des crédits non performants, deuxième et dernière composante des crédits en souffrance, est subdivisée en trois sous-catégories ci-après :

- ✓ Les crédits pré-douteux ;
- ✓ Les crédits douteux ;
- ✓ Les crédits compromis.

La classification d'un crédit dans chacune de ces sous-catégories est fonction de plusieurs critères quantitatifs et qualitatifs, dont principalement le retard enregistré en termes de remboursement du principal et/ou paiement des intérêts.

Crédits pré-douteux

Entrent dans cette subdivision tous les crédits qui remplissent au moins un des critères décrits dans le tableau 45 ci-dessous. De manière générale, tout crédit qui enregistre un retard de remboursement du principal ou de paiement des intérêts, compris entre 90 et 179 jours rentre dans cette sous-catégorie des crédits pré-douteux.

Tableau 45 : Critères de classification dans la catégorie des crédits pré-douteux

CRITÈRES DE CLASSIFICATION EN CRÉDITS PRÉ-DOUTEUX
1. Les encours de crédits assortis d'un plan d'amortissement établi et n'ayant pas fait l'objet d'une prorogation ou d'un renouvellement des termes, dont une ou plusieurs échéances demeurent impayées pendant une période comprise entre 90 à 179 jours, après leur date d'échéance contractuelle ;
2. Les encours de crédits, non assortis d'un plan d'amortissement établi et n'ayant pas fait l'objet d'une prorogation ou d'un renouvellement des termes, qui demeurent impayés pendant une période allant de 90 à 179 jours, après leur date d'échéance contractuelle ;
3. Les dépassements par rapport aux limites de crédit autorisées (tant en durée de validité que de montant), enregistrés sur les crédits sous forme d'avances en compte courant, qui ne sont pas régularisés dans une période de 90 à 179 jours ;
4. Les soldes débiteurs des comptes courants gelés dont le délai d'apurement s'établit entre 90 et 179 jours, après la date d'échéance ;
5. Les titres de créance émis par la contrepartie, dont le remboursement du principal et/ou des intérêts enregistre un retard s'établissant entre 90 et 179 jours, après la date d'échéance ;
6. Les encours de crédits-bails mobiliers ou immobiliers dont les loyers demeurent impayés pendant une période se situant entre 90 et 179 jours, après la date d'échéance et qui n'ont pas fait l'objet de prorogation ou de renouvellement des termes ;
7. Les engagements par signature irrévocables, en faveur de contreparties dont les concours sont classés comme pré-douteux ou qui présentent un risque probable de défaillance partielle ou totale ;
8. Les encours de crédits dont le remboursement intégral à date est incertain (suite notamment au déséquilibre persistant de sa situation financière, endettement excessif, baisse significative du chiffre d'affaires, problèmes de gestion litiges entre actionnaires, difficultés sectorielles persistantes, non-transmission des documents financiers certifiés nécessaires à l'appréciation de sa solvabilité).

Source : Auteur sur la base des dispositions de l'instruction n° 16 (modification 3) de la BCC

Crédits douteux

Entrent dans cette subdivision, en général tous les crédits dont le remboursement du principal et/ou le paiement des intérêts a enregistré un retard allant de 180 à 359 jours ; sans qu'il y ait prorogation ou renouvellement des termes du contrat. Les autres critères de classification en crédits douteux sont repris dans le tableau 46 ci-dessous.

Tableau 46 : Critères de classification dans la catégorie des crédits douteux

CRITÈRES DE CLASSIFICATIONS EN CRÉDITS DOUTEUX
1. Les encours de crédits assortis d'un plan d'amortissement établi et n'ayant pas fait objet de prorogation ou de renouvellement des termes, dont au moins une échéance reste impayée pendant une période comprise entre 180 à 359 jours, après la date d'échéance ; 2. Les encours de crédits non assortis d'un plan d'amortissement établi et n'ayant pas fait objet de prorogation ou de renouvellement des termes, qui ne sont pas payés pendant une période de 180 à 359 jours, après la date d'échéance ; 3. Les dépassements par rapport aux limites de crédit autorisées (en durée de validité et en montant), enregistrés sur les crédits sous forme d'avances en compte courant, qui ne sont pas régularisés dans une période de 180 à 359 jours ; 4. Les soldes débiteurs des comptes courants gelés dont le délai d'apurement s'établit entre 180 et 359 jours ; 5. Les titres de créance émis par la contrepartie, dont le remboursement du principal et/ou des intérêts enregistre un retard pendant une période comprise entre 180 et 359 jours, après leur date d'échéance ; 6. Les encours de crédits-bails mobiliers et immobiliers n'ayant pas fait objet de renouvellement des termes et dont le paiement d'au moins un loyer enregistre un retard de 180 à 359 jours, après la date d'échéance ; 7. Les engagements par signature irrévocables, en faveur des contreparties dont les concours sont classés comme douteux ou qui présentent un risque probable de défaillance partielle ou totale.

Source : Auteur sur la base des dispositions de l'instruction n° 16 (modification 3) de la BCC

Crédits compromis

Cette dernière sous-catégorie intègre principalement les crédits dont le retard en termes de remboursement est supérieur ou égal à 360 jours. Il s'agit des crédits dont la probabilité de recouvrement est totalement incertaine. Les critères retenus par la BCC pour catégoriser les crédits dans cette sous-catégorie sont détaillés dans le tableau 47 ci-dessous.

Tableau 47 : Critères de classification dans la catégorie des crédits compromis

CRITÈRES DE CLASSIFICATIONS EN CRÉDITS COMPROMIS
1. Les encours de crédits assortis d'un plan d'amortissement établi et n'ayant pas fait l'objet de renouvellement des termes, dont au moins une échéance est impayée pendant une période égale ou supérieure à 360 jours, après leur date d'échéance ; 2. Les encours de crédits non assortis d'un plan d'amortissement établi et n'ayant pas fait l'objet de prorogation ou de renouvellement des termes, impayés pendant une période égale ou supérieure à 360 jours, après leur date d'échéance ; 3. Les dépassements par rapport aux limites de crédit autorisées (tant en durée de validité qu'en montant), enregistrés sur les crédits sous forme d'avances en compte courant, et qui ne sont pas régularisés dans une période égale ou supérieure à 360 jours ; 4. Les soldes débiteurs des comptes courants gelés dont le délai d'apurement calculé est égal ou supérieur à 360 jours ; 5. Les titres de créance émis par la contrepartie dont le remboursement du principal et/ou des intérêts enregistre un retard pendant une période égale ou supérieure à 360 jours, après la date d'échéance ; 6. Les encours de crédits-bails mobiliers ou immobiliers n'ayant pas fait l'objet de renouvellement des termes, dont le paiement d'au moins un loyer connait un retard égal ou supérieur à 360 jours, après la date d'échéance ; 7. Les engagements par signature irrévocables, en faveur de contreparties dont les concours sont classés comme compromis ou qui présentent un risque certain de défaillance partielle ou totale ; 8. Les encours de crédits dont le remboursement est improbable, pour diverses raisons dont notamment la forte dégradation de la situation financière de la contrepartie, l'existence d'un litige de nature à compromettre le respect des termes du contrat, la cessation d'activités ou la mise en liquidation de la contrepartie, la sanction de la contrepartie en matière de LCB/FTP.

Source : Auteur sur la base des dispositions de l'instruction n° 16 (modification 3) de la BCC

Les crédits compromis ont comme conséquence l'effet d'entrainement qui le caractérise. C'est-à-dire, le transfert dans cette catégorie de la totalité des créances détenues sur ce débiteur et toutes les personnes qui lui sont liées.

La banque a l'obligation de constituer une provision qui couvre la totalité de l'encours des créances compromises.

Au plus tard, une année après inscription des crédits dans la catégorie des crédits compromis, les banques sont tenues de les sortir de leur situation active, pour les suivre en extracomptable. Cependant, s'il s'agit des crédits sur les personnes apparentées à la banque, une approbation préalable de la Banque centrale est requise avant de procéder à une radiation.

Il ressort des critères présentés dans les lignes précédentes pour catégoriser les crédits que le critère commun et quantitatif de classification des crédits est celui lié au nombre de jours de retard. Ci-dessous le tableau 48, qui présente la classification synthèse des crédits suivant le nombre de jours de retard de remboursement du principal et/ou du paiement des intérêts.

Tableau 48 : Critère de classification des crédits suivant le nombre de jours de retard

TYPES CRÉANCES	Nombre de jours de retard
Créances saines	Aucun
Créances à surveiller	1 à 89
Créances pré-douteuses	90 à 179
Créances douteuses	180 à 359
Créances compromises	360 et Plus

Source : L'auteur sur la base de l'instruction n° 16, modification n° 3 de la BCC

V.5.2. Provisionnement réglementaire des crédits

La classification des crédits ayant été présentée dans le détail dans la section précédente, nous allons à présent aborder les notions de provisionnement des crédits. Parlant de provisionnement, nous distinguons deux catégories de provision :

✓ Provision générale ;
✓ Provision spécifique.

La provision générale est celle constituée sur les crédits sains. Son taux de provisionnement est fixé à 1 %. Cette provision ne vient pas diminuer les crédits bruts mais elle est comptabilisée dans un compte de la classe 1[61].

La provision spécifique, quant à elle, est celle qui est constituée sur les crédits en souffrance. Les taux de provisionnement sont fonction de chaque sous-catégorie, selon qu'il s'agit des crédits à surveiller (3 %), des crédits pré-douteux (20 %), des crédits douteux (50 %) ou des crédits compromis (100 %). Contrairement à la provision générale, la provision spécifique diminue le montant brut du crédit. L'opération ici se passe en deux temps :

(1) Dès que le caractère litigieux (créance en souffrance) est établi, les crédits qui figurent dans les différents comptes de la classe 3 sont transférés dans le compte 39, « Créances litigieuses ou en souffrance » ;

(2) Ensuite, une provision sur crédits en souffrance doit être comptabilisée, en diminution du montant brut transféré dans le compte 39, « Créances litigieuses ou en souffrance ». Cette provision est comptabilisée dans un compte d'actif soustractif de la classe 3[62].

Nous présentons les taux de provisionnement de chaque catégorie de crédit dans le tableau 49 ci-après.

---

[61] Il s'agit du compte 14, « Plus-values et provisions réglementées », suivant le Guide comptable des Établissements de crédit (référentiel comptable des banques en RDC).

[62] Il s'agit du compte 38, « Provisions pour dépréciation des comptes de la classe 3 », suivant le Guide comptable des établissements de crédit (référentiel comptable des banques en RDC).

Tableau 49 : Taux de provisionnement des crédits

CLASSIFICATION	TAUX DE PROVISIONNEMENT
Crédits sains	1 %
Crédits à surveiller	3 %
Crédits pré-douteux	20 %
Crédits douteux	50 %
Crédits compromis	100 %

Source : Auteur à partir des règles de l'instruction n° 16, modification 3 de la BCC

Il est important de rappeler ici que le taux de provision spécifique de chacune des catégories des crédits étant un plancher, les banques ont la liberté d'appliquer un taux plus élevé que celui exigé par l'organe régulateur qu'est la Banque centrale du Congo. Toutefois, seules les provisions calculées suivant les taux réglementaires sont déductibles du point de vue fiscal.

V.5.2.1 Détermination de la provision réglementaire des crédits

Le calcul de la provision sur les crédits est basé sur l'encours du crédit, diminué des garanties reçues, selon un niveau d'acceptabilité définie dans l'instruction n° 16, modification 3 de la BCC, portant sur les règles prudentielles relatives à la classification et au provisionnement des créances.

Ainsi, pour déterminer le montant de la provision à comptabiliser à chaque clôture comptable, il faut suivre les étapes ci-après :

(1) Classification de chaque crédit suivant les critères détaillés à la section V.5.1. du présent chapitre, à savoir crédit sain, crédit à surveiller, crédit pré-douteux, crédit douteux et crédit compromis ;

(2) Calcul de l'encours de crédit ou du solde restant dû, majoré des intérêts courus non payés ;

(3) Identification des garanties reçues du bénéficiaire du crédit (contrepartie) ;

(4) Détermination du taux de déduction des garanties reçues du client ;

(5) Détermination du montant de la garantie accepté ;

(6) Calcul de la provision suivant la formule ci-après :

$$\text{Provision} = (SRD + ICNP - VGA) * TP$$

Où :

- SRD : Solde restant dû ;
- ICNP : Intérêts courus non payés ;
- VGA : Valeur de la garantie admise
- SRP+ICNP-VGA = Risque net encouru (RNE)
- TP : Taux de provisionnement

Le taux de provision est appliqué sur l'encours de crédit diminué des garanties valides, selon le niveau d'acceptabilité fixé par l'autorité de régulation.

Concernant les déductions des garanties, elles sont faites suivant les taux et critères de déduction présentés dans le tableau 50 ci-dessous.

Tableau 50 : Conditions et taux de déductibilité des garanties

Garanties admises en déduction de leur valeur au taux de					
100 %	**80 %**	**50 %**	**30 %**	**25 %**	**20 %**
Nantissement des bons émis par la Banque centrale du Congo	Nantissements de dépôts et/ou compte à terme constitués auprès de la banque, libellés dans une autre monnaie que celle des crédits qu'il est censé couvrir	Contre-garanties bancaires provenant d'établissements de crédit notés A+ à BBB- par des agences internationales de notation	Bien meuble assuré faisant l'objet d'un crédit-bail	Hypothèques de premier rang sur un immeuble destiné entièrement aux activités de production	Bien meuble non assuré faisant l'objet d'un crédit-bail
Nantissements de dépôts et/ou compte à terme constitués auprès de la banque, libellés dans la même monnaie que celle des crédits qu'il est censé couvrir	Contre-garanties provenant d'établissements de crédit agréés par la Banque centrale du Congo	Hypothèques de premier rang sur un immeuble résidentiel qui sera occupé ou donné en location par le bénéficiaire du crédit (la contrepartie)			
Nantissement de certificat de dépôts ou de titres assimilés, émis par la même banque et déposés chez elle-même	Contre-garanties provenant des institutions financières internationales de coopération ou des banques régionales de développement				
Bien meuble couvert par une assurance tout risque faisant l'objet de crédit-bail	Contre-garanties bancaires provenant d'établissements de crédit notés AAA à AA- par des agences internationales de notation				

Source : Auteur sur la base des dispositions de l'instruction n° 16, modification 3 de la BCC

Pour être déductibles, en sus des critères décrits dans le tableau ci-haut, les garanties doivent remplir les conditions ci-après (BCC, instruction n° 16, 2018) :

- ✓ Elles doivent être formalisées par un écrit ;
- ✓ Elles doivent être mobilisables à première demande et sans possibilité de contestation ;
- ✓ Elles doivent couvrir au moins 80 % de la valeur du crédit couvert et avoir une échéance au moins égale à celle de ce crédit.

Aussi, il est important de noter que la prise en compte d'une garantie sous forme d'une hypothèque en déduction des encours de crédit dépend des facteurs ci-après (BCC, instructions nos 14 et 16) :

- ✓ L'hypothèque doit être inscrite auprès du conservateur des Titres immobiliers ;
- ✓ La convention doit prévoir que la banque deviendra proprietaire de l'immeuble hypothéqué par dation en paiement conformément aux textes légaux ;
- ✓ La banque et le client doivent signer un accord précis et formel dûment légalisé auprès du conservateur des titres immobiliers, permettant à la première de réaliser aisément l'hypothèque sans recourir aux procédures judiciaires ;
- ✓ La valeur de l'hypothèque doit faire l'objet d'une expertise indépendante et qualifiée.

Pour conclure ce chapitre, il nous parait utile d'indiquer que lorsque les comptes de la banque sont établis suivant les normes comptables internationales (IFRS), le montant réglementaire des provisions sur les crédits, qui est déterminé constitue un minimum. Ainsi, si le montant des provisions comptabilisées selon la norme internationale IFRS 9 est supérieur à celui réglementaire, la différence doit être déduite des fonds propres de base de la banque. En cas du scénario contraire, les dépréciations seront considérées comme étant adéquates.

V.6. Cas pratique sur le provisionnement et classification des crédits

Question I

Le 1er juillet 2018, la **HOPE Bank SA**, une banque agréée en RDC a accordé un crédit d'une valeur de CDF 300 000 000 à la société MOTO RDC, pour une durée de quatre (4) ans, remboursable par principal constant mensuel. Au titre de la garantie, la société MOTO RDC donne son bâtiment assuré (évalué par un expert immobilier à CDF 260 000 000) qui est pris en location par la société Groupe BONZOI SAS. L'hypothèque, qui est de premier rang est régulièrement inscrite au ministère des Affaires foncières.

Le remboursement et le paiement des intérêts se faisaient conformément aux clauses du contrat jusqu'au 28 février 2020, date à laquelle MOTO RDC est inscrite sur la liste noire du Trésor américain (OFAC) pour des faits de BC/FTP.

Travail demandé :

a. Classifier cette créance au 31/12/2019 ;
b. Déterminer la provision que devra constituer la Hope Bank.

Question II

Le 1er mai 2021, la **HOPE Bank SA** a accordé le crédit à ses clients M. LUYINDULA BADIKA, Mme PUTSHU, M. NKEMBO, M. APALA et enfin, la société Motang Group SA. Le remboursement se fait sur trente (30) mois, par principal constant. Les informations sur les crédits accordés et la situation au 31 décembre 2022 sont les suivantes :

- M. LUYINDULA BADIKA bénéficie d'un crédit d'une valeur de CDF 210 000 000. Il a nanti son compte à terme libellé en CDF de 30 000 000, auprès de la même banque. Après avoir respecté les échéances jusqu'en juin 2022, le client n'arrive plus à honorer ses engagements, à la suite de la résiliation sans préavis de son contrat de travail avec la société Groupe BONZOI SAS, le 5 juillet 2022 ;
- Mme PUTSHU contracte un emprunt de CDF 150 000 000 contre une hypothèque de sa résidence estimée à CDF 100 000 000. Aucune violation des clauses contractuelles n'a été constatée ;
- M. NKEMBO contracte un emprunt de CDF 105 000 000 contre un nantissement de son compte à terme libellé en USD (chez la même banque) équivalent en CDF 15 000 000 pour financer la construction de sa maison. Après avoir observé strictement les clauses contractuelles jusqu'en mars 2022, le client n'arrive plus à honorer ses engagements à partir du mois d'avril 2022. Il fait partie de l'effectif mis en congé technique par son employeur ;
- M. APALA bénéficie d'un crédit d'une valeur de CDF 60 000 000 ; une garantie de la banque First Bank RDC SA d'une valeur de CDF 30 000 000 a été fournie par le client, pour couvrir ce crédit. Le client respecte les clauses contractuelles ;
- MOTANG Group SA bénéficie d'un crédit de CDF 600 000 000, aucune garantie n'a été donnée. Le 30 décembre 2022, les Nations Unies ont décidé de sanctionner cette société, pour des faits de financement du terrorisme, sachant que le client avait déjà réglé sa mensualité de décembre 2022.

Travail demandé :

1. Classifier ces différentes créances au 31 décembre 2022 ;
2. Déterminer les provisions à constituer par la HOPE Bank.

RÉSOLUTION

I. a) Classification de la créance

Description	Montant initial	Encours au 31.12.2019	Encours au 28.02.2020	Nombre de jours de retard	Classification	Taux de provisionnement
Formules						**J**
Crédit	300 000 000	187 500 000	175 000 000	-	Compromis	100 %

Commentaire

Le montant de l'encours au 31/12/2019 est déterminé comme suit :

CDF 300 000 000/48 mois = CDF 6 250 000.

De juillet 2018 à décembre 2019 (dix-huit (18) mois), le montant déjà remboursé se chiffre à CDF 112 500 000.

Encours au 31/12/2019 est de CDF 187 500 000 (CDF 300 000 000 – CDF 112 500 000).

Aussi, nonobstant le respect des clauses du contrat de l'emprunt, l'inquiétude quant à la capacité à rembourser l'encours de crédit est ressentie du fait de la sanction de ce client par le Trésor américain (OFAC liste). Ainsi, ce crédit est classifié dans la catégorie de « **Crédits Compromis** », provisionné à 100 % du risque net couru.

I. b) Provisionnement de la créance

	Montant				Garantie	Garantie acceptée	Risque net	Provision au 31/12/2019
Description	Initial	Mensualité	Remboursé	Encours				
Formules	A	B = A/48	C = B*20[65]	D = A-C	E	F =E*50 %	G = D-F	H = G*100 %
En CDF	300 000 000	6 250 000	125 000 000	175 000 000	260 000 000	130 000 000	45 000 000	45 000 000

L’encours net au 31 décembre 2020 est de CDF 187 500 000. Mais étant donné que deux mensualités de 2020 (au 28/02/2020) ont déjà été réglées, l’encours net réel risqué est de CDF 175 000 000. Raison pour laquelle nous avons considéré ce dernier montant.

II. a) Classification des créances

Clients	Montant	Mensualit é	Encours au 31.12.2022	Nombre de jours de retard	Classification	Taux de provisionnemen t
Code (Formules)	**A**	**B = A/30**	**C**			**D**
LUYINDULA BADI.	210 000 000	7 000 000	112 000 000	153	Pré-douteux	20 %
PUTSHU	150 000 000	5 000 000	50 000 000	-	Sain	1 %
NKEMBO	105 000 000	3 500 000	66 500 000	245	Douteux	50 %
APALA	60 000 000	2 000 000	20 000 000	-	Sain	1 %
MOTANG Group SA	600 000 000	20 000 000	200 000 000	-	Compromis	100 %

(1) LUYINDULA : remboursement de CDF 7 000 000 * 14 = CDF 98 000 000. Encours au 31 décembre 2022 est de CDF 210 000 000 – 98 000 000, soit **CDF 112 000 000**. Retard de remboursement au 31 décembre 2022 (août 2022 au 31 décembre 2022) est de cinq (5) mois, soit cent cinquante-trois (153) jours ;

(2) PUTSHU : remboursement de CDF 5 000 000 * 20 = CDF 100 000 000. Encours au 31 décembre 2022 est de CDF 150 000 000 – 100 000 000, soit **CDF 50 000 000**. Pas de retard de remboursement au 31 décembre 2022. La garantie ne doit pas atténuer le risque car sa valeur est inférieure à 80 % du montant de l'emprunt ;

(3) NKEMBO : remboursement de CDF 3 500 000 * 11 = CDF 38 500 000. Encours au 31 décembre 2022 est de CDF 105 000 000 – 38 500 000, soit **CDF 66 500 000**. Retard de remboursement au 31 décembre 2022 (mai 2022 au 31 décembre 2022) est de huit (8) mois, soit deux cent quarante-cinq (245) jours ;

(4) APALA : remboursement de CDF 2 000 000 * 20 = CDF 40 000 000. Encours au 31 décembre 2022 est de CDF 60 000 000 – 40 000 000, soit **CDF 20 000 000**. Pas de retard de remboursement au 31 décembre 2022 ;

(5) MONTANG Group : remboursement de CDF 20 000 000 * 20 = CDF 400 000 000. Encours au 31 décembre 2022 est de CDF 600 000 000 – 400 000 000, soit **CDF 200 000 000**. Pas de retard de remboursement au 31 décembre 2022.

La situation de la créance détenue sur MOTANG Group SA nécessite un commentaire, étant donné que dans la logique de la classification des crédits par le nombre de jours de retard de remboursement, ce crédit devait être classifié comme un crédit sain. Cependant, compte tenu du fait que ladite société a été sanctionnée par les Nations Unies pour des faits de financement du terrorisme, il plane un doute quant à sa capacité de rembourser l'encours de crédit. C'est pourquoi ce crédit doit être classifié comme compromis et provisionné à 100 %.

II. b) Provisionnement des créances

Clients	**Montant initial**	**Encours**	**Garantie**			**Provision**		
			Montant	**Taux**	**Montant accepté**	**Risque Net**	**Taux**	**Montant**
Formules	**A**	**B**	**C**	**D**	**E = C*D**	**F = B-E**	**G**	**H = F*G**
LUYINDULA BADI	210 000 000	112 000 000	30 000 000	100 %	30 000 000	82 000 000	20 %	16 400 000
PUTSHU	150 000 000	50 000 000	100 000 000	0 %	0	50 000 000	1 %	500 000
NKEMBO	105 000 000	66 500 000	15 000 000	80 %	12 000 000	54 500 000	50 %	27 250 000
APALA	60 000 000	20 000 000	30 000 000	100 %	30 000 000	0	1 %	0
MOTANG Group SA	600 000 000	200 000 000	-	0 %	-	200 000 000	100 %	200 000 000

CHAPITRE VI
GESTION DES RISQUES

VI.1. Notions générales sur les risques

Dans tous les secteurs de l'économie, il est entendu que les acteurs doivent prendre les risques, bien sûr calculés, pour espérer atteindre leurs objectifs, dont notamment celui de la réalisation des profits dans le respect des lois et réglementations. Les banques qui sont des institutions à but lucratif ne dérogent pas non plus à cette règle. Pour atteindre leurs objectifs, elles sont appelées à assurer la maitrise de leurs risques et d'accepter ou de prendre certains.

Par risque, il faut entendre un **événement** dont l'apparition ou le déclenchement n'est **pas certain**, mais dont la manifestation est susceptible d'**affecter négativement les objectifs** stratégiques, opérationnels, financiers, commerciaux et de conformité de la société.

En d'autres mots, nous pouvons déduire que pour parler du risque, il faut qu'il y ait possibilité (probabilité) que la survenance d'un événement, d'une action ou d'une inaction entraîne des conséquences négatives sur la capacité d'une société ou d'une organisation à atteindre ses objectifs quantitatifs et qualitatifs. Si la probabilité de survenance est nulle, on ne parlerait plus de risque. Il s'agit en fait d'un événement ou d'une série d'événements, totalement descriptibles, dont la survenance, bien que probable, pourrait entraîner des conséquences néfastes sur une organisation ou une société.

Parmi les différents secteurs d'activité économique à but lucratif, le secteur bancaire, du fait de la nature de son activité (intermédiation et de facilitation des paiements), est celui qui est le plus exposé à divers risques. En effet, le risque constitue la dimension fondamentale et l'essence même de l'activité bancaire.

Les banques sont exposées à plusieurs risques, dont certains sont inhérents à leur activité et à l'environnement des affaires, et d'autres sont opérationnels.

Nul ne peut ignorer que les conséquences de ces risques sont parfois considérables pour les banques, comme en témoignent les quelques faillites bancaires ayant secoué le système bancaire congolais. Il s'agit notamment de la Banque congolaise (BC), de la First International Bank SA (FIBANK /

RDC SA) et de la Banque internationale pour l'Afrique au Congo (BIAC). Force est de constater que la faillite de ces banques a laissé la plupart des épargnants désemparés et dans l'incertitude, a saigné le Trésor public via la Banque centrale[63] et entamé la confiance du public sur le secteur bancaire du pays. Au niveau international, les cas les plus récents concernent la faillite de certaines banques américaines en 2023, dont Silvergate Bank et Silicon Valley Bank et la crise des subprimes qui a entraîné des défaillances bancaires avec des conséquences néfastes sur l'économie réelle à travers le monde il y a une dizaine d'années.

Ainsi, les banques sont tenues de mettre en place une gestion prudentielle, rigoureuse et solide de leurs risques. En RDC, cette gestion doit être conforme à l'instruction n° 22, modification n° 2 de la BCC aux établissements de crédit et sociétés financières, relative à la gestion des risques.

VI.2. Risques bancaires

Pour mieux appréhender la gestion des risques dans le secteur bancaire, nous avons jugé utile de distinguer d'abord les différents risques que l'on peut rencontrer dans ce secteur.

De nos jours, les banques, en général et celles de droit congolais en particulier sont exposées à divers types de risque. Dans cet ouvrage, nous concentrerons notre attention sur les risques ci-après :

- ✓ Le risque de crédit ou de contrepartie ;
- ✓ Le risque de marché ;
- ✓ Le risque de liquidité ;
- ✓ Le risque opérationnel ;
- ✓ Le risque de réputation.

VI.2.1 Risque de crédit

Par définition, le risque de crédit est le risque de défaillance d'une contrepartie à honorer ses engagements à l'égard de la banque.

Du fait de leur rôle d'intermédiation entre les personnes à besoin de financement et celles en capacité de financement, les banques doivent mettre en œuvre toutes les mesures et actions nécessaires, de manière à éviter de se retrouver dans l'incapacité de répondre aux demandes de retraits et de transferts des déposants, sans pour autant être obligées de lancer le mécanisme de recouvrement forcé des créances sur les clients (crédits + intérêts). Ceci, pour dire qu'une gestion hasardeuse et non prudentielle des crédits entraîne des répercussions négatives directes sur la relation commerciale entre les banques et leurs clients déposants, voire avec leurs bailleurs des fonds

[63] Dépenses engagées par la BCC durant la période de sous-administration provisoire de ces banques.

(préteurs), pouvant occasionner l'insolvabilité et la faillite de ces banques concernées.

Autant, le risque de concentration expose également les banques au risque de crédit. Le fait d'encourir des risques importants envers un seul emprunteur, ou un groupe d'emprunteurs apparentés, constitue une source commune de problèmes bancaires en raison de la concentration du risque de crédit. C'est pour cette raison que l'autorité de régulation du secteur bancaire congolais dispose à l'article 44 de l'instruction n° 22, modification n° 2, aux établissements de crédit et sociétés financières, relatif à la gestion des risques, que toute banque doit mettre en place un système qui lui permet notamment d'agréger l'ensemble des crédits de décaissement et d'engagement sur un client ou un ensemble de clients liés entre eux et considérés, par conséquent, comme une même contrepartie. De fortes concentrations peuvent également apparaître à l'égard de certains compartiments d'activité, secteurs économiques ou régions géographiques.

De même, les prêts apparentés, qui sont des crédits octroyés à des particuliers ou des sociétés apparentés à la banque, peuvent causer, s'ils ne sont pas convenablement octroyés et suivis, des problèmes notables à la banque prêteuse, parce que les évaluations financières et qualitatives de l'emprunteur ne sont pas toujours faites de manière objective.

L'on constate au niveau international, tout comme en RDC, que la cause de la faillite de la plupart des banques dissoutes a souvent été liée à des portefeuilles de crédit de mauvaise qualité assortis d'une mauvaise évaluation du risque de crédit[64], résultant par moments d'une mauvaise gestion des risques opérationnels. C'est le cas notamment de la Banque congolaise (BC), de la First International Bank SA (FIBANK / RDC SA) et de la Banque internationale pour l'Afrique au Congo (BIAC).

Ainsi, nous pouvons affirmer que le risque de crédit ou de facilité bancaire, autrement dit l'incapacité d'une contrepartie à respecter les termes d'un accord contractuel, est un des risques importants auxquels les banques sont confrontées.

Face à ce risque et étant donné que l'octroi de prêts ou facilités constitue l'activité principale de la plupart des banques, celles-ci doivent effectuer des évaluations financières (évaluation de la solvabilité, de la continuité d'activité, de la rentabilité, du ratio de levier, de la capacité financière...) et documentaires (KYC[65]) approfondies des bénéficiaires desdites facilités, car très souvent, les informations financières qui soutiennent les demandes de facilité bancaire ne s'avèrent pas toujours exactes. Ces évaluations doivent

[64] La bonne évaluation du risque de crédit concourt à la bonne classification et, par la suite, à la détermination de la bonne provision qui est le gage de la couverture de l'incertitude, toute chose égale par ailleurs.

[65] Le principe de « Know your Customer » (cf. Chapitre sur la lutte contre le blanchiment des capitaux et financement de terrorisme).

réaliser avant la décision d'octroi de crédit. Aussi, faudrait-il noter que la situation financière ou le profil d'un client bénéficiaire d'une facilité bancaire peut se détériorer avec le temps du fait de divers facteurs endogènes ou exogènes à ce dernier. D'où la nécessité d'effectuer ces évaluations qualitatives et quantitatives du client bénéficiaire des facilités, de manière continue, au moins une fois chaque année.

Il est important de noter que la manifestation ou la survenance de ce risque (incapacité du client bénéficiaire du crédit à honorer ses engagements contractuels) peut être expliquée par plusieurs facteurs endogènes ou exogènes, mais propres à la personne emprunteuse. L'on peut ainsi dire que l'origine de la manifestation du risque de crédit est propre à l'emprunteur (client de la banque), mais qui se transfère par la suite à la banque. D'où la nécessité d'accorder une attention particulière au profil du client et à sa capacité de remboursement et de paiement des intérêts, au moment de l'octroi du crédit.

Le risque de crédit peut se manifester sous diverses formes, dont notamment :

- ✓ Le risque de déviation ;
- ✓ Le risque d'immobilisation ;
- ✓ Le risque d'insolvabilité ou de défaut.

(1) **Le risque de déviation** est le fait que le client bénéficiaire du crédit affecte le financement reçu à une activité autre que celle prévue dans le contrat d'emprunt. Il s'agit du détournement du financement reçu vers un objectif autre que celui pour lequel le crédit a été accordé. À titre illustratif, nous pouvons évoquer les cas ci-après :

- ✓ L'utilisation d'un découvert bancaire pour financer un investissement ;
- ✓ Le financement d'un voyage touristique avec les fonds reçus dans le cadre d'un prêt immobilier ;
- ✓ L'acquisition des actions d'une société avec les fonds reçus dans le cadre d'un projet de construction d'une usine.

(2) **Le risque d'immobilisation** découle généralement du non-respect des échéances de remboursement du principal et de paiement des intérêts. C'est le risque lié au non-respect des échéances contractuelles.

(3) **Le risque d'insolvabilité ou de défaut** provient de l'incapacité du client à rembourser le principal et à payer les intérêts.

Parmi les facteurs qui sont généralement à l'origine de l'incapacité du client à honorer ses engagements contractuels d'un crédit, nous pouvons citer :

1° Les facteurs propres à l'emprunteur

- ✓ La moralité de l'emprunteur ou des dirigeants de l'emprunteur personne morale ;
- ✓ La capacité technique des dirigeants de l'emprunteur personne morale ;

- ✓ La situation financière de l'emprunteur ;
- ✓ La situation commerciale et industrielle ;
- ✓ Le climat social caractérisé par des conflits au sein de la personne morale emprunteuse ;
- ✓ La mégestion.

2° Les facteurs exogènes à l'emprunteur

- ✓ L'insécurité causée par des troubles ou guerres ;
- ✓ La conjoncture économique et politique ;
- ✓ La conjoncture politique ;
- ✓ Les catastrophes naturelles.

Les facteurs exogènes, présentés ci-haut constituent ce qu'on appelle généralement le risque pays. Il s'agit d'un risque associé au contexte économique, social et politique du pays d'origine de l'emprunteur. Le risque pays peut surtout apparaître lorsqu'il s'agit de prêts à des gouvernements ou à des organismes qui en dépendent. De tels crédits n'étant généralement pas assortis de garanties, il est recommandé d'évaluer en profondeur et en détail les prêts ou les investissements à l'étranger, que l'emprunteur soit public ou privé.

Il existe aussi une composante du risque pays appelée « risque de transfert », *qui survient lorsque l'obligation d'un emprunteur n'est pas libellée dans la monnaie locale*. Il peut arriver que l'emprunteur, quelle que soit sa situation financière, ne puisse disposer de la devise dans laquelle l'obligation est libellée.

Comme indiqué dans le chapitre précédent, d'un point de vue prudentiel, les banques sont tenues d'évaluer régulièrement, au moins une fois par trimestre, leur portefeuille des crédits pour identifier les crédits litigieux. Cependant, de sérieux problèmes bancaires ont été enregistrés à la suite de l'incapacité ou au manque de volonté de certaines banques d'identifier et de constater à temps les crédits dégradés ou litigieux et les provisions y relatives et de suspendre, si nécessaire, la comptabilisation des revenus d'intérêts.

C'est ainsi que le Comité de Bâle dans ses recommandations relatives au risque de crédit recommande aux banques d'évaluer et de calculer, à chaque clôture, les pertes de crédit attendues. Pour ce faire, il établit comme sixième principe que *« pour procéder à l'évaluation et au calcul de ses pertes de crédit attendues, il importe que chaque banque exerce un jugement de crédit éclairé, tenant compte en particulier d'informations prospectives, raisonnables et justifiables, facteurs macroéconomiques compris »*. Le comité considère que l'examen objectif d'informations prospectives ne doit pas faire l'objet de spéculations ou de supposition, et il attend de la direction d'une banque qu'elle fasse preuve d'un jugement de crédit éclairé lorsqu'elle étudie de futurs scénarios et qu'elle envisage les conséquences potentielles de la survenue de certains événements ainsi que leur incidence sur le calcul des pertes de crédit attendues (Expected Crédit Loss, ECL en sigle). Une surveillance appropriée ainsi qu'un système efficace de contrôles internes devraient éviter tout biais dans le processus d'évaluation et de calcul des pertes de crédit attendues.

Cette notion des pertes attendues est encadrée par la norme comptable internationale IFRS 9, portant sur les instruments financiers. Selon les dispositions de cette norme, la perte attendue est obtenue en mettant en relation trois variables, à savoir, la probabilité de défaut (Probability of Default : **PD**), le taux de perte en cas de défaut (Loss Given Default : **LGD**) et l'exposition en cas de défaut (Exposure at Default : EAD). Le calcul de la perte attendue sur les crédits (Expected Crédit Loss : ECL) peut ainsi être présenté par la formule suivante :

ECL = PD*LGD*EAD

VI.2.2 Risque de marché

Le risque de marché peut être appréhendé comme le risque de pertes liées aux variations défavorables des prix du marché ou de la volatilité des actifs et des engagements financiers de la banque. Partant de cette définition du risque de marché, l'on s'accorde sur le fait qu'il est un risque tributaire de la fluctuation des cours des composantes de marché. Ce risque comprend généralement le **risque de taux d'intérêt**, le **risque sur les titres** (actions, obligations…) et le **risque de change**.

Le risque de marché provient principalement de l'incertitude résultant de changement dans les conditions du marché et ne survient que lorsque la variation de la valeur marchande prend une direction contraire à celle espérée ou souhaitée. Ce qui entraîne une perte pour la banque sous diverses formes, notamment la marge nette négative, les pertes de change et les provisions sur les titres.

Le risque de taux d'intérêt est la sensibilité au taux d'intérêt associée à la marge nette entre le taux que la banque applique à ses actifs et le taux auquel elle contracte les emprunts ou elle rémunère les ressources collectées auprès du public, pour financer ses actifs.

Le risque sur les titres correspond à la probabilité de baisse de valeur du portefeuille des titres (obligation, action…) détenus par une banque à la suite d'une évolution défavorable de la valeur des cours sur le marché financier. Il s'agit en effet d'un risque qui se traduit par la variation baissière du cours des titres détenus, indépendamment du risque de contrepartie.

Le risque de change résulte d'une évolution adverse des prix des devises étrangères converties en monnaie nationale en raison d'une position ouverte, courte ou longue. Les risques inhérents aux opérations de change augmentent généralement en période d'instabilité de change. Nous pouvons l'appeler risque sur la position de change.

Dans une situation où la monnaie locale serait en train de perdre sa valeur (dépréciation de la valeur de la monnaie), une banque qui détient une position courte en devises va nécessairement enregistrer des pertes de change. A contrario, en cas de position longue, la banque va enregistrer des gains de change.

Évidemment, certaines banques en RDC préfèrent violer la norme relative à la position change, en gardant une position longue supérieure au seuil réglementaire. Ce qui leur permet de réaliser généralement des gains de change, car en RDC, on se retrouve très souvent en situation de dépréciation que d'appréciation de la monnaie nationale. Le tableau 51 ci-dessous illustre cette situation :

Tableau 51 : Illustration de gain de change à la suite d'une position de change longue

	Avoirs	Engagements	Position de change	Observation
En USD	45 000 000	32 000 000	13 000 000	Position longue
Taux de change au 15/01/2023	2 000	2 000	2 000	
Contrevaleur en CDF	**90 000 000 000**	**64 000 000 000**	**26 000 000 000**	
Taux de change au 30/10/2023	2 500	2 500	2 500	
Contrevaleur en CDF	**112 500 000 000**	**80 000 000 000**	**32 500 000 000**	
Variation	22 500 000 000	16 000 000 000	6 500 000 000	
Observation	Gain de change	Perte de change	Gain de change	En net, la banque réalise un gain de change de MCDF 6 500

Source : Cas illustratif conçu par l'auteur

S'il est vrai que le risque de marché n'est généralement pas le plus important des risques auxquels les banques de droit congolais doivent faire face, le régulateur a néanmoins pris des dispositions concernant son évaluation et sa prise en compte dans la détermination de la solvabilité. Toutefois, pour son évaluation, le régulateur recommande la prise en compte de la seule composante risque de change, qui est déterminé à partir de la position de change.

Cependant, au cas où une banque souhaiterait réaliser des opérations de marché au sens large, en effectuant également les opérations sur titres de transaction ou des opérations de titrisation, elle doit en aviser la Banque centrale du Congo qui leur indiquera les modalités de calcul de l'exigence en fonds propres correspondante, en fonction des opérations envisagées.

VI.2.3. Risque de liquidité

Le risque de liquidité résulte de l'incapacité d'une banque à faire face à une réduction de son passif ou à financer un accroissement de son actif, à court terme.

Ce risque tient à la possibilité qu'une institution bancaire ne soit pas en mesure de rencontrer une demande de liquidités ou de s'acquitter de ses obligations, en raison soit de l'indisponibilité des ressources liquides, soit de son incapacité à réaliser ses actifs ou à réunir des fonds liquides dans une période de trente (30) jours.

En cas d'une situation de presse négative sur une institution bancaire, cette dernière peut faire face à une demande accrue et anormale des retraits de fonds de la part de ses clients déposants. Plus précisément, si elle se retrouve en incapacité de répondre à ces demandes grâce à ses propres ressources liquides, elle sera contrainte d'obtenir ces fonds à un coût supérieur à la normale. Ce qui peut l'amener à une situation d'insolvabilité.

Il est évident que les banques peuvent obtenir des prêts de dernier ressort auprès de la BCC dans les situations critiques, mais elles doivent aussi mettre en place des stratégies appropriées pour répondre à leurs besoins de liquidités dans toutes les monnaies courantes utilisées dans leurs opérations. Il s'agit notamment du franc congolais (CDF), du dollar américain (USD) et de l'euro (€). L'économie de la RDC étant dollarisée à plus de 85 %, les pressions relatives aux besoins en liquidité sont souvent libellées en USD. Les banques ne peuvent pas ainsi espérer recourir à la BCC pour couvrir leur besoin en liquidité en cette devise étrangère. Elles doivent, par conséquent, disposer des mécanismes appropriés de financement auprès des correspondants bancaires locaux ou étrangers.

De ce qui précède, nous comprenons que les banques sont tenues de gérer avec efficacité le risque de liquidité afin d'éviter de se retrouver à la longue dans une situation d'insolvabilité.

VI.2.4. Risque opérationnel

Les principales catégories de risques opérationnels sont liées à des carences ou défaillances dans les processus de contrôle interne et les systèmes d'information, à des défaillances du personnel et/ou à une mauvaise gouvernance de l'institution. Ces carences ou insuffisances peuvent entraîner des pertes financières par suite d'erreurs, de fraudes ou de l'incapacité de s'exécuter à temps ou nuire d'une manière quelconque aux intérêts de la banque, notamment parce que les opérateurs, responsables ou autres agents, auront outrepassé leurs pouvoirs ou effectué leur activité sans respecter les principes de déontologie ou de prudence.

D'autres aspects du risque opérationnel résident dans de graves défaillances des systèmes d'information ou dans des événements tels qu'un gros incendie ou un désastre.

Le risque opérationnel peut ainsi être capté sous diverses formes, à savoir le risque lié au système d'information, le risque lié aux procédures, le risque lié aux ressources humaines et le risque de non-conformité.

Le risque lié au système d'information se rapporte à une défaillance matérielle ou immatérielle des équipements et outils du système d'information, occasionnant des erreurs et des cas de fraude interne et externe au sein de la banque.

Le risque lié aux procédures est dû à la carence ou l'insuffisance des procédures de contrôle interne au sein de la banque. Il peut s'agir également du non-respect volontaire ou involontaire (ignorance) des procédures internes de la banque, occasionnant ainsi les erreurs d'enregistrement ou de saisie des opérations, d'évaluation des dossiers de demande de crédit, de mise en place des crédits et de revue ou de contrôle des opérations.

Le risque des ressources humaines est né du fait des erreurs du personnel, expliquées par l'incompétence, l'ignorance volontaire ou effective des procédures et règles déontologiques, le manque d'information et l'absentéisme. Ce risque peut être involontaire ou naître d'une intention délibérée, résultant souvent d'une intention frauduleuse. Les « erreurs involontaires » sont souvent coûteuses et leur prévention nécessite des contrôles adéquats et effectifs à tous les niveaux (supervision du préposé, contrôle permanent, conformité, audit interne et gestion des risques). Quant au « risque volontaire », il peut s'agir entre autres de la simple inobservation expresse de la politique et des procédures de l'institution et de la réalisation ou participation aux (des) opérations frauduleuses.

Le risque de non-conformité résulte de la non-observation, par les employés et/ou dirigeants, des dispositions légales et réglementaires applicables à la banque, exposant ainsi cette dernière aux sanctions administratives, pécuniaires et pénales.

VI.2.5. Risque de réputation

Le métier de la banque repose sur la cofinance. C'est parce qu'il y a confiance que les clients achètent les produits et services offerts par la banque. Ils lui confient leurs fonds sous forme de dépôts, ils effectuent les paiements via les banques et sollicitent les conseils auprès d'elles. La confiance accordée à une banque est tributaire de sa **réputation**.

Dès lors, toutes les banques sont tenues de préserver ce capital précieux qu'est la **réputation**. Elles doivent veiller à ce que leur réputation ne soit pas atteinte.

Le risque de réputation est perçu comme l'atteinte de la confiance qu'une banque doit inspirer au marché et à ses différents partenaires : sa clientèle, ses correspondants locaux et internationaux, ses bailleurs de fonds, son personnel, ses fournisseurs et prestataires de services, à la suite de dysfonctionnements opérationnels, de la non-conformité aux lois et réglementations en vigueur et des couvertures médiatiques négatives sur elle ou de tout autre événement impactant négativement son image.

La réputation d'une banque peut être entachée également à cause d'une relation établie avec un client, si celui-ci est impliqué dans les activités criminelles[66].

La réputation étant le socle de l'activité bancaire, son atteinte qui se traduit par la perte de confiance peut entraîner des répercussions négatives, déplorables et défavorables sur la banque concernée et/ou tout le système bancaire, voire financier dans son ensemble[67]. Parmi ces effets désastreux, nous pouvons lister notamment :

- ✓ Fermeture accélérée de plusieurs comptes, à l'initiative des clients ;
- ✓ Retraits massifs des déposants ;
- ✓ Méfiance et perte de correspondants ;
- ✓ Crise de liquidité ;
- ✓ Détérioration de la qualité du portefeuille des crédits ;
- ✓ Baisse des revenus ;
- ✓ Augmentation du nombre de litiges et plaintes.

Surement, du fait de la nature de leurs activités qui nécessite un niveau élevé et accru de confiance du marché, le risque de réputation est extrêmement préjudiciable aux banques.

Pour ce faire, les organes de gouvernance de chaque banque doivent mettre en place des politiques et des procédures adéquates et prendre des mesures nécessaires et efficaces à temps, pour éviter la survenance de tout événement susceptible d'entacher la réputation de leur banque et/ou de tout le système bancaire.

VI.3. Dispositif de gestion des risques

La gestion des risques est un processus mis en œuvre par les membres de l'organe délibérant, le comité de direction et les préposés à cette tâche, pour identifier les risques inhérents à l'activité de la banque et prendre les mesures adéquates, afin de s'assurer que la prise de risques au sein de l'institution reste dans un niveau acceptable.

Chaque banque doit ainsi élaborer une politique et des procédures de gestion de risque bien établies et formelles. Elles sont dites formelles

---

[66] Avant de vendre des services et produits, sous forme de crédit, de conseil, de facilitation de paiement et des gestions des dépôts, à un client, la banque doit mettre en œuvre les diligences nécessaires pour s'assurer que l'opération ou la relation en cause ne comporte ou ne présente pas un risque de réputation.

[67] Si là l'institution dont la réputation est atteinte est une banque systémique.

lorsqu'elles sont suffisamment documentées (écrites) et approuvées par le Conseil d'administration.

Autant, l'organe délibérant doit veiller à ce que la banque dispose d'un code de conduite et d'éthique et de pratiques de gouvernance rigoureuses. Néanmoins, la seule mise en place des politiques et procédures formelles, du code de conduite et d'éthique ne suffit pas pour avoir un dispositif de gestion des risques adéquat, solide et efficace. Dès lors, il faut également :

✓ mettre en place un programme effectif et annuel (à minima) de sensibilisation et de formation de l'ensemble du personnel sur les politiques, les procédures ainsi que le code de conduite et d'éthique de la banque ;

✓ mettre en place un programme annuel (au minimum) de sensibilisation de l'ensemble du personnel, y compris les membres du Conseil d'administration, sur les conséquences désastreuses[68] de la non-application des lois et réglementations auxquelles la banque est assujettie ;

✓ mettre en place un programme annuel (au minimum) de sensibilisation de l'ensemble du personnel sur les conséquences désastreuses[69] de la non-mise en œuvre effective des politiques et procédures mises en place par la banque, ainsi que les responsabilités de chacun en cas de non-conformité ;

✓ mettre en place au sein de la banque une fonction de la gestion des risques et des comités spécialisés en charge de la même question, au sein de l'organe délibérant et du comité de direction ;

✓ mettre en place un dispositif d'identification, d'analyse, de mesure, de surveillance, d'atténuation et de maîtrise des risques (Cartographie des risques).

VI.3.1 Organes de gestion des risques

Conformément aux dispositions de l'instruction n° 22, modification 2, aux établissements de crédit et sociétés financières, relative à la gestion des risques, les banques sont astreintes de mettre en place les organes et fonctions ci-après, pour la gestion des risques :

(1) Une direction opérationnelle en charge de la fonction de la gestion des risques ;

(2) Un comité interne opérationnel de gestion des risques ;

(3) Un sous-comité des risques au sein du Conseil d'administration.

A. <u>Direction de gestion des risques</u>

La direction de la gestion des risques joue un rôle primordial dans la détection et la gestion des risques au sein de la banque. Il est appelé à assister

[68] Il s'agit des conséquences sur la banque, le personnel et l'écosystème.

[69] Il s'agit des conséquences sur la banque, le personnel et l'écosystème.

le comité de direction, les unités opérationnelles de la banque et le sous-comité des risques, à évaluer les différents risques auxquels la banque est exposée.

La direction de cette fonction de gestion des risques est confiée à un responsable qui doit avoir un rang (grade) élevé au sein de l'organisation[70] et doit être rattaché hiérarchiquement à l'organe exécutif. D'un point de vue fonctionnel, il est également rattaché au Conseil d'administration via le sous-comité des risques, auquel il rapporte directement ses activités.

En collaboration avec les unités opérationnelles concernées, la direction de la gestion des risques évalue les risques inhérents à chaque nouveau produit ou à un projet.

Aussi, en cas d'identification d'une opération ou transaction qui dépasse le seuil de tolérance au risque approuvé par l'organe délibérant, le responsable de cette direction a l'obligation d'informer immédiatement ce dernier et la Banque centrale du Congo.

En vue de leur permettre d'accomplir leur mission avec succès, la direction de la gestion des risques doit avoir un droit d'accès sans limitation à l'ensemble des informations utiles et dans tous les domaines d'activité de la banque.

B. Comité interne opérationnel de gestion des risques

Ce comité, qui est composé principalement des responsables des lignes opérationnelles[71] et ceux des fonctions de contrôle interne, a pour mission la gestion et la surveillance des risques auxquels l'institution est exposée, sous la tutelle du comité de direction. Il s'agit en fait d'un sous-comité de l'organe exécutif, qui est appelé à faire des propositions d'aménagement du système de limites ou de gestion des risques, à l'organe délibérant.

Le comité opérationnel de gestion des risques est chargé notamment de (d') :

✓ veiller à l'application stricte de la politique d'appétence au risque approuvée par le Conseil d'administration ;

✓ veiller au respect rigoureux des limites fixées par le Conseil d'administration et d'analyser les indicateurs d'alerte et de surveillance des risques ;

✓ assurer la revue des anomalies identifiées et le suivi des mesures de remédiation nécessaires, décidées et mises en œuvre.

La présidence et le secrétariat de ce comité sont assurés respectivement par un membre du comité de direction, de préférence un des directeurs généraux de la banque, et par le responsable de la fonction de gestion des risques.

Pour des raisons d'efficacité opérationnelle, ce comité doit se réunir au moins une fois chaque mois.

[70] Pour plus de détail, se référer au chapitre II de cet ouvrage portant sur la structure organisationnelle et gouvernement d'entreprise dans les banques.

[71] Y compris le responsable de la direction ou du service du système d'information.

C. <u>Sous-comité de gestion des risques</u>

Ce sous-comité est un comité spécialisé du Conseil d'administration, qui assiste ce dernier dans la définition des orientations stratégiques relatives aux risques et de la politique d'appétence au risque, dans la fixation de la tolérance au risque ainsi que les seuils éventuels y relatifs et dans le contrôle des activités de la gestion des risques.

Le travail de ce comité est réalisé sur la base des informations transmises par l'organe exécutif et la direction de la gestion des risques.

La présidence et le secrétariat du comité spécialisé de gestion des risques au sein du Conseil d'administration sont assurés par un administrateur indépendant et par le responsable de la direction de gestion des risques.

VI.3.2 Cartographie des risques

Comme indiqué dans les lignes précédentes, le risque est au cœur de l'activité bancaire. Toute banque doit, par conséquent, tout mettre en œuvre pour réunir les moyens nécessaires devant permettre à ses dirigeants (organes de gouvernance) de mettre en place des politiques, procédures, pratiques managériales et actions, adaptées à la nature de ses activités, afin de maintenir l'ensemble des risques y sont associés à un niveau acceptable, pour atteindre ses objectifs.

Pour y arriver, les banques sont tenues d'établir une cartographie des risques qui est vue et considérée par la plupart des régulateurs et professionnels du secteur bancaire, comme un outil incontestable et la pierre angulaire de toute opérationnalisation de la gestion des risques.

En RDC, toute banque est tenue de mettre en place une cartographie des risques, validée par l'organe exécutif et approuvée par le Conseil d'administration, qui doit (BCC, instruction n° 22, 2023) :

✓ répertorier exhaustivement les risques auxquels elle est exposée ;

✓ évaluer les risques identifiés ;

✓ définir les mécanismes et les actions à mettre en œuvre pour atténuer ces risques ;

✓ déterminer les risques résiduels, après mise en œuvre des mécanismes et actions d'atténuation des risques, et ce, en fonction de la politique d'appétence au risque[72] définie et approuvée par l'organe délibérant ;

✓ fixer le niveau de sensibilité des risques résiduels.

Cette cartographie des risques doit faire l'objet d'au moins une revue et une mise à jour chaque année.

Au vu des éléments présentés dans la cartographie des risques, de la situation de l'environnement politico-économique du pays, de la situation financière et celle des normes prudentielles, des attentes et du concours

[72] L'appétence au risque est le degré et le type de risque qu'une banque est disposée à assumer pour réaliser ses objectifs stratégiques et son plan d'activité.

(support) des actionnaires, le Conseil d'administration de la banque doit déterminer et approuver la tolérance au risque de la banque.

Par tolérance au risque, il faut entendre la limite absolue à laquelle la banque peut être exposée sans mettre en cause sa continuité d'exploitation.

Comme pour la cartographie des risques, la tolérance au risque doit être suffisamment documentée, révisée et approuvée par le Conseil d'administration, au moins une fois chaque année ou en tant que de besoin.

En cas de violation de ce seuil de tolérance au risque approuvé par l'organe délibérant, le responsable de la fonction gestion des risques au sein de la banque a l'obligation d'informer immédiatement le Conseil d'administration et la Banque centrale du Congo.

Concernant le niveau de risque résiduel dégagé dans la cartographie, il doit également être revu par le comité de direction, puis approuvé formellement par le Conseil d'administration. En cas de constat du caractère excessif et non conforme du risque résiduel résultant de la cartographie des risques, une réflexion doit être développée pour mettre en œuvre des mesures additionnelles adéquates d'atténuation du risque.

Comment élaborer cette cartographie des risques, outil indispensable, incontournable et réglementaire, en matière de la gestion des risques ? L'élaboration de la cartographie des risques est faite en six étapes, ci-après

(1) Identification et compréhension des risques ;
(2) Évaluation des risques ;
(3) Hiérarchisation des risques ;
(4) Plan d'action ;
(5) Révision des risques.

(1) <u>Identification et compréhension des risques</u>

Pour avoir une matrice exhaustive et de qualité de l'ensemble des risques auxquels la banque est exposée, au regard de ses activités, la direction de la gestion des risques doit organiser les entretiens avec les différentes lignes opérationnelles et les fonctions de contrôle, afin d'identifier et de comprendre les différents risques associés aux différentes activités de la banque. Cet exercice d'identification et de compréhension des risques ne doit pas être perçu comme un processus qui devrait être mené de manière isolée par une seule direction, en l'occurrence celle de la gestion des risques. Chaque unité opérationnelle et tous les responsables des lignes de service devraient être consultés.

De même, la direction de la gestion des risques en général et/ou le préposé chargé de la mise en place d'une cartographie des risques en particulier devrait mettre en œuvre les diligences nécessaires en termes de revue documentaire (organigramme, plan stratégique et objectif, politique et procédures internes, lois et réglementations en vigueur, rapports annuels de la BCC et de sa direction de supervision bancaire, rapports annuels de la banque…) pour disposer une connaissance suffisante de la banque et de l'environnement dans lequel elle évolue.

Cette étape est bouclée par l'élaboration d'une matrice comprenant les risques (15 à 30 en termes de nombre) dont la réalisation pourrait empêcher l'atteinte des objectifs de l'institution bancaire et sa continuité d'activité. À côté de chaque risque, il faut identifier ou désigner la personne responsable, appelée « **propriétaire du risque** ».

(2) <u>Évaluation des risques</u>

Se limiter simplement à identifier les risques et désigner les personnes responsables n'est pas suffisant pour créer une cartographie des risques adéquate et efficace. D'où la nécessité de réaliser à la deuxième étape une évaluation des risques identifiés. Il s'agit de répertorier les facteurs explicatifs (causes) du risque et d'en ressortir les effets en cas de sa réalisation.

Dans cette phase, il est question de déterminer la probabilité d'occurrence du risque, l'impact que cela pourrait avoir sur la banque en cas de réalisation et les facteurs compensatoires d'atténuation de la fréquence et/ou de l'impact (le niveau de maitrise du risque). L'évaluation résulte, en réalité, de la combinaison de ces trois facteurs : Probabilité d'occurrence (fréquence), impact et niveau de maitrise.

Le tableau 52 ci-dessous présente les échelles de notation de chaque facteur ainsi que les éléments d'appréciation.

Tableau 52 : Échelle de notation des facteurs d'évaluation des risques

I. PROBABILITÉ D'OCCURRENCE				
Échelle	**Faible (1)**	**Modérée (2)**	**Élevée (3)**	**Très élevée (4)**
Indicateurs de classification	Aucune fois tous les dix (10) ans (rare)	Une fois entre une période comprise entre trois (3) et dix (10) ans	Une fois dans une période supérieure à un (1) an et inférieure à trois (3) ans (possible)	Plusieurs fois par an (courante)
II. NIVEAU DE MAITRISE				
Échelle	**Optimal (1)**	**Élevé (2)**	**Modéré (3)**	**Faible (4)**
Indicateurs de classification	Des actions et mesures mises en place sont effectives, efficaces et correctement documentées, ne nécessitant pas des modifications ou améliorations urgentes (dans l'immédiat). Elles atténuent le risque à niveau résiduel très faible	Des actions et mesures mises en place sont correctement documentées, effectives et efficaces, mais nécessitent des modifications ou améliorations à moyen terme. Elles atténuent le risque à niveau résiduel moyen	•Des actions et mesures mises en place ne sont suffisamment documentées et implémentées. Elles ne permettent pas d'atténuer suffisamment le risque. De nouveaux dispositifs nécessitent d'être mis en place à très court terme, pour assurer la maitrise du risque	•Le risque reste émergent, avec une très faible maitrise de ses causes et enjeux. Absence de dispositifs de maitrise du risque ou dispositifs inefficaces et inadéquats, ne permettant pas à la banque d'avoir une bonne maitrise du risque et ses impacts potentiels
III. IMPACT (1/2)				
Échelle	**Faible (1)**	**Modéré (2)**	**Fort (3)**	**Très significatif (4)**
Financier	< 5 % du PNB	≥ 5 % du PNB et < 15 % du PNB	≥ 15 % du PNB et < 30 % du PNB	≥ 15 % du PNB et < 30 % du PNB
Continuité d'activité	Suspension ou arrêt d'activité pendant une période inférieure à sept (7) jours	Suspension ou arrêt d'activité pendant une période comprise entre sept (7) jours et vingt-et-un (21) jours	Suspension ou arrêt d'activité pendant une période supérieure à vingt-et-un (21) jours. Condamnation pénale des dirigeants	Perte de l'agrément /Dissolution
IMAGE	Absence ou faible impact médiatique sur la réputation	Presse négative partielle n'impactant pas de manière durable et significative la réputation de l'institution	Presse négative impactant significativement la réputation de l'institution sur une longue période, avec une perte de confiance partielle sur le marché	Presse négative impactant de manière irrévocable la réputation de l'institution, avec une perte quasi totale de la confiance sur le marché

III. IMPACT (2/2)				
Échelle	Faible (1)	Modéré (2)	Fort (3)	Très significatif (4)
STRATÉGIQUE	Retard dans l'atteinte des objectifs stratégiques à un niveau assez faible, soit au moins 80 % de taux de réalisation	Retard dans l'atteinte des objectifs stratégiques à un niveau raisonnable, soit un taux de réalisation compris entre 60 % et 79 %	Atteinte partielle des objectifs stratégiques, soit un taux de réalisation compris entre 40 % et 59 %	Taux de réalisation des objectifs médiocre, soit un taux maximum de 39 %

Source : Auteur sur base de ses recherches scientifiques et des observations notées sur le secteur bancaire congolais

<u>Hiérarchisation des risques</u>

L'évaluation de la probabilité d'occurrence, de l'impact et des dispositifs d'atténuation des risques, présentée à la deuxième étape ci-dessus, doit être documentée dans un rapport, puis insérée dans la **matrice d'évaluation de criticité des risques** où les risques sont classés selon un indice global calculé à partir de ces trois composantes.

Ci-dessous la figure 7 qui présente la hiérarchisation des risques, résultant de la matrice d'évaluation de criticité.

Figure 7 : Matrice d'évaluation de criticité des risques

Probabilité					
	Très élevée	2	3	4	4
	Élevée	2	3	3	4
	Modérée	1	2	3	3
	Faible	1	1	2	3
		Faible	Modéré	Significatif	Très significatif
		Impact			

Source : Figure conçue par l'auteur

De cette matrice, nous avons quatre (4) zones de criticité :

(1) Zone 1 : c'est la zone des risques acceptables ;
(2) Zone 2 : c'est la zone des risques à mitiger ;
(3) Zone 3 : c'est la zone des risques à mutualiser ou à transférer ;
(4) Zone 4 : c'est la zone des risques à éviter ou à transférer.

Une fois que les domaines à risque ont été évalués et hiérarchisés et que tous les scénarios possibles ont été présentés, il faut passer à la prochaine étape, qui consiste à formuler des recommandations et à prendre des mesures correctives afin de prévenir le risque ou au moins de réduire dans la mesure du possible ses conséquences néfastes en cas d'occurrence.

(3) <u>Plan d'action</u>

La hiérarchisation des risques permet de mettre en place un plan d'action qui inclut notamment des recommandations et des mesures appropriées et adéquates à mettre en œuvre par les différentes parties prenantes. Ce plan va constituer un guide pour l'ensemble des acteurs au sein de la banque, en commençant par les unités opérationnelles et les fonctions de contrôle. Ce plan d'action doit indiquer clairement les mesures nécessaires, les responsables de sa mise en œuvre ainsi qu'un calendrier.

La mise en place d'un tel plan d'action renforce certainement l'engagement des parties prenantes et aboutit à des résultats plus positifs, surtout quand il est effectivement porté par les organes de gouvernance (Conseil d'administration et comité de direction).

Il est indispensable d'assurer le suivi régulier de la mise en œuvre effective des recommandations et des mesures prévues dans le plan d'action. Autant, il convient d'évaluer son impact. Les résultats de suivi et d'évaluation doivent être communiqués aux responsables des unités opérationnelles et des fonctions de contrôle, au comité opérationnel de gestion des risques, à l'organe exécutif et au Conseil d'administration (à travers le comité des risques).

Cet exercice de communication va permettre aux différentes parties prenantes de prendre les décisions idoines en temps utile.

(4) <u>Révision des risques</u>

Les activités et les produits de la banque, l'environnement dans lequel évolue celle-ci et les activités criminelles évoluent constamment, au point d'intensifier le niveau des risques et de générer les nouveaux risques. Il est donc essentiel de mettre à jour régulièrement la cartographie des risques et de suivre la mise en œuvre du plan d'action. Cette responsabilité de la révision régulière de la carte des risques associés aux activités de la banque incombe au comité de direction et à l'organe délibérant. Cette révision doit être réalisée au moins une fois chaque année.

Étant donné que les risques bancaires ne sont pas statiques, la démarche initiale consistant à les identifier et à les comprendre, à les évaluer, à les hiérarchiser et à mettre en place un plan d'action doit être mise à jour régulièrement, au moins une fois chaque année. Ce qui permettra à la banque de prendre en compte les nouvelles menaces et de s'assurer que les principaux risques identifiés sont correctement gérés, suivant la criticité de chacun.

Parmi les activités que l'on retrouve dans la révision de la cartographie des risques, nous pouvons lister entre autres :

- ✓ La vérification de l'effectivité du plan d'action ;
- ✓ L'évaluation de l'efficacité des contrôles ;
- ✓ L'analyse de l'évolution et des tendances des menaces (risques) ;
- ✓ L'identification des changements dans le contexte interne et externe à la banque, notamment le lancement de nouveaux produits, la mise en œuvre de nouveaux projets, l'évolution du cadre légal et réglementaire, l'évolution de l'environnement politique et social, le climat des affaires ;
- ✓ L'identification de nouveaux risques.

En somme, nous pouvons conclure cette section relative à la cartographie des risques, en soulignant que cet outil important présente une situation à moment donné. Il doit ainsi évoluer au gré du profil des risques, qu'ils soient internes ou externes, et de l'adéquation et efficacité des mesures mises en place.

En guise de conclusion de ce chapitre, nous pouvons souligner que, du fait de la nature de leurs activités, les banques sont appelées à prendre des risques très diversifiés. Les organes de gouvernance, dont notamment l'organe exécutif et l'organe délibérant, doivent bien appréhender les risques inhérents à l'activité bancaire et s'assurer de leur contrôle.

En effet, la poursuite effrénée de la rentabilité incite certains dirigeants à prendre certaines décisions qui exposent leur banque à plusieurs risques, dont la réalisation pourrait conduire à sa faillite ou à sa dissolution volontaire ou involontaire. Parmi ces risques, l'on peut citer le risque de contrepartie, le risque opérationnel et le risque réputationnel.

Nous recommandons ainsi aux banques de mettre en place un processus de gestion des risques via la cartographie des risques, qui soit **pérenne**, **dynamique et continu**, porté par les organes de gouvernance et **révisé** régulièrement.

BIBLIOGRAPHIE

1. Association congolaise des banques ASBL (2012), Statuts coordonnés, Kinshasa.
2. Banque centrale du Congo (2010), instruction n° 9 relative au Guide comptable des établissements de crédit, Kinshasa, RDC.
3. Banque centrale du Congo (2018), instruction n° 16 aux établissements de crédit, portant règles prudentielles relatives à la classification et au provisionnement des créances, modification n° 3, Kinshasa.
4. Banque centrale du Congo (2018), instruction n° 36 aux établissements de crédit et institutions de microfinance, relative à la continuité d'activité, Kinshasa.
5. Banque centrale du Congo (2019), instruction n° 14 aux banques, relative aux normes prudentielles de gestion, modification n° 7, Kinshasa.
6. Banque centrale du Congo (2019), instruction n° 40 aux établissements de crédit et aux institutions de microfinance, relative à la publication des conditions de banque, Kinshasa.
7. Banque centrale du Congo (2020), instruction n° 15, relative à la lutte contre le blanchiment des capitaux et financement du terrorisme, modification n° 2, Kinshasa, RDC.
8. Banque centrale du Congo (2021), instruction n° 44 aux établissements de crédit et institutions de microfinance, relative à la suspension de l'application de certaines dispositions règlementaires suite à la pandémie du Coronavirus Covid-19, modification n° 1, Kinshasa.
9. Banque centrale du Congo (2023), instruction n° 17, aux établissements de crédit et sociétés financières, relative aux règles prudentielles en matière de contrôle interne, modification n° 3, Kinshasa.
10. Banque centrale du Congo (2023), instruction n° 18, relative aux conditions d'agrément des établissements de crédit, de leurs dirigeants et modification de leurs situations statutaires, modification n° 3, Kinshasa.
11. Banque centrale du Congo (2023), instruction n° 19, relative à l'exercice des fonctions de commissaires aux comptes dans les établissements de crédit et les sociétés financières, modification n° 2, Kinshasa.
12. Banque centrale du Congo (2023), instruction n° 22 aux établissements de crédit, relative à la gestion des risques, modification n° 2, Kinshasa.
13. Banque centrale du Congo (2023), instruction n° 21, relative au gouvernement d'entreprise des établissements de crédit, modification n° 2, Kinshasa.
14. Banque centrale du Congo (2023), instruction n° 55 aux établissements de crédit et sociétés financières, relative à la discipline de marché, Kinshasa.
15. Banque centrale du Congo, instruction n° 23 aux établissements de crédit, relative à l'exercice du pouvoir disciplinaire de la Banque centrale du Congo, Kinshasa, RDC.

16. Banque centrale du Congo (2019), Rapport annuel 2018, Kinshasa.
17. Banque centrale du Congo (2020), Rapport annuel 2019, Kinshasa.
18. Banque centrale du Congo (2021), Rapport annuel 2020, Kinshasa.
19. Caprio G., Laeven L. et Levine R. (2004), “Governance and bank valuation”, [revue électronique] WPS 3202. Disponible sur : Documents.worldbank.org [consulté le 14 juin 2023].
20. Deloitte Service SARL (2015), Le secteur bancaire en République démocratique du Congo, Kinshasa, décembre.
21. Echaudemaison, C. *et al.* (1993), *Dictionnaire d'Économie*, 2e éd. Édition Nathan, Paris.
22. Fédération des entreprises du Congo (2011), *Statuts révisés et coordonnés*, Kinshasa.
23. Fonds monétaire international (2022), République démocratique du Congo – rapport d'assistance technique – revue de stabilité du secteur financier, Rapport du FMI n° 22/285, Washington.
24. Groupe d'Action contre le blanchiment d'argent en Afrique centrale (2021), Rapport d'évaluation mutuelle sur les mesures de lutte contre le blanchiment en République démocratique du Congo.
25. *Journal officiel de l'OHADA* (2014), « Acte uniforme relatif au droit des sociétés commerciales et du Groupement d'intérêt économique », Ouagadougou.
26. *Journal officiel de l'OHADA* (2017), « Acte uniforme relatif au droit comptable et l'information financière et système comptable OHADA (SYSCOHADA) », Ouagadougou.
27. *Journal officiel de la RDC* (2004), « Décret n° 04/049 du 20 mai 2004 complétant l'ordonnance n° 77-332 du 30 novembre 1977 fixant les modalités d'application obligatoire du plan comptable général congolais », Kinshasa.
28. *Journal officiel de la RDC* (2004), « Loi n° 04/016/ du 19 juillet 2004, portant lutte contre le blanchiment de capitaux et le financement du terrorisme », Kinshasa.
29. *Journal officiel de la RDC* (2019), « Loi n° 18/027 du 13 décembre 2018, portant organisation et fonctionnement de la BCC », Kinshasa.
30. *Journal officiel de la RDC* (2023), « Loi n° 22/068 du 27 décembre 2022, portant lutte contre le blanchiment de capitaux et le financement du terrorisme et de la prolifération des armes de destruction massive », Kinshasa.
31. King R.G. and Levine R. (1993), “Finance and Growth: Schumpeter might be right”, *The Quarterly Journal of Economics*, volume 108, n° 3, Oxford University Press.
32. Lawarée Aurélie (2020), « L'évaluation globale des risques dans la lutte contre le blanchiment de capitaux et le financement du terrorisme : efficacité et enjeux », mémoire de Master en ingénieur de gestion à finalité spécialisée en analytics & digital business. Namur : University of Namur.
33. Levine R. (1996), “Financial development and economic growth: views and agenda”, [revue électronique] WPS 1678. Disponible sur : Documents.worldbank.org [consulté le 11 novembre 2023].
34. Mishkin F., Bordes C., Hautcœur P.-C. et Lacoue-Labarthe D. (2007) *Monnaie, banque et marchés financiers*, 8e éd. Nouveaux horizons, Paris.
35. Nzoimbengene B.D. (2017), « Restructuration, prolifération des banques et performance du système bancaire congolais ». Mémoire de Diplôme d'Études

approfondies : Administration des affaires. Kinshasa : Université protestante au Congo.
36. Nzoimbengene B.D. (2020), *Comptabilité des sociétés suivant le système comptable OHADA révisé*, Éditions Cepas, Kinshasa.
37. Ogien D. (2008), *Comptabilité et audit bancaire*, 2e éd. Dunod, Paris.
38. Sardi A. (2008), *Pratique de la comptabilité bancaire*, édition Afges, Paris.
39. Union économique et monétaire ouest-africaine (2022), [revue électronique] « Loi-cadre portant réglementation bancaire ».
40. Vernier E. (2008), *Techniques de blanchiment et moyens de lutte*, 2e ed. Dunod, Paris.

Structures éditoriales du groupe L'Harmattan

L'Harmattan Italie
Via degli Artisti, 15
10124 Torino
harmattan.italia@gmail.com

L'Harmattan Hongrie
Kossuth l. u. 14-16.
1053 Budapest
harmattan@harmattan.hu

L'Harmattan Sénégal
10 VDN en face Mermoz
BP 45034 Dakar-Fann
senharmattan@gmail.com

L'Harmattan Cameroun
TSINGA/FECAFOOT
BP 11486 Yaoundé
inkoukam@gmail.com

L'Harmattan Burkina Faso
Achille Somé – tengnule@hotmail.fr

L'Harmattan Guinée
Almamya, rue KA 028 OKB Agency
BP 3470 Conakry
harmattanguinee@yahoo.fr

L'Harmattan RDC
185, avenue Nyangwe
Commune de Lingwala – Kinshasa
matangilamusadila@yahoo.fr

L'Harmattan Congo
219, avenue Nelson Mandela
BP 2874 Brazzaville
harmattan.congo@yahoo.fr

L'Harmattan Mali
ACI 2000 - Immeuble Mgr Jean Marie Cisse
Bureau 10
BP 145 Bamako-Mali
mali@harmattan.fr

L'Harmattan Togo
Djidjole – Lomé
Maison Amela
face EPP BATOME
ddamela@aol.com

L'Harmattan Côte d'Ivoire
Résidence Karl – Cité des Arts
Abidjan-Cocody
03 BP 1588 Abidjan
espace_harmattan.ci@hotmail.fr

Nos librairies en France

Librairie internationale
16, rue des Écoles
75005 Paris
librairie.internationale@harmattan.fr
01 40 46 79 11
www.librairieharmattan.com

Librairie des savoirs
21, rue des Écoles
75005 Paris
librairie.sh@harmattan.fr
01 46 34 13 71
www.librairieharmattansh.com

Librairie Le Lucernaire
53, rue Notre-Dame-des-Champs
75006 Paris
librairie@lucernaire.fr
01 42 22 67 13

www.ingramcontent.com/pod-product-compliance
Lightning Source LLC
LaVergne TN
LVHW080930071026
849535LV00013B/4156
* 9 7 8 2 3 3 6 4 4 5 5 5 7 *

L'INTELLIGENCE ÉCONOMIQUE EN AFRIQUE ET DANS LE MONDE

Les Afriques de demain
Collection dirigée par Driss Guerraoui et Alioune Sall

La collection « Les Afriques de demain » vise à promouvoir les publications axées sur l'analyse des transformations que connait l'Afrique pour en dégager les inflexions majeures et les ruptures fondamentales, identifier les facteurs et les acteurs du changement, et mettre en exergue la prospective des stratégies de développement pouvant permettre aux États et aux peuples du continent de lutter contre les nouvelles générations d'insécurité, de risques et de guerres.

Le champ d'action de la collection englobe les questions économiques, sociétales et géostratégiques, les sciences politiques, l'histoire et les problématiques de nature culturelle et civilisationnelle.

Déjà parus

Vidal I. Ibarra-Puig, *Les relations économiques entre l'Afrique, l'Amérique latine et les Caraïbes. Histoire récente et perspectives dans un monde en crise*, 2024.
Xavier Aurégan et Thierry Pairault (dir.), *L'Afrique et ses présences chinoises*, 2024.
Driss Guerraoui, *L'enseignement et la recherche en sciences économiques dans les universités publiques marocaines*, 2024.
Driss Guerraoui (dir.), *L'Afrique de l'innovation. Politiques nationales et partenariats panafricains*, 2023.
Driss Guerraoui (dir.), *Marocains et Portugais. Regards croisés*, 2023.

Sous la direction de
Driss Guerraoui

L'INTELLIGENCE ÉCONOMIQUE EN AFRIQUE ET DANS LE MONDE

État des lieux et nouveaux champs

L'Harmattan

5-7, rue de l'Ecole-Polytechnique, 75005 Paris
http://www.editions-harmattan.fr
ISBN : 978-2-336-47934-7
EAN : 9782336479347

L'Université Ouverte de Dakhla, 2024
http://www.uodakhla.org
ISBN : 978-9920-28-134-8
Dépôt Légal : 2024MO4868
Nadacom Design

LISTE DES AUTEURS

M. Amine Mounir Alaoui, Membre du Conseil Economique, Social et Environnemental, **Maroc**

M. Driss Alaoui Mdaghri, Ancien Ministre, Premier Président de l'Association Marocaine d'Intelligence Economique, **Maroc**

Bahji Salah Eddine, Directeur de l'Institut National des Sciences de l'Information, **Maroc**

M. Arafet Ben Mabrouk, Expert en veille et intelligente compétitive, **Tunisie**

Mme Nadia Bernoussi, Professeure de Droit Constitutionnel, Membre de la Commission de Venise et du Comité consultatif des Droits de l'Homme à Genève, **Maroc**

M. Tawfik Boudchiche, Économiste-Expert en économie des territoires, **Maroc**

M. Moustapha Boulamine, Économiste, expert IES, Président de l'Association Nigérienne d'Intelligence Economique, Vice-président du FAAIE, **Niger**

M. Philippe Clerc, Président de l'Académie de l'Intelligence Economique, Président de l'Association Internationale Francophone d'Intelligence Economique, **France**

M. Henri Dou, Président du Conseil scientifique de l'Académie de l'Intelligence Economique, **France**

Mme Mouna El Haddani, Enseignante-chercheuse, GRANEM-Université d'Angers, Membre de l'Université Ouverte de Dakhla, **France**

M. Omar Ezziyati, Directeur Veille Stratégique, Innovation et Influence, Bank of Africa, Membre de l'Université Ouverte de Dakhla, **Maroc**

M. Driss Guerraoui, Président de l'Université Ouverte de Dakhla et du Forum des Associations Africaines d'Intelligence Economique, **Maroc**

M. Harouna Kaboré, Ancien Ministre, Expert en intelligence économique, **Burkina Faso**

M. Jean-Louis Levet, Économiste et Haut fonctionnaire, **France**

Mme Siham Harroussi, Vice-Présidente du FAAIE, Directrice Prospective, Relations Extérieures et Gouvernance, **Maroc**

James Rogers Kizito-Mayanja, Market Intelligence and Information Manager, **Uganda**

M. Mohamed Kaach, Professeur à l'Institut National des Sports, **Maroc**

Mme Caroline Sack Kendem, Vice-Présidente du FAAIE, Présidente Women Association For Technological Innovation, **Cameroun**

M. Paul Santilli, CEO, Strategic Consortium of Intelligence Professionals (SCIP), the **United States of America**

Mme Nisha Sewdass , Professor, College of Economics and Management Sciences, **Afrique du Sud**

M. Mamadou Lamine Sylla, Président de l'Association Malienne pour la Promotion de l'Intelligence Economique, **Mali**

M. Jamal Tsouli Moustaiked, Professeur à l'École des Sciences de l'Éducation, **Maroc**

M. El Mostafa Rezrazi, Senior Fellow at the Policy Center for the New South, **Maroc**

M. Mounir Rochdi, SG du FAAIE. Président de ThinkTankers, Expert international en Market et Competitive Intelligence, **Maroc**

M. Mahamadi Rouamba, Vice-Président du FAAIE, Président du Réseau des Professionnels de l'Intelligence Économique du Burkina Faso, **Burkina Faso**

AVANT-PROPOS

Le présent ouvrage s'appuie sur les actes de la 4e Rencontre du Forum des Associations Africaines d'intelligence économique, organisée à Dakhla, **sous le Haut Patronage de Sa Majesté le Roi Mohammed VI,** les 7 et 8 décembre 2023, sous l'égide de l'Association d'Études et de Recherches pour le Développement, dans le cadre d'un partenariat entre le Conseil de la Région de Dakhla Oued Eddahab, l'École Nationale de Commerce et de Gestion de Dakhla et l'Université Ouverte de Dakhla, sur le thème : **« Les nouveaux territoires de l'intelligence économique en Afrique et dans le Monde »**.

Cette Rencontre, à laquelle des personnalités académiques représentant l'Afrique, l'Asie, l'Amérique du Nord et l'Europe ont participé, a constitué une opportunité pour dresser un bilan des recherches et des études en intelligence économique menées en Afrique et dans le Monde. Ce bilan a été présenté par les présidents de l'Association Internationale des Professionnels de l'Intelligence Economique (SCIP), dont le siège est aux États-Unis, de l'Association Internationale Francophone d'Intelligence Economique (AIFIE),basée à Paris en France et du Forum des Associations Africaines d'Intelligence Economique (FAAIE) dont le siège est à Dakhla au Maroc, ainsi que par des experts, des chercheurs et des institutions publiques et privées du Maroc et de l'étranger, auxquels se sont associés des Doctorants de toutes les régions du Royaume du Maroc préparant des thèses sur le sujet de l'intelligence économique.

Cette rencontre a été marquée par la remise du Prix de l'Intelligence Economique en Afrique dans sa troisième édition, du Prix International « SCIP Leadership Award » de l'Association Internationale des Professionnels de l'Intelligence Economique, ainsi que par la signature de conventions de coopération entre l'Université Ouverte de Dakhla et des institutions Académiques Nationales et Africaines. Elle a connu, également, une cérémonie d'hommage rendu au professeur Driss Alaoui M'Daghri en sa qualité de membre fondateur et premier Président de l'Association Marocaine d'Intelligence Economique.

Elle a été, enfin, couronnée par la création d'un « **Centre International de Recherches et de Formation en Intelligence Economique** », érigeant ainsi la Ville de Dakhla en véritable capitale Africaine et Mondiale de l'intelligence économique et la plaçant en tant que pôle futur d'excellence en matière de renforcement des capacités africaines en intelligence économique et prospective des territoires.

Par ailleurs, cette rencontre a bénéficié de l'appui des Ministères de l'intérieur, des Affaires étrangères, de la Coopération africaine et des Marocains résidant à l'Étranger, de l'industrie et du commerce, de l'Enseignement supérieur, de la Recherche scientifique et de l'Innovation, de la wilaya de Dakhla Oued Eddahab, du Conseil de la Région de Dakhla Oued Eddahab, du Conseil Provincial de Oued Eddahab, du Conseil de la Commune de Dakhla, de l'Agence Marocaine de la Coopération Internationale, de la Caisse de dépôt et de gestion, de l'Office National des Chemins de Fer, de l'Académie du Royaume du Maroc, de l'Académie Hassan II des Sciences et Techniques, du Centre National pour la Recherche Scientifique et Technique, de Bank Al Maghreb, de Casablanca Finance City Authority, de la société Dari Couspate et de la Confédération Marocaine des Armateurs Industriels de la Pêche Pélagique.

Que toutes ces institutions trouvent dans cette publication l'expression de nos sincères remerciements et de notre profonde gratitude.

Driss Guerraoui

INTRODUCTION GÉNÉRALE

L'Intelligence Economique repose sur une démarche d'anticipation et une connaissance approfondie de l'environnement où évoluent les entreprises financières et non financières, les organisations publiques et les territoires, portées par un examen fouillé des réseaux d'acteurs, notamment économiques, afin de pouvoir agir et interagir face à une situation précise et à un contexte donné. La coordination des actions dans le cas d'un projet collectif au sein d'une organisation publique, privée, gouvernementale ou non gouvernementale, requiert une forte capacité à saisir les évolutions de l'environnement à chaque étape de la mise en œuvre d'une stratégie, afin de repérer les facteurs de changement, en identifiant les opportunités qu'il offre, mais aussi en mettant en exergue les risques, les menaces, les aléas, les incertitudes et les insécurités en vue de réévaluer en conséquence la stratégie arrêtée en vous d'y apporter les ajustements nécessaires.

Pour ce faire, l'État, les entreprises, les territoires et les autres acteurs économiques, y compris ceux issus de la société civile poursuivant des finalités économiques, sont appelés à construire un écosystème informationnel de veille stratégique environnementale à finalité opératoire pour atteindre des objectifs en matière d'innovation et de création de valeurs.

Pour répondre à ce défi, les décideurs et les développeurs ont impérativement besoin de nouveaux modes opératoires pour gagner la bataille redoutable de la souveraineté économique et de la sécurité globale en vue d'éviter les dépendances stratégiques et appréhender par l'information, le génie et la veille les mutations géopolitiques, économiques, sociales, culturelles, y compris sportives, ainsi que les ruptures technologiques et écologiques et les facteurs liés à l'attractivité extérieure, à l'image du territoire et à son rayonnement international

L'intelligence économique répond à toutes ces préoccupations. Son efficacité est devenue telle qu'elle en train de susciter de l'intérêt de la part de nombreux champs du savoir et d'acteurs institutionnels pour embrasser d'autres domaines de l'activité humaine à partir de démarches visant une application des outils et pratiques de l'intelligence Economique à ces champs et à ces domaines.

Le Forum des Associations Africaines d'Intelligence Economique (FAAIE), crée sous l'égide de l'Association d'Études et de Recherches pour le Développement par l'Université Ouverte de Dakhla, tout en essayant de faire un bilan raisonné de l'état de l'intelligence économique en Afrique et dans le Monde, tente par les travaux de sa 4e rencontre, d'explorer les nouveaux champs de l'intelligence économique qui sont en train de connaître un développement impressionnant et ce dans de nombreux domaines de l'activité humaine.

Aussi, le présent ouvrage dresse un panorama global et général de l'état de la recherche en intelligence économique en Afrique **(Nisha Sewdass)**, dans le Monde Anglophone hors Afrique **(Paul Santilli) et** dans le Monde Francophone hors Afrique **(Philippe Clerc et Henri Dou).**

Il met en exergue les expériences nationales Africaines, en particulier celles du Maroc **(Mounir Rochdi** et **Siham Harroussi)**, du Niger **(Boulamine Moustapha),** du Mali **(Mamadou Lamine Sylla)**, de l'Ouganda **(James Rogers Kizito-Mayanja)**, du Cameroun **(Caroline Sack Kendem)**, du Tchad (Adoum Youssouf), du Burkina Faso **(Mahamadi Rouamba)** et de la Tunisie **(Arafet Ben Mabrouk).**

Il examine les nouveaux champs de l'intelligence économique, notamment l'intelligence juridique **(Nadia Bernoussi)**, l'intelligence managériale **(Mouna El Haddani)**, l'intelligence financière **(Omar Ezziyati)**, l'intelligence territoriale **(Tawfik Boudchiche)**, l'intelligence sportive (**Mohamed Kaach** et **Jamal Tsouli Moustaiked)**, l'intelligence artificielle (**Amine Mounir Alaoui**), l'intelligence prospective (**El Mostafa Rezrazi)** et l'intelligence climatique (**Driss Guerraoui**).

Il livre des enseignements importants tirés des expériences de grands témoins de notre temps, acteurs représentant les nouveaux champs de l'intelligence économique, comme l'intelligence stratégique **(Jean-Louis Levet)**, l'intelligence politique **(Harouna Kaboré)**, l'intelligence compétitive **(Bahji Salah Eddine)** et l'intelligence humaine **(Driss Alaoui Mdaghri).**

En guise de synthèse, l'ouvrage met en perspective les transformations majeures que les écosystèmes nationaux d'intelligence économique en Afrique et dans le Monde connaissent, les complexités que ces transformations impulsent, en identifie les principaux défis à relever par les chercheurs, les experts, les praticiens et les décideurs, et apporte un éclairage sur ce que devraient être demain les missions et les ambitions des États, des territoires des entreprises et d'autres acteurs de l'économie et de la société à l'heure de la nouvelle ère de l'intelligence économique **(Driss Guerraoui)**.

Enfin, l'ouvrage se conclut par un hommage rendu au professeur Driss Alaoui Mdaghri, membre fondateur et de premier président de l'Association Marocaine d'Intelligence Economique.

I

L'ÉTAT DE LA RECHERCHE EN INTELLIGENCE ÉCONOMIQUE EN AFRIQUE ET DANS LE MONDE

L'ÉTAT DE LA RECHERCHE EN INTELLIGENCE CONCURRENTIELLE OU ÉCONOMIQUE EN AFRIQUE

Nisha Sewdass

Introduction

Un examen des études réalisées sur l'intelligence concurrentielle et économique indique que l'adoption de pratiques de l'intelligence concurrentielle (IC) en Afrique a pris de l'ampleur, notamment dans un certain nombre de secteurs industriels (Du Toit & Sewdass, 2014). En outre, plusieurs facteurs concourent, également, à l'application de l'intelligence concurrentielle ou économique, y compris le développement économique, l'infrastructure technologique des organisations et de la région, les paysages politiques des pays africains, ainsi que le paysage concurrentiel auquel chaque pays fait face (Perspectives économiques en Afrique, 2023).

Sewdass & Du Toit (2015) ont constaté que la pratique de l'IC est plus remarquable et plus mature au niveau des organisations telles que la finance, les télécommunications, l'agriculture, l'énergie et la technologie, et ce en raison des ressources qu'elles possèdent. Il est fort probable que les régions d'Afrique, dotées d'une meilleure infrastructure technologique, disposent des capacités d'IC plus avancées, étant donné que la technologie assure un rôle important dans la facilitation de ses pratiques. Koriyow & Karugu (2018 :372) estiment que "l'évolution rapide du climat des affaires, qui s'explique par les avancées technologiques, les changements économiques et sociaux ainsi que le raccourcissement rapide des cycles de vie des produits, qui conduit à une concurrence acharnée, exigent que les entreprises adoptent l'IC comme stratégie".

L'environnement réglementaire de chaque pays comporte des politiques et des pratiques qui régissent le recueil, l'utilisation et la protection des informations, ce qui peut avoir un impact sur les entreprises qui recueillent et utilisent l'IC. Il est essentiel d'adhérer aux réglementations en matière de protection des données et de la vie privée.

Alors que l'Afrique s'intègre de plus en plus dans l'économie mondiale, les entreprises reconnaissent l'importance de l'IC pour maintenir leur compétitivité à l'échelle mondiale. En opérant dans un environnement commercial dynamique et compétitif, elles se heurtent à un ensemble de défis, tels que la satisfaction des attentes et des demandes croissantes du marché, la mondialisation, les avancées technologiques et une concurrence accrue. Pour qu'elles puissent affronter efficacement cet environnement, elles doivent élaborer des stratégies et des techniques avancées propices à la prise de décision stratégique en fournissant des informations sur les opportunités et les menaces auxquelles elles doivent faire face en temps opportun (Kwahar, Umogbai, Adudu et Torough, 2023 :68).

Ezenwa, Stella et Agu (2018 :26) estiment que "l'IC constitue l'outil commercial le plus puissant du 21e siècle qui soutiendra les décideurs dans un marché de plus en plus concurrentiel. Elle peut être utilisée à des fins offensives et défensives". Dans la présente analyse, les termes "intelligence concurrentielle" et "intelligence économique" seront utilisés comme synonymes.

Ayant reconnu l'importance de l'IC, notre contribution s'articulera sur l'état de sa recherche en Afrique. Elle tentera de mettre en évidence les pays les plus avancés dans les pratiques l'IC et dans sa recherche, son écosystème, la méthodologie utilisée pour comprendre l'état de telle recherche en Afrique, et la discussion sur les pays africains qui y sont les plus actifs.

L'écosystème de l'IC

L'IC n'existe pas en vase clos, mais au sein d'un écosystème. Pour comprendre comment les entreprises mènent, analysent l'état de sa recherche, il s'avère nécessaire de souligner, également, le concept le plus large de l'écosystème commercial de ladite intelligence et les activités des différentes organisations dans son écosystème d'affaires. Celui-ci est né des travaux de Moore (1993), qui a considéré que « l'entreprise soit considérée non pas comme un membre d'une seule industrie, mais comme un élément d'un écosystème d'affaires qui englobe diverses industries ». Un écosystème comprend une panoplie de structures d'appui, telles que les fournisseurs, les distributeurs, les consommateurs, les pouvoirs publics, les processus, les produits, les universités et les concurrents. Le graphique (1) illustre l'écosystème de l'IC en Afrique, plus précisément en Afrique du Sud (Kuhn, Viviers, Sewdass & Calof, 2020 : 74). Sa pratique et son développement au sein des entreprises et des pays (gouvernement) sont tributaires du soutien des différents membres de l'écosystème. Chaque membre assume un rôle d'appui (voir le graphique 1). Cela peut également être considéré comme un lien que chaque membre entretient au sein de l'écosystème. Le monde universitaire est l'une des structures d'appui de cet écosystème. Il offre les aptitudes et compétences appropriées aux étudiants qui peuvent occuper des postes dans les unités de l'IC relevant des entreprises. Le même monde est aussi chargé de mener des recherches dans le domaine afin de détecter les pratiques et les nouvelles méthodologies jugées utiles dans la pratique de l'IC.

La recherche universitaire contribue à la création de nouvelles pratiques de l'IC, et un cursus universitaire en la matière soutiendrait la formation de praticiens. "L'excellence universitaire et les connaissances pratiques constituent des facteurs déterminants de l'avancement de la profession de l'IC" (Glitman, 2010). Le monde universitaire soutient également ladite pratique en proposant aux cadres et aux praticiens des programmes éducatifs et des formations (Calof & Vibert 2018).

Graphique 1 : l'écosystème de l'IC reliant ses pratiques et ses structures d'appui

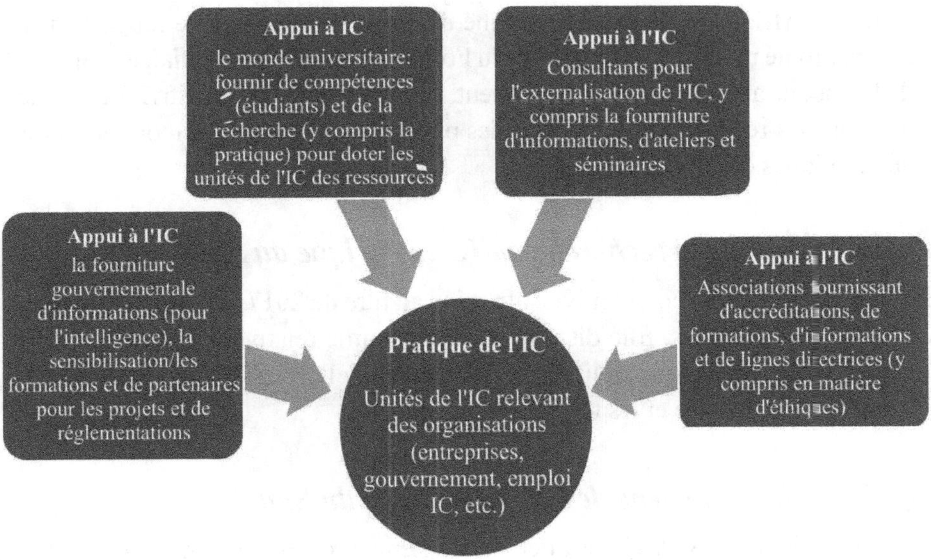

Source : Kuhn, Viviers, Sewdass & Calof (2020 : 74)

Méthodologie

En premier lieu, l'étude s'est reposée sur la contribution des universitaires sud-africains à la recherche en matière de l'IC. Pour ce faire, plusieurs approches ont été utilisées. Premièrement, ladite recherche a été examinée en consultant des bases de données d'articles universitaires (par exemple, Scopus, Web of Science EDS et ProQuest) pour y trouver des articles de recherche évalués en comité de lecture et rédigés par des chercheurs universitaires spécialisés en IC. Les mots clés utilisés étaient "Afrique du Sud" et "intelligence concurrentielle". Ensuite, ces articles ont été examinés pour s'assurer de leur pertinence par rapport à l'IC.

Deuxièmement, le cursus universitaire de l'IC a été examiné dans les 26 universités publiques et les sept universités technologiques (anciennement connues sous le nom d'écoles techniques ou technikons) d'Afrique du Sud. L'expression de recherche "intelligence concurrentielle" a été utilisée et les derniers annuaires (2020) ainsi que les programmes d'études de premier et de troisième cycle ont été examinés. Ont été également examinés, les sites web des établissements d'enseignement supérieur sud-africains pour y trouver des cours, des ateliers, des formations et des conférences sur l'IC.

Troisièmement, un groupe d'experts a été consulté pour vérifier les résultats après avoir effectué des recherches en ligne.

Finalement, pour établir l'état de la recherche en matière de l'IC dans le reste de l'Afrique, nous avons examiné des sources telles que le rapport sur la compétitivité mondiale, les rapports du Forum économique mondial, les rapports de la Banque africaine de développement, le rapport sur la compétitivité africaine, ainsi que les recherches publiées sur les pays africains les plus importants et liés aux pratiques de l'IC.

Conclusions de la recherche en IC en Afrique du Sud

Le rapport sur la compétitivité africaine au titre de 2017 a classé l'Afrique du Sud 47e sur 138 pays. Elle dispose d'une économie relativement avancée, d'un climat des affaires bien établi, et d'un pôle industriel diversifié tel que la finance, l'exploitation minière et les télécommunications.

Qui sont les praticiens de l'IC en Afrique du Sud ?

En Afrique du Sud, l'IC est depuis longtemps reconnue comme un outil de gestion stratégique susceptible d'accroître la compétitivité [Sewdass, Du Toit, 2015]. De plus, des études antérieures ont montré que plusieurs entreprises sud-africaines pratiquaient l'IC pour survivre dans un contexte de concurrence mondiale intense.

Parmi les types d'entreprises sud-africaines qui pratiquent l'IC, figurent celles "à but lucratif", avec peu de preuves que l'IC était pratiquée par des entreprises à but non lucratif (Sewdass, Du Toit, 2014) : 14 % des entreprises pratiquant l'IC avaient moins de 50 employés, 14 % avaient entre 50 et 249, 19 % avaient entre 500 et 1000, 29 % avaient entre 1000 et 10000, et 24 % avaient plus de 10000.

Entreprises industrielles sud-africaines impliquées dans les pratiques de l'IC

Les personnes interrogées proviennent d'un large éventail de secteurs d'activité, y compris :

- Les finances (22 %) ;
- Les biens de consommation et services (14 %) ;
- Les télécommunications (10 %) ;
- Les répondants gouvernementaux (14 %) ;
- L'enseignement (10 %) ;
- Les autres secteurs comportent l'agriculture, la chasse, la sylviculture et la pêche, l'approvisionnement en électricité et en eau, le tourisme et le pétrole et gaz.

La recherche en IC en Afrique du Sud (1995-2019)

Il ressort des résultats de la recherche portant sur les travaux scientifiques liés à "l'IC en Afrique du Sud" (1995-2019) que 108 articles ont été publiés, entre 1995 et 2019, dans des revues évaluées en comité de lecture par des chercheurs universitaires sud-africains. Beaucoup de ces articles ont été rédigés conjointement par deux auteurs ou plus, ce qui explique le nombre total de 88 articles publiés au cours de cette période (Kuhn, Viviers, Sewdass & Calof, 2020).

S'agissant du fond des travaux de recherche sud-africains en matière de l'IC, 39 des articles étaient de la catégorie de l'IC nationale (examinant la manière dont l'IC est pratiquée dans différents pays ou comparant les pays pour identifier les différences dans sa pratique). 31 des articles examinaient la pratique dans différents secteurs, c'est-à-dire des recherches sur l'IC axées sur l'industrie (par exemple, comment les entreprises pharmaceutiques pratiquent l'IC) ou sur une entreprise spécifique (étude de cas). 23 des articles s'articulaient sur des analyses documentaires en matière de l'IC (sa définition et son domaine). 9 articles se sont penchés sur les compétences requises en matière de l'IC. Les 6 articles restants portaient sur l'interaction entre la gestion des connaissances et l'IC (Kuhn, Viviers, Sewdass & Calof, 2020).

Enseignement et activités liées à la recherche 1995-2020

Concernant les activités liées à l'enseignement, pour la période 1995 à 2020, 13 thèses de doctorat et quatre mémoires de master ont été consacrés à l'IC en Afrique du Sud. Sept universités ont participé à l'encadrement de la recherche sur l'IC. Les universités qui ont délivré la plupart de ces diplômes sont :

- L'Université du Nord-Ouest ;
- L'Université de Johannesburg ;
- L'Université de Pretoria ;
- L'Université du Witwatersrand.

En outre, les écoles de commerce de diverses universités, telles que l'Institut Cordon des Sciences des Affaires de l'Université de Pretoria, l'École Leadership des Entreprises de l'Université de l'Afrique du Sud, l'École Supérieure des Affaires de l'Université du CAP et l'École des Affaires de l'Université du Nord-Ouest, intègrent l'IC dans leur module sur la stratégie et consacrent des sujets pertinents. Cependant, elles ne proposent pas de module spécifique ou de domaine de recherche particulier.

Demande d'activités universitaires sur l'IC

Plusieurs mesures de l'écosystème révèlent une activité académique et une demande d'enseignement de l'IC accrues dans les universités. Quatre universités proposaient des cursus formels et des formations de master et/ou de doctorat. Pourtant, sept universités proposent actuellement des cours pertinents. Un grand nombre d'universités sud-africaines proposent l'IC dans le cadre d'autres cours.

S'agissant de la demande de l'IC au niveau de troisième cycle universitaire, l'Université de l'Afrique du Sud déclare que 35 et 35 demandes ont été reçues pour ce domaine d'intérêt dans les programmes de master et de doctorat en 2019 et 2020 respectivement.

La plupart des étudiants qui mènent de recherches en IC dans les universités sud-africaines proviennent également du continent africain, ce qui renforce telles recherches en Afrique. Les pays les plus importants, où les étudiants participent aux recherches, sont le Ghana, le Zimbabwe, le Nigeria, le Malawi, la Namibie, l'Éthiopie et le Botswana.

Autres pays remarquablement connus par la recherche en IC

L'analyse documentaire visant à déterminer les pays africains pratiquent l'IC a permis d'identifier ce qui suit :

Le Nigeria, qui est considéré l'une des plus grandes économies d'Afrique, dispose d'un paysage dynamique d'affaires composé d'industries, telles que le pétrole et le gaz, les télécommunications et la banque. En tant que la plus grande économie et premier producteur de pétrole, il représente environ 30 % de la production des pays africains et presque 15 % du PIB de l'Afrique (Perspectives économiques en Afrique, 2023 :24). Par conséquent, il est essentiel de mener des recherches pour identifier ses concurrents, les tendances du marché et les tendances technologiques et ainsi de suite, et obtenir des informations pertinentes et opportunes pour orienter la prise de décision et maintenir l'avantage concurrentiel par rapport aux autres pays.

Le Kenya est perçu comme un pôle de la technologie et de l'innovation en Afrique de l'Est, disposant des secteurs tels que la finance, les télécommunications et l'agriculture. L'importance de l'IC dans la prise de décision orientée et le développement économique est de plus en plus reconnue. Les chercheurs kenyans ont noté que "la concurrence économique dans l'économie de la connaissance d'aujourd'hui ne cessant de s'intensifier à l'échelle mondiale, et plusieurs organisations sont de plus en plus sensibles à la réduction des budgets et se rendent compte de la nécessité d'investir/diviser les capacités (technologie, ressources et autres biens incorporels) pour répondre aux demandes du marché" (Koriyow et Karugu, 2018, p. 373).

L'Égypte jouit d'une position géographique importante en Afrique du Nord, et dotée d'une économie diversifiée et combinée à des secteurs d'industrie tels que le tourisme, l'industrie manufacturière et les services. En 2021/22, la croissance du PIB réel est estimée à 6,6 %, stimulée par les industries extractives du gaz, les communications, l'agriculture et la construction (Perspectives économiques en Afrique, 2023). De plus, les minéraux sont présents en grandes quantités, mais pas encore exploités à leur plein potentiel. En 2021, le pays se classait au 28e rang des réserves prouvées de pétrole et au 18e rang des réserves prouvées de gaz (Perspectives économiques en Afrique, 2023). En conséquence, la recherche sur l'IC est un facteur déterminant pour soutenir la croissance et le développement de ses ressources.

Le Maroc dispose d'une économie diversifiée, notamment dans les domaines de l'agriculture, de l'exploitation minière et du tourisme. La position stratégique du pays et ses politiques économiques concourent à l'importance de l'intelligence économique dans ses processus de prise de décision. L'Association marocaine d'intelligence économique a proposé une "feuille de route en 16 recommandations pour la mise en place d'une politique nationale d'intelligence économique, qui apporte un nouveau souffle à sa pratique dans les sphères publiques et privées, accompagne le développement du Maroc et stimule sa croissance économique » (Otmani & Benkaraache, 2021). Le Maroc accueille, également au sein de l'Université Ouverte de Dakhla, le Forum des Associations Africaines d'Intelligence Economique (FAAIE), qui décerne depuis 2019 « Le Prix de la Recherche en Intelligence Economique en Afrique ». Celui-ci vise à reconnaître l'excellence de travaux de recherche et de publications sur des sujets liés à l'Intelligence Economique en Afrique. Il récompense les étudiants, les chercheurs et les professionnels qui, par leurs travaux et leurs publications, contribuent à la visibilité de l'Intelligence économique en Afrique.

La recherche en IC se développe également en Afrique, comme le montre la figure 2. Les chiffres du Web of Science (WOS) relatifs à ladite recherche en Afrique indiquent une croissance stable du nombre d'articles hautement accrédités et publiés entre 2001 et 2023.

Graphique 2 : recherches en IC de Web of Science en Afrique

2003	19	2016	6	2009	2
2002	22	2015	5	2008	4
2021	20	2014	9	2006	1
2020	23	2013	1	2005	1
2019	14	2012	5	2004	1
2018	12	2011	4	2003	1
2017	30	2010	2	2001	1

Source : https ://clarivate.com/products/scientific-and-academic-research/research-discovery-and-workflow-solutions/webofscience-platform/

La figure 3 représente une tendance similaire par rapport au nombre d'articles, qui augmente chaque année entre 2001 et 2023.

Graphique 3 : articles de recherches en IC de Scopus en Afrique

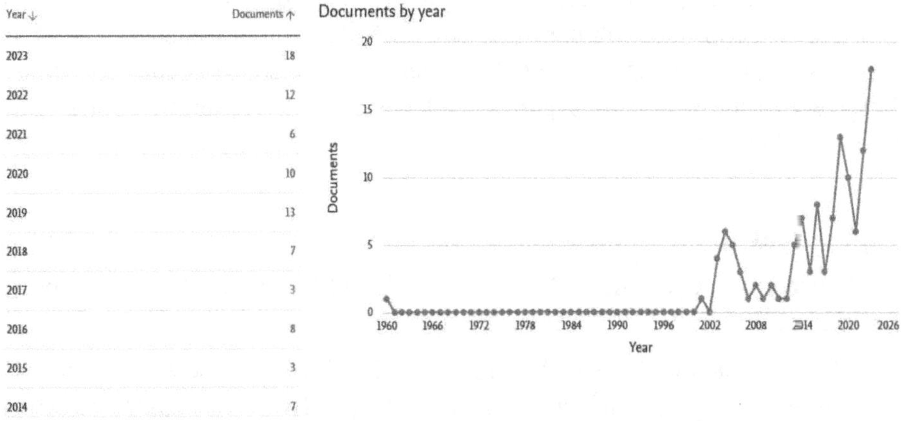

Year	Documents
2023	18
2022	12
2021	6
2020	10
2019	13
2018	7
2017	3
2016	8
2015	3
2014	7

Source : https ://www.scopus.com/

Conclusion

L'intégration de l'Afrique dans l'économie mondiale a amené les entreprises à reconnaître l'importance de l'intelligence concurrentielle pour maintenir leur compétitivité à l'échelle mondiale.

Il est clair que l'IC n'existe pas en vase clos, mais au sein d'un écosystème appelé "l'écosystème d'affaire de l'IC". Celui-ci comprend les fournisseurs, les distributeurs, les consommateurs, les pouvoirs publics, les processus, les produits, les universités et les concurrents. En examinant l'état de la recherche en IC en Afrique, l'accent a été mis sur les universités, l'une des structures d'appui à l'audit de l'écosystème.

La recherche en IC en Afrique repose sur un large échantillon d'entreprises, tant en termes de secteur que de taille, et de pratiques de l'IC. Si certains pays africains semblent plus avancés que d'autres en matière de recherche, sa demande sur les aspects liés à l'IC s'est accrue dans plusieurs autres pays. C'est ce qui ressort du nombre croissant d'étudiants poursuivant leurs études en master et en doctorat dans ce domaine, et provenant de divers pays. De surcroît, l'activité universitaire dans le domaine de l'IC a augmenté de manière significative et considérable depuis plus de 20 ans. La publication d'articles universitaires sur des sujets liés à l'IC n'a cessé de croitre depuis 2002. Cette tendance devrait se poursuivre, puisque les institutions africaines encouragent davantage la pratique de l'IC en vue de maintenir leur compétitivité dans la région.

Néanmoins, une des limites de cette étude est que seules les recherches en IC publiées en anglais ont été extraites de la plupart des bases de données. On sait que les pays francophones publient généralement en français, voire dans d'autres langues, et ces résultats de recherche ont été omis dans cette étude. Les études futures devraient porter sur les articles de recherche publiés dans toutes les langues.

Références

Africa Competitiveness Report 2017, World Economic Forum. Geneva: Switzerland.

African Economic Outlook (AEO) 2023. Mobilizing Private Sector Financing for Climate and Green Growth in Africa. Abidjan, Côte d'Ivoire: African Development Bank.

Calof J.L., Vibert C. (2018) Competitive intelligence in Canada. *Revue Internationale d'Intelligence Economique* (R2IE), 10(2,) : 55–67.

Du Toit, A.S.A. & Sewdass, N. 2014. Competitive intelligence in Morocco. *African Journal of Library, Archives and Information Science,* 24(1): 3-13

Ezenwa, O., Stella, A., & Agu, A. O. (2018). Effect of competitive intelligence on competitive advantage in Innoson technical and industry limited, Enugu state, Nigeria. *International Journal of Business, Economics & Management,* 1(1): 26-37. https://doi.org/10.31295/ijbem.v1n1.25

Glitman E. (2010) SCIP 2010 Conference Award Recipients. *SCIP Insight*, 3 (3).

Hanmaikyur, T.J. (Ph.D)., Kwahar, N. (Ph.D)., Umogbai, M.E (Ph.D)., Adudu C. À and Torough, S.M. 2023. Competitive Intelligence and Competitiveness of Quoted Foods and Beverages Manufacturing Firms in Nigeria. *International Journal of Business Systems and Economics.* 13(3): 68 – 93 DOI:272614527311465

Koriyow, O. I. & Karugu, L. (2018). Competitive intelligence strategies and performance of commercial banks in Garrisa County, Kenya. *International Academic Journal of Human Resource and Business Administration,* 3(1), 371-394

Kuhn M.-L., Viviers W., Sewdass N., Calof J. (2020) The Business Anticipatory Ecosystem outside the "First World": Competitive Intelligence in South Africa. *Foresight and STI Governance*, 14(3): 72–87. DOI: 10.17323/2500-2597.2020.3.72.87

Moore J. (1993) Predators and Prey: A New Ecology of Competition. *Harvard Business Review*, May/June 1993. Available at: https://hbr.org/1993/05/predators-and-prey-a-new-ecology-of-competition, accessed 11.05.2020.

Muthama, T.M. & Ngugi, K. (2012), Influence of competitive intelligence on profitability of mobile telecommunication companies in Kenya, *International Journal of Innovative Research and Development*,1(11).

Otmani Ayoub & Benkaraache, Taoufik. 2021. Competitive Intelligence: A Lever for Competitiveness and Performance of *Moroccan Organizations. Moroccan Journal of Business Studies*, 2(1): 1-19.

Sewdass, N. & Du Toit, A.S.A., 2014. Current state of competitive intelligence in South Africa. *International Journal of Information Management*, 34(2): 185-190.

Waithaka, P. (2016). Competitive Intelligence Practices and Performance of Firms Listed on the Nairobi Securities Exchange, Kenya. *European Scientific Journal, ESJ,* 12(19): 107. https://doi.org/10.19044/esj.2016.v12n19p107

L'ÉTAT DE L'INTELLIGENCE ÉCONOMIQUE DANS LES PAYS ANGLOPHONES DE L'OCCIDENT

Paul Santilli

L'industrie et le climat socio-économique sont actuellement confrontés à des bouleversements inédits et à l'incertitude des investissements, étant donné que le l'environnement des affaires d'aujourd'hui ne ressemble à rien à ce qui a été vu dans le passé. L'assaut des données sans fin, la prolifération des activités perpétuellement perturbées et l'augmentation des exigences de la transformation numérique, changeant l'industrie du jour au lendemain, ont eu un effet dramatique sur la capacité des organisations à se gérer, à maintenir leur compétitivité et à prospérer efficacement.

La réflexion sur le parcours transformationnel de l'impact de la technologie sur les organisations, au cours des derniers siècles, nous a montré les avancées réalisées par la société pour s'adapter et surmonter les défis auxquels elle est confrontée. Décomposant cela en 6 domaines distincts autour de la révolution industrielle axée sur la technologie :

1. Le niveau de base

Ce premier niveau du développement humain primitif se caractérise par les besoins fondamentaux de la production alimentaire, les formes modestes de transport élémentaire et un comportement sociétal localisé sans beaucoup de progrès et d'expansion des connaissances et des migrations physiques.

2. Le niveau d'industrialisation

Ensuite, l'avènement des machines à vapeur et des chemins de fer a renforcé notre capacité à partager les ressources et à transporter les matières premières. Il a contribué, également, à l'élargissement de la société. Des usines ont vu le jour, qui fournissaient des biens à des masses de consommateurs et pouvaient s'étendre à de vastes régions.

3. L'électrification

Le développement du réseau énergétique a fourni une plateforme de grande envergure permettant aux industries d'alimenter leurs usines, en utilisant des sources d'énergie fiables et en permettant aux entreprises de se développer et de prospérer.

4. Le niveau de numérisation

La création du transistor et des microprocesseurs a permis à la technologie informatique d'ouvrir un tout nouveau niveau de la transformation sociétale, ouvrant la voie à la croissance de nos connaissances et de notre intelligence dans une panoplie de domaines autour du monde.

5. Le niveau de durabilité

La création de nouveaux moyens d'exploiter les matériaux et l'énergie tout en étendant et en préservant les ressources naturelles de la Terre. Cette approche permet aux organisations de se concentrer sur la reproduction dans le temps des ressources et l'utilisation de matériaux finis pour une croissance sociétale plus efficace.

6. Le niveau de conscience en soi

Enfin, nous assistons aujourd'hui à une nouvelle ère technologique, où l'intelligence artificielle représente un moyen révolutionnaire d'effectuer non seulement des tâches et des routines quotidiennes, mais aussi de générer rapidement des informations susceptibles d'accroître la productivité, d'améliorer la société et de consolider la santé et le bien-être des personnes.

Cette avancée conduit à ce que j'appelle un écosystème d'intelligence de la connaissance qui imprègne la société dans tous les aspects des applications et de la technologie. Comprendre et exploiter l'intelligence dudit écosystème aidera la société à progresser vers des processus durables, tout en optimisant les avantages évolutifs de l'humanité.

Pour ce faire, il convient de comprendre les principaux défis auxquels l'industrie est confrontée dans l'espace de l'intelligence :

1. l'intelligence des affaires et l'intelligence concurrentielle

La récente pandémie de Covid-19 a constitué un signal d'alarme majeur pour la société et les chefs d'entreprise. Il en a abouti aux conclusions suivantes :

a. La perturbation se poursuivit et son impact varie en fonction de sa gravité ;

b. L'état actuel de l'infrastructure informatique des organisations s'est avéré fragile, inflexible et inadapté aux besoins des clients ;

c. Le manque de sensibilisation des dirigeants aux exigences numériques des parties internes et externes ;

d. La rigidité des organisations vis-à-vis de l'adaptation à l'évolution des besoins de l'entreprise.

e. La variabilité des besoins des clients et la vitesse à laquelle ces besoins peuvent changer.

f. Les exigences liées à la transformation numérique des activités de l'entreprise en interne et en direction des clients.

Ces conclusions ont rendu nécessaire le besoin d'une discipline axée sur l'intelligence générée par les données et les rôles des opérations d'intelligence économique et concurrentielle légitime. Les données constituent actuellement la nouvelle priorité des organisations, tant pour comprendre l'infrastructure que pour l'utiliser afin de satisfaire et de dépasser les exigences des clients.

2. Les applications gouvernementales/de la politique

Les comportements et conditions d'utilisation des données, de l'intelligence et de l'information sont entourés de plusieurs domaines :

a. La protection des données et la capture de la législation. Ce point porte sur le règlement général de la protection des données (RGPD) et les exigences connexes et relatives à la façon dont les données sont recueillies auprès des utilisateurs, traitées et utilisées avec ou sans le consentement de la source ;

b. La nature concurrentielle de l'utilisation de données provenant d'organisations mondiales et leurs lois et réglementations respectives relatives aux techniques d'acquisition de donnée ;

d. L'utilisation de la propriété intellectuelle et ce qui constitue une utilisation légale à l'échelle mondiale ;

e. La législation sur l'accès à l'information portant sur la manière dont les données sont partagées, et celles qui sont expurgées, limitées et accessibles au public.

f. La législation relative à l'utilisation de l'intelligence artificielle et la gouvernance qui peut être appliquée pour garantir sa sécurité.

A l'heure actuelle, les données et l'intelligence posent des défis inédits à la société en matière d'acquisition, d'utilisation, d'applications et de propriété. Ceci donne lieu au prochain défi majeur pour la société.

3. La déontologie

Une multitude de défis a été soulevée récemment dans ce domaine du fait de l'obscurité qui entoure leur source et la légitimité du contenu publié sur les réseaux sociaux. Il existe beaucoup de données biaisées et non validées sur la génération et l'analyse de données. La plupart de ces problèmes sont :

a. Les données et les faits qui en résultent s'opposent aux informations largement acceptées dans la société comme étant "factuelles", sans tenir compte de la légitimité de leur contenu ;

b. La gouvernance autour de la source d'information et de la manière dont elle est analysée et utilisée. Les sources de données ne sont souvent ni vérifiées ni validées ;

c. Les défis de l'exactitude des données publiées peuvent parfois être testés par la triangulation de plusieurs points de données afin de garantir des informations justes et cohérentes ;

d. La compétitivité favorise de temps à autre la création de "fausses barrières" afin de tromper les concurrents et de les amener à prendre des mesures incompatibles avec les événements réels ;

e. Plusieurs organisations font face à des résultats imprévus et ont donc recours à des opérations manuelles de planification de scénarios, inefficaces et très gourmandes en ressources, afin de mieux prévoir le comportement de l'industrie ou de la société.

4. Les mégadonnées

Le niveau de contenu des données, leur rapidité et leur localisation sont inédits et posent un grand nombre de défis aux professionnels de l'intelligence. Il s'agit de :

a. Disposer de bons outils et ressources pour acquérir, analyser et traiter correctement les données et obtenir l'information, l'intelligence et les résultats escomptés. La plupart des organisations ne sont pas dotées d'un bon portefeuille d'outils pour gérer de manière satisfaisante ce niveau de données ;

b. L'intelligence artificielle n'est pas encore entrée dans les mœurs. Toutefois, l'utilisation efficace et la production du bon contenu à partir de bonnes données constituent le véritable défi. L'IA offrira une multitude d'avantages en matière d'automatisation et d'amélioration de problèmes liés aux grands groupes de données. Par contre, elle ne permettra pas d'agir ou d'exécuter les tâches d'un point de vue organisationnel sans le leadership et la structure organisationnelle adéquats ;

c. Compte tenu de la nature de nos données dans la dynamique de systèmes, le traitement en temps réel est indispensable. Les fluctuations dans la perception des clients, le comportement organisationnel, les perturbations perpétuelles et leurs corolaires entraînent la nécessité d'évaluer les comportements en temps réel et de mettre en place des actions pour s'occuper directement de ces comportements ;

d. Pour s'attaquer à ces problèmes, il faut garder à l'esprit que le monde fonctionne dans un état de "perturbation permanente". On ne peut plus parler d'événement perturbateur sans inclure le continuum autour des permutations dans les comportements de ce qui est considéré comme une cohérence "normale". En outre, il faut tenir compte de l'ampleur de la perturbation pour évaluer son impact sur l'état de préparation de l'organisation ;

e. Enfin, Les biais sont un problème de plus en plus fréquent dans l'analyse des données. Ils peuvent rendre n'importe quel ensemble de données conforme à une narration souhaitée et peuvent être adaptés à un ensemble spécifique de livrables. Même dans les opérations de système, l'IA est intrinsèquement biaisée en faveur d'un "état désiré" spécifique – un état déterminé par un ensemble d'individus qui peuvent ne pas représenter ce qui est légal ou désiré dans la société.

En raison des problèmes susmentionnés et du fait que la révolution des données touche tous les aspects sociétaux, la discipline de l'intelligence est constamment élargie au-delà du champ d'application traditionnel des cercles de l'intelligence concurrentielle, économique ou même sociale des entreprises. Pour être vraiment bien informé dans le domaine de l'intelligence, il est nécessaire d'élargir la perspective pour inclure tout contenu généré par des données qui, en fin de compte, génère de l'intelligence. Cette redéfinition se prête à ce que l'on appelle « l'écosystème de l'intelligence » et ouvre considérablement le champ de ce qui devrait être abordé dans nos discussions sur l'intelligence.

Au vu de tout ce qui précède, on peut valablement affirmer que l'état de l'intelligence économique dans le monde anglophone d'aujourd'hui se transforme en un modèle complexe composé de plusieurs outils avancés utilisant l'IA et des algorithmes avancés pour mieux comprendre le comportement de la société et les interactions entre les organisations autour du monde. L'acquisition de connaissances et de la compréhension de ces interactions dotera les professionnels de l'intelligence économique de compétences adéquates en vue de relever un bon nombre de ces défis et de fournir une plateforme pour la mise à niveau des entreprises et de la société.

ÉTAT DE LA RECHERCHE EN INTELLIGENCE ECONOMIQUE DANS LE MONDE FRANCOPHONE HORS AFRIQUE

Philippe Clerc et Henri Dou

Entrée en matière

Nous ne pouvons aborder un tel sujet sans se poser la question de l'état de la recherche en intelligence économique dans le monde francophone et donc de ses objectifs, et cela, peut-être moins au sens le plus large, mais plus pour la partie concernant la recherche académique. Dans tous les pays développés, c'est à partir d'un corpus de recherche solide que se sont développés les pratiques et usages de l'Intelligence économique. La recherche est donc à la fois un objet de maturation et de création d'idées nouvelles, mais aussi un passage obligé pour aller vers des applications et un développement opérationnel puissant et robuste.

Aussi notre analyse devra-t-elle porter à la fois sur les thématiques abordées dans ce domaine, pour mettre en évidence les productions scientifiques, mais elle devra aussi se préoccuper des chercheurs des réseaux développés par ces derniers, de leur impact en termes d'influence.

Ce sont ces aspects qui vont soutenir le plan de cette communication, à savoir :

1 – Objet de la francophonie et de l'AIFIE, mais aussi,

2 – Méthodologie que nous allons développer pour atteindre les objectifs ;

3 – Une analyse la plus globale possible sur les différents domaines de recherche liés à l'Intelligence économique ;

4 – Une recherche plus approfondie par pays nous permettant à partir des réseaux d'acteurs de suivre le développement de cette thématique

5 – Une discussion des résultats, à la fois technique, mais aussi sociopolitique ;

6 – Une conclusion et des recommandations.

1. Objet de la francophonie et objet de l'AIFIE

L'AIFIE porte une francophonie ouverte dont l'objet depuis sa création en 2008 est de contribuer à forger une doctrine d'emploi et d'application de l'intelligence économique francophone. La recherche entre donc parfaitement dans ses préoccupations. L'intelligence économique est devenue un outil indispensable au développement des pays, de leurs régions, de leurs sociétés civiles, de leurs entreprises et de leurs laboratoires de recherche. Elle peut même constituer un outil puissant de développement personnel. Il est donc fondamental, dans une première approche de « compter les forces » dans divers domaines afin de les comparer au monde extérieur, soit au plan linguistique, soit au plan de l'influence, tant il est vrai que la francophonie, même si elle s'inscrit dans un mouvement d'ouverture, doit être consciente de ses forces et de ses faiblesses pour mieux réagir et s'adapter aux aspects de la profonde métamorphose du monde actuel.

Nous aurons donc dans le développement de cette étude le souci constant de faire apparaître des données qui certes existent, mais ne sont pas toujours connues ou analysées. Ceci permettra ensuite une discussion féconde et à l'issue de celle-ci, l'établissement de recommandations vers la constitution d' un corps doctrinal.

2. Méthodologie

La méthodologie que nous allons utiliser doit s'adapter à un champ mouvant tant les sujets évoluent vite à la fois au plan scientifique, mais aussi au niveau de leur description linguistique. Concernant l'aspect linguistique, en effet, les chercheurs, dans le souci de mieux diffuser leurs travaux, mais aussi pour trouver les revues adéquates publient souvent en anglais. Nous tiendrons compte de ce fait dans la constitution des réseaux d'auteurs.

2.1 Source d'information Google Scholar

Les sources sont multiples, mais pour l'objet de cette étude, il convient de trouver une source généraliste prenant en compte les travaux publiés tant en français qu'en anglais, et ceci, dans leur langage source. Il est aussi nécessaire que cette source ait une couverture « non élitiste », c'est-à-dire qui ne se cantonne pas exclusivement aux revues dites de rang A. En effet, dans ce cas, les recherches seraient très limitées et écarteraient des chercheurs publiant dans des revues pouvant être qualifiées par certains comme « secondaire ». Nous considérons que ces dernières contiennent des travaux souvent originaux et d'intérêt. C'est une des raisons pour lesquelles nous n'avons pas utilisé pour cette étude l'outil Web of Science (WoS) qui, entre autres, privilégie grandement les revues anglo-saxonnes, sans compter son abonnement très onéreux.

La source que nous avons choisie est donc Google Scholar, facilement accessible et gratuite. La gratuité est pour nous importante, car les laboratoires francophones– il faut inclure dans ce cas l'Afrique – ne sont pas « riches ». Il est donc clair que pour leur permettre de transposer dans leur domaine de recherche et « d'intelligence scientifique » la méthodologie que nous présentons et qui suit, celle-ci doit inclure des outils gratuits.

Le second point important est le suivant : pour cartographier des réseaux d'auteurs, nous avons besoin de télédécharger les données issues de Google Scholar. Cela ne peut se faire que dans une limite de 1000 notices, en utilisant un logiciel spécialisé PoP - gratuit lui aussi - développé par Anne Harzing. Ce logiciel permet une interrogation de Google Scholar via un mode avancé - en utilisant les opérateurs booléens, ainsi que la recherche de chaînes de caractères, puis en présentant les résultats sous forme de matrices avec les auteurs, leur classement, les citations, les revues utilisées, etc. Bien que ceci n'ait pas une utilité directe pour l'étude, notons que cela est néanmoins intéressant au niveau des revues utilisées.

Ces 1000 références peuvent ensuite être enregistrées suivant un format spécial qui permettra d'utiliser des logiciels spécialisés dans la réalisation de réseaux d'auteurs par propagations. Il s'agit de réseaux mettant en évidence les liaisons entre auteurs lorsque ceux-ci copublient selon le processus suivant : A publie avec B qui lui, publie aussi avec C, etc. Pour atteindre cet objectif, deux logiciels seront utilisés : Matheo-Analyzer (logiciel payant) qui permet de réaliser tous les réseaux sous-jacents à un ensemble d'auteurs et VoSviewer (gratuit) qui permet de mettre en évidence le réseau qui a le maximum de propagation, c'est-à-dire le maximum de sans discontinuité entre les auteurs qui constituent dès lors un cluster.

2.2 Les limites de l'analyse

Comme les corpus que nous allons sélectionner lorsqu'on va traiter les pays francophones les uns indépendamment des autres sont importants, nous avons pris le parti, première limite, de travailler de manière statistique sur la moitié des références et de sélectionner des intervalles de temps (entre 1980 et 2024) permettant d'être cohérent avec les 1000 références télédéchargées à partir de Google Scholar. De ce fait, les résultats, entre autres les auteurs principaux à partir desquels seront développés les réseaux d'auteurs via Matheo Analyzer ne représentent pas en fréquence le nombre exact de leurs publications. Ils représentent toutefois une sélection qui, analysée ensuite par des experts du domaine, a montré une très bonne cohérence, au plan des classements, ainsi que sur le plan des différents réseaux mis en lumière.

La seconde limite de l'analyse est la suivante : Google Scholar ne permet pas une interrogation sur le champ adresse. De ce fait nous rechercherons le pays concerné sur l'ensemble du texte. Ceci quoiqu'on puisse en penser n'introduit pas de distorsion notable dans les résultats.

La troisième limite est celle de l'indexation des travaux par les auteurs eux-mêmes. En effet, dans la majorité des revues, il est demandé aux auteurs un résumé et des mots clés en français et en anglais. De ce fait les mots clés choisis par les auteurs vont être discriminants. Un auteur qui travaille en intelligence économique peut très bien avoir traduit en « keywords » le terme par « compétitive intelligence ». C'est pour cela que nous vérifions, avant de réaliser les interrogations définitives, s'il y a des redondances dans la recherche avec les termes « intelligence économique » OR « competitive intelligence », puis nous comparons ensuite le résultat avec chacun de ces termes pris séparément.

Ainsi, ces limites étant prises en compte, nous pouvons présenter un tableau assez réaliste de l'intelligence économique, mais aussi de l'intelligence compétitive dans les pays suivants : France, Canada, Suisse OR Switzerland, Belgique OR Belgium, Luxembourg.

2.3 Source d'information LENS

Lens est une base de données dont la couverture est inférieure à celle de Google Scholar, mais qui est mieux structurée au plan de la recherche. Par ailleurs, elle fournit directement un certain nombre de métriques (auteurs principaux, développement du nombre de publications dans le temps, affiliations...) ce qui dans notre recherche est intéressant. Enfin, elle permet le téléchargement direct de 1000 références et le format de sauvegarde de celle-ci est directement compatible avec VoSviewer. Nous utiliserons donc aussi cette base de données.

2.4 Ce qui sera effectivement présenté

Tous les graphes d'auteurs ont été effectués, mais compte tenu du nombre, nous ne pouvons pas tous les faire figurer dans cette communication. Il va de soi qu'il ils seront pris en compte dans les discussions. Nous avons mis en évidence les graphes les plus significatifs.

2.5 Les analyses effectuées.

Nous présentons deux types de résultats. Le premier mettra en perspective les différents domaines de l'Intelligence économique (sans être limitatif tant le sujet est vaste) selon une approche globale (c'est-à-dire tous les pays cités ci-dessus, confondus), puis de façon sélective, par pays. Le second résultat consiste dans les graphes significatifs. Ces graphes seront réalisés avec les logiciels Matheo Analyzer (logiciel commercial) et avec VoSvierwer (logiciel gratuit). Matheo Analyzer permet d'extraire à partir des données de Google Scholar obtenues via PoP d'obtenir les auteurs principaux et ensuite de réaliser tous les graphes d'auteurs à partir de ces derniers. VoSviewer permet de réaliser le graphe principal en utilisant tous les auteurs et en pouvant aussi mettre en évidence dans ce graphe l'évolution de ces derniers en fonction de la période de temps choisie.

3. Mise en perspective des grands domaines de l'intelligence économique.

Comme nous l'avons souligné, le sujet est vaste. La liste que nous fournissons n'est pas limitative et le lecteur pourra compléter celle-ci, s'il le désire, en utilisant ses propres centres d'intérêt. Notons que toutes les recherches sont effectuées entre l'intervalle de dates : 1980 – 2024.

Google Scholar :

Le tableau 1 permet de situer la production scientifique de la francophonie, en langue française, à partir d'une recherche sur les titres des travaux publiés.

Tableau 1 – Production scientifique globale.

Thèmes Fréquences (FR, CN, BE, LU, SW)		Thèmes identiques « all countries » Fréquences
intelligence économique	67	1788
competitive intelligence	23	4490
intelligence competitive	0	621
veille technologique	3	362
Intelligence territoriale	14	466
Veille scientifique	2	106
Analyses bibliométriques	10	13

La comparaison entre la production des pays sélectionnés (colonne de gauche) et le reste du monde en colonne de droite mérite réflexion. En effet cela souligne l'importance prépondérante des anglophones (competitive intelligence), et met en avant par ailleurs le fait que les pays sélectionnés ne mentionnent pratiquement jamais dans le titre la racine principale de leur recherche qui est l'Intelligence Économique. D'où proviennent le reste des travaux mentionnant dans le titre la racine principale de la recherche ?

Concernant le tableau 2, la recherche est plus large. Elle est effectuée sur le texte intégral des travaux publiés. Ceci est évident compte tenu des très faibles fréquences rencontrées lors de la recherche sur les titres.

Tableau 2 – Domaines de l'Intelligence économique tous pays francophones exceptés Afrique

All "francophone" countries	Frequencies
Competitive Intelligence	16.400
Intelligence Economique	12.700
Patent analysis analyse de brevets	10.300
Veille technologique technology watch	12.400
Intelligence territoriale	4.130
Veille scientifique - scientific survey	13.100
Bibliometric analysis	22.000

Tableau 3 – Production Scientifique globale LENS (accès aux données scientifiques) :

Thèmes	Fréquences
intelligence économique	326
competitive intelligence	2920
intelligence competitive	73
veille technologique	160
Intelligence territoriale	83
Veille scientifique	56
Analyses bibliométriques	87

Si on s'intéresse au profil des dates de publication, pour , par exemple, les analyses bibliométriques, nous obtenons le graphe de la figure 1.

Figure 1 – Évolution « analyse bibliométrique »

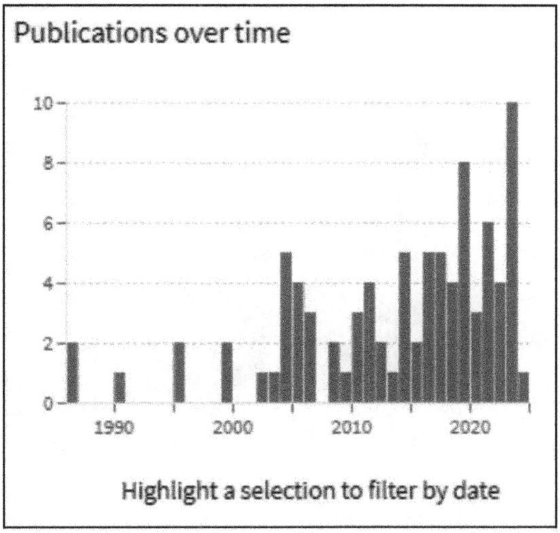

Ainsi, de la même manière que pour Google Scholar, nous devrons effectuer la recherche sur le texte intégral pour avoir une vision plus précise des volumes de publications. Voici un exemple :

Question : « intelligence économique » ; la recherche sur titre péricde 1980-2024 ; 494 résultats qui conduisent aux métriques suivantes :

Figure 2 – Évolution « intelligence économique » texte intégral

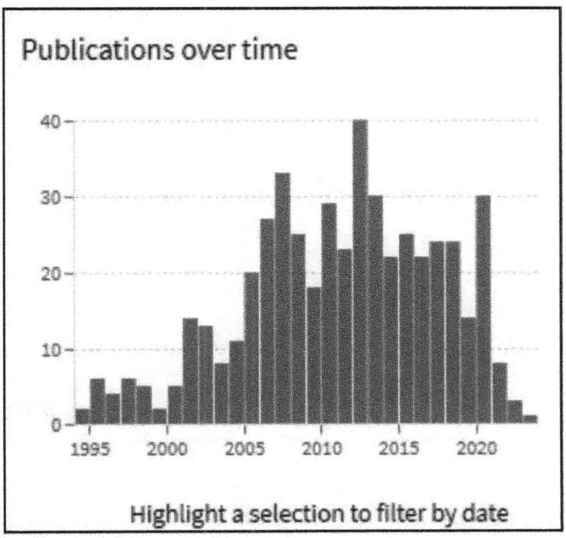

Figure 3 – Évolution « intelligence économique » texte intégral

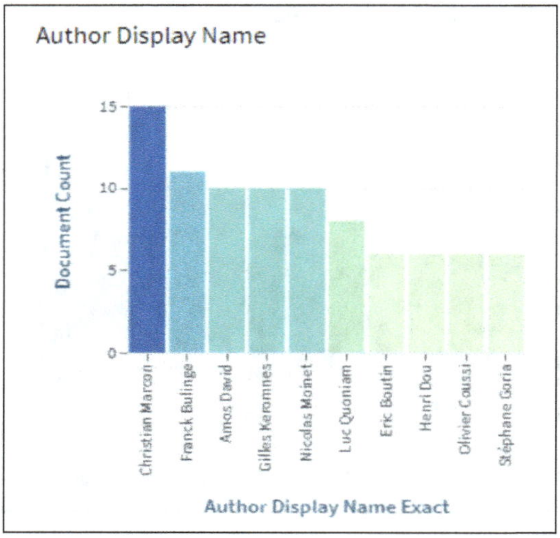

Il existe dans Lens la possibilité de télédécharger les 494 références suivant un format compatible avec VoSviewer. Ceci est réalisé et conduit aux graphes suivants :

Figure 4 – Réseau d'auteurs obtenu fréquence des liens >=1

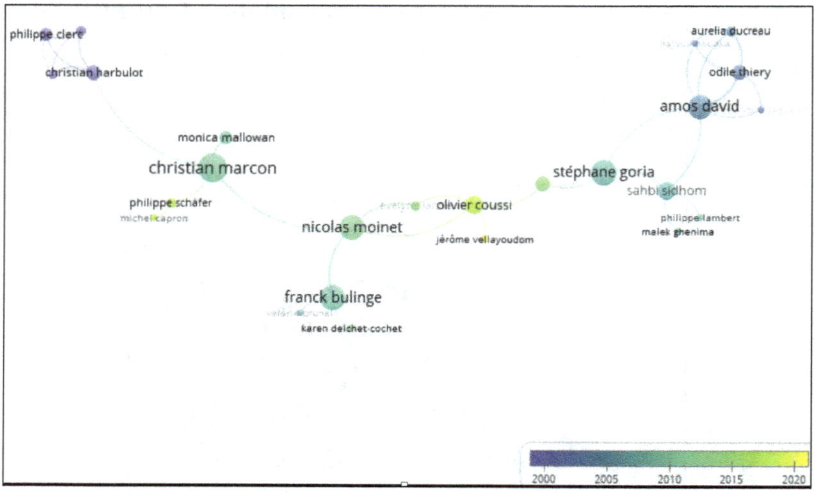

Nous remarquerons, et c'est une des propriétés de VoSviewer, que l'on peut voir l'évolution du réseau dans le temps. On constate ainsi que le réseau qui est obtenu (mais avec la restriction du faible niveau de couverture de la source) est « vieillissant », les liens récents étant peu nombreux. Nous verrons dans la suite de ce travail que les réseaux obtenus via Google Scholar sont plus explicites et plus détaillés. Ceci est dû au fait que la couverture de la source d'information est plus large. Une méthode pour examiner plus attentivement les liens récents peut être obtenue dans certains cas en faisant varier la fréquence des liens entre auteurs. Si on se trouve dans le cas où les liens nouveaux sont forts (ici fréquence 2) dans la figure 5, nous obtiendrons une meilleure visibilité.

Figure 5 – Réseau d'auteurs, fréquences des liens >=2

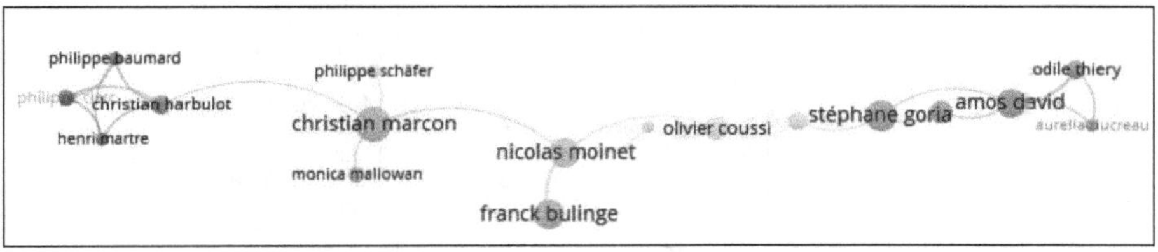

4 – Les réseaux d'auteurs

Ce rappel méthodologique éclairera notre lecture. L'intervalle de temps 1980-2024 intègre des intervalles intermédiaires si le nombre de travaux est trop important : ceci pour la cohérence statistique. Concernant la recherche sur le texte intégral pour les différents pays, il a été choisi une limitation par le nom du pays. Pour les thèmes « intelligence économique », « competitive intelligence » ont été conservés pour prendre en compte les auteurs francophones publiant en anglais. Il faut envisager des biais possibles, au cas où un auteur utilise dans les mots clés anglais ou français : compétitive intelligence traduite en intelligence économique et vice versa. Nous ne présenterons pas l'ensemble des graphes obtenus pour les différents pays, mais nous réaliserons une sélection significative en privilégiant les périodes les plus récentes.

4.1 France

Nous allons distinguer différentes périodes et deux termes pour la recherche, périodes 1980-2000 pour les « précurseurs » et ensuite deux autres périodes 2001 -2012 et 2013 – 2024 (ceci pour la cohérence statistique). Les auteurs principaux ont été déterminés en sélectionnant ceux qui ont au moins 4 publications dans le domaine.

4.1.1 Intelligence économique

La liste des principaux auteurs en fonction des périodes est indiquée dans la table 4

Table 4 – Auteurs principaux F>=4 – Domaine Intelligence économique

1980 - 2000		2001- 2012		2013 - 2024	
Harbulot, C	20	Moinet, N	31	Moinet, N	33
Dou, H	15	Goria, S	28	Dou, H	22
Quoniam, L	12	David, A	27	Coussi, O	17
Baumard, P	11	Marcon, C	19	Marcon, C	14
Hotier, H	10	Larivet, S	19	Bondu, J	12
Rostaing, H	9	Bertacchini, Y	15	Andro, M	12
Lesca, H	9	Knauf, A	13	Deschamps, C	11
Clerc, P	5	Peguiron, F	12	Clerc, P	10
Salles, M	5	Quoniam, L	11	Baulant, C	9
Loquay, P	5	Carayon, B	11	Juillet, A	9
Hibou, B	4	Clerc, P	11	Desmoulins, L	8
Moinet, N	4	Dousset, B	10	Knauf, A	8
Warusfel, B	4	Sidhom, S	10	Monino, JL	8
Denoit, N	4	Deschamps, J	9	Tisserand-Barthole, C	7
Mesnil, C	4	Thiery, O	9	Benkaraache, T	7
Paturel, R	4	Madinier, H	8	Baaziz, A	7
Levet, JL	4	Bulinge, F	8	Mamavi, O	7
Giraud, E	4	Thiréry, O	8	Goria, S	7
		Kislin, P	8	Fourati-Jamoussi, F	7
		Fontanel, J	8	Rouge, O de Maison	7
		Frion, P	8	Lamrabet, M	6
		Salles, M	8	Racouchot, B	6
		Rival, M	8	Harriet, L	6
		Delbecque, E	8	Arboit, G	6
		Bourret, C	8	Bourret, C	6
		Dou, H	7	Bulinge, F	6
		Bégin, L	7	Harbulot, C	6
		Herbaux, P	7	Delbecque, E	6
		Chaudiron, S	7	Schoch, P	5
		Lebrument, N	6	Lucas, D	5
		Grivel, L	6	Mallowan, M	5
		Laidi, A	6	WRIgHT, S	5
		Coissard, S	6	Dumont, GF	5
		Raimur, DB	6	Ivan, L	5
		Danet, D	6	Hassen, B	5
		Bensahel, L	6	Castel, V du	4
		François, L	6	Haddadi, A El	4
		Boutin, E	6	Salam, G	4
		Ihadjadene, M	6	Kettani, Z	4
		Favier, L	6	Haddani, M El	4
		Brouard, F	6	Dameron, S	4
		Harbulot, C	5	Lafrem, M	4
		Wright, S	5	Kempf, O	4
		Guillemin-Lanne, S	5	Bertacchini, Y	4
		Besson, B	5	Cansell, P	4
		Battisti, M	5	Ndjock, FN	4
		Bouaka, N	5	BENTALHA, B	4
		Mallowan, M	5	Bisson, C	4
		Juillet, A	5	d'Hennezel, C	4
		Oubrich, M	5	Krupicka, A	4
		Ghalamalla, I	4	Quoniam, L	4
		Lucas, D	4		
		Smith, JR	4		
		Lambert, P	4		
		Liu, P	4		
		Pautrat, R	4		
		Ferchaud, B	4		
		BERNAT, JP	4		
		Dumas, P	4		
		Odumuyiwa, V	4		
		Afolabi, B	4		
		Boutet, CV	4		

Les réseaux d'auteurs afférents sont indiqués dans les figures suivantes :

Figure 6 – Tous les réseaux d'auteurs réalisés via Matheo Analyzer, période 1980-2000

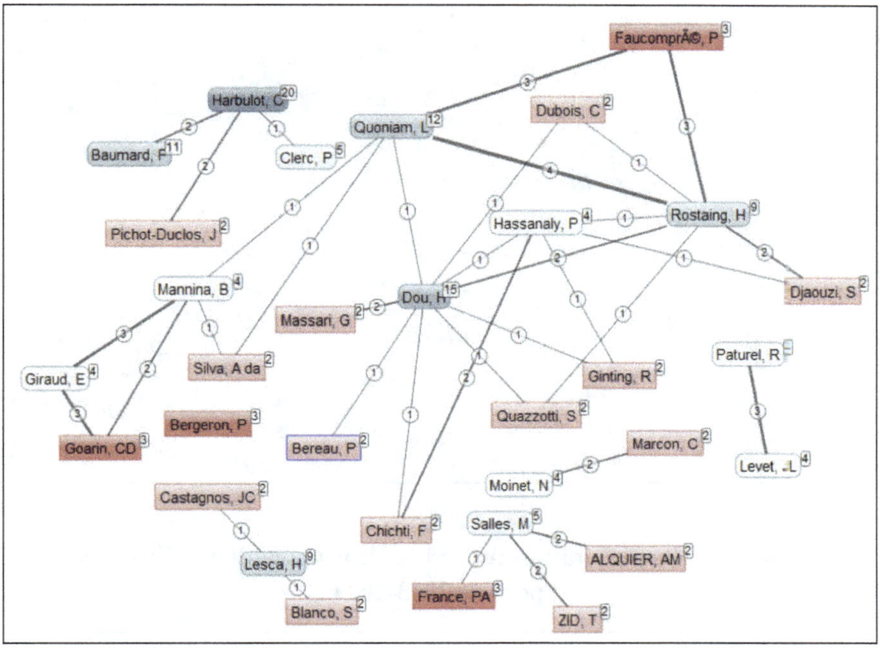

Figure 7 – Le plus important réseau de propagation VoSviewer, période 1980-2000

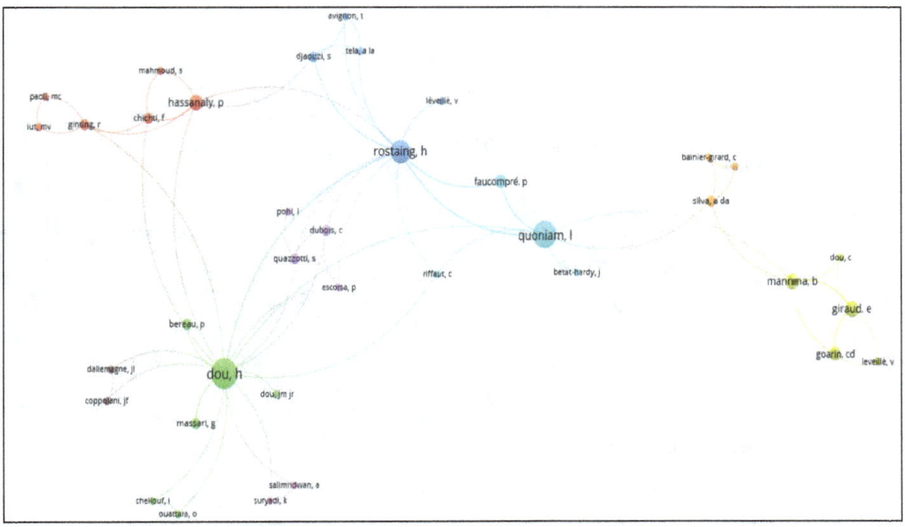

Figure 8 – Tous les réseaux d'auteurs réalisés via Matheo Analyzer, période 2013-2024

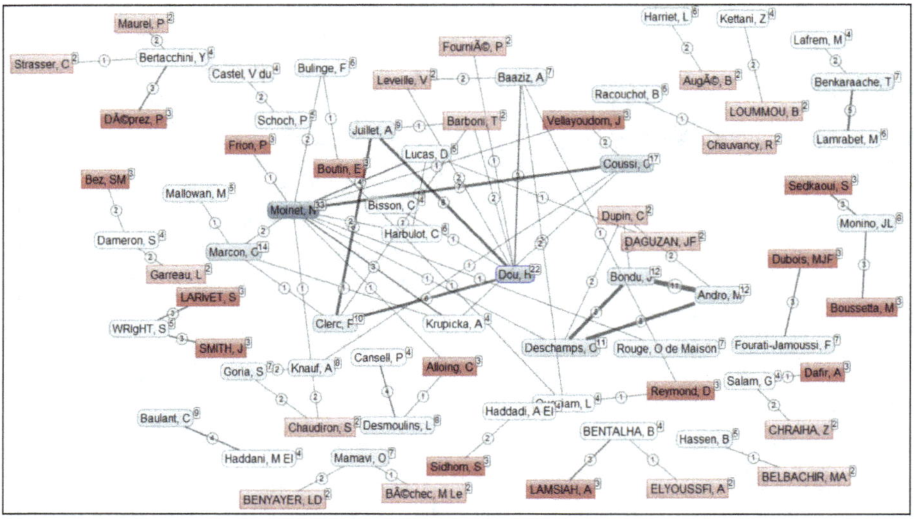

Figure 9 - Le plus important réseau de propagation VoSviewer, période 2013-2024

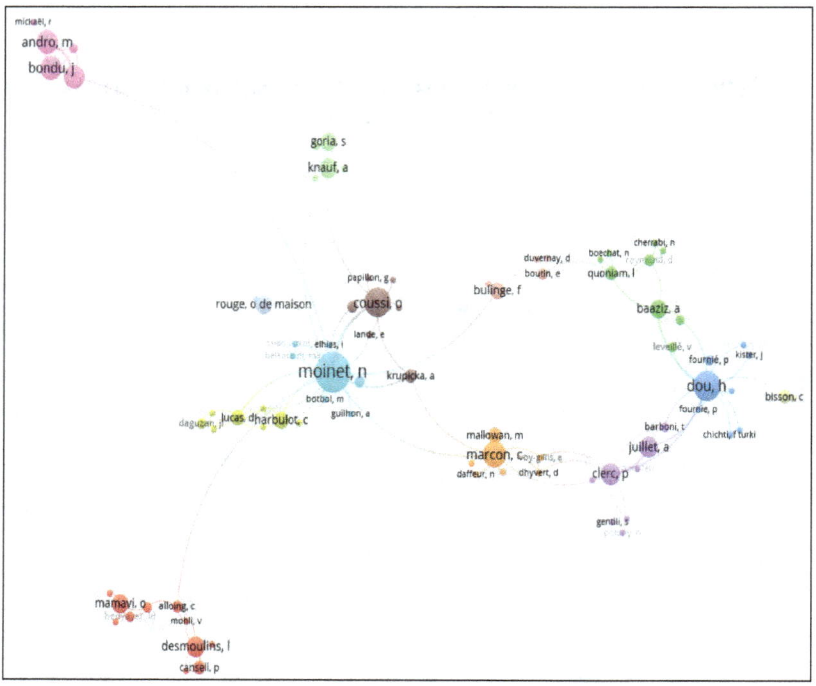

4.1.2 Competitive Intelligence

La liste des principaux auteurs en fonction des périodes est indiquée dans la table 4

Table 5 – Auteurs principaux domaine competitive intelligence F>=4

1980 – 2000		**2001 – 2024**	
Quoniam, L	10	dou h	40
Dou, H	9	wright, s	26
Looze, MA de	6	bouthillier, f	21
Kostoff, RN	5	solberg sk	21
Bon, J Le	5	goria, s	17
Merunka, D	5	smith, jr	16
Baumard, P	5	toit, a du	14
Hassanaly, P	4	haddadi, a el	14
Rostaing, H	4	quoniam, l	13
Dedijer, S	4	bisson, c	12
Kovacich, GL	4	jin, t	12
		calof, j	12
		larivet, s	11
		bourret, c	11
		fleisher, cs	10
		chaudiron, s	9
		manullang, sd	9
		dousset, b	9
		david, a	8
		muller, ml	8
		frion, p	8
		nenzhelele, te	7
		clerc, p	7
		maune, a	7
		moinet, n	6
		knauf, a	6
		bertacchini, y	6
		dou jm jr	6
		gainor, r	5
		deschamps, j	5
		madinier, h	5
		marcon, c	5
		kettani, z	5
		viviers, w	5
		ivan, l	5
		zanasi, a	5
		pickton, dw	4
		bousquet, f	4
		robertie, c de la	4
		shearer, k	4
		juillet, a	4
		west, c	4
		sewdass, n	4
		ahmad, nh	4
		dinu, dg	4
		madureira, l	4
		baaziz, a	4
		mckinley, m	4
		sebe, m	4
		boulouard, z	4
		moraru, a	4
		tarapanoff, k	4

Les réseaux d'auteurs sont indiqués dans les figures suivantes

Figure 9 - Tous les réseaux d'auteurs réalisés via Matheo Analyzer, période 2013-2024

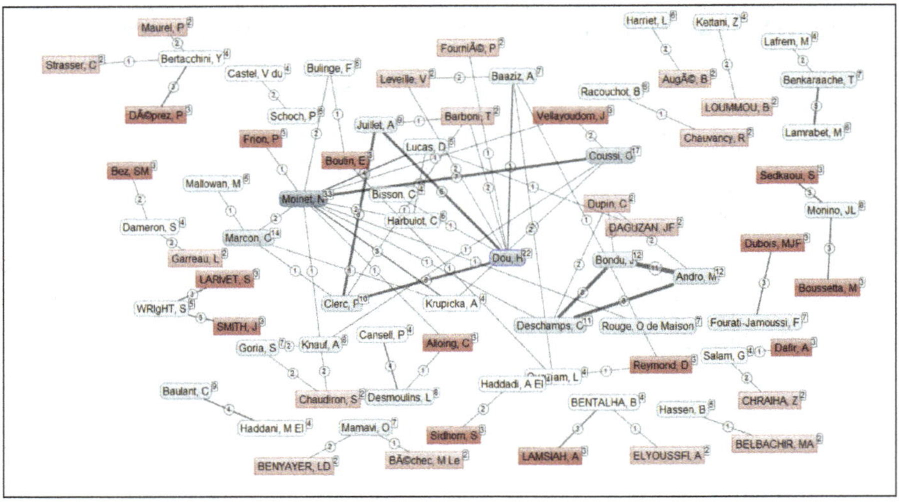

Figure 10 – Le plus important réseau de propagation VoSviewer, période 2013-2024

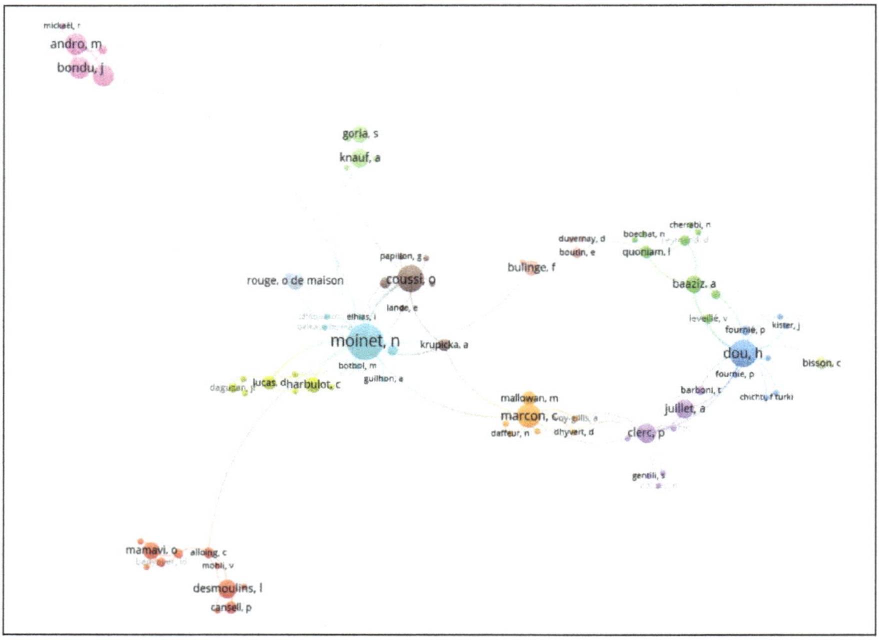

4.2 Canada

Nous allons maintenant mettre en évidence un certain nombre de réseaux concernant divers pays, en choisissant ceux qui permettront une discussion et des commentaires intéressants sur leur évolution. Le Canada est un exemple intéressant de naissance d'un réseau, ce qui n'a pas été le cas en France, car les équipes de recherche qui ont dès 1980 travaillé sur le sujet étaient déjà constituées.

4.2.1 Intelligence économique

Figure 11 - Tous les réseaux d'auteurs réalisés via Matheo Analyzer, période 1980-2024

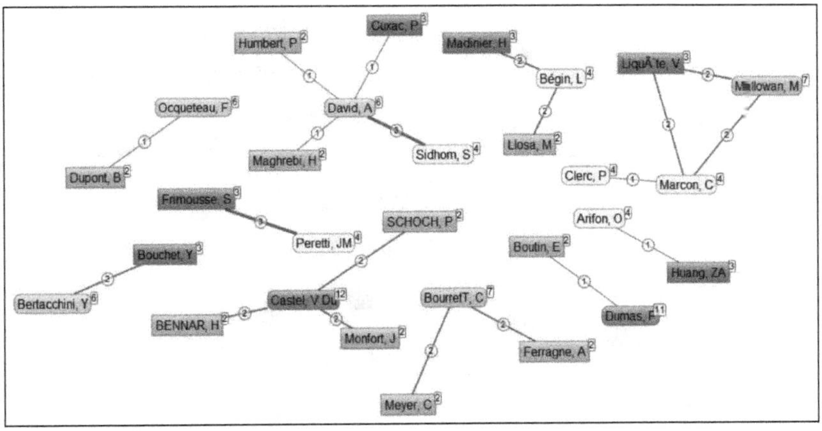

Période large possible du fait d'un nombre de références restreint.

Figure 12 - Le plus important réseau de propagation VoSviewer, période 1980-2024

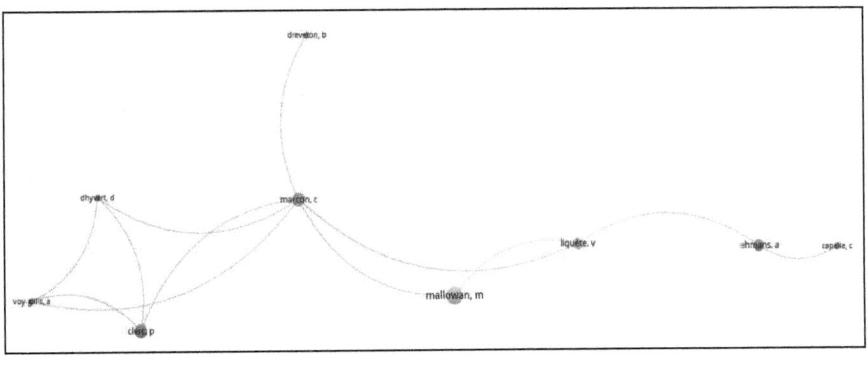

Le Canada est un bon exemple de la dualité entre francophones et anglophones. Les réseaux obtenus sont très différents. Cela montre une limite assez forte entre les deux communautés. En France par contre la situation est différente, car les chercheurs publient souvent indifféremment en français ou en anglais.

4.2.2 Competitive Intelligence

Figure 13 - Tous les réseaux d'auteurs réalisés via Matheo Analyzer, période 1980-2000

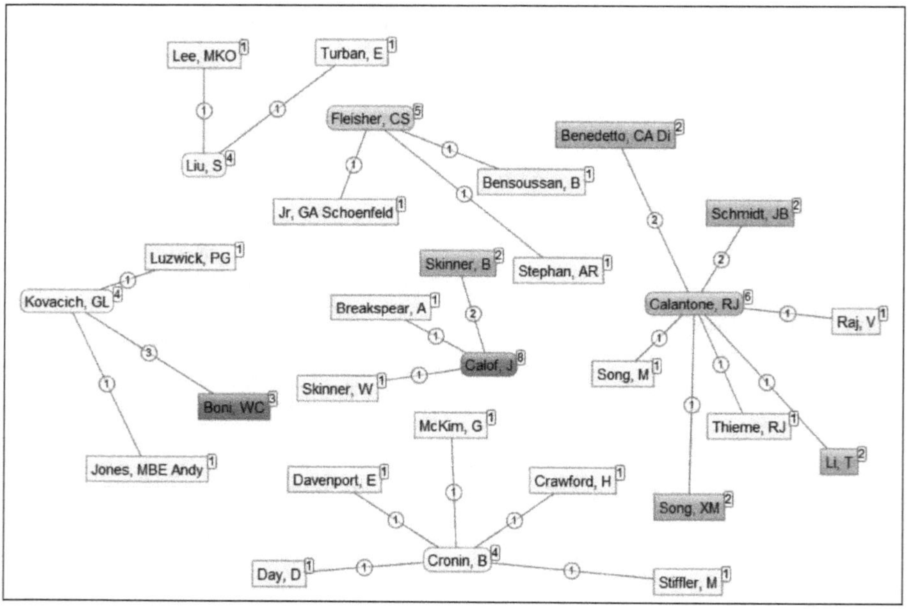

Figure 14 - Tous les réseaux d'auteurs réalisés via Matheo Analyzer, période 2002 – 2012

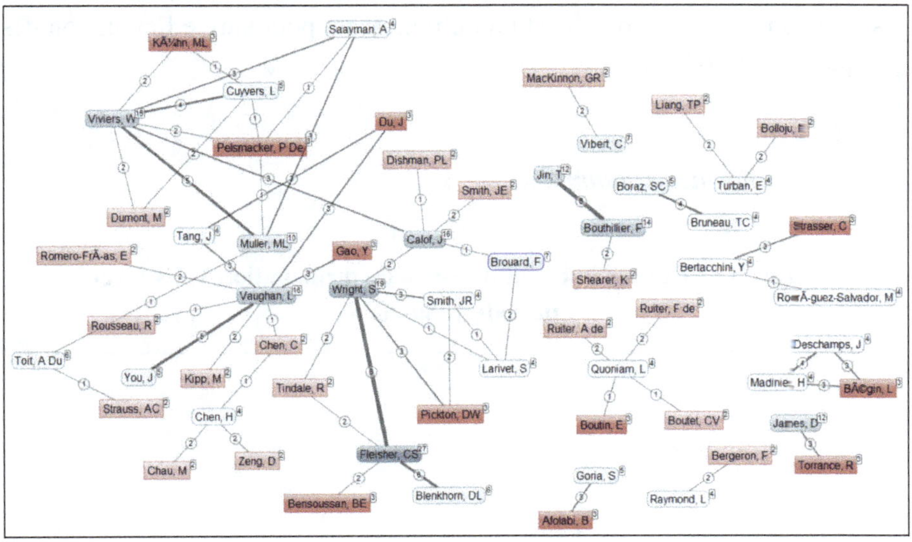

Figure 13 - Le plus important réseau de propagation VoSviewer, période 2013-2024

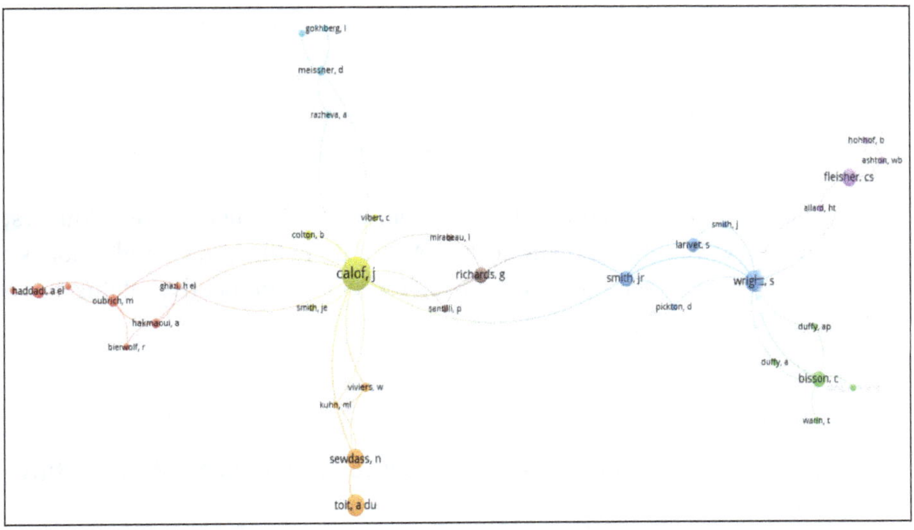

On conste pour le Canada, qu'au départ ce sont des équipes de chercheurs âgés qui ont saisi le sujet, mais ces derniers du fait sans doute des départs à la retraite et du manque de structuration de leur laboratoire ont pratiquement disparu au fil du temps pour être remplacé par un réseau à forte connotation anglo-saxonne, celui de J Calof plus précisément. Nous constatons ainsi que l'utilisation des réseaux comme « métrique » est un outil puissant pour suivre l'évolution des groupes de recherche.

4.3 La Suisse

4.3.1 Intelligence économique

Figure 14 - Le plus important réseau de propagation VoSviewer, période 1980-2024

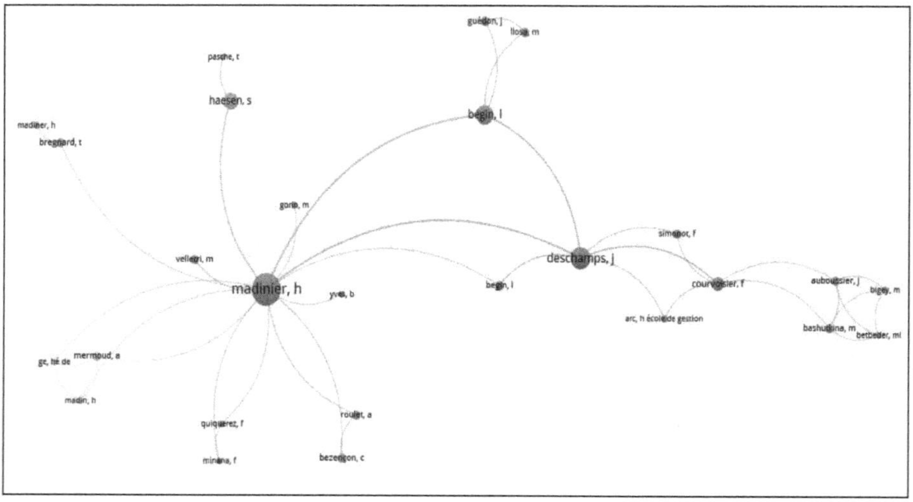

Nous constatons qu'en Suisse le réseau d'intelligence économique est bien structuré, et ceci malgré une forte poussée de publications anglophones : « intelligence économique » affiche 1830 références et « competitive intelligence » 5200 entre 1980 et 2024.

4.4 La Belgique

Nous traitons ici de l'ensemble intelligence économique OR compétitive intelligence

Figue 15 - Tous les réseaux d'auteurs réalisés via Matheo Analyzer, période 1980 – 2024 comprenant Intelligence économique et intelligence compétitive

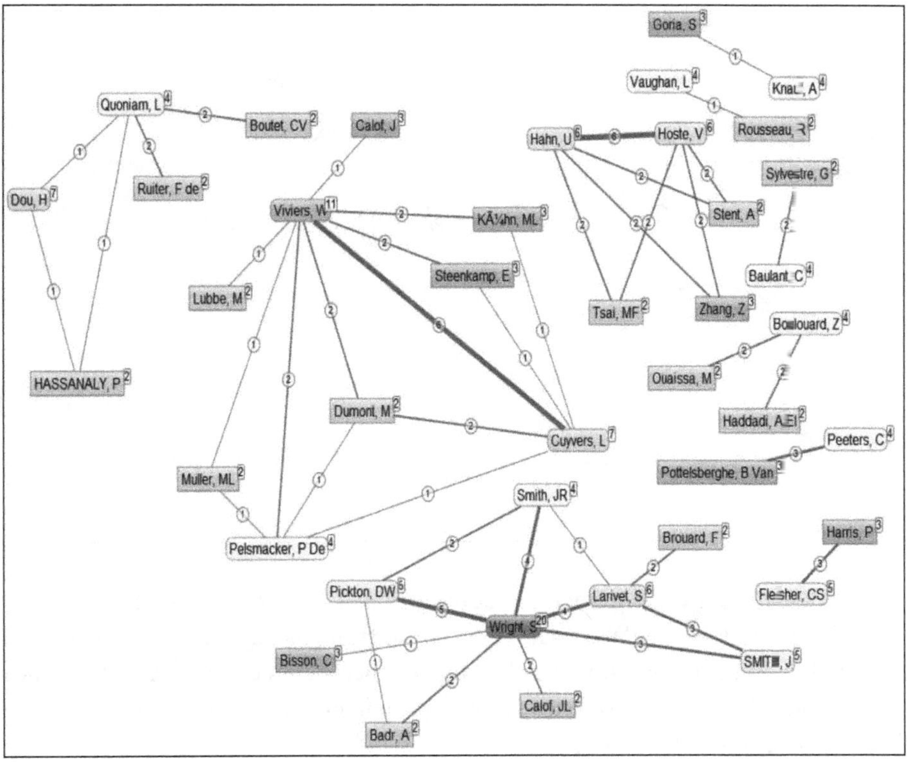

Nous constatons, dans ce cas, l'importance du réseau S Wright et J Calof ainsi que celui de H Viviers. Cette analyse est plus globale que les autres, car elle permet à titre d'exemple de voir comment analyser rapidement le potentiel global sur le sujet, toutes langues confondues.

Table 16 - Le plus important réseau de propagation VoSviewer, période 1980-2024

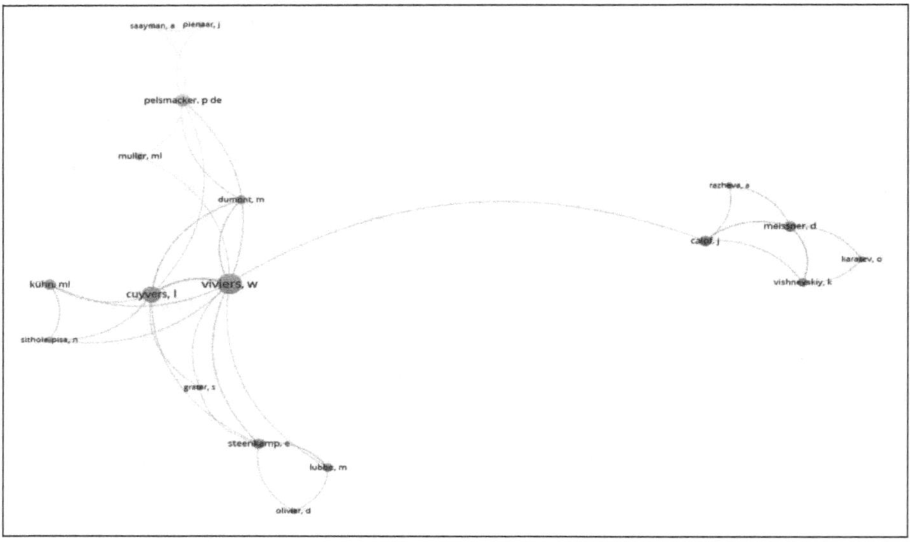

Ce réseau met en évidence les deux groupes ainsi que la jonction qui est réalisée entre J Calof et W Viviers. Ceci n'apparaît pas dans le réseau précédent (figure 15) parce que la limite des liens entre chercheurs est fixée à la fréquence 2 – cela afin de voir apparaître les groupes principaux - alors que dans VoSviewer la fréquence est de niveau 1.

4.5 Le Luxembourg

On met bien en évidence le réseau de départ, mais on voit très rapidement sa disparition et une forte dispersion avec peu de travaux publiés.

On traite comme dans le cas de la Belgique les deux thèmes français et anglais simultanément.(figure 17) On met en évidence que le réseau principal était dans la période 1980 – 2000 basé sur une collaboration entre le Centre de Recherche Rétrospective de Marseille et le Centre de Veille Technologique Henri Tudor. Mais, à la suite d'un changement d'orientation et du déplacement du Centre Henri Tudor, la collaboration n'a pas été maintenue, ce qui est visible sur le réseau de la période récente. (figure 18)

Table 17 - Le plus important réseau de propagation VoSviewer, période 1980-2024

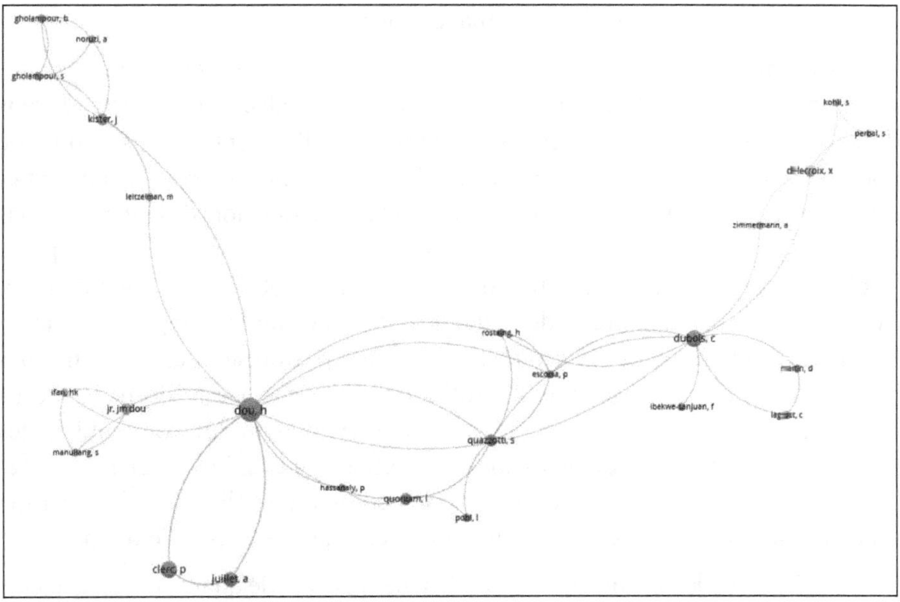

Figure 18 - Le plus important réseau de propagation VoSviewer, période 2001 – 2024

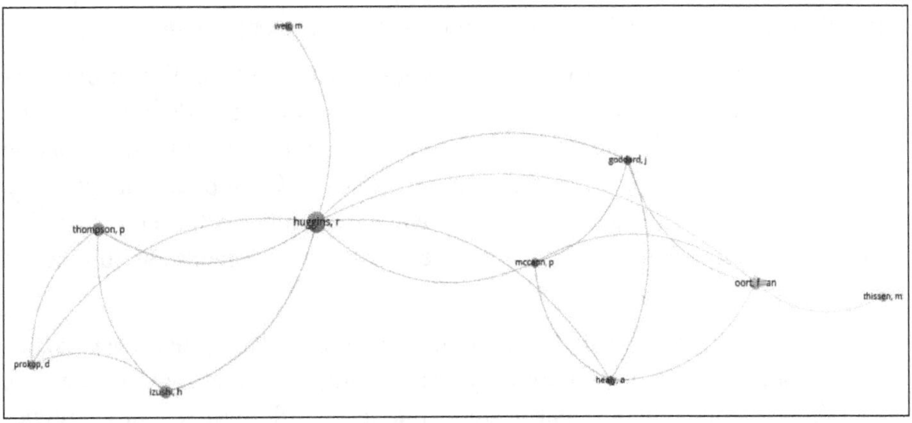

5 – Discussion

Ces diverses analyses posent différentes questions qui peuvent faire l'objet de discussions, mais aussi de recommandations.

La visibilité : nous avons constaté que la visibilité des travaux francophones n'était pas toujours optimale du fait de la mauvaise rédaction des titres, et sans doute aussi d'un moins bon choix des mots clés. Par contre, nous avons pu constater en ce qui concerne la langue anglaise une bonne indexation, ce qui fait que le terme competitive intelligence « remonte » toujours lors des interrogations des bases de données. La visibilité dans les réseaux est aussi accrue lorsque la publication comprend des co-auteurs. En effet, si on publie seul ou simplement avec un nombre très restreint de collègues, il sera difficile d'apparaître sur les réseaux. De même, l'auteur d'ouvrages ne sera pas présent, car il n'aura pas de liens avec d'autres collègues, sauf dans le cas assez rare de livres écrits avec plusieurs auteurs. En outre (c'est actuellement la mode), sont publiés des ouvrages qui regroupent diverses communications ou chapitres. Concernant ces ouvrages qui ce ne sont pas des actes (proceedings) de colloques, l'indexation du détail des contenus est très rarement présent dans les bases de données.

L'influence : la question est de savoir si des réseaux de qualité et conséquents exercent un effet d'entrainement sur les thématiques de recherche. La réponse est assurément positive. De ce fait, il convient de favoriser et d'encourager la politique de « fertilisation croisée » à travers des travaux copubliés entre chercheurs d'équipes différentes. Ceci est particulièrement pertinent dans le cas de la francophonie puisqu'elle englobe dans les pays émergents et en développement.

Les sources d'information : nous avons observé à titre d'exemple deux sources d'information : Google Scholar et LENS. Il est aisé de constater que l'étendue de la source joue un rôle évident. Si la source effectue des choix de revues arbitraires, le résultat sera d'autant plus biaisé. C'est pour cela que nous devons tenir compte de la source utilisée avant toute analyse. Cela paraît trivial, mais des analyses réalisées sur des sources différentes peuvent conduire à des biais extrêmement importants.

Les revues : la lisibilité de la recherche est dans bien des cas liée à la présence d'un nombre plus ou moins important de revues qui couvent le champ d'activité. Ceci pénalise grandement la partie francophone. En effet, rares sont les revues en français qui sont dévolues à ce sujet. En France la Revue Internationale d'Intelligence Economique joue ce rôle essentiel , mais elle ne peut pas pour des raisons multiples être le support de l'ensemble de travaux réalisés (y compris seulement en France) sur le sujet. Les chercheurs sont donc conduits à publier dans des revues par exemple économiques qui ne sont pas centrées sur la discipline, ce qui est un frein important à la construction de la discipline. Cet aspect ne se rencontre pas dans les revues anglophones qui sont multiples, mais où, pour les francophones, la barrière linguistique joue souvent un rôle de « fermeture », même si le sujet est intéressant.

6 – Conclusion

Nous avons présenté, dans ce travail, des résultats permettant de situer la production francophone en intelligence économique. Mais nous avons surtout voulu mettre en évidence une méthodologie simple permettant aux lecteurs et aux chercheurs intéressés de mettre en perspective leur propre sujet.

Nous n'avons pas traité, mais cela va faire l'objet d'un autre mémoire, les aspects permettant de réaliser rapidement les réseaux liés à un auteur en particulier. Cet aspect est important, car les bases de données comme Google Scholar ou les systèmes du type ORCID permettent à un chercheur d'introduire lui-même ses travaux et ainsi de rendre public l'ensemble de sa production scientifique quand celle-ci n'est que rarement indexée en totalité dans les bases de données. On pourra alors réaliser des analyses sur la « portance » d'un individu et sur son influence potentielle au niveau de son domaine de recherche. Cet aspect est loin d'être négligeable et sera traité plus en détail ultérieurement.

Pour permettre aux chercheurs ayant des moyens limités, et en particulier n'ayant pas accès à des sources payantes ou sur abonnement, nous avons concentré le travail sur des systèmes gratuits. Cet aspect est fondamental. En effet la recherche ne peut pas être uniquement « élitiste » en prenant en compte uniquement les laboratoires « nantis » ou les chercheurs ayant accès de manière plus ou moins favorisée à des canaux « aisés » de publication. Ceci est souvent le cas pour les pays africains et la francophonie doit en tenir compte.

Enfin nous terminerons ce travail en revenant à l'objet social de l'AIFIE et à ses buts. En effet c'est à partir d'études de ce type que collectivement nous pourrons bâtir au niveau de la recherche un certain nombre de bonnes pratiques favorisant non pas le contenu de celle-ci, mais plus particulièrement sa visibilité et donc son accessibilité nécessaires pour son influence et son rayonnement.

Bibliographie

Dou, Henri, Alain Juillet, and Philippe Clerc. *Strategic Intelligence for the Future 1 : A New Strategic and Operational Approach.* John Wiley & Sons, 2019a.

Dou, Henri, Alain Juillet, and Philippe Clerc. *Strategic Intelligence for the Future 2 : A New Information Function Approach.* John Wiley & Sons, 2019b.

Dou Henri, Des sciences dures de la veille technologique et à l'intelligence économique, in L'intelligence économique : co-construction et émergence d'une discipline via un réseau humain Bernat J.P. (ed.). 2008. Paris : Hermès, 284 p.

Dou Henri., Manullang Sri Damayanty., Xie Hong Xia, Competitive Intelligence – Accélérateur de Coopération. Colloque Intelligence Economique et Francophonie – Vecteur de développement et de coopération internationale, Paris la Défense (Léonard de Vinci), 24 Janvier 2008

Google Scholar Access to the Scientific Literature https ://scholar.google.com/ 2024

Leitzelman, Mylène, Henri Dou, and Jacky Kister. "Modélisation de connaissances et fouille d'informations par la cartographie dynamique : applications de veille technologique avec Matheo Analyzer™." *RIAO (Recherche d'Information et ses Applications) 2004.* 200

LENS Explore science and Technology knowledge www. https ://www.lens.org/ 2024

Pasadeos, Yorgo, R. Bruce Renfro, and Mary Lynn Hanily. "Influential authors and works of the public relations scholarly literature : A network of recent research." *Journal of Public Relations Research* 11.1 (1999) : 29-52.

PoP Publish or Perish https ://harzing.com/resources/publish-or-perish 2024

Sood, Sandeep Kumar, Navin Kumar, and Munish Saini. "Scientometric analysis of literature on distributed vehicular networks: VOSViewer visualization techniques." *Artificial Intelligence Review* (2021): 1-33.

VoSviewer Visualizing Scientific Landscapes https://www.vosviewer.com/

WoS Web of Science platform https://clarivate.com/products/scientific-and-academic-research/research-discovery-and-workflow-solutions/webofscience-platform/

II

L'ÉTAT DE LA RECHERCHE EN INTELLIGENCE ÉCONOMIQUE EN AFRIQUE EXPÉRIENCES NATIONALES

L'ÉTAT DE LA RECHERCHE EN INTELLIGENCE ÉCONOMIQUE AU MAROC

Mounir Rochdi et Siham Harroussi

Introduction

L'Intelligence Économique (IE) au Maroc n'est plus un champ à présenter ou à justifier comme activité stratégique. Son expansion, depuis plusieurs années, traduit l'importance du développement de la compétitivité dans un contexte économique global. Le Maroc, comme d'autres nations, a traversé une évolution significative de son paysage en matière d'IE au fil des décennies. Des premières initiatives timides, souvent résultat de collaborations internationales, permettant au Maroc d'adopter des méthodologies et de bonnes pratiques, à la consolidation progressive de politiques gouvernementales. Au fil des années, l'IE a su et a dû évoluer pour s'adapter aux besoins et des politiques gouvernementales ont été élaborées pour favoriser la recherche et l'application des principes de l'IE dans divers secteurs.

Cette évolution n'a pas été sans défis. La nécessité de concilier les exigences de sécurité avec la libre circulation de l'information a posé des questions complexes. Par ailleurs, la capacité à s'adapter aux réalités nationales a également été mise à l'épreuve. Sans oublier les capacités institutionnelles en termes de formation et de recherche autour de l'IE. En effet, pour garantir une indépendance stratégique et compétitive, il faut maîtriser le concept de l'IE pour développer un modèle propre à ses besoins. Comment naviguer, alors, entre la recherche de l'excellence académique et l'impératif de répondre aux besoins concrets du contexte économique national ? Comment la recherche en IE a évolué au Maroc ?

À travers une exploration succincte du cadre institutionnel, des initiatives académiques, et de l'engagement du secteur privé, cet article mettra en lumière les dynamiques et les défis spécifiques à l'écosystème marocain en termes de recherche en Intelligence Economique. Nous examinerons également les perspectives d'avenir, soulignant les enjeux et les opportunités pour le Maroc dans le domaine de l'Intelligence Economique.

Périmètre de travail et sources

Le sujet entrepris est large et complexe. Traiter de la recherche en Intelligence Economique mène à des explorations aussi profondes que fines. Cela nécessite des échanges réguliers avec des institutions de recherche académiques et privées dispersées à travers le Royaume. Sans prétendre à l'exhaustivité parfaite et afin de pouvoir donner, rapidement, une idée globale de la situation, nous avons décidé de délimiter notre périmètre de recherche. Afin que le périmètre reste représentatif, il était nécessaire de ne pas déformer le concept même de l'Intelligence qui regroupe la Veille, l'Influence, le Lobbying et la Protection Economique. Tout travail de recherche qui ne traitera que d'une partie de l'IE sera écarté de notre périmètre. Il a été aussi décidé de garder l'Intelligence Territoriale puisqu'elle représente l'Intelligence Économique appliquée au territoire. Cela en gardant, bien sûr, la même contrainte de globalité. C'est-à-dire le quatuor Veille, Influence, Lobbying et Sécurité Economique. Enfin la notion de Buisness Intelligence a, elle aussi, été écartée puisqu'elle représente l'informatique décisionnelle et non pas l'Intelligence Économique. Les recherches effectuées remontent à 2013.

Au niveau des sources de travail, étant donné que l'on traite de la recherche, il était important de se baser sur des sources nationales et internationales fiables, valides et officielles. Pour nos recherches, nous avons utilisé :

Otrohati, une plateforme qui liste les thèses dans les centres des études doctorales (CEDoc) marocains. Cette base de données a été lancée par l'Institut Marocain de l'Information Scientifique et Technique (IMIST) qui relève du Centre National pour la Recherche Scientifique et Technique (CNRST) en sa qualité d'opérateur de la recherche. https://otrohati.imist.ma/

Le prix de la recherche en Intelligence Economique en Afrique, lancé depuis 2019 par le Forum des Associations Africaines d'Intelligence. Il récompense les étudiants, chercheurs et professionnels qui ont soutenu une Thèse de Doctorat, un Master ou ont publié un ouvrage qui participent au rayonnement de l'IE en Afrique. Dans le cadre de notre travail, nous nous sommes limités aux travaux concernant le Maroc et réalisés par des Marocains. https://www.faaie.africa/

La Revue Internationale d'Intelligence Economique R2IE, qui a pour projet éditorial de contribuer à la publication de travaux scientifiques de haut niveau dans les champs de l'Intelligence Economique française et internationale. En 2020, un numéro spécial IE Maroc avait été publié par la revue. Mounir Rochdi avait été co-directeur scientifique de ce numéro spécial. https://www.va-editions.fr/revue-internationale-d-intelligence-economique-r2ie-12-1-c2x33017282

Google Scholar, un service de Google permettant la recherche d'articles et de publications scientifiques depuis 2004. Il a été mis en œuvre avec la collaboration de nombreuses universités. Il inventorie des articles, des thèses de type universitaire, des citations ou encore des livres scientifiques.https://scholar.google.com/

Cairn.info, collaboration de quatre maisons d'édition (Belin, De Boeck, La Découverte et Erès) ayant en charge la publication et la diffusion de revues de sciences humaines et sociales. La Bibliothèque nationale de France ainsi que L'Université de Liège font partie de ce projet de diffusion de la littérature scientifique en ligne.

https://www.cairn.info/

CORE (COnnecting REpositories), est une base de données bibliographiques de la littérature savante mondiale, qui recueille et indexe des recherches provenant de dépôts et de revues.

https://core.ac.uk/

ScienceDirect, une base de données mondiale d'ouvrages scientifiques, techniques et de santé en texte intégral et revus par les pairs. https://www.sciencedirect.com/

La recherche académique en Intelligence Économique au Maroc

Les écoles et les Universités

L'engagement des universités marocaines dans la recherche en Intelligence Économique s'inscrit dans une dynamique globale visant à positionner le Maroc comme un pôle d'excellence dans ce domaine stratégique. Cette ambition se traduit par une série d'initiatives, de programmes de formation spécialisés, et de projets de recherche appliquée qui visent à explorer toutes les facettes de l'IE.

Les universités et écoles marocaines offrant des formations en IE se distinguent par leur approche pédagogique innovante, combinant enseignements théoriques et pratiques. Les cursus proposés s'adaptent constamment aux évolutions du marché et aux besoins spécifiques des entreprises. L'École des Sciences de l'Information de Rabat, de par la nature de ses enseignements, a été parmi les tout premiers à s'intéresser à la formation universitaire axée sur l'Intelligence Economique dès le milieu des années 2000. L'objectif affiché est le soutien de la compétitivité du pays via le management intelligent de l'information et l'ancrage de l'intelligence économique et stratégique. Rappelons que l'ESI est une école d'ingénieurs sous la tutelle du Haut-Commissariat au Plan (HCP), ce qui lui donne une position de premier plan au niveau stratégique. À titre d'exemple, nous citerons le Master

Spécialisé en Intelligence Compétitive et Stratégique étalé sur deux années de formation.

Autre université, pionnière dans le sujet de l'IE au Maroc est l'université Mohammed V de Rabat-Agdal. Notamment à travers la publication d'un des tout premiers livres de l'IE au Maroc par le Professeur Driss Guerraoui, L'intelligence économique, problèmes et interrogations, 2005 (AERED, Rabat).

Une autre institution s'est récemment, engagée dans une approche orientée vers l'innovation et la recherche appliquée, en mettant en place des laboratoires dédiés et en favorisant l'entrepreneuriat. En effet, l'Université Mohammed VI Polytechnique (UM6P) a mis en place des programmes conçus pour équiper les étudiants avec une compréhension profonde des enjeux économiques mondiaux et des compétences analytiques avancées pour favoriser la compétitivité du pays.

Sans être exhaustif, nous citerons d'autres écoles et universités publiques qui s'étaient positionnées assez tôt dans l'IE comme l'ISCAE (Institut supérieur de commerce et d'administration des Entreprises), ou encore les ENCG (École Nationale de Commerce et de gestion). Il existe par ailleurs plusieurs autres institutions qui ont commencé à enseigner l'Intelligence Economique au Maroc, mais sous forme de module spécifique inséré dans d'autres cursus plus larges.

Principaux sujets et thématiques de recherche en IE au Maroc

Les sujets de l'IE, s'étendent au-delà des frontières traditionnelles de l'économie pour embrasser des questions de géopolitique, de sécurité des informations, et d'innovation technologique. Des projets de recherche examinent comment les entreprises marocaines peuvent mieux sécuriser leurs informations stratégiques dans un monde numérique vulnérable aux cyberattaques. D'autres études se concentrent sur l'importance de l'IE dans le développement des énergies renouvelables, soulignant comment la veille technologique peut faciliter la transition énergétique du Maroc. Ces recherches mettent en évidence le rôle de l'IE dans l'identification de nouvelles opportunités de marché et dans la mise en œuvre de stratégies de développement durable.

Répartition et évolution de la recherche en IE

Les premières thèses de Doctorat dans les années 2000 se concentraient sur l'explication du concept de l'IE. Mais cela a, très rapidement, évolué vers l'application de l'IE dans des domaines particuliers : le territoire, la chaîne d'approvisionnement et le secteur minier.

Les thèses de Doctorat traitant de l'Intelligence Economique de manière globale ont connu un PIC en 2021 avec plus de 21 thèses de Doctorat soutenues à travers le Royaume. Le nombre de contributions scientifiques sous forme d'articles a baissé après cette date. Cette baisse est reliée directement aux travaux de recherche entrepris. En effet, depuis 2021, les sujets de recherche ont commencé à s'orienter plus vers l'Intelligence Artificielle.

Plusieurs travaux de recherches réalisés par des étudiants marocains n'ont pas pu faire partie de notre périmètre. Leurs travaux ayant été conduits au sein d'université étrangère, il n'était pas possible de les intégrer dans notre périmètre axé strictement sur les institutions nationales. Ce phénomène que nous appellerons « Fuite de la recherche » s'est développé au même moment ou le sujet de l'IE a connu une concentration importante de thèses de Doctorat. C'est-à-dire à partir de 2020. D'autres nationalités africaines ont conduit un travail de recherche en Intelligence dans une institution marocaine, mais leur périmètre était axé sur une structure ou un secteur situé dans un autre pays que le Maroc.

La collaboration entre universités et secteur privé

Le développement de l'IE au Maroc ne s'est pas fait sans prendre en considération le secteur privé bénéficiaire majeur de la discipline. Cette collaboration a pris plusieurs formes, des accords de partenariat à la participation active d'entreprises dans les programmes académiques. Ces collaborations sont essentielles pour garantir que la recherche en IE reste alignée avec les exigences pratiques et les défis contemporains du marché. Elles ont permis également aux étudiants d'acquérir une expérience concrète à travers des stages, des projets de consulting, et des ateliers animés par des professionnels du secteur. Par exemple, des partenariats entre des institutions académiques et des acteurs majeurs dans les secteurs des télécommunications, de la finance, et de l'agroalimentaire ont abouti à la création de chaires d'entreprise et de programmes de recherche conjoints. Ces initiatives renforcent le lien entre la théorie et la pratique et contribuent à la formation d'une nouvelle génération de professionnels en IE, équipés pour répondre aux enjeux économiques actuels et futurs.

Cadre institutionnel et législatif

La prise de conscience de niveau du gouvernement marocain apparaît depuis les années 2000. Cela s'est traduit par la création de structures stratégiques telles l'Institut Royal des Études Stratégiques (IRES). La mise en place d'un cadre institutionnel et législatif robuste est primordiale pour le développement de l'Intelligence Économique (IE) au Maroc. Ce cadre sert non seulement à promouvoir l'IE comme levier stratégique pour l'économie nationale, mais aussi à protéger les intérêts économiques du pays. Il est vrai qu'il n'existe pas aujourd'hui un cadre législatif proprement dédié à l'IE au Maroc. Même s'il existe, pour le volet de la sécurité économique, la Direction Générale de la Sécurité des Systèmes d'Information (DGSSI) qui a été créée par Décret n° 2-11-509 du 21 septembre 2011. L'absence d'une législation dédiée à l'IE ne veut pas dire que le pays n'est pas organisé en IE. C'est plutôt la politique du secret qui est de mise dans les grandes structures marocaines. Que cela soit l'Office Chérifien du Phosphate (OCP), la Banque of Africa, AttirajiWafabank, ou Maroc Telecom, on ne donne pas de détails sur les activités d'IE ou sur le soutien fourni aux laboratoires de recherche dans le cadre de l'IE. C'est une question de stratégie. Sans oublier de citer la société civile à travers l'Association Marocaine d'Intelligence Economique (AMIE), devenue l'Institut Marocain de l'Information Stratégique (IMIS) qui publie régulièrement des notes de stratégies et des recommandations autour de l'IE Marocaine.

Il existe aussi des programmes gouvernementaux soutenant la recherche en IE. Ils témoignent de la volonté du Maroc de capitaliser sur l'IE pour accélérer son développement économique. Le Plan Maroc Vert, par exemple, illustre l'intégration de l'IE dans le secteur agricole pour améliorer la productivité et la gestion des risques. De même, le lancement du programme d'appui à l'innovation industrielle par le Ministère de l'Industrie et du Commerce, en partenariat avec le Ministère de l'Économie et des Finances, l'Agence Maroc PME et la Confédération générale des Entreprises Marocaines (CGEM), vise à renforcer les capacités d'innovation et de recherche du Maroc, en s'appuyant sur une veille technologique notamment. Ces initiatives sont cruciales pour soutenir la transformation des secteurs clés de l'économie marocaine et pour promouvoir une culture de l'intelligence économique à travers le pays.

Des technopoles, des acropoles, des pôles de compétitivité contribuent à la promotion de l'IE au Maroc. Ces regroupements d'entreprises et d'institutions de recherche, autour de secteurs stratégiques comme l'automobile, l'aéronautique ou les technologies de l'information, sont des moteurs d'innovation et de développement économique. Ils facilitent le partage de connaissances, la collaboration en matière de R&D, et l'application des résultats de la recherche à des défis industriels concrets. Parmi les initiatives, nous citons, à titre d'exemple :

- Technopole Oujda pour l'Industrie métallique, mécanique et électrique / industrie textile et cuire / industrie chimique et para chimique / développement durable / Offshoring.
- Jorf Lasfar à El-Jadida pour l'Industrie / Chimie et parachimie / Industries mécanique et métallurgique / Stockage d'énergie (pétrole gaz).
- Agropole de Berkane dédiée au développent de l'Agro-Industrie / Logistique.
- Casa nearshore pour l' offshoring.

- Maroc Numérique Cluster (MNC) pour l'économie numérique en général.
- CISE-Maroc, un cluster industriel, les services environnementaux / développement du secteur industriel.
- Morocco Microelectronics Cluster (MMC) pour la microélectronique.

Ces différents pôles et clusters travaillent en collaboration étroite avec des centres universitaires locaux pour développer la recherche dans les domaines concernés. Bien que cette recherche ne soit pas axée principalement sur l'IE, mais l'objectif principal reste le développement de la compétitivité, composante majeure de l'IE.

Ces efforts institutionnels et législatifs démontrent l'engagement du Maroc à développer un écosystème d'IE dynamique et efficace, capable de soutenir ses ambitions économiques. En renforçant les investissements dans les compétences et les infrastructures, le Maroc se positionne ainsi comme un acteur compétitif sur l'échiquier économique international.

Défis et perspectives d'avenir de l'Intelligence Économique au Maroc

Le chemin de l'IE au Maroc n'est pas exempt d'embûches. Parmi les défis prédominants, la sensibilisation et l'adoption généralisée de l'IE dans les PME et les TPE marocaines demeurent modérées. Malgré une reconnaissance croissante de son importance, l'intégration effective de l'IE au sein des stratégies d'entreprise et des politiques publiques nécessite un renforcement. La formation et le développement des compétences en IE doivent être amplifiés pour répondre aux besoins du marché et aux exigences d'un environnement économique mondialisé très agile.

L'harmonisation des efforts entre les acteurs gouvernementaux, académiques et du secteur privé représente un autre défi majeur. La création d'une synergie entre ces différentes parties prenantes est cruciale pour développer une approche nationale unifiée de l'IE, permettant ainsi une meilleure coordination des initiatives et une optimisation des ressources.

Les perspectives d'avenir de l'IE au Maroc sont porteuses d'espoir et d'ambition. Avec l'avènement du numérique et l'essor des technologies avancées, l'IE Marocaine est en position de bénéficier d'une transformation profonde. L'intégration de l'intelligence artificielle et de l'analytique avancée dans les processus d'IE promet une révolution dans la capacité à collecter, analyser et exploiter l'information stratégique ainsi que dans les politiques publiques d'enseignement. Cette évolution technologique est susceptible d'améliorer considérablement l'offre académique afin de renforcer la position concurrentielle du Maroc sur le marché international.

Le développement de l'IE au Maroc passe également par une ouverture plus grande encore sur le monde, notamment à travers le renforcement des partenariats internationaux. Ces collaborations peuvent être un levier important pour l'échange de connaissances, le partage des meilleures pratiques et l'accès à de nouveaux marchés. Le Maroc, grâce à sa position géographique stratégique et à son rôle de pont entre l'Afrique, l'Europe et le Moyen-Orient, a une carte importante à jouer dans l'échiquier de l'IE mondiale.

En conclusion, bien qu'il existe des défis, l'avenir de l'IE au Maroc s'annonce prometteur. En s'appuyant sur ses acquis et en s'orientant vers une stratégie nationale cohérente et innovante, le Maroc peut aspirer à devenir un acteur majeur de l'IE à l'échelle régionale et internationale. La clé du succès réside dans l'adoption d'une vision partagée, le renforcement des capacités et l'intégration de l'Intelligence Artificielle, ouvrant ainsi la voie à une économie marocaine plus compétitive et résiliente.

Bibliographie

Tarek, B. H., & Adel, G. (2016). Business Intelligence versus Entrepreneurial Competitive Intelligence and International Competitiveness of North African SMEs. Journal of International Entrepreneurship, 14(4), 539-561.

Tarek, B. H., Zouhayer, M., & Adel, G. (2017). Entrepreneurial Competitive Intelligence Between Uppsala Model and Born Global Theories in the Case of North African SMEs. Journal of the Knowledge Economy, 1-22.

Achchab. B, Harrizi, D. « Les défis de l'intelligence économique au Maroc », La Revue Gestion et Organisation No 5, pp. 130-137. 2013

Rochdi M., "Les spécificités de la pratique d'intelligence économique dans un contexte émergent – le cas marocain", Revue Internationale d'Intelligence Économique Vol. 12, pp. 7-12. 2020.

Mounia Sliman ; Ahmed Elabassi, La décision d'investissement en intelligence économique : Évaluation et pratique dans les grandes entreprises Marocaines, Marché et Organisations, n° 18, 2013.

Baualnt, C. « Nouveau regard sur l'intelligence économique au Maroc : les enjeux de la cybersécurité dans la nouvelle économie mondiale », pp 601-638, In P. Clerc, D. Guerraoui, X., Richet, « La Nouvelle Économie Mondiale, Transformations structurelles, impacts et réponses des acteurs, Expériences internationales comparées », sous la direction de Philippe Clerc, Guerraoui. D et Xavier Richet, Paris, l'Harmattan, 2018.

Clerc P, "L'intelligence économique au Maroc", Regards sur l'IE, n°10, 2008.

Rachid Talbi El Alami, ex-Ministre marocain des affaires économiques et générales, Rencontres Internationales de Tétouan, « Intelligence économique et veille stratégique, défis et stratégies pour les économies émergentes », 25-26-27 novembre 2004, Tétouan, Maroc.

Kherrazi, S. « la recherche marocaine en intelligence économique : dynamique et réseau », Revue Internationale d'Intelligence Economique, Vol 10(1), pp 99-132, 2018

Sybord, C. (2015). Intelligence économique et système d'aide à la décision : de l'opérationnel « big data » au stratégique « little knowledge ». Revue internationale d'intelligence économique, 7(1), 83-100.

Chen H., Chau, M., Zeng, D., "CI Spider : a tool for competitive intelligence on the Web". Decision Support System 34. pp.1-17, 2002.

Assens, C, Perrin, C. « L'intelligence économique : une stratégie de réseau pour les entreprises », Revue internationale d'intelligence économique, vol. vol 3, no. 2, 2011, pp. 137-151.

Dou H., "Veille technologique et compétitivité l'intelligence économique au service du développement industriel", Paris. Dunod, 1995.

Mac donald S. et Williams C. "Beyond the Boundary : An Information Perspective on the Role of the Gatekeeper in the Organization". Journal of Product Innovation Management 10: 417–427, 1993.

Paturel, R., & Richomme-Huet, K. (2010). Vers la mise en œuvre d'une démarche d'intelligence économique pour l'artisanat en Région PACA. Management & Avenir, (10), 158-172.)

Nicolas Moinet, Philippe Darantière, (2007). « Organiser la veille stratégique dans l'entreprise : conduite du changement, communautés professionnelles et stratégie – réseau ». Market Management, 2007/4, p. 94-109.

El Haddani M., Baulant C., "Comment transformer l'information d'origine terrain en un levier de compétitivité des entreprises ?" Colloque IFBAE 2017, IX Congresso do Instituto Franco-Brasileiro de Administração de Empresas, IAE de Poitiers, 9 et 10 de mai de 2017.

Simon N. et Kern A. "It Would Be Easy If It Weren't for People". Competitive Intelligence Review 12 : 1–59, 2001.

Amos D. et Sahbi S., "Intégration de la démarche d'Intelligence Économique dans l'architecture fonctionnelle d'un système d'information". Le Système National d'Information Economique : État et perspectives, Centre de Recherche sur l'Information Scientifique et Technique (Cerist) – Algérie, 2005.

Achard P. et Bernat J. P. « L'intelligence économique : mode d'emploi », ADBS Éditions, 1998. 250 p.

Juillet, A. (2004). « Du renseignement à l'intelligence économique ». Défense Nationale, (12), 7-20.

Assens C, Abittan Y, « Pôles de compétitivité et réseautage : le cas du Technopark de Casablanca », Innovations – Innovations, 31, 2010.

L'ÉTAT DE LA RECHERCHE EN INTELLIGENCE ÉCONOMIQUE AU MALI

M. Mamadou Lamine Sylla

Au Mali, le domaine IE est encore dans ses balbutiements. Bien vrai qu'on peut apercevoir des avancées significatives sur certains pans de la vie de la Nation (sphère publique), au niveau du secteur privé, le concept demeure encore insuffisamment connu et exploité. En revanche, au niveau de l'enseignement, nous commençons à voir quelques enseignements de l'IE dans les Universités privées, au Mali. Cette dynamique a été renforcée par les actions de l'Association Malienne pour la Promotion de l'Intelligence Economique à travers notamment la journée tutorée organisée par l'Association à l'Université du Mali à la Faculté des Sciences Economique et de Gestion.

Ceci dit, mon intervention sur cette recherche de l'IE au Mali sera articulée sur quatre (4) parties. Je vais évoquer dans un premier temps l'évolution de l'IE au niveau de la sphère publique à travers la création de l'École de Guerre du Mali et quelques actions phares entreprises. Dans une deuxième partie, je m'en vais vous entretenir sur l'apport du Centre d'Études Stratégiques en termes de veille, d'analyse et d'action stratégique. Ensuite, nous évoquerons ensemble dans la troisième partie la vision du secteur privé de l'IE au Mali. La quatrième partie portera sur l'IE dans le monde universitaire au Mali. Enfin, en perspectives, quelques pistes seront proposées pour le renforcement de l'IE au Mali dans le cadre d'un partenariat avec l'Université Ouverte de Dakhla.

I. École de guerre

En rappel, le Mali est situé au cœur de l'Afrique de l'Ouest sur une superficie de 1 240 000 km². Il est entouré par la Mauritanie, le Sénégal, la Guinée Conakry, la Côte d'Ivoire, le Burkina Faso, le Niger et l'Algérie. Il est divisé en 19 régions administratives plus du district de Bamako comme capital.

À partir de 2011-2012, le pays a été subitement attaqué par des groupes armés qui se sont installés, bien sûr, avec des revendications diverses et variées.

L'État, à l'époque, qui était très faible avec peu de moyens et peu structurée n'a pu véritablement repousser cette menace.

Cette présence des groupes armés pourrait s'expliquer en partie par la situation géosécuritaire dans la sous-région, qui s'était fortement dégradée à la suite de l'effondrement de l'État Libyen. Des groupes armés se sont exportés notamment au Niger, pays frontalier de la Libye et également du Burkina Faso et le Mali.

Au Mali, ces Groupes armés qui se sont attaqués d'abord à des populations les plus fragiles, qui pratiquent l'agriculture, l'élevage ainsi que la pêche de subsistance c'est-à-dire pour ne nourrir. L'objectif était bien sûr de pousser cette population qui pratique l'agriculture à abandonner les activités, ce qui devrait créer une pénurie de céréales et donc une famine dans les régions agricoles par excellence, grenier du pays. En effet, les populations étaient obligées d'abandonner leurs terres et ceci a permis à ces Groupes armés de gagner du terrain progressivement pour occuper jusqu'aux 2/3 du vaste territoire malien. Ils (groupes armés) ont aussi recruté parmi la jeunesse de cette population fragile et enrôlé les enfants dans des combats depuis 2012. Des massacres d'enfants, de femmes et de vieillards ont été perpétrés à l'encontre des populations qui s'étaient accrochées à leurs terres ou qui ne pouvaient pas partir. Une partie de la jeunesse de ces localités a été enrôlée par la force pour intégrer ces groupes armés.

Cette situation a amené les nouvelles Autorités Maliennes à changer de lunettes de regard à travers la refonte du « Dispositif de Renseignement du pays » qui s'est élargi. Sur le plan opérationnel, ceci a amené l'État à prendre un certain nombre de résolutions dont la plus importante est **la Création d'une École de Guerre.**

Cette école vise à renforcer la compétence du commandement militaire dans cette nouvelle forme de guerre asymétrique où l'ennemi est furtif et imprévisible. Elle a permis d'améliorer substantiellement la synergie entre l'expertise civile et militaire dans le domaine du renseignement.

Le projet de loi portant sa création d'une école de guerre a été adopté le 23 septembre 2021 par le Conseil National. Elle a pour vocation de renforcer l'arsenal sécuritaire national, notamment la formation des futurs cadres de l'armée malienne. Pour ce faire, elle devra « *assurer une formation de haut niveau en Stratégie, en collecte et gestion de l'information (infoguerre), aux officiers supérieurs des forces de défense et de sécurité, de la police, de la gendarmerie, mais aussi à de hauts cadres de l'administration* ». Elle sera également un lieu de recherche sur les stratégies de défense et de sécurité, en collaboration avec le milieu universitaire.

Les officiers qui en sortiront ont vocation à occuper les plus hauts postes d'un état-major, au sein de l'armée malienne. La 2e promotion est sortie en septembre dernier.

Cette nouvelle approche a permis aux autorités du pays d'anticiper les actions des groupes armés et inverser la tendance. Par conséquent, l'intégralité du territoire national a été recouvrée et l'État la plénitude du droit.

II. Centre d'Études Stratégiques du Ministère des Affaires Étrangères

Créé par Ordonnance N°99-052 PRM depuis le 1er octobre 1999, le Centre d'Études Stratégiques a pour missions de :

- Apporter un éclairage au Gouvernement dans le domaine des décisions à prendre en matière de relations extérieures, de défense et de sécurité ;
- Effectuer des analyses techniques et prévisionnelles sur l'environnement international dans ses aspects géostratégiques, géoéconomique et géopolitique ;
- Présenter au Gouvernement, à sa demande ou spontanément, des recommandations et options politiques ou stratégiques, lorsqu'il s'agit de choix à moyen et long termes et couvrant des secteurs multiples de la politique extérieure, de la défense nationale et de la sécurité ;
- Assurer la formation en stratégie des hauts cadres de l'État en collaboration avec les organismes nationaux et étrangers compétents.

Ce Centre constitue un acteur majeur de la mise en œuvre de la stratégie nationale de défense des intérêts stratégiques du pays.

Il a une composante transversale et travaille sur de nombreux pans ; économie, défense et sécurité, diplomatie, protection, culture…etc.

Depuis quelques années, au regard de la crise multidimensionnelle qu'a connu le pays, l'État a doté ce Centre de ressources humaines de divers horizons à travers la facilitation d'axe de collaboration entre les expertises (non-fonctionnaires) et les fonctionnaires issus de ce ministère, car il faut le rappeler que ce Centre ne comportait que des fonctionnaires, qui étaient certes des experts dans leurs domaines, mais non qualifiés sur des questions d'intelligence Economique.

Cette ouverture et synergie a permis au Centre d'Études Stratégiques d'être doté d'outils pour se pencher sur toutes les questions auxquelles il est sollicité afin de pouvoir fournir l'expertise sur des questions vitales et stratégiques, tant attendues.

III. Le secteur privé

Afin d'appuyer les entreprises en IE, la Chambre de Commerce et d'Industrie du Mali est l'organe dédié à cet effet.

Elle comprend les directions suivantes :

1. La Direction de la Communication et de l'Information

Elle est le lieu de l'élaboration et de la coordination de l'ensemble des stratégies, systèmes et plans de communication ainsi que de leur mise en œuvre au sein du Ministère des Affaires Étrangères. À cet effet, elle diffuse l'information économique et consulaire suivant le médium approprié, entretient de bonnes relations avec les institutions publiques et la presse, entre autres.

2. La Direction de la Formation

La formation des hauts fonctionnaires est assurée par l'Institut consulaire d'études et de formation (en abrégé INCEF). Il a pour mission d'assurer la disponibilité des qualifications professionnelles requises par les entreprises selon les domaines d'activité et le contexte particulier dans lequel elles évoluent. Cette formation consulaire vise les professionnels en activité pour une meilleure compréhension d'enjeux de l'époque.

3. La Direction de la Promotion Commerciale et industrielle

Elle a pour mission l'encadrement et la promotion des entreprises commerciale, industrielle et des services ainsi que la promotion des filières porteuses. Aussi, elle initie la production d'informations économiques commercialisables destinées au secteur privé, le développement de partenariat avec l'Agence pour la Promotion des Investissements au Mali et l'Agence pour la Promotion des Exportations (APEX) à travers la mise à disposition d'information/renseignement économiques sur les marchés extérieurs ainsi que les opportunités à saisir.

4. La Direction Appui-conseil aux entreprises

Elle fournit un appui-conseil aux entreprises afin de maintenir leur viabilité et leur rentabilité dans un environnement de guerre économique.

À cet effet, elle dispose d'un fichier consulaire, d'un portail d'information économique régulièrement mis à jour.

5. Aide à la création d'entreprises

Elle facilite et accompagne les promoteurs d'entreprises dans le processus de création.

IV. Le monde universitaire

Au niveau de l'Université du Mali, à l'heure actuelle, il n'existe aucun enseignement d'IE. En revanche, une démarche a été initiée il y a un an par l'Association Malienne pour la Promotion de l'Intelligence Economique (AMPIE) pour sensibiliser les décideurs de l'université à renforcer la compétence des étudiants dans le domaine de l'IE afin qu'ils (étudiants) puissent mieux appréhender les enjeux mondiaux.

En effet, nous avons proposé à la Faculté des Sciences Economique et de Gestion de l'Université du Mali l'organisation d'une Journée tutorée d'IE pendant laquelle il y aura une conférence animée par notre association. Il y avait les étudiants de la Licence 3 et ceux de Maters qui ont été invités à prendre part à cette conférence, animée par le Président de l'Association Malienne de la Promotion de l'Intelligence Economique M. SYLLA Mamadou Lamine. L'objectif était d'échanger sur l'Intelligence Economique (origine, évolution) ainsi que ces métiers. Aussi, des échanges ont porté sur les nouveaux enjeux de la concurrence entre les entreprises, les territoires et les Etats.

Les enseignants étaient également présents à cette conférence.

Ceci a suscité des besoins chez les étudiants. Nous sommes en contact avec la faculté des Sciences Economiques et de Gestion pour échanger sur les meilleures manières d'intégrer des modules de formation en IE.

Au niveau des Universités privées, c'est là où il y a une bonne dynamique, car nous intervenons dans cinq (5) Universités privées au Mali pour assurer des programmes et des modules d'IE.

Perspectives

Aujourd'hui, deux défis demeurent au Mali et j'en profite pour lancer un appel et faire une doléance officielle auprès de mon Cher Professeur GUERRAOUI :

- D'un jumelage entre l'Université du Mali et une Université Marocaine dans le cadre du renforcement des compétences en Intelligence Economique compte tenu du rôle pionnier joué par le Maroc dans le domaine en Afrique.
- Accompagner les Collectivités Territoriales du Mali à travers la déclinaison de l'Intelligence Economique Territoriale, pour accélérer le développement à la base, c'est-à-dire local, à travers la création d'un cadre de rencontre et de collaboration des Collectivités Territoriales maliennes et marocaines pour une coopération Sud-Sud, initiée depuis quelques années par Sa Majesté le Roi Mohammed VI (Qu'Allah l'assiste).

Bibliographie

Boubacar Salif TRAORE, 2021 « Pour un nouveau progressisme africain ». Edilivre.

Mamadou Lamine SYLLA, 2021 « Vision Prospective du Financement des Économies de la Zone UEMOA à travers l'Intelligence Economique ». Éditions Continent.

Diatrou DIAKITE, 2023 « Debout l'Afrique ! ». L'Harmattan.

Lamine KEITA, 2022 « La Redécouverte de l'Économie et de l'Éthique pour un Ordre Global ». Éditions Universitaires Européennes.

www.intelligence-economique.gouv.fr

www.cci.ml

L'ÉTAT DE LA RECHERCHE EN INTELLIGENCE ÉCONOMIQUE EN OUGANDA

James Rogers Kizito-Mayanja

1. Introduction

L'intelligence économique et concurrentielle (IEC) occupe une place centrale dans le positionnement des entreprises et des organisations. Il a évolué en mettant l'accent sur l'analyse de données, les tendances du marché, l'analyse de politiques et l'utilisation de méthodologies de prévision solides pour une prise prudente de décisions. L'évolution rapide de la technologie a été (et reste) un vecteur principal de l'intelligence. L'existence de mégadonnées et la nécessité de les analyser avec précision et en temps opportun grâce, par exemple, à l'utilisation de l'intelligence artificielle (IA), afin de prendre de décisions opportunes, deviennent très importantes, Cela implique l'existence de rapports de l'IEC ou de marché élaborés par des experts,

2. Contexte

Comment l'IEC a-t-elle débuté ?

Les entreprises souhaitaient comprendre la dynamique du marché, la concurrence et le comportement de consommateurs. L'IEC a vu le jour au milieu du 20e siècle avec des gouvernements ayant envie de l'information stratégique. Les entreprises ont également adopté cette intelligence comme pratique essentielle dans le cadre de leur stratégie d'entreprise. Celle-ci englobe les tendances du marché, les concurrents, le virage économique et les moteurs de la croissance économique.

3. État de la recherche en matière de l'IEC dans le monde

Analyser la situation de l'IEC au niveau mondial, continental et national est primordial. Mondialement, le FMI prévoit une baisse de la croissance mondiale de 3,5 % en 2022 à 3,0 % en 2023 et 2024. L'inflation globale mondiale devrait diminuer de 8,7 % en 2022 à 6,8 % en 2023 et à 5,2 % en 2024[1]. Le rapport indique que l'inflation sous-jacente diminuera plus progressivement, conjuguée à une révision à la hausse des prévisions d'inflation au titre de 2024. Il montre que la confiance de consommateurs s'est améliorée, restant toutefois prudente lorsqu'ils envisagent des achats importants. Les résultats des enquêtes mondiales semestrielles de McKinsey aident les chefs d'entreprise à comprendre les meilleures pratiques, à comparer les méthodes de travail et les performances de leur entreprise avec une référence mondiale et, par conséquent, à prendre des décisions éclairées et efficaces.

Un sondage mondial à laquelle ont répondu plus de 1000 chefs d'entreprise dans 75 pays indique que 8 chefs d'entreprise sur 10 déclarent que la création de nouvelles entreprises est l'une des cinq premières priorités, malgré l'intensification de la volatilité économique en 2023. Ils rapportent que leur entreprise crée 50 % de nouvelles entreprises par an de plus qu'il y a 2 à 5 ans. Près de 40 % des personnes interrogées déclarent que leurs entreprises augmenteront ses investissements dans l'IA en raison des progrès de l'IA générative. Il est à noter que celle-ci joue déjà un rôle croissant dans plusieurs technologies existantes et en cours d'évolution, notamment dans le suivi de l'agriculture et de la biodiversité.

Les défis globaux de l'IEC comportent le manque d'infrastructures technologiques adéquates et facilement accessibles et l'incapacité des universités à proposer des cursus liés à l'IA. En conclusion, il est urgent d'investir dans le développement et l'application de l'IA pour faire progresser l'agenda de l'IEC à l'échelle mondiale.

4. État de la recherche en IEC en Afrique

Alors que l'utilisation et l'application de l'IEC en Afrique sont de plus en plus fréquentes, certains pays l'ont adoptée, tels que l'Afrique du Sud, le Maroc, la Tunisie, l'Algérie, le Kenya, le Burkina Faso, le Nigéria, le Mali et le Sénégal. Le statut du continent africain inclut l'informalité qui rend les Africains vulnérables aux crises économiques et aux chocs extérieurs. Il se caractérise également par des micros et petites entreprises informelles qui fonctionnent souvent comme des emplois de dernier recours. Selon un rapport de la CNUCED, publié en 2023, 30 à 40% des échanges commerciaux au sein de la Coopération pour le développement de l'Afrique australe et 40 % des échanges commerciaux au sein du Marché commun de l'Afrique orientale et australe sont informels ; 86 % de l'emploi total est informel ; les femmes et les jeunes des ménages pauvres représentent une part importante du commerce informel, y compris du commerce transfrontalier informel. Ledit rapport souligne des opportunités, telles que la

1. Enquête mondiale semestrielle de l'intelligence économique et concurrentielle réalisée par L'Institut Global de McKinsey (2023).

Zone de libre-échange continentale africaine (ZLECA), qui pourraient favoriser la croissance inclusive, mettant en exergue le rôle que la technologie peut jouer dans la création d'une utilisation complémentaire de données informelles sur le commerce transfrontalier. Le potentiel de la collecte de données par téléphone mobile, fondée sur la plateforme d'information sur le commerce et le marché en Afrique de l'Est, est mis en évidence. Elle identifie les différences liées au genre en termes d'accès au capital et de performance des entreprises, en particulier les entreprises propriétaires aux femmes. Les entreprises dirigées par les jeunes utilisent moins de fonds de roulement et génèrent un chiffre d'affaires annuel plus faible. En outre, il réaffirme la nécessité de prendre en conscience les échanges transfrontaliers informels et de prendre des mesures pour y remédier. Cela a été effectué par la collecte et l'analyse de données en matière de commerce transfrontalier informel en vue de dresser un tableau complet du commerce intra-africain. L'Ouganda et le Rwanda se font les champions de la compilation et de la diffusion de rapports d'enquête sur les échanges transfrontaliers informels par l'intermédiaire des bureaux nationaux de statistiques et des autorités chargées de la collecte de recettes. L'inclusion de données transfrontalières informelles a amélioré la compilation de la balance des paiements dans ces pays. Cette méthode devrait être reproduite dans d'autres pays africains. Il a également été noté que la ZLECA offre l'opportunité d'organiser les PME pour qu'elles formalisent leurs activités. Cela nécessite un groupe d'experts en IEC pour collaborer et partager les connaissances dans les différents domaines qui augmenteront la compétitivité du continent africain de manière favorable à l'intérieur (intracommerce) ainsi qu'à l'extérieur (commerce avec le reste du monde).

5. Recherches sur l'IEC dans l'écosystème ougandais

Bien que l'Ouganda ne dispose pas d'une politique et d'une stratégie spécifiques en matière d'IEC, il existe des politiques et des programmes pertinents. Ceux-ci comportent la vision 2040, le troisième plan de développement national, la politique en matière de science, de technologie et d'innovation, les politiques industrielles, commerciales et agricoles de l'Ouganda, et les politiques nationales en matière de semences et de café, entre autres. Toutes ces politiques sont associées à des programmes sectoriels contribuant à l'agenda du développement. Une nouvelle approche dans le troisième plan de développement national (2020/21-2024/25) est d'avoir un budget basé sur les programmes qui met l'accent sur les résultats immédiats, contrairement au budget axé sur les résultats, et donc difficile à relier aux résultats globaux des programmes de développement quinquennaux. Quelques politiques et programmes sont décrits ci-dessous :

(a) La politique nationale de la technologie met l'accent sur :

1. L'innovation, le développement et le transfert de technologies ;
2. La transformation numérique ;
3. L'agro-industrialisation.

(b) La politique industrielle nationale repose sur l'identification des chaînes de valeur stratégiques et des interventions qui contribueront de manière significative à la création d'emplois, à l'augmentation de la valeur ajoutée, et à la promotion de la substitution des importations et des exportations. Ladite politique a donné la priorité à trois domaines d'investissement :

1. Les industries agroalimentaires, y compris le café ;
2. Les industries extractives, y compris les engrais ;
3. Les industries à forte intensité de connaissances, notamment les produits pharmaceutiques, électroniques, électriques et automobiles

Les outils de l'IEC ont été largement utilisés pour déterminer les axes d'investissement prioritaires.

5.1. Possibilités d'améliorer les recherches sur l'IEC dans l'écosystème ougandais

Plusieurs organisations s'occupent de l'IEC et sont réparties comme suit :

- Le Centre de recherches en politiques économiques ;
- L'Autorité de l'investissement de l'Ouganda ;
- Le Bureau des statistiques de l'Ouganda ;
- La Banque de l'Ouganda ;
- Les Ministères, départements et instances, tels que :
  - Le Bureau du Premier ministre ;
  - Le Bureau du Président ;
  - Le Ministère des Finances, de la Planification et du Développement Economique,
  - Le Ministère du Commerce, de l'Industrie et des Coopératives.

- L'Autorité de développement du café en Ouganda ;
- L'Autorité nationale de la technologie d'information ;
- Le Conseil de promotion des exportations de l'Ouganda ;
- La Banque de développement de l'Ouganda ;
- La Société de développement de l'Ouganda ;
- Le Conseil national ougandais pour la science et la technologie

- Le Bureau national des normes de l'Ouganda ;
- L'Institut de recherche industriel de l'Ouganda ;
- L'Autorité nationale de planification ;
- L'Autorité de l'intelligence financière ;
- Le Monde universitaire, y compris les Universités de Makerere, de Kyambogo, des Martyrs de l'Ouganda, l'Université chrétienne de l'Ouganda et l École de Commerce de l'Université de Makerere et autres institutions ;
- Le Consortium de réactivité universitaire au développement de l'agro-industrie (pour l'incubation des jeunes) ;
- Les associations professionnelles, telles que l'Association économique de l'Ouganda, l'Association des économistes agricoles de l'Ouganda, la Société statistique de l'Ouganda, la Société juridique de l'Ouganda, les Ingenieurs et géomètres professionnels de l'Ouganda ;
- Le secteur privé comme la Fondation Ouganda, l'Union nationale des agro-industries du café et des entreprises agricoles et la Chambre nationale de commerce de l'Ouganda ;
- La société civile

Chaque opérateur élabore des rapports sur l'EC traitant des domaines spécifiques

Centre de recherches en politiques économiques

Le Centre de recherches en politiques économiques diffuse des recherches politiques de qualité fondées sur des données probantes, et les met à la disposition des décideurs (publics et privés) et des chercheurs universitaires. Il produit et diffuse des rapports trimestriels sur l'indice du climat des affaires soulignant la progression des entreprises au cours du trimestre et les prévisions pour le trimestre suivant. À titre d'exemple, les résultats, figurant dans le rapport de Janvier-Mars 2023[2], ont montré que les coûts des intrants et de production, l'activité, le chiffre d'affaires, l'utilisation des capacités et les bénéfices ont amélioré la performance économique de l'Ouganda au cours du trimestre, et dans tous les secteurs, notamment le secteur de l'agriculture qui a connu la plus grande amélioration. La politique fiscale, les facteurs macroéconomiques, l'insuffisance de la demande, la disponibilité de l'électricité et l'accès au financement ont constitué les principales barrières au fonctionnement des entreprises. En outre, le même indice du climat des affaires a révélé que la plupart des entreprises, en particulier les PME, ignoraient l'existence de la ZLECA, et la plupart d'entre elles déclarant ne disposer d'aucune source

2. https://eprcug.org/publication/lack-of-information-is-affecting-business-operations-under-the-africa-continental-free-trade-area

d'information à son sujet. Par conséquent, nombre d'entre elles risquent de ne pas profiter de ses avantages, notamment la facilité du commerce transfrontalier, le règlement de différends, la facilitation du commerce et des douanes, entre autres. Ledit Centre mène également des recherches politiques axées sur la demande, telles que : l'atténuation des impacts socio-économiques du COVID-19 et la promotion de la résilience post-pandémique en Ouganda, et les malédictions vertes et conflits violents : les implications sécuritaires du développement du secteur des énergies renouvelables en Ouganda.

Autorité de l'investissement de l'Ouganda

La mission principale de l'Autorité de l'investissement de l'Ouganda se manifeste par l'attraction des investissements étrangers directs et nationaux. Elle diffuse des informations sur les portefeuilles d'investissement viables et les incitations à l'investissement. Celles-ci comportent des données sur l'état de l'économie, qui devrait augmenter de 5 à 6% en 2023 malgré la guerre entre la Russie et l'Ukraine et d'autres chocs, l'identification des secteurs de croissance clé (à savoir, la fabrication, l'agriculture, l'immobilier, le transport, le stockage et l'électricité), et aussi l'identification des lacunes liées aux compétences et les moyens de les combler, et l'examen des régimes d'incitation pour attirer les investisseurs nationaux et étrangers.

Bureau des statistiques de l'Ouganda

Le Bureau des statistiques de l'Ouganda est chargé de la mise en œuvre du plan national de développement des statistiques qui implique la compilation et la diffusion de statistiques officielles sur l'inflation mensuelle, en utilisant les indices des prix à la consommation et à la production, le PIB trimestriel et annuel, la matrice de comptabilité sociale (tableaux d'entrées/sorties[3]), les recensements décennaux tels que les recensements nationaux de la population et du logement (au titre des années 1991, 2002, 2014 et 2024), ainsi que les enquêtes annuelles (menées à l'échelle nationale sur les ménages en Ouganda), démographiques et sanitaires en Ouganda et les résumés statistiques annuels.

Banque de l'Ouganda

La Banque de l'Ouganda s'occupe de formuler des politiques monétaires pour assurer la stabilité financière et économique (l'inflation et le taux de change). Elle dispose de solides directions de recherche et de statistiques qui sont chargées de la compilation et de la diffusion des statistiques officielles du commerce extérieur

3. Le dernier, Matrice de comptabilité sociale a été compilé par le Bureau en 2017.

(la balance commerciale et la balance des paiements). L'inflation annuelle s'élève à 2,7 %, en baisse par rapport à deux chiffres numériques pour l'exercice 2022/23[4]. Le taux de change moyen pour le même exercice était de 3700 UGX pour 1 USD[5]. La Banque mène également, en collaboration avec l'Autorité fiscale de l'Ouganda et le Bureau des statistiques, des enquêtes annuelles sur le commerce transfrontalier informel en vue de recueillir des données sur les flux informels entrants et sortants, permettant ainsi d'améliorer la position de la balance des paiements du pays.

Autorité nationale de la planification

L'Autorité nationale de planification se charge de la planification nationale (Vision 2040 par le biais de programmes de développement quinquennaux actuellement en cours et le troisième Plan de développement national pour les années 2020/21 et 2024/25). À partir de 2020, elle a adopté une planification fondée sur les programmes plutôt qu'une planification sectorielle, visant à assurer des liens entre les différents acteurs qui conduisent à des résultats spécifiques. Elle surveille également la mise en œuvre dudit Plan par les différents ministères, départements et instances et le secteur privé. De surcroît, elle relie, conjointement avec le Bureau du Premier ministre, la contribution ougandaise aux Objectifs de Développement Durable du PNUD. Ledit Bureau reçoit des notes économiques trimestrielles indiquant le rythme de progression de l'Ouganda dans l'atteinte de ces Objectifs.

Ministère de la Technologie de l'Information et de l'Orientation Nationale

Le Ministère de la Technologie de l'Information et de l'Orientation Nationale pilote, conjointement avec l'Autorité nationale de la technologie d'information, la stratégie de la 4e révolution industrielle. Celle-ci englobe l'exploitation de technologies numériques associant les interactions virtuelles, physiques et biologiques et facilitées par la technologie, à savoir l'informatique en nuage, l'intelligence artificielle, les chaînes de blocs, l'impression 3D, et la nanotechnologie (santé). L'Ouganda souhaite accélérer le développement en s'érigeant à une plaque tournante de l'industrie 4.0 dans la région. Ladite stratégie s'articule autour de l'utilisation de la technologie pour stimuler le développement dans sept domaines stratégiques, y compris :

1. L'amélioration de la productivité des agriculteurs ;
2. L'accès au marché ;
3. Le renforcement des capacités de la population en matière de technologie de l'information ;

4. L'exercice financier commence le 1er juillet et se termine le 30 juin de l'année civile suivante.
5. Dollar américain.

4. Les services financiers automatisés ;
5. Les services logistiques ;
6. Les services publics en ligne pour accroître leur prestation ; et
7. Le renforcement de la recherche et de l'innovation en termes de l'industrie.

L'infrastructure informatique nationale en fibre optique a augmenté la connectivité informatique (l'intranet et l'extranet des ministères, des départements et des instances). Cette connectivité a quelque peu facilité la conduite des affaires, en particulier dans le secteur informel où l'inclusion financière a considérablement augmenté grâce à l'utilisation des réseaux d'argent mobile.

Autorité de la veille financière

L'Autorité de la veille financière est chargée principalement de lutter contre le blanchiment d'argent et le financement du terrorisme ainsi que d'autres crimes financiers afin de protéger l'intégrité du système financier. Elle joue un rôle prépondérant en offrant le soutien aux services répressifs pour détecter les produits du crime. Elle fournit des renseignements financiers et essentiels pour mener des enquêtes criminelles efficaces et obtenir des poursuites fructueuses. Elle dispose d'une grande unité de recherche composée d'experts en veille financière, juridique et économique et capable de détecter les fraudes dans les établissements financiers. À titre d'exemple, elle a reçu et analysé 2434 déclarations de transactions suspectes, 372 déclarations d'activité suspecte et 4131 déclarations de transactions importantes en espèces au titre de l'exercice 2021/22[6]. En conséquence, 82 rapports de renseignement ont été générés et diffusés aux instances chargées de l'application de la loi et aux autorités compétentes en vue d'approfondir les rapports.

Ministère des Finances, de la Planification et du Développement Economique

La Direction des Affaires Economiques assume, sous la tutelle du Ministère des Finances, de la Planification et du Développement Economique, la gestion de politiques macroéconomiques, telles que les recettes fiscales et non fiscales, en coordination avec l'Autorité fiscale et les ministères, départements et instances, et qui est conjuguée à des engagements trimestriels sur la mobilisation des ressources et les dépenses publiques. L'analyse de la performance économique, qui met en évidence les moteurs de la croissance économique et les obstacles, est effectuée tous les trimestres et diffusée aux parties prenantes.

6. Rapport annuel de l'Autorité au titre de 2021-2022.

Les autres ministères, départements et instances chargés de recueillir des données économiques clés comportent : le Bureau du Premier ministre, le Ministère du Commerce, de l'Industrie et des Coopératives, l'Autorité de développement du café en Ouganda, le Conseil de promotion des exportations de l'Ouganda, le Conseil national ougandais pour la science et la technologie, le Bureau national des normes de l'Ouganda et l'Institut de recherche industriel de l'Ouganda.

Secteur privé

Le secteur privé assume un rôle moteur dans la croissance économique, et les entreprises privées exigent d'unités de recherche fortes pour se positionner stratégiquement de manière compétitive, individuelle et collective. Les organisations représentant le secteur privé, telles que la Fondation du secteur privé de l'Ouganda, l'Union nationale des agro-industries du café et des entreprises agricoles et la Chambre nationale de commerce de l'Ouganda, ont également institué de telles unités qui sont chargées d'examiner l'environnement économique et concurrentiel en vue d'attirer des marchés pour leurs produits.

Société civile

La société civile élabore des rapports très analytiques sur la performance du budget et de la dette, et les droits socio-économiques encadrant les décisions politiques. Ses instances englobent : le Réseau ougandais de la dette, la Vision du Monde (World Vision), le Plan International, la Coalition des défenseurs du développement et de l'environnement, le Groupe de la société civile pour la défense du budget et l'initiative de la Fondation pour les droits de l'homme et ainsi de suite.

Monde universitaire (les Universités de Makerere, de Kyambogo, et des Martyrs de l'Ouganda, l'Université chrétienne de l'Ouganda et l'École de commerce de l'Université de Makerere et autres institutions)

Aucune des universités ougandaises ne propose de cursus spécifiques en IEC. Seule l'École de Commerce de l'Université de Makerere propose des formations pertinentes, telles que les Études de Marché et les Prévisions. Compte tenu de l'évolution du paysage mondial en termes de connectivité (via Internet, le rail, la route, l'air et l'eau) et d'échange de connaissances et d'informations (grâce aux données ouvertes, aux mégadonnées et à l'IA), il est urgent de renforcer les capacités des étudiants en matière d'IEC. En fait, le secteur privé exige des experts capables d'utiliser des outils modernes pour fournir des informations générées par l'intelligence, et qui seront utilisées pour obtenir un avantage concurrentiel par rapport à leurs rivaux. Cela impliquerait également la réorganisation de certains cursus dans les établissements d'enseignement supérieur, en tenant compte de l'évolution du paysage mondial.

5.2 Réalisation ougandaise en IEC

1. La présence d'institutions qui mènent des recherches dans plusieurs domaines et visant à éclairer les politiques ;
2. Une société civile forte et soutenue par des capacités de recherche renforcées (le Réseau ougandais de la dette, la Vision du Monde, le Plan International, la Coalition des défenseurs du développement et de l'environnement (formée en 2004 pour rassembler les organisations de la société civile aux niveaux national et local afin d'influencer les décisions gouvernementales sur la mobilisation et l'utilisation de ressources pour un développement équitable et durable) ;
3. Des engagements trimestriels des acteurs impliqués dans l'IEC, sous l'égide du Ministère des Finances, de la Planification et du Développement Economique, au cours desquels les avancées de l'économie ougandaise sont discutées.

5.4 Défis et opportunités de la recherche en IEC en Ouganda

Défis

1. Une faible coordination institutionnelle et l'absence de défenseurs pilotant l'agenda de l'IEC pour relever les défis du développement, et ce en dépit de l'existence de bonnes politiques et institutions ;
2. Un faible engagement entre les employeurs et le monde universitaire pour développer les capacités de recherche en matière de l'IEC et gérer les scénarios complexes auxquels le secteur privé est confronté.
3. Le manque d'infrastructures technologiques adéquates et facilement disponibles, et l'incapacité des universités à proposer des formations liées à l'IA ;
4. L'insuffisance de fonds alloués à la recherche sur l'IEC.

Opportunités

1. L'existence des institutions mondiales et régionales dédiées à l'IEC ;
2. L'existence de plates-formes électroniques qui renforcent l'intelligence et partagent l'expérience (Université Ouverte de Dakhla au Maroc) ;
3. L'existence de ZLECA qui facilitera le commerce continental ;
4. L'existence des institutions tertiaires, notamment le Centre national de développement des cursus universitaires et le Conseil national de l'enseignement supérieur qui garantiraient l'intégration des tendances

mondiales, telles que l'utilisation de l'IA et d'autres outils analytiques, dans le nouveau programme d'études dans le but ultime d'accroître l'efficacité technique et d'allocation des entreprises.

5.4 Recommandation

a. Mettre en place une association nationale d'experts en IEC sous l'égide de l'Autorité de l'investissement de l'Ouganda ou du Centre de recherches en politiques économiques en tant que groupe de réflexion. Cela impliquerait également l'examen des statuts et des objectifs du Forum des Associations Africaines d'Intelligence Economique (FAAIE), qui est entièrement enregistré en vertu de la loi marocaine, dont le secrétariat est basé à Dakhla (Maroc). Il fournirait le soutien nécessaire à la création de ladite association ;

b. Renforcer les capacités d'étudiants, de décideurs politiques, d'entreprises et d'organisations de la société civile en matière de l'IEC, de tendances du marché, d'analyse politique et d'utilisation de méthodes de prévision solides pour une prise solide de décisions ;

c. Investir dans le développement et l'application de l'IA pour faire avancer l'agenda de l'IEC en Ouganda, en Afrique et dans le monde ;

d. Explorer les forums et plateformes mondiaux et continentaux qui plaident en faveur de l'IEC en vue de partager les expériences et de renforcer les capacités des pays qui sont encore à la traîne en matière de l'IEC ;

e. Relier l'IEC à l'intelligence stratégique, juridique, climatique, sportive, financière, sociale, humaine, scientifique et technologique, territoriale et managériale et aux droits de l'homme, en vue de faire avancer le programme des Objectifs de Développement Durable.

Conclusion

L'IEC occupe une place centrale dans le positionnement d'entreprises et d'organisations. Elle a évolué en mettant l'accent sur l'analyse de données, les tendances du marché, l'analyse de politiques et l'utilisation de méthodologies de prévision solides pour la prise prudente de décisions. Les défis à relever comportent le manque d'infrastructures technologiques adéquates et facilement disponibles et l'incapacité du monde universitaire à proposer des formations liées à l'IA. Bien que l'Ouganda dispose de bonnes politiques et institutions, la coordination institutionnelle est faible et il n'existe pas de défenseurs capables de piloter l'agenda de l'IEC. La mise en place d'une association nationale d'experts en IEC, encadrée par le Centre de recherches en politiques économiques ou de l'Autorité de l'investissement de l'Ouganda (en tant que celle de réflexion) n'est pas seulement souhaitable, mais aussi opportune. Le Secrétariat du Forum des Associations Africaines d'Intelligence Economique (FAAIE) est prêt à réfléchir à sa création en Ouganda. Il devient très urgent d'inciter le monde universitaire à proposer des formations répondant aux tendances technologies mondiales, à l'instar de l'IA. Un ensemble d'universités mondiales, telles que l'Université Ouverte de Dakhla, pourraient être approchées afin de faciliter le perfectionnement des enseignants et des étudiants en matière d'IEA. La coordination des diverses organisations, chargées de recueillir, d'analyser et de diffuser des rapports d'IEC, est une condition sine qua non si l'on veut améliorer son programme au niveau national.

Références

Economic Development in Africa Report 2023 | UNCTAD

FIA_ANNUAL_REPORT_FY_2021_22.pdf

McKinsey Global Institute (2023) ; ECI bi-annual Global Survey

https ://eprcug.org/publication/lack-of-information-is-affecting-business-operations-under-the-africa-continental-free-trade-area

https ://www.ubos.org/

https ://www.nucafe.org

UNCTAD on Digital Economy Report (2021)

UNCTAD, (2023), Economic Development in Africa Report 2023 : The Potential of Africa to Capture Technology-Intensive Global Supply Chains

References

Economic Development in Africa Report 2023 | UNCTAD

FIA_ANNUAL_REPORT_FY_2021_22.pdf

McKinsey Global Institute (2023) ; ECI bi-annual Global Survey

https ://eprcug.org/publication/lack-of-information-is-affecting-business-operations-under-the-africa-continental-free-trade-area

https ://www.ubos.org/

https ://www.nucafe.org

UNCTAD on Digital Economy Report (2021)

UNCTAD, (2023), Economic Development in Africa Report 2023 : The Potential of Africa to Capture Technology-Intensive Global Supply Chains

L'ÉTAT DE LA RECHERCHE EN INTELLIGENCE ÉCONOMIQUE AU CAMEROUN

Mme Caroline Sack Kendem

L'économie mondiale est caractérisée par de profondes mutations, notamment avec l'accélération du processus de globalisation, le développement technologique constant et l'émergence de la société de l'information. Autant de facteurs qui imposent une adaptation et une amélioration des capacités d'anticipation des entreprises. Les entreprises doivent de nos jours, non seulement maîtriser leur environnement interne, mais surtout s'ouvrir à leur environnement externe afin de transformer les menaces en opportunités. La découverte de ces nouvelles opportunités puis leur réalisation ne peuvent aboutir que si les entreprises disposent de la capacité de maîtriser les informations relatives à l'état et à l'évolution de leur environnement socio-économique.

Face à la globalisation, les états africains, dont le Cameroun se doivent de mieux connaître leurs concurrents locaux et internationaux, afin d'éviter les surprises et de conforter leur position sur le marché local et de se donner la capacité de s'internationaliser (Zakaria, 2011[7]). Cela est une nécessité absolue et constitue l'outil idéal des entreprises en Afrique pour survivre dans un contexte de compétition mondiale exacerbée.

Dans ce monde d'hyper concurrence, les savoir-faire en matière de veille stratégique, d'influence, de lobbying et de sécurité économique sont indispensables à la compétitivité des entreprises. L'intelligence économique est devenue un outil central pour construire la stratégie des organisations.

Les entreprises ne peuvent plus se contenter de défier la concurrence sur la base traditionnelle des prix, et de la qualité d'un produit. Cela va au-delà.

---

7. Zakaria Diakité, Qu'est-ce que l'Intelligence Economique (IE) et quelle est son utilité pour l'Afrique ? IE
Afrique, 2011, p5

À l'heure où les pays les plus avancés ont intégré la veille stratégique et l'intelligence économique dans leur arsenal de guerre économique[8], tant les États que les acteurs du secteur privé en Afrique manifestent une certaine inertie au moment de se doter de ces outils pourtant cruciaux[9].

C'est en ces temps de mondialisation qui se caractérisent par une compétition féroce entre les différents pays, lesquels imposent une rapidité de prise de décision, que les dirigeants africains se doivent d'user de l'Intelligence Economique pour faciliter l'accès à des informations fiables et maîtriser les notions de gestion de connaissances, de compétences et de système d'information pour parvenir à la prise de décisions adéquates.

Ce contexte qu'il nous a semblé propice à un état des lieux de l'IE au Cameroun.

Relevons qu'à notre connaissance, aucune étude scientifique n'aborde concrètement la question de l'intelligence économique dans les entreprises au Cameroun, avec des données empiriques[10].

Au Cameroun, l'intelligence économique et la veille stratégique sont des domaines encore émergents. Les entreprises camerounaises sont de plus en plus conscientes de l'importance de ces disciplines, mais leur pratique reste encore limitée.

En matière d'intelligence économique, le Cameroun dispose d'un cadre juridique et institutionnel très peu développé.

Il est évident qu'il faut prendre en compte le contexte africain, lequel se caractérise par un environnement des affaires à risque, par un manque d'information (généralement indisponible et d'une fiabilité incertaine, offrant très peu de visibilité) et par des réseaux d'information non conventionnels (c'est-à-dire qu'on ne trouve pas parfois l'information là où l'on s'attendrait à la rencontrer).

Au Cameroun, l'Intelligence Economique est essentiellement basée sur des informations de source humaine[11]. En d'autres termes, la société est sous informatisée, et même lorsqu'il y a des données numérisées, elles ne sont pas toujours mises à jour. Par conséquent, il faut aller à la rencontre de ceux qui détiennent l'information.

---

8. Steve William Azeumo, L'intelligence économique camerounaise (IEC), Éditions L'Harmattan, 2013, p9.

9. Jean-Paul Kamdem et Alain Yaya, «Les réalités de la veille stratégique et de l'intelligence économique dans les entreprises au Cameroun», Revue Revues Scientifiques Marocaines 2019.

10. Hourenatou. La pratique de l'intelligence économique dans les entreprises au Cameroun : enjeux et perspectives. Journal of the Cameroon academy of sciences vol. 15 no. 3 (june 2020), p. 183.

11. Hourenatou. La veille stratégique dans les entreprises au Cameroun : état des lieux d'une pratique embryonnaire, informelle et discontinue. International Journal of Innovation and Applied Studies. ISSN 2028-9324 Vol. 17 No.3 Aug. 2016, p. 734

L'importance de l'Intelligence Economique est encore faible dans les mentalités camerounaises et elle semble insuffisamment portée par les pouvoirs publics qui semblent mal comprendre les enjeux de la compétition internationale.

Acteurs de l'intelligence économique, actions et interactions

1. Les acteurs publics :

- L'Agence de Promotion des Investissements (API) : elle est responsable de la promotion des investissements au Cameroun.
- Le ministère de l'Économie, de la Planification et de l'Aménagement du Territoire (MINEPAT) a la charge de la planification économique et d'assurer la promotion du développement économique et social. Il dispose d'un service de veille économique chargé de collecter et d'analyser des informations relatives à l'environnement économique du Cameroun.
- Le ministère du Commerce : il supervise la promotion du commerce et de l'investissement au Cameroun. Il dispose d'un service de veille commerciale chargé de collecter et d'analyser des informations relatives à l'environnement commercial du Cameroun.
- Le ministère de l'Industrie, du Commerce et de la Promotion des Petites et Moyennes Entreprises. Ce ministère est chargé de la promotion de l'industrie et des petites et moyennes entreprises au Cameroun. Il dispose d'un service de veille industrielle chargée de collecter et d'analyser des informations relatives à l'environnement industriel du Cameroun.
- Le ministère de la Défense : il est responsable de la sécurité nationale du Cameroun. Il dispose d'un service de renseignement militaire chargé de rassembler collecter et d'analyser des informations relatives à la sécurité nationale.

2. Les Institutions de Recherche :

- L'Institut National de la Statistique (INS) : Compile et analyse des données économiques et statistiques.
- L'Institut de Recherche Agricole pour le Développement (IRAD) : Contribue à la recherche dans le secteur agricole.
- L'ENAM (École Nationale d'Administration et de Magistrature) est un établissement public à caractère administratif qui propose des formations sur l'IE aux fonctionnaires camerounais. L'Université de Yaoundé I organise ponctuellement des formations sur l'intelligence économique avec l'aide du CAVIE.

3. Les acteurs privés :

- Les entreprises privées : les entreprises privées camerounaises commencent à être conscientes de l'importance de l'intelligence économique. Elles investissent dans la formation de leurs équipes, dans la mise en place de systèmes de veille et d'analyse de l'information, et dans le recrutement de consultants spécialisés.
- Les cabinets de conseil en intelligence économique : des cabinets de conseil en intelligence économique camerounais proposent leurs services aux entreprises et aux organisations publiques.
- Le Centre Africain de Veille et d'Intelligence Economique (CAVIE). Il s'agit d'une ONG à but non lucratif créée en 2015. Il assure la promotion, le développement et la sensibilisation aux concepts d'Intelligence Économique et de veille stratégique, collaborant et travaillant à cette fin avec les gouvernements africains, et avec ceux de la zone CEMAC en particulier.
- Le CAVIE est un acteur dynamique qui organise depuis 2018 les Journées Africaines de l'Intelligence Economique (JAIE).

4. Les organisations Internationales :

- La Banque mondiale au Cameroun : elle participe à des projets de développement économique.
- Le Fonds Monétaire International (FMI) : qui prodigue des conseils économiques et des programmes d'assistance.

5. Les Associations Professionnelles :

- La Chambre de Commerce, d'Industrie, des Mines et de l'Artisanat (CCIMA) : elle a pour rôle la promotion du commerce et de l'industrie.
- Le Groupement inter patronal du Cameroun (GICAM) joue un rôle de sensibilisation et de promotion de l'intelligence économique, toujours avec l'appui du CAVIE.

6. La recherche universitaire en IE

On note l'existence d'une petite dizaine de thèses, articles, ou publications traitant de la pratique de l'intelligence économique au Cameroun ou en Afrique.

Nous pouvons citer l'ouvrage d'Azeumo (2013) intitulé « l'Intelligence Economique Camerounaise (IEC) » qui a pour objectif de promouvoir auprès des gouvernements, des institutions et des entreprises, la prise en considération de l'intelligence économique dans l'élaboration des différentes politiques économiques et stratégies de développement. Cependant, cet ouvrage est considéré comme un simple outil de sensibilisation ne donnant pas de données réelles exploitables en matière d'intelligence économique.

Autre thèse, celle de Severin *TCHETCHOUA TCHOKONTE* : « l'Intelligence Economique et le projet de renaissance africaine à l'horizon 2063 : de l'asymétrie à la symétrie dans les relations entre l'Afrique et ses partenaires étrangers ».

Mais l'universitaire la plus prolifique est H HOURENATOU qui a publié :

- Veille stratégique et capacité d'Innovation des Petites et Moyennes Entreprises Camerounaises.
- Les réalités de la veille stratégique et de l'Intelligence économique dans les entreprises au Cameroun.
- Veille anticipative stratégique et prévention de la défaillance des Petites et Moyennes Entreprises.
- La pratique de l'Intelligence Economique dans les entreprises au Cameroun : Enjeux et perspectives.

Objectifs de l'IE et État camerounais :

- **Le développement économique :** l'IE permet à l'État de mieux comprendre l'environnement économique, de détecter les opportunités de marché, et de favoriser l'investissement et la création d'emplois.
- **La sécurité nationale :** l'IE permet à l'État de mieux comprendre les menaces qui pèsent sur sa sécurité, de les prévenir ou de les contrer.
- **La coopération internationale :** l'IE permet à l'État de mieux comprendre les intérêts des autres pays, de développer des partenariats, et de défendre les intérêts du Cameroun sur la scène internationale.

Objectifs de l'Intelligence Économique (IE) et Entreprises camerounaises :

Les entreprises camerounaises sont de plus en plus conscientes de l'importance de l'IE. Elles investissent dans la formation de leurs équipes, dans la mise en place de systèmes de veille et d'analyse de l'information, et dans le recrutement de consultants spécialisés.

- **Améliorer la prise de décision :** l'IE permet aux entreprises de disposer d'informations pertinentes pour prendre des décisions stratégiques, telles que le choix de nouveaux marchés, le développement de nouveaux produits ou services, ou la gestion des risques.
- **Compétitivité :** l'IE permet aux entreprises de se positionner plus efficacement face à la concurrence. Elle leur permet de mieux comprendre les stratégies

de leurs concurrents, de détecter les opportunités de marché, et de maîtriser les risques.

- **Innovation :** l'IE permet aux entreprises d'identifier les nouvelles tendances du marché et de les exploiter pour développer de nouveaux produits ou services innovants.

Les acteurs de l'intelligence économique au Cameroun collaborent de plus en plus.

L'intelligence économique, bien qu'elle peine à décoller au Cameroun, semble être dans sa globalité un domaine en expansion au Cameroun. Les acteurs publics et privés travaillent de concert pour développer des programmes d'intelligence économique efficaces et contribuer au développement économique et à la sécurité nationale du pays.

Défis pour l'avenir de l'Intelligence Économique (IE) au Cameroun

En matière de veille stratégique, les entreprises camerounaises sont confrontées à des défis multiples, notamment :

- **Lacunes en matière de formation :** la formation à l'IE est encore insuffisante au Cameroun. Il est nécessaire de former les dirigeants, les cadres et les professionnels de l'information aux concepts et aux techniques de l'IE.
- **Manque de ressources :** les entreprises et l'État camerounais manquent souvent de ressources financières et humaines pour mettre en œuvre des programmes d'IE efficaces.
- **Culture du secret :** la culture du secret est encore répandue au Cameroun. Il est nécessaire de créer une culture de l'ouverture et du partage de l'information pour favoriser la pratique de l'IE.
- **Hiatus entre l'État et la diaspora :** L'État camerounais ne tire pas bénéfice de son extraordinaire vivier de talents exilés dans les systèmes éducatifs étrangers. Il se prive ainsi de potentiels créateurs d'entreprise aux standards de management élevés pouvant tirer vers le haut la culture entrepreneuriale locale. En n'ayant pas de politique d'incitation au retour de ces milliers de cerveaux formés et aguerris sous d'autres cieux, en ne créant pas sur place un climat d'affaire et d'insertion propice à ce retour, peu font le chemin inverse vers le Cameroun après leurs études. Cette situation a pour cause l'incompatibilité entre le retour de la diaspora et les conditions délétères d'insertion professionnelle. Par conséquent, les pays étrangers retiennent et sont les seuls bénéficiaires de ces diplômés de haut niveau. Il serait pourtant judicieux pour l'État Camerounais de favoriser

le retour et l'insertion de la diaspora qui contribuerait évidemment à l'élargissement de la base de connaissances et de compétences disponibles sur place[12].

- **Programme universitaire non compatible avec l'Intelligence Economique :** « les programmes éducatifs sont plus orientés sur la théorie que sur la pratique. Le Cameroun devrait sortir de ce système éducatif traditionnel en déphasage croissant entre l'idéal de transmission du savoir et la réalité du terrain »[13].

Un des axes de travail à explorer est celui consistant à briser la dichotomie entre les mondes universitaires et économiques. Faute de quoi, la recherche et les travaux universitaires ne viendront pas en appui des entreprises camerounaises, ni de la société dans son ensemble.

Ainsi, bien que les sujets traités soient pertinents, les entreprises en sont trop insuffisamment informées et ne perçoivent l'intelligence économique qu'à travers le prisme de la vielle économique.

Sans collaboration entre le patronat et les centres universitaires, ces thèses ne produiront que peu d'effet sur la société Camerounaise.

Le patronat camerounais ainsi que les structures faitières devraient avoir en leur sein des chercheurs et enseignants dans le domaine de l'Intelligence économique pour faire émerger cette science et accompagner ainsi efficacement l'innovation qui est au cœur de toute croissance économique.

Conclusion

Au Cameroun, bien qu'en pleine expansion, la pratique de l'IE est encore à un stade embryonnaire. La fonction d'influence est très faiblement exercée par les entreprises. Très peu d'entreprises mettent en jeu de réels moyens pour exercer cette activité. Les statistiques montrent que 9,7 % seulement d'entre elles essayent d'influencer les concurrents, 3,2 % seulement faisant du lobbying tout en influençant les autres organismes[14].

---

12. https://www.foretiafoundation.org/intelligence-economique-un-outil-pratique-au-developpement-de-leconomie-camerounaise/)

13. https ://www.foretiafoundation.org/intelligence-economique-un-outil-pratique-au-developpement-de-leconomie-camerounaise/)

14. Serge Ntsoungou «Le lobbying au Cameroun : entre influence et corruption» (éditions Presses Universitaires de Yaoundé) 2022, p. 122.

L'État camerounais, les entreprises et les professionnels de l'information doivent travailler ensemble pour relever les défis de l'IE et faire de cet outil un levier de développement économique et de sécurité nationale.

Recommandations

Pour améliorer la pratique de l'IE au Cameroun, il est recommandé de mettre en œuvre les mesures suivantes :

- **Renforcer le cadre juridique et institutionnel :** celui-ci est très perfectible. Il est nécessaire de clarifier les rôles et responsabilités des différents acteurs de l'Intelligence Economique, et de renforcer les dispositions en matière de protection des informations sensibles.
- **Renforcer les capacités des acteurs de l'Intelligence Economique :** il est nécessaire de développer des programmes de formation à l'IE à destination des dirigeants, des cadres et des professionnels de l'information.
- **Développer les partenariats entre acteurs de l'IE :** Publics comme privés, les acteurs de ce secteur doivent créer ou renforcer le maillage qui les lie ou les met en relation, afin de partager plus efficacement leurs ressources et leur expertise.
- **Promouvoir les outils les plus adaptés au contexte, en matière d'intelligence économique :** ceci doit se faire dans les secteurs public et privé, pour faciliter la pratique de l'Intelligence Economique.
- **Mobiliser les ressources :** l'État camerounais et les entreprises doivent mobiliser les ressources financières et humaines nécessaires pour mettre en œuvre des programmes d'IE efficaces, pour développer de nouvelles connaissances et méthodes.
- **Créer une culture de l'ouverture :** il est nécessaire de créer une culture de l'ouverture et du partage de l'information pour favoriser la pratique de l'IE.
- **Des actions de sensibilisation, de formation, de réseautage et d'implication de tous** sont nécessaires pour une meilleure implémentation par les entreprises au Cameroun, mais aussi pour intégrer l'Intelligence Economique à la définition des Politiques publiques.

Bibliographie

Zakaria Diakité, Qu'est-ce que l'Intelligence Economique (IE) et quelle est son utilité pour l'Afrique ? IE Afrique, 2011

Steve William Azeumo, L'intelligence économique camerounaise (IEC), Éditions L'Harmattan, 2013

Jean-Paul Kamdem et Alain Yaya, "Les réalités de la veille stratégique et de l'intelligence économique dans les entreprises au Cameroun", Revue Revues Scientifiques Marocaines 2019.

Hourenatou. La pratique de l'intelligence économique dans les entreprises au Cameroun : enjeux et perspectives. Journal of the Cameroon academy of sciences vol. 15 no. 3 (Juin 2020)

Hourenatou. La veille stratégique dans les entreprises au Cameroun : état des lieux d'une pratique embryonnaire, informelle et discontinue. International Journal of Innovation and Applied Studies. ISSN 2028-9324 Vol. 17 No.3 Aug 2016

https ://www.foretiafoundation.org/intelligence-economique-un-outil-pratique-au-developpement-de-leconomie-camerounaise/

Serge Ntsoungou "Le lobbying au Cameroun : entre influence et corruption" (éditions Presses Universitaires de Yaoundé) 2022

ÉTAT DE LA RECHERCHE EN INTELLIGENCE ÉCONOMIQUE AU BURKINA FASO

Rouamba Mahamadi

La tradition de planification adoptée par le Burkina Faso depuis son accession à l'indépendance a été un pilier crucial pour relever les divers défis du développement à court, moyen et long terme. Bien que le thème de l'intelligence économique ait été récemment abordé dans le pays, certaines de ses composantes essentielles telles que la sécurité économique, sanitaire, alimentaire et environnementale ont été intégrées dès 1995 avec l'élaboration de la Lettre d'intention de politique de développement humain durable (LIPDHD). En ce qui concerne l'intelligence économique, diverses initiatives de sensibilisation, de vulgarisation, de production de connaissances, de formation et d'accompagnement sont entreprises par des acteurs tant publics que privés, bien que ces activités ne soient pas toujours coordonnées. Dans les paragraphes suivants, notre objectif est de présenter le pays à travers ses représentants les plus éminents, en mettant en lumière ces champions, tout en dressant un panorama des activités de recherche menées sur le thème de l'intelligence économique. Cela sera précédé par une cartographie des acteurs impliqués et une clarification des concepts entre la recherche fondamentale et la recherche opérationnelle.

1. Le Burkina Faso à travers ses champions

Nous pourrions présenter le Burkina Faso en mentionnant qu'il s'agit d'un pays enclavé en Afrique de l'Ouest, avec une superficie de 274,223 km² qui est bordée au nord-ouest par le Mali, au nord-est par le Niger, à l'est par le Bénin, au sud-est par le Togo et au sud par le Ghana, et au sud-ouest par la Côte d'Ivoire. Qu'il est membre fondateur de la nouvelle alliance des Pays du sahel et qu'il vient de se retirer le la Cedeao. Mais le Burkina Faso est réputé pour ses champions sportifs qui ont marqué l'histoire nationale et internationale. Parmi ceux-ci, on trouve :

Hugues Fabrice Zango : Athlète spécialisé dans le triple saut, il est connu pour avoir remporté la médaille de bronze aux Jeux Olympiques de Tokyo en 2021, devenant ainsi le premier médaillé olympique du Burkina Faso et est également le champion du monde en titre, ayant remporté le titre mondial en triple saut lors des Championnats du monde d'athlétisme 2023 à Budapest.

Iron Biby : De son vrai nom Cheick Ahmed Al-Hassan Sanou, il est un célèbre haltérophile. Il a été champion du monde en soulevant des bûches avec une charge de 229 kg en septembre 2021, et détient plusieurs records mondiaux, y compris des records Guinness.

Diébédéo Francis Kéré : Architecte basé à Berlin, il a été récompensé par le Prix Pritzker 2022, la plus haute distinction mondiale de l'architecture. Il est reconnu pour son engagement envers la justice sociale et son utilisation innovante de matériaux locaux pour s'adapter aux climats naturels, travaillant notamment dans des pays marginalisés.

Ces trois champions sont emblématiques de la capacité du Burkina Faso à produire des talents exceptionnels dans divers domaines. Leur succès a non seulement élevé la stature du pays sur la scène internationale, mais a également inspiré les jeunes Burkinabè à chercher leurs propres héros et réalisations dans leur propre pays plutôt que de se tourner vers l'étranger.

Le Burkina Faso est un pays qui se distingue non seulement par ses champions sportifs, mais aussi par sa culture unique, ses traditions culinaires et son patrimoine historique. Voici quelques éléments qui illustrent bien le caractère du Burkina Faso :

Le poulet bicyclette : Ce plat est emblématique de la gastronomie burkinabè. Il consiste en un poulet cuit sur un feu de bois traditionnel, souvent transporté vers les villes sur une bicyclette. Le poulet est alors mangé chaud, ce qui donne une saveur unique et authentique.

Le SIAO (Salon International de l'Artisanat d'Ouagadougou) : C'est l'un des événements les plus importants du Burkina Faso et l'un des plus grands salons de l'artisanat en Afrique. Il offre une plateforme pour les artisans locaux pour exposer et vendre leurs créations, telles que les tissus, les bijoux, les sculptures sur bois et autres objets d'art traditionnels. Le SIAO est une occasion pour les visiteurs et les acheteurs d'apprécier la richesse de la culture et de l'artisanat burkinabè.

Le FESPACO (Festival Panafricain du Cinéma et de la Télévision de Ouagadougou) : C'est le plus grand festival de cinéma en Afrique, qui se déroule chaque année à Ouagadougou. Le FESPACO met en lumière le talent cinématographique africain et sert de plateforme pour les réalisateurs, producteurs et acteurs pour partager leurs œuvres et discuter des défis et des opportunités du secteur cinématographique africain.

Ces éléments montrent le mélange de modernité et de tradition qui caractérise le Burkina Faso, un pays qui a su maintenir une identité forte malgré les défis économiques et politiques.

2. La recherche : fondamentale ou appliquée

En ce qui concerne la recherche menée au Burkina Faso sur l'intelligence économique, elle se divise en deux types distincts : la recherche fondamentale et la recherche appliquée. Ces deux approches diffèrent tant par leurs objectifs que par leur portée, ainsi que par les acteurs qui s'y intéressent en traitant de l'intelligence économique.

a. Recherche fondamentale :

Elle vise à élargir la base de connaissances dans un domaine particulier sans chercher nécessairement à apporter des solutions pratiques immédiates. Les résultats de la recherche fondamentale peuvent être théoriques et peuvent servir de base pour des travaux futurs. Elle est souvent menée par des universités et des institutions de recherche pour avancer dans notre compréhension des phénomènes.

La recherche fondamentale, principalement menée dans les universités et les institutions de recherche, ne se concentre pas spécifiquement sur la thématique de l'intelligence économique. Les filières de sciences de gestion, de sciences économiques et les filières de sciences de l'information et de la communication abordent depuis des années des sujets transversaux tels que le développement économique, la sécurité financière et la compétitivité industrielle. Cependant, ces dernières années ont vu la création de filières académiques spécifiquement dédiées à l'intelligence économique.

En 2018, l'Université Ouaga II a lancé un programme de Master en Intelligence Économique et Développement International. Des recherches de niveau doctoral sont également menées, avec des étudiants issus de filières de gestion ou d'économie réalisant leur thèse en intelligence économique en collaboration avec des universités partenaires. À titre d'exemple, la thèse "Contribution du système d'information au pilotage d'une démarche d'intelligence économique : Cas des opérateurs de téléphonie mobile au Burkina Faso" du Dr Honoré OUEDRAOGO a été soutenue en 2019, tandis que celle du Dr Harouna KABORE, "Influence de l'intelligence économique (IE) sur la prospective : cas de l'étude nationale prospective du Burkina à l'horizon 2060", a été soutenue en juin 2022.

Un second type de recherche, plus prolifique, est également mené au Burkina Faso dans le domaine de l'intelligence économique, en raison de la multiplicité des acteurs impliqués dans sa production : la recherche appliquée.

b. Recherche appliquée :

Contrairement à la recherche fondamentale, la recherche appliquée cherche à résoudre des problèmes spécifiques et à apporter des solutions pratiques. Elle est souvent commissionnée par des entreprises, des gouvernements ou d'autres organisations qui ont besoin de résultats tangibles pour leurs besoins actuels. Les exemples de recherche appliquée incluent la recherche sur des stratégies, l'investigation de méthodes, ou l'étude de techniques.

Dans cette catégorie de recherche menée en dehors des milieux universitaires, portant sur le sujet de l'intelligence économique, nous pouvons citer les travaux du ministère des Finances et de la Planification, réalisés par le biais de la Direction Générale de l'Économie et de la Planification. Cette direction effectue régulièrement des études diagnostiques d'intelligence économique au Burkina Faso dont la dernière version date de 2023. Elle est également responsable de l'élaboration de la Stratégie d'Intelligence Économique du Burkina Faso dont la dernière version est en cours de validation.

La Chambre de Commerce et d'Industrie du Burkina Faso, un autre acteur majeur dans la promotion de la pratique de l'intelligence économique par les entreprises, conduit régulièrement des études sur la pratique de l'intelligence économique par les PME du Burkina Faso. Les résultats de ces études confirment les observations sur la faible adoption des pratiques formelles d'intelligence économique, mais ils justifient également les actions de promotion dans ce domaine. La plus récente étude a révélé les éléments suivants :

Graphique : Difficultés rencontrées par les entreprises dans la pratique de l'IE

Figure 1: Enquête intelligence Economique – CCI-BF aout 2022

En plus des activités de recherche et d'études proprement dites, plusieurs événements de promotion de l'intelligence économique ont été organisés, favorisant ainsi la sensibilisation à son importance et le partage des connaissances sur sa pratique.

En octobre 2019, la Chambre de Commerce a inauguré la première "Semaine Burkinabè de l'Intelligence Économique" (SBIE). À cette occasion, le projet de création du Réseau des Professionnels de l'Intelligence Économique du Burkina Faso (Réseau PIE-BF) a été présenté, et ce réseau a officiellement vu le jour en 2020. Cette structure associative a également co-organisé avec la Chambre de Commerce, en mars 2023, la Journée Nationale de l'Intelligence Économique (JNIE).

Il est clair que ces deux types de recherche se complètent et contribuent tous deux à la promotion de l'intelligence économique. La recherche fondamentale ouvre de nouvelles perspectives et soulève de nouvelles questions, tandis que la recherche appliquée permet de concrétiser ces découvertes en solutions pratiques pour les défis quotidiens du Burkina Faso.

3. L'AES et les nouvelles dynamiques de l'IE au Burkina Faso

Le Burkina Faso est confronté depuis plusieurs années à une crise sécuritaire qui nuit à son image de marque et exerce une forte pression sur son économie. Les nombreuses initiatives visant à sortir de la spirale des pays touchés par le terrorisme ont incité les plus hautes autorités à établir de nouvelles alliances avec des nations confrontées à des situations similaires dans la région du Sahel, notamment les États membres du Liptako-Gourma. Le 16 septembre 2023, le Mali, le Burkina Faso et le Niger ont formé l'Alliance des États du Sahel (AES) et ont décidé de se retirer de la Communauté économique des États de l'Afrique de l'Ouest (CEDEAO) le 28 janvier 2024. Cette réorganisation des partenariats régionaux engendre de nouvelles dynamiques auxquelles les chercheurs, les praticiens et les structures de promotion de l'intelligence économique doivent être attentifs et réactifs.

Les objets de recherche en intelligence économique au sein de l'Alliance des États du Sahel (AES) sont multiples et devront toucher les domaines suivants :

1. **Création d'une zone économique forte et intégrée :** Cette thématique vise à comprendre les mécanismes nécessaires pour établir une zone économique solide et cohérente au sein de l'AES, en favorisant l'harmonisation des politiques économiques et commerciales.
2. **La promotion de la production et de la consommation locale :** Les études portant sur ce sujet visent à identifier les moyens d'encourager la production locale ainsi que la consommation de produits locaux, ce qui peut contribuer à renforcer l'économie régionale et à réduire la dépendance vis-à-vis des importations.

3. **L'accès à la mer :** Cette thématique explore les possibilités et les défis liés à l'accès à des voies maritimes pour les États membres de l'AES, ce qui peut avoir un impact significatif sur le commerce international et le développement économique de l'alliance.
4. **Protection des ressources locales :** Les recherches dans ce domaine examinent les stratégies visant à protéger et à gérer de manière durable les ressources naturelles et économiques de l'alliance, tout en assurant leur utilisation équitable et responsable.
5. **Amélioration de l'image de marque des pays et de l'alliance :** Cette thématique explore les moyens de renforcer la réputation et l'image de marque des pays membres de l'AES ainsi que de l'alliance dans son ensemble, ce qui peut favoriser les investissements étrangers, le tourisme et la coopération internationale.

En synthèse, ces différents domaines de recherche en intelligence économique contribueront à orienter les politiques et les actions de l'Alliance des États du Sahel vers une croissance économique durable et un développement harmonieux des pays membres.

En décembre 2023, le Réseau des Professionnels de l'Intelligence Économique au Burkina Faso a rejoint le Forum des Associations Africaines de l'Intelligence Économique. Cette adhésion favorise les échanges entre les professionnels de l'intelligence économique nationaux et ceux des pays concernés par les nouvelles dynamiques régionales en cours. Ils peuvent ainsi discuter des problématiques d'intérêt commun en s'appuyant sur les paradigmes, l'histoire et les pratiques de l'intelligence économique propres à chaque pays. Dans ce cadre, la recherche, qu'elle soit fondamentale ou appliquée, joue un rôle crucial en tant que lanterne éclairant les échanges et ouvrant de nouvelles perspectives pour les voies à suivre. Elle contribue à éclairer les discussions et à tracer les chemins que ces acteurs ont décidé d'emprunter.

Bibliographie

Kabore, H. (2022). Influence de l'intelligence économique (IE) sur la prospective : Cas de l'étude nationale prospective du Burkina à l'horizon 2060.

Ouedraogo, H. (2019). Contribution du système d'information au pilotage d'une démarche d'intelligence économique.

CCI-BF (2022) ; Rapport diagnostic de la pratique de l'intelligence économique au Burkina Faso,

Ijafame (2020), L'évaluation des pratiques de l'intelligence économique dans les PME agroalimentaires accompagnées par le Projet Réseau d'Intelligence Collective au Burkina Faso : Cas de 4 PME., 1(3), 230-247.

JOLIOT, Pierre. Recherche fondamentale et recherche appliquée. In : La mondialisation de la recherche : Compétition, coopérations, restructurations. Paris : Collège de France, 2011. Lien : http://books.openedition.org/cdf/1526.

Matricon C. et al, Recherche fondamentale et recherche appliquée vers une coopération effective : Table ronde. In : Les Cahiers de la publicité, n°14, La recherche publicitaire va-t-elle changer de siècle ? pp. 65-89. Lien : www.persee.fr/doc/colan_1268-7251_1965_num_14_1_5198

L'ÉTAT DE LA RECHERCHE EN INTELLIGENCE ÉCONOMIQUE EN TUNISIE

Arafet Ben Mabrouk

Cette contribution tentera de mettre la lumière sur l'avancement de la recherche en matière d'IE sur les deux aspects théorique et pratique en Tunisie.

Tout a bord il faut noter qu'au programme de ce concave figurent cinq sessions d'échanges et de débats axés notamment sur "L'état de la recherche en intelligence économique en Afrique et dans le monde", "L'état de la recherche en intelligence économique dans les pays membres du Forum des associations africaines d'intelligence économique", "Les nouveaux champs de l'intelligence économique" et "Acteurs et institutions des nouveaux territoires de l'intelligence économique".

Les sujets explorés lors de cet événement, tels que les nouveaux champs de l'intelligence économique, l'intelligence compétitive, l'intelligence stratégique et managériale, l'intelligence artificielle et les sciences de données, ainsi que la gouvernance territoriale et l'intelligence économique, ont ouvert des perspectives intéressantes sur les nouveaux territoires de l'intelligence économique en Afrique et dans le monde.

Ces facteurs affectent la sécurité et la stabilité du continent africain, appelant les décideurs, les entreprises et les experts à s'armer de vigilance lors de l'élaboration des politiques publiques, notamment dans le domaine de l'intelligence économique.

Cet événement a été également une occasion pour la Tunisie et les pays africains de renforcer les partenariats, développer l'innovation, soutenir l'esprit entrepreneurial et le capital d'investissement, en tant que levier stratégique dans l'économie mondiale, notamment à la Tunisie et en Afrique

L'intelligence économique est un domaine en croissance dans de nombreux pays, y compris en Tunisie. En effet, depuis quelques décennies, dans cette société de l'information, la compétitivité d'une entreprise passe par la maîtrise de l'information dans tous les domaines, et plus précisément sur son environnement en vue d'acquérir de nouvelles tendances et de maintenir une vision du monde dans lequel elle évolue.

Dans cette mouvance universelle, la Tunisie utilise ses atouts pour bien se positionner dans le nouvel échiquier mondial

Comme toute nation dotée d'une économie émergente, elle est préoccupée par la pérennisation de son développement, voire par sa survie, par la préservation de son identité entre Europe et Afrique et la recherche de nouvelles capacités de puissance économique et culturelle pour mieux s'adapter à toutes les mutations environnementales.

Améliorer sa compétitivité devient une priorité pour son développement et une garantie de croissance et de stabilité.

En Tunisie, l'intelligence économique est un levier essentiel pour stimuler l'innovation, renforcer la compétitivité des entreprises et favoriser le développement économique du pays. Les défis liés à l'intelligence économique en Tunisie incluent la sensibilisation des acteurs économiques et la protection des données. Cependant, cela offre des opportunités pour renforcer la sécurité économique et favoriser l'essor des entreprises. Avec un changement de l'écosystème tunisien.

Implémentation de l'intelligence économique

L'implémentation de l'intelligence économique nécessite une culture d'entreprise orientée vers l'innovation et la sécurité des informations. Elle doit être intégrée dans la stratégie globale de l'entreprise pour garantir son efficacité. L'intelligence économique offre des bénéfices tels que la réduction des risques, l'anticipation des tendances du marché et l'optimisation des prises de décision. Elle contribue à renforcer la compétitivité et la résilience économique.

Apports de l'intelligence économique en Tunisie

En Tunisie, plusieurs acteurs jouent un rôle dans le domaine de l'intelligence économique, contribuant ainsi à son développement et à sa mise en œuvre :

- Gouvernement et institutions publiques,
- Universités et centres de recherche,
- Entreprises privées,
- Consultants en intelligence économique et compétitive,
- Associations professionnelles et réseaux

Ces acteurs peuvent collaborer pour promouvoir une culture d'intelligence économique en Tunisie, ce qui peut contribuer à renforcer la compétitivité économique du pays et à sécuriser ses intérêts stratégiques, pour cette raison l'état de la recherche en IE est très remarquable en Tunisie. Il existe donc 3 volets pour l'aspect théorique, académique et universitaire.

Le premier volet : la création des masters professionnel et de recherche sur l'intelligence économique et compétitive tels que le master de « veille et intelligence compétitive » à l'ISCAE de Manouba (2016), le master « intelligence économique et marchés africains » (2018) à l'université centrale de Tunis et le master « Busines and intelligence économique » à l'ISG de Tunis.

Le deuxième volet : la valorisation des travaux de recherche en IE tels que :

- Amor, MT.B. Chichti, F « La veille stratégique entre l'efficacité décisionnelle et l'optimisation de la gouvernance : Étude restreinte dans les organismes publics tunisiens ». Journal of Intelligence Studies in Business. 11 (1)57-68, 2021.
- Ben Zammel I., Chichti, F, Ayachi, H. « Démarche de mise en place d'un dispositif de veille pour la planification stratégique : Apports de la théorie des échelons supérieurs » Revue Recherche en Sciences de Gestion-Management Sciences-Ciencias de Gestión, n°143, p., 2021.
- Chichti, F., Ben Zammel I., Dou, H. « Organismes publics et efficacité d'une démarche d'intelligence économique au profit des PMEs tunisiennes », dans la Revue Internationale d'Intelligence Economique (R2IE), classée comme revue qualifiante en sciences de l'information et de communication, 2020.
- Jedidi I., Chichti, F. « Contribution of intellectual capital to Competitive Intelligence », publié dans International Journal of Innovative Research and Development, ISSN 2278. Vol 8, Num 7. juillet 2019,
- Fatma T.Chichti, Karima Dhaouadi, « La veille stratégique chez les start-up du secteur TIC en Tunisie », Colloque international (ICDEc) Digital Economy International Conference IEEE, 2018.
- Arafet ben mabrouk, « L'impact de l'innovation du modèle d affaires. Contribution à la performance des start-up numériques : cas des startups tunisiens » 2023. Labo rigueur iscae manouba Tunisie.

Le troisième volet : l'organisation des colloques et conférences internationaux déjà organisés ou prochainement organiser, comme le colloque international de la veille et l'intelligence compétitive organisée » par l'ATVIC « l'Association Tunisienne de Veille et d'Intelligence Compétitive » en avril 2018 sous le thème « La veille stratégique et l'intelligence économique : vecteurs de compétitivité et de développement économique » et la conférence internationale sur « les systèmes d'information et l'intelligence économique » en partenariat entre l'Université centrale et l'université de Lorraine.

Pour l'aspect pratique, L'intelligence économique est un tributaire et un facteur de motivation pour le travail de terrain (sachant que je fais partie du ministère des technologies de la communication (MTC) et précisément à l'agence nationale des fréquences (ANF). Les entreprises sont contraintes de pratiquer l'IE, afin de garder une longueur d'avance dans l'économie numérique émergente, pratiquer l'IE, transformer le savoir en savoir-faire et investir l'intelligence humaine, pour exploiter toutes les opportunités en citant que dans le cadre le développement de l'infrastructure numérique et en coordination avec le Ministère des Technologies de la Communication, l'Agence Nationale des Fréquences (ANF) et Star Link ont signé un accord pour centraliser et exploiter les dispositifs de transmission de données à haut et très haut débit via le satellite Star Link. Dans le cadre d'une expérimentation modèle d'exploitation des services Internet destinés au public via Satellites en Tunisie pendant trois mois.

Ensuite l'exemple des start-ups numériques qui évoluent dans un écosystème en constante évolution où l'innovation est essentielle pour leur réussite. Cette intervention a mis en lumière l'importance cruciale de la proposition de l'innovation dans la performance de ces start-ups. Les startups tunisiennes labellisées ont réalisé un chiffre d'affaires de 120 millions de dinars en 2021, ce qui constitue une progression de 67 % par rapport à l'année 2020,100 Startups Tunisiennes Championnes de l'Innovation (Édition 2023).

L'intelligence économique est un atout majeur pour éclairer le succès économique de la Tunisie, en adoptant des stratégies innovantes, les entreprises peuvent renforcer leur compétitivité et contribuer au développement économique du pays en étant bien informé sur leur environnement.

L'Association Tunisienne de Veille et Intelligence Compétitive (ATVIC) :

L'ATVIC est une association à but non lucratif, émanant d'une action citoyenne, créée le 12 décembre 2016 dont les objectifs :

- **Sensibiliser les différents acteurs économiques à l'importance de la veille et de l'intelligence compétitive** ;
- **Consolider les relations entre l'université et son environnement économique** ;
- **Former et engager des experts en veille stratégique et intelligence économique** ;
- **Développer le partenariat avec des institutions nationales et internationales en répon**se à des projets économiques.

Les axes prioritaires de l'intelligence économique en Tunisie jusqu'à 2025 :

L'adoption de certaines orientations stratégiques favorisera l'essor de l'IE en Tunisie. Ces orientations se déclinent à trois niveaux :

Au niveau étatique, il faudrait :

- Définir et développer une politique publique nationale d'IE au service de la compétitivité et de la défense des intérêts stratégiques du pays ;
- Développer la fonction prospective afin de décrypter l'avenir ;
- Définir les secteurs stratégiques et prioritaires d'intervention ;
- Organiser un système national d'information et d'IE ;
- Favoriser la création d'une institution centrale d'IE dont la mission serait de collecter toutes les informations utiles au sein des entreprises publiques, des directions régionales, des associations, des chambres de commerce, sans oublier la collecte des informations à l'extérieur du pays auprès des ambassades, et des représentants commerciaux à l'étranger.

Au niveau régional :

Il faut décliner une politique régionale d'information et d'IE destinée à :

- Favoriser l'IE territoriale ;
- Inventer de nouvelles stratégies d'aménagement du territoire en capitalisant sur la valorisation des réseaux locaux de compétence et en favorisant les partenariats publics/privés ;
- Optimiser les flux d'information entre le public et le privé.

L'innovation et les TIC, clés de la croissance économique

L'innovation et les nouvelles technologies de la communication (TIC) offrent le potentiel le plus important pour améliorer la croissance économique de la Tunisie,

La mise en valeur des compétences numériques et la capacité d'innovation pour répondre à la pandémie du Covid-19 en Tunisie, ce qui lui a valu une reconnaissance à l'échelle internationale.

Les indicateurs du secteur des TIC (Technologies de l'Information et de la Communication) en Tunisie se sont améliorés, malgré que certains volets en particulier restent encore à la traine.

Des statistiques récentes publiées, en juin 2022, par le ministère des technologies de la communication et de l'économie numérique, ont montré que le nombre des abonnements au réseau téléphonique fixe et mobile est passé à 17 millions

144 000 contre 15 millions et demi en 2017. Ce chiffre était par contre 17 millions 304 000 en 2021.

Concernant l'Internet et l'Informatique, la capacité de la bande passante internationale de l'Internet est passée à 1210 Gb/s, contre 1110 Gb/s en 2021.

En ce qui concerne la diffusion des signatures électroniques, marquant l'étendue de la confiance numérique. Le nombre de certificats de signature électronique valides est passé à 25 693. Celui des sites de commerce électronique utilisant le e-dinar a atteint 340 en 2021.

Le nombre des opérations de paiement via l'Internet en local a atteint 2 millions 650 000.

Le nombre des entreprises installées dans le parc technologique d'El Ghazala, spécialisé en TIC, à l'Ariana, a atteint 81 contre 79 en 2021.

Le pourcentage des étudiants dans les filières des TIC s'est élevé à 17,2 % contre 15,3 % en 2021, alors que le pourcentage des diplômés en TIC est passé à 15,3 %, contre 14,7 % en 2021 (environ 10 000 par an).

Plusieurs nouvelles applications numériques ont été introduites, dont l'application appelée « Identité mobile », obtenue jusqu'à présent par quelque 35 000 citoyens.

Sur le plan international, la Tunisie a amélioré son classement dans certains Index mondiaux. Elle s'est placée à la position 70 dans l'Index de l'Union internationale des télécommunications (UIT) relatif au développement mondial dans le domaine des TIC en 2022 sur 193 pays.

Elle a occupé le rang 83e sur 132 pays, dans l'Indice Global des Connaissances (Global Knowledge Indice), devançant le Maroc au 85e rang, l'Algérie au 111 rang, mais devancé par l'Égypte (53e).

Cet Indice établi par le PNUD mesure le rapport entre la qualité du capital humain et la capacité de construction de l'économie du savoir.

Performance régionale, la Tunisie a été classée première en Afrique du Nord et 4e à l'échelle du continent africain, en matière d'Indice de développement du gouvernement électronique (E-gouvernement), en 2022. Elle a été classée 88e sur 193 à l'échelle internationale. Cet Indice est établi par les Nations Unies.

Les startups tunisiennes labellisées ont réalisé un chiffre d'affaires de 120 millions de dinars en 2021, ce qui constitue une progression de 67 % par rapport à l'année 2020, 100 Startups Tunisiennes Championnes de l'Innovation [jusqu'au 2023].

Intelligence économique versus intelligence artificielle en Tunisie

En Tunisie, l'IE, à l'état embryonnaire, pourrait profiter de la croissance future de l'IA pour accélérer son propre développement au vu de la capacité de cette technologie à fournir une aide importante à tous les métiers de l'IE, notamment en facilitant les tâches du veilleur, de l'analyste, du communicant d'influence ou encore du spécialiste de la business Intelligence. La prise de décision, délicate pour les spécialistes de l'IE, pourrait être facilitée, d'une part, par les capacités d'analyse en temps réel ainsi que l'aptitude prédictive de l'IA.

Conclusion

- L'intelligence économique est un atout majeur pour éclairer le succès économique de la Tunisie. En adoptant des stratégies innovantes, les entreprises peuvent renforcer leur compétitivité et contribuer au développement économique du pays en étant bien informées sur leur environnement.
- Il serait aussi judicieux que les pays Africains puissent échanger entre eux pour s'enrichir les uns des autres dans une optique de développement des dispositifs d'IE mis en place. Cette coopération pourra stimuler une force économique, car en regroupant leurs compétences et leurs capacités, chaque pays pourra faire bénéficier l'autre de ses expériences et des leçons tirées.

L'ÉTAT DE LA RECHERCHE EN INTELLIGENCE ÉCONOMIQUE AU NIGER

Boulamine Moustapha

1. Quelques éléments de contexte

Le contexte régional sahélien est marqué par une crise multidimensionnelle qui dure depuis plus d'une décennie et par la création de l'Alliance des États du Sahel – AES regroupant le Burkina, le Mali et le Niger dont les principales missions sont la construction de notre sécurité collective et le développement des trois pays.

Le Niger est le plus vaste des pays de l'Afrique Occidentale. Sa géographie fait de lui un carrefour d'échanges entre l'Afrique du Nord et l'Afrique au sud du Sahara. C'est le point de passage obligé des migrants à destination de l'Europe via la Libye ou l'Algérie. Il est très riche en ressources naturelles : Pétrole, Or et Uranium dont il est le 4e producteur mondial (Oxfam France).

Le Niger, malgré ses innombrables richesses en ressources naturelles, est un pays en voie de développement qui a donc une économie faible très marginale dans le commerce international et par conséquent loin de la compétition internationale qui est le catalyseur du développement des pratiques de l'intelligence économique. En effet, La théorie libérale dominante a institué la division internationale du travail selon laquelle chaque pays devrait se spécialiser dans les domaines où il a un avantage comparatif. Ainsi donc, les pays industrialisés devront naturellement se spécialiser dans les produits manufacturiers et les pays en voie de développement sur les ressources naturelles, notamment les matières premières. Mais force est de constater qu'en plus de l'avantage que leur procure la division internationale du travail, les pays industrialisés par le biais de leurs entreprises multinationales contrôlent aussi le domaine des ressources naturelles et des matières premières normalement réservé aux pays en voie de développement. C'est qui est une source de frustration qui explique selon plusieurs observateurs la marginalisation dans le commerce international et le niveau de développement actuel de certains pays africains notamment de l'Alliance des États du Sahel – AES (Burkina, Mali et Niger). Ces derniers, au vu des enjeux éminemment stratégiques, ont tout intérêt à maîtriser et à contrôler certains domaines stratégiques, notamment des ressources naturelles et des matières premières. Cela devra être un axe majeur de la stratégie de défense des intérêts économiques de l'AES.

Au Niger, malgré une relative prise de conscience graduelle, l'intelligence économique est encore peu connue et, par conséquent, peu ancrée dans les entreprises comme dans les administrations publiques. Le pays est encore à un stade embryonnaire. En effet, il n'y a pas encore à ce jour de Politique ni de stratégie nationale d'IE. Toutefois, on note avec satisfaction quelques initiatives publiques qui dénotent d'une relative prise de conscience des pouvoirs publics. Il s'agit de la création en 2015 du Centre National d'Études Stratégiques et de Sécurité – CNESS et de l'Agence Nationale pour la Société de l'Information – ANSI en 2017. Toutes ces deux structures sont directement rattachées à la Présidence de la République, ce qui témoigne de leur importance stratégique. Le CNESS doit permettre à l'État de renforcer ses capacités de veille et d'anticipation stratégique face aux crises multiformes et à l'émergence de phénomènes nouveaux tels que le terrorisme international, la montée de l'extrémisme violent et la criminalité transfrontalière tandis que l'ANSI a pour mission de faciliter la transition de la société nigérienne à l'ère du cyberespace. La stratégie NIGER 2.0 portée par l'ANSI s'articule autour de 4 axes majeurs que sont : e-gouvernement, villages intelligents, cité de l'innovation et de la Technologie (Technopole) et la Promotion du numérique : e-Takara.

Les métiers de l'Intelligence Economique sont très mal connus et il est encore très rare de voir une offre d'emploi sur l'Intelligence Economique sur le marché du travail nigérien. Cependant, certaines firmes multinationales qui opèrent au Niger font recours très souvent à l'expertise internationale.

2. État de la recherche et des pratiques en matière d'IE au Niger

État de la recherche

La recherche en matière d'intelligence économique et stratégique n'est pas développée au Niger. En effet, de toutes les huit universités publiques et de la trentaine d'universités et écoles supérieures privées en commerce, gestion et communication aucune ne propose à ce jour d'après nos recherches, une formation initiale du genre licence, master encore moins une thèse de doctorat en Intelligence Economique[15].

Cependant, plusieurs structures organisent des formations continues çà et là en matière d'Intelligence Economique. C'est le cas de la Chambre de Commerce et

15. Enquête menée dans le cadre de la rédaction du présent article.

d'Industrie du Niger – CCIN en collaboration avec l'Association Nigérienne IE. Et aussi la plupart des écoles de gestion et de commerce ont intégré des modules en IE dans la formation initiale de leurs étudiants.

Les quelques rares articles scientifiques sur l'IE sont produits le plus souvent par des étudiants nigériens à l'étranger. Aussi, on note avec satisfaction une relative prise de conscience au sein de la communauté estudiantine où de plus en plus d'étudiants en master et en thèse choisissent de travailler sur des thèmes en lien avec l'Intelligence Economique et Stratégique.

État des pratiques en matière d'IE au Niger

L'écosystème de l'Intelligence économique et stratégique au Niger ne cesse de s'agrandir avec les initiatives publiques et privées. En effet, avec la création de quelques cabinets de consultance et l'agrandissement continu de la communauté d'experts spécialistes d'IE, la culture de l'IES se répand graduellement dans le pays. Par ailleurs, avec l'organisation des journées des entrepreneurs et des ateliers de formation, quelques PME nigériennes s'initient aux pratiques d'IES en créant des cellules de veille en leur sein.

De l'avis de certains experts, les particularités du Niger en matière d'IE se situent principalement au niveau du pilotage d'un système d'intelligence économique, notamment dans ses phases de veille et influence. Le caractère informel de l'économie et certains aspects culturels doivent amener à privilégier les réseaux humains dans la recherche et la diffusion de l'information stratégique. À ce niveau, faut-il le rappeler, le responsable de l'IE pour aider à la prise de décision à l'influence à la performance et à la protection de l'organisation, confie le recueil de l'information écrite à une équipe mémoire, celui de l'information orale à une équipe réseaux et l'analyse stratégique à un collège d'experts. Par conséquent, l'arbitrage dans l'allocation des ressources aux équipes dédiées devrait être au centre des préoccupations d'un responsable de l'IE[16].

L'Association Nigérienne d'Intelligence Économique en abrégé ANIE est une Association de développement apolitique, non confessionnelle, indépendante et à but non lucratif qui a pour objectif général de contribuer à la promotion de la bonne gouvernance. Plus spécifiquement, l'ANIE fournit un soutien aux renforcements des capacités du Niger dans trois domaines clés et interconnectés :

- Promotion d'un environnement favorable aux métiers d'intelligence économique à travers la sensibilisation aux niveaux central et local des

16. BOULAMINE M. « L'intelligence économique : état de l'art au Niger » in *1re Assises Africaines de l'Intelligence Economique à Casablanca*, Le Portail africain de l'intelligence économique, 2016.

décideurs publics et privés, des Organisations de la Société Civile, des Universités et Instituts et des médias quant aux enjeux de l'IE pour la souveraineté et le développement du Niger ;

- Amélioration des capacités individuelles c'est-à-dire les conditions sous-tendant le professionnalisme des formations et du travail en matière d'IE ;
- Renforcement des capacités organisationnelles des organisations publiques et privées en matière d'élaboration et de mise en œuvre des politiques et programmes d'Intelligence Economique.

3. Plaidoyer

Au vu du rôle éminemment stratégique de l'intelligence économique dans la défense des intérêts économiques des pays en voie de développement comme ceux de l'Alliance des États du Sahel dans le contexte actuel de l'affirmation de leurs souverainetés et du bouleversement de l'ordre mondial et profitant de cet instant solennel, nous lançons un vibrant appel à l'endroit :

- De l'Union Africaine : de bien vouloir accompagner les États membres de l'Alliance des États du Sahel dans la conception et la mise en œuvre d'une politique commune en matière d'IE, afin de renforcer la souveraineté et la compétitivité de leurs économies dans un monde de plus en plus concurrentiel.
- De la communauté Africaine de l'IE : d'œuvrer pour la création d'une école Africaine de référence en intelligence économique à fin d'outiller en technologies de pointe et en connaissances, l'élite Africaine dans un monde en pleine guerre économique.
- De la communauté Internationale de l'IE : de manifester leurs intérêts en se rejoignant à nous pour organiser les 1ères Assises Nigériennes de l'IE, prévues pour se tenir à Niamey en fin de l'année 2024.

III

LES NOUVEAUX CHAMPS DE L'INTELLIGENCE ÉCONOMIQUE

L'INTELLIGENCE JURIDIQUE

Nadia Bernoussi

Propos introductifs

L'intelligence juridique est-elle une nouvelle façon d'appréhender le droit ? Est-elle une discipline d'avenir pour les juristes, une matière en construction et un nouvel instrument d'influence des États ? Est-ce une branche juridique neuve qui disposerait de l'attrait de la nouveauté (curiosité, progrès, modernité, attractivité), et en même temps de son inconvénient, lié à l'ampleur de ses applications qui restent encore méconnues (quels effets, quels défis, quel impact au regard de la sécurité juridique) ? Faut-il la craindre ou au contraire louer ses potentialités ? L'intelligence juridique appauvrit-elle la pensée juridique ou au contraire décuple-t-elle ses champs du possible en la rendant au service du droit ? Peut-on dire à la suite d'autres qu'elle constitue le grand chantier pour les juristes de ce 21e siècle ?[17]

Dans le même ordre d'idées, le bon juriste est-il celui qui connaît « son » droit, jongle avec les normes et les règlementations, est familier des Dalloz et jurissclasseurs en restant au fait des dernières décisions de jurisprudence ? Ou bien est-ce celui qui, au-delà de l'information acquise et grâce au développement de stratégies, devient créateur de valeur ? Doit-il rester cantonné à dire le droit et à le faire appliquer ou plutôt à co-concevoir des projets à forte valeur ajoutée en proposant des solutions viables qui vont au-delà du droit pur ?

Les questions demeurent à ce propos très nombreuses et les réponses aussi multiples qu'hésitantes. En tous cas, il importe de rappeler que « plus la loi du marché et la concurrence progressent, plus le recours au droit, sous toutes ses formes (contrat, transaction, arbitrage, contentieux), devient un moyen de régulation de la compétition économique »[18]. Il va en résulter que les « gens » vont se précipiter

17. Jaboeuf Etienne, L'intelligence juridique au service du droit, Le monde du droit, 23 septembre 2021

18. Warusfel Bertrand, L'intelligence juridique - une nouvelle approche pour les praticiens du droit, Archives ouvertes HAL, 2020

pour connaître le droit, non pas par tropisme ou vocation, mais pour maîtriser un environnement particulier, et développer une stratégie juridique à même d'éviter des risques et des contentieux et de faire triompher un point de droit, gagner un enjeu ou consolider une position.

La question mérite d'être explorée et interrogée, c'est dans ce sens que je souhaiterais vous inviter à réfléchir à cinq points :

1-Les référentiels

2-De quoi parle-t-on ?

3-Les opportunités et les risques

4-La veille juridique (exemple du Secrétariat général du Gouvernement)

5-L'Open data judiciaire (ex du Conseil supérieur du pouvoir judiciaire)

Les référentiels

Par référentiels, on entend les discours royaux, la Constitution, les conclusions du Nouveau modèle de développement ainsi que les plans stratégiques des différents départements ministériels et établissements publics.

Les discours royaux

Il n'y a pas en fait, de discours royal sur l'intelligence juridique proprement dite. Cependant, plusieurs interventions royales font référence aux TIC, à l'intelligence artificielle, au sursaut numérique et à ses atouts[19].

Ainsi, le souverain a pu souligner avec force qu'« ***avec le Digital, la transformation humaine devient une conséquence intrinsèque aux évolutions technologiques introduites. Il est, en effet, impensable de résister aujourd'hui aux transformations structurelles qu'entraine la digitalisation de nos flux de communication, de nos données et de notre organisation. Dans un monde toujours plus connecté, le digital devient la norme, une composante indispensable et attendue de l'offre de service de toute entreprise. Les dirigeants n'ont plus le choix : Se Digitaliser ou Disparaitre.*** »[20]

La Constitution

Dès le préambule, le ton est donné pour la consécration d'un État de droit démocratique et la garantie du droit d'accès à l'information, de l'égalité d'accès

19. Discours royal du 26 mars 2013, du 14 octobre 2016, du 21 mars 2018 et du 30 juillet 2019

20. 16e Séminaire régional UniDem Med pour les hauts cadres de l'administration « La transformation numérique de l'administration publique », La Commission de Venise, 23 novembre 2022

aux services publics, de la transparence, la probité, l'intérêt général, la moralisation, l'équité et la bonne gouvernance.

Le Nouveau modèle de développement

Considéré comme le levier n° 1 pour pouvoir assurer la souveraineté numérique et accompagner la mise en œuvre du Nouveau modèle de développement « ... le numérique est un moyen efficace pour augmenter **la confiance** entre le citoyen, les entreprises et l'État, en aidant à ce que **la relation Etat-Citoyen et État entreprise soit plus fluide et transparente,** à travers des **procédures simplifiées et clarifiées, et des services de meilleure qualité...** »[21]

Il s'agit notamment d'accélérer la production des textes de loi et des décrets d'application sur la cybersécurité, la propriété intellectuelle et la gestion des données personnelles et de mettre également le cadre institutionnel permettant la pleine reconnaissance juridique des interactions numériques et la valeur juridique des documents digitaux, à travers la signature électronique et l'identifiant citoyen unique numérique, dans le respect des garanties sur la protection des données personnelles. »[22]

Les plans stratégiques des départements ministériels

Dans la pratique, en termes de *Smart Gouvernement*, certains organismes avaient déjà été précurseurs tels que la Caisse nationale de sécurité sociale (CNSS), l'Administration des douanes et impôts indirects (ADII), l'Office des changes, les régimes de retraite, la Direction générale des collectivités territoriales, la Trésorerie générale du Royaume ou encore le ministère de la Justice. Cette nouvelle tendance contribuera certainement à transformer le mode de fonctionnement de l'administration marocaine et réduire la pression sur les fonctionnaires, tout en assurant la fluidité des correspondances. Les autres départements suivront assurément cette voie d'autant que l'ensemble des solutions digitales développées par l'Agence du développement digital[23] respectent les normes en vigueur, la sécurité électronique du pays étant assurée par la Direction générale de la sécurité des systèmes d'information (DGSSI) relevant de l'Administration de la Défense nationale (ADN).

---

21. Extrait du Rapport du Nouveau Modèle de développement, https://csmd.ma/documents/Rapport_General.pdf

22. Bouchakour Soufiane, L'Aménagement Numérique des Territoires : une alternative pour l'équité territoriale et Sociale au Maroc, Faculté des Sciences Juridiques, Economiques et Sociales, Laboratoire Interdisciplinaire de Recherches Economiques, Econométriques et Managériales LIREEM) ,Oujda

23. https://www.add.gov.ma/

De quoi parle-t-on ?

L'intelligence juridique est utilisée pour désigner diverses activités en lien avec l'exercice du droit, dont la veille juridique et l'open data judiciaire. Elle s'intéresse aux stratégies utilisées par les acteurs publics, les États, les collectivités territoriales, les instances constitutionnelles indépendantes, les autorités de régulation, les tribunaux, l'administration, les justiciables et les entreprises du secteur de la Tech.

Elle transcende l'information pour la transformer en stratégie. Ainsi, « la connaissance juridique de premier niveau étant de plus en plus facilement accessible, le juriste n'est plus celui qui a l'information, mais celui qui trouve la bonne information et sait l'analyser et l'utiliser de manière optimale. Il n'est plus un sachant, il doit être un stratège tant il est vrai que « l'ère du juriste avec son talent, un papier, un crayon et un téléphone est dépassée »[24]. En fait, l'appréhension du droit passerait dorénavant par plusieurs niveaux : obtenir les données, détenir l'information, acquérir la connaissance et développer une stratégie.

L'intelligence juridique contextualise l'information juridique, applique une approche projet et écarte l'appréhension du droit en silos. Elle permet d'établir un lien entre les composantes d'un projet et le droit pour intégrer le droit dans la conception des stratégies, projets et systèmes.

Par ailleurs, le droit ne se trouve plus présenté uniquement comme censeur ou source de sécurité (il ne fait pas qu'interdire, il permet aussi), sa dimension stratégique est exploitée pour produire de la valeur en plus de la sécurité.

Tout en s'inscrivant dans le courant de l'Intelligence Économique (l'École de guerre), l'intelligence juridique y apporte certaines particularités propres aux métiers du droit et à la pensée juridique. Le droit devient alors un outil de guerre économique qui s'instrumentalise de manière directe ou indirecte en rappelant qu'il ne peut y avoir de sécurité économique sans intelligence juridique.

L'intelligence juridique utilisera donc les méthodes de l'intelligence économique, jeux des acteurs, rapports de force et stratégies d'influence par le droit, pour développer une communication permettant d'avoir une meilleure écoute. La dimension stratégique du droit se révèle pour concourir à la compétitivité économique, la récente constitution de la filière des services juridiques et du droit en témoigne.

Bien que cette thématique soit assez récente et donc encore en déploiement, le marché propose de plus en plus d'outils variés pour parvenir à une intelligence

24. Chapuis Véronique, L'intelligence Juridique, Une Discipline d'avenir Pour Les Juristes. https://www.village-justice.com/articles/intelligence-juridique-une-discipline-avenir-pour-les-juristes,40759.html

juridique de qualité. Dans les prochaines années, l'objectif sera notamment de former des métiers du droit qui permettront d'obtenir cette approche stratégique avec une grille de lecture plus claire. Il s'agit également d'assurer une veille et une détection des informations décisives.

Les opportunités et les risques

Les opportunités

L'intelligence juridique trouve un avantage sérieux généré par l'inflation normative, la transformation du métier, le mimétisme juridique et le succès des directions juridiques.

L'inflation normative

Utiliser les nouvelles technologies dans le contexte actuel d'inflation législative[25] et réglementaire, est devenu un réflexe central et pertinent. Il permet l'analyse exhaustive et contextualisée des décisions de justice qui détermineront la solution applicable à chaque espèce. En effet, une bonne connaissance des lois en vigueur, des lois en cours de promulgation ou en cours d'élaboration ou de promulgation, ainsi qu'une compréhension des orientations pratiques des décisions judiciaires et du fonctionnement du système judiciaire, constituent des déterminants essentiels devant être pris en compte dans toute activité économique, afin de protéger cette activité et de la prémunir contre les risques.

La transformation du métier

Du fait de l'autojuridication[26] et de la sur-information des citoyens et des avocats, la pratique du droit et le rôle des professionnels du droit sont appelés à évoluer. Ces derniers vont se transformer en concepteurs plutôt qu'en des fournisseurs d'information, qui doivent utiliser les nouvelles technologies pour donner la bonne réponse, repenser le litige de manière stratégique, s'adapter et transmettre davantage à la nouvelle génération des savoir-faire plutôt que des savoirs en tant que tels. Pour répondre à ce besoin, les néo-avocats sont très tôt encadrés et initiés aux nouvelles technologies et à la transformation de leur métier, à travers des travaux sur l'intelligence artificielle, sur les algorithmes, la justice

---

25. Martin Philippe, L'inflation législative et la qualité de la réglementation https://www.conseil-etat.fr/site/Media/actualites/documents/reprise-_contenus/a-trier/ph-martin-l-inflation-legislative-et-la-qualite-de-la-reglementation

26. Legras Magali, Les technologies de l'information et de la communication, la justice et le droit Contribution à la réflexion sur l'incidence de la technique sur le droit https://papyrus.bib.umontreal.ca/xmlui/handle/1866/9427

prédictive (technologie utilisée pour déterminer les chances de gagner un procès) et la block Chain (stockage et transmission de données et protégées contre toute modification)[27].

Le mimétisme juridique

Dans de nombreux pays émergents, le corpus juridique en vigueur demeure bien souvent calqué sur les législations et règlementations antérieures de pays dits "développés", comme par exemple les codes des contrats publics en Afrique francophone[28]. Les solutions adoptées par les juridictions locales sont souvent inaccessibles, faute d'open data. L'utilisation de l'intelligence artificielle permet alors de dégager des solutions pertinentes, par analogie avec les décisions des juridictions du pays à l'origine du texte, tel que le Conseil d'État français. Ainsi, l'intelligence artificielle uniformise l'application de la norme et sécurise les projets selon des standards internationaux. Les plateformes en ligne redonnent sens à la promesse de sécurité juridique et de garanties légales des droits des citoyens[29]. L'intelligence juridique devient par conséquent au service de l'intelligence économique, car l'utilisation des algorithmes renforce, outre la prévisibilité de la norme dans des pays où l'accès au droit est minimal, la place du juriste dans l'intelligence économique.

Le succès des directions juridiques

Les juristes des directions juridiques sont aujourd'hui largement invités à s'emparer de l'enjeu de l'intelligence juridique… Il s'agit alors de comprendre au mieux les enjeux pour prendre la meilleure décision d'un point de vue juridique. Cela permet de gagner un temps précieux et d'éviter au projet de souffrir d'un problème dès sa conception. Le triptyque suivant est ainsi vivement recommandé : gain de temps, coût moindre et solution négociée.

Aujourd'hui, les directions juridiques prennent de plus en plus conscience de cet impératif et font souvent appel à des juristes stratèges qui s'impliquent dans la mise en place de stratégies complètes conformes au droit en réduisant notamment les risques de contentieux et en effectuant un gain de temps et d'argent pour l'entreprise qui, de ce fait, aura la latitude de se focaliser davantage sur les tâches à haute valeur ajoutée.

---

27. Darmois Basile ,Justice digitale et les risques de la « justice prédictive », Presses universitaires d'Aix-Marseille,p45-81 , https://books.openedition.org/puam/6057?lang=fr

28. Remy Bernard Ngombe , Les normes juridiques internationales relatives à la protection des droits de la femme et de l'enfant en Afrique : le cas du Sénégal, https://theses.hal.science/tel-02438093

29. L'intelligence juridique au service du droit, op.cit

Les risques

Les risques sont liés à la qualité et à la fiabilité des données ainsi qu'à la protection des données à caractère personnel.

Les juristes se présentent à l'égard de l'intelligence artificielle comme « les chiens de garde » des valeurs fondamentales et des droits fondamentaux qui structurent nos sociétés. L'intelligence juridique doit pouvoir maîtriser l'intelligence artificielle et s'allier à l'intelligence humaine pour en optimiser les effets et en canaliser les méfaits.

Plusieurs critiques sont régulièrement adressées à l'intelligence artificielle du droit. Il est souvent souligné par exemple que l'emploi des algorithmes en matière juridique, aurait pour effet d'automatiser le droit. En réalité, il existe pour le citoyen administré, un « droit de ne pas faire l'objet d'une décision fondée exclusivement sur un traitement automatisé »[30]. Seuls, les traitements autorisés par la loi peuvent y déroger, sous réserve d'une garantie des droits fondamentaux du citoyen. L'intelligence artificielle ne peut en effet rendre un jugement, elle pourra ainsi aider à la prise de décision et non pas à sa conception.

Le principe exclut la vocation normative de l'algorithme employé et le conçoit simplement comme une aide à la décision. À ce titre, plusieurs domaines du droit s'y prêtent. En amont de la réalisation d'un projet, l'utilisation d'un algorithme permet d'intégrer les contraintes juridiques pertinentes et d'écarter les risques de contentieux par la suite. Cette opportunité est bien utile pour économiser du temps et surtout des sommes très conséquentes.

Sur une question similaire comme celle du Chat GPT, il importe de rappeler que si ce dernier peut aider à engranger des informations importantes, il ne peut se substituer à un être humain lequel est à même de concevoir, construire et élaborer une problématique et rédiger un travail référencé.

L'intelligence juridique a besoin de données raffinées pour capter l'information décisive, et pour ce faire, elle sera appelée à s'appuyer sur des outils précieux tels que la veille juridique et l'open data judiciaire.

La veille juridique et la better législation

La veille juridique consiste à surveiller l'état et l'évolution du droit positif. Elle se définie par l'ensemble d'actions qui permettent de se tenir au fait des informations pertinentes dans les domaines législatif, réglementaire, jurisprudentiel, voire doctrinal.

30. Lignes directrices sur les décisions individuelles automatisées et le profilage au titre du règlement (UE) 2016/679

« La mise en place d'une veille juridique permanente, ciblée, et méthodique permet :

- D'anticiper les évolutions de la réglementation (veille d'anticipation) ;
- De porter attention aux signaux faibles ou forts : décisions de la Cour constitutionnelle par exemple (veille de réactivité).
- De mieux comprendre le domaine d'action dans lequel interviennent les conseillers juridiques du Secrétariat général du Gouvernement, en mesurer les risques et les opportunités potentiels et d'agir en connaissance de cause sur l'évolution du droit. »[31]
- De mettre en place une culture de partage de l'information juridique pertinente à la fois au sein des sections et intersections, susceptible de favoriser l'émergence d'une intelligence juridique collective au service du droit.

En 2021, devant la Commission de la justice, de la législation et des droits de l'Homme à la Chambre des conseillers, le Secrétaire général du Gouvernement a rappelé les deux projets du département en matière de perfectionnement du système juridique national, de facilitation de son accès et de rénovation des moyens et des mécanismes de travail.

Le premier axe vise à assurer une meilleure législation et faciliter l'accès au droit par le biais de plusieurs projets dont les principaux sont la production d'un guide de procédures législatives et réglementaires, la mise en place d'un programme de veille et d'intelligence juridique et le projet de la production numérique du Bulletin officiel du Royaume.

Le deuxième axe est consacré à l'accélération de la numérisation et l'utilisation des nouvelles technologies de l'information qui consiste en la mise en œuvre des projets phare,s dont la dématérialisation complète du traitement des projets de textes normatifs dit *OPEN*.

La *better legislation* sera ainsi, fonction de la qualité des travaux relatifs à la convergence (rapport entre législations et acquis communautaire), à la consolidation, à la codification et à l'harmonisation. Il est indispensable de souligner le rôle déterminant de la codification et de la consolidation pour améliorer l'accès au droit. En effet, si la codification regroupe les textes normatifs, la consolidation les systématise et les met à jour, le tout contribuant à l'intelligence du droit. C'est dans ce sens que le Secrétariat général du Gouvernement a lancé récemment,

---

31. Ziani Brahim, Projet de plan stratégique de veille juridique du Secrétariat Général du Gouvernement, mars 2021

tout un programme de consolidation des textes dans un but d'accessibilité et de clarté du droit[32].

L'Open data judiciaire

L'Open data judiciaire dispose d'atouts indéniables. Il permet en effet de garantir la transparence et l'accessibilité du droit, l'égalité de traitement des justiciables, l'amélioration de la justice et la garantie des droits et principes constitutionnels.

La transparence et l'accessibilité du droit

L'open data permet de rendre le droit plus accessible et plus transparent. Les citoyens peuvent ainsi consulter les décisions de justice, les textes législatifs et réglementaires ainsi que les jurisprudences. Une telle transparence et accessibilité permet de mieux comprendre le droit et de faire valoir les droits des justiciables.

L'égalité de traitement des justiciables

L'open data vise à instaurer l'égalité de traitement entre les justiciables. En rendant les décisions de justice accessibles à tous, il permet à tous les justiciables de se faire une idée plus précise de la jurisprudence et de leurs chances de succès..

L'amélioration de la justice

L'open data peut contribuer à améliorer la justice. En rendant les données juridiques accessibles à tous, il permet aux chercheurs et aux professionnels du droit de développer de nouvelles connaissances et de nouvelles méthodes d'analyse. Cela peut conduire à une meilleure compréhension du droit et à une meilleure prise de décision judiciaire.

La garantie des droits et principes constitutionnels

La publication numérique de la jurisprudence judiciaire revêt une importance capitale dans la garantie **du droit d'accès à l'information** et de la réalisation

32. « Le Secrétariat Général du gouvernement (SGG) a récemment introduit une importante rubrique intitulée «Textes consolidés», répondant à un enjeu majeur dans l'univers juridique. Cette initiative, annoncée par Mohamed Hajoui, Secrétaire Général du Gouvernement, vise à pallier les difficultés d'accès aux versions complètes des textes modifiés. L'absence de versions officielles intégrales et les modifications dispersées dans le Bulletin officiel sont des défis majeurs. La mise en place d'un cadre méthodologique et la publication de plus de vingt textes consolidés représentent une étape inaugurale de cette entreprise. Cela promet une meilleure accessibilité et une interprétation plus claire de la législation pour les professionnels et les citoyens ». Le SGG lance une révolution juridique : Textes consolidés pour l'accessibilité et la clarté du droit - le Matin décembre 2023

de la **sécurité juridique**, du renforcement de la **confiance** des justiciables en la justice, de l'amélioration de la qualité des décisions judiciaires émanant de l'ensemble des juridictions du Royaume, et ce, en consécration des **principes de transparence, de probité et d'efficience judiciaire,** en plus d'établir **une bonne communication** avec les usagers et auxiliaires de la justice et tous ceux s'intéressant aux affaires judiciaires.

Ex: Portail judiciaire du Royaume du Maroc

Arrêts Cour de cassation :20558
Arrêts Cours d'appel : 209
TPI : en cours de création

La plateforme, à laquelle fut donné le nom de « Portail judiciaire du Royaume du Maroc » est dédiée à la publication des décisions émanant des Cours d'appel et Cours d'appels spécialisées, tandis qu'un espace similaire dédié aux tribunaux de première instance normaux et spécialisés est en cours d'élaboration afin de permettre aux personnes concernées de consulter aisément et directement le parcours de leurs procès à toutes leurs étapes, dans le cadre d'une base de données.

Cet espace permettra en outre de mettre ces décisions à la disposition des praticiens, des chercheurs et des professionnels, en guise de contribution du Conseil supérieur du pouvoir judiciaire à l'encadrement, à la formation, à la moralisation et à l'efficience de la justice, en application du Plan stratégique du Conseil (2021-2026), notamment ses dispositions 93 et 94, et en concordance avec les recommandations du Nouveau Modèle de développement du Royaume. Le meilleur exemple en est les difficultés auxquelles sont confrontés les systèmes juridiques pour protéger la confidentialité dans le domaine des affaires. À ce propos, il convient de saluer « le travail sérieux accompli par l'OHADA en ce qui concerne l'unification et la coordination du droit des affaires entre les États africains, ce qui en fait, l'un des mécanismes les plus efficaces pour garantir la sécurité juridique dans ce domaine vital et la prémunir contre les risques. »[33]

Gageons que d'autres initiatives juridiques iront dans le sens de la digitalisation et de l'uniformisation sur d'autres domaines pointus tels que la légistique, la justice constitutionnelle ou la médiature.

---

33. Allocution d'ouverture de Mohamed Hajoui, Secrétaire Général du Gouvernement lors de la première rencontre du Forum des Associations Africaines d'Intelligence Economique, organisée à Dakhla en décembre 20219 par l'Université Ouverte de Dakhla

UNE NOUVELLE SOLUTION DÉCISIONNELLE POUR MAÎTRISER L'INFORMATION UTILE À L'ENTREPRISE DANS UN MARCHÉ MONDIALISÉ LE DATA MART TERRAIN

Mouna El Haddani

Introduction

Un large consensus se dessine dans la littérature pour affirmer qu'un avantage concurrentiel durable nécessite la transformation des entreprises contemporaines en des organisations qui soient centrées sur une valorisation des connaissances stratégiques pour innover en continu vis-à-vis de leurs concurrents (Levet 2001 ; Amin & Cohendet, 2005). Dans une économie de la connaissance devenue mondialisée, les cycles technologiques des entreprises deviennent largement instables et tendent à se raccourcir. Les opportunités de gains de parts de marché pour les entreprises augmentent si et seulement si elles sont capables de déployer des stratégies d'innovation à long terme et de les accompagner en utilisant différentes formes de compétitivité à court terme : la compétitivité-prix, la compétitivité hors prix et, aujourd'hui, la compétitivité informationnelle (Baulant, 2015). L'information utile, qui est facteur de production construit, devient alors une ressource rare dans un monde où les facteurs traditionnels (comme le capital ou travail) se déplacent quotidiennement entre les différents pays du monde. Dans ce nouveau cadre, une entreprise capable d'identifier, d'interpréter et de transformer l'information riche, non connue par l'ensemble des acteurs, qui apporte du nouveau, de l'inattendu, c'est-à-dire de la surprise, en connaissance actionnable, constitue la base fondamentale d'une bonne compétitivité informationnelle qui est devenue cruciale avec la mondialisation quantitative des flux informationnels. La compétitivité liée à l'information fait en effet appel à tout le cycle de l'Intelligence Économique analysé comme un mode de pensée complexe pour définir la stratégie de long terme et un mode d'action proactif qui nécessite que l'entreprise soit capable de construire des réseaux apprenants, d'y déployer des techniques de lobbying et de protéger son patrimoine immatériel. Les stratégies d'innovation à long terme portant sur la qualité, l'innovation et sur l'amélioration de la productivité sont ainsi combinées aux différentes formes de compétitivité (la compétitivité prix fondé sur les coûts et les taux de change, la compétitivité hors prix fondée sur la concurrence monopoliste ou oligopolistique et la compétitivité informationnelle). Cette dernière forme de compétitivité est aujourd'hui un atout majeur pour toute entreprise désireuse de se positionner de façon originale sur sa chaîne de valeur pour maintenir dans le temps un avantage concurrentiel durable (El Haddani et Baulant, 2016).

Le rôle croissant de la compétitivité informationnelle a fait comprendre aux entreprises que la nature des informations, réellement utiles à leurs activités, a profondément changé. Pour actionner cette compétitivité, les théories managériales ont l'habitude de distinguer l'information blanche et l'information grise. La première est ouverte, publique (Moinet 2011). Chacun peut ainsi facilement la voir et la recueillir, en particulier sur le Web[34]. Il s'agit d'une information utile, mais non suffisante aujourd'hui. L'information grise au contraire, plus difficilement accessible, et même, difficilement identifiable (Boussetta et Monino, 2013), est souvent diffusée dans un cadre restreint (Pelletier et Cuenot, 2012). Pourtant, dans un univers économique devenu plus mouvant et plus incertain, cette collecte d'informations grises, non connues par l'ensemble des acteurs, est la seule à livrer un message privilégié, même s'il ne s'agit que de bribes, d'éléments, de « signaux faibles » ou de nouvelles émergences autorisant la création d'une asymétrie informationnelle à l'avantage des entreprises qui savent les détenir et les exploiter (Ansoff, 1975 ; Mintzberg, 1989 ; Lesca, 1994). Les informations grises sont souvent de nature informelle, provenant du relationnel au sens large, recueillies du terrain en mobilisant des réseaux interpersonnels au sein desquels les échanges d'informations verbales ou documentaires ont la possibilité d'être entretenus. El Haddani et Baulant (2016) ont insisté sur le fait qu'il existe à la fois une progression quantitative et une supériorité qualitative dans l'information grise qui donne à la compétitivité informationnelle des entreprises toute son importance pour gagner des parts de marchés dans un monde globalisé. Au cours des vingt dernières années, nous avons pu assister à une diversification des sources de l'information grise avec, notamment, l'exploitation du Web et sous l'influence de pratiques relationnelles au sein du Web social. En plus du terrain[35] qui constitue

34. Dès son émergence dans les années 1990, le Word Wide Web, communément appelé le Web est identifié comme source d'information déterminante pour la veille (Revelli, 1998 ; Chen, 2002). Cette constatation est largement confirmée par plusieurs études dont une enquête initiée par l'éditeur de logiciels AMI Software et réalisée, en 2013, en partenariat avec l'ADBS et Veille Magazine qui annonce que le Web est devenu un bouquet de sources incontournable de l'Intelligence Économique : 94 % des professionnels intègrent le Web dans leur panel de surveillance.

35. Appréhendée par Hughes (1996) comme « l'observation des gens in situ » et redéfinie extensivement, par Henri Mendras et Marco Oberti (2000 : 9) dans leur ouvrage «Le sociologue et son terrain. « Trente recherches exemplaires », « *le terrain ne se réduit pas à l'investigation d'un espace ou d'une institution choisis dans la société... ou à des enquêtes auprès d'individus de tels ou*

une source classique de l'information grise, l'usage de la toile mondiale, terrain virtuel, a ainsi imposé l'émergence de nouveaux cadres dans lesquels, évolue l'information grise.

La montée en puissance du discours sur le rôle de l'information d'origine terrain s'est opérée régulièrement depuis les années soixante. Tant chez les auteurs anglo-saxons que chez les précurseurs du rapport Martre[36] (ayant marqué une phase déterminante dans l'intégration de l'Intelligence Economique dans le paysage français (Marcon, 2009)), les informations émergeant du terrain, ont toujours joué un rôle particulier, spécialement en raison du contexte d'affrontement concurrentiel intensifié et imprévisible entre les entreprises sur leur propre marché (Levet, 2001). Ces informations sont les plus nombreuses, représentant 70 % de l'information de l'environnement (Stoffels, 1982), les plus sollicitées et plus riches que les informations formelles, écrites, véhiculées par des supports papier ou électroniques (Martinet et Marti, 1996).

Souvent associée à l'Intelligence Économique dans son acceptation anglo-saxonne de « Competitive Intelligence » (ou renseignement terrain) et protégée par nature puisqu'elle révèle d'une dimension tacite qui ne s'échange que de personne à personne, l'information d'origine terrain est non répétitive, non formalisée, fragmentaire, ambiguë et généralement captée en temps réel, ce qui contribue grandement à sa valeur (Koenig, 1996). C'est ce qui fait dire à Kriaa Medhaffer et à Humbert Lesca (2010), que ce genre d'informations est potentiellement plus riche en « signes d'alerte précoce »[37] pour les entreprises. Une information terrain peut être en effet un signal faible croisé dans le terrain, mais elle peut être aussi recueillie dans le but de compléter, d'enrichir, d'actualiser et parfois de vérifier une information publique, blanche déjà en possession de l'entreprise (El Haddani, 2018). De façon paradoxale, la gestion, l'exploitation et la pérennité de cette information reconnue à l'unanimité pour sa valeur, sont peu traitées dans

---

tels groupes ... et n'implique pas nécessairement un contact concret avec la réalité sociale ». Il peut s'agir aussi d'archives, de données statistiques, d'émissions radiophoniques ou télévisuelles, de la presse, etc. ». D'une manière plus ou moins implicite, la notion du terrain est souvent synonyme de concret, de contact direct avec les gens, les circonstances et la réalité des choses («homme de terrain»).

36. En 1994, la Documentation française publiait le rapport « Intelligence économique et stratégie des entreprises », appelé communément «Rapport Martre». Lire le rapport complet : http://bdc.aege.fr/public/Intelligence_Economique_et_strategie_des_entreprises_1994.pdf

37. En 2001, Humbert Lesca et son équipe de recherche CERAG (Centre d'Études et de Recherches Appliquées à la Gestion), ont introduit la notion de signes d'alerte précoce. Il s'agit des informations qui jouent le déclic à la suite duquel le dirigeant de l'entreprise porte son attention sur un événement susceptible d'avoir des conséquences considérables, en termes d'opportunité d'affaire ou de menace qu'il n'avait préalablement pas intégré à sa réflexion.

la littérature et rarement conjointement dans un seul processus, d'où la difficulté ressentie par les entreprises et les organisations pour leur mise en œuvre.

Des recherches récentes ont actualisé la littérature relativement ancienne concernant la gestion et la pérennité de l'information recueillie du terrain (El Haddani, Baulant, 2017). Ces travaux ont proposé un cycle propre à la veille terrain qui serait intégré dans un dispositif complet de veille en incluant un mécanisme d'organisation, de processus, d'utilisation adaptée des outils de veille (disponible sur le marché) ainsi qu'un dispositif d'animation capable de développer et de promouvoir la vigilance de tous les acteurs au sein de l'entreprise. Ce nouveau processus de veille permet de traquer des informations tacites fiables qui, recoupées avec des informations publiques, ouvertes, vont nourrir la réflexion et alimenter la prise de décision stratégique et tactique.

Dans cet article, nous nous intéressons à l'information qui émerge du terrain et plus précisément comment combiner la veille terrain et la veille Web dans une solution décisionnelle technique qui engendre un processus de veille durable. Dans une société de surinformation, les remontées du terrain deviennent aujourd'hui rapidement redondantes ou surabondantes, car elles couvrent un périmètre transverse et elles ne sont pas organisées dans une perspective décisionnelle, la seule qui permet pourtant d'avoir une meilleure connaissance de ses clients, de son environnement ou de sa compétitivité. La solution proposée dans cet article est la mise en place d'un Data Mart (magasin de données) qui est spécifique à la gestion et l'utilisation des informations de la veille terrain. L'originalité de cette solution ne résulte donc pas dans le déploiement d'un Data Mart, concept formalisé dès les années 1990, mais plutôt dans son adoption pour l'exploitation des informations de la veille dans une entreprise réelle, ce qui n'a jamais encore été effectué auparavant. Traditionnellement, trois métiers utilisent en effet particulièrement les magasins de données : le marketing pour l'identification des prospects et des clients cibles, le commerce pour l'évaluation de la santé financière et administrative de l'entreprise et les ressources humaines pour faciliter les décisions d'embauche ou de licenciement. Mais le Data Mart n'a encore jamais été élargi au traitement de la veille dans les entreprises. L'idée de l'article est donc d'élargir le panel des Data Mart à cette activité qui est devenue incontournable pour les entreprises à l'ère de l'économie de la connaissance mondialisée. Construire un Data Mart dédié aux activités de la veille va ainsi permettre de nourrir la réflexion des opérationnels et alimenter les prises de décision organisationnelle. De plus, il est également possible d'exploiter les apports du magasin de données de façon à résoudre des problématiques, anciennes, qui concernaient le pilotage et la pérennité d'un dispositif de veille dans une approche d'aide à la décision, ce qui reste aujourd'hui un des points faibles des dispositifs de veille mise en œuvre dans les entreprises.

Pour esquisser des pistes de réponses à ces nouveaux traitements de la veille, le « Data Mart terrain » proposé dans l'article et testé dans une grande entreprise industrielle, vient parfaire les plateformes de veille[38] qui sont actuellement disponibles sur le marché par une construction et une automatisation des indices de « ROI », demandées par les entreprises depuis des années, dépassant ainsi la notion de « police d'assurance ». Le Data Mart terrain peut également permettre de développer de nouvelles techniques d'animation au profit des acteurs du dispositif de veille en vue d'une meilleure maîtrise du couple information-action, et d'une contribution dans l'amélioration des performances concrètes d'une entreprise.

Avant de présenter la solution décisionnelle concrète applicable pour l'entreprise, nous allons revenir tout d'abord brièvement sur la définition d'un Data Mart pour le resituer par rapport à des concepts voisins que sont le Data Warehouse (ou entrepôt de données) et le Data Lake (ou lac de données).

Bref retour sur la définition du Data Mart

1. Caractéristiques du Data Mart par rapport aux autres entrepôts de données

Dès les années 1970, les systèmes d'information ont permis de suivre et d'optimiser les activités de production des organisations et de glaner dans les bases de données d'immenses gisements d'informations. À partir de 1980, l'idée s'est ensuite concrétisée, grâce notamment aux travaux de Ralph Kimball, d'organiser les informations pour faciliter leur interrogation croisée et massive pour des fins décisionnelles. Dans son ouvrage « *Building the Data Warehouse* » (1992), William Harvey "Bill" Inmon, reconnu comme le « père » fondateur de l'informatique décisionnelle, formalise le concept de Data Warehouse et le définit comme étant « *une collection de données orientées sujet, intégrées, non volatiles et évolutives dans le temps, organisées pour le support d'un processus d'aide à la décision* ». Le Data Warehouse est donc « orienté sujets », autrement dit, les données collectées doivent être orientées « métier » et donc triées par thème. Les données thématiques de l'entrepôt sont extraites de sources d'information autonomes (gérées par des systèmes différents et indépendants), hétérogènes (du point de vue structurel ou sémantique) et éventuellement peu structurées (données semi-structurées

38. Une plateforme de veille peut être définie comme un outil développé pour mettre en pratique le processus de surveillance, de collecte, d'analyse et de partage du contenu existant sur le Web issu de tous les formats : vidéos, PDF, Open XML (docx, xslx, pptx), Open Document Format (ODF) et ses déclinaisons, et des supports médias (sites de news, sites d'actualités, sites corporate, sites d'avis consommateurs, blogs, réseaux sociaux, …(El Haddani, 2018).

ou non) (Chrisment, Pujolle, Ravat, Teste et Zurfluh, 2005). L'entrepôt de données répond ainsi à trois enjeux majeurs, qui ont permis aux entreprises de structurer et de fiabiliser leurs solutions de reporting : (1) la réconciliation dans une architecture centralisée des informations issues des différents systèmes de gestion de l'entreprise, en adoptant un langage commun et partagé par tous les utilisateurs ; (2) l'historisation de données manipulables ; (3) la fiabilité des informations, via la complétude et l'exactitude des données mises à disposition (Goglin, 2001). Le Data Warehouse 2.0 (DW 2.0) est une deuxième génération dont l'un des avantages introduits est la capacité à prendre en charge les changements de données au fil du temps (Inmon, Strauss et Neushloss, 2008).

Concept lié à la mouvance du Big Data, le Data Lake est pour sa part un système référentiel centralisé qui permet de stocker et de gérer à bas coût de grandes volumétries de données structurées, semi-structurées ou non structurées, dans leur forme brute pour une durée indéterminée. Les données stockées ne sont transformées que lorsque l'utilisateur est prêt à les utiliser (Laskowski, 2016 ; Châu, 2021). Cette approche est connue sous le nom "Schema on Read" par rapport à l'approche "Schema on Write" utilisée dans le Data Warehouse. Les premières occurrences du concept du Data Lake, date de 1999 lorsque Dorian Pyle, inventeur et directeur scientifique de Powerhouse Technologies Inc. (PTI), écrit dans son ouvrage « Data Preparation for Data Mining, Volume 1 » : « In truth, corporations have huge data « lakes » that range from comprehensive data stores to Data Warehouses, Data Marts, and even data « garbage dumps » ». Toutefois, le terme Data Lake fut conceptualisé pour la première fois en octobre 2010 par James Dixon, CTO de Penthao qui faisait l'analogie avec un Data Mart. Selon Dixon, si un Data Mart est considéré comme un magasin d'eau en bouteille, empaquetée pour une consommation facile, le Data Lake quant à lui est une grande source d'eau à l'état naturel.

Le Data Mart que l'on peut traduire en français par magasin de données ou comptoir de données, peut être un extrait d'un Data Warehouse existant ou d'un autre système de source de données en mettant en place la table de base de données et en la remplissant de données pertinentes. Entrepôt de données spécialisé « métier » et conçu pour répondre aux besoins spécifiques d'un secteur ou d'une fonction particulière de l'entreprise, le Data Mart est organisé selon un modèle adapté aux outils d'analyse et d'interrogation décisionnelle. Ce modèle peut prendre la forme d'une base de données relationnelle exploitée à partir du langage informatique SQL et stockée physiquement sur un disque dur par le biais d'un système de gestion de base de données, un tableau manipulé au travers d'un tableur du marché, un environnement spécifique pour la prise de décision ou une base de données multidimensionnelle. Les modèles multidimensionnels sont fréquemment utilisés : modèles en étoile ou en flocon. Ils ont l'avantage d'organiser les données en mettant en évidence les faits (sujets d'analyse), et en privilégiant les dimensions (axes d'étude), selon lesquels on souhaite évaluer et quantifier les faits (Chrisment, Pujolle, Ravat, Teste et Zurfluh, 2005). Les données d'un magasin de données peuvent être aisément manipulées grâce à des outils décisionnels : Premièrement, les tableurs avec leurs diverses fonctions. Deuxièmement, les outils d'analyse OLAP (On-Line Analytical Processing) qui permettent aux entreprises d'effectuer des analyses multidimensionnelles des données et offrent la possibilité d'analyses de tendances et de modélisation de données sophistiquées. Pour faciliter ce type d'analyses, les données OLAP sont stockées sur une base multidimensionnelle. Troisièmement, les outils de fouille de données (ou Data Ming), constitués d'algorithmes et de méthodes destinés à l'exploration et à l'analyse de données, en vue d'y détecter des règles, des associations, des tendances non fixées à priori et des structures particulières restituant de manière concise de l'information utile à la prise de décision.

2. Évolution du Data Mart : des approches top-down aux approches bottom-up ou Middle-out

Le Data Mart peut être considéré de différentes techniques : Top-Down (Inmon, 1992), Bottom-Up (Kimball, 1998) et Middle-out (approche hybride). Les deux premières méthodologies de conception sont adaptées à son environnement d'intégration et présentent leurs avantages et inconvénients.

- **L'approche de Bill Inmon** soutient le fait que le Data Warehouse utilise un modèle normalisé de toute l'entreprise. Il est orienté stockage, traçabilité, et évolutivité par rapport à de nouveaux besoins. Possédant, eux aussi, leur propre existence physique à l'instar du Data Warehouse, les Data Marts viennent s'alimenter à partir de celui-ci et utilisent des données dimensionnelles orientées sujet.

Figure 1: Approche INMON : du Data Warehouse au Data Mart

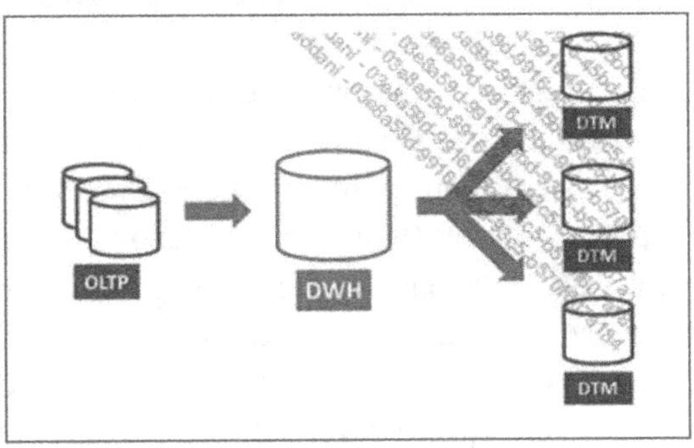

L'intérêt de la Modélisation décisionnelle en Top-Down est de pouvoir stocker l'intégralité des événements souhaités et de pouvoir faire évoluer le Data Warehouse sans risque. Toutefois, le coût et le temps nécessaire à la mise en œuvre d'un entrepôt de données en utilisant la méthode top-down sont assez considérables.

L'approche de Ralph Kimball s'oppose à celle d'Inmon. Kimball commence par la conception du modèle dimensionnel pour les Data Mart. Le Data Warehouse est constitué de l'union des Data Marts cohérents entre eux grâce aux dimensions conformes et contiennent des données atomiques et agrégées orientées performances de restitution en réponse aux besoins exprimés par les utilisateurs.

Figure2 : Approche Kimball : des Data Marts au Data Warehouse

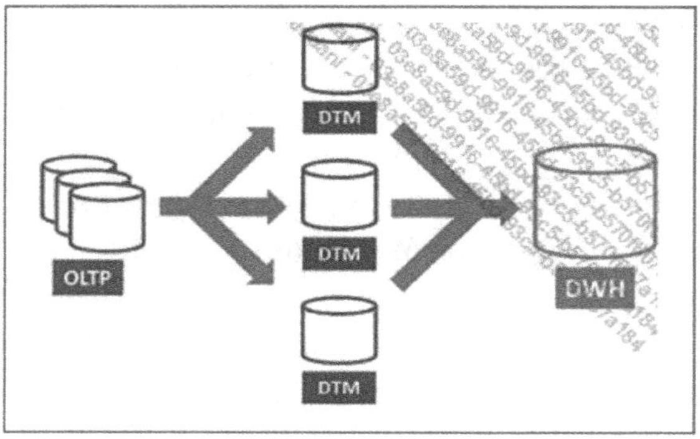

L'approche de Kimball est rapide puisqu'elle ne passe pas par l'élaboration de deux structures distinctes et ainsi le coût et le temps nécessaires à la conception et à la réalisation sont modérés. Néanmoins, cette modélisation présente un risque d'évolutivité.

Une vision alternative réunissant les avantages de part et d'autre est apparue : **le « middle-out ».** Elle consiste à reprendre une conception top-down et une réalisation bottom-up. Plus précisément, la conception s'effectue au niveau global (top-down) à travers l'identification de l'intégralité des éléments analytiques (définition du périmètre, définition de normes communes). Et la réalisation est distribuée par métier (bottom-up) : réalisation de Data Mart propre à chaque département, puis une agglomération de ces magasins pour en faire le Data Warehouse concevoir intégralement l'entrepôt de données (toutes les dimensions, tous les faits, toutes les relations), puis de créer des divisions plus petites et plus gérables. Cette solution permet le développement d'un modèle de données d'entreprise de manière itérative, mais implique, parfois, des compromis de découpage (dupliquer des dimensions identiques pour des besoins pratiques) (Bourcy, 2017 ; Do Vale, 2021 ; Ulrich, 2023).

En somme, aucune des approches théoriques présentées n'est à privilégier et le choix du meilleur modèle dépend de l'activité de l'entreprise et de sa politique à court et à long terme sur le plan décisionnel. L'entrepôt de données doit toutefois être intégré dans un périmètre élargi, fonctionnellement, en constituant des dimensions conformes.

II. Terrain de la recherche : le cas de l'entreprise Omega[39]

Omega est une grande entreprise du secteur industriel. Elle emploie plus de 7 000 collaborateurs, et est dans le top 5 de son marché. Cette entreprise gère des activités opérationnelles liées à son secteur d'activité, mais aussi des fonctions supports. Conçue comme une entreprise de proximité, Omega est présente sur tout le territoire national et a de nombreuses implantations géographiques et accords de distribution en partenariat avec d'autres entreprises privées. Ainsi, l'entreprise est organisée autour de différentes directions centrales qui travaillent en collaboration avec des directions régionales réparties entre plusieurs niveaux géographiques. Omega dispose également de filiales à l'échelle nationale et internationale. Pour faire face à tous ces enjeux, l'entreprise a décidé de construire et de mettre en place un dispositif de veille stratégique. Plus précisément, l'implantation de ce dispositif de veille doit s'inscrire dans le cadre général du développement du groupe et doit répondre à deux soucis majeurs : (1) pouvoir conserver sa place de leader et (2) pouvoir saisir des opportunités de développement à l'international.

Afin de définir et de mettre en place un dispositif de la veille terrain ainsi qu'un Data Mart terrain dans cette entreprise, nous nous sommes placés dans le cadre d'une recherche longitudinale (avec plusieurs mois d'intervention), d'une recherche exploratoire (où les types d'information sont rarement publiés) et dans une position épistémologique constructiviste, puisque la démarche de recherche sur le processus de veille terrain est ici sous-tendue par une démarche d'action concrète qui a préexisté à l'analyse de la remontée de l'information terrain.

1. Structuration initiale de la veille de l'entreprise Omega

L'organisation de la veille dans Omega repose sur une solution mixte. D'un côté, l'entreprise dispose de plusieurs entités décentralisées, chargées d'une surveillance particulière (veille technologique, veille image, veille concurrentielle...). D'un autre côté, l'organisation de la veille dans cette entreprise comprend un département veille qui est rattaché au top management et qui est chargé de l'animation, du pilotage du dispositif de veille, de la mise en perspective de l'ensemble des travaux

39. Pour des raisons évidentes de confidentialité, l'entreprise ici analysée a été rendue anonyme sous le terme d'entreprise Oméga.

des diverses veilles ainsi que de la mise en commun des sources d'information et de la plate-forme de veille. L'ampleur du projet a nécessité la mise en place d'un outil de veille susceptible d'être déployé à grande échelle et couvrant l'intégralité des fonctionnalités spécifiques de la veille : la collecte, la capitalisation, l'analyse et la diffusion.

La démarche de veille a été initiée par une surveillance de l'information publique en déployant un dispositif de veille Web[40] qui couvre différentes thématiques de surveillance, relevant de ses facteurs critiques de son succès (les technologies organisationnelles, les acteurs, notamment les concurrents et les tendances générales du marché). Quelques mois après le déploiement de ce dispositif de veille Web, il s'est avéré que l'information recueillie était utile, mais qu'elle restait très insuffisante. Il nous est alors venu l'idée d'élargir la solution en intégrant une veille à partir des sources humaines via une collecte, une analyse et une mise à disposition organisées et efficientes de la richesse des informations dont disposaient les collaborateurs d'Omega.

2. Introduction d'un Data Mart terrain dans l'entreprise Omega

2.1 La démarche de veille terrain de l'entreprise Oméga

Réaliser une veille à partir des sources humaines est une approche qui, du point de vue des auteurs, demeure toujours difficile à appréhender en raison des échanges complexes qui s'établissent à l'occasion de la sélection, de la production et de la mise en circulation des informations d'origine terrain. Lorsque Jakobiak (2006 :101) compare la collecte de l'information terrain avec les autres catégories de collecte d'informations dans l'organisation systématique de la veille, il remarque que celle relative au terrain « *est de loin la plus difficile à définir d'abord, à organiser ensuite* ». De son côté, Moinet (2011 :29) reconnait que le recueil et le traitement de ce genre d'information exigent « *un véritable professionnalisme et une culture des réseaux* ». Plus généralement, les chercheurs et les professionnels de la veille évoquent différentes difficultés de la veille terrain (la qualité et la fiabilité des sources informationnelles, l'absence de formalisation dans les opérations de collecte) qui nécessitent une mise en place d'une méthodologie rigoureuse pour le traitement des informations recueillies du terrain. La veille terrain demande par conséquent une certaine organisation et des compétences particulières notamment en matière d'apprentissage collectif, de gestion et d'animation des réseaux humains. Il se pose alors la question stratégique des mécanismes psychologiques à prendre en compte pour accroître l'efficacité desdits réseaux, et la définition précise des

40. La particularité de la veille Web réside dans le fait qu'elle repose sur l'utilisation d'outils pour couvrir le cycle de l'information (El Haddani, 2018).

règles d'éthique et de déontologie à respecter dans un dispositif de veille terrain. La complexité et la spécificité de la dimension humaine pour chercher, collecter, traquer, sélectionner, remonter, vérifier, traiter et diffuser une information autre que celle usuellement recueillie, traitée et capitalisée via des automates, nous a imposé de considérer l'information terrain dans son ensemble, de penser les systèmes de sa collecte, de sa mémorisation, de son traitement et de sa diffusion dans ce sens, autrement dit, de revisiter le cycle de la veille en balayant chacune de ses étapes dans le but de définir, à partir des modèles théoriques, un cycle propre à la veille terrain. Ce cycle a ensuite intégré dans un dispositif complet couvrant les dimensions humaines, techniques et organisationnelles essentielles de la mise en œuvre d'une démarche complète de veille terrain **(cf. figure 3)**.

Figure 3: Description du processus de la Veille Terrain[41]

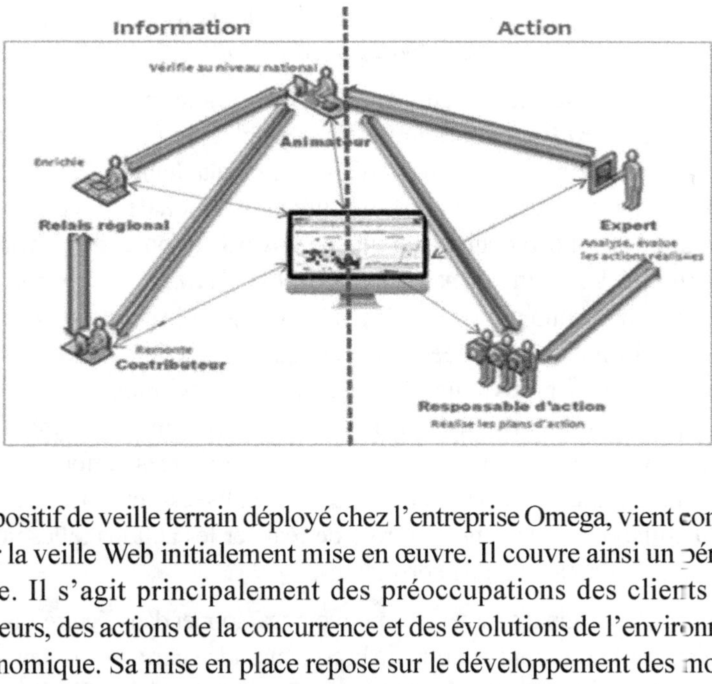

Le dispositif de veille terrain déployé chez l'entreprise Omega, vient compléter et enrichir la veille Web initialement mise en œuvre. Il couvre ainsi un périmètre transverse. Il s'agit principalement des préoccupations des clients et des collaborateurs, des actions de la concurrence et des évolutions de l'environnement socio-économique. Sa mise en place repose sur le développement des modes de travail collaboratif et le déploiement des techniques d'animation et de proximité (formation, sensibilisation, réunions de suivi, reporting d'activité, etc.), et des mécanismes de reconnaissances (prix, lettres de remerciements, etc.) au profit des acteurs du terrain.

41. Source : Mouna EL HADDANI et Camile BAULANT, 2017

De surcroit, le système de veille terrain industrialise la remontée et le traitement des informations du terrain afin de faciliter le contrôle, la gestion et le partage des flux informationnels et réduire ainsi la charge de travail des différents acteurs du dispositif de veille terrain tout en garantissant l'augmentation de la productivité et le maintien de la qualité des informations fournies. Dans ce cadre, l'outil que nous avons considéré comme étant le plus adéquat pour automatiser la remontée de l'information d'origine terrain a été la plateforme de veille Web initialement déployée dans l'entreprise Oméga. Ce choix peut s'expliquer par deux grandes raisons. D'une part, la plateforme représentait en effet un outil utilisé et bien maîtrisé par l'entreprise Oméga. D'autre part, les informations issues du terrain et de la veille automatique pouvaient alors être consolidées plus facilement.

Pour introduire la dimension humaine dans la démarche de veille terrain, nous avons introduit dans l'entreprise Oméga, en plus des profils d'acteurs traditionnellement proposés par la plupart des modèles théoriques de veille (l'animateur, l'expert, le traqueur et le décideur), deux nouveaux profils, à savoir *le relais régional* et le *responsable d'action* comme l'illustre la **figure 3.**

Dans ce processus, les acteurs du dispositif sont au nombre de cinq : (1) *les traqueurs du terrain* -collaborateurs susceptibles de proposer des remontées d'informations relatives au périmètre d'analyse préalablement défini-, (2) les relais régionaux collaborateurs relevant d'une direction régionale (DR), responsable de l'animation des contributeurs ainsi que de la vérification et de l'enrichissement des informations remontées par sa région-, (3) *l'animateur* -responsable de la mobilisation, de l'animation et du support de l'ensemble des acteurs du dispositif. Il suit les informations vérifiées et nécessitant une action, diffuse et réalise un tableau de bord général des remontées du terrain sur l'ensemble des axes d'analyse-, (4) *les experts -collaborateurs* en charge d'un périmètre d'analyse. Leurs rôles consistent à vérifier et à analyser les remontées, à traiter les remontées nécessitant une action, à évaluer et à valider les actions réalisées-, et (5) *les responsables d'action* collaboratrice ayant pour rôle de réaliser les actions telles que définies dans les plans d'actions ou de correction-.

Ce dispositif original a l'intérêt de pouvoir développer dans l'entreprise un réseau de savoir visant la co-construction de la connaissance partagée. Il repose donc sur des coopérations intellectuelles de deux grandes familles de profils d'acteurs : ceux qui remontent l'information, *le contributeur* ainsi que *l'animateur régional* (qui formalise la contribution) et ceux qui utilisent l'information (l'action) pour des visées stratégiques qui sont les experts et les *responsables d'actions.* L'efficacité d'une telle approche passe donc par la maîtrise du couple *contribution-action* qui, à son tour, dépend de la mobilisation des acteurs, leur accompagnement, leur motivation, l'assistance déployée pour les aider dans la remontée d'informations ainsi que leur formation régulière en fonction des nouveautés techniques et stratégiques déployées par l'entreprise Omega.

Le système de veille terrain mis en place dans l'entreprise Omega a permis de notables avancées, porteuses de forte valeur ajoutée, dans l'accroissement de la compétitivité informationnelle de l'entreprise, dans l'amélioration de la qualité de ses réseaux informatiques et humains et dans une capitalisation des connaissances et compétences qui transitent au sein de ces réseaux. Ce nouveau dispositif opérationnel permet en effet de favoriser, à travers un canal unique et large, la rapidité de transmission, l'enrichissement et la prise en compte efficace des informations d'origine du terrain. Le recueil d'information peut se faire dans un mode le plus convivial et sur des domaines ciblés qui autorisent la remontée d'informations de grande qualité qui sont en possession des collaborateurs de terrain. De plus, ce dispositif complet permet de créer une vraie dynamique d'échange et de partage capable d'intégrer les feedbacks de retour vers tous les collaborateurs qui ont remonté une information. Ce feedback est ainsi fondamental pour motiver pleinement les collaborateurs et les stimuler à contribuer continuellement dans le processus de veille, car ils savent qu'ils seront toujours écoutés et que l'information qu'ils auront transmise sera utile à l'entreprise et qu'elle sera exploitée et valorisée. Enfin, ledit dispositif a permis pour l'entreprise un raccourcissement substantiel du délai entre le recueil des informations traquées et leur arrivée jusqu'aux interlocuteurs susceptibles de les recouper avec des informations publiées afin d'agir en conséquence.

2.2 Construction d'un Data Mart dédié à la modélisation et à la restitution de l'information recueillie du terrain

Après la mise en place d'un système de veille terrain dans l'entreprise Omega s'est posée la question du pilotage et du suivi de l'activité des remontées du terrain, imposés par l'environnement concurrentiel de l'entreprise, les stratégies d'optimisation des coûts ainsi que les objectifs de performance. L'objectif concret de ce nouveau dispositif a été de pouvoir aider les décideurs par le biais d'un reporting fiable et des tableaux de bord précis, à faire les bons choix et à se projeter au minimum, grâce à la fourniture (1) d'une *information catégorisée* que les utilisateurs pourront agréger ou ventiler facilement selon leurs besoins propres d'analyse, (2) d'une *information exhaustive* fournissant l'ensemble des données remontées, (3) d'une *information historisée*, datée, qui puisse servir à effectuer des comparaisons entre plusieurs dates possibles, (4) d'une *information nettoyée* de toute inconsistance ou erreur pour permettre d'obtenir des résultats d'analyse sûrs, et (5) d'une *gestion de la sécurité* permettant de définir quels utilisateurs pourront accéder à quelle information.

2.3 Une architecture originale du Data Mart terrain adaptée à l'entreprise Oméga ?

Les composantes de l'architecture décisionnelle du Data Mart terrain de l'entreprise Oméga ont ainsi été :

- **Une modélisation de la base de données décisionnelle** qui a été constituée en premier lieu par le Data Mart terrain contenant des indicateurs agrégés et des axes d'analyses majeurs, et en second lieu, d'une base de données ODS (ou *Operational Data Store*) qui stocke les données brutes transmises en amont par les applicatifs. Ces données brutes sont transmises sous forme de fichiers plats.

- **Une plateforme de restitution** SAP-BI 4.3[42] qui contient les éléments suivants : (1) Un serveur Business Object XI qui assure le service de rafraîchissement et de publication des rapports, (2) un ensemble de rapports Business Object qui fournit les indicateurs attendus. Ces rapports sont alors mis à la disposition des utilisateurs pour consultation ou pour visualisation à la demande (rafraîchissement des données) et (3) un univers métier[43] basé sur les structures de ce Data Mart terrain.

- **Un protocole d'échange automatique** : driver MySQL

- **Un ETL (ou** *Extract Transform Load*) **Business Objects Data Integrator** qui est dédié à l'extraction des données relatives aux remontées du terrain depuis la plate-forme de veille, à l'amélioration de la qualité des données et à l'application des transformations nécessaires pour la préparation des données, et à l'alimentation des dimensions (la remontée, la date de cette remontée, l'axe d'analyse concerné, l'utilisateur concerné, la zone géographique, le statut ou l'état de traitement, l'entité responsable du traitement de l'information remontée) ainsi que des *tables de faits* du Data Mart (qui reportent le contenu des remontées du terrain et des actions associées) (cf. figure 4). L'ETL garantit donc la validité des données décisionnelles et la terminologie des métadonnées, en créant un socle universel à l'échelle de l'entreprise.

---

42. L'entreprise Omega a choisi la plateforme de reporting et de visualisation : *SAP Business Object.*

43. Source : représentation métier de données qui permet aux utilisateurs d'interroger une base, d'analyser les données avec leur vocabulaire quotidien et de les regrouper en fonction de leur métier ou de leur fonction.

Figure 4 : Une alimentation diversifiée et riche du Data Mart Terrain

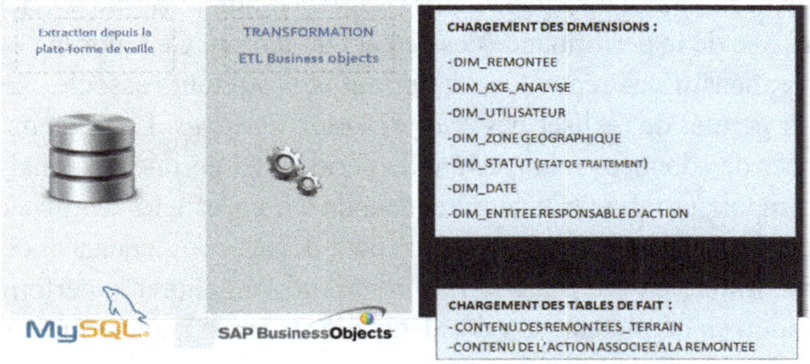

3. Résultats du déploiement du Data Mart terrain dans l'entreprise Omega

3.1. L'entreprise bénéficie d'un système d'aide à la décision exploitable par tous

Le Data Mart Terrain conçu dans l'entreprise Omega est donc un entrepôt de données qui sert à consolider, modéliser et restituer les informations transverses sur la concurrence, les tendances du marché, les technologies organisationnelles, les propositions d'améliorations techniques ou commerciales, les faits marquants survenus dans les régions pouvant avoir un impact direct ou indirect sur l'activité de l'entreprise, etc. Ce magasin de données permet ainsi de pouvoir outiller tous les acteurs du dispositif avec de l'information, détaillée et/ou agrégée, à travers une solution informatique d'aide à la décision dédiée, qui soit pleinement capable d'offrir des possibilités multiples et diversifiées d'interactions et d'analyses des données **(cf. figure 5)**.

Figure 5 : Un système d'aide à la décision reliant les différents niveaux de l'entreprise et exploitable par tous

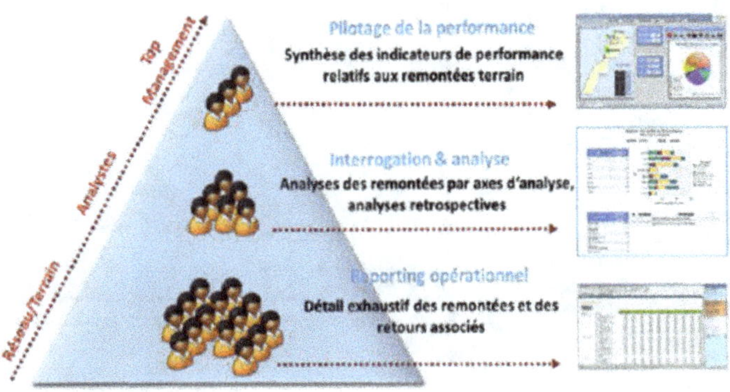

Le Data Mart Terrain offre plusieurs avantages concrets pour l'entreprise. En premier lieu, il permet un *reporting opérationnel*, qui constitue un élément clé dans l'analyse de la performance des acteurs du terrain. Ce reporting comprend un détail exhaustif des remontées du terrain et des retours associés. Ensuite le Data Mart permet de réaliser des *analyses rétrospectives*. Les experts peuvent sélectionner des données relatives à telle période, tel périmètre d'analyse, telle zone géographique, tel contributeur/traqueur du terrain, etc., les regrouper, les trier et les répartir selon leurs critères du choix pour dégager des tendances et des axes de progrès. Enfin, le Data Mart Terrain contribue à améliorer la performance de l'organisation en permettant aux décideurs d'accéder en quelques minutes à des *synthèses* des données clés, remontées du terrain.

3.2. L'entreprise bénéficie de couches sémantiques d'accès aux données en Self-service

En plus des reporting, une couche sémantique, appelée univers **(cf. figure 6)**, est mise à disposition de l'utilisateur pour restituer des informations contenues dans la base de données du Data Mart Terrain constituant pour celui-ci un ensemble d'indicateurs utilisés pour le pilotage de l'activité et l'aide à la décision. Cette interface entre la base de données et l'utilisateur de BusinessObject est constituée principalement de tables, de tables dérivées, d'alias, de contextes, de jointures, d'une connexion à une base de données, d'objets (dimensions, informations et indicateurs) et de filtres qui sont regroupés en classes et en sous classes.

Figure 6 : Un accès des informations traité en mode self-service

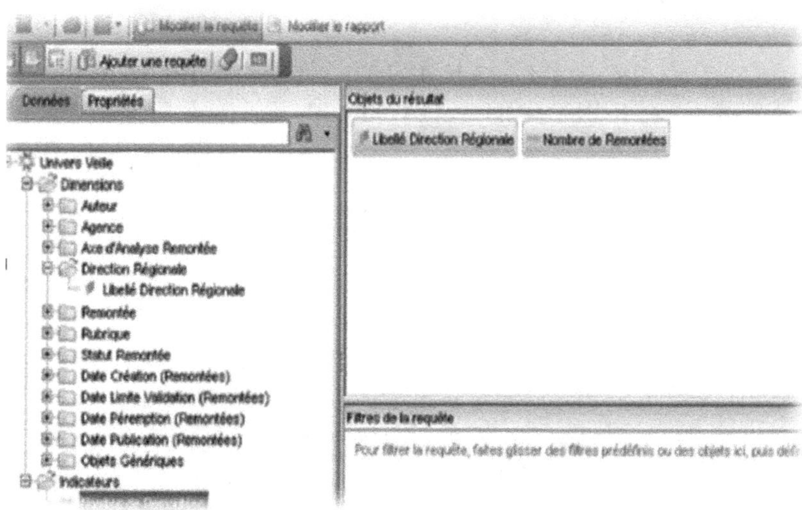

L'univers reprend tout le contenu de la base de données du Data Mart Terrain, en faisant abstraction des complexités techniques, et en proposant l'information dans un langage compréhensible et exploitable par un utilisateur métier (non-informaticien, non-statisticien).

Les éléments à sélectionner lors de la création d'un rapport sont dans le tableau :

Tableau 1 : Les différentes informations du Data Mart terrain bien classifiées

	• Code remontée • Titre • Descriptif • Texte • Langue	• Lien • Degré de pertinence • Niveau d'urgence • Fait marquant
AXE D'ANALYSE UTILISATEUR	• Axe d'analyse	
	• Code d'utilisateur • Nom d'utilisateur	• Login
DIRECTION RÉGIONALE	• Direction régionale	
RUBRIQUE	• Code rubrique • Rubrique	
STATUT	• Statut	
DATE	• Date • Année • Semestre • Trimestre	• Mois • Mois numérique • Semaine • Jour
INDICATEUR	• Nombre de remontées • Taux de clôture • Délai de traitement par le responsable d'action	

3.3 L'entreprise peut automatiser le processus de calcul des indicateurs de la veille terrain

Prouver l'utilité et la contribution de la veille dans l'amélioration des performances de l'entreprise (Herring 1996; Cohen 2004; Fehringer et al. 2006), justifier l'investissement attribué à cette activité (Herring 1996, Cohen 2004) et améliorer l'efficience du processus dans sa globalité (Herring 1996, Cohen 2004,

Fehringer et al. (2006) telles sont les motivations les plus fréquemment citées dans la littérature à l'établissement d'un moyen de mesure de l'efficacité de la veille.

Herring (1996) a notamment été parmi les premiers auteurs qui ont essayé d'identifier les principaux avantages que la veille pouvait apporter à ses utilisateurs comme l'augmentation des revenus de l'entreprise, l'évitement des erreurs coûteuses, le gain de temps et l'identification des économies. Dix ans plus tard, Fehringer et al. (2006) ont défini une autre catégorie de mesure qui comportait six facteurs : (1) *rendement de l'investissement, (2) productivité ou rendement de la veille concurrentielle, (3) satisfaction des clients, (4) décisions prises ou soutenues, (5) nouveaux produits ou services, et (6) stratégies améliorées.*

Si aujourd'hui l'analyse des informations de la veille, requiert désormais une approche complexe, non linéaire, avec de fréquents allers-retours entre le Web et le terrain, il n'empêche que les indicateurs chiffrés restent pourtant nécessaires pour lancer tant une nouvelle innovation à long terme que d'améliorer la compétitivité de l'entreprise à court terme. Dans ce cadre, les indicateurs traditionnels, chiffrés, sont jugés utiles pour calculer le Retour sur Investissement (ou ROI) de la veille, mais ces indicateurs restent insuffisants pour mesurer l'efficacité réelle de la veille (Lesca, Caron-Fasan, 2005), (Blenkhorn, Fleisher, 2007). Pour pouvoir évaluer la performance réelle, certains auteurs ont recommandé de ne pas chercher à démontrer le ROI de la veille, mais de considérer plutôt cette activité comme une *police d'assurance* (Bondu, 2011, Fillias, Guilain, 2011) ou un instrument de réduction et de management des risques dont l'existence provoquerait des répercussions néfastes sur l'activité. Au fur et à mesure que la littérature sur l'impact de la veille s'est développée, plusieurs autres travaux ont proposé des cadres et des mesures d'évaluation directs et supplémentaires. Pourtant, il demeure que toutes ces mesures ont été rarement testées dans une entreprise réelle (Calof, 2014).

Notre recherche proposant une étude de cas sur le Data Mart terrain a pu évaluer les impacts de la veille effectuée. Notre solution décisionnelle dépasse la notion de police d'assurance pour aller, enfin, vers de véritables indices de ROI, qui sont demandés par les entreprises depuis des années. le Data Mart terrain ainsi conçu, propose et industrialise la production des indicateurs de performance tels que le « *taux de faits marquants* », le « *taux de clôture* » des actions menées et le « *délai de mise en place des plans d'actions ou de correction* ».

– *Le taux de faits marquants* a été établi par le nombre d'informations d'origine terrain qualifiées de faits marquants c'est-à-dire pouvant impacter le business, l'image ou la réputation de l'entreprise, rapporté au nombre total des informations terrain qui ont été remontées.

– *Le taux de clôture* a été calculé par le nombre d'informations d'origine terrain auxquelles ont été associés des plans d'action concrets ou des plans de correction, rapporté au total des informations remontées.

– Le troisième indicateur, l*e délai de traitement des remontées,* permet de surveiller et de calculer le délai de traitement des remontées pour inciter les responsables d'action à concrétiser les plans d'actions dans les meilleurs délais. De ce fait, la solution décisionnelle que nous avons présentée garantiet le dynamisme, l'efficacité et la pérennité du dispositif de veille qui, de notre point de vue, passe par la maîtrise de deux axes fondamentaux :

• *La traque de l'information* (qui remonte ? qu'est-ce qu'il remonte ? qu'elle est la fréquence de la remontée ? par rapport à quel périmètre d'étude ? dans quelle zone géographique ?)

• *L'action mise en place suite aux informations remontées* (quel est l'état d'avancement du traitement de l'information remontée, combien a-t-on traité d'informations d'origine terrain ? quel est le plan d'action associé à l'information remontée ?...).

Le Data Mart Terrain mis en œuvre dans l'entreprise a permis en outre, une publication dynamique et régulière d'un reporting opérationnel qui combine :

– Une première situation, destinée aux contributeurs de chaque direction régionale, qui comprend la répartition des remontées du terrain par date, par source, par zone géographique, par axe d'analyse et l'évolution du taux de clôture ainsi que la contribution de la DR dans le total des remontées.

– Une seconde situation qui comprend la liste des remontées du terrain nécessitant un traitement ainsi que le suivi du taux de clôture, destinée à chacun des services opérationnels, responsable d'action. À titre d'exemple, un reporting hebdomadaire est transmis aux responsables d'action de la direction marketing pour assurer le suivi du traitement des remontées relatives à la concurrence et à l'écoute client.

L'envoi automatique et régulier du reporting permet d'animer et de mobiliser les deux principaux acteurs du dispositif de la veille terrain à savoir les *contributeurs* (les directions régionales) et les *responsables d'actions* (les opérationnels). Il les met en concurrence et leur permet de réaliser un suivi qui retrace l'évolution des remontées d'information et les renseigne sur l'état d'avancement du traitement de celles-ci.

A travers ce Data Mart terrain, l'entreprise Omega a ainsi été en mesure, non seulement de réduire l'incertitude qui est propre à la mise en place d'une économie de la connaissance mondialisée et qui entoure donc le climat des affaires de toutes les entreprises, mais encore d'être réactives puis proactives dans ce climat incertain et, par conséquent, d'avoir pu devenir actrice de la réduction de l'incertitude et des risques pour elle-même tout en provoquant de l'incertitude pour les autres entreprises.

3.4 L'entreprise peut estimer l'impact d'une remontée du terrain sur son chiffre d'affaires

Une des questions qui nous a toujours préoccupés a été de trouver un moyen pour pouvoir quantifier l'apport du dispositif de veille terrain mis en place dans l'entreprise Omega qui s'est perfectionné au fil des années. L'indicateur « taux de clôture » mis en place dévoile certes le nombre des plans d'action qui a mis en œuvre grâce à la remontée du terrain, mais il ne nous permet pas de connaître la contribution exacte de ces plans d'actions dans la création de la valeur et la création de la richesse dans l'entreprise. Pour aller plus loin dans cette mesure, nous avons décidé de tirer plus de profit du Data Mart veille de façon à pouvoir associer pour chaque information terrain, son impact précis sur le chiffre d'affaires de l'entreprise. Cette solution passe par un recoupement entre le contenu du Data Mart terrain et les systèmes d'informations de l'entreprise Omega **(cf. figure 7).**

Figure 7 : Diagramme de flux issus des données internes et des informations externes

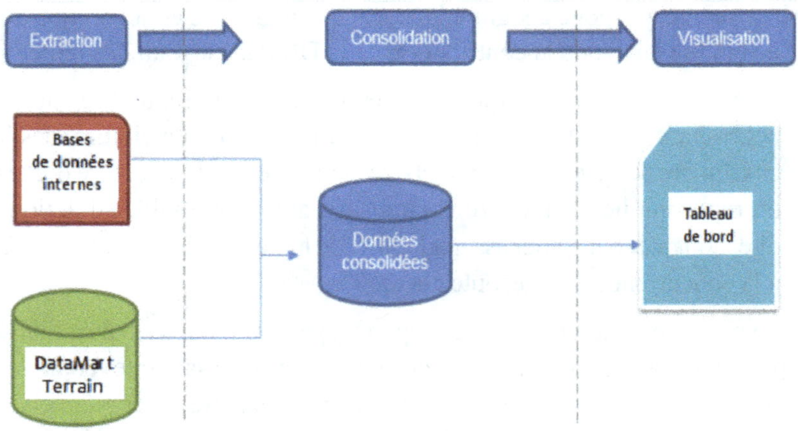

La figure 7 décrit deux types de traitements possibles pour l'entreprise : une extraction des données à partir du Data Mart terrain et une consolidation des données extraites grâce au contenu des bases de données internes à l'entreprise Oméga. Le développement d'un univers qui se connecte directement aux données consolidées permet une création automatisée des tableaux de bord consultables par les utilisateurs de l'entreprise. Ces tableaux de bord indiquent l'impact de chaque remontée, notamment les « faits marquants », sur la progression des ventes, des parts de marché et sur l'image de l'entreprise lorsque nous associons le contenu du Data Mart avec celui des réseaux sociaux.

À titre d'exemple, le terrain remonte une information d'anticipation relative au lancement imminent d'un nouveau produit chez la concurrence. Après vérification (suite mobilisation du réseau des traqueurs du terrain), l'information remontée sera transmise à la direction marketing d'Oméga, pour décision. Après analyse, trois réactions sont envisageables pour l'entreprise :

La première réaction : l'entité opérationnelle va être très réactive et va immédiatement mettre en place un plan d'action pour riposter au concurrent. Le chiffre d'affaires généré suite au lancement du nouveau produit d'Oméga, va constituer la contribution de la veille dans l'augmentation de son chiffre d'affaires de l'entreprise.

La seconde réaction : la direction Marketing décide de retarder son plan d'action après le lancement du produit du concurrent. Cette attente permet de mieux observer l'évolution du chiffre d'affaires d'Oméga pour mesurer éventuellement le manque à gagner depuis la date du lancement du produit du concurrent.

Une troisième réaction : la direction Marketing voit qu'il n'est pas opportun de préparer une riposte. Dès lors, l'entreprise continue à observer l'évolution de son chiffre d'affaires à partir de la date du lancement du produit chez le concurrent.

Quelle que soit la décision prise, la mesure de l'impact qui associe les données internes (bases de données d'Oméga) aux informations externes (Remontées du Data Mart), a permis à l'entreprise non seulement d'avoir une estimation de l'apport de la veille terrain dans l'amélioration des performances et l'augmentation des parts de marché de l'entreprise Omega (sur un mois, un trimestre, une année…), mais aussi de pouvoir évaluer avec précision la qualité de la décision prise suite à l'information remontée.

Par exemple, suite à une remontée du terrain, si l'entreprise choisit de ne pas engager d'action relative à cette information et que par la suite elle observe une tendance baissière de son chiffre d'affaires ou de son parc de clients, ces nouvelles informations vont inciter fortement le décideur de l'entreprise Omega à repenser sa décision.

Conclusion

À la suite du passage à une économie de la connaissance mondialisée, la traque, la capitalisation et l'utilisation de l'information recueillie du terrain a connu au cours de ses vingt dernières années une montée en puissance jamais démentie. L'analyse présentée a eu pour objectif d'actualiser la littérature déjà ancienne concernant la veille terrain et de modéliser ce réel connaissable dans le contexte nouveau de mondialisation et de globalisation des informations. Dans ce cadre, nous avons proposé un Data Mart dédié à la gestion de l'information qui soit capable de pérenniser le processus de la veille terrain.

La solution décisionnelle construite dans cette étude a été testée dans une grande entreprise du secteur industriel pour pouvoir valider son efficacité pratique. Ce Data Mart a permis de collecter, consolider, modéliser et restituer les informations terrain après les avoir recoupées avec les informations de la veille Web. Il découle de ce test grandeur nature que cette solution pourrait être appliquée à toutes les entreprises désireuses d'améliorer sensiblement leur compétitivité informationnelle. En effet, cet entrepôt de données aboutit à une meilleure maîtrise de l'information réellement utile aux entreprises. Il permet aussi de développer de nouvelles techniques d'animation au profit des principaux acteurs du dispositif de la veille terrain, en proposant de différencier leurs fonctions pour mieux maîtriser le couple information-action. On peut en particulier mentionner la nouvelle dynamique qui existe dans ce nouveau cycle de la veille terrain entre l' « animateur » (central, régional, local ...), qui va donner de la vie au dispositif et trouver la réserve de productivité qui sommeille en tout acteur du terrain, et le « responsable d'action », dont le rôle s'avère important dans la mesure où la définition, la validation et l'exécution des plans d'action ou de correction, dépendent, en dernier ressort, de lui. Le Data Mart permet également de construire une décision organisationnelle affinée pour l'entreprise qui améliore la qualité de sa veille en construisant des indices pertinents de « ROI » qui mesurent précisément les retombées concrètes de cette double veille terrain et Web. Une des grandes difficultés antérieures de la veille, et à présent résolue par cette solution, provenait en effet de l'absence de ROI pertinent qui décourageait alors les acteurs du terrain et qui poussait la hiérarchie à ne pas exploiter totalement les pépites d'informations remontées du terrain.

Le travail présenté a enfin démontré que lorsqu'on associe les données internes aux informations externes, il devient possible, pour chaque métier de l'entreprise, de bénéficier de la démarche veille et, dès lors, de contribuer très activement à l'accroissement de la compétitivité informationnelle de l'entreprise grâce à une amélioration de la qualité de ses réseaux informatiques et humain, de ses connaissances et de ses compétences qui transitent désormais au sein de ces réseaux.

Références bibliographiques

Amin, A., Cohendet, P., (2005), « Geographies of Knowledge Formation in Firms », *Industry and Innovation*, vol.12, n° 4, p. 465-486.

Baulant, C. (2015), « The Role of Networks for Helping Firms and Countries Invent New Competitive Strategies Well Adapted to the World Knowledge Economy », *Journal of Economics*, Issues 49, 2: 563-573.

Blenkhorn, D., Fleisher, Craig S., (2007), « Performance Assessment in Competitive Intelligence : An Exploration, Synthesis, and Research Agenda », *Journal of Competitive Intelligence and Management*. Vol. 4, N° 2, p. 4-22.

Bondu, J., (2011), « Calculer le ROI d'une activité de veille », *Archimag,* N° 247, pp.3132.

Boussetta M. et Monino JL. (2013), « Intelligence économique, entreprises et territoires », Paris : L'Harmattan.

Bourcy T. (2017), « Modélisation décisionnelle – Concevoir la base de données pour les traitements OLAP », DataPro.

Calof, J., (2014), « Evaluating the Impact and Value of Competitive Intelligence From The users Perspective – The Case of the National Research Council's Technical Intelligence Unit », *Journal of Intelligence Studies in Business*, Vol. 4, No 2, p. 79-90.

Châu, H. (2021), « Précis d'informatique décisionnelle : Data Warehouse, Data Mart, Data Vault, ODS, "étoile", " flocons ", Business objects, ETL Informatica », les Éditions Bookelis.

Cohen, C., (2004), « Veille et intelligence Stratégique », Paris : *Hermès Science Publications.*

Management, finance et gestion. ISBN 274.620.8512.

Chrisment, C., Pujolle, G. Ravat, F. Teste, O., Zurfluh G., (2005), « Entrepôts de données », *Techniques de l'Ingénieur, H3870.*

Dixon, J., (2010), « Pentaho, Hadoop, and Data Lakes », *James Dixon's Blog*. URL : https ://jamesdixon.wordpress.com/2010/10/14/pentaho-hadoop-and-data-lakes/

Do Vale, A. (2021). « Data Processing and Modelling with Hadoop : Mastering Hadoop Ecosystem Including ETL, Data Vault, DMBok, GDPR, and Various Data-Centric Tools » (English Edition). Inde : BPB Publications.

Dorian, P., (1999), « Data Preparation for Data Mining », Vol. 1, Morgan Kaufmann publishers.

El Haddani, M., Baulant, C., (2016), «La progression quantitative et qualitative de l'information grise dans le cycle de la compétitivité des entreprises», Colloque international (Recherches et Pratiques en Marketing et Communication) Kénitra/ Maroc.

El Haddani, M., Baulant, C., (2017), « Comment transformer l'information d'origine terrain en un levier de compétitivité des entreprises ? », Colloque IFBAE 2017, IX Congresso do Instituto Franco-Brasileiro de Administração de Empresas, IAE de Poitiers.

El haddani M. (2018), « Modélisation systémique de la veille terrain puis couplage avec la veille Web pour améliorer la compétitivité des entreprises : Une application à un groupe industriel », thèse pour le doctorat en sciences de gestion. Université d'Angers.

Fehringer, D., B. Hohhof, Johnson, T., (2006), « State Of The Art Competitive Intelligence », 1st ed. Virginia : Competitive Intelligence Foundation.

Fillias, E., Guilain,Y., (2011), « Retour sur investissement d'un logiciel de veille stratégique »,

Digimind.

Goglin J.-F. (2001), « La construction du Data Warehouse : du Data Mart au Data Web », Hermes, 2e édition.

Herring, Jan P., (1996), « Measuring the Effectiveness of Competitive Intelligence », 1st ed. Alexandria, VA : Society of Competitive Intelligence Professionals.

Hughes E.C. (1996), « La place du travail de terrain dans les sciences sociales. In Le regard sociologique », Paris : EHESS, p.267.

Inmon,W. H., (1992), « Building the Data Warehouse », 1st Edition. Wiley and Sons.

Inmon,W. H., (2000), « Exploration Warehousing: Turning Business Information into Business Opportunity », John Wiley and Sons.

Inmon, H.W., Strauss, D., Neushloss G., (2008), « DW 2.0 The Architecture for the Next Generation of Data Warehousing », Morgan Kaufmann publishers.

Jakobiak F. (2006), « L'intelligence économique », Éd. D'organisation.

Kahneman, D., (2011), « Thinking, Fast and Slow », Allen Lane, coll. AL TPB, 1ére édition, 512 p.

Kimball, R., Ross, M., (1998), « The Data Warehouse toolkit », New York.

Koenig G. (1996), « Management stratégique : paradoxes, interactions et apprentissage », Paris Nathan.

Laskowski, N. (2016), « Data Lake governance : A big data do or die », URL : http://searchcio. techtarget.com/feature/Data-lake-governance-A-big-data-do-or-die.

Lesca, N., Caron-fasan, M.L., (2005), « La veille vue comme un système cybernétique », Finance Contrôle Stratégie, vol.8, n°4, p. 93-120.

Lesca H. (1994), « Veille stratégique pour le management stratégique : États de la question et axes de recherche », *Économies et sociétés*, série sciences de gestion SG n° 20, 3150.

Levet, J-L., (2001), « L'Intelligence Économique : mode de pensée, mode d'action », Paris : Economica.

Marcon C. (2009), « Réseaux d'intelligence économique. L'éthique au centre des problématiques organisationnelles », *Revue internationale d'Intelligence Economique* 1 (2) : 197211.

Martinet, B., Marti Y.M., (1996), « L'intelligence économique », Éditions d'Organisation.

Mendras H. et Marco O. (2000), « Le sociologue et son terrain – Trente recherches exemplaires », A. Colin.

Medhaffer K. S. et Lesca.H. (2010), « L'animation de la veille stratégique », Paris : Hermes Science publications : Lavoisier.

Mintzberg H. (1989), « Le management, voyage au centre des organisations », Editions Organisation/Agence d'Arc.

Moinet N. (2011), « Intelligence économique : mythes et réalités », Paris : CNRS.

Pelletier A. et Cuenot P. (2012), « Intelligence économique, mode d'emploi », [Montreuil] : Pearson.

Stoffels J.D. (1982), « Environmental Scanning for Future Success », *Managerial Planning,* Vol. 3, p. 4-12.

Tufféry, S., (2010), « Data mining et statistique décisionnelle : l'intelligence des données », Technip.

Ulrich R.H. (2023). «BI et Big Data Management : Sagesse pour les architectes de l'information, les consultants et les décideurs ». États-Unis: Babelcube Incorporated.

L'INTELLIGENCE FINANCIÈRE UN PILIER ESSENTIEL DANS LE SECTEUR BANCAIRE ET FINANCIER

Omar Ezziyati

Introduction générale

L'intelligence financière émerge comme un impératif stratégique au sein du secteur bancaire et financier, offrant une réponse dynamique aux défis contemporains et aux opportunités émergentes. Dans un paysage économique en constante mutation, caractérisé par une concurrence acharnée, une réglementation croissante et une technologie disruptive, les institutions financières doivent naviguer avec agilité et perspicacité pour maintenir leur positionnement sur le marché et répondre aux attentes changeantes de leurs clients.

Dans ce contexte, l'intelligence économique, avec ses composantes multidimensionnelles telles que la veille stratégique, l'influence, le lobbying et la sécurité économique, offre un cadre stratégique puissant pour comprendre, anticiper et agir dans un environnement complexe. Cette approche dépasse largement la simple collecte de données pour englober une analyse approfondie, une gestion proactive des risques et une prise de décision éclairée, contribuant ainsi à renforcer la résilience et la compétitivité des institutions financières.

À travers une exploration approfondie de ses facettes, nous avons mis en lumière l'évolution dynamique de l'intelligence économique et son adaptation aux nouveaux défis du secteur financier. Des applications concrètes dans le domaine bancaire et financier, notamment la gestion des actifs, la lutte contre la fraude et la conformité réglementaire, témoignent de son importance croissante dans la gestion quotidienne des institutions.

Cependant, cet essor n'est pas sans obstacles. Les enjeux liés à la sécurité des données, à la protection de la vie privée et à la conformité réglementaire, imposent des défis considérables auxquels les acteurs du secteur doivent répondre avec diligence et responsabilité.

En outre, les perspectives d'avenir, telles que l'émergence des neobanques, la digitalisation des services financiers et la nécessité de prévenir les risques systémiques, soulignent l'importance de rester à la pointe de l'innovation et de l'adaptation permanente.

Enfin, la réussite d'un projet d'intelligence économique repose sur des facteurs clés tels que la collaboration, la communication, la gestion du changement et la clarification des termes et concepts. Ces éléments fondamentaux constituent les piliers d'une mise en œuvre réussie, garantissant une exploitation optimale des avantages de l'intelligence économique et une résilience accrue face aux défis à venir.

En conclusion, l'intelligence économique transcende les simples outils et pratiques pour devenir un véritable moteur de transformation et d'innovation au sein du secteur financier. En adoptant une approche holistique et en intégrant les principes de l'intelligence économique dans leur culture organisationnelle, les institutions financières peuvent non seulement prospérer dans un environnement complexe et exigeant, mais aussi contribuer de manière significative à la création de valeur pour leurs clients et leurs parties prenantes.

1 – Comprendre l'Intelligence Économique

L'intelligence économique englobe un ensemble de pratiques visant à collecter, analyser et utiliser l'information stratégique pour orienter les décisions économiques. Ses principales composantes incluent la veille stratégique, l'influence, le lobbying et la sécurité économique.

1.1 Veille Stratégique

La veille stratégique constitue le socle sur lequel repose l'intelligence économique. Elle consiste à surveiller l'environnement concurrentiel, réglementaire et technologique afin d'anticiper les évolutions et de détecter les opportunités et les menaces potentielles. Dans le secteur financier, cette veille permet de rester informé des mouvements des marchés, des innovations financières et des réglementations en vigueur.

La veille stratégique peut s'effectuer à différents niveaux, allant de l'analyse des tendances macroéconomiques à la surveillance des actions des concurrents directs. Les outils technologiques modernes, tels que les logiciels d'agrégation de données et les algorithmes d'analyse prédictive, facilitent cette collecte et cette analyse d'informations cruciales.

1.2 Influence et Lobbying

L'influence et le lobbying sont des facettes cruciales de l'intelligence économique, particulièrement dans un contexte où les décisions politiques peuvent avoir un impact significatif sur le secteur financier. Les institutions financières déploient des efforts pour influencer les politiques publiques et défendre leurs intérêts à travers des actions de lobbying et de plaidoyer.

Le lobbying peut prendre diverses formes, telles que la participation à des groupes de pression, la contribution à des campagnes politiques et la mobilisation d'experts pour influencer les décideurs politiques. Toutefois, il est essentiel de veiller à ce que ces activités soient menées de manière transparente et conforme aux réglementations en vigueur.

1.3 Sécurité Économique

La sécurité économique vise à protéger les actifs stratégiques d'une entreprise ou d'un secteur contre les menaces internes et externes. Dans le domaine financier, la sécurité économique comprend la protection des données sensibles, la prévention des fraudes, ainsi que la gestion des risques liés à la cybercriminalité et aux activités illicites.

La sécurité économique dans le secteur financier nécessite une approche multidimensionnelle, intégrant à la fois des mesures technologiques, organisationnelles et humaines. Cela comprend la mise en place de pare-feu et de systèmes de détection d'intrusion, la sensibilisation des employés aux risques de sécurité, ainsi que la collaboration avec les autorités compétentes pour lutter contre la criminalité financière.

2. L'Évolution de l'Intelligence Financière

Au fil des années, l'intelligence financière a connu une évolution significative, alimentée par les avancées technologiques, les changements économiques et les nouvelles exigences réglementaires. Autrefois centrée sur la collecte d'informations financières, elle s'est progressivement étendue pour englober une approche holistique de la gestion des risques et de la prise de décision stratégique.

2.1 Intégration des Technologies

L'émergence des technologies de l'information et de la communication a révolutionné la manière dont l'information financière est collectée, traitée et analysée. Les algorithmes d'apprentissage automatique et l'intelligence artificielle permettent désormais d'extraire des insights pertinents à partir de vastes ensembles de données, facilitant ainsi la prise de décision éclairée.

Les institutions financières exploitent ces technologies pour automatiser les processus de collecte et d'analyse de données, identifier les tendances émergentes sur les marchés financiers et évaluer les risques potentiels associés à certaines transactions ou investissements.

2.2 Adaptation aux Nouveaux Risques

Face à l'évolution rapide du paysage financier, les institutions ont dû adapter leurs pratiques d'intelligence financière pour faire face à de nouveaux défis tels que la volatilité des marchés, les cyberattaques et les risques géopolitiques. La capacité à anticiper ces risques et à y répondre de manière proactive est devenue un impératif pour assurer la pérennité et la compétitivité des entreprises.

Les modèles de gestion des risques se sont sophistiqués pour intégrer une analyse en temps réel des menaces potentielles, permettant ainsi aux institutions financières d'adopter des stratégies de mitigation appropriées. Parallèlement, la collaboration entre les acteurs publics et privés s'est renforcée pour renforcer la résilience du secteur financier face aux risques systémiques.

3. Cas d'Usage dans le Secteur Bancaire et Financier

Le secteur bancaire et financier est un terrain propice à l'application de l'intelligence économique, notamment dans les domaines de la gestion des actifs, du crédit, de la conformité réglementaire et de la gestion des risques.

3.1 Gestion des Actifs

L'intelligence financière permet aux gestionnaires d'actifs de suivre de près les tendances du marché, d'identifier les opportunités d'investissement et de gérer efficacement les portefeuilles pour maximiser les rendements tout en minimisant les risques. Grâce à des analyses sophistiquées et à des outils de modélisation financière, les gestionnaires peuvent ajuster leurs stratégies d'investissement en fonction des conditions du marché et des objectifs des clients.

3.2 Conformité Réglementaire

Dans un environnement réglementaire de plus en plus complexe, les institutions financières utilisent l'intelligence économique pour se conformer aux exigences légales et réglementaires en vigueur, tout en anticipant les évolutions futures afin d'adapter leurs pratiques et leurs politiques de conformité. La surveillance des transactions, la détection des activités suspectes et la génération de rapports de conformité sont autant de domaines où l'intelligence financière joue un rôle crucial.

3.3 Gestion des Risques

La gestion des risques est au cœur des préoccupations des institutions financières. Grâce à l'intelligence financière, ces dernières peuvent évaluer et atténuer les risques financiers, opérationnels, juridiques et réputationnels, renforçant ainsi leur résilience face aux aléas économiques et aux crises financières. Les outils d'analyse des risques, tels que les stress tests et les simulations de scénarios, permettent aux institutions de mieux comprendre les implications de leurs décisions et de prendre des mesures préventives pour préserver leur stabilité financière.

En conclusion, l'intelligence financière joue un rôle essentiel dans la prise de décision stratégique et la gestion des risques dans le secteur bancaire et financier. En s'appuyant sur une approche intégrée de l'information et de l'analyse, les institutions peuvent mieux anticiper les défis, saisir les opportunités et maintenir leur compétitivité dans un environnement économique en constante évolution.

3.4 Utilisation dans la Gestion du Crédit

L'intelligence financière joue un rôle crucial dans la gestion du crédit au sein du secteur financier. Les institutions financières utilisent des modèles analytiques sophistiqués pour évaluer la solvabilité des emprunteurs, déterminer les risques de défaut et fixer les conditions de crédit appropriées. En exploitant des données historiques, des informations de crédit et des variables économiques, les décideurs peuvent prendre des décisions éclairées quant à l'octroi de crédits, tout en minimisant les risques de pertes financières.

Les techniques d'intelligence financière permettent également d'améliorer la gestion des portefeuilles de crédit en identifiant les emprunteurs présentant un risque accru et en mettant en place des stratégies de recouvrement efficaces en cas de défaut de paiement. En surveillant en temps réel les performances des prêts et en ajustant les politiques de crédit en fonction des tendances du marché, les institutions peuvent optimiser leur rentabilité tout en préservant leur stabilité financière.

3.5 Application dans la Prévention de la Fraude

La prévention de la fraude constitue un enjeu majeur pour les institutions financières, confrontées à des risques croissants liés aux activités frauduleuses. L'intelligence financière offre des outils et des techniques avancées pour détecter, prévenir et enquêter sur les fraudes financières, qu'elles soient internes ou externes.

En utilisant des algorithmes de détection de fraude, les institutions peuvent analyser les schémas de comportement suspects, surveiller les transactions inhabituelles et identifier les signaux d'alerte indiquant une activité frauduleuse potentielle. Ces systèmes permettent de renforcer la sécurité des transactions, de réduire les pertes financières liées à la fraude et de protéger la réputation de l'institution auprès de ses clients et des autorités réglementaires.

3.6 Soutien à la Réputation

L'intelligence financière joue un rôle crucial dans la gestion de la réputation des institutions financières. Dans un environnement où la confiance et la crédibilité sont des actifs stratégiques, les institutions utilisent des outils d'intelligence financière pour surveiller leur réputation en ligne, évaluer la perception du public et anticiper les risques de réputation potentiels.

En analysant les médias sociaux, les forums en ligne et les plateformes de notation, les institutions peuvent détecter rapidement les mentions négatives, les rumeurs et les crises potentielles qui pourraient affecter leur image de marque. Cette veille proactive permet aux équipes de communication et de relations publiques de prendre des mesures préventives pour atténuer les impacts négatifs, rétablir la confiance des clients et protéger la réputation de l'institution à long terme.

3.7 Appui des Relations Publiques

Les relations publiques jouent un rôle essentiel dans la communication et l'engagement avec les parties prenantes externes, y compris les clients, les investisseurs, les régulateurs et la communauté. L'intelligence financière fournit des insights précieux pour informer les stratégies de relations publiques, en identifiant les préoccupations des parties prenantes, en surveillant les tendances du marché et en évaluant l'impact des initiatives de communication.

En utilisant des données et des analyses basées sur l'intelligence financière, les équipes de relations publiques peuvent concevoir des messages et des campagnes plus ciblés, établir des relations plus solides avec les médias et les influenceurs, et renforcer la crédibilité et la transparence de l'institution auprès du public. Cette collaboration étroite entre l'intelligence financière et les relations publiques permet aux institutions de mieux communiquer leurs valeurs, leurs initiatives et leurs réalisations, renforçant ainsi leur positionnement sur le marché et leur légitimité au sein de la société.

4. Perspectives d'Avenir de l'Intelligence Économique dans le Secteur Bancaire et Financier

Le futur de l'intelligence économique dans le secteur bancaire et financier s'annonce prometteur, avec des avancées significatives dans plusieurs domaines clés :

4.1 Néobanques et Fintechs : Redéfinition du Paysage Financier

Les néobanques et les fintechs révolutionnent le secteur financier en proposant des solutions innovantes et agiles, souvent axées sur une expérience client optimisée. L'intelligence économique devra s'adapter à ce nouvel écosystème, en surveillant de près l'émergence de ces acteurs, en identifiant les tendances du marché et en évaluant les opportunités de partenariat ou de concurrence. La capacité à intégrer les données provenant de ces nouveaux acteurs dans les analyses traditionnelles permettra aux institutions financières de mieux comprendre les attentes des clients et d'innover de manière proactive.

4.2 Digitalisation des Services Financiers : Explosion des Données

La digitalisation croissante des services financiers génère une quantité massive de données, offrant ainsi de nouvelles opportunités pour l'intelligence économique. Les données sur les transactions, les comportements des clients et les interactions en ligne fournissent des insights précieux pour personnaliser les offres, détecter les tendances émergentes et anticiper les besoins des clients. Les techniques d'analyse prédictive et de modélisation des données joueront un rôle crucial dans l'exploitation de cette richesse d'informations pour prendre des décisions éclairées et orienter la stratégie commerciale.

4.3 Intelligence Artificielle et Analytique Avancée : Vers une Analyse Prédictive

L'intelligence artificielle et l'analytique avancée ouvrent de nouvelles perspectives pour l'intelligence économique, en permettant une analyse plus approfondie des données et une prise de décision plus rapide et précise. Les algorithmes d'apprentissage automatique peuvent identifier des modèles complexes dans les données financières, anticiper les comportements des marchés et des clients, et détecter les anomalies potentielles indiquant des risques ou des opportunités. L'adoption généralisée de ces technologies permettra aux institutions financières de rester à la pointe de l'innovation et de maintenir leur avantage concurrentiel dans un environnement en constante évolution.

4.4 Prévention des Risques Systémiques : Renforcement de la Stabilité Financière

La prévention des risques systémiques demeure une priorité majeure pour les autorités de régulation et les institutions financières. L'intelligence économique jouera un rôle essentiel dans l'identification et la gestion de ces risques, en permettant une surveillance continue des interconnexions entre les acteurs du marché, des tendances macroéconomiques et des indicateurs de stabilité financière. La capacité à anticiper les risques systémiques, à identifier les vulnérabilités potentielles et à mettre en place des mécanismes de prévention et d'intervention précoce sera cruciale pour maintenir la stabilité du système financier dans son ensemble.

5. Facteurs Clés de Succès ou d'Échec d'un Projet d'Intelligence Économique

La réussite d'un projet d'intelligence économique dans le secteur bancaire et financier dépend de plusieurs facteurs critiques, dont l'appui de la direction générale et la mobilisation des capacités nécessaires pour mener à bien le projet. Outre la collaboration, la communication, la gestion du changement et la clarification des termes, ces éléments jouent un rôle essentiel dans la réalisation des objectifs du projet.

5.1 Appui de la Direction Générale

L'appui de la direction générale est un facteur déterminant dans la réussite d'un projet d'intelligence économique. La direction doit reconnaître la valeur stratégique de l'intelligence économique et s'engager à fournir les ressources nécessaires, tant en termes de budget que de soutien organisationnel. L'implication de la direction générale garantit également l'alignement du projet avec les objectifs stratégiques de l'entreprise et favorise une culture de prise de décision basée sur les données et les analyses.

5.2 Mobilisation des Capacités Nécessaires

La mobilisation des capacités nécessaires est un autre facteur clé de succès. Cela implique d'identifier et de mobiliser les compétences, les ressources et les expertises nécessaires pour concevoir, mettre en œuvre et gérer efficacement le projet d'intelligence économique. Les équipes multidisciplinaires, comprenant des experts en analyse de données, en technologies de l'information, en finance, en conformité et en gestion des risques, sont essentielles pour garantir une approche holistique et intégrée du projet.

5.3 Collaboration Entre les Équipes

La collaboration entre les équipes reste un facteur critique de succès. Les différentes parties prenantes doivent travailler ensemble de manière efficace et harmonieuse pour atteindre les objectifs du projet. Cela nécessite une communication ouverte, un partage transparent des informations et une coordination étroite des activités. La collaboration favorise également l'innovation et la créativité, en permettant aux équipes de tirer parti des différentes perspectives et expertises.

5.4 Communication Clair et Transparente

Une communication claire et transparente demeure un pilier fondamental pour le succès du projet. La communication doit être bidirectionnelle, permettant aux membres de l'équipe de poser des questions, de fournir des commentaires et de partager des informations pertinentes. La communication efficace contribue à maintenir l'engagement, à résoudre les conflits et à surmonter les obstacles rencontrés tout au long du projet.

5.5 Gestion du Changement

La gestion du changement est indispensable pour faciliter la transition vers de nouvelles pratiques et processus liés à l'intelligence économique. Les équipes doivent être préparées aux changements à venir, avec des formations adaptées, un accompagnement personnalisé et une communication régulière sur les avantages et les impacts du projet. Une gestion du changement efficace contribue à réduire la résistance au changement et à favoriser l'adoption des nouvelles méthodes de travail.

5.6 Clarification des Termes et Concepts

La clarification des termes et des concepts associés à l'intelligence économique est essentielle pour éviter les malentendus et les confusions au sein de l'organisation. Il est important de définir clairement les objectifs du projet, les termes techniques utilisés et les attentes en matière de résultats. La clarification des termes favorise une compréhension commune et un alignement des efforts, garantissant ainsi le succès global du projet.

Conclusion générale

En conclusion, l'intelligence financière émerge comme un pilier fondamental dans le secteur bancaire et financier, offrant des outils et des stratégies essentiels pour naviguer dans un environnement économique complexe et dynamique. À travers l'exploration de ses composantes telles que la veille stratégique, l'influence, le lobbying et la sécurité économique, il est devenu évident que l'intelligence économique ne se limite pas à la collecte de données, mais englobe également l'analyse, la gestion des risques et la prise de décision stratégique.

Dans un contexte où les institutions financières sont confrontées à une concurrence accrue, à une réglementation complexe et à des risques émergents, l'intelligence économique offre des avantages indéniables. En examinant son évolution, il est clair que l'adaptation aux nouvelles technologies, telles que l'intelligence artificielle et l'analytique avancée, ainsi que la prévention des risques systémiques, deviennent des priorités essentielles pour les acteurs du secteur.

L'exploration des cas d'usage dans le secteur bancaire et financier démontre la diversité des applications de l'intelligence économique, de la gestion des actifs à la prévention de la fraude, en passant par la gestion du crédit et la conformité réglementaire. Cependant, ces applications ne sont pas sans défis. La nécessité de garantir la sécurité des données, de protéger la confidentialité des clients et de respecter les réglementations en vigueur demeure une préoccupation majeure.

En outre, l'identification des perspectives d'avenir, telles que l'émergence des néobanques, la digitalisation croissante des services financiers, et la nécessité de prévenir les risques systémiques, souligne l'importance de rester à la pointe de l'innovation et de l'adaptation continue.

Enfin, l'analyse des facteurs clés de succès ou d'échec d'un projet d'intelligence économique met en lumière l'importance de la collaboration, de la communication, de la gestion du changement et de la clarification des termes et concepts. Ces éléments constituent les fondements d'une mise en œuvre réussie, permettant aux institutions financières de tirer pleinement parti des avantages de l'intelligence économique et d'assurer leur compétitivité à long terme.

En définitive, l'intelligence économique représente bien plus qu'un simple outil ou une simple pratique. C'est une philosophie qui guide les décisions stratégiques, informe les actions et renforce la résilience des institutions financières dans un monde en perpétuelle évolution. En embrassant pleinement les principes de l'intelligence économique et en investissant dans son développement continu, les acteurs du secteur bancaire et financier peuvent prospérer dans un environnement complexe et incertain, tout en restant fidèles à leur mission de servir au mieux leurs clients.

L'INTELLIGENCE TERRITORIALE

Tawfik Boudchiche

Préambule : vers une nouvelle génération d'intelligence économique

L'intelligence économique est un concept qui recouvre de multiples réalités et peut même se présenter comme multiforme, multiobjectifs ... le terme le plus important dans le concept est le mot « intelligence ». Il renvoie à une dimension historique quant aux origines du concept importé du monde anglo-saxon qui associe « Intelligence » à « information », « renseignement », « collecte de données »... Cela, en vue de l'aide à la décision stratégique. Il peut ainsi s'appliquer à différents domaines.

Les économistes se sont emparés de ce concept pour un usage opérationnel au niveau micro-économique : gestion des entreprises, management, études de marché, analyses concurrentielles et au niveau macroéconomique : étude de l'environnement économique national et international, forces et faiblesse de l'économie nationale.

Au début des années 2000, le contexte de la mondialisation a incité à accélérer l'adoption de l'intelligence économique. Celle-ci a été le fondement de nouvelles approches dans le domaine du développement territorial dans le cadre de l'élaboration de stratégies de compétitivité à l'échelle nationale, régionale et locale (pôles de compétitivité, clusters, districts industriels...).

Les nouvelles approches territoriales inspirées de l'intelligence économique ont introduit en effet une sorte de révolution dans la conception du territoire. Celui-ci n'est plus perçu au travers de sa simple dimension géographique, mais du fait des dynamiques et interactions entre les acteurs territoriaux, l'intelligence économique territoriale, incite à appréhender le 'territoire' comme un véritable « *acteur de son propre développement* » et non pas comme un réceptacle passif de projets.

Les outils d'intelligence économique contribuent à mettre en évidence ces dynamiques territoriales, les replacer dans leur contexte, les formaliser (modèles holistiques) et développer sur cette base des stratégies très opérationnelles pour le développement territorial.

Encadre 1 / intelligence culturelle des territoires

L'apport de l'intelligence culturelle est outillé et raisonné : permettre de prendre du recul sur un territoire donné, une ville, une province, un pays tout entier, pour s'intéresser au phénomène même de production de savoir, à la logique d'interpellation des expertises et des expériences, à l'émergence de nouveaux modèles de raisonnement ou de pensée. Les fondements mêmes de l'intelligence économique prennent tout leur sens en tant que concepts et outils transversaux : création de valeur, propriété immatérielle, réseaux et influence, éthique, qualité de l'information... le bon vieux modèle de l'AFDIE devient un cadre de référence aidant à la formation d'une nouvelle exigence : la formalisation d'un nouveau modèle de décision, de raisonnement stratégique, capable de répondre à la fois aux défis du développement à long terme d'un territoire, aux attentes à court terme d'éducation et de prospérité économique de sa population, et, en plus, d'intégrer les contraintes environnementales et sociétales du développement durable (mobilisation des parties prenantes comme acteurs à part entière du projet, engagement dans une responsabilité sociale élargie respectueuse des énergies, des ressources non renouve-

Source : philippe mousnier, revue oriental .ma

Les six dimensions d'une démarche d'IE

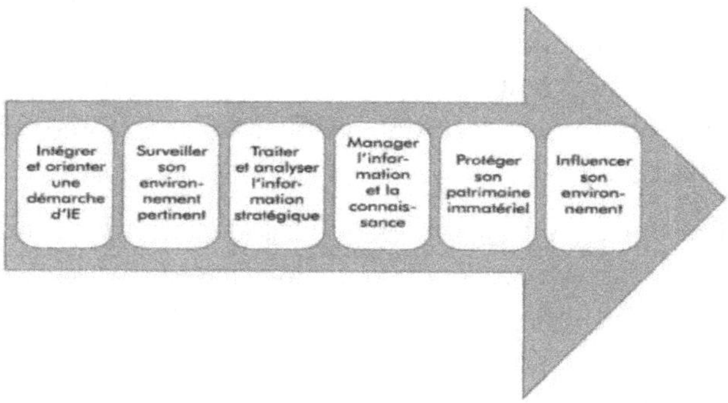

Source : https://iae.univ-poitiers.fr/wp-content/ La-boite-a-outils-de-lintelligence-economique.pdf. Voir les grands titres de la boîte à outils de l'intelligence économique en annexe 2, ci-après.

L'intelligence économique territoriale au Maroc

Au niveau national, le mérite de l'introduction des démarches d'intelligence économique revient à de hauts décideurs publics comme Feu Meziane Belfkih, Conseiller de Sa Majesté le Roi, Mohammed Mbarki, Driss Alaoui Mgadhri, Driss

Guerraoui… qui ont appliqué ce concept dans l'action publique avec un certain succès. Ils ont valoir l'importance d'une démarche d'intelligence économique territoriale dans la trajectoire du Royaume comme fondement conceptuel des transformations structurelles impulsées par Sa Majesté le Roi dès le début du nouveau règne.

Au niveau institutionnel, il convient de souligner par ailleurs le rôle avant-gardiste au Maroc de l'Institut Royal des Études Stratégiques (IRES) dans le domaine de l'intelligence économique qui, depuis sa création par Dahir Royal en 2007, a développé des grilles d'analyse et d'intelligence stratégique de très grande qualité. Plusieurs institutions en Afrique et dans le monde arabe (Afrique sahélienne, Émirats arabes unis, Koweït, Arabie Saoudite…) s'inspirent des travaux de l'Institut Royal des Études Stratégiques IRES (voir plus loin) dans le cadre de sa coopération avec des organismes officiels implantés dans les pays concernés.

L'intelligence économique territoriale a été brillamment appliquée dans de grands projets d'État : Projet Tanger-Med, Projet Bouregreg, Projet Mar-Chica, Projet MED-Est (implantations de Zones industrielles dans l'Oriental…), pour ne citer que les plus emblématiques. Les stratégies sectorielles (Émergence, Maroc-Vert, Plan Azur…) ont été également des exercices d'intelligence territoriale pour positionner le Maroc dans les chaînes de valeurs mondiales au fur et à mesure de l'ouverture économique.

Il est à noter par exemple que le dernier Discours Royal à l'occasion de la célébration de la marche verte (6 novembre 2023) représente un magnifique exemple d'intelligence économique territoriale en incitant à projeter le développement des provinces du Sud comme axe stratégique de l'Afrique Atlantique intégré à l'Afrique sahélienne et l'Afrique centrale. Le Grand Port de Dakhla Atlantique qui sera opérationnel en 2030 couplé au projet de gazoduc Nigéria-Maroc et à la liaison fixe avec l'Espagne en seront des points d'appui essentiels.

La Vision Royale d'une Afrique structurellement connectée depuis le cœur du continent ouvre la voie à des projets ambitieux d'infrastructures de désenclavement à caractère transcontinental vers l'Atlantique et la Méditerranée à même de démultiplier le potentiel d'opportunités et de développement de l'Afrique dans son ensemble.

L'intelligence économique territoriale a suscité au Maroc par ailleurs un grand intérêt dans le cadre des réformes successives touchant à la question territoriale. Celle-ci est sujette au Maroc depuis plusieurs décennies à de multiples défis et transformations qui s'entrecroisent touchant aux niveaux suivants :

- institutionnel : décentralisation, déconcentration, régionalisation puis régionalisation avancée…réformes qui sont relativement bien avancées, mais loin d'être abouties. Ce qui est normal, car les processus territoriaux sont des processus historiques à installer dans le temps long ;

- économique : inscription dans les chaînes de valeurs mondiales, développement socio-économique, industrialisation ... ;
- développement durable : enjeux environnementaux, lutte contre le changement climatique, équité territoriale, équité sociale...

Dans cette optique, il est possible, pour les besoins didactiques, de distinguer les phases suivantes dans l'application de l'intelligence économique territoriale au Maroc.

1. Approches classiques en intelligence économique territoriale

L'intelligence économique au service de la planification territoriale (années 1990-2000)[44]

Cette période fut marquée au niveau international par les impacts profonds de la chute du Mur de Berlin qui a donné lieu à la fin de la guerre froide entre les blocs de puissance de l'Ouest et de l'Est. Un vent d'optimisme s'en est suivi favorisant de nouvelles visions et approches de développement. La Conférence des Nations-Unies sur l'Environnement organisé au Brésil en 1992 (Conférence de Rio) a illustré en quelque sorte le contexte de cette nouvelle époque avec l'amorçage d'un multilatéralisme renouvelé et celui de la réflexion institutionnelle sur le développement durable. Par la suite, la création de l'Organisation Mondiale du Commerce en 1995 a consacré cette nouvelle ère d'un consensus multilatéral..

Parmi les résultats de la rencontre à Rio (Brésil 1992), la question territoriale s'est imposée avec la volonté d'inscrire le développement durable à tous les niveaux de gouvernance et en particulier au niveau de la gouvernance locale. Ce fut par exemple le lancement des Agendas 21 afin de donner corps à la célèbre formule alors en vogue : « ***penser global et agir localement*** ».

Le Maroc, fort d'une expérience historique avérée sur les questions environnementales, notamment, celles liées à l'eau (politique des barrages et préservation des ressources hydriques), a dès lors œuvré à l'adoption d'une démarche de développement durable étroitement associée aux réformes territoriales. La valorisation des potentialités locales était considérée comme un objectif

---

44. Eléments chronologiques : 1996 : première phase du Schéma national de l'aménagement du territoire (SNAT) ; 1998 : Réforme de la politique d'aménagement du territoire et lancement d'un débat national ; 2000 : ateliers et forums du Débat national sur l'aménagement du territoire, élaboration de la Charte nationale de l'aménagement du territoire et du schéma d'aménagement du territoire. Source : https:://www.cairn.info//revue-l'information géographique

prioritaire dans les politiques publiques de décentralisation, de projet de territoire, de démocratie locale…

Une période qui fut marquée en effet par le lancement d'une politique d'aménagement du territoire volontariste. Cela s'est illustré par exemple par l'élaboration de schémas directeurs d'aménagement du territoire relativement ambitieux (SNAT, SRAT, SPAT, etc.). Le recours à l'intelligence économique territoriale a accompagné ces initiatives à travers certains concepts tels que : diagnostic stratégique territorial, analyses SWOT (Forces, Faiblesses, Menaces, Opportunités), Système d'Information Géographique (SIG), espaces de projets, vocation territoriale …

Des approches innovantes prenaient forme pour traiter les questions territoriales afin de pallier aux défaillances héritées du colonialisme et de politiques urbaines dépassées. Le Maroc devait faire front aux disparités territoriales, à un urbanisme anarchique, au désenclavement des régions périphériques, à l'impact négatif du legs colonial entre le Maroc dit « utile » et le Maroc soi-disant « inutile »…

Dans ce contexte, la création de l'Agence du Nord en 1995 a illustré une nouvelle façon de traiter la question territoriale en puisant dans des approches territoriales inspirées de l'intelligence économique territoriale[45]. Des approches qui vont s'approfondir lors de la période suivante.

L'intelligence économique au service du territoire et de la compétitivité économique (période 2000-2020)

L'Intelligence économique au service du territoire

Lors de cette période, le Maroc connaît une phase d'accélération de la réforme territoriale. Plusieurs actions significatives sont initiées successivement telles que :

2001 : Création du Conseil supérieur de l'aménagement du territoire (CSAT) ;

2003 : Création de l'Agence pour la Promotion et le Développement des Provinces du Sud ;

2004 : Présidence par Sa Majesté le Roi Mohammed VI de la première session du Conseil Supérieur d'Aménagement du Territoire et validation du Schéma National d'Aménagement du Territoire (SNAT)

2005 : Création de l'Agence pour la Promotion et de Développement des Provinces de la Région de l'Oriental ;

45. L'Agence du Nord a été notamment en charge du Programme d'Action Intégré pour le Développement et l'Aménagement de la Région Méditerranéenne (PAIDAR).

2007 : Présentation aux Nations-Unies de la proposition d'autonomie des provinces du Sud ;

2010 : Création de la commission spéciale sur la Régionalisation.

Les entités territoriales sont dotées de nouvelles compétences (Régions, Communes et Provinces). Des programmes de soutien aux collectivités locales sont développés afin de promouvoir une planification territoriale décentralisée (Plans de Développement Régional (PDR), Plans de développement Provincial (PDP), Plans de Développement Communal (PDC)…).

Au niveau institutionnel, ces initiatives découlent d'une nouvelle vision spatiale et territoriale fondée sur la valorisation des atouts locaux ainsi que celle d'une démocratie locale avancée. Elles sont dans leurs fondements et approches méthodologiques largement inspirées des concepts d'intelligence économique territoriale comme évoqués plus haut. Elles marquent le passage d'une approche sectorielle (accès à l'eau, accès à l'électricité, lutte contre le logement insalubre, lutte contre l'exode rural…) à des approches plus globales fondées sur une vision intégrée du développement soutenu par des projets structurants intersectoriels.

Encadre 2 illustrations dans l'oriental

Intelligence économique territoriale/vision globale/projets structurants

socio-économiques diversifiées qui représentent des atouts pour la Région mais aussi des défis en termes de problématique de développement et de mode d'intervention sur les territoires en question. Cette diversité de situations interpelle les acteurs locaux sur le mode d'intervention économique à adopter pour répondre aux besoins et attentes des populations. L'Intelligence Economique Régionale permet de déceler et de bonifier les spécificités liées à cette diversité pour répondre de manière adaptée aux attentes et besoins des populations. Parmi les modèles d'intervention de l'Agence, citons en exemple le cas de deux schémas d'intervention. Le premier au Sud de la Région et le second au Nord.

2.1 Intelligence Economique Régionale et schéma d'intervention au Sud de la Région, Province de Figuig

Identification et analyse des enjeux socio-économiques au Sud : une économie traditionnelle en déclin, une zone sensible avec des liens frontaliers très forts, une psychologie collective fondée sur le sentiment d'abandon, avec une société civile mobilisée et revendicatrice, etc.

Programmes de développement mis en œuvre

A court terme : mobiliser de la société civile autour de projets de développement collectifs (réf. concept de systèmes productifs locaux) avec injection d'activités génératrices de revenus, insertion des zones isolées et démunies dans le projet collectif régional et traitement des fractures économiques et sociales ;

A moyen terme : construire des systèmes de production durable sur la base des microprojets de développement locaux, appuyer les associations relais, responsabiliser de la population locale, faire émerger des filières de production à forte valeur ajoutée ;

A long terme : créer de nouveaux pôles de développement dans les zones démunies, croisant développement sectoriel et potentialités territoriales (réf : PDIRO) en cohérence avec le nouveau projet global de territoire.

Le Sud émerge ainsi comme un pôle d'économie oasienne, d'énergies renouvelables, de tourisme durable et de produits du terroir.

Une stratégie d'intervention de l'Agence fondée sur l'inclusion économique, sociale et culturelle avec des objectifs à court et moyen termes, des actions de développement qui traitent la symbolique frontalière avec comme priorités, par exemple :

- la requalification urbaine, avec une vision urbaine participative, rénovée et repositionnant Nador comme métropole méditerranéenne ;
- la mise à niveau du poste frontalier afin de traiter la symbolique du passage entre deux univers socio-économiques et culturels ;
- la nouvelle voie de chemin de fer reliant Nador au réseau ferré national, puissant levier culturel d'insertion de la Province de Nador dans le tissu économique national ;
- l'appui aux actions culturelles, tel le

Le port de Nador, une ouverture sur l'espace Euro-Méditerranéen.

L'intelligence économique, au service de la compétitivité territoriale

L'ouverture économique suscitée par la mondialisation économique et l'élargissement du libéralisme économique a conduit les États à repenser les facteurs de positionnement dans les chaînes de valeurs mondiales afin notamment d'attirer l'investissement étranger.

Cela s'est traduit par des réflexions sur les facteurs compétitifs, les atouts sectoriels, les avantages comparatifs, ... avec tout ce qui s'ensuit en termes d'accompagnement des acteurs économiques et de stratégies concurrentielles.

Au Maroc, cette phase s'est traduite par le lancement de stratégies sectorielles structurantes (Émergence, Plan Azur, Plan Maroc-Vert...). L'objectif étant d'adopter des stratégies de positionnement dans les chaînes de valeurs mondiales. L'efficacité de ces politiques était jugée entre autres à l'aune du niveau d'attractivité des investissements étrangers directs (IED).

Au niveau territorial, les acteurs locaux ont adopté assez rapidement au début des années 2000 les mêmes logiques de compétitivité et les exercices d'intelligence économique ont trouvé leur place dans ce mouvement au niveau local dans les territoires.

Cela s'est traduit par exemple par la territorialisation des stratégies sectorielles en développant des visions de développement territorialisées fondées sur les atouts locaux : vocations économiques, valorisation des avantages comparatifs, mise en valeur des compétences locales, etc. Par exemple, la création de zones industrielles, agroindustrielles, logistiques... régionalisées en se basant sur les vocations territoriales illustrent ces démarches innovantes d'intelligence territoriale comme résumé dans le schéma suivant.

Schéma 1
Illustrations de vocations territoriales au sein du royaume

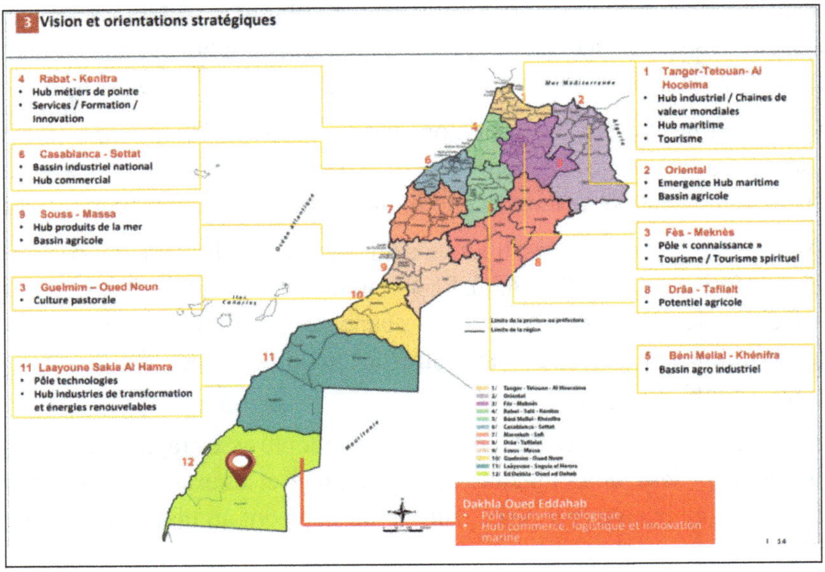

Source : Plan de Développement Régional de Dakhla-Oued-Eddahab (PDR)

L'exemple de la région de Dakhla Oued-Eddahab : une dynamique économique reposant sur l'intelligence économique territoriale

La mise en œuvre d'un nouveau modèle de développement territorial dans la Région de Dakhla Oued Eddahab dès 2015[46] a été le fruit d'une démarche d'intelligence territoriale établie à l'occasion du rapport de la commission sur le nouveau modèle de développement des provinces du Sud. Il en a résulté une conception du développement de ce territoire fondée sur une nouvelle vision du territoire le situant comme axe stratégique entre l'Afrique, L'Europe, l'Amérique et l'Asie.

Une vision qui repose en outre sur l'adoption de stratégies de développement innovantes fondées sur les atouts locaux (économie marine, tourisme écologique, agriculture innovante, énergies renouvelables). Cela a convergé vers l'élaboration

46. Rapport de la commission sur le nouveau modèle des provinces du Sud élaboré en 2013 a préconisé pour les provinces du Sud des inflexions visant à rompre avec une gouvernance centralisée qui accorde le primat à la logique sécuritaire en privilégiant une gouvernance de proximité fondée sur la primauté du droit, la participation des populations et la logique d'un développement durable, inclusif et intégré. Source : https://www.cese.ma/docs/nouveau-modele-de-developpement-pour-les-provinces-du-sud/

d'un Plan de Développement Régional (PDR 2022-2027) relativement ambitieux qui est en cours actuellement, doté d'un budget conséquent (plus de 7 Milliards d'Euros).

Le PDR de la Région prévoit entre autres :

- l'édification d'un grand port logistique pour la pêche et le transport maritime adossé à un complexe industriel et agricole (horizon 2030),
- des nouvelles connexions routières (Route de Tiznit-Dakhla sur plus de 1000 kms) dont il est prévu des axes vers les pays du Sahel,
- des projets sociaux des projets de développement humain (INDH, economie sociale et solidaire,...), des projets de formation adaptés au contexte local (filières universitaires, formations professionnelles...)

La vision écologique est très présente, car la Région est riche d'une biodiversité exceptionnelle, mais fragile en même temps. La vision et les orientations stratégiques du développement régional adopté sont résumées dans les schémas suivants.

Intelligence territoriale/ région de Dakhla Oued-Eddahab/ / résume des orientations stratégiques dans le contexte national

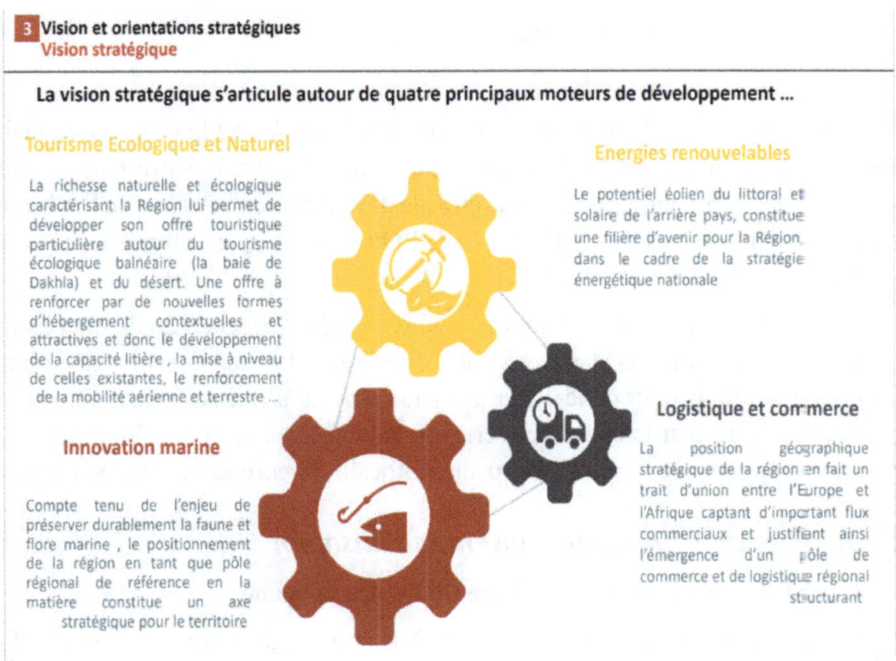

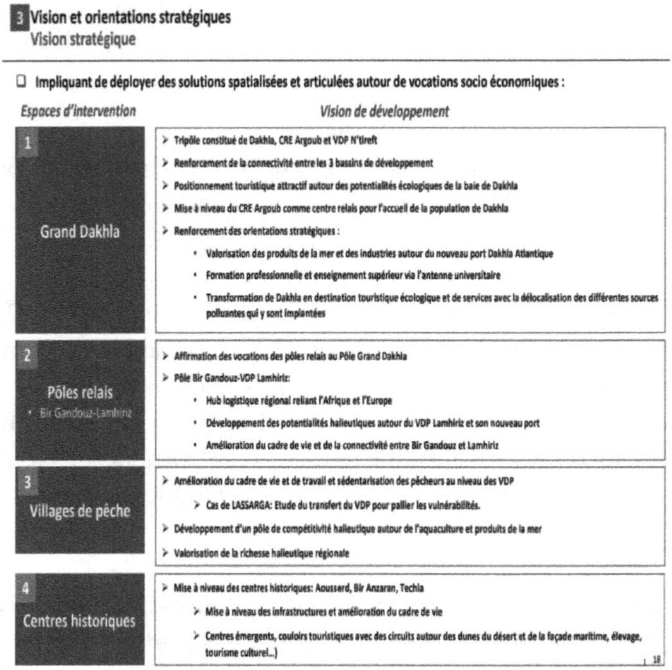

Source PDR (Dakhla Oued-Eddahab)

Le modèle de développement adopté par la Région de Dakhla Oued-Eddahab s'est trouvé encore plus renforcé à la faveur du dernier Discours Royal du 6 novembre 2023 (évoqué plus haut). La Région se projette désormais comme pivot de l'Afrique atlantique dans les espaces de l'Afrique de l'Ouest, l'Afrique Centrale jusqu'aux confins de l'Afrique Australe.

Le grand port de Dakhla atlantique, qui sera opérationnel en 2030, couplé au projet de gazoduc Nigéria-Maroc et à la liaison fixe avec l'Espagne, seront des points d'appui importants pour concrétiser la Vision Royale d'une Afrique pleinement connectée en infrastructures et ouverte sur l'Atlantique et la Méditerranée. Le potentiel d'opportunités et de développement africain en sera encore plus démultiplié.

L'intelligence économique post mondialisation

L'intelligence économique a l'ère de l'anthropocène

Le monde post-Covid 19 est confronté à de nouveaux enjeux quasi inédits du fait entre autres des multicrises concomitantes (sanitaires, écologiques, alimentaires, hydriques, économiques, inflationnistes…) en plus de l'exacerbation des effets négatifs du changement climatique. Des phénomènes dont la récurrence et l'acuité signalent que l'humanité est confrontée à un contexte planétaire et écologique de plus en plus vulnérable. Certains évoquent en outre l'entrée dans un contexte de post-mondialisation , dont la qualification est résumée dans la notion de monde VUCA (Volatility, Uncertainty, Complex and Ambigu).

Il est en outre marqué selon une approche géo écologique par l'émergence d'une nouvelle ère géologique dite de « l'anthropocène »[47]. Ce concept englobe les menaces existentielles qui pèsent sur la survie de l'espèce humaine du fait d'une relation du vivant avec la planète de plus en plus compromise. Par exemple, l'érosion provoquée par l'activité humaine sur les littoraux est 10 fois plus rapide dans le temps que celle provoquée par les éléments naturels mesurés en décennies, siècles et millénaires.

Par ailleurs, au plan géopolitique, les bouleversements récents causés par les rivalités de puissance, le retour de la guerre en Europe, au Moyen-Orient, en Afrique… font surgir des enjeux fondamentaux sur le court terme tels que :

- La souveraineté économique,
- La sécurité sanitaire,
- La sécurité alimentaire,
- La sécurité énergétique,
- La sécurité hydrique,
- Le développement numérique,
- La décarbonatation.

Cela a été bien documenté au Maroc par exemple dans le cadre des travaux de l'Institut Royal des Études Stratégiques (IRES), consignés par exemple, dans la première édition du document intitulé « Annual Survey Paper »[48]. La grille d'analyse, est-il précisé dans ce document, se veut une« **méta-grille** » qui repose sur cinq piliers articulés autour des catégories suivantes : « Humancentric », « Nature-centric », « Gouvernance », « Exponentialité », « Planétarisation » résumés ci-après.

---

47. L'ère de l'anthropocène succèderait à l'ère du quaternaire. Un concept théorisé par le néerlandais Paul Josef Krutzen, prix noble de chimie en 1995. Elle correspond au début de l'époque de la révolution industrielle caractérisée par l'accélération des activités humaines. Cette période succéderait à l'holocène, période interglaciaire, caractérisée par des températures clémentes pendant 10000 ans qui a favorisé l'expansion des sociétés humaines – Source : https ://www.geo.fr/environnement/geologie-quest-ce-que-lanthropocene-

48. Annual Survey Paper – Institut Royal des Études Stratégiques-1ere édition, année 2023

Schéma de la plateforme d'intelligence stratégique de l'ires

ires

IRES INTELLINGENCE PLATFORM (IIP)

English

IIP, la plateforme d'intelligence stratégique de l'IRES

Depuis 2008, l'Institut Royal des Etudes Stratégiques a pour vocation de contribuer à l'éclairage des choix stratégiques du pays, notamment grâce à sa veille prospective et à ses capacités d'analyse des évolutions en cours.

Cette plateforme vise à organiser l'ensemble des publications de l'Institut (études stratégiques, rapports thématiques, analyses, actes et des synthèses de séminaires...) pour en offrir un accès digital aisé. Guide de la plateforme.

Les différents thèmes abordés sont répartis selon la grille de lecture de l'IRES (cf. ci-contre) qui permet d'orienter les pistes de solutions aux grandes problématiques d'aujourd'hui et de demain.

- **Contexte** : les éléments globaux permettant de comprendre le sens général des transformations en cours (Big Picture) et de décrire les visions d'avenir qui se dessinent (modèles de développement par ex.).
- **Human-centric** : l'ensemble des évolutions et aspirations qui contribuent à remodeler l'Humanité, dans son unicité comme dans sa sociabilité, dans ses rapports à la machine, au travail, à son cadre de vie, etc.
- **Nature-centric** : la recherche d'un autre rapport au monde vivant, d'une économie plus respectueuse de l'environnement et d'un mode de vie moins orienté vers la consommation ; la prise de conscience qu'il faut désormais prendre soin de la nature et de l'ensemble du vivant.
- **Exponentialité** : l'ensemble des phénomènes structurels qui connaissent une accélération exponentielle, tels que les technologies de la communication, la digitalisation, la démographie, la compétition économique, la financiarisation, les inégalités sociales, etc.
- **Planétarisation** : un nouveau stade de progrès, disruptif, au cours duquel coexistent un état de mondialité (post-mondialisation) et une nouvelle prise de conscience de la qualité "vivante" de la planète, en tant que biosphère dont les humains ne sont qu'une des composantes.
- **Gouvernance** : l'ensemble des processus de gestion de l'action collective, à partir de l'orientation des conduites des acteurs (*bottom-up*), de la mobilisation et de la motivation des "agents" (actions concertées, *soft power*).

- **Contexte** : les éléments globaux permettant de comprendre le sens général des transformations en cours (Big Picture) et de décrire les visions d'avenir qui se dessinent (modèles de développement par ex.).
- **Human-centric** : l'ensemble des évolutions et aspirations qui contribuent à remodeler l'Humanité, dans son unicité comme dans sa sociabilité, dans ses rapports à la machine, au travail, à son cadre de vie, etc.
- **Nature-centric** : la recherche d'un autre rapport au monde vivant, d'une économie plus respectueuse de l'environnement et d'un mode de vie moins orienté vers la consommation ; la prise de conscience qu'il faut désormais prendre soin de la nature et de l'ensemble du vivant.
- **Exponentialité** : l'ensemble des phénomènes structurels qui connaissent une accélération exponentielle, tels que les technologies de la communication, la digitalisation, la démographie, la compétition économique, la financiarisation, les inégalités sociales, etc.
- **Planétarisation** : un nouveau stade de progrès, disruptif, au cours duquel coexistent un état de mondialité (post-mondialisation) et une nouvelle prise de conscience de la qualité "vivante" de la planète, en tant que biosphère dont les humains ne sont qu'une des composantes.
- **Gouvernance** : l'ensemble des processus de gestion de l'action collective, à partir de l'orientation des conduites des acteurs (*bottom-up*), de la mobilisation et de la motivation des "agents" (actions concertées, *soft power*).

Bref panorama des émergences selon la grille d'analyse de l'ires[49]

L'human centric évoque la dégradation de la santé mentale, l'effritement des valeurs humaines, l'influence des réseaux sociaux sur les jeunes, la question des influenceurs, la place du travail, la remise en cause de la surconsommation, le vieillissement de la population mondiale.

49. Voir à ce propos *« odj.ma/IRES-Horizon-scanning-Une-montee-en-gamme-en-matiere-de-veille-prospective-des-tendances-emergentes »*

Le concept de Nature-Centric met en évidence les impacts de la bio résistance comme la résistance aux antimicrobiens, ceux également de : la dégradation de la biodiversité, l'élévation du niveau des mers, le gaspillage alimentaire, la perte de fertilité des sols, la progression vers les limites planétaires.

La gouvernance est concernée par la digitalisation de l'administration, la multiplication exponentielle des sources d'information engendrant une diversification de l'information, l'élargissement de l'accès à l'information spécialisée et autonomisation, mais aussi l'intensification du risque de manipulation et des « fake ». De même, sur le registre de la gouvernance, il est observé des tendances lourdes telles que la perte de confiance dans les élites politiques où le phénomène de post-vérité. Celui-ci est décrit comme étant la propagation d'informations qui correspondent à une vision trompeuse, déformée et subjective de la réalité issue des préjugés et convictions personnelles.

L'exponentialité quant à elle est reliée à plusieurs points fondamentaux tels que l'essor des biotechnologies et ses impacts sur l'éthique, la soutenabilité et la sécurité, celui de la « blockchain » qui génère des écosystèmes innovants dans la finance, la santé, la logistique, l'énergie…,. Sont concernés également la « cloudification » des données, l'intelligence artificielle, l'énergie solaire photovoltaïque dont les coûts ont baissé de 88 % en 2010 et 2021 et son rendement passant de 13,8 % en 20210 à 17,2 % en 2021. Des évolutions qui seraient des incitations à une utilisation future à grande échelle, notamment, pour alimenter une filière hydrogène vert.

La planétarisation, autre notion nouvelle forte proposée par l'IRES, nous introduit dans plusieurs problématiques, dont celles de l'artificialisation des littoraux, les réfugiés climatiques, le seuil critique de la pollution plastique, la crise mondiale de l'eau douce en référence à la pénurie croissante d'eau potable sûre et accessible. Selon l'ONU, en 2020, 26% de la population mondiale (2 milliards de personnes n'avaient pas accès à des services d'eau potable et 46 % n'avaient pas accès à des services d'assainissement tandis que 2 à 3 milliards de personnes font face à des pénuries d'eau pendant au moins un mois par an dans le monde). D'autres phénomènes sont associés au concept de planétarisation telle que la métropolisation. Le nombre de métropoles dans le monde est passé de 33 en 2023 à 47 en 2050 dont 4 de plus en Afrique et 7 en Asie. Elles sont source de pression sur l'environnement, l'infrastructure, l'équité sociale… Au Maroc, Casablanca est devenue une métropole majeure et Marrakech, par exemple, est en voie de métropolisation.

L'impact du numérique dans le développement de l'intelligence économique

L'intelligence économique se nourrit de la révolution numérique en cours notamment du 'Big data', 'l'intelligence artificielle'(IA), 'Deep mining' , ‘blockchain. Ces technologies révolutionnent les capacités de collecte et d’analyse de l’information. Elles démultiplient l’intelligence humaine et la projette au niveau de nouveaux domaines de réflexion à la fois fascinants mais aussi source de préoccupations. Notamment, celles qui concernent la place de l’humain dans les processus de contrôle et de maîtrise de ces technologies.

Par exemple, l’intelligence artificielle est en passe de révolutionner nos méthodes de travail, comme l’a été la révolution de la micro-informatique, de l’Internet, de la téléphonie mobile… Selon Bill Gates qui est au fait des évolutions technologiques, dans quelques années, nous pourrons disposer d’agents IA (intelligence artificielle), une sorte d’assistants à l’échelle individuelle et/ou communautaire super-intelligents. Ils seront dotés d’une capacité d’intelligence exponentielle en rapidité de collecte, d’analyse des données et d’exploitation des données en fonction des besoins qui leur seront assignés dans les activités humaines. C’est un peu déjà le cas avec les outils évolués de traitement du langage, tels que ChatGPT.

Dans le domaine de l’intelligence économique, il y a dans la révolution numérique des opportunités pour renouveler et renforcer les outils de collecte et de décryptage des masses de données produites dans le web (Big Data, Deep-Mining…). La puissance de calcul et l’évolution algorithmique évoluent parallèlement très vite permettant l’analyse des situations complexes, une programmation en fonction des objectifs souhaitables, le développement de scénariosautomatisés, la super modélisation d’aide à la décision… Et ce faisant, il existerait autant de domaines d’application que de sujets à traiter.

Au Maroc, ces évolutions peuvent être très positives. Les nouvelles capacités de collecte et d’analyse des données permettront d’investir de nouveaux champs de la connaissance, par exemple celles liées à l’adaptation au changement climatique, à l’anticipation des catastrophes naturelles, à l’agriculture durable, à la démographie, à l’urbanisme, au développement technologique, la recherche § développement, à la formation des ressources humaines, à la lutte contre les inégalités et les disparités économiques, sociales, territoriales…

La révolution numérique induit en outre certains avantages tels que l’accessibilité élargie à l’information à moindre coût, le développement du savoir aux domaines d’intérêt locaux, le développement de la ressource humaine et de l’expertise.

Les progrès permis par le numérique augurent une ère d’innovations majeures en matière d’intelligence territoriale dont les effets sont déjà observables dans la gestion territoriale. À titre d’exemple, l’adoption par la ville de Berkane d’une « approche smart city » a permis une gouvernance territoriale innovante en termes de réponse aux problèmes urbains et en termes de qualité de services publics offerts.

Conclusion

L'intelligence économique évolue vers des approches plus ambitieuses au plan méthodologique afin d'embrasser l'ensemble des enjeux humains, technologiques, sociétaux et planétaires qui se croisent et interagissent. Il est noté une évolution rapide vers des approches dites de méta-intelligence stratégique. Nous invitons le lecteur à consulter à ce sujet les travaux de l'IRES (www.ires.ma).

En outre, les fondamentaux méthodologiques de l'intelligence économique territoriale introduisent du sens dans la perception globale du territoire au-delà de la dimension spatiale et géographique. Elle est un socle conceptuel d'approches structurantes du territoire. Elle se nourrit essentiellement des réalités locales et permet de les « sublimer » pour en faire des atouts de progrès, de cohésion et d'adhésion sociale. Aussi, se fertilise-t-elle, d'elle-même par le nécessaire aller-retour entre le terrain, la réflexion théorique et académique et l'action opérationnelle.

Sources documentaires pour aller plus loin :

Plateforme d'Intelligence Stratégique (PIS), Institut Royal d'Études Stratégiques, 2024 (www.ires.ma)

L'Université Ouverte de Dakhla (www.uodakhla.org)

fr.le360.ma/economie/dakhla-creation-dun-centre-international-de-recherche-et-de-formation-en-intelligence-economique

Revue Oriental.ma intitulée « Intelligence économique régionale » décembre 2008 (www.oriental.ma)

Plan de Développement Régional (PDR), Conseil Régional de Dakhla Oued-Eddahab

Centre National de Documentation (www.cnd.hcp) : Association Internationale Francophone d'Intelligence Economique (hcp.ma), Association marocaine d'Intelligence Economique (AMIE)

LE RÔLE DE L'INTELLIGENCE SPORTIVE DANS L'OPTIMISATION DE LA PERFORMANCE SPORTIVE ET MANAGÉRIALE DES ORGANISATIONS SPORTIVES

Mohamed Kaach et Jamal Tsouli Moustaiked

Le sport occupe une position de grande importance à l'échelle tant mondiale que nationale, revêtant des dimensions multiples incluant les aspects sportifs, sociaux, politiques, économiques, et de rayonnement. Le marché sportif mondial est évalué à 1400 millions de dollars, ce qui représente approximativement 2% du Produit Intérieur Brut (PIB) mondial. Cependant, malgré cette considérable importance, le marché sportif au Maroc reste relativement étroit, caractérisé par un faible pourcentage de licenciés (moins de 1%), une contribution modeste au PIB (0,7%), et un faible taux d'emploi (0,6%), avec un budget étatique représentant 0,8% du budget général de l'État.

Cet état de fait soulevant des interrogations sur la relation entre cette étroitesse, et le manque des performances aussi bien managériales que sportives des organisations dans diverses disciplines sportives, à l'exception du football, et plus particulièrement des équipes nationales. Ce constat suscite la question de savoir si l'absence de stratégies basées sur l'application de l'intelligence sportive pourrait être un facteur influent. Dès lors, l'intelligence sportive émerge, à notre avis, comme une réponse à cette exigence, se référant à une utilisation stratégique et systématique de l'information, des données, et des technologies dans le sport dans le but d'améliorer la performance et de garantir un avantage concurrentiel dans l'industrie du sport. Cette démarche englobe une analyse approfondie des performances des athlètes, l'utilisation de données, l'intégration de technologies telles que la biométrie, l'intelligence artificielle, et l'application de l'analyse de données pour améliorer les performances athlétiques, et guider les décisions tant sur le terrain que dans le management des organisations sportives (clubs et fédérations).

Dans le contexte du sport de haut niveau, caractérisé par une compétition intense à l'échelle internationale et une concurrence sans limite entre athlètes et nations, l'importance cruciale est de rester informée pour comprendre l'environnement et anticiper les défis. L'intelligence sportive apporte une plus-value en optimisant les décisions stratégiques, et l'allocation des ressources en minimisant les risques. C'est dans cet état d'esprit que nous assistons à une évolution exponentielle de l'usage de l'intelligence dans le sport. En effet « le marché mondial de l'intelligence sportive et le Big data devrait passer de 3,78 milliards de dollars en 2023 à 22,13 milliards de dollars en 2030, avec un taux de croissance annuel moyen de 28,7 % au cours de la période de prévision »[50].

L'objectif de cet article est de montrer le rôle de l'intelligence sportive dans divers domaines, allant de l'élaboration des politiques publiques sportives à l'amélioration de la performance des sportifs de haut niveau, en passant par son impact sur le management des organisations sportives et les entreprises opérant dans le secteur du sport.

I) Évolution historique et ancrage théorique de l'intelligence appliquée au sport

L'application de la démarche d'intelligence dans le sport a progressivement évolué du simple suivi des performances à une analyse rationnelle basée sur les données. Ce savoir interdisciplinaire intègre des principes des sciences du sport, d'analyse de données et des technologies avancées pour améliorer les performances athlétiques, la prise de décision stratégique, et le management des organisations sportives. Les fondements théoriques reposent sur des disciplines telles que les statistiques, les mathématiques, et l'informatique.

1) Émergence et évolution de l'intelligence sportive

L'avènement de l'intelligence et de l'analyse des données dans le sport a été un véritable changement de paradigme aussi bien dans le management des organisations sportives que dans l'optimisation de la performance du sport de haut niveau. Alors que les équipes et les organisations reconnaissent de plus en plus la valeur de la prise de décision basée sur les données, l'utilisation de la démarche d'intelligence est devenue de plus en plus répandue dans divers aspects du sport, y compris l'évaluation des joueurs, les stratégies de coaching en entrainement et en compétition, la prévention des blessures, et la gestion des clubs et fédérations sportives. L'histoire de l'intelligence sportive a évolué au fil de plusieurs périodes clés, marquées par des faits qui ont structuré l'histoire du sport.

De la fin du XIXe siècle à la moitié du XXe siècle, les premières initiatives d'intelligence sportive remontent à la collecte des statistiques de base sur les performances, notamment dans le baseball. Cependant, l'utilisation d'une analyse

50. https://www.fortunebusinessinsights.com/sports-analytics-market-102217

statistique avancée était limitée. La période allant de 1970 à 1990 a connu l'émergence des mesures statistiques plus avancées. « Une figure prééminente, Bill James, a joué un rôle de pionnier dans le domaine de la Sabermetric en utilisant des statistiques avancées pour évaluer la performance et la valeur des joueurs »[51]. Bill James a entamé sa carrière en tant que gardien de nuit dans une conserverie de porc et d'haricots du Kansas, consacrant son temps libre à l'examen minutieux des statistiques du baseball. Ses idées novatrices ont été diffusées dans une série de livres annuels intitulés "The Baseball Abstract", ce qui lui a valu l'admiration des fans et des analystes. Ses idées ont trouvé un écho auprès d'une nouvelle génération de dirigeants de baseball, à l'image de Billy Beane des Oakland, qui a utilisé la sabermétrie de manière stratégique pour construire une équipe compétitive tout en respectant les contraintes budgétaires.

La publication du livre "Moneyball" de Michael Lewis en 2003 a attiré une attention particulière sur l'utilisation de l'intelligence sportive, en particulier dans le baseball. Le livre a mis en lumière le succès de l'équipe de baseball des Oakland Athletics dans l'utilisation de stratégies basées sur l'analyse des données pour concurrencer des équipes bénéficiant de budgets plus importants. L'utilisation de l'analyse s'est étendue à d'autres sports tels que le basketball, le football américain, et le hockey. Les équipes et les organisations sportives ont commencé à investir dans des unités organisationnelles chargées d'analyser, et d'exploiter les données pour obtenir un avantage compétitif.

Le succès qu'a connu la démarche d'intelligence dans le sport aux États-Unis a favorisé sa diffusion par la suite dans les clubs en Europe et dans le monde. L'intégration de la technologie de l'information, des sciences des données et des techniques de modélisation avancées est devenue essentielle pour les organisations sportives. Les dispositifs portables de mesure, les systèmes de suivi en temps réel, et les plates-formes d'analyse sophistiquées ont révolutionné l'analyse des performances, les stratégies de jeu, et le marché des transferts des joueurs.

2) Les définitions de l'intelligence sportive

L'utilisation de la notion d'intelligence s'étend à divers domaines de connaissances, chacun apportant des perspectives uniques et des applications spécifiques. En psychologie, l'intelligence est traditionnellement associée à la capacité cognitive globale d'un individu, mesurée par des tests standardisés. Cependant, les approches contemporaines incluent des concepts tels que l'intelligence émotionnelle et sociale, élargissant la compréhension de cette notion. En économie, l'intelligence est souvent

51. Miller.T.W (2016) ; Sports Analytics and Data Science Winning the Game with Methods and Models ; Ed : Pearson Education ; P(83) ; SBN-13: 978-0-13-388643-6

liée à la prise de décision et à l'analyse de la concurrence sur le marché. Les modèles économiques reposent sur l'idée que les individus (Homo œconomicu), et les entreprises agissent de manière rationnelle et intelligente pour maximiser leurs gains. L'intelligence économique englobe également la capacité à s'adapter aux changements et à saisir les opportunités dans un environnement dynamique. Dans le domaine de la technologie, l'intelligence est devenue centrale avec l'émergence de l'intelligence artificielle (IA). L'IA vise à créer des systèmes capables de réaliser des tâches qui nécessitent généralement une intelligence humaine, comme la résolution de problèmes et l'apprentissage. Cette application technologique a des implications vastes, allant des assistants virtuels aux algorithmes de génération de contenu, et à la robotique.

Selon Weiss (2002)[52] « L'intelligence dans le domaine sportif renvoie à la collecte et l'analyse de données des adversaires, les statistiques de performance, ainsi que le support stratégique en vue d'informer la prise de décision, et d'améliorer l'avantage concurrentiel lors des compétitions sportives. Pour (Van den Berg et al., 2018)[53] l'intelligence compétitive dans le domaine sportif, désigne le processus systématique de collecte, d'analyse et d'utilisation d'informations sur les adversaires, les indicateurs de performance et les décisions stratégiques, afin de gagner un avantage concurrentiel dans les compétitions sportives .

En effet l'intelligence est un processus systématique de collecte et d'analyse des données en vue d'apporter un support à la prise de décision stratégique, ce qui garantit l'avantage concurrentiel des organisations sportives.

3) Ancrage théorique de l'intelligence appliquée au sport

Le cadre théorique de l'intelligence sportive s'inspire de diverses disciplines, notamment les mathématiques, les statistiques et la data Science : le postulat de base consiste à appliquer des modèles d'analyse et des techniques rigoureuses permettant d'extraire des informations pertinentes d'une grande quantité de données, afin d'optimiser la prise de décision aussi bien au niveau sportif qu'au niveau managérial.

Les statistiques descriptives et les techniques inférentielles sont utilisées pour obtenir des informations significatives à partir d'un ensemble de données de nature hétérogène. Des techniques de modélisation avancées, y compris les algorithmes,

---

52. Weiss, A. (2002). A brief guide to competitive intelligence: How to gather and use information on competitors. Business Information Review, 19(2), 39–47

53. Van den Berg, L., Coetzee, B., Blignaut, S., & Mearns, M. (2018). The competitive intelligence process in sport: data collection properties of high-level cricket coaches. International Journal of Performance Analysis in Sport. https://doi.org/10.1080/24748668.2018.1443367

sont employées pour construire des modèles prédictifs de la performance des joueurs, les résultats des compétitions, et la prise de décision stratégique. Les techniques statistiques, telles que l'analyse de régression, les tests d'hypothèse et l'analyse multivariée, sont appliquées pour identifier les schémas de comportement, et les relations de cause à effet entre plusieurs variables.

Les méthodes issues des Data Science, y compris le machine learning, et la visualisation des données, contribuent à l'extraction d'informations exploitables à partir d'ensembles de données complexes. Dans le domaine de l'analyse des performances, les cadres théoriques de la biomécanique, de la théorie des jeux, et des stratégies tactiques éclairent l'interprétation des mesures de performance et des comportements des joueurs, fournissant un contexte pour comprendre l'impact des résultats de l'analyse sur la dynamique du jeu. Les théories de la prise de décision guident l'intégration des connaissances analytiques dans les processus de prise de décision stratégique, en aidant à évaluer les compromis et les incertitudes inhérents aux décisions au niveau managérial dans les clubs et fédérations sportifs. En outre, les principes théoriques de l'intelligence économique et du management stratégique jouent un rôle crucial dans l'alignement de l'intelligence sportive sur les objectifs organisationnels, et le positionnement concurrentiel sur le marché sportif. Ces modèles informent les dirigeants d'entreprises sportives également sur l'utilisation stratégique des connaissances à des fins commerciales et opérationnelles.

II) Le rôle de l'intelligence sportive dans l'optimisation de la performance sportive des athlètes et des équipes.

La performance sportive désigne la capacité d'un athlète ou une équipe à faire preuve de compétences et d'habiletés dans un sport donné, en tenant compte de divers facteurs physiques, psychologiques, et environnementaux. Elle consiste selon MATVEIEV (1972) en le Processus de développement et d'augmentation graduelle de l'entraînement physique, technico-tactique, intellectuel et moral à l'aide d'exercice physique. L'optimisation de la performance sportive passe inéluctablement par la prise en charge des facteurs physiques, technico-tactiques, psychologiques, et environnementaux via la mesure d'une panoplie de paramètres et leur analyse en se basant sur différentes approches et modèles théoriques.

1) Les paramètres intégrés dans le processus d'intelligence sportive

Le rôle de l'intelligence sportive implique la collecte d'un amalgame de paramètres pour analyser, et évaluer la performance d'un athlète, ou d'une équipe par le biais d'une variété d'outils, et de méthodes scientifiques.

1.1) Les paramètres de temps et d'espace

Ces mesures consistent à suivre la distance parcourue, et le temps mis par les athlètes pour accomplir des tâches spécifiques. Ainsi, à titre d'exemple, dans les épreuves d'athlétisme, les mesures de temps sont cruciales pour évaluer les sprinters, les coureurs de haies et les coureurs de fond. Des données de chronométrage précises permettent aux entraîneurs et aux athlètes d'évaluer les performances, d'identifier les domaines à améliorer et de suivre les progrès au fil du temps. Ces outils comprennent les systèmes de chronométrage électronique, les chronomètres et les caméras de photo-finish. Les systèmes de chronométrage électronique sont les outils de chronométrage les plus précis et les plus couramment utilisés dans le sport. Ils utilisent des capteurs pour détecter le début et la fin de l'action et enregistrer le temps pris par l'athlète.

De plus, le système GPS utilisé dans les sports collectifs permet de mesurer avec précision les déplacements, la distance parcourue, et la vitesse des joueurs. « Le GPS affiche la position de chaque joueur durant tout le match. Il est possible de connaître le déplacement du joueur, la distance totale durant les phases offensives et défensives. De la position de chaque joueur, les différentes vitesses de course peuvent être obtenues et se décliner par la marche (0-7 km.h-1), le jogging (7-14,5 km.h-1), la course à vitesse moyenne (14,5-20 km.h-1), la course à vitesse élevée (20-25 km.h-1) et le sprint (>25 km.h-1). De ces indicateurs, les entraîneurs peuvent relever la distance totale parcourue par le joueur, la vitesse moyenne durant l'ensemble du match, la vitesse maximale, le nombre de sprints…etc. Tout cela peut être aussi découpé par tranches de périodes de jeu (allant de 0 à 5 min, 5 à 10 min…), offrant de nouvelles informations plus précises »[54].

1.2) Les paramètres Biophysiologiques

Ces mesures sont axées sur le suivi des paramètres physiologiques d'un athlète au cours de l'entraînement et en compétition par le biais de capteurs portables. Il s'agit par exemple de la fréquence cardiaque, la consommation d'oxygène, le seuil de lactate et d'autres indicateurs de la performance cardiovasculaire et métabolique. Les mesures physiologiques fournissent des informations précieuses sur le niveau de la forme physique, l'endurance et les capacités de récupération d'un athlète, aidant les entraîneurs et les préparateurs physiques à adapter la charge d'entraînement afin d'optimiser les performances et de minimiser le risque de blessures.

---

54. Phomsoupha.M et al (2021) ; Les nouveaux outils technologiques dans le milieu du sport ; Open Edition ; https://doi.org/10.4000/terminal.7144

Plusieurs outils sont utilisés pour le suivi des paramètres physiologiques d'un athlète pendant l'entraînement et la compétition. Ces outils comprennent les cardiofréquencemètres, les analyseurs de lactate sanguin et les analyseurs de consommation d'oxygène. « Des cardiofréquencemètres récents ont été mis au point à l'aide de capteurs optiques, tels qu'un bracelet ou un Smartphone, qui détectent la fréquence cardiaque directement au poignet ou au bout du doigt »[55]. Les analyseurs de lactate sanguin mesurent la concentration de lactate dans le sang, qui est un indicateur du stress métabolique et de la fatigue. Les analyseurs de la consommation d'oxygène mesurent la quantité d'oxygène consommée par le corps pendant l'exercice, ce qui donne une idée des niveaux d'aptitude aérobie.

1.3) Les paramètres biomécaniques

Les mesures biomécaniques impliquent l'analyse des schémas de mouvement d'un athlète, des angles des articulations, de la production de force et de la puissance, ainsi que d'autres paramètres biomécaniques. Cette analyse peut être réalisée à l'aide de la technologie de capture du mouvement, de plateforme de force et de capteurs portables. Cela permet aux entraîneurs et aux scientifiques d'identifier les imperfections techniques, évaluer les risques de blessures, et optimiser les schémas de mouvement afin d'améliorer les performances des athlètes. « Grâce aux récents développements des appareils photo et caméras à haute fréquence (240 images/s) intégrés dans les Smartphones et tablettes d'Apple. Ces outils utilisent des modèles biomécaniques pour évaluer la force, la vitesse, la puissance mécanique, et les performances dans diverses activités sportives »[56].

Des systèmes de capture de mouvement utilisent des caméras et des marqueurs pour suivre les schémas de mouvement et les angles articulaires d'un athlète, ce qui permet de mieux comprendre la technique et l'efficacité des conduites motrices. Les plateformes de force mesurent les forces exercées par un athlète au cours d'un mouvement, ce qui donne des informations sur la production de puissance et le risque de blessure. Les capteurs portés sur soi, tels que les accéléromètres et les gyroscopes, peuvent être utilisés pour suivre les schémas de mouvement et les angles des articulations en temps réel.

55. Ryan.T.LI et al (2015) ; Wearable Performance Devices in Sports Medicine ; Sports Health: A Multidisciplinary Approach OnlineFirst, published on November 1[illegible], 2015 as doi:10.1177/1941738115616917

56. Morin.J.B (2022) ; Applications smartphones pour l'analyse de la performance : un laboratoire dans votre poche ; Movement & Sport Sciences - Science & Motricité 2022, 118, 61–68 ; https://doi.org/10.1051/sm/2021023

1.4) Les paramètres de performances technico-tactiques et physiques

Ces mesures englobent un large éventail d'indicateurs de performance spécifiques à chaque sport, tels que la vitesse, l'agilité, la puissance, la précision et l'exécution des habiletés techniques. Le suivi et l'analyse des mesures de performance permettent aux entraîneurs et aux athlètes d'identifier les points forts et les points faibles, de fixer des objectifs de performance et de prendre des décisions fondées sur des données afin d'améliorer la performance globale. Par exemple, au basket-ball, les mesures de performance peuvent inclure le nombre de tirs réussis, les passes décisives, les rebonds et bien d'autres statistiques aussi bien dans la phase défensive qu'au niveau offensif.

Les outils utilisés à ce niveau d'analyse comprennent les pistolets radar, les traceurs GPS et les logiciels d'analyse vidéo. Les pistolets radar sont utilisés pour mesurer la vitesse d'un ballon ou d'un athlète pendant l'action, ce qui permet d'obtenir des informations sur la puissance et la vélocité des mouvements. Les logiciels d'analyse vidéo sont utilisés pour analyser les séquences de jeu et suivre les indicateurs de performance tels que le pourcentage de tirs, les assistes, et les dribbles. « Ces logiciels sont capables d'analyser et d'enregistrer en temps réel une grande quantité d'images avec clarté et précision, ce qui est difficile à l'œil nu »[57].

Cette variété de paramètres constituant les principaux déterminants de la performance sportive des joueurs et des équipes est collectée, puis intégrée dans le processus d'intelligence à travers des techniques et des modèles d'analyse ce qui permet de prédire les performances futures des joueurs et des équipes.

2) Les modèles théoriques utilisés dans le développement de la performance sportive.

L'évolution scientifique et technologique dans le sport a donné lieu à une richesse en termes d'approches et modèles permettant d'optimiser et de prédire d'une manière intelligente la performance sportive. On compte parmi eux les techniques de modélisation prédictive, des techniques de Machine learning, et des modèles mathématiques de probabilités.

Les modèles prédictifs utilisent des techniques statistiques et de machine learning pour analyser les données et effectuer des prédictions. Les techniques de factorisation ciblent la prédiction de résultats catégoriels comme la victoire ou la défaite en intégrant des données historiques pour détecter des schémas de comportement dans la performance des joueurs de l'équipe, et des adversaires.

---

57. Brummer.K (2019) ; Coordination in sports teams – ethnographic insights into practices of video analysis in football , European Journal for Sport and Society, DOI: 10.1080/16138171.2019.1603682

L'incorporation de techniques de machine learning telles que les arbres de décision et les réseaux neuronaux améliore encore les capacités prédictives en traitant les relations complexes dans différentes séries de données. « Gagner un avantage compétitif, que ce soit par quelques centimètres supplémentaires, des tirs précis ou des lancers francs réussis, peut être réalisé grâce à l'application de modèles prédictifs. Ces modèles nous permettent d'anticiper le succès des joueurs et des équipes sur les terrains. »[58]

D'autres modèles mathématiques sont basés sur des techniques d'analyse complexe qui repose sur les théories de probabilités. À cet égard, « les techniques de réseau neuronal basé sur les algorithmes peuvent ajuster de manière infinie les caractéristiques changeantes de la performance sportive des athlètes et obtenir un bon effet d'application. Cependant, il nécessite une grande quantité de données antérieures d'échantillons pour obtenir des résultats de prédiction précis. Lorsque les données antérieures de performance d'un athlète sont limitées, le modèle a du mal à atteindre une haute précision »[59]. Ces techniques d'analyse statistique, de modélisation prédictive, et d'analyse mathématique sont utilisées pour extraire des informations pertinentes au bon moment, et de prédire les performances futures individuelles et collectives.

En utilisant ces approches, les entraîneurs, les formateurs et les athlètes peuvent obtenir des informations précieuses sur leurs performances et formuler des stratégies basées sur des données afin d'optimiser les programmes d'entraînement et de prendre des décisions en vue d'une meilleure compétitivité.

III) Le rôle de l'intelligence sportive dans le management des organisations sportives

Les clubs et les fédérations sportives constituant l'écosystème sportif sont des organisations qui ont comme mission la promotion de la pratique sportive et l'organisation des événements sportifs en offrant aux spectateurs et aux fans un spectacle de qualité. Selon **T.Slack et M.M.Parent** « L'organisation sportive est une entité sociale, impliquée dans l'industrie du sport, caractérisée par un système d'activités structurées et des frontières relativement identifiables, orientée en fonction des objectifs définis ». Face à la complexité de l'industrie sportive et de la demande pour les services sportifs, qui exige des critères de qualité en termes d'infrastructures, de spectacle et de professionnalisme, les organisations sportives

58. Miller.T.W (2016) ; Sports Analytics and Data Science Winning the Game with Methods and Models ; Ed : Pearson Education ; P(49) ; SBN-13: 978-0-13-388643-6

59. Abawajy. J.H et a (2020) ; Sports Athletes' Performance Prediction Model Based on Machine Learning Algorithm ; Springer Nature Switzerland ; pp. 498–505 ; https://doi.org/10.1007/978-3-030-25128-4_62

ont modernisé leur mode de management en adoptant divers types d'organisations et de pratiques managériales. La finalité étant d'ajuster leurs structures afin de trouver un compromis pour une meilleure performance à la fois sportive et socio-économique.

À côté du statut associatif traditionnel d'organisation à but non lucratif, les organisations sportives ont adopté le statut d'entreprise à but lucratif qui s'inscrit dans une logique économique de maximisation des profits. Ce changement implique la rationalisation des pratiques de gestion aussi bien au niveau interne en relation avec les différentes fonctions, notamment la gestion des ressources humaines, la gestion financière, le marketing, et la gestion de la chaîne de production. À cet égard, la démarche d'intelligence joue un rôle crucial dans le processus de prise de décision. Comme le montre la figure ci-dessous l'intégration systématique des étapes de collecte, d'analyse et de communication des données relatives aux actions stratégiques, et opérationnelles dans le processus de prise de décision permet d'améliorer les performances au sein de l'organisation, réduire l'incertitude, et transformer les données en connaissances afin de prendre la décision optimale dans le recrutement des joueurs, le coaching d'équipe, l'entrainement physique, et la veille sur la santé des sportifs.

Figure 1 : Model outlining how sport scientists can support the decisions of multiple departments across the sporting organization by providing a business intelligence service[60]

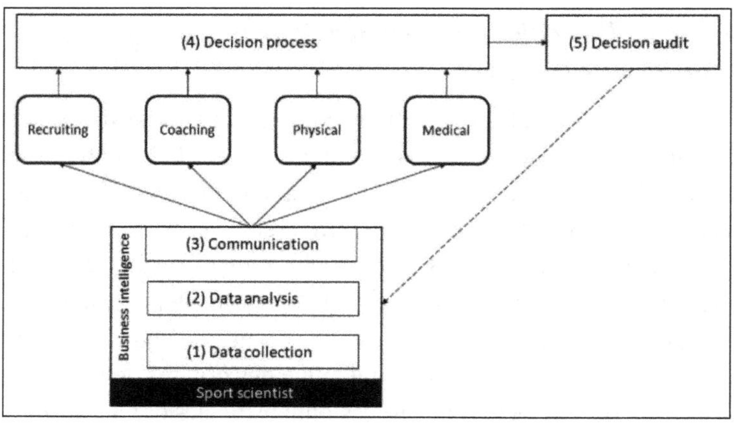

60. Ward.P, Windt J,et Kempton T (2019) ; Business Intelligence: How Sport Scientists Can Support Organisation Decision Making in Professional Spor ; International Journal of Sports Physiology and Performance ;
DOI: https://doi.org/10.1123/ijspp.2018-0903.

Les spécialistes de l'intelligence et de la Data Science peuvent apporter un soutien aux décideurs dans les différentes actions stratégiques à l'instar de la détection, du management des talents, de l'estimation de la valeur des joueurs sur le marché des transferts, du marketing sportif, de la gestion financière, et la gestion de la chaîne de production et de la logistique.

1) L'Intelligence sportive, le management des talents et le marché des transferts de joueurs.

L'intelligence sportive apporte une valeur ajoutée dans la détection et l'identification des talents en fournissant des informations sur un large éventail de paramètres relatives au profil recherché, y compris les données biophysiologiques, les qualités physiques, et les habiletés technico-tactiques des joueurs en cours de jeu. Cette évaluation objective permet d'identifier les joueurs ayant un grand potentiel pour contribuer au succès du club, réduisant ainsi l'influence des jugements subjectifs dans l'évaluation des talents. Selon Harris et al. (2011)[61], dans un environnement mondialisé et hautement concurrentiel, la plupart des organisations devraient commencer à utiliser les données pour mesurer et améliorer la contribution de leurs ressources humaines (RH) à leurs performances.

L'analyse peut être utilisée pour évaluer les facteurs de risque de blessures pour les jeunes talents, ce qui permet d'identifier les joueurs dont les probabilités de blessures sont les plus faibles et dont la durabilité à long terme est la meilleure. Cette évaluation des risques contribue à un investissement plus durable dans les talents, et à une meilleure gestion des effectifs. « Arsenal, Manchester City ou Milan font partie de ceux qui utilisent déjà l'analyse de données pour améliorer les performances, analyser les adversaires, prévenir les blessures, optimiser la gestion du marché des transferts et également l'acquisition de nouveaux talents. De nouvelles plateformes d'analyse et de gestion des données semblent offrir des services aux clubs, tels que Wiscout et Scisports »[62].

L'analyse approfondie des stratégies des adversaires, des tendances des joueurs et des modèles de performance est précieuse pour identifier les types de joueurs nécessaires pour faire face aux clubs concurrents et exploiter leurs faiblesses.

---

61. Harris, J. G., Craig, E., & Light, D. A. (2011). Talent and analytics: New ap- proaches, higher ROI. The Journal
of Business Strategy, 32(6), 4–13. doi:10.1108/02756661111180087.
62. De la torre. R et al (2021) ; Business Analytics in Sport Talent Acquisition: Methods, Experiences, and Open
Research Opportunities ; International Journal of Business Analytics Volume 9 • Issue 1 ; 1-20 https://doi.org/10.4018/IJBAN.290406

L'estimation de la valeur marchande des joueurs sur le marché des transferts par le biais de l'intelligence sportive implique d'examiner divers facteurs tels que les performances sur le terrain, les qualités physiques, les tendances du marché, l'âge, le potentiel de développement, et le statut du contrat. Cette approche basée sur les données permet aux clubs de réaliser une évaluation approfondie et objective de la valeur d'un joueur, facilitant ainsi la prise de décisions au cours des négociations de transfert. Ces informations permettent de fixer des budgets de transferts raisonnables, et de bien négocier les contrats, ce qui contribue à une répartition plus efficace des ressources financières des clubs.

2) L'Intelligence sportive et le marketing sportif

L'intelligence sportive occupe une place prépondérante en marketing sportif en offrant des informations venant de différentes sources, qui servent de base à l'élaboration des stratégies de marketing, à la segmentation des consommateurs potentiels, à l'optimisation des contrats de sponsoring, à la fixation des prix, à l'amélioration de l'expérience, et l'engagement des supporters. Aux États-Unis, « En 2014, plus de 75 % de toutes les équipes de la National Basketball Association (NBA) utilisaient un système d'intelligence et d'analyse des données pour la gestion de la relation client. Actuellement toutes les équipes des ligues professionnelles Nord-Américaines ont un système d'intelligence dédié à la gestion de la relation client et le marketing sportif ».[63]

L'usage de l'intelligence sportive au niveau de la segmentation consiste à analyser les données démographiques, comportementales et psychosociales afin de définir les catégories de supporters, et de contribuer à l'élaboration des stratégies de marketing ciblées. « Les systèmes intelligents de gestion des relations clients collectent et analysent des informations sur les clients à chaque point de contact possible, et les bases de données stockent des informations sur les données démographiques et psychosociales des clients, ainsi que sur l'utilisation des produits, incluant toutes les transactions, les demandes et les interactions entre le client et le club »[64].

En exploitant les données issues des transactions de vente, des médias sociaux, et des data warehouse, les entreprises spécialisées dans les articles et les équipements sportifs peuvent obtenir des informations pour garantir un avantage concurrentiel. Ainsi à titre d'exemple « Nike a acquis une société leader en analyse de données

63. Zeppenfeld, C. (2014); 10 Things newbies need to know about the sports CRM world. Retrieved from http:// baylors3.com/10-things-newbies-need-to-know-about-thesports-crm-world

64. Mumcu.C et Fried.G (2017) ; Analytics in Sport Marketing ; Sport Management Education Journal, 102-105 https://doi.org/10.1123/smej.2016-0019

appelée Zodiac. Ce qui a permis à Nike Zodiac, de regrouper les données provenant des clients utilisant l'application Nike et d'autres dispositifs connectés tels que Fitbits afin de connaître les habitudes des clients, et de prédire leurs décisions d'achat. Si un client achète généralement des chaussures tous les six mois et qu'il s'est écoulé 12 mois depuis l'achat, Nike saura contacter ce client pour l'inciter à reprendre son cycle d'achat »[65].

L'intelligence sportive permet au niveau du sponsoring de vérifier l'efficacité des contrats de sponsoring à l'aide des mesures de la visibilité, et de l'image de marque des sponsors chez les supporters en analysant leurs activités sur les réseaux sociaux, et dans les terrains pendant les événements sportifs. Le contrat de naming des stades l'AccorHotels Arena est le fruit de cette démarche d'intelligence appliquée au sponsoring sportif. Le lancement de l'AccorHotels Arena fruit de la collaboration entre le groupe AccorHotels et l'ex-Arena de Bercy fin 2015, a permis une augmentation de 15 % de notoriété de la marque AccorHotels. Le naming de l'Allianz Riviera de Nice a permis d'engendrer 7,3 millions d'euros de retombées pour la marque sur la saison 2016-2017.

La billetterie constitue l'une des principales sources de revenus pour le modèle économique des clubs, représentant en moyenne 30 % de leurs revenus. Anticiper la demande pour les événements sportifs peut être compliqué en raison de variables imprévisibles telles que : les performances de l'équipe, les conditions météorologiques, et les fluctuations du pouvoir d'achat des supporters. Une des solutions efficaces à cette problématique réside dans l'utilisation de l'analyse de données pour une meilleure compréhension et prévision de la demande. Ainsi, des outils comme EVENTORI peuvent analyser les données historiques notamment les performances récentes de l'équipe, l'identité de l'adversaire, le jour de la semaine, et les prévisions météorologiques, pour anticiper plus précisément la demande des fans. De plus, Wiremind est un outil technologique, développant des modèles de Machine Learning pour construire des matrices de demandes reflétant les comportements d'achat de billets. Ces matrices servent de base aux algorithmes d'optimisation pour identifier une trajectoire de prix optimale, de l'ouverture des ventes jusqu'au jour de l'événement. Par exemple, la technologie de billetterie intelligente, exploitant l'IA, propose des options de sièges variables pour les supporters qui souhaitent être accompagnés de partenaires, amis, ou membres de la famille lors des matchs.

65. Barseghian.A (2019) ; How Nike Is Using Analytics To Personalize Their Customer Experience ; Forbes ; https://www.forbes.com/sites/forbestechcouncil/2019/10/07/how-nike-is-using-analytics-to-personalize-their-customer-experience/?sh=3faa6d831611; Oct 7, 2019

En tirant parti de l'analyse des préférences, des comportements d'achat, et de l'engagement des supporters provenant de diverses bases de données, les clubs sportifs peuvent ajuster leurs stratégies marketing pour répondre de manière personnalisée aux besoins spécifiques, offrant ainsi une expérience plus immersive et plaisante. L'intégration de l'Intelligence Artificielle (IA) révolutionne l'expérience des supporters, que ce soit dans les stades, lors de la diffusion TV, ou sur les plateformes de streaming. « Des plateformes payantes permettent déjà de choisir les angles depuis lesquels nous souhaitons regarder une compétition. De même, ce que nous regardons à la télévision a déjà été enrichi par des graphiques, des signes, et des animations 3D, ce qui favorise une expérience immersive très agréable »[66].

Les technologies de réalité augmentée (RA) et de réalité virtuelle (RV) jouent un rôle essentiel dans le renforcement de l'engagement des supporters, permettant à ces derniers de superposer des informations numériques à leur environnement réel avec la RA, enrichissant ainsi leur compréhension du jeu. Des applications telles que "NBA AR" illustrent l'utilisation de la RA pour accéder aux statistiques des joueurs en temps réel et créer un avatar qui ressemble à un fan et lui permet de prendre part du match en reproduisant les actions réalisées par son joueur préféré ce qui favorise une expérience immersive en temps réel. Parallèlement, l'IA et l'apprentissage automatique analysent des données massives pour créer des recommandations de contenu personnalisé, et des chatbots alimentés par l'IA fournissent des réponses instantanées aux questions des supporters, contribuant ainsi à une expérience enrichie et interactive. Des exemples concrets sont utilisés comme Watson d'IBM pour analyser les émotions des joueurs à Wimbledon, la génération automatique de clips vidéo par le PGA Tour, et l'application de l'IA dans les sports électroniques pour offrir des statistiques et analyses en temps réel lors des tournois. Ces avancées transforment fondamentalement la manière dont les fans interagissent avec leurs stars et sports préférés.Haut du formulaire.

3) L'intelligence sportive et la gestion financière des organisations sportives

Cette démarche d'analyse joue un rôle central dans la formulation des stratégies et la prise de décision au niveau financier. D'une part, pour la diversification des sources de revenus, les équipes utilisent l'analyse pour examiner attentivement le comportement des supporters, les ventes de billets, les achats de marchandises

66. Swan. N et al (2020) ; Mixed and Augmented Reality Applications in the Sport Industry Proceedings of the 2020 2nd International Conference on E-Business and E-commerce Engineering ; https://doi.org/10.1145/3446922.3446932

et les performances en matière de sponsoring, ce qui garantit un retour sur investissement. D'autre part, pour une bonne gestion des coûts l'analyse permet d'identifier des opportunités de réduction des coûts et d'optimisation des dépenses opérationnelles.

Grâce à l'analyse des performances des joueurs, des risques de blessures et des valeurs contractuelles, des décisions éclairées sont prises concernant l'acquisition des joueurs, les négociations de contrats et la gestion de l'effectif, assurant des performances optimales de l'équipe tout en respectant les contraintes budgétaires. De plus, l'analyse facilite la rationalisation des horaires de déplacement, de la gestion des installations et de l'allocation des ressources pour minimiser les coûts opérationnels. L'analyse des données relatives aux blessures, à la charge de travail des joueurs et des performances réalisées lors des différentes compétitions, permet aux équipes d'apprécier l'impact des ressources financières allouées aux équipes sur la performance sportive et économique. De surcroit, elle permet d'évaluer les risques financiers liés aux contrats de sponsoring, aux projections de revenus, et à la volatilité du marché.

Grâce à l'utilisation de modélisations prédictives et d'analyses de scénarios, les organisations peuvent anticiper les flux de revenus, évaluer les implications financières des contrats des joueurs et élaborer des stratégies financières à long terme alignées sur les objectifs compétitifs sportifs et économiques.

4) Le rôle de l'intelligence sportive dans la gestion de la logistique et de la chaîne de production

L'intelligence sportive occupe une position essentielle dans la supervision de la chaîne d'approvisionnement et de la logistique en analysant les informations relatives aux stocks, les schémas d'approvisionnement ainsi que l'efficacité de la chaîne de production. Les organisations peuvent tirer parti de ces données pour ajuster les niveaux de stock, optimiser les processus d'approvisionnement et améliorer les opérations logistiques liées à l'équipement, aux marchandises et aux ressources matérielles. « L'analyse des données (Big Data Analysis) dans le management de la chaîne de production a pris une importance croissante récemment grâce au cloud computing qui permet aux parties prenantes de la chaîne de production de collecter, transmettre, stocker et traiter une énorme quantité de données, tout en partageant les données/informations en temps réel. L'analyse favorise l'optimisation des processus, la réduction des coûts et l'amélioration de la prise de décision pour une meilleure gestion de la chaîne d'approvisionnement »[67]. Cette approche

67. Mangalaraj, G. (2022) ; Big Data Analytics in Supply Chain Management: A Systematic Literature Review and Research Directions. Big Data Cogn. Comput, 6, 17. https://doi.org/ 10.3390/bdcc6010017

stratégique vise à minimiser les ruptures de stock, à élaborer des stratégies de réapprovisionnement et à développer la qualité des actions mises en œuvre tout au long de la chaîne de production.

La démarche d'intelligence sportive permet également la gestion de la relation des clubs avec leurs fournisseurs. En analysant les délais de livraison des produits demandés, les coûts, la qualité des produits ce qui permet aux clubs de prendre des décisions concernant la sélection des fournisseurs, les négociations des contrats et les stratégies d'approvisionnement. Ce processus d'optimisation vise non seulement à assurer la rentabilité, mais également à améliorer la qualité des produits et à garantir la livraison en temps voulu des biens et des services, contribuant ainsi à l'efficacité globale des opérations du club. De même, l'intelligence sportive s'avère indispensable pour optimiser les opérations de distribution et de logistique des entreprises spécialisées dans les articles et équipements de sport. En analysant les données de transport, les niveaux de stock et les mesures d'exécution des commandes, les entreprises peuvent optimiser les réseaux de distribution, affiner la planification des itinéraires et améliorer les opérations d'entreposage.

IV) Le rôle de l'Intelligence Sportive dans l'élaboration des politiques publiques sportives.

L'intelligence sportive joue un rôle important dans l'élaboration des politiques publiques sportives. En utilisant l'analyse des données concernant le secteur sport et son environnement institutionnel, sociosportif et socio-économique, les responsables politiques peuvent prendre des décisions éclairées pour identifier les besoins spécifiques de la population en matière d'infrastructures sportives, de cadres,de programmes de sport de haut niveau, et d'éducation physique, ainsi que les moyens financiers nécessaires à cette politique. En outre, elle peut aussi aider à orienter les investissements publics vers des projets sportifs qui maximisent l'impact social, tels que l'amélioration de la santé mentale et physique du citoyen, garantir l'égal accès à la pratique sportive, la réduction des dépenses de santé et de l'absentéisme au travail.

L'exemple de la France durant les années 1963, et du Maroc en 2008 constitue une référence à prendre en considération au niveau du rôle de l'intelligence sportive dans l'élaboration des politiques publiques sportives. La France n'avait remporté, aux JO de Rome en 1960, que 5 médailles olympiques, 2 en argent et 3 en bronze, ce qui a interpellé les pouvoirs publics et a poussé le Général de Gaulle à confier l'élaboration d'une politique sportive pour la France au Secrétaire d'État, de l'époque, Maurice Herzog. Ce dernier a constitué une commission de

60 personnes composée de responsables sportifs, politiques et d'experts dans les différents domaines touchant au monde du sport (sociologues, économistes ,architectes,paysagistes, enseignants,athlètes,journalistes, cadres techniques... etc.). La commission, présidée par J.R.Borotra, a étudié et analysé un ensemble de données et d'informations qui lui ont permis de dégager 5 grandes lignes d'une véritable politique sportive à savoir : sport et éducation, sport de haut niveau, sport loisirs,sport travail et sport et armée. Cette politique sportive « la plus audacieuse,la plus globale et la plus cohérente qui ait jamais été conçue dans le pays « (Bachelet 2012), a constitué la base de développement du sport français.L'organisation des Jeux olympiques d'hiver à Grenoble en1968 en est le début. La France va par la suite renforcer son arsenal juridique (loi Mazaud 1975), pour favoriser le développement de la pratique sportive qui est à la base de développement des entreprises d'équipements sportifs et des marchés sportifs.

Pour le Maroc, il faut souligner que les Assises nationales pour le sport (organisées le 24 octobre 2008 à Skhirat) ont constitué un tournant majeur dans le sport national. L'élaboration de la stratégie sportive issue des Assises, a été le résultat direct des analyses des données, d'études de documents et de la synthèse des débats entre spécialistes, responsables politiques, sportifs, et des représentants du secteur privé. Les données ont été collectées de cinq sources principales à savoir : une analyse documentaire, des entretiens avec des acteurs du mouvement sportifs, des forums régionaux regroupant plus de 1500 cadres du sport, une enquête sur la perception du sport au Maroc, et des benchmarks analysant les bonnes pratiques à l'international. Les responsables ont pu dégager 5 grands leviers stratégiques pour le développement du sport national à savoir : la promotion de la pratique sportive, la modernisation de la gouvernance, la refonte du système de formation, la diversification et renforcement du financement, et faire de la région un moteur de la stratégie sportive nationale.

Conclusion

L'efficacité de la démarche d'intelligence sportive au niveau international en général et au Maroc en particulier dépend de facteurs humains et matériels permettant de répondre aux attentes des dirigeants sportifs en matière d'informations pertinentes et utiles à la prise de décision stratégique. L'implémentation de l'intelligence sportive par les organisations sportives au Maroc fait face actuellement à de multiples défis, notamment l'accessibilité aux technologies avancées, la sensibilisation des dirigeants du mouvement sportif, la formation des spécialistes en intelligence sportive et Big Data dans le sport, et la disponibilité de données fiables pour alimenter les systèmes. D'autres considérations d'ordres culturelles (résistances aux changements, partage de l'information), financières (Budget limité des clubs et des fédérations) et un manque cruel de cadres compétents dans le domaine pourraient également influencer le déploiement de ces technologies dans le contexte sportif marocain.

D'autres défis, tels que l'établissement d'une communication et d'une collaboration transparente entre les managers du sport et les analystes sont essentiels, mais il est gêné par des contraintes de temps et des problèmes interpersonnels. Le manque de connaissances en matière d'analyse scientifique et mathématique des données chez les principaux acteurs du sport (entraineurs et dirigeants) pose également un problème majeur, créant ainsi des difficultés pour saisir les nuances des résultats analytiques et entravant l'intégration harmonieuse du processus d'intelligence au sein des organisations sportives.

Pour faire face à ces défis, l'obtention des données fiables et pertinentes nécessite des investissements substantiels dans des technologies de pointe, des pratiques méticuleuses de gestion des données, et la formation d'une équipe d'experts compétents. C'est pour cette raison qu'il faut lancer des filières de formation spécialisée en intelligence sportive dans les établissements dédiés aux sciences du sport, et d'intégrer des modules spécialisés dans le cursus de formation des entraineurs et des managers du sport afin de les sensibiliser à l'importance de cette démarche d'intelligence et de ses impacts. Pour surmonter les contraintes financières, l'État par l'intermédiaire son département des sports, les fédérations sportives, et les entreprises privées doivent augmenter considérablement les investissements pour développer l'infrastructure technologique, et doter les organisations sportives d'outils sophistiqués permettant de garantir un avantage concurrentiel durable.

Bibliographie

Abawajy. J.H et a (2020) ; Sports Athletes' Performance Prediction Model Based on Machine Learning Algorithm ; Springer Nature Switzerland ; pp. 498–505 ; https ://doi.org/10.1007/978-3-030-25128-4_62.

Bachelet.J.R (2012) ; Maurice Herzog, architecte d'une politique du sport comme grande cause nationale ; Dans Inflexions 2012/1(N°19), pages 111 à 115 Éditions : Armée de terre ISSN 1772-3760 ;www. Cairn.info ; DOI10.3917/infle.019.0111

Barseghian.A (2019) ; How Nike Is Using Analytics To Personalize Their Customer Experience ; Forbes ; https ://www.forbes.com/sites/forbestechcouncil/2019/10/07/how-nike-is-using-analytics-to-personalize-their-customer-experience/ ?sh=3faa6d831611 ; Oct 7, 2019

Brummer.K (2019) ; Coordination in sports teams – ethnographic insights into practices of video analysis in football, European Journal for Sport and Society, DOI : 10.1080/16138.171.2019.1603682.

De la torre. R et al (2021) ; Business Analytics in Sport Talent Acquisition : Methods, Experiences, and Open Research Opportunities ; International Journal of Business Analytics Volume 9 • Issue 1 ; 1-20 https ://doi.org/10.4018/IJBAN.290406.

Harris, J. G., Craig, E., & Light, D. A. (2011). Talent and analytics : New ap – proaches, higher ROI. The Journal of Business Strategy, 32(6), 4–13. doi :10.1108/027.566.61111180087.

Mangalaraj, G. (2022) ; Big Data Analytics in Supply Chain Management : A Systematic Literature Review and Research Directions. Big Data Cogn. Comput, 6, 17. https ://doi.org/ 10.3390/bdcc6010017.

McGee.B (2023) ; The world's biggest sports retailers ; Sporting Goods Intelligence ; https ://www.sgieurope.com/market-analysis/latest-industry-analysis/largest-sporting-goods-retailers.

Miller.T.W (2016) ; Sports Analytics and Data Science Winning the Game with Methods and Models ; Ed : Pearson Education ; P(83) ; SBN-13 : 978-0-13-388643-6.

Morin.J.B (2022) ; Applications smartphones pour l'analyse de la performance : un laboratoire dans votre poche ; Movement & Sport Sciences – Science & Motricité 2022, 118, 61–68 ; https ://doi.org/10.1051/sm/2021023.

Mumcu.C et Fried.G (2017) ; Analytics in Sport Marketing ; Sport Management Éducation Journal, 102-105 https ://doi.org/10.1123/smej.2016-0019.

Phomsoupha.M et al (2021) ; Les nouveaux outils technologiques dans le milieu du sport ; Open Edition ; https ://doi.org/10.4000/terminal.7144

Ryan.T.LI et al (2015) ; Wearable Performance Devices in Sports Medicine ; Sports Health : A Multidisciplinary Approach OnlineFirst, published on November 11, 2015 as doi :10.1177/194.173.8115616917.

Swan. N et al (2020) ; Mixed and Augmented Reality Applications in the Sport Industry Proceedings of the 2020 2d International Conference on E-Business and E-commerce Engineering ; https ://doi.org/10.1145/3446.922.3446932

Van den Berg, L. et al(2018). The competitive intelligence process in sport : data collection properties of high-level cricket coaches. International Journal of Performance Analysis in Sport. https ://doi.org/10.1080/24748.668.2018 1443367

Ward.P, Windt J,et Kempton T (2019) ; Business Intelligence : How Sport Scientists Can Support Organisation Decision Making in Professional Spor ;

International Journal of Sports Physiology and Performance ; DOI : https ://doi.org/10.1123/ijspp.2018-0903.

Weiss, A. (2002). A brief guide to competitive intelligence : How to gather and use information on competitors. Business Information Review, 19(2), 39–47.

Zeppenfeld, C. (2014) ; 10 Things newbies need to know about the sports CRM world. Retrieved from http:// baylors3.com/10-things-newbies-need-to-know-about-thesports-crm-world.

L'INTELLIGENCE ÉCONOMIQUE ET L'INTELLIGENCE ARTIFICIELLE

Amine Mounir Alaoui

L'intelligence économique et les outils digitaux

L'intelligence économique s'appuie largement sur la collecte et l'exploitation de données et d'informations pour produire des analyses pertinentes en fonction des objectifs recherchés. Les tâches essentielles pour obtenir des résultats fiables sont tout d'abord la collecte d'informations pertinentes à travers une veille, puis l'organisation et le stockage de ces informations en vue de les analyser pour comprendre les tendances et produire des propositions de stratégies pour le futur.

L'arrivée des outils numériques a permis une évolution sensible de ce secteur en permettant tout d'abord d'adresser les parties stockage et analyse. On a pu ainsi gérer plus de données et les utiliser avec des méthodes de plus en plus complexes. On arrive ainsi à multiplier les analyses et à avoir des évaluations des situations étudiées plus fines.

Initialement, les outils numériques étaient des logiciels de base permettant le stockage des données et des calculs statistiques sur les informations qui pouvaient être quantifiées. On avait donc, depuis les débuts de l'informatique des instruments qui ont évolué vers des bases de données, des tableurs et des logiciels d'analyse statistique plus ou moins spécialisés.

Depuis la fin des années 1970 et le début des années 1980, avec l'arrivée de la micro-informatique, ces outils se sont démocratisés et se sont généralisés pour être réellement à la disposition de tous. Restait alors l'accès aux données et leur saisie dans les bases de données pour pouvoir les utiliser.

L'arrivée d'Internet dans les années 1990, une base de données mondiale, facilement accessible et souvent gratuite, a fondamentalement modifié l'action de veille. L'utilisation d'Internet a permis à ceux qui n'avaient pas les moyens de trouver certaines données d'y accéder, où qu'ils soient, avec des moyens très limités, pour peu qu'ils soient connectés.

Encadré 1 : Définition formelle de l'intelligence artificielle (OCDE)

Un système d'intelligence artificielle est un système automatisé qui, pour un ensemble donné d'objectifs, est en mesure d'établir des prévisions, de formuler des recommandations, ou de prendre des décisions influant sur l'environnement. Il utilise des données et entrées générées par la machine et/ou apportées par l'homme pour (i) percevoir des environnements réels et/ou virtuels ; (ii) produire une représentation abstraite de ces perceptions sous forme de modèles issus d'une analyse automatisée (par exemple, apprentissage automatisé) ou manuelle ; et (iii) utiliser les résultats inférés du modèle pour formuler différentes options de résultats. Les systèmes d'IA sont conçus pour fonctionner à des degrés d'autonomie divers.

Le trop-plein d'information est rapidement devenu un problème majeur, ce qui a conduit à la création de l'outil incontournable de tous les utilisateurs d'Internet : le moteur de recherche. Celui-ci indexe le contenu du réseau et propose aux utilisateurs un accès simplifié aux données ou aux informations dont il a besoin.

Depuis les années 1990, des techniques d'Intelligence Artificielle sont venues petit à petit compléter les outils numériques mis à la disposition des utilisateurs pour les aider dans leur tâche de recherche et d'organisation d'informations. Cela a commencé par l'indexation des données puis la recherche par association ou encore, plus récemment la traduction automatique et l'intelligence artificielle générative.

L'intelligence artificielle

Il existe plusieurs définitions de l'Intelligence Artificielle ou IA. Une définition largement adoptée est celle de l'OCDE présentée dans l'encadré 1. Si on veut simplifier et résumer, l'IA est un domaine qui s'attache à simuler certains raisonnements et comportements humains à travers des logiciels informatiques.

Si l'intelligence artificielle n'est apparue sur le devant de la scène pour le grand public grâce à l'IA générative que depuis un ou deux ans, il s'agit en fait d'un domaine ancien qui a démarré presqu'en même temps que l'informatique elle-même. En effet, les termes « Intelligence Artificielle » sont nés en 1956 et très rapidement, l'intelligence artificielle est devenue un domaine de recherche très actif avec des résultats théoriques significatifs.

Malheureusement les capacités de calcul limitées des ordinateurs de l'époque n'ont pas permis de développements opérationnels majeurs et les ambitions ont dû être limitées. À la fin des années 80, une technique particulière appelée « réseau de neurones » est apparue. Cette technique consiste à utiliser un réseau de neurones virtuel qui mime le fonctionnement du cerveau humain et qui permet d'établir des relations entre de grandes quantités de données.

Ce n'est qu'au début des années 2000, avec l'arrivée d'ordinateurs de plus en plus puissants, que les réseaux de neurones ont réellement pu se développer et ont permis de mettre en œuvre des techniques d'apprentissage automatique de plus en plus élaborées. L'intelligence artificielle est alors devenue un outil qui s'est répandu plus largement avec des applications disponibles et fréquemment utilisées telles que la reconnaissance de la parole, l'analyse d'image ou encore la traduction automatique.

L'intelligence artificielle, telle qu'on la conçoit le plus souvent aujourd'hui, fonctionne selon un processus en trois étapes : tout d'abord une étape d'acquisition de données qui va permettre de passer à l'étape d'apprentissage, et enfin, une étape de réponse à des requêtes. Ces étapes seront détaillées un peu plus loin dans le texte

L'étape d'apprentissage consiste en la présentation du plus grand nombre de données pertinentes possible concernant un secteur donné. Cette étape permet à l'intelligence artificielle de s'entraîner et de créer ses propres modèles qui lui permettront d'établir des modèles et des corrélations qui pourront être utilisés par la suite.

Lors de la deuxième étape, on présente à l'intelligence artificielle des requêtes en lien avec son entrainement et elle propose alors des réponses en fonction des modèles qu'elle a pu établir.

Encadré 2 : l'IA générative

L'intelligence artificielle (IA) générative désigne les algorithmes (tels que ChatGPT ou Gemini) qui peuvent être utilisés pour créer de nouveaux contenus, y compris des fichiers audio, du codage, des images, du texte, des simulations et des vidéos. Les récentes avancées dans ce domaine pourraient changer considérablement la façon dont nous abordons la création de contenu.

Un exemple simple est celui de la reconnaissance de l'image d'un objet. Pour entrainer l'intelligence artificielle, on va lui présenter autant d'images possibles de l'objet qu'on veut reconnaitre sous différents angles avec différents éclairages, etc. Cette étape va permettre à l'intelligence artificielle de se construire un modèle de l'objet. Ainsi, par la suite, elle va reconnaitre l'objet en question lorsqu'on le lui présentera dans une nouvelle image.

Il existe plusieurs autres techniques d'intelligence artificielle, mais celle utilisant les réseaux de neurones et l'apprentissage est la plus répandue aujourd'hui. C'est également celle qui donne le plus de résultats opérationnels.

Similitudes dans les processus

L'intelligence économique utilise, en simplifiant à l'extrême, un processus en trois étapes : la collecte d'information, l'analyse de l'information et, enfin, l'utilisation des résultats de l'analyse pour aider à la prise de décision. Ce processus est très largement similaire à celui de l'intelligence artificielle et ce parallélisme permet une utilisation de l'intelligence artificielle quasi naturelle en intelligence économique.

Entre la collecte et l'analyse, l'intelligence artificielle introduit deux étapes supplémentaires qui sont l'apprentissage et l'entrainement. Ces deux phases, dans le cas de l'intelligence économique, sont implicites du fait de l'intervention humaine. En effet l'analyse des informations sera effectuée par des spécialistes qui ont été formés et entrainés lors de leurs études et par leur expérience professionnelle.

> ***Encadré 3: Open data***
>
> *Au départ, l'open data est le mouvement qui promeut l'ouverture et la mise à disposition de toutes les données collectées et produites par les services publics. Par la suite, ce mouvement s'est étendu à tout producteur de données (public ou privé) qui rend publiques ses données. Bien entendu les données en question doivent respecter les limitations légales de la protection des données personnelles ou des données sensibles (défense ...). L'objectif est de permettre à tous de contribuer à l'enrichissement des données et à leur utilisation pour créer de la valeur ajoutée.*

Cette similitude dans les processus induit un parallélisme entre l'intelligence économique et l'intelligence artificielle qui fait de cette dernière un auxiliaire de choix pour la première.

La collecte

L'intelligence artificielle moderne s'appuie très largement sur les sciences de données (data science) pour aboutir aux résultats attendus. En effet, les techniques d'apprentissage en intelligence artificielle nécessitent des jeux de données importants pour pouvoir être efficaces. L'accès à Internet et aux informations qu'il contient, à des bases de données particulières ou à des jeux de données spécifiques, est un élément incontournable pour l'intelligence artificielle.

Les techniques d'apprentissages automatiques donnent des résultats d'autant plus exploitables qu'elles sont basées sur une quantité de données pertinentes importantes. Ces données peuvent être de différentes natures : texte, images, sons, vidéo, etc. Elles peuvent être plus ou moins organisées, les algorithmes d'apprentissage ayant la capacité de les organiser de manière que l'intelligence artificielle puisse les utiliser par la suite pour répondre aux sollicitations qu'on lui adressera.

La quantité et la qualité des données fournies auront un impact direct sur la qualité des réponses apportées par l'intelligence artificielle. Aussi, il est indispensable de trouver les sources qui vont être les plus pertinentes par rapport aux problématiques que l'on souhaite adresser. Des approches de type « open data » qui mettent à la disposition du public des jeux de données importants contribuent à l'alimentation des IA en données fiables et de qualité.

L'apprentissage

L'apprentissage est une phase critique lors de l'élaboration d'une intelligence artificielle. En effet c'est cette opération qui va permettre d'intégrer les informations pertinentes à partir desquelles tous les « raisonnements » pourront être effectués par la suite sans avoir été explicitement programmés comme c'est le cas pour les logiciels informatiques classiques.

Deux grandes classes d'apprentissage existent : l'apprentissage supervisé et l'apprentissage non supervisé.

L'apprentissage supervisé utilise des données étiquetées c'est-à-dire des données qui sont identifiées comme correctes ou pas par des opérateurs humains. Lors de la phase d'apprentissage, l'intelligence artificielle ajuste, au fur et à mesure du déroulement du processus, ses paramètres pour que la différence entre ses réponses et les étiquettes soit la plus faible possible. Ainsi, lorsqu'on lui présentera de nouvelles données, elle pourra faire des prédictions cohérentes avec celles des données étiquetées. Ici, la limitation provient de la disponibilité d'une quantité suffisante de données étiquetées correspondant à la problématique que l'on souhaite traiter.

L'apprentissage non supervisé utilise des données libres non étiquetées et le système doit découvrir sans aide des relations ou des structures intéressantes au sein des données fournies. La disponibilité des données ici est plus simple à obtenir, mais la phase d'apprentissage peut être beaucoup plus longue que dans le cas de l'apprentissage supervisé et avec un risque que l'apprentissage n'aboutisse pas à un modèle pertinent.

L'entrainement

À la fin de l'apprentissage, une phase d'entrainement est nécessaire, elle peut être effectuée par des personnes qui vont corriger l'intelligence artificielle sur des données identifiées et pour lesquelles les résultats ne sont pas satisfaisants et permettront ainsi un ajustement du modèle généré par l'intelligence artificielle.

En bout de course, la validation du modèle pourra être effectuée avant une utilisation opérationnelle de l'intelligence artificielle.

L'analyse

L'un des premiers intérêts de l'intelligence artificielle est la quantité de données qu'elle peut traiter et qui permet d'une part d'avoir un panel utilisable beaucoup plus large que les techniques classiques, et d'autre part, de trouver des éléments que l'on peut qualifier de signaux faibles qui sont noyés dans le trop-plein de données auquel on peut faire face aujourd'hui lorsqu'on utilise Internet ou certaines bases de données très importantes.

Par ailleurs, une intelligence artificielle peut parfaitement analyser des données non structurées de type images ou vidéo, ce qui permet d'élargir le champ des données à analyser. L'intelligence artificielle peut par exemple extraire le texte d'un discours à partir de sa captation vidéo avant de l'analyser.

Une intelligence artificielle bien entrainée peut extraire les informations utiles de ces ensembles hétérogènes qui peuvent être très importants et faciliter le travail d'analyse qui suivra. L'analyse elle-même peut être partiellement ou totalement effectuée par une intelligence artificielle entrainée à cet effet.

Des possibilités multiples

L'intelligence artificielle ouvre des possibilités nouvelles pour tous les analystes. En effet non seulement elle peut être un auxiliaire de choix qui va déblayer le terrain pour permettre de se concentrer sur l'essentiel, mais, par sa nature même, elle peut travailler sur des environnements théoriques virtuels.

Elle permet ainsi de tester différents futurs potentiels et aider à préparer les réponses les plus adéquates en fonction de chacun de ces futurs. Elle peut ainsi proposer une aide précieuse au niveau de l'intelligence économique pour tester comment les conclusions de l'analyse impactent le futur et quels sont les différents développements auxquels on peut s'attendre.

L'intelligence artificielle est également utilisée pour la création de « doubles numériques » qui sont des reproductions fidèles de la réalité sur lesquelles on peut travailler et tester des hypothèses sans impact sur la réalité. Ces techniques ont largement été utilisées au niveau mécanique pour tester la résistance de certains objets ou encore leur adéquation aux propriétés que l'on souhaite qu'ils aient. La médecine est également un terrain de prédilection pour les doubles numériques qui permettent de tester des thérapies, voire des actes chirurgicaux, sans préjudice pour des patients humains.

Un double numérique de l'environnement économique ou géopolitique permet de la même manière de tester certaines hypothèses pour anticiper les évolutions à venir. On peut ainsi, à partir de l'ensemble des données dont on dispose, évaluer l'impact de plusieurs décisions et ne retenir que celle (ou celles) qui sont à même d'arriver au résultat souhaité.

Enfin, il est important de noter que le développement de techniques basées sur l'intelligence artificielle a conduit à l'élaboration de quantité de logiciels qui permettent un usage plus ou moins simple de ces techniques sans avoir à effectuer toutes les opérations complexes qui sont nécessaires avant de pouvoir en faire un usage pratique.

Ces logiciels sont prévus pour des utilisateurs qui sont orientés vers leurs problématiques et non des informaticiens spécialisés. Leur mise en œuvre simplifiée permet à des non spécialistes en IA d'utiliser les techniques IA pour adresser leurs problématiques spécifiques.

Quelques exemples

Extraction de données textuelles

Un domaine de prédilection de l'intelligence artificielle est l'identification de signaux complexes tels que le son ou l'image. Les réseaux de neurones se sont d'ailleurs très largement développés au départ dans le domaine de la reconnaissance d'images.

Cette aptitude de l'intelligence artificielle d'extraire du texte à partir de signaux permet de générer automatiquement du texte écrit qui va permettre une analyse sémantique par la suite et faciliter l'intégration d'éléments non textuels après leur transformation.

Cette fonction d'extraction de texte, à elle seule, peut justifier de l'utilisation de l'intelligence artificielle pour obtenir des données plus facilement analysables et simplifier l'accès à des informations qu'il était nécessaire de faire retranscrire manuellement auparavant. On obtient, par ce biais, un gain substantiel en ressources humaines et financières.

Modélisation basée sur des agents (Agent-based modelling)

La modélisation d'agents indépendants qui interagissent dans un environnement évolutif est très complexe. Elle l'est d'autant plus que le comportement de chacun des agents lui est propre et plus ou moins différent de celui des autres agents. Ce type d'analyse est très intéressant dans le cas où on souhaiterait prévoir le comportement de consommateurs face à un nouveau produit ou d'entreprises face à une nouvelle politique économique.

L'intelligence artificielle peut apporter ici une véritable valeur ajoutée sur la possibilité de créer des agents indépendants. En effet, l'intelligence artificielle est parfaitement adaptée à la simulation du comportement de chacun des agents en donnant à chacun d'entre eux des attitudes et des capacités propres différentes les unes des autres. Ces attitudes et ces capacités peuvent d'ailleurs évoluer dans le temps en utilisant des techniques d'apprentissage qui seront nourries par l'évolution de l'environnement dans lequel on place les agents.

On aurait donc grâce à l'intelligence artificielle des agents qui pourraient s'adapter au changement et avoir ainsi une modélisation beaucoup plus réaliste des systèmes complexes qui incluent une hétérogénéité plus proche de la réalité que d'autres méthodes d'analyse.

Modélisation de séries temporelles

Dans le monde réel, les séries temporelles sont toutes différentes et la prévision à partir de ces séries est un exercice périlleux. Les techniques d'intelligence artificielle et d'apprentissage automatique peuvent apporter une vraie valeur ajoutée pour une prévision plus fine.

Bien entendu, nul ne peut prévoir l'avenir, mais l'expérience a prouvé qu'avec ces techniques, on obtient des résultats satisfaisants lorsqu'il s'agit de modèles temporels.

À titre d'exemple, la banque américaine JPMorgan Chase[68] a utilisé l'intelligence artificielle pour analyser les communiqués de la Réserve fédérale américaine sur 25 ans et détecter ainsi des signaux qui permettraient d'anticiper certaines décisions pour mieux y être préparée.

Faiblesses et risques

Si les outils d'intelligence artificielle rendent aujourd'hui des services certains et qu'il est probable qu'ils s'insèrent dans tous les aspects de notre vie aussi bien

68. Bloomberg.com : JPMorgan AI Analyzes Fed Speeches for Trading Signals - Bloomberg

personnelle que professionnelle, ils présentent néanmoins un certain nombre de faiblesses et de risques qu'il est nécessaire de prendre en considération.

Spécialisation

Lorsqu'on parle d'intelligence, on a tendance à prendre comme base de comparaison l'être humain. Or si l'intelligence humaine a certainement des limites, elle a une qualité que l'intelligence artificielle ne sait pas reproduire, aujourd'hui c'est sa polyvalence.

La plupart des outils utilisant l'intelligence artificielle sont très spécialisés dans un seul domaine : reconnaissance d'image, prévision financière, conduite automatique, etc. Il n'existe pas encore d'IA à large spectre qui permet de réagir à différentes problématiques comme le fait un être humain.

De fait l'intelligence artificielle peut être très performante, mais uniquement de manière très pointue dans un secteur très précis. C'est pour cela qu'il serait plus correct de parler d'intelligences artificielles au pluriel et non d'intelligence artificielle au singulier contrairement à l'intelligence humaine.

Éthique

Comme pour toute nouvelle technologie, les risques d'usages malveillants de l'intelligence artificielle sont réels. Cela est d'autant plus vrai qu'avec les outils d'IA générative qui sont aujourd'hui à la disposition de tous, on peut générer des textes, des images et des sons qui peuvent faire croire à une réalité qui n'existe pas.

Le plus grand défi est probablement de se préparer à émettre les règles qui imposeront un usage éthique de l'intelligence artificielle. Dans ce sens, au niveau multilatéral, l'UNESCO a publié en novembre 2021 la « recommandation sur l'éthique de l'intelligence artificielle »[69] qui pose des valeurs et des principes et propose un certain nombre de domaines d'action stratégique.

Par ailleurs, les grandes puissances s'orientent progressivement vers une réglementation de l'usage de l'intelligence artificielle pour éviter des dérapages non souhaités.

Par exemple, l'Union européenne a proposé un cadre réglementaire pour l'intelligence artificielle en avril 202[70]1. Ce cadre définit différents niveaux de risques (inacceptable, haut niveau, risque limité, risque faible ou minimal) et les actions à entreprendre pour chacun d'entre eux.

69. UNESCO : Recommandation sur l'éthique de l'intelligence artificielle – Novembre 2021

70. Parlement européen : Artificial Intelligence Act - 2023

Les États-Unis ont également défini une réglementation à travers le « Executive Order on the Safe, Secure, and Trustworthy Development and Use of Artificial Intelligence » publié par la Maison-Blanche le 30 octobre 2023.

La publication de ces réglementations et la réflexion menée dans de nombreux autres pays démontrent la préoccupation de tous au sujet d'un usage maîtrisé de l'intelligence artificielle, sujet qui va rester au-devant de la scène dans les années à venir sachant qu'une solution globale au niveau mondial est probablement la seule à même de réellement faire face à cette problématique.

Culture

Comme cela a été présenté auparavant, l'intelligence artificielle se nourrit des données qui lui sont présentées. Si celles-ci correspondent à une culture spécifique, l'intelligence artificielle proposera des résultats en liaison avec ladite culture.

Par exemple, l'une des premières intelligences artificielles à être mise en ligne en 2016 s'est nourrie des réseaux sociaux et a rapidement commencé à proposer des contenus racistes ou sexistes qu'elle y a trouvés. Elle a fini par être retirée et a permis de comprendre que ce genre d'outil s'intègre dans l'environnement où il évolue et qu'avant de le mettre en ligne, il est nécessaire de lui donner suffisamment d'informations pour éviter ce genre de dérapage.

Malgré l'évolution de ces outils et des précautions prises par leurs développeurs, on constate que des biais culturels sont toujours possibles et qu'automatiquement, lorsque les IA s'alimentent directement sur Internet, la culture dominante (anglo-américaine) a un impact significatif sur leurs modes de fonctionnement.

Il est donc important de prendre en compte ce type de biais qui peut fausser certains résultats obtenus.

Conclusion

L'intelligence artificielle propose des outils performants qui permettent un travail de dépouillement de données et d'analyse très efficace. En cela elle est clairement un support important pour l'intelligence économique et lui ouvre de nouveaux horizons.

Son évolution technique laisse prévoir des avancées majeures qui vont lui donner encore plus de puissance et la rendre d'autant plus incontournable. Son utilisation est donc devenue un must pour rester à un niveau de performance équivalent à celui des autres acteurs du secteur.

Il est alors impératif, dans le cadre des formations à l'intelligence économique, de prévoir la formation à ces outils de manière spécifique, à leur usage et à leurs limites. On peut prévoir, sans risque de se tromper, que ne pas savoir les utiliser deviendra rapidement une faiblesse qui diminuera sensiblement l'efficacité du travail des analystes.

Cependant, il est important de se souvenir qu'il s'agit toujours d'un outil informatique avec les mêmes contraintes que les autres outils et la possibilité de proposer des conclusions fausses, voire tendancieuses. Il est donc fondamental de l'utiliser avec clairvoyance en n'oubliant jamais que le responsable final est l'intelligence humaine qui pilote l'intelligence artificielle.

L'INTELLIGENCE STRATÉGIQUE REVISITER NOS FUTURS SUD ; UN REGARD PROSPECTIF SUR LE TEMPS

À L'ÂME DU MAÎTRE MEHDI EL-MANDJRA

El Mostafa Rezrazi

Dans le vaste domaine des études prospectives, la notion du temps se révèle être un pilier fondamental, orchestre d'une symphonie complexe et variée. Cette notion n'est pas seulement un cadre dans lequel s'inscrivent nos actions et nos pensées ; elle est une boussole qui guide notre capacité à anticiper et à modeler le futur. Les études prospectives, en quête de comprendre et de préparer les futurs possibles, se basent sur cette conception du temps pour éclairer et influencer la prise de décision dans le présent. L'analyse des horizons temporels, des tendances et des cycles, la construction de scénarios futurs, ainsi que la compréhension de la temporalité de nos actions, constituent les clés de voûte de cette discipline.

Les cartographies de l'inconnu

Les études prospectives embrassent une diversité d'horizons temporels, s'étendant du court au long terme, chacun avec ses propres nuances et défis. Le court terme nous confronte aux tendances émergentes et immédiates, tandis que le long terme nous invite à explorer des scénarios étalés sur des décennies. Cette gradation temporelle permet d'adapter nos stratégies et nos attentes à la nature et à l'échéance des changements anticipés.

Au cœur des études prospectives réside l'analyse des tendances probables et des signaux faibles, ces derniers étant les précurseurs subtils de changements potentiels. Par ailleurs, la reconnaissance des cycles économiques, sociaux, technologiques et environnementaux enrichit cette quête en fournissant des repères pour anticiper les points de bascule et les opportunités d'action.

Les scénarios futurs sont des outils essentiels pour réduire l'incertitude, offrant des esquisses de ce que pourrait être le futur en fonction de différents facteurs et décisions. Cette démarche, intrinsèquement liée à la notion de temps, permet d'articuler comment les événements pourraient se succéder et s'entrelacer, ouvrant ainsi le champ des possibles.

La prospective éclaire le lien indissociable entre la temporalité et l'action. Comprendre le "quand" et le "comment" des changements à venir est crucial pour élaborer des plans d'action stratégiques, tirant parti des fenêtres d'opportunité et respectant les délais nécessaires à l'implémentation des solutions envisagées.

Défis Contemporains : Remettre en Question le Temps

L'importance du temps dans les études prospectives est aujourd'hui accentuée par cinq facteurs décisifs, chacun remettant en question notre rapport au temps et nos systèmes de périodisation. L'accélération des découvertes scientifiques, la rigidité des systèmes d'enregistrement du temps, le déclin des approches prévisionnelles globales, l'incertitude croissante face à l'avenir, et l'entrelacement complexe du temps passé, présent et futur, constituent autant de défis à relever.

Face à ces défis, les études prospectives s'avèrent plus que jamais indispensables. Elles nous invitent non seulement à anticiper les évolutions futures, mais aussi à développer des cadres de réflexion adaptés à la complexité de notre relation au temps. Dans un monde en mutation constante, réinventer nos outils de compréhension et d'action s'impose comme une nécessité, afin de naviguer avec sagesse et clairvoyance dans les méandres du temps et de l'avenir.

La première dimension critique est l'accélération sans précédent des découvertes scientifiques. Cette dynamique transforme radicalement notre horizon temporel, en compressant le temps de l'innovation de manière à ce que le futur semble se précipiter vers nous à une vitesse vertigineuse. Face à cette accélération, les études prospectives s'efforcent de cartographier les implications de ces avancées, posant la question de comment les intégrer de façon cohérente dans nos projections futures sans être submergés.

Le deuxième aspect souligne la difficulté à adapter nos systèmes de périodisation du temps aux réalités contemporaines de nos vies sociales, économiques et politiques. Cette rigidité, souvent justifiée par les coûts élevés associés au changement, révèle une résistance au renouvellement de nos cadres épistémologiques, malgré la nécessité évidente d'ajuster nos paradigmes temporels aux changements rapides de notre environnement.

1) Le déclin des approches prévisionnelles globales

Le troisième point critique concerne le déclin des approches prévisionnelles globales au profit de prévisions sectorielles, principalement influencées par les impératifs économiques et financiers. Cette tendance fragmente notre compréhension du futur, limitant notre capacité à envisager des futurs intégrés qui tiennent compte de la complexité des systèmes mondiaux.

2) L'incertitude croissante face à l'avenir

Le quatrième facteur met en lumière l'augmentation de l'incertitude face à l'avenir, dans un contexte mondial marqué par des crises multiples et une perte de repères traditionnels. Cette incertitude complexifie la tâche de projection dans le futur, affectant notre aptitude à élaborer des stratégies à long terme.

3) L'entrelacement complexe du temps passé, présent et futur

Enfin, le cinquième facteur révèle un entrelacement sans précédent du passé, du présent et de l'avenir, exacerbé par les avancées technologiques. Cette complexification challenge nos modes de pensée et notre sémantique, qui peinent à suivre le rythme des transformations et à saisir la nature évolutive de notre rapport au temps.

Ces cinq dimensions s'entrecroisent pour former le cœur d'une nouvelle assise pour la réfection prospective, qui ne cherche pas tant à prédire l'avenir avec certitude qu'à préparer les organisations et les sociétés à naviguer dans des futurs incertains.

La nouvelle prospective se dresse donc comme un domaine essentiel, invitant à une réflexion profonde sur notre temporalité et notre capacité d'action. Reconnaître et intégrer ces dimensions dans nos stratégies est crucial pour se projeter avec agilité dans un monde caractérisé par une complexité et une incertitude croissante. La notion du temps, dans toute sa richesse et sa multi – dimensionnalité, reste au cœur de cette démarche, guidant nos efforts pour imaginer et réaliser des futurs désirables.

Quatre préoccupations

Ces défis soulèvent quatre préoccupations qui nécessitent un traitement spécial et urgent de la part des prospectivistes, ainsi que des experts travaillant dans le domaine des études stratégiques et de l'élaboration des politiques publiques :

La première priorité est d'ordre épistémologique et conceptuel. D'une part, elle implique de réfléchir de manière globale aux innovations technologiques et aux impacts économiques, sociaux, juridiques, éthiques et politiques qui en découlent. D'autre part, cette priorité nous amène à revoir nos représentations sur le concept d'innovation technologique. Le futur et le temps, ainsi que les espaces qui existent entre le travail prospectif, l'exercice d'attente et l'exercice constructif. Les études prospectives se distinguent des études stratégiques, dans la mesure où les premières cherchent à comprendre la réalité d'une situation ou d'un phénomène particulier, en étudiant les dynamiques qui se produisent à l'intérieur et autour du phénomène, dans le but d'identifier les différentes tendances (lourdes ou légères), de l'évolution ou de transformation d'un phénomène, tandis que les secondes sont basées sur des objectifs spécifiques, des outils sont recherchés pour les atteindre et un travail est effectué pour augmenter les chances de minimiser les retombées négatives, augmenter les chances de le transformer en opportunité. Il est réalisé en traitant des capacités, des faiblesses et des forces disponibles et en neutralisant les risques potentiels, tandis que les études prévisionnelles, par leur nature à court et moyen terme, visent à construire des attentes basées sur les opportunités disponibles pour dessiner les tendances de base vers une voie de base.

La deuxième priorité est liée à la question de la coopération sous toutes ses formes, permettant de poursuivre la construction de plateformes de communication et de coopération entre différents secteurs et entre ceux qui s'intéressent au numérique et à l'intelligence artificielle et les spécialistes des études prospectives, avec l'espoir que ces plateformes seront des espaces de partage de connaissances et d'expériences, d'analyse des tendances, d'identification des défis communs et d'élaboration collective de scénarios futurs. Cependant, cette intelligence collective est freinée par les écarts toujours plus grands entre le Nord et le Sud, qui font que l'état des inégalités prend des tournures dangereuses pour le bien-être des sociétés du Sud. Cet écart devient encore plus aigu à la lumière des risques croissants dans le domaine du changement climatique, de la sécurité alimentaire et d'autres questions transversales, pour lesquelles le Nord n'est toujours pas traité sur un pied d'égalité avec le Sud.

Cette priorité nous amène à une troisième priorité, liée à la préparation aux transformations et au renforcement de la capacité à contrôler la construction de l'avenir, à travers deux approches : (a) la première vise à développer la société de la connaissance, lutter contre l'illettrisme numérique et faire progresser l'expertise humaine ; améliorer et encourager l'apprentissage continu et l'adaptation aux changements rapides dans le domaine technologique, et bénéficier des leçons tirées des expériences antérieures et des recherches et études disponibles pour améliorer notre compréhension des tendances futures et analyser leurs impacts potentiels. Dans ce cadre vient la deuxième approche (b) qui vise à encourager la pensée créative et l'innovation dans l'élaboration de scénarios futurs, y compris l'utilisation de techniques d'analyse, de régression, de prévisions statistiques, de modélisation mathématique et de techniques avancées d'intelligence artificielle pour produire des scénarios de valeur prospective. Aujourd'hui, il est devenu urgent de renouveler la réflexion sur les mécanismes de prévision et de construction de scénarios futurs, ce qui nécessite la flexibilité et la coopération globale entre les individus et les différentes institutions, ainsi que l'adoption d'approches multidisciplinaires et intégrées.

I. L'impact des usages de l'intelligence artificielle généralisée et accélérée sur l'anticipation et la maîtrise du futur :

La période entre décembre 2019 et début 2022, pendant la crise pandémique du Covid-19, a été l'une des étapes préliminaires pour nous dresser à l'acceptation d'une 'offre automatisée inclusive, basée sur la distanciation, la communication virtuelle et l'amélioration des moyens de contrôle intelligents (système de villes intelligentes). Quant à l'intérêt généralisé que suscite aujourd'hui l'accélération des usages quotidiens de l'intelligence artificielle, il ne représente que le stade expérimental de son redéploiement vers la vie publique, après avoir été testé pendant des décennies dans des secteurs sensibles et vitaux par des centres de recherche, des agences de renseignement, et dans les industries militaires.

Depuis le lancement des applications CHAT GPT en novembre 2022, le monde a été plongé dans des discussions sur la manière d'utiliser efficacement l'IA dans divers secteurs vitaux - de l'agriculture au changement climatique en passant par le génie civil, la construction de logiciels, l'éducation, les services bureautiques, le tourisme, et les transports.. De même, nous constatons que nombreux sont ceux qui mettent en garde contre les effets d'une utilisation déraisonnable et excessive de l'intelligence artificielle dans les sociétés contemporaines, sur les économies, sur les identités culturelles et sur les nouveaux modes de vie en général. Cependant, le problème aujourd'hui n'est pas de savoir si nous acceptons ou non cette nouvelle offre d'un nouveau mode de vie, dans lequel la machine nous concurrence dans la gestion, la programmation et l'orientation de nos propres futurs, mais plutôt de savoir comment neutraliser les usages de manière à ce que nous ne perdions pas notre humanité au cours des cinq prochaines décennies, qui connaîtront une augmentation rapide des usages au quotidien de l'intelligence artificielle et capables de simuler les capacités neurolinguistiques de l'homme.

Nous pensons que la société est façonnée par les humains, mais avec la prolifération des technologies d'apprentissage automatique et d intelligence artificielle, il est clair que ce ne serait plus le cas. Des milliards de systèmes automatisés contribuent désormais implicitement à la construction sociale de la réalité en établissant des distinctions algorithmiques et des distinctions entre le matériel et l'immatériel de l'intérieur et de l'extérieur des plateformes. Cela poussera à aborder les algorithmes dans une perspective sociologique numérique et à les considérer comme des agents sociaux participant activement à la vie sociale. Ceci amène notre curiosité à essayer de comprendre comment la société façonne le code algorithmique et comment cette culture de coding dirigera le comportement pratique du code dans la culture et, à son tour, remodèle la société. Nous nous retrouvons face à un « environnement machine » qui jouera le rôle d'un mécanisme générateur fonctionnant à travers d'innombrables boucles de rétroaction reliant les humains à des agents sociaux artificiels, dans le contexte d'une infrastructure numérique et de structures sociales pré numériques.

L'une des nouveautés d'aujourd'hui est ce dont nous parlions il y a quelques années d'un « monde virtuel », mais que nous sommes soudainement passés à la « réalité virtuelle ». Il est devenu certain que la réalité virtuelle a un impact « matériel » sur nos vies sociales, psychologiques, politiques, économiques, commerciales et financières. Ainsi, les distances traditionnelles entre le matériel et l'immatériel se chevauchent.

Lorsqu'on regarde vers l'avenir, il est nécessaire aujourd'hui de prendre deux choses en considération : se concentrer sur les jeunes et leur fournir les compétences nécessaires pour relever les défis de l'avenir. Conscients que cette jeunesse est en train de former des factions avec la génération des vétérans parmi nous, nous nous dirigeons vers la construction d'une génération qui soit la génération des « Digital Natives » (personnes nées ou élevées à l'ère numérique et qui ont des niveaux élevés de familiarité avec les ordinateurs, Internet et la technologie numérique dès le plus jeune âge). - Ils acceptent donc mieux les services liés à Internet et sont des utilisateurs enthousiastes des médias sociaux.

L'utilisation croissante de l'IA améliorera inévitablement les services pour la plupart des gens au cours des trois prochaines décennies, et elle jouera un rôle crucial dans l'obtention d'informations pertinentes et opportunes pour de nombreux cas d'utilisation, tels que la compréhension des comportements des consommateurs, des stratégies des concurrents et des tendances du marché. Mais la prochaine génération enseignée dans des programmes conçus sur la base des innovations de l'apprentissage automatique et de l'intelligence artificielle sera une génération plus dépendante de l'effort, de l'intelligence et du pouvoir suggestif de la machine autonome, ce qui la rendra plus intime (et je dirais pas dépendante) avec la machine. Notre approche de la question de l'engagement des jeunes n'est pas considérée sous un angle démographique. Mais c'est aussi une question existentielle, qui nous oblige à aborder l'avenir en dehors du cercle des conflits générationnels, et à aborder l'avenir avec une flexibilité qui combine les résultats d'algorithmes et d'apprentissage automatique, mais en préservant le sens Humain, et parfois le sens Irrationnel dans la création du futur. Feu Mahdi El-Mandjra n'a pas hésité à dire que nous devons combiner les trois composantes des sciences de Future dans la construction de l'avenir, à savoir : les études prospectives globales, les études prospectives stratégiques, les études prévisionnelles (nationales et sectorielle). Il a fait appel à ce qu'il a appelé à La clairvoyance (Al Istishraf/ Al Istibsar) qui est la capacité d'arbitrer entre ce qui est rationnel, logique et cohérent avec les données statistiques et les algorithmes, et ce qui rend les gens heureux et assure leur bien-être. Tout cela est une connaissance dont nous avons besoin aujourd'hui : certainement, nous avons besoin d'une analyse algorithmique et quantitative des données pour déterminer nos opportunités dans un avenir proche et moyen, mais nous avons également besoin de créativité et de capacité à transformer nos faiblesses en opportunités pour construire un nouvel avenir.

La pratique de la prospective dans ce sens comprend trois éléments : une réflexion globale, la sagesse de donner la priorité aux intérêts des gens sur les chiffres, puis la capacité de négociation pour équilibrer les grandes tendances, et notre capacité à contrôler, modifier ces tendances

L'INTELLIGENCE CLIMATIQUE*

Driss Guerraoui

L'objet de cette contribution est de répondre à cinq questions essentielles :

– Pourquoi l'intelligence climatique est importante aujourd'hui ?

– Quel est l'objet de l'intelligence climatique ?

– Quelles sont les missions et les finalités de l'intelligence climatique ?

– Quels sont les domaines d'action de l'intelligence climatique ?

– Et enfin, comment le Cercle de réflexion de l'UOD pourrait apporter sa contribution à ce chantier.

I. Pourquoi l'intelligence climatique est importante aujourd'hui ?

L'Humanité vit dans un contexte particulier marqué par un doute généralisé renforcé par les craintes des composantes agissantes de la communauté internationale en l'avenir de l'engagement effectif des États vis-à-vis des objectifs inscrits dans les conclusions et les décisions prises lors des différentes conventions des partis, la dernière en date étant la COP28 tenue à Dubai décembre 2023.

Face à cette situation, il apparait nécessaire de concrétiser l'espoir citoyen universel en rétablissant la crédibilité des organisations internationales, des États, des entreprises et des territoires en vue de retrouver par l'action la confiance dans ce que ces derniers entreprennent en matière d'adaptation et d'atténuation des impacts divers des changements climatiques.

Dès lors, il est d'autant plus urgent d'agir que les ruptures écologiques, les irréversibilités en matière de biodiversité et l'état des interdépendances en termes d'externalités négatives des changements climatiques sur l'ensemble des dimensions de l'écosystème planétaire et de la vie quotidienne des populations de par le monde ont atteint des niveaux record, menaçant la sécurité humaine globale. De ce fait, nous sommes devant un choix existentiel vital pour le destin futur de l'Humanité entière que seule la mobilisation de l'intelligence climatique, de la veille stratégique environnementale, et la mise à contribution du génie des communautés et des territoires au service de la durabilité de nos écosystèmes naturels sont à même de rendre possible. C'est tous ces niveaux que se situe l'importance de l'intelligence climatique dans les stratégies futures en matière de gouvernance des questions d'environnement.

II. Quel est l'objet de l'intelligence climatique ?

Branche de l'intelligence économique, l'intelligence climatique a pour objet de construire un écosystème informationnel de veille stratégique environnementale à finalité opératoire utile pour les États, les collectivités territoriales, les entreprises, les acteurs associatifs et les citoyens pour atteindre des objectifs en matière d'innovation, d'adaptation et d'atténuation des impacts des changements climatiques ainsi que pour explorer des financements innovants adaptés aux réalités des communautés et des territoires qui en ont le plus besoin.

III. Quelles sont les missions et les finalités de l'intelligence climatique ?

Cet écosystème, tout en s'appuyant sur les techniques et les bonnes pratiques de l'intelligence économique, a comme missions spécifiques :

1. Comprendre et analyser le contexte climatique dans lequel évolue un territoire et une communauté, en vue d'accroître leurs capacités d'adaptation aux réalités de changeantes de ce contexte, et ce en leur offrant les éléments d'information les plus pertinents pour détecter les menaces probables dont ils sont ou/et pourront être l'objet, et explorer en conséquence les solutions appropriées à ces menaces ;
2. Prévoir et anticiper les évolutions climatiques futures par l'élaboration de stratégies endogènes de veille stratégique ;
3. Développer des solutions alternatives en matière de production, de consommation, d'échange et de coopération en renforçant les potentialités d'innovation des territoires et des communautés en matières technologique, managériale, financière, intentionnelle et sociétale, et ce pour accroître les capacités immunitaires des acteurs de ces communautés et territoires ;
4. Élaborer une prospective au service d'une durabilité des écosystèmes productifs fondée sur le principe de la préservation des intérêts des générations futures et la recherche d'un équilibre intelligent entre l'Homme et la Nature ;
5. Assurer la sécurité climatique des territoires par la protection du patrimoine végétal et animal, la préservation des ressources naturelles, et la recherche

d'alternatives énergétiques, hydriques, technologiques et organisationnelles en matière d'activités productives ;

6. Offrir les conditions nécessaires pour se protéger contre les risques, les aléas, et les incertitudes dont les communautés et les territoires sont l'objet ;
7. Assurer la maîtrise anticipée des catastrophes de toute nature ;
8. Et enfin, offrir les savoirs, les savoir-faire, les qualifications et les modalités d'organisation pour un meilleur management des mutations et une conduite maîtrisée des changements induits par les dérèglements des écosystèmes climatiques.

IV. Quels sont les domaines d'action de l'intelligence climatique ?

Partant de ces cet objet et de ces missions, les domaines d'action de l'intelligence économique sont très extensifs. Ils comprennent, notamment la biodiversité, l'efficacité énergétique, les énergies renouvelables, l'assainissement et le traitement des eaux usées, la production propre, la mobilité durable, les politiques de reboisement, les modes durables de construction du cadre bâti, les modèles de consommation, d'échanges et de coopération, l'agriculture biologique et l'élevage durable, l'économie bleue, l'économie verte, la veille juridique, environnementale, les financements verts, la justice climatique, etc.

V. Comment le Cercle de réflexion de l'UOD pourrait apporter sa contribution à ce chantier ?

Il a été créé au sein de l'Université Ouverte de Dakhla, en décembre 2021 un Cercle de recherche dédié à la réflexion sur la problématique de l'intelligence climatique., dont les membres fondateurs sont : Driss Guerraoui, Samira Bouina, Fahd Assila, Noureddine Tabet et Hassan Aguezzoul. Ce Cercle est ouvert à tout chercheur, expert, acteur institutionnel de la société civile, et organisation publique et privée, nationale, régionale ou internationale concernés par cette problématique. Ce cercle a élaboré une feuille de route définissant les actions à entreprendre et les objectifs à atteindre aux titres des années 2024 et 2025. Il s'agit en particulier des initiatives suivantes :

– L'élaboration d'un référentiel fondé sur des indicateurs de mesure de l'intelligence climatique. Ce référentiel servira de base à la mise en place d'un indice de l'engagement climatique des pays. Cet indice s'érigera en baromètre évaluant les bonnes pratiques en matière de gouvernance de la transition climatique ;

– La mise en place d'un observatoire de veille climatique qui aura pour objet de collecter des informations par pays et groupements régionaux portant sur les éléments suivants : la réglementation climatique, la veille technologique climatique, les crimes environnementaux, mener des études prospectives à l'échelle des territoires, identifier les bonnes pratiques dans les secteurs de l'agriculture, de l'eau, de et l'énergie. Cet observatoire servira à collecter les données statistiques officielles sur le climat, cartographier les principaux acteurs dans ce domaine aux niveaux international, national et régional. L'objectif étant de produire de l'information dans un portail dédié, de développer les publications mensuelles numériques dans ces domaines et réaliser des dossiers spéciaux sur le droit à l'humanité à travers des actions climatiques.

– Mener des études de prospective climatique en vue d'éclairer les décideurs et l'opinion publique sur les effets et les risques liés au climat. À ce niveau seront privilégiées les études prospectives préventives et celles pouvant fournir les outils de veille stratégique environnementale.

– L'élaboration d'un guide méthodologique pour la réalisation des diagnostics climatiques territoriaux ;

– Élaboration d'un référentiel des métiers de l'économie verte, de l'économie bleue et du développement durable ;

– Définition des contours d'un programme de formations dédié aux métiers du climat.

Par ailleurs, dans le cadre de ses actions de plaidoyer pour le climat, une stratégie d'influence sera initiée. Elle se basera sur les éléments suivants :

– Actions de plaidoyer auprès de la communauté internationale :

– Participer aux événements organisés par les organisations internationales et régionales (Nations Unies, Union européenne, Union Africaine, UP Méditerranéen,) ;

– Impliquer les associations qui travaillent sur le climat et les domaines connexes notamment, celles qui ont le statut consultatif auprès de l'ECOSOC ou de l'Union Africaine ;

– Création du Prix international de l'intelligence climatique qui récompense les actions innovantes et met en valeur les personnalités du monde des arts, de la culture, du savoir, de l'entreprise, de la politique, du sport et de la société civile engagées dans le combat pour la cause climatique.

– Produire un écokid-droit de l'humanité à l'adresse des enfants. Il s'agit par ce volet de prendre en compte les intérêts des générations futures en assurant aux enfants une éducation climatique et en vulgarisant auprès d'eux le concept de droit de l'humanité.

– Enfin, mener une campagne internationale de sensibilisation qui vise à changer les comportements des citoyens par rapport aux Droits de l'Humanité.

Dans cette perspective, un séminaire international sur le thème « Les jeunes et les changements climatiques, Quels rôles et quelles contributions », a été organisé sous le Haut Patronage de Sa Majesté le Roi Mohammed VI, à Benslimane au Maroc le 28 février 2024 dans le cadre d'un partenariat entre l'Association d'Études et de Recherches pour le Développement et le Conseil de la région de Casablanca-Settat, avec l'appui d'acteurs nationaux et la participation de la Présidente, Madame Corinne Lepage et de membres de la Déclaration Universelle des Droits de l'Humanité. Ce séminaire international, qui a réuni près de 250 jeunes du Maroc et des cinq continents Monde a été couronné par la création d'un « Réseau International des Jeunes pour la Déclaration Universelle des Droits de l'Humanité ».

Ce texte est le produit d'une recherche en cours dans le cadre du « ***Cercle de Réflexion sur l'Intelligence Climatique* », dont j'assure la coordination et auquel contribuent Mlle Samira Bouina, Fahd Assila, Noureddine Tabet et Hassan Agouzoul.*

IV
GRANDS TÉMOINS
ACTEURS ET INSTITUTIONS DES NOUVEAUX TERRITOIRES DE L'INTELLIGENCE ÉCONOMIQUE

L'INTELLIGENCE POLITIQUE

Harouna Kaboré

Introduction

La quatrième rencontre du Forum des associations africaines d'intelligence économique s'est tenue à Dakhla au Maroc du 7 au 8 décembre 2023 sous le thème : « les nouveaux territoires de l'intelligence économique en Afrique et dans le monde »

Cette contribution sur la thématique de l'intelligence politique est faite lors du panel consacré aux grands témoins consacrés aux « acteurs et institutions des nouveaux territoires de l'intelligence économique ».

Aujourd'hui, sans conteste, l'économie est une économie de l'information. Nous appartenons à une ère où l'économie est fondée sur la maîtrise de l'information. Pour demeurer performants, compétitifs, avoir une position de leadership, et de puissance, les États se doivent de redoubler d'ardeur et de faire sans cesse preuve de créativité et d'innovation. Le management moderne offre des armes redoutables et éprouvées à l'État et aux entreprises, dont le système d'information et l'intelligence économique, pour étendre substantiellement sa part de marché et contribuer ainsi à l'effort de développement et à l'hégémonie nationale. L'intelligence économique est un système de management adapté aux enjeux actuels de survie, de pérennité et de développement des organisations. Selon Baumard (1991), l'IE permet de passer d'une organisation passive à une organisation active. Tout État alliant efficacement la pratique de l'IE et la prospective passe au stade d'État stratège.

À l'ère de l'économie de l'information, la puissance des États se mesure à leur capacité à protéger leurs actifs matériels et immatériels notamment dans les secteurs vitaux au regard des nombreux risques d'attaque et d'intrusion. Pour faire face à ces enjeux, les États et les entreprises sont amenés à mettre en place des politiques de sureté de l'information et de gestion du risque informationnel. La qualité des gouvernants des États est donc déterminante pour le protéger face aux adversités externes de tout type, pour élaborer et mettre des politiques publiques efficaces de développement le conduisant à la prospérité sociale et économique.

L'intelligence économique est l'ensemble des moyens qui, organisés en système de management de la connaissance, produisent de l'information utile à la prise de décision dans une perspective de performance et de création de valeur pour toutes les parties prenantes. La veille stratégique, la compétitivité, la gouvernance du système d'information, la protection des actifs, et l'influence constituent les outils de l'intelligence économique permettant à l'entreprise ou à l'organisation d'atteindre la performance. L'intelligence économique ou stratégique est fonction de la prospective, car elle permet aux entreprises d'identifier des signaux faibles de sortir du court-termisme et de prendre de bonnes décisions maintenant et dans l'avenir. Cela requiert une forme d'intelligence des acteurs, des hommes et femmes politiques : une intelligence politique reposant sur un cycle de l'action politique.

Définitions et généralités de l'intelligence politique

L'intelligence est définie globalement comme étant l'ensemble des facultés de conception, de compréhension et d'adaptation. Comprendre l'environnement organisationnel pour en saisir la culture et la structure, pour observer les tendances, pour comprendre les relations de pouvoir et pour connaître les objectifs de tous les acteurs clés nécessite une démarche impliquant une veille stratégique, une sécurité des idées et des stratégies et enfin une capacité d'influencer les acteurs. Ce cycle de l'action politique est l'intelligence politique.

« L'intelligence politique suppose des prérequis au nombre desquels le recueil de données exactes leur analyse et la prise en compte de tous les aspects émotionnels mis en lumière par les neurosciences et les processus de décision » (Bernard BESSON & Jean Claude POSSIN, 2022). Dans la pratique l'intelligence politique consiste en un travail de veille, c'est-à-dire de surveillance de son environnement stratégique. Il s'agit, pour les leaders et les organisations politiques, d'aller en quête d'informations pertinentes ayant un sens par rapport à leurs projets ou activités. Cet environnement concerne à la fois le niveau local, mais aussi les évolutions internationales pouvant influencer le cours des événements nationaux. Cela implique une analyse de l'évolution de la qualité et de l'offre des challengers politiques et autres groupes de pression et une saine compréhension des besoins et des attentes des électeurs et des populations en général).

Si l'intelligence économique, c'est recueillir et utiliser rationnellement l'information pour mieux comprendre et donc mieux décider. L'intelligence émotionnelle quant à elle permet de questionner, de raisonner sur l'information et de prendre une décision. Alors l'intelligence politique c'est en partie l'Intelligence économique via l'intelligence émotionnelle L'intelligence politique va ainsi s'intéresser davantage à la prise de décision du personnel politique, mais aussi à l'observation de la vie publique au sens large.

L'intelligence politique et la conduite des politiques publiques de développement

La conduite des affaires de l'État, la gestion des insultions et l'élaboration et la mise en œuvre des politiques publiques de développement obéissent a des règles de planification, de pilotage et de gestion des projets et programmes suivant la politique économique de chaque État. Durant quatre ans, en tant que ministre du commerce, de l'industrie, du commerce et de l'artisanat du Burkina Faso, j'ai élaboré et conduit la mise en œuvre de politiques publiques de développement relatives aux missions dévolues au département dont j'avais la charge. Découlant de la vision du chef de l'État, les réformes, les projets, les programmes, les rencontres, l'accompagnement des acteurs du secteur privé conduits par mon département ont connu des succès et des insuffisances. Ces insuffisances ou ces succès sont, au-delà des influences de facteurs exogènes sur la mise en œuvre des actions de mon département (disponibilité des ressources, crises sécuritaires, crises politiques) principalement liées à la qualité du travail effectué par mes collaborateurs et moi. Nos intelligences, nos habiletés et nos capacités à analyser l'environnement, à comprendre les attentes des acteurs ou publics cibles et à apporter les réponses ont impactés positives ou négativement le niveau des résultats obtenus.

L'expérience et la formation des hommes et femmes chargés de conduire les politiques publiques déterminent également en partie les résultats des actions des organisations dont ils ont en charge. Mon expérience antérieure de chef d'entreprise avant d'occuper la fonction de ministre fut un atout pour mieux cerner avec mes collaborateurs les attentes des acteurs du secteur privé. La connaissance des acteurs majeurs de l'économie, des défis et des attentes du secteur privé, des contraintes des PME en les ayant les vécus moi-même par le passé ont été un atout dans les diagnostics qui précédèrent la formulation des stratégies et des plans d'action sectorielle. Des réformes et des actions telles l'élaboration de la stratégie nationale de l'industrialisation, la promotion des investissements, l'adoption du code des investissements, la promotion et le financement des PME, l'accompagnement du secteur informel vers leur formalisation, etc., ont été faites en utilisant des cadres mis en place comme les rencontres régionales, sectorielles et nationales entre l'État, ses démembrements et les acteurs du secteur privé au niveau des régions et au niveau national. Un dialogue État secteur Acteur de la société civile depuis le scolaire et l'université.

Les attentes des consommateurs que nous avons contribué à porter à travers notre vie associative antérieure dans le Think Tank Burkina International, dans des associations d'entrepreneuriat social (association ENDOGÈNE) et dans les structures d'appuis au secteur privé en tant qu'ancien élu consulaire à la chambre de commerce et d'industrie du Burkina furent également des expériences qui ont été utiles dans la collecte des informations pour des décisions appropriées et à temps. « L'homme qui détient une mauvaise information prend toujours une mauvaise décision » écrivait Colbert.

Selon Baumard (1991), l'IE permet de passer d'une organisation passive à une organisation active. Tout État alliant efficacement la pratique de l'IE et la prospective passe au stade d'État stratège. Tout dirigeant d'organisation publique ou occupant une fonction administrative ou politique qui exploitant judicieusement les outils de l'intelligence économique telle la veille renforce ses son intelligence politique. En effet, en créant au sein de mon département une cellule d'intelligence économique, nous avons pu anticiper sur des problématiques à traiter au regard des enjeux liés à l'approvisionnement du territoire en produit de grande consommation, notamment les produits pétroliers (avec les hausses intempestives du prix baril), mais aussi en mettant en place une politique de promotion du consommons local. Ainsi, en rassurant les consommateurs via la certification et la labélisation des produits locaux, ces derniers ont évolué sur leurs habitudes de consommation en s'approvisionnant en produits locaux, contribuant ainsi à peser dans les facteurs qui ont permis une inversion de la balance commerciale (devenue excédentaire au cours des années suivant ces décisions) et mettant alors le pays sur une trajectoire vertueuse d'une économie moins entravertie, car trop dépendante des exportations de denrées de grande consommation. L'anticipation a également concerné le traitement des crises naissantes avec des acteurs du privé. Nous avons en outre pu élaborer avec diligence un rapport d'analyse de la crise de la COVID 19 et ses conséquences et proposer des actions de mitigations sur le plan économique. Des mesures ont pu être prises sur la base de la contribution du travail effectué par la cellule dans le cadre d'un plan national élaboré par l'État. Les champs d'application de l'IE sont chaque jour élargis. Qu'il soit défini ou pas, de nouveaux territoires de l'IE telle l'intelligence politique est la preuve que l'efficacité dans la décision dans tous les domaines est tributaire d'une bonne gouvernance de l'information.

Conclusion

L'intelligence économique procède d'un concept politique qui repose sur la mise en œuvre par les pouvoirs publics d'une véritable politique de compétitivité internationale. Les nouveaux territoires de l'IE telle l'intelligence politique sont autant de cycles d'action qui utilisent les piliers de base de la même IE ; l'information restant la matière première principale à traiter pour agir, protéger et influencer.

« Ce qui caractérise notre époque », remarquait naguère Albert Einstein, « c'est la perfection des moyens et la confusion des fins ». Devenir un fin stratège en s'inscrivant dans un process d'intelligence politique ne veut pas dire pour autant renoncer à ses valeurs et à son éthique personnelle. L'objectif est de développer un modèle de comportement efficace et éthique et une méthode de formulation de réponses aux problématiques de la cité et une résolution des situations politiques qui s'appuient sur divers exemples issus du secteur privé comme public.

L'INTELLIGENCE ÉCONOMIQUE : DE L'ADAPTATION SOUS CONTRAINTE À L'ANTICIPATION COLLECTIVE

Jean-Louis Levet

France, Université de Montpellier, 6 novembre 1981 : ma soutenance de thèse d'Etat en sciences économiques qui porte sur les stratégies de firmes multinationales vient de s'achever après cinq heures de débat. Au cours du petit buffet qui suit, entouré de membres de ma famille, de quelques amis et d'anciens professeurs, je peux alors échanger très librement avec les membres de mon jury, dont deux présidents de groupes multinationaux qui avaient fait le déplacement. Aux patrons respectifs des groupes de taille mondiale, l'américain *International Harvester Company et le canadien Massey Ferguson,* , tous deux constructeurs de machines agricoles, je leur demande : « Quelles principales qualités doit avoir un chef d'entreprise aujourd'hui ? ». Réponses quasiment communes : « *Lucidité, modestie, audace et prise en compte du collectif et du long terme* ».

Cette réponse n'allait pas du tout de soi quand on la remet dans le contexte de l'époque. Souvenons nous : après trois décennies de forte croissance, deux puissants chocs pétroliers vont successivement déstabiliser les économies occidentales largement dépendantes des hydrocarbures : en 1973, avec le quadruplement du prix du baril qui passe de 4 à 16 dollars à la suite de la guerre du Kippour entre Israël et ses voisins arabes ; puis à nouveau en 1979, avec un doublement du prix du baril de 20 à 40 dollars, avec la chute du Shah d'Iran et la révolution islamique dans ce pays important producteurs de pétrole. La croissance s'effondre, les profits des entreprises régressent, le taux d'inflation augmente, les déficits budgétaires s'accroissent et le chômage de masse fait son apparition[71], provoquant ainsi une situation inédite. Leurs propres entreprises subissaient la brutalité de ces deux chocs successifs en moins de six ans, provoquant des plans de licenciements, des cessions d'actifs, une remise en cause des modes d'organisation, etc.

71. Dans le cas de la France, à titre d'exemple, le taux de chômage double entre 1972 et 1980 (de 2,2% à % à 5,1%), le taux d'inflation au cours de la même période passe de 6% à 13,5% en 1980. Quant eu taux de croissance, il dégringole de 6,3% en 1973 à – 1% deux ans plus tard.

Ils venaient sans le savoir, de me donner les caractéristiques clés du pilotage d'une démarche efficace d'intelligence économique (IE). Notion que je ne connaissais pas. J'y rajoutais une autre, encore plus fondamentale : la curiosité. Car sans curiosité, rien n'est possible. Je n'oublierai jamais cette leçon tout au long de ma vie professionnelle. Là où trop souvent, déni, suffisance, conformisme, et action au coup par coup caractérisent les comportements de trop d'acteurs politiques, économiques et financiers.

Intelligence économique : une notion, une démarche, un mode de pensée, un mode d'action

Au cours de mon travail de doctorant en cette fin des années 70 et du début des années 80, sur les comportements et les stratégies de firmes multinationales dans des domaines aussi différents que le machinisme agricole et les eaux minérales, et mes nombreuses rencontres avec des dirigeants d'entreprises, je m'étais rendu compte qu'en réalité, l'efficience d'une action, le succès d'un projet, l'élaboration d'une stratégie et sa mise en œuvre, nécessitent de ne pas se limiter à des comportements d'adaptation, certes indispensables voire vitaux dans certains cas mais insuffisants, et de privilégier des capacités d'anticipation. Il est plus aisé de privilégier des comportements d'adaptation sous contrainte et de réaction : contrainte de la concurrence, d'une nouvelle innovation, d'un choc extérieur, etc. Y compris dans notre vie quotidienne.

Anticiper, tout en prenant bien sûr en compte les évolutions émergentes, que ce soit pour un Etat, un territoire, un secteur d'activité, une entreprise, c'est à la fois un mode de pensée, et un mode d'action[72]. Un mode de pensée lié à la nécessité d'une culture de la stratégie et d'une approche prospective. Un mode d'action comme démarche pratique : accepter de partager l'information au service de la coordination des acteurs et des activités tant au sein de l'entreprise par exemple qu'entre celle-ci et son environnement.

Là où trop souvent, j'ai pu le constater, l'information est considérée comme un élément *de pouvoir sur les autres* qu'il convient de garder pour soi, alors qu'elle doit être perçue comme un élément de *mieux agir avec les autres*, dans son organisation, quelle qu'elle soit[73]. Sinon comment travailler et agir en confiance

---

72. Jean-Louis Levet, *L'intelligence économique. Mode de pensée, mode d'action,* Editions Economica, 2001.

73. Le texte de Roland Meyer fondé sur une approche anthropologique, « L'intelligence économique : du désir de compétitivité au geste offensif», Revue d'Intelligence Economique (Revue de l'Association Française pour le Développement de l'Intelligence Economique), numéro 1, mars 1997.

avec ses collègues, ses équipes, ses partenaires ? C'est la puissance d'agir, d'innover, d'analyser, d'anticiper, qui va fonder le lien social au cœur de la démarche d'IE.

Dans cette perspective, j'apprends progressivement que c'est l'aptitude individuelle et collective non seulement à comprendre l'information, mais aussi à produire et à maîtriser la connaissance nouvelle et à agir sur un mode coopératif qui fonde la performance globale d'une entreprise dans la durée, le développement d'un territoire, la prospérité et la puissance d'un Etat ou encore d'un ensemble de pays partageant une même communauté de destin, comme c'est le cas avec l'Union européenne.

Restons humble : de tous temps, la gestion à des fins stratégiques de l'information et plus largement de la connaissance a été utilisée par les hommes, les Cités, les empires, les nations. L'IE a toujours existé. Pour le seul XXe siècle, citons par exemple des Etats aussi différents que la Hollande avec son savoir-faire commercial, l'Italie et son formidable réseau de PME innovantes, la Suède qui a su construire à la charnière des deux blocs idéologiques de la guerre froide, un modèle de compromis de type social-démocrate, au sein duquel la sécurité économique est une priorité. Les cas des Etats-Unis, de l'Allemagne, du Japon ou encore de la Corée du Sud pour ne citer qu'eux sont aussi fort connus et bien documentés.

Une approche globale pour appréhender la complexité du réel

L'intelligence économique n'est ni une nouvelle mode de management, ni une boîte à outils révolutionnaire avec l'intelligence artificielle à l'appui au service de la compétitivité des entreprises. Elle se développe grâce à la mobilisation de plusieurs disciplines : la gestion, la communication mais aussi l'économie politique, la géopolitique, l'Histoire, les sciences cognitives, la psychologie sociale[74].

Il faut dire que j'ai eu la chance formidable de bénéficier successivement en fin du cycle du secondaire, puis en première année à l'Université, de deux professeurs de sciences économiques, qui nous ouvraient des horizons bien au-delà de la doxa économique dominante, en créant les liens entre cette discipline et l'histoire, la géographie, la sociologie, les mutations techniques. Je plongeais au cours de cette décennie 70 dans tous les rayons de la bibliothèque de l'Université quelle que soit la discipline concernée, et des deux principales librairies de la ville pour découvrir et lire des auteurs exemplaires dans leur façon de partir de leurs disciplines respectives pour penser la société et le monde par une approche transdisciplinaire : par exemple des auteurs aussi marquants pour moi que Fernand Braudel et John

74. Comme l'analyse Nicolas Moinet dans son article « L'épistémologie de l'intelligence économique face au défi de la communication », Revue internationale d'intelligence économique, 2009/2 (Vol 1).

Hale (historiens), Henri Laborit (biologiste), Edgar Morin (sociologue), Karl Polanyi et Eric Hobsbawm (économistes), Bruno Bettelheim (psychanalyste), Marcel Conche et Ernst Cassirer (philosophes), Michel Serres cet extraordinaire encyclopédiste et historien des sciences que j'ai eu la chance plus tard de rencontrer à plusieurs reprises et qui m'a appris *à concilier lucidité et optimisme.*

Ce duo lucidité/optimisme nous permet d'agir au présent pour demain, sans lequel nous devenons nihilistes, opportunistes, complotistes ou catastrophistes. Aujourd'hui ce sont, hélas, quatre tendances bien présentes dans les débats et les comportements.

Affronter le simplisme de la pensée : entre « guerre économique » et doctrine néolibérale

Comment alors ne pas concevoir l'intelligence économique autrement que comme une approche globale et non inféodée à une pseudo-doctrine dominante nécessairement restrictive face à la complexité du réel ?

Comme cela a par exemple été le cas en France notamment jusqu'au milieu des années 2000 avec l'utilisation abusive, simpliste et bruyante de la notion de « guerre économique », dont la vision de l'économie qui ne se renouvelle pas se cantonne à celle d'un champ de bataille militaire, la culture stratégique au binôme « offensif/défensif » et les pratiques mises en avant à l'espionnage, la déstabilisation et l'influence. Un peu court pour développer une entreprise, construire un territoire ou élaborer et mettre en œuvre des politiques publiques. A l'autre bout du prisme du simplisme dans la pensée, pour faire bonne mesure, la conception néolibérale de l'économie limitée au libre-échange et à l'Etat minimum est tout aussi pauvre, contre-productive et peu mobilisatrice pour affronter le réel. De véritables « défaites » de la pensée humaine[75].

Je me souviens encore des propos consternants tenus au cours des années 80 respectivement par Ronald Reagan, alors président des Etats-Unis lors de son discours d'investiture le 20 janvier 1981, « Dans la crise actuelle, l'Etat n'est pas la solution à notre problème ; l'Etat est le problème » et par Margaret Thatcher six ans plus tard, Première ministre du Royaume-Uni : « La société ça n'existe pas, il y a des hommes, des femmes, des familles... »[76]. Dans la grille de lecture de la « guerre économique » comme dans celle de la conception néolibérale de

75. Pour rependre le titre d'un essai du philosophe Alain Finkielkraut, *La défaite de la pensée*, publié en 1987, Gallimard.

76. Entretien donné par Margaret Thatcher le 31 octobre 1987 au magazine britannique « Woman's Own ».

l'économie, ces deux pensées simplistes ne connaissent que deux catégories : ami ou ennemi. Mais la vie n'est pas un jeu vidéo pour adolescents.

Une nouvelle étape : contribuer au développement technologique et industriel d'un Etat

A l'opposé de l'idéologie néolibérale en provenance des Etats-Unis qui envahissait de nombreux esprits sur tout le continent européen, durant cette décennie, j'avais rejoint en avril 1082, après un travail réalisé pour la direction de la stratégie du groupe Renault, la direction générale du Ministère de la Recherche et de l'Industrie piloté par Jean-Pierre Chevènement et dont le directeur général était Louis Gallois qui deviendra par la suite le patron du groupe *Aérospatiale* puis du groupe européen *Airbus*.

J'allais faire l'apprentissage difficile mais ô combien enthousiasmant de l'élaboration de stratégies publiques dans l'industrie en lien avec la recherche et la technologie. Le contexte s'y prêtait. Une véritable politique technologique et industrielle, prenant en compte les liens étroits avec la recherche, se mettait en place : restructurer les secteurs en difficultés (ceux issus de la première révolution industrielle : textile-habillement, sidérurgie), moderniser les activités matures (construction automobile, chimie, biens d'équipements, etc) et promouvoir les nouvelles activités liées à la nouvelle révolution industrielle de l'informatique et de la robotique. Un énorme effort budgétaire était réalisé dans le domaine de la recherche publique avec une augmentation de 25 % des crédits civils de recherche dès 1982.

Ce ministère se mobilise sur des sujets cruciaux pour l'avenir, comme les biotechnologies, l'électronique et la productique, autrement dit tout ce qui concerne l'automatisation des processus de production et la conception et le développement des équipements adéquats par des entreprises implantées en France C'est sur ce dernier sujet que je suis mobilisé. Lors de mon entretien d'embauche avec Louis Gallois, celui-ci me dit non sans humour : « Dans ce ministère, il y a de nombreux polytechniciens qui débattent avec les chefs d'entreprise de sujets techniques ; des énarques qui font fonctionner l'administration ; j'ai donc besoin d'économistes qui connaissent le monde de l'entreprise ! ».

Durant les six années qui vont suivre, comme chargé de mission puis comme responsable de la division « Productique et automatisation de la production », je contribue directement à la définition puis à la mise en œuvre du « Programme national triennal productique » destiné à favoriser la performance des entreprises de biens d'équipement, en lien étroit avec les entreprises que je rencontre dans les multiples territoires du pays ; je participe à la mise en œuvre du Programme européen Eureka lancé à l'initiative de la France, qui a pour objectif de créer les conditions d'une coopération entre entreprises et en particulier les PME autour de projets innovants communs. Innovation technologique et organisationnelle des entreprises, coopération inter-entreprises, relations donneurs d'ordre-sous-traitants, développement des industries des machines : autant de missions qui nourrissent à la fois mes réflexions, ma méthode de travail, ma connaissance pratique du tissu industriel français et au niveau européen les mécanismes de fonctionnement. Je faisais de l'intelligence économique sans le savoir...

L'idéologie néolibérale au service de la désindustrialisation : à quoi peut alors servir l'IE ?

Mais la vague néolibérale n'épargne pas la France, convertissant un grand nombre d'acteurs dans le domaine financier bien sûr, mais aussi dans la sphère politique et même dans les universités. L'heure n'est plus à la politique industrielle, mais à la « libération de l'économie ». En 1986, les socialistes au pouvoir depuis 1981 perdent les élections législatives ; le Président Mitterrand nomme le leader de la droite Jacques Chirac Premier ministre. Au ministère de l'industrie, c'est le fougueux ultralibéral Alain Madelin qui est nommé ; il multiplie les discours depuis quelques années et les déclarations choc pour « faire triompher le moins-d'Etat ». Lorsqu'il nous réunit au ministère de l'industrie, mi-mars, je retiens une phrase clé stupéfiante qui résume parfaitement sa doctrine : « Je vous demande de ne plus prendre contact avec les entreprises : cette période est derrière vous ! » ; et il rajoute : « je me battrais pour réduire le budget de mon ministère ! ». Il n'eut aucun problème pour l'obtenir.

Cependant le programme d'action productique dont j'avais la responsabilité se poursuivait encore un an : il fallait donc envisager de quitter ce ministère en fin de période. Pourquoi rester ? Puisqu'il ne sert plus à rien. De plus, cette idéologie de l'ultra-libéralisme qui postule que seul le marché peut trouver les bonnes réponses aux questions économiques, va justifier et encourager le désengagement industriel qui ne pouvait que contribuer à amplifier les populismes de tous bords.

Trois idées reçues vont faire leur chemin en Europe et aux Etats-Unis : celle de « la société post-industrielle » qui domine à la fin des années 80, postulant que l'avenir est désormais dans les services. Puis dans la décennie 90, avec la financiarisation de l'économie, c'est l'idée de « L'entreprise sans usines » qui gagne les cerveaux fragiles de nombreux décideurs et « experts », alors même que dans le même temps les économies performantes sont celles qui dans leurs territoires, cherchent à multiplier les liens entre centres de recherche, universités, centres de production, afin de maîtriser les processus complexes et collectifs d'innovation.

Enfin, dans les années 2000, c'est « la nouvelle économie » qui s'impose, autrement dit la finance plus internet.

De même, l'Union européenne a largement contribué depuis la fin des années 80 à la montée de l'idéologie de marché, en choisissant de favoriser dans sa stratégie de croissance, le développement d'une large zone de libre-échange et de l'économie de service, plus soucieuse de garantir la concurrence à l'intérieur de ses frontières que de favoriser l'unité sur des projets communs, alors que dans le même temps, la concurrence japonaise devenait de plus en plus rude et que la Chine préparait sa montée en puissance.

Comme l'analyse le sinologue François Julien l'intelligence n'est pas corrélée à la lucidité[77]. Il faut attendre en effet plus de quatre décennies avec la guerre que la Russie de Poutine mène en Ukraine depuis février 2022, la domination de fait de la Chine dans de nombreux secteurs industriels et de haute technologie tout en ayant réussi à contrôler tous les maillons de la chaîne d'approvisionnement des technologies vertes et la domination américaine dans le numérique pour que l'Union européenne et ses chefs d'Etat prennent enfin conscience de sa dépendance stratégique. C'est dans le cadre du Forum social de la Hulpe, près de Bruxelles que Mario Draghi, l'ancien président de la Banque Centrale Européenne, le 16 avril 2024, appelle « à une réforme radicale » de l'Europe : « Nous nous sommes repliés sur nous même en voyant nos concurrents parmi nous, à l'intérieur, même dans des secteurs comme la défense et l'énergie, où nous avons des intérêts communs profonds »[78]. Quel constat accablant qu'il était possible de faire déjà depuis bien longtemps !

Exaspéré au milieu des années 80 de voir prospérer cette idée stupide de la « société post-industrielle », je publiais mon deuxième essai en 1988 *Une France sans usines ?*[79] : un cri d'alarme sur le danger d'une désindustrialisation possible et ses effets sur la prospérité du pays, ses emplois qualifiés, le rôle moteur des activités industrielles dans l'innovation technologique, la diversité des métiers, le développement des territoires et l'impératif d'un projet industriel national et européen à définir et à mettre en œuvre avec l'ensemble des acteurs concernés.

A sa sortie, je mesurais, à travers de nombreux articles dans la presse et d'entretiens dans les médias audiovisuels et plus d'une centaine de conférences réalisées dans nombre de territoires du pays, combien les Français étaient sensibles à

77. François Julien, *Une seconde vie*, Grasset, 2017, chapitre VI. Lucidité, p. 95.

78. Cité dans le quotidien économique « Les échos », lundi 29 avril 2024, p.9.

79. Aux Editions Economica ; puis une deuxième édition en 1989 que le président du groupe mondial l'OREAL, François Dalle avait souhaité préfacer, partageant nos analyses.

cette réalité et très lucides sur les conséquences. Mais cet essai n'eut aucune résonance au sein de la plus grande partie de la classe politique. Je vivais concrètement ce fossé énorme entre les citoyens et leurs responsables politiques qui se creusait et qui n'allait pas cesser jusqu'à aujourd'hui. A cours d'un débat qui suivit l'une de mes conférences dans une ville à tradition industrielle dans l'est du pays, plusieurs ouvriers d'une usine qui avait fermé, m'ont raconté cette anecdote : lors d'une réunion chez le Préfet de la Région concernée, pour trouver une solution, ce dernier leur annonça que des emplois allaient être créés, car à la place de l'usine, le terrain serait reconverti en un terrain de golf ! Stupeur autour de la table. « la société post-industrielle et de loisirs » était en marche. Et de fait l'utilisation d'une démarche d'IE ne peut être qu'inexistante dans un tel contexte.

L'apprentissage de l'IE s'amplifie

Les trois responsabilités suivantes que je vais exercer entre 1988 et 1992 vont me permettre de progresser dans la connaissance et la pratique de l'économie industrielle et territoriale, des stratégies d'entreprises et du rôle qu'un Etat stratège doit jouer, dans une mondialisation de plus en plus chaotique. Bref, autant de sujets liés qui nécessitent une démarche d'intelligence économique.

En 1988, Christian Pierret, député des Vosges, qui vient d'être nommé par le Parlement Président de la Commission de surveillance de la Caisse des Dépôts et Consignations (CDC), la principale institution financière publique[80] me propose de le rejoindre comme Conseiller Spécial pour les affaires économiques. Un nouveau contexte : les groupes industriels japonais dans l'automobile, l'électronique, les biens de consommation, concurrencent rudement les entreprises européennes et en déstabilisent plus d'une, en abaissant fortement les prix de vente, et aussi par leur capacité à innover. Des groupes français sont alors potentiellement la proie de groupes japonais par des structures actionnariales très atomisées. Nous allons avec la CDC à la fois contribuer à consolider les fonds propres de nombreuses entreprises afin qu'elles puissent investir massivement dans l'innovation, et rentrer dans le capital de plusieurs groupes français vulnérables, afin de donner un signal aux entreprises japonaises : « n y touchez pas ! ».

Puis deux ans plus tard, je rejoins un groupe industriel naissant, la Société Financière de Participation Industrielle (SFPI), comme directeur de la stratégie pour contribuer à organiser le groupe en pôles industriels en fonction des domaines d'activités des PMI présentes dans le groupe, de leurs métiers respectifs, de leurs

80. Dont les missions concernent en particulier la protection de l'épargne des Français, l'accompagnement des politiques publiques en faveur du développement économique, industriel et social, le renforcement des fonds propres des PME.

synergies potentielles. Leurs sites de production (mécanique, menuiserie, traitement de l'air en milieu industriel, etc) sont dans le nord et l'est du pays, des régions gravement touchées par les restructurations industrielles. Une mission complexe : concilier dans la mesure du possible sauvegarde de l'emploi, réorganisation de la production, réduction des niveaux hiérarchiques de l'entreprise pour concevoir de véritables processus d'innovation et de partage de l'information, nouveaux liens avec des partenaires : nos dirigeants d'entreprise sont à pied d'oeuvre. Il s'agit de mettre à profit ces transformations pour créer des pôles industriels cohérents fondés sur les synergies à identifier entre entreprises. Nous sommes là aussi au cœur d'une démarche d'IE pratique qui ne dit pas son nom.

C'est cette année là, en mai 1991 qu'une surprise de taille m'attend. Quelques semaines auparavant, le secrétariat de Edith Cresson, qui a déjà été maire, députée, députée européenne et plusieurs fois ministre (successivement entre 1981 et 1990, à l'Agriculture, au Commerce extérieur et Tourisme, à l'Industrie, aux Affaires européennes) me téléphone à mon bureau à la SFPI et m'informe que Madame Cresson souhaite me rencontrer.

Au cours d'un échange très cordial de plus de deux heures, autour d'une petite table ronde dans son bureau à la fois lumineux et à la décoration discrète, nous abordons à son initiative les sujets du développement de l'industrie française, l'apprentissage des jeunes, les enjeux d'une industrie française et européenne performante, les relations entre recherche et entreprise, etc...Au milieu de notre échange, Edith Cresson me dit de façon très élégante et avec beaucoup de simplicité : « J'ai lu votre livre *Une France sans usines ?* lorsqu'il est paru et j'ai demandé à tous mes collaborateurs de le lire ; j'ai suivi aussi votre parcours professionnel fort riche et peu habituel dans notre pays ». A la fin de notre entretien elle me demande si je suis d'accord pour laisser mes coordonnées personnelles à sa secrétaire. Un vendredi de mai, en fin de journée, un appel retentit alors que je suis plongé dans mes dossiers : je décroche mon téléphone et j'entends les mots suivants : « Ici Abel Farnoux, le conseiller spécial d'Edith ; bonjour Jean-Louis ; Edith veut que tu rejoignes son cabinet ; peux tu venir à Matignon demain matin ? ». J'étais stupéfait. Je ne connaissais pas cette personne qui me tutoyait comme si nous nous connaissions depuis toujours. Deux jours auparavant, le président de la République venait de nommer Edith Cresson Première ministre. Il ne m'était pas venu à l'esprit de faire le lien avec notre récent entretien.

Soucieux de ne pas quitter subitement l'équipe de direction de la SFPI, je demande à Abel Farnoux de me laisser un mois de transition. Puis ma mission est claire : dans le cadre du programme de la Première Ministre, il s'agit d'élaborer un Plan d'action pluri-annuel en faveur de l'investissement dans les PME/PMI du pays. Une « première » en France. En lien avec les partenaires sociaux (Patronat et Syndicats) et avec l'expertise et l'appui des ministères concernés et en particulier les trois suivants : le ministère de l'Industrie avec le jeune ministre Dominique Strauss-Kahn dont je savais pour le connaître que nous aurions son soutien ; celui de l'Economie et des Finances, toujours tout-puissant, avec Pierre Bérégovoy qui ne cache pas son amertume et sa colère de ne pas avoir été nommé à sa place et qui se projette pour les prochaines élections présidentielles de 1995 ; le ministère de la Recherche et de la Technologie, avec le grand scientifique Hubert Curien.

J'ai trois mois pour le réaliser. Et dans un contexte très difficile. La situation économique s'aggrave avec la récession anglo-saxonne, la guerre du Golfe. Le taux de croissance baisse. A l'intérieur du gouvernement, les équipes de Bérégovoy ne nous font aucun cadeau, ne voulant pas de ce Plan d'action, considérant qu'il coûtera inutilement de l'argent. A l'initiative de Edith Cresson une dizaine de groupes d'Etudes et de Mobilisation (GEM) ont été créés réunissant des acteurs de la société civile pour proposer des analyses et des propositions dans des domaines. L'un de ses GEM fort utile porte sur la thématique de l'investissement dans les PME. Il est présidé par René Ricol, un homme remarquable qui a le sens du Bien commun, j'en suis le rapporteur général.

Ce n'est pas la seule raison. D'autres sont moins aisées à avouer. A la fin d'une des réunions que j'organise à Matignon avec mes correspondants des différents ministères pour mettre un point de façon concertée un ensemble de mesures puissantes et complémentaires, l'un d'entre eux, de la Direction générale du Trésor, un jeune inspecteur des finances ose me dire ces quelques mots : « Pourquoi t'acharnes tu à aider les PME ? Elles ne font que frauder le fisc ! ». Hallucinant ! Quel mépris pour les petites et moyennes entreprises, leurs dirigeants, leurs équipes ! Et a contrario quelle admiration devant les grands groupes français et l'envie pour une partie de ces jeunes hauts fonctionnaires d'aller les rejoindre pour y gagner un revenu très confortable, tout en gardant le privilège de revenir dans l'administration en cas d'échec !

Ce Plan d'action en faveur des PMI fut présenté par la Première ministre à Bordeaux devant 2000 patrons réunis à Bordeaux le 17 septembre 1991. Le président de la Confédération Générale des PME (la CGPME) Lucien Rebuffel que j'avais rencontré à plusieurs reprises expliqua qu'il s'agissait « du premier plan global gouvernemental pluriannuel en direction des PME-PMI ».

Quelques jours plus tard, alors que Edith Cresson souhaitait un deuxième volet à ce Plan d'action et que je commençais à m'y mettre, un membre de ce même ministère, mais cette fois de l'équipe très rapprochée du ministre me tint ces propos, dans mon bureau sur un ton à la fois faussement respectueux et clairement menaçant : « Vous savez Monsieur le conseiller, vous ne serez pas toujours au cabinet du Premier ministre ». Je lui répondis très à l'aise : « vous savez, je suis de formation universitaire ; j'ai donc toujours le souci de ma liberté de penser et d'agir et d'assumer les responsabilités que l'on me confit, en l'occurrence la Première ministre ; vous devriez suivre à nouveau des cours de formation intensive sur le service de l'Etat et la loyauté que nous lui devons ». Il poursuivit une brillante carrière dans des institutions françaises et bien entendu dans le monde de la finance qui commençait à être à la mode au sein des élites du pays.

Edith Cresson me parla d'un autre sujet lié au Plan d'action en faveur des PMI, qui l'intéressait depuis plusieurs années, celui de l'intelligence économique afin de dynamiser les entreprises françaises. Sous la tutelle du ministère de la recherche dans un premier temps puis également sous celle du ministère des affaires étrangères, une association, l'ADITECH (Association de diffusion de l'information technologique) se transforma en une Agence, l'ADIT, afin de répondre dans un premier temps à la nécessité de diffuser auprès des entreprises les rapports des conseillers scientifiques des ambassades françaises dans le monde et de les enrichir. Cette Agence va devenir progressivement sous la direction de Philippe Caduc, un outil essentiel du dispositif national d'intelligence économique.

Avril 1992 : François Mitterrand remercie Edith Cresson et la remplace par Pierre Bérégovoy. Son directeur de cabinet, Gérard Moine, un homme discret, efficace et remarquable, me dit quelques jours auparavant : « Edith est soucieuse de ton avenir ; elle considère que fort de ton parcours très diversifié, ta place est désormais au Commissariat général du Plan (CGP) comme Commissaire-adjoint, où tu pourras utiliser à plein ton expérience et tes qualités au service du pays ; elle y tient ; si tu es d'accord j'en parle à Jean-Baptiste de Foucauld, le Commissaire général ».

De l'action à l'aide à la décision politique

Au cours d'un échange avec le commissaire général quelques jours après, je comprends que j'aurai beaucoup plus de possibilités de lancer des axes de travail en liberté, comme responsable d'un des 4 Services du Plan, en l'occurrence celui qui me convient parfaitement – le Service du développement technologique et industriel – que comme commissaire adjoint où je serai très pris par des considérations d'ordre administratif, de cohérence entre les différentes équipes et de liens avec le cabinet du Premier ministre, dont dépend le CGP. Certes le titre de la fonction est moins prestigieux ; aucune importance, puisque je gagne en liberté d'action.

Un mois de repos relatif après 11 mois intensifs qui m'ont mené au bord d'un burn-out et j'intègre cette institution réputée, créée en 1946 par le Général de Gaulle qu'il rattache directement au chef du gouvernement. Elle fait alors l'unanimité nationale (il faut reconstruire le pays dont 70% des actifs industriels et des infrastructures ont été détruits durant la deuxième guerre mondiale qui vient de s'achever un an auparavant). Elle est chargée de définir à titre indicatif la planification économique de la France, via en particulier des plans quinquennaux, en mobilisant la grande diversité des acteurs du pays. Un triptyque : concertation, prévision/approche de long terme et aide à la décision gouvernementale. L'un de ses anciens et prestigieux commissaires généraux, Pierre Massé, déclare en 1986, lorsqu'il est question de remettre en cause le CGP : « Supprimer le Plan, au nom d'un libéralisme impulsif serait priver le pouvoir d'une des armes contre la dictature de l'instant ». Tout est dit. Et cette déclaration est d'autant plus d'actualité aujourd'hui.

Lorsque je prends mes nouvelles fonctions, le CGP est en pleine préparation du XIe Plan quinquennal (1993-1997) avec au cœur de son dispositif, une grande commission économique intitulée « La compétitivité française » présidée par le PDG du groupe Péchiney[81]. Jean Gandois. Je suis nommé d'office de par mes nouvelles fonctions Rapporteur général de cette commission qui comprend une quarantaine de personnes représentatives de la société française (dirigeants d'entreprises, responsables syndicaux, universitaires, experts, élus, etc). Nous avons 5 mois devant nous pour aboutir à un travail collectif. Se retrouver au cœur de la machine du CGP, après l'avoir étudié dans mes cours d'économie à l'Université plus de quinze ans auparavant, est impressionnant pour moi.

Le rapport « Martre » et son contexte indispensable

L'équipe de chargés de mission que je découvre est très inégale et plusieurs d'entre eux sont habitués à des routines de travail que je considère comme inadaptées aux travaux que nous devons mener : d'autant que je tiens absolument à préparer dans le même temps plusieurs sujets complémentaires à la grande commission économique, que j'estime déterminants pour l'avenir de notre pays et à l'action gouvernementale à venir. Tout en m'investissant dans le pilotage de la commission du XIe Plan, je réfléchis aux autres thématiques et au profil de nouveaux chargés de mission, afin de démarrer un nouveau cycle de travail dès la fin de la préparation de ce XIe Plan.

Il doit en effet y avoir cohérence entre les thématiques à initier : l'intelligence économique bien sûr mais pas seule, car dans ce cas l'intérêt pour l'Etat est très limité, comme je le souligne depuis le début de ce témoignage. Je propose alors dans un bref rapport au Commissaire général, après des échanges avec mon

81. L'un des principaux groupes industriels français, fondé en 1855 et présent dans les domaines de l'aluminium, de l'électrométallurgie, de la chimie et du combustible nucléaire.

équipe en cours de renouvellement, l'ensemble de thématiques suivantes, dans un souci de complémentarité, en fonction des enjeux économiques que je considère majeurs pour notre pays :

1. Comment concilier ensemble au niveau européen la politique de la concurrence alors ultra dominante dans le contexte néolibéral d'alors au sein même de la Commission européenne, au détriment du développement industriel, la politique industrielle et la politique commerciale à l'égard de nos partenaires et concurrents au niveau mondial ?[82]
2. Comment favoriser le développement économique et industriel de nos territoires, là où la pratique en cours était focalisée uniquement sur leur attractivité en baissant au maximum les coûts d'implantation pour les entreprises susceptibles de venir et créait ainsi les conditions d'une concurrence forcenée entre les territoires à leur détriment ?
3. Comment définir une nouvelle politique technologique et industrielle au niveau national, indispensable, face à des pays à la redoutable efficacité dans ce domaine, comme l'Allemagne ou encore le Japon, qui eux avaient eu l'intelligence de ne pas tomber dans la facilité des idées reçues que j'évoque plus haut ?[83]
4. Et enfin, logiquement, pourquoi et comment construire une démarche d'intelligence économique au service des dynamiques des entreprises implantées en France, confrontées à un environnement mondial de plus en plus complexe, et pour un Etat qui doit impérativement renouveler sa mission d'Etat Stratège, et non l'abandonner ?

Et pour mettre en œuvre ces nouveaux travaux, avec la constitution de groupes de travail, je souhaitais m'appuyer sur le rapport que nous étions en train de finaliser dans le cadre de la commission économique du XIe Plan et tout particulièrement sur notre thèse majeure : celle de la *performance globale de l'entreprise*[84], prenant

---

82. Le rapport qui sortira après un long et éprouvant travail collectif: Commissariat général du Plan. *Europe : l'impératif de coopération et de conquête industrielle* ; groupe présidé par Jean-Marie Descarpentries ; Jean-Louis Levet, Conseiller ; Philippe Clerc, rapporteur général. Commissariat général du Plan, La documentation française / Economica, 1997.

83. Commissariat général du Plan, *Quelles politiques pour l'industrie française ?* Gabriel Colletis, Jean-Louis Levet, La Documentation française, 1993.

84. *France : Le choix de la performance globale*, rapport de la Commission « Compétitivité française », préparation du XIe Plan, président Jean Gandois, rapporteur général principal Jean-Louis Levet, La Documentation française, janvier 1993.

Un autre ouvrage conçu entre 1991 et 1992, que j'avais soutenu tout au long de sa rédaction avec plusieurs réunions avec ses auteurs professeurs d'économie, dans le cadre des mes fonctions

en compte à la fois l'innovation sous toutes ses formes, et la maîtrise des coûts, là où seul ce second point était trop souvent considéré comme le facteur clé de la compétitivité des entreprises.

Chacun de ses rapports suscita de vifs débats. Concernant celui relatif à l'IE, j'avais dû d'abord convaincre le Commissaire général au Plan, qui, comme bon nombre de responsables, considérait à l'époque que l'IE n'était qu'un nouveau nom pour parler d'espionnage économique. Fort du contexte général créé par les travaux de la Commission « Compétitivité française », du livre « Made in France », du Plan d'action en faveur des PMI, des autres thèmes que je proposais, et de mes expériences passées tant dans le monde de l'entreprise que dans celui de la haute fonction publique, je pus le convaincre. Il fallait ensuite identifier et convaincre à son tour un grand dirigeant d'entreprise pour présider le groupe de travail en cours de constitution *et lui donner ainsi une légitimité incontestable*, afin d'éviter d'éventuels obstacles.

Je m'adressais dans un premier temps à Louis Gallois que j'avais connu au ministère de l'industrie. Trop pris, il refusa. Je me tournais alors vers un autre grand patron français, Henri Martre. Il avait lui aussi l'avantage d'avoir eu une expérience double : au cœur de l'Etat comme délégué général pour l'armement auprès du ministre de la Défense, et comme dirigeant du groupe aéronautique *Aérospatiale*. Il était à ce moment là président de l'AFNOR, l'acteur clé en France en matière de normalisation, un autre enjeu capital pour les industries. J'eus à peine le temps au téléphone de lui poser la question, qu'il répondit favorablement. Et il fut en effet l'homme de la situation, avec efficacité et toujours de bonne humeur. Auprès de lui, j'avais proposé à un nouveau chargé de mission que j'avais embauché, Philippe Clerc d'être le rapporteur général de ce groupe de travail. Jeune, Il avait déjà eu un parcours très riche et j'étais persuadé qu'il mènerait à bien cette mission. Ce fut le cas, avec finesse, diplomatie et une grande honnêteté intellectuelle. Et une totale confiance entre nous qui ne se démentit jamais. Il fit par la suite une belle carrière et reste l'un des rares dans ce domaine de l'IE en lien avec les territoires[85] et la prospective, à avoir toujours gardé une éthique certaine et bienveillante au service de l'intérêt général.

La composition du groupe de travail fut complexe, tant le sujet était sulfureux : les termes de renseignement, d'espionnage, mal perçus au sein des élites en France,

---

auprès du Premier ministre, contribuait à mettre en avant avec talent l'impératif industriel : *Made in France. L'industrie française dans la compétition mondiale,* Dominique Taddéi et Benjamin Coriat, Le Livre de Poche, 1993.

85. Citons à titre d'exemple, son ouvrage, *Nouveaux territoires économiques, acteurs et facteurs de l'émergence ; comparaisons internationales,* Eddif, 2018.

au contraire notamment des pays anglo-saxons, polluaient le contexte. Finalement une douzaine de personnes de qualité furent mobilisées[86].Le rapport eu un vrai succès à sa sortie en ayant réussi à démontrer l'intérêt pour notre économie d'une mise en œuvre d'une démarche d'IE, notamment en analysant les réalités dans d'autres pays. Mais si des territoires, des entreprises ont été sensibilisés, l'Etat dans son ensemble ne l'a pas jusqu'à aujourd'hui vraiment intégré. Pour une raison fondamentale très simple : le lent désengagement de l'Etat stratège qu'il serait trop long ici d'analyser[87].

Une belle aventure de projets en IE

Tout en poursuivant mon activité professionnelle au CGP par d'autres initiatives, je fus très sollicité sur cette thématique de l'IE, ce qui me conduisit durant plus années à mener une action structurante en matière de sensibilisation et de formation à l'IE.

Pour aller à l'essentiel : (1) le pilotage de la mise en œuvre du premier master (DESS à l'époque) en IE en France à l'université de Poitiers et la constitution de l'équipe d'enseignants avec son directeur Guy Massé, à l'initiative de Roger Monory alors président de la Région Poitou-Charentes et plusieurs fois ministre, dans le cadre d'une convention que nous avons signée au CGP, entre le CGP dirigé par Henri Guaino, et la région : je conçus également comme professeur associé à temps partiel le cours principal d'IE durant 3 ans (j'y consacrais tous mes samedis) afin de l'installer au mieux avec plusieurs enseignants de l'université ; (2) je créais[88] et présidais *l'Association Française pour le Développement de l'Intelligence Economique* (AFDIE) de 1996 à 2002[89] en initiant dans ce cadre les *Rencontres*

---

86. La composition du groupe et des intervenants extérieurs est en annexe du rapport : *Intelligence économique et stratégie des entreprises. Travaux du groupe présidé par Henri Martre*, Commissariat général du Plan, la Documentation française, février 1994.

87. Cf en particulier de Jean-Louis Levet : *Sortir la France de l'impasse,* Economica,1997 ; *Pas d'avenir sans industrie,* Economica, 2006 ; *Réindustrialisation j'écris ton nom (dir),* Fondation Jean Jaurès, 2012.

88. Avec une petite équipe de grande qualité de co-fondateurs avec laquelle nous lancerons et organiserons plusieurs Rencontres nationales de l'IE et la Revue : Gabriel Colletis (professeur d'économie et conseiller scientifique dans le Service du Plan que je dirigeais), Roland Meyer (consultant d'entreprise et psychanalyste) ; et un Bureau formidable que nous avions réunis avec des personnes de talent en IE que nous connaissions : Bernard Besson (institut des hautes Etudes de Sécurité Intérieure), Philippe Clerc, Dominique Fonvielle (consultant en IE), François Jakobiak (consultant en information stratégique), Didier Livio (président de la Confédération européenne des jeunes entrepreneurs), Pascal Lorot (groupe Total), Robert Paturel (professeur de gestion).

89. L'objectif était de créer une communauté nationale puis européenne mobilisée autour d'une démarche d'IE ; l'AFDIE s'est constitué autour d'un réseau de 400 personnes issues du monde de l'entreprise, des fédérations professionnelles, du monde associatif et syndical, des Régions,

nationales de l'intelligence économique[90] et la première *Revue d'intelligence économique* avec le concours de l'IAAT (Institut atlantique d'aménagement des Territoires) ; (3) l'enseignement par la suite de l'intelligence économique en lien avec l'économie industrielle et de l'innovation successivement au sein des universités de l'ESIEE (université Paris Est de Marne la Vallée), l'université d'Aix-Marseille, l'université de Paris XIII toujours comme professeur associé ; (4) co-piloter la création du premier master d'intelligence économique à l'université de la formation continue d'Alger, en binôme avec l'ESIEE. Dans le cours principal dont j'avais la responsabilité, je découvrais parmi la trentaine d'étudiantes et d'étudiants issus pour la plupart de ministères, beaucoup de sérieux et un fort engagement.

(5) Parallèlement je fus sollicité pour de nombreuses conférences (en soirée), plus d'une centaine entre la sortie du rapport et les trois ans qui suivirent. (6) Je travaillais aussi à faire avancer la réflexion en IE avec la sortie de trois ouvrages[91] respectivement en 2001, 2002 et 2003, dont l'un sur les pratiques de l'IE à travers une dizaine de cas d'entreprises rédigés par leurs propres dirigeants (PMI et grands groupes) à partir d'une grille commune que je leur proposais, pour la première fois en France afin de bien montrer que cette démarche peut s'appliquer dans toutes les organisations, quelles que soient leur taille. Ce dernier point était très important, car nombre de dirigeants de petites et moyennes entreprises considéraient que l'IE n'était possible que dans les grandes entreprises, compte tenu des moyens qu'ils jugeaient important de mobiliser.

Deux autres cas concrets : comprendre et faire évoluer le système d'aides aux entreprises et démontrer l'erreur des délocalisations industrielles en vogue

En plus de mes fonctions au CGP, j'ai eu l'opportunité de développer de fait une nouvelle approche en termes d'IE au cœur de l'Etat et de ses liens avec les Régions en étant nommé en juin 2001 par le Premier ministre, Rapporteur général

des CCI, etc. Nous avons mis au point avec ses membres, *un modèle AFDIE de management par l'IE,* puis *un référentiel de management par l'IE,* issu du modèle ; et largement diffusés par les membres dans les structures concernées. *Je tiens à souligner que toutes ces actions ont été réalisées bénévolement et sans subventions publiques.* L'AFDIE est reconnue par le Ministère de la Défense comme « Institution Partenaire » en 1999.

90. 4 années successivement, respectivement à Lille, Marseille, Toulouse et à Paris en 2001 au Ministère de l'Economie et des Finances, sous le haut patronage du Ministre de l'Industrie, Christian Pierret.

91. Jean-Louis Levet, respectivement : *L'intelligence économique, mode de pensée, mode d'action,* Economica, 2001 ; *Les pratiques de l'intelligence économique. Huit cas d'entreprises,* Economica, 2002 ; *De l'intelligence économique à l'économie de la connaissance,* (avec Bernard Guilhon), Economica, 2023.

de la Commission nationale des aides publiques aux entreprises (CNAPE) créée par le Parlement français et présidée par Laurent Fabius, ministre de l'économie et des finances.

Il s'agissait d'évaluer le système français d'aides aux entreprises, en concertation avec les ministères concernés, les Régions et les partenaires sociaux. Une première en France qui nécessita pour ma petite équipe et moi-même sur près de deux ans un travail énorme de prises de contact, de déplacement dans tout le pays, de traitement d'informations, d'analyses, de l'utilité effective de ces aides et de fournir une compréhension globale de ce système très complexe mêlant les niveaux européen, national et territorial. Le rapport que nous avons produit[92] constituera par la suite une référence pour les actions publiques menées pour faire évoluer ce système.

Puis en 2003, comme adjoint au Commissaire général du Plan, Alain Etchegoyen, et directeur du nouveau pôle « Politique industrielle, concurrence et entreprises » nous avons décidé d'un commun accord qu'il devenait indispensable de remettre en cause les pratiques de délocalisations d'usines qui se multipliaient, de proposer au Premier ministre d'alors Jean-Pierre Raffarin une compréhension de ce phénomène, un ensemble de propositions et d'alimenter le débat public sur ce sujet d'intérêt national. Pour le démontrer concrètement, je me consacrais durant plusieurs mois à identifier et rencontrer longuement une trentaine de dirigeants de PME et de PMI de taille très différente dans la plupart des régions de France, et dans des secteurs dont la plupart étaient affectés par les délocalisations de sites de production dans des pays à bas coûts salariaux (Europe de l'Est, Asie).

Mon principal critère de choix, en dehors de la taille et du secteur : le fait que ces entreprises n'avaient pas délocalisé des productions et étaient performantes. Alors pourquoi ? Je remettais mon rapport fin 2004[93] ; il fut très largement repris par les médias et le Premier ministre le diffusa à tous les représentants de l'Etat dans les territoires, avec mission de prendre en considération l'ancrage des entreprises, frein aux délocalisations. Conséquence indirecte que je n'avais pas prévu : toutes les entreprises citées dans le rapport furent largement approchées par les médias locaux et nationaux qui multiplièrent les interviews et articles ; ce qui eut pour effet de les faire connaître bien au-delà de leurs périmètres habituels et d'augmenter leurs croissances respectives !

---

92. Commissariat général du Plan, Jean-Louis Levet (dir.), *Les aides publiques aux entreprises : une gouvernance, une stratégie*, La Documentation française, 2003.

93. Commissariat général du Plan, Jean-Louis *Levet, Localisation des entreprises et rôle de l'Etat : une contribution au débat* (rapport de mission), 2005.

Entre nationalisme et affrontements géopolitiques : le choix du partenariat économique international

Je suis élu en 2008 à la direction générale de l'Institut de Recherches Economiques et Sociales (IRES), le centre de recherches commun à l'ensemble des organisations syndicales françaises. Il s'agit de recréer à leur demande commune une relation de confiance avec l'Institut par un programme de recherches intégrant leurs préoccupations de moyen et long terme autour des questions du travail, des métiers et des mutations productives, du partage salaire/profit, etc. Là-aussi, l'IE comme mode de pensée et mode d'action a été une bonne méthode pour y arriver.

Mais pour conclure sur un dernier point capital pour moi cette contribution, mes trois responsabilités suivantes m'ont permis *d'appréhender, d'agir et de vivre très concrètement l'intérêt vital pour un Etat de faire du partenariat économique (au sens large) un choix vital pour sa propre existence et le bien-être de sa population.* Et ce, successivement :

- En rejoignant dès le début en 2010 la direction du nouveau Commissariat général à l'investissement (CGI) comme Conseiller spécial du Commissaire René Ricol, placé auprès du Premier ministre pour mettre en œuvre le Programme d'investissements d'avenir (PIA) d'un montant de 35 milliards d'euros destiné à dynamiser la recherche et co-financer d'ambitieux projets innovants dans les grands domaines d'avenir (transition écologique, économie numérique, filières industrielles, recherche, développement durable), où les partenariats internationaux sont indispensables.
- Comme Haut responsable à la coopération technologique, industrielle et économique franco-algérienne (mai 2013-février 2019), dans le cadre de la Déclaration de coopération et d'amitié signée en décembre 2012 à Alger entre les deux présidents, François Hollande et Abdelaziz Bouteflika : un axe Paris-Alger potentiel majeur entre l'Europe et l'Afrique. Au cours de plus de 130 missions que je réalise dans les territoires algériens auprès des acteurs locaux et une bonne trentaine en France, je pus initier et contribuer à la création d'une cinquantaine de projets. Des partenaires formidables, mais dans un contexte où la gouvernance politico-administrative du pays mobilise beaucoup d'énergie pour que rien ne bouge[94].
- En tant que chargé par le Premier ministre, sur une priorité majeure annoncée par le Président de la République Emmanuel Macron en 2019, d'élaborer une nouvelle stratégie nationale dans l'exploration et l'exploitation durable

94. Je relate mes 5 ans et demi de Mission dans un livre « Le mal algérien » (co-auteur Paul Tolila), Editions Bouquins, avril 2023.

des grands fonds marins ; puis une fois le rapport remis au bout de 7 mois[95], la mettre en œuvre comme Conseiller spécial à partir de février 2020. Le volet international était très important, avec suivant les priorités proposées dans mon rapport et retenues en Conseil Interministériel de la Mer et les projets y afférant, des partenariats à élaborer en Europe avec plusieurs pays (Norvège, Allemagne, Portugal), dans le Pacifique (Japon, Corée du Sud, Inde, en particulier). Les enjeux sont tels qu'il est fort probable que ce siècle sera celui de l'économie de la mer et de la géopolitique des océans.

En perspectives : une boussole pour l'avenir

Curiosité, humilité, lucidité, volonté : telle est la vraie boussole de l'intelligence économique pour chacune et chacun d'entre nous, pour toute organisation, pour tout Etat. Un enseignement banal ?

Regardons autour de nous : le régime des émotions domine la Politique et le règne des affects brouille notre compréhension du présent. La valeur même de la vérité est non seulement dévalorisée mais subvertie5, avec les exemples au plus haut niveau, pour ne citer qu'eux, de Donald Trump et de Vladimir Poutine. De fait, les régimes autoritaires et les fondamentalismes de tous bords mènent des politiques et des projets d'abaissement de l'être humain. La religion, largement instrumentalisée, devient un vecteur puissant d'exacerbation des tensions. Et ce, alors même que le XXIe siècle ouvre une ère exceptionnelle de vulnérabilités « systémiques » qui se cumulent : changement climatique et relation Océan-Climat, sécurité sanitaire, cybersécurité et réseaux sociaux, terrorisme, accroissement des inégalités d'accès au savoir.

La guerre de nature impériale que Poutine conduit en Ukraine depuis février 2022 a mis à nu les illusions de grands pays considérés comme les plus performants en matière d'intelligence économique. Et la crise sanitaire du COVID.

L'Allemagne ? Les Allemands ont brutalement découvert la triple dépendance de leur pays : à l'égard de la Russie pour l'énergie, des Etats-Unis pour la défense et de la Chine pour les exportations de leurs fameuses industries ; une triple dépendance qui lui a permis de prospérer durant plusieurs décennies mais qui la rendait très vulnérable. L'axe franco-allemand ? Ces deux pays ont ignoré depuis deux décennies les avertissements des pays d'Europe centrale, autres membres de

95. Cf la version publique résumée du rapport de mission (juin 2020, confidentiel) : Jean-Louis Levet, *Stratégie nationale d'exploration et d'exploitation des ressources minérales dans les grands fonds marins. Bilan et orientations : pour une nouvelle dynamique, Janvier 2021.* Disponible sur le site du Secrétariat général de la Mer placé sous l'autorité du Premier ministre.

l'UE, persuadés que le dictateur russe était un interlocuteur fiable avec lequel on pouvait dialoguer indéfiniment. Les Etats-Unis ? Ils ont fait le pari qu'en faisant rentrer la Chine dans l'OMC (effectif en 2001) elle ne pourra que se démocratiser et partager les valeurs du libre-échange : 20 ans plus tard, elle s'est transformée en un système quasi totalitaire et se donne les moyens de faire un monde aux caractéristiques chinoises. Le Royaume-Uni ? En faisant le choix en 2016 de sortir de l'Union européenne, il est loin de connaître l'ivresse de la prospérité que lui promettait Boris Johnson. Ce choix lui coûte 124 milliards d'euros par an, depuis[96]. L'Union européenne quant à elle sort aussi de ses illusions de l'après guerre froide, et ne veut pas devenir « un jardin au milieu de la jungle », comme le déclarait le Haut représentant de l'UE pour les affaires étrangères Josep Borrell le 13 octobre 2023 à Bruges.

C'est le moment de privilégier nos capacités d'anticipation collective, en ranimant les atouts oubliés des démocraties face aux Etats autoritaires[97] : l'expérience du débat argumenté, la nécessité de construire des compromis sociaux, la prise en compte du long terme, le partenariat international, la volonté d'avenir. L'IE peut y apporter sa contribution.

---

96. Selon une analyse de Bloomberg Economics, 31 janvier 2023.
97. Cf L'ouvrage passionnant de Perrine Simon-Nahum, *Sagesse du politique. Le devenir des démocraties*, Editions de l'Observatoire, 2023.

ENSEIGNEMENT DE L'INTELLIGENCE COMPÉTITIVE À L'ÉCOLE DES SCIENCES DE L'INFORMATION (ESI-RABAT, MAROC) : DES PASSERELLES ENTRE L'INGÉNIERIE ET LE MANAGEMENT

Bahji Salah Eddine

Introduction

Par la création l'École des Sciences de l'Information de Rabat (ESI) en 1975, le Royaume du Maroc a assuré l'introduction de la formation en Sciences de l'Information pour mettre à la disposition des organisations marocaines (publiques et privés), des professionnels maîtrisant les méthodes de gestion et de valorisation de l'information.

L'ESI a connu plusieurs réformes durant son histoire, pour aiguiser davantage sa mission et ses domaines de compétence. La toute dernière réforme remonte à l'année 2016, où elle rejoint le collège des Écoles d'Ingénieurs du Royaume.

Ce positionnement a poussé l'ESI à clarifier davantage son identité, en octroyant une place privilégiée au Management stratégique de l'Information. De ce fait, les domaines et disciplines de l'intelligence compétitive ont été identifiés comme piliers de cette identité, comme précisés clairement dans le Décret de réorganisation de l'École de 2016.

Le développement de l'Intelligence Compétitive au sein des cursus de formation de l'ESI a été mené selon deux dimensions (une dimension de spécialisation et une dimension de polyvalence plus transversale. L'incorporation de cette discipline identitaire au sein de l'ESI, sera présentée dans ce papier, sur deux étapes :

Une première étape qui tente de présenter la nouvelle carte pédagogique de l'ESI, dont le développement a été accéléré depuis 2018.

Une deuxième étape qui présente le positionnement de l'Intelligence Compétitive dans cette carte pédagogique innovante, selon les approches de spécialisation et de polyvalence.

L'École des Sciences de l'Information (ESI) : une nouvelle carte pédagogique

L'École des Sciences de l'Information de Rabat (ESI) a été créée en vertu du Décret n°2.75.845 du 30 décembre 1975[98]. Avec un objectif de couvrir les besoins du pays en professionnels de l'information. Servant ainsi aussi bien les secteurs publics que privées par des compétences spécialisées (Ameur et al., 2021).

L'ESI est un établissement d'enseignement supérieur public ne relevant pas des universités, du fait qu'elle relève administrativement de l'autorité gouvernementale en charge du Plan (Haut-Commissariat au Plan – www.hcp.ma). Elle jouit du Statut de Service d'État Géré de Manière Autonome (SEGMA). Néanmoins, elle reste soumise aux dispositions de la Loi n°01.00, portant organisation de l'enseignement supérieur au Royaume du Maroc.

Avec l'évolution permanente des Sciences de l'Information et de leurs disciplines de part de monde, l'ESI n'est pas à l'écart de cette mutation. En effet, elle est appelée à s'adapter et à se mettre à niveau en continu quant à l'évolution de l'enseignement de ses domaines de spécialité.

A. Évolution de l'enseignement des Sciences de l'Information

Au cours des années 80 du siècle dernier, les institutions de formation dans les domaines des Sciences de l'Information, ont été confrontées à une crise qui a amené plusieurs d'entre elles à disparaitre, et a poussé d'autres à remettre en cause leur mission, le contenu de leur enseignement, ainsi que la nécessité d'adaptation aux nouvelles réalités du monde du travail (Lajeunesse & Couture, 2004, 172). Par ailleurs, la majorité des écoles des Sciences de l'Information qui avaient survécu à la vague de fermetures ont été intégrées à des unités d'enseignement plus inclusives et pluridisciplinaires (Hudon, 2015).

Cette tendance est confirmée par Markey, avançant que l'ère des écoles de bibliothéconomie et de sciences de l'information autonomes était révolue. Les programmes et les formateurs sont désormais intégrés à des institutions d'enseignement supérieur qui accordent autant d'importance à la recherche et au développement de connaissances disciplinaires qu'à la formation de futurs professionnels (Markey, 2005).

Par cette remise en question des institutions de formation en Sciences de l'Information, Lajeunesse et Couture insistent sur deux catégories principales des compétences recherchées : les compétences technologiques et les compétences de gestion (Lajeunesse & Couture, 2004). De telle sorte que la nouvelle génération de

98. Bulletin Officiel n°3297, en date du 07 Janvier 1976.

la Médiation puisse s'exercer, quel que soit le contexte : traditionnelle, numérique ou virtuel, en étant évolutive et résiliente à l'évolution des comportements informationnels, des sources d'information et de la technologie (Vassilakaki & Moniarou-Papaconstantinou, 2015).

B. Une nouvelle carte pédagogique de l'ESI

Face à l'évolution des disciplines des Sciences de l'Information l'ESI a su adapter son identité et a œuvré à une réforme pédagogique énorme.

Étant donné ses missions, l'ESI assure la formation initiale, la formation continue et la recherche scientifique dans les différentes disciplines des sciences de l'information, notamment dans les domaines de l'ingénierie documentaire, de l'intelligence compétitive et la veille stratégique, l'ingénierie des connaissances et des contenus, des systèmes d'information et des domaines connexes (Bahji S.E., 2022).

Les cursus de formation de l'ESI ont fait l'objet de multiples réformes, à l'instar des autres écoles ayant la même vocation sur le plan international. Néanmoins, la dernière réorganisation en date de 2016, fut la plus marquante, en intégrant l'ESI au cercle des Écoles d'Ingénieurs du Royaume (Bahji S.E., 2022).

Ainsi, l'évolution de l'ESI a été constatée au niveau des points suivants :

- une extension progressive et une diversification des axes d'interventions pour couvrir la formation initiale, à la formation continue, la recherche scientifique, et la prestation des services ;
- une clarification et un élargissement des domaines de spécialités connexes aux Sciences de l'Information ;
- une intégration des domaines liés aux technologies et des systèmes d'information, et de l'ingénierie des connaissances.

Pour incarner l'excellence qui reflète la nouvelle identité de l'ESI, cette dernière est appelée à démontrer plus d'ingéniosité dans la formation du nouveau profil du professionnel de l'information à l'ère du digital.

Comme définie par Décret n°2-15-943 de 2016, les domaines de formation (initiale et continue) dans les différentes branches des Sciences de l'Information, doivent verser principalement dans les spécialités suivantes :

- Ingénierie documentaire ;
- Management de documents et des archives ;
- Intelligence compétitive et veille stratégique ;
- Ingénierie des connaissances et des contenus ;
- Systèmes d'information.

Ceci a incité l'ESI à adopter une architecture pédagogique étoffée qui reflète les deux axes identitaires interdépendants : d'une part, le Management de l'information. De l'autre part, l'Ingénierie des données et de l'information. Et partant de là, la nouvelle carte pédagogique adoptée depuis l'année universitaire 2022-2023 incarnant ces dimensions est résumée dans la figure suivante.

Le principe clé de cette conception est la mise en application de la devise de l'ESI : « ***La polyvalence dans l'exercice de la spécialité*** »,

Figure 1: Carte pédagogique de l'ESI,
adoptée depuis l'année universitaire 2022-2023

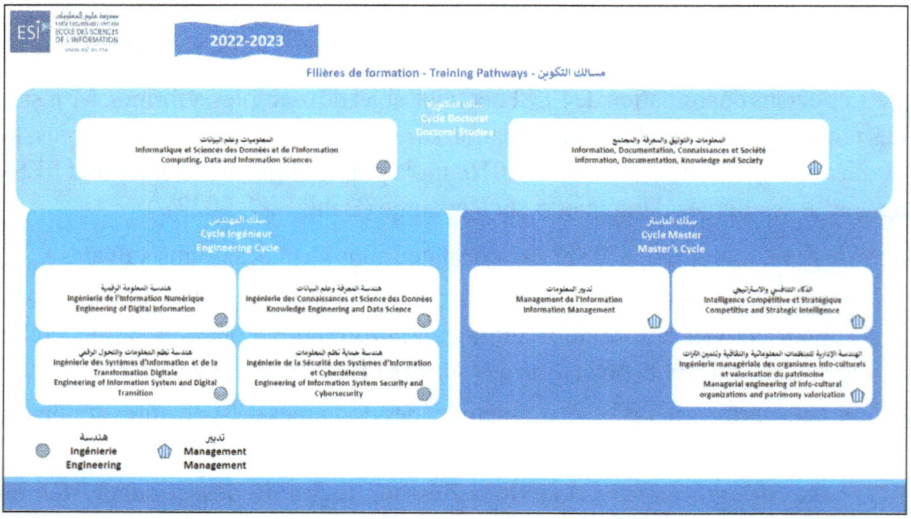

L'Intelligence Compétitive à l'ESI : Une incarnation pluridimensionnelle

Aujourd'hui, la révolution numérique est devenue une réalité dont l'un de ses premiers corollaires est l'impérative nécessité d'accéder à l'information à valeur ajoutée avant la concurrence. La masse d'informations accessibles progresse de façon exponentielle. Il est clair pour tout le monde que maîtriser l'information est devenu un enjeu majeur, que ce soit pour les entreprises ou pour les États. Les outils qui la scannent, l'extraient, la traitent, la mesurent et la caractérisent sont de plus en plus nombreux et de plus en plus performants. Ignorer leurs capacités, c'est se couper du monde extérieur.

Le développement de l'Intelligence Compétitive au sein des cursus de formation de l'ESI a été mené selon deux dimensions (entre spécialisation et polyvalence), notamment :

- Une formation de spécialité dédiée, accréditée au niveau du Cycle Master, notamment la filière : *Master Spécialisé en « Intelligence Compétitive et Stratégique »* ;
- Une intégration transversale dans différentes filières de formation des Cycles Ingénieur, Master et Doctorat.

A. Une filière de formation dédiée : Master Spécialisé en « Intelligence Compétitive et Stratégique »

Le Master Spécialisé en Intelligence Compétitive et Stratégique combine sciences de l'information, management informationnel et des connaissances, géoéconomie, économie de la connaissance, intelligence économique, veille stratégique, gestion de crise, management international... dans une démarche transversale.

Il atteste de l'intérêt soutenu porté à la problématique des mutations que connaissent les organisations (États, territoires, entreprises, ONG, etc.), en raison de la complexité et l'incertitude du monde actuel. Puisqu'avec la globalisation et l'avènement du numérique, la maîtrise de l'information est plus qu'un impératif.

À ce titre intervient l'intelligence compétitive et stratégique, afin de transformer l'information pertinente en avantage stratégique, en utilisant les techniques du renseignement "ouvert et légal", mais aussi les dispositifs de protection et les démarches d'influence.

Ainsi, grâce aux techniques de collecte et d'analyse de données de tous ordres, l'Intelligence Compétitive et Stratégique constitue un moyen de détecter de nouvelles opportunités, d'identifier des menaces, de repérer des modèles disruptifs et de réduire les incertitudes dans la prise de décision, visant à obtenir un "***avantage concurrentiel***" et stratégique.

Objectifs de la filière

De nos jours, le besoin de s'informer, de surveiller ou de se défendre, de se comparer aux autres – tout en ayant le pouvoir de discerner, de mesurer et d'évaluer – est essentiel pour entreprendre toute activité. La société de l'information a poussé au développement des pratiques professionnelles d'intelligence compétitive, économique et stratégique en organisation. Elle a changé la place de cette dernière dans le paysage social et a renforcé la complexité de l'environnement. Les dispositifs d'Intelligence des organisations visent à maîtriser l'information nécessaire pour anticiper et influencer les transformations de son écosystème.

Ce constat incite à accroître : la capacité d'observation et d'analyse de l'environnement ; les facultés d'adaptation aux changements ; la capacité de développer l'innovation et être compétitif.

C'est sur ses capacités à veiller, à s'adapter, à innover et à se développer durablement, que se fonde l'intelligence compétitive et stratégique.

L'objectif de cette filière est de former les apprenants à la gestion stratégique de l'information dans les diverses organisations.

Les modules programmés en Master permettront à l'apprenant d'acquérir les bases nécessaires à la gestion de l'information dans l'organisation. Ils lui permettront également de maîtriser les aspects de base pratiques et théoriques de l'utilisation de l'information. À la fin de leur formation, les apprenants acquerront les bases des concepts d'intelligence compétitive, économique et stratégique. Ceci consiste à :

- former un noyau d'excellence dans les champs disciplinaires de l'Intelligence Compétitive et Stratégique pour les différents domaines de l'Organisation ;
- former des spécialistes de la recherche, du traitement, de l'analyse et de la diffusion des informations stratégiques nécessaires au développement de l'Organisation et des territoires ;
- former des compétences visant la création de multiplicateurs de connaissances dans les champs de l'Organisation et l'offre de services pour ses secteurs d'activité.

Disciplines et architecture de la formation

Les concepts développés dans ce Master sont principalement récurrents des Sciences de l'Information. Ils renvoient, en fonction du contexte, à : la veille stratégique ; la veille concurrentielle ; l'intelligence économique ; l'intelligence territoriale ; le management de l'information ; le management des connaissances, etc.

Ainsi, la formation au niveau de ce Master est articulée autour de modules majeurs (notamment métier), de modules complémentaires et de modules outils :

- Les modules « majeurs » couvrant quatre domaines : veille ; analyse ; influence ; protection ;
- Les modules « complémentaires » couvrant deux domaines : communication et soft skills ; droit, éthique et déontologie ;
- Les modules « outils et méthodes » couvrant deux domaines : statistiques et aide à la décision ; méthodologie de recherche.

Figure 2 : Architecture du Master Spécialisé en "Intelligence Compétitive et Stratégique"

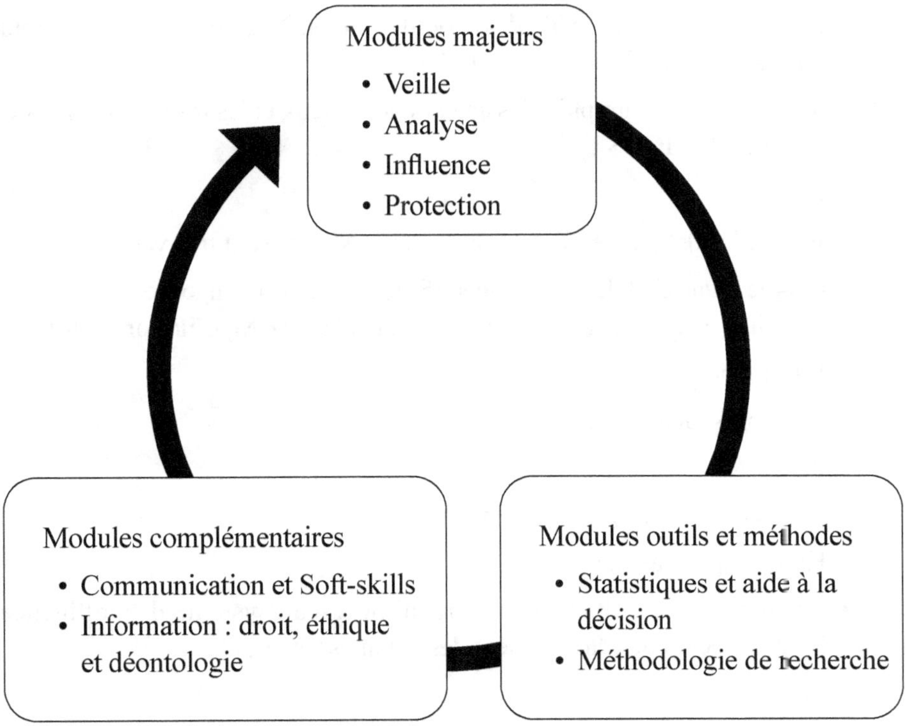

Compétences ou capacités visées et débouchés de la formation

Les diplômés disposent d'un socle de compétences communes approfondies dans l'analyse des déterminants économiques et stratégiques des trajectoires sectorielles, et dans ceux des territoires. La formation dispensée met également l'accent sur l'acquisition de méthodes opérationnelles de traitement de l'information devenues incontournables dans un contexte d'accessibilité croissante des données de masse (open data, big data...). Elle leur permet de se spécialiser dans l'analyse des métiers stratégiques auprès des entreprises et des organisations.

La formation développe chez les apprenants des compétences multiples :

- Comprendre les fondements conceptuels, épistémologiques, theoriques et légaux propres à l'IC&S ;
- Maîtriser les dispositifs méthodologiques et techniques (structures, moyens, démarches, référentiels, etc.) de l'IC&S ;

- Conduire des projets d'ICS (analyse des objectifs et des besoins, conception de cahiers des charges, mobilisation des acteurs, animation d'un dispositif, déploiement et/ou mise en œuvre, etc.) ;
- Mettre en œuvre des méthodes et outils d'audit, de gestion et de R&D pour un système ou un dispositif d'IC&S ;
- Identifier et cartographier les acteurs, les enjeux et les réseaux internes et externes de l'IC&S ;
- Etc.

De ce fait, les débouchés à escompter par ce Master sont très variés :

- Chargé d'une Cellule d'Intelligence Stratégique, d'Intelligence économique, de Veille, ou de Management des Connaissances (KM) d'une organisation ;
- Information Scientist ;
- Veilleur Stratégique ;
- Analyste Veilleur ;
- Auditeur en Intelligence Compétitive ;
- Knowledge Manager ;
- Animateur (consultant ou expert) d'un réseau/système d'Intelligence Stratégique ou de Management des Connaissances, etc. ;
- Etc.

B. Polyvalence et complémentarité : une approche transversale

Vu que l'intelligence est un processus complexe qui nécessite la mobilisation de compétences diverses et variées, l'ESI a veillé, dans le développement de sa nouvelle carte pédagogique, à ancrer les principes de la polyvalence et de la complémentarité des profils et des compétences de ses lauréat.e.s. Tout en leur procurant des débouchés aussi variés et pertinents, répandant aux exigences de la compétitivité de différents tissus socio-économique du Pays.

À ce titre, les compétences managériales et d'ingénierie de l'information, en relation avec les domaines de l'intelligence compétitive, sont développées de manière transversale au niveau des différents cycles de formation de l'ESI, à savoir le Cycle Master et le Cycle Ingénieur. Sans oublier l'axe de la formation continue pour le développement des compétences des professionnels (dans une logique de Up-Skilling ou Re-Skilling).

Autres présences au niveau du Cycle Master

En plus de la filière du master présenté ci-dessus, dédié à l'Intelligence Compétitive et Stratégique, les compétences liées à cette discipline sont également développées dans d'autres filières de cycle master, notamment :

a) Master Spécialisé en « *Management de l'Information* » ;

B) Master Spécialisé en « *Ingénierie Managériale des Organismes Info-Cultuels et Valorisation du Patrimoine* ».

Au niveau du Master Spécialisé en « Management de l'Information »

Le Master Spécialisé en « *Management de l'Information* » a pour vocation de former des professionnels en techniques documentaires et archivistiques autour d'un ensemble de concepts, à savoir : le record management et l'archivistique ; la bibliothéconomie et la documentation ; le management de l'information documentaire ; les méthodes de recherche en sciences de l'information.

Compétences visées :

Le programme de ce Master vise à développer des compétences métier chez le futur professionnel de l'information, notamment :

- Collecter, organiser, modéliser, structurer et diffuser l'information ;
- Préserver, conserver, archiver et protéger l'information sous toutes ses formes ;
- Appréhender les enjeux socioprofessionnels touchant les domaines de la documentation et des archives ;
- Agir activement dans un processus global de gestion de l'information.

Modules en relation avec l'Intelligence Compétitive :

Le Management de l'Information est un support essentiel de l'Intelligence compétitive. À ce titre, plusieurs modules de formation sont intégrés dans ce Master, et répartis sur plusieurs semestres.

Au niveau du premier semestre :

- **Module : M.1.2. Sources d'information et recherche documentaire**

  Ce module présente aux apprenants le noyau dur des sources d'information avec une description aussi détaillée que possible de ces dernières, notamment les sources d'information générales et spécialisées dans les domaines scientifique et technique. L'accent est mis sur la diversité des sources et leur typologie, sur la méthodologie de recherche de l'information ainsi que sur la pratique de leurs utilisations.

- **Module : M.1.6. Information : droit, éthique et déontologie**

  Le module vise à doter les gestionnaires de l'information et de la documentation d'une formation en droit de l'information et de la communication à même de leur faciliter le traitement de l'information et sa diffusion conformément à la réglementation en vigueur.

  Il est aussi important que les lauréats de l'école soient capables de traiter la matière juridique et de contribuer à la sécurité juridique de l'organisation à travers la mise à disposition des décideurs d'une information juste et fiable.

  Le module présente également les principes fondamentaux de l'éthique et la déontologie pour les professionnels de l'Information et de la Documentation. Mettant l'accent sur l'obligation de disposer d'une éthique qui cadre le comportement requis du professionnel en se référant aux valeurs professionnelles positives.

  Le module présente aussi une synthèse de quelques codes de déontologie, les plus réputés, en particulier ceux proposés par les associations professionnelles du domaine des sciences de l'information.

Au niveau du deuxième semestre :

- **Module : M.2.4. Veille documentaire et gestion des connaissances**

  Le module vise à faire connaître le processus de veille et les activités liées à la fonction veille, tout en élucidant comment la fonction de veille peut supporter la stratégie d'un service documentaire. Comme il vise l'acquisition des fondements théoriques et pratiques de la gestion des connaissances dans les organisations. Ainsi que la connaissance des approches, des techniques et des outils nécessaires pour la mise en place d'une fonction de gestion des connaissances dans les organisations

- **Module : M.2.6. Traitement et analyse documentaires**

  Ce module vise à former les apprenants sur les différents concepts et techniques : Fondements théoriques de l'analyse et de la description documentaire ; la pratique du traitement documentaire ; etc.

Au niveau du Master Spécialisé en « Ingénierie managériale des organismes info-culturels et valorisation du patrimoine »

La culture occupe une place reconnue comme centrale dans l'évolution des modes de vie, le fonctionnement des systèmes démocratiques, la protection et le modelage des identités culturelles régionales et nationales, la promotion des échanges entre les différentes cultures, l'avenir de la diversité linguistique et le développement du potentiel créatif.

Par ailleurs, il est important de constater que l'influence de la mondialisation s'est logiquement étendue à l'univers des industries culturelles, particulièrement sensibles à la convergence des supports, et dont la dualité culturelle et économique constitue le signe distinctif. Les biens et services culturels sont, malgré cela, des "marchandises pas comme les autres" : elles sont culturelles, parce qu'elles sont porteuses d'identité, de valeurs et de sens, mais elles sont aussi de nature économique, et constituent par là l'un des secteurs les plus prometteurs, ainsi qu'un enjeu fort pour le développement social.

Ce contexte exige une haute professionnalisation du management des organismes info-culturels.

Ainsi, cette filière vise à former des gestionnaires des organismes info-culturels outillés des expertises au niveau de : l'ingénierie des projets culturels ; la mise en œuvre de politiques culturelles ; la diplomatie culturelle et le soft-Power ; la valorisation du patrimoine ; le marketing des services culturels ; les approches juridique, sociologique et économique de la culture ; etc.

Compétences visées :

La formation vise le développement chez les apprenants, diverses compétences. Les plus pertinentes à notre sens, en relation avec les disciplines de l'Intelligence Compétitive, sont comme suit :

- Savoir créer ou gérer un projet culturel ;
- Connaître les spécificités de l'économie de la culture ;
- Avoir des connaissances sur le plan des modalités de conception et de mise en œuvre des politiques culturelles ;
- Connaître les stratégies de la diplomatie culturelle et de soft Power ;
- Avoir une vision complète des enjeux juridiques attachés à l'information et à la culture ;
- Développer des stratégies de marketing des services culturels.
- Connaître les principes, enjeux et méthodes de la communication d'influence ;
- Connaître les apports stratégiques de l'intelligence culturelle ;
- Etc.

- **Modules en relation avec l'Intelligence Compétitive :**

Principalement, deux modules de formation, en relation avec l'Intelligence Compétitive, sont intégrés dans ce Master, et répartis sur deux semestres.

Au niveau du deuxième semestre :

- **Module : M.2.2. Éthique et droit de l'information et de la culture**

  Ce module vise à outiller les apprenants d'une formation en Droit pour gérer des organismes info-culturels conformément à la réglementation en vigueur. Il vise également à présenter les principes et les règles de l'éthique et de la déontologie professionnelles. Pour ainsi avoir une vision complète des enjeux juridiques attachés à l'information et à la culture.

Au niveau du troisième semestre :

- **Module : M.3.6. Intelligence culturelle**

  Ce module vise à sensibiliser les apprenants sur l'importance de la prise en compte des environnements culturels dans la démarche de l'Intelligence Économique. Et leur donner un éclairage sur l'environnement culturel de l'entreprise afin d'en détecter les menaces et les opportunités.

  Ceci implique une capacité à appréhender les enjeux de la maîtrise informationnelle dans la sphère culturelle ; à maîtriser les techniques et les moyens permettant de connaître l'environnement culturel de l'organisation ; pour la mise en application les pratiques de l'intelligence culturelle au niveau national et international.

Présence au niveau du Cycle Ingénieur

L'ingénierie de l'information et des données est une composante cruciale dans la maîtrise du contenu. De ce fait, l'ESI a développé depuis 2018, quatre filières de formation au niveau de son Cycle Ingénieur, qui s'inscrivent dans les nouvelles préoccupations mondiales :

- Filière « Ingénierie de l'information numérique » ;
- Filière « Ingénierie des Connaissances et Science des Données » ;
- Filière « Ingénierie des systèmes d'information et de la transformation digitale » ;
- Filière « Ingénierie de la Sécurité des Systèmes d'Information et Cyberdéfense ».

A. Filière « Ingénierie de l'information numérique »

L'objectif de cette filière d'ingénieur est d'offrir une formation technique et professionnelle aux métiers de l'information numérique. Il propose aux apprenants désireux d'approfondir leurs savoirs et savoir-faire en informatique d'acquérir les qualifications et les compétences nécessaires pour exercer les nouveaux métiers de l'information-documentation, à la frontière de l'informatique et des sciences de l'information.

À la fin de la formation, les diplômés doivent être capables de gérer l'information numérique en y appliquant les techniques et outils appropriés. Ainsi, ils doivent acquérir les compétences en : technologies de recherche d'information ; intelligence artificielle ; informatique décisionnelle ; traitement et indexation automatiques des documents ; texte-mining et cartographie de l'information ; ontologies et web sémantique ; gestion des contenus multimédias ; Systèmes ubiquitaires ; etc.

B. Filière « Ingénierie des Connaissances et Science des Données »

La science des données est un domaine d'étude interdisciplinaire qui utilise des processus, des approches, des méthodes, des systèmes et des algorithmes complexes pour extraire les connaissances et les informations nécessaires à partir de données structurées et non structurées. Elle s'appuie sur trois piliers essentiels : Les mathématiques et la statistique, l'informatique et l'intelligence artificielle.

Ainsi, cette filière propose une formation complète qui allie des modules de mathématiques / statistiques, d'informatique et d'intelligence artificielle. L'objectif est de doter les apprenants des compétences nécessaires pour gérer et analyser les données, de leur apprendre des concepts tels que l'analyse exploratoire des données, l'inférence et la modélisation statistiques, l'apprentissage automatique et l'analyse de données à haute dimension.

C. Filière « Ingénierie des systèmes d'information et de la transformation digitale »

Tous les acteurs publics et privés sont interpellés sur les enjeux de la révolution numérique, avec à l'appui les solutions, innovations et outils préconisés.

L'objectif de cette filière d'ingénieur est de mettre au service des organisations et de la société marocaine des profils technologiques hautement qualifiés susceptibles de travailler sur ces domaines, d'exercer les métiers et les fonctions qui en découlent et de s'adapter aux changements et aux mutations qui s'imposent.

À la fin de la formation, les diplômés doivent être capables de gérer les mutations d'un système d'information à l'ère du digital en y appliquant les techniques et outils appropriés. Ainsi, ils doivent acquérir les compétences en : développement logiciel ; intégration de progiciel ; développement avancé ; gouvernance des systèmes d'information ; intelligence artificielle ; conduite du changement ; informatique décisionnelle ; urbanisation des systèmes d'information ; systèmes ubiquitaires ; etc.

D. Filière « Ingénierie de la Sécurité des Systèmes d'Information et Cyberdéfense »

L'importante transformation digitale met les entreprises face à une augmentation des risques liés à la sécurité de l'information dans un contexte mondial qui connaît une professionnalisation de la cybercriminalité sous toutes ses formes. Assurer ainsi une cybersécurité performante n'est plus question uniquement de respect de contraintes réglementaires pour les uns, et de démarche marketing pour rassurer les clients pour d'autres, mais elle est devenue une question de survie.

Cette filière s'inscrit dans ce cadre et vise à satisfaire le besoin croissant de former des ingénieurs en cybersécurité qui sauront bien répondre aux problématiques de sécurité vécues par les entreprises grâce à une formation complète alliant les bases de la transformation digitale et des sciences de données aux composants de pointe, techniques et managériales, de la cybersécurité.

À l'issue de la formation, les lauréats sont capables de maîtriser tous les volets techniques relatifs à la sécurité SI ainsi que de mettre en place et de gérer un système de sécurité de bout en bout.

Les principales compétences techniques à acquérir sont : architecture des systèmes d'information et réseaux ; architecture de sécurité des systèmes d'information ; gestion des risques de sécurité des systèmes d'information ; normes de sécurité ; techniques de cryptographie ; gouvernance et audit de sécurité des systèmes d'information ; sécurité applicative ; sécurité IoT et Cloud ; etc.

E. Modules en relation avec l'Intelligence Compétitive :

Les modules en relation avec l'Intelligence Compétitive sont répartis sur les quatre filières du Cycle Ingénieur sus-présentées, du fait qu'elles sont toutes liées à au moins une des composantes clés de l'objet d'études, notamment : le contenu (information et data) ; les systèmes ; ou la protection et la sécurité. Mais une particulière concentration est enregistrée principalement au niveau de filière « *Ingénierie de l'information numérique* ». Où les plus pertinents sont les suivants :

- **Module : M.1.4. Gestion électronique des documents et Documents structurés**

  Ce module met l'apprenant devant la réalité de la prolifération des supports informationnels, notamment les supports électroniques et le développement des flux d'information, dont le suivi et la traçabilité ne peuvent être assurés que par la conception et la mise en œuvre d'un système de gestion électronique de document. Il est également question de découvrir le standard XML pour la structuration et validation des documents électroniques et son application dans la création de métalangage et d'uniformisation des échanges de données entre plateformes hétérogènes.

- **Module : M.2.5. E-services et gestion de contenu d'entreprise**

  Le module s'inscrit dans l'ère de la transformation digitale. Il permet aux apprenants d'acquérir les compétences techniques pour contribuer efficacement à cette transformation pour la gestion du contenu de l'entreprise et la dématérialisation des services.

  La gestion de contenu d'entreprise (ECM) est un domaine en pleine effervescence. Il couvre plusieurs champs aussi riches et variés allant de la gestion des données (BD), la gestion des documents (GED), la gestion des records (RM) à la gestion des contenus web et du multimédia (DAM).

  Avec l'avènement d'internet, la gestion du contenu d'entreprise est devenue incontournable dans tout organisme, quelle que soit sa taille et particulièrement le contenu Web. La gestion de contenu se place ainsi au cœur de tous les métiers d'ingénieur.

- **Module : M.2.6. Gestion du capital immatériel**

  Le présent module vise à familiariser les apprenants avec le Knowledge Management (KM), notamment la démarche à suivre pour bien gérer le capital savoir d'une organisation. Ce module permet aussi de connaître les enjeux de la veille, et de comprendre le processus de la veille technologique et maîtriser ses outils.

- **Module : M.3.5. Technologies de recherche d'information**

  Ce module vise à explorer les techniques de recherche en ligne. Et d'avoir un éclairage sur les aspects théoriques et techniques de l'écosystème des moteurs de recherche.

  Ce module mobilise les principaux modèles mathématiques de recherche d'information, pour appréhender les différentes architectures des moteurs de recherche, ainsi que leurs principes de fonctionnement.

Également, ce module vise à faire connaître le processus de recherche d'information, et les méthodes de représentation des documents textuels, pour aspirer à pouvoir évaluer les systèmes de recherche documentaires.

- **Module : M.4.1. Ontologies et web sémantique**

Les connaissances contenues dans le World Wide Web sont disponibles dans les documents reliés entre eux et écrits en langage naturel. Pour faire usage de ces connaissances, des technologies telles que le traitement du langage naturel, la recherche d'information, la fouille des textes et l'extraction de connaissances doivent être appliquées. Les technologies du Web sémantique constituent une approche alternative en complétant les documents web avec une sémantique explicite basée sur la représentation des connaissances formelles, comme les ontologies.

- **Module : M.4.2. Ingénierie documentaire**

Au terme de ce module, les apprenants seront en mesure de comprendre les concepts de dématérialisation et d'archivage numérique, et de s'initier à la conduite de mise en œuvre de ces projets tout en se repérant dans l'environnement technologique, normatif et juridique.

- **Module : M.4.3. Traitement et indexation automatiques des documents**

Ce module a pour objectif de familiariser les apprenants avec les principaux concepts et techniques liés à la reconnaissance automatique des documents (texte, image) et à l'indexation automatique des documents. Il permet d'apprendre les notions théoriques et les leur utilisation pratique dans le domaine de la reconnaissance et l'indexation des documents.

- **Module : M.4.5. Ingénierie des connaissances**

Ce module s'inscrit dans le domaine de la prise de décision, plus précisément dans l'utilisation des algorithmes de l'intelligence artificielle pour et les méthodes d'analyse de données et statistiques exploratoires.

Il s'agit d'une discipline émergente, mais à fort potentiel pour les organisations compétitives puisqu'elle offre de nouvelles techniques permettant l'amélioration du processus de prise de décision.

- **Module : M.4.6. Confiance numérique**

Ce module permet aux apprenants d'assimiler les principes de base de la confiance numérique et les techniques correspondantes ; ainsi que les de connaître les étapes nécessaires à l'implémentation d'un système de management de la sécurité de l'information tel que spécifié dans ISO27001.

- **Module : M.5.1. Technologies de données massives**

  Ce module vise à maîtriser les technologies autour de la collecte, la recherche, le stockage, le traitement des données massives. Concevoir et mettre en place une solution d'analyse des Big Data basée sur les modèles d'apprentissage automatique.

- **Module : M.5.3. Intelligence compétitive**

  Le module vise à dépeindre les concepts, les méthodes et les instruments utiles à la démarche de définition et de déploiement d'un système de veille. Il traite également de la problématique du retour sur investissement d'un dispositif de veille. Il permet aussi de comprendre les enjeux de la réputation pour les organisations de façon à manager au mieux les risques informationnels.

- **Module : M.5.4. Analyse et extraction de connaissances**

  Le module permettra aux apprenants de se familiariser avec les principaux concepts liés à l'analyse des connaissances, de mettre en œuvre des méthodes de texte-mining et de visualisation pour l'analyse des données massives, présentes sous des formes très variées.

  Le module vise également à maîtriser et à savoir utiliser les méthodes d'extraction et d'analyse de données, de classification automatique et de visualisation des informations.

Présence au niveau de la formation continue

Pour une grande ouverture sur le monde professionnel et en support aux tissus socio-économiques, l'ESI a développé un catalogue de formation continue en intra-organisation, sous forme de cycle de formation à la carte.

Les formations dispensées visent à développer chez les apprenants les compétences techniques et les aptitudes managériales, par des savoir-faire et des connaissances théoriques et pratiques dans les domaines d'ingénierie et du management des données et de l'information.

Ce catalogue met l'accent, plus particulièrement, sur les quatre axes suivants :

- **Ingénierie des connaissances et des données ;**
- **Ingénierie documentaire ;**
- **Intelligence compétitive ;**
- **Ingénierie des systèmes d'information.**

En mettant le fucus sur l'axe « Intelligence compétitive », différents modules sont offerts dans ce catalogue, notamment : sources d'information et recherche documentaire ; veille informationnelle et documentaire ; veille stratégique ; intelligence territoriale ; intelligence juridique ; e-réputation ; etc.

- **Module : Sources d'information et recherche documentaire**

  Ce module vise à appliquer les principales techniques et stratégies de recherche d'information afin de répondre aux besoins d'information ; d'identifier les principales sources d'information factuelles et bibliographiques ; et d'identifier les principaux services d'information sur le Web.

- **Module : Veille informationnelle et documentaire**

  Ce module vise à faire connaître le processus de veille et les activités liées à la fonction de veille ; expliciter comment la fonction de veille peut supporter les stratégies d'une organisation ; de connaître le processus et les activités d'intelligence économique ; et d'avoir une idée des principales expériences nationales et internationales dans le domaine de la veille et de l'intelligence économique.

- **Module : Veille stratégique**

  Ce module vise à développer les connaissances théoriques et pratiques nécessaires pour la mise en place de l'activité de veille ; à développer les aptitudes et les attitudes professionnelles pour évaluer une telle fonction dans une organisation ; à faire connaître les principales catégories d'outils de veille ; à maîtriser la démarche et la méthodologie de veille sur Internet ; à élaborer un sourcing efficace pour une collecte d'information automatisée.

- **Module : Intelligence territoriale**

Ce module vise à sensibiliser les apprenants à l'importance de la prise en compte des enjeux territoriaux dans la démarche de l'Intelligence Économique ; et à donner aux apprenants un éclairage sur les systèmes de surveillance du territoire de l'organisation, afin d'en détecter les menaces et les opportunités.

- **Module : Intelligence juridique**

Ce module vise à sensibiliser les apprenants à l'importance de la prise en compte des enjeux juridiques dans la démarche de l'Intelligence Économique ; et à donner aux apprenants un éclairage sur les systèmes de surveillance des environnements juridiques de l'organisation, afin d'en détecter les menaces et opportunités.

- **Module : E-réputation**

Ce module vise à aider à comprendre les enjeux de la réputation pour les organisations de façon à manager au mieux les risques informationnels ; à faire connaître les approches, les techniques et les outils nécessaires pour la mise en place d'une stratégie d'e-réputation ; et à faire connaître les actions de réponse pour agir sur sa e-réputation.

Conclusion

L'École des Sciences de l'Information dispose d'un historique prestigieux parmi les grandes institutions d'enseignement supérieur marocaines. Avec la réforme pédagogique d'envergure entreprise récemment, l'ESI a gagné de grands pas pour ancrer son positionnement parmi les Écoles d'ingénieurs nationales.

Avec l'intégration de l'enseignement de l'Intelligence Compétitive au niveau de ses différents Cycles de formation, l'ESI démontre l'importance de cette discipline vis-à-vis de son identité. De plus, l'ESI aspire à renforcer l'excellence par l'intégration des standards internationaux au niveau de son cursus l'ouverture davantage sur des partenaires internationaux de taille, ainsi que la mobilisation de l'écosystème des champions nationaux en la matière.

Références bibliographiques

Ameur A., Lrhoul H., Caidi N., Bahji S.E. (2021). "La formation en Sciences de l'Information au Maroc : Vers le concept de iSchool ?". Présenté lors de la 22e édition du Colloque International sur le Document Numérique (CiDE.22) : "Données Documents Connaissances : Perspectives de recherche et d'enseignement". 9-10 décembre 2021, Cnam -Paris-France.

Bahji S.E. (2022). "École des Sciences de l'Information (Rabat-Maroc) : Évolution ou révolution de son identité ?". In: Revue Electronique Suisse de Science de l'Information (RESSI). N° 22, Mai 2022. e-ISSN 1661-1802. Digital Object Identifier: https://doi.org/10.55790/journals/ressi.2022.e805

Décret n° 2.75.845 du 30 décembre 1975, portant création de l'École des Sciences de l'Information (Bulletin Officiel n°3297, 1976).

Décret n° 2.85.365 du 26 février 1987, portant réorganisation de l'École des Sciences de l'Information (Bulletin Officiel n°3884, 1987).

Décret n° 2.10.222 du 20 mai 2011 portant réorganisation de l'École des Sciences de l'Information (Bulletin Officiel n°5952, 2011).

Décret n°2-15-943 du 26 février 2016, relatif à l'École des Sciences de l'Information (Bulletin Officiel n°6448, 2016).

Elmqaddem N., Bahji S.E. (2021). "Distance education during the Covid-19 lockdown : Case of the School of Information Sciences of Rabat – Some elements of improvement". In : Journal of Information Sciences (JIS). Vol. 21 – Issue 1, 2022. ISSN (Print) : 1113-4844, e-ISSN : 2820-6894. Digital Object Identifier : https ://doi.org/10.34874/IMIST.PRSM/jis-v21i1.31560

Hudon, M., 2009. "Former à quoi ? Former comment ? Documentation et bibliothèques". vol. 55, num. 2, 55-56. Digital Object Identifier : https ://doi.org/10.7202/1029087ar

Hudon, M., 2015. "La formation du professionnel d'aujourd'hui et de demain : tout un défi". Documentation et bibliothèques, vol. 61, num. 2-3, 53–61. Digital Object Identifier : https ://doi.org/10.7202/1032809ar

Lajeunesse, M., Couture, C. (2004). "L'EBSI, les compétences disciplinaires et professionnelles et la question de la relève". Documentation et bibliothèques, vol. 50, num. 2, 169–174. Digital Object Identifier : https ://doi.org/10.7202/1030081ar

Leckie, G. and Buschman J., 2010. "Critical theory in Library and Information Science : Exploring the social from across the disciplines". (pp. 1-13). Greenwood, CO : Libraries Unlimited.

Loi n°01.00, portant organisation de l'enseignement supérieur au Royaume du Maroc (Bulletin Officiel n°4800, 2000).

Markey, K., 2005. "Current educational trends in the information and library science curriculum". Journal of Education for Library and Information Science, vol. 45, num. 4, 317-339.

McDonald, J.D., & Levine-Clark, M., 2018. "Encyclopedia of Library and Information Sciences (4th ed.)". CRC Press. U Digital Object Identifier : https ://doi.org/10.1081/E-ELIS4

Moulaison, H.L., Adkins, D., 2015. "Les iSchools : l'information, la technologie et l'individu". Documentation et bibliothèques, vol. 61, num. 2-3, 62–67. Digital Object Identifier : https ://doi.org/10.7202/1032810ar

Vassilakaki, E., Moniarou-Papaconstantinou, V., 2015. "A systematic literature review informing library and information professionals' emerging roles". New Library World, vol. 116, num. 1-2, 37-66.

L'INTELLIGENCE HUMAINE

Driss Alaoui Mdaghri

Il y a plus de choses dans le ciel et sur la terre, Horatio,
que n'en rêve votre philosophie
Shakespeare in « Hamlet »

L'intelligence humaine, dites-vous ? C'est en tout cas ce dont vous m'avez demandé de parler dans ce cénacle. Laissez-moi, au préalable, vous faire part de ma joie et privilège d'être ici parmi vous à Dakhla à l'occasion de cette 4e Rencontre du Forum des Associations Africaines d'Intelligence Economique. Je tiens à dire toute mon appréciation et mes félicitations à notre ami Driss Guerraoui et à son équipe pour la constance de l'effort consenti depuis plusieurs années pour la promotion de l'intelligence économique au Maroc. Le programme riche et varié qui est proposé pour cette rencontre me réjouit pareillement. Je me sens redevable à mes amis, ici présents, d'avoir décidé de me rendre un hommage spécial, que je ne mérite pas plus qu'un autre parmi ceux qui ont fait de l'engagement au service de leur pays à travers des démarches qu'ils espèrent innovantes et fécondantes, un axe majeur de leurs entreprises et activités. Que cela ait lieu dans cette ville de Dakhla que nous chérissons tous me touche énormément. Je vous en remercie.

Un mot sur l'intelligence économique, qui est notre commun dénominateur, avant d'aller plus loin dans mon intervention que je veux brève. Il y a plus de trois décennies maintenant de cela j'ai fait une conférence à l'École Nationale d'Industrie Minérale (ENIM) – J'étais alors ministre de l'énergie et des mines –. Un sujet, lié à l'intelligence économique, s'était imposé à mon esprit dans cette école d'ingénieurs : la veille scientifique et technologique. Pour certains, c'était quelque chose de nouveau, mais pour tous ceux qui ont pratiqué de longue date la veille sous toutes ses formes, ça ne l'était pas. L'histoire de l'humanité a été écrite le long des siècles par la plume de la science et de la technique. Les progrès connus depuis le XIXe siècle ont constitué la matrice de ce que nous vivons aujourd'hui en termes d'inventions, d'innovations et de découvertes. Le XXe siècle, avec ses deux guerres mondiales, en a précipité l'ampleur et le rythme.

Effets de l'intelligence humaine ou de sa bêtise et aveuglement, nous voilà à l'orée de bouleversements qui interpellent l'ensemble de l'humanité avec brutalité. Cela peut justifier en soi de s'interroger sur l'intelligence humaine et son avenir. Entre puissance nucléaire et Intelligence Artificielle (IA), nous voilà embarqués, pour le meilleur comme pour le pire, dans des directions imprévisibles.

Pour ce qui est de l'IA, dans les années cinquante du siècle passé, Alan Turing et John Von Neumann ouvrirent des perspectives fascinantes en termes d'extension des capacités des hommes et des outils de calcul et, disons-le d'emblée, d'intelligence, dont ils pouvaient disposer. Marvin Minsky et Herbert Simon, entre autres, ajoutèrent leurs contributions à un mouvement qui n'est pas près de s'interrompre.

« *Les changements fabuleux qui nous guettent nous atteindront jusqu'au cœur de notre vie personnelle... Le futur déferlera sur nous sous la forme d'une succession infinie d'incidents bizarres, de découvertes sensationnelles et de dilemmes démentiels par leur côté insolite* » prophétisait Alvin Toffler dans le « « Choc du Futur » (Future Shock), œuvre éclairante qui met l'accent sur l'éphémère de la civilisation humaine, dès 1970. Il poursuivait : « *Nous allons traverser une période aussi traumatisante que cette évolution exigée des prédécesseurs de l'homme qui ont dû passer de l'état de créatures marines à l'état de créatures terrestres* ».

On ne pouvait rester indifférent aux formidables bouleversements qui se profilaient à l'horizon brumeux des humains, et pour certains qui étaient en train d'advenir, sur tous les plans. Il fallait se mettre en état de veille permanente pour suivre des bouleversements qui affectent si radicalement notre espèce. Beaucoup n'ont pas fait assez attention à ce qui était en train de se produire sous nos yeux avec des ruptures autrement plus radicales qui, non seulement changent nos modes de vie et nos activités les plus enracinées, mais aussi notre nature... C'est ce que résumait, il n'y a guère, le grand manitou du transhumanisme Ray Kurytzweil, dont la fameuse formule empruntée à la physique, « *la singularité est proche* » (*Singularity is near*), fit fortune.

L'irruption de l'intelligence artificielle dans notre quotidien en est le vecteur principal aujourd'hui.

On m'a demandé de parler d'intelligence humaine... vaste entreprise dont on peut avoir un aperçu à la lecture d'« *Homo Sapiens* », entre autres, un ouvrage particulièrement pertinent de Yuval Noah Harari.

Il sied, auparavant, de commencer par l'intelligence animale...L'intelligence animale, c'est l'adaptation à l'environnement sans transformation majeure de cet environnement... Les savanes d'Afrique sont demeurées les savanes d'Afrique tant que les animaux y étaient les seuls maîtres, les banquises toujours les mêmes pour les phoques et les otaries, les jungles pour les singes et les lions, la mer pour les requins et les sardines, le ciel pour les aigles et les moineaux....

L'homme est apparu et a peuplé la terre. Cantonné pendant longtemps dans des contraintes de survie avec la cueillette, la chasse et la pêche, passée la reconversion à l'agriculture en tant que mode de production dominant il y a plus de dix mille ans lors de la révolution du néolithique, il n'a réellement pris son envol qu'après son entrée dans l'histoire et l'apparition de la propriété privée, de la famille et de l'État dans ses formes embryonnaires. Il a modifié au fur et à mesure, puis de plus en plus profondément, son environnement, migrant de ci de là, inventant toutes sortes d'outils et d'instruments, se livrant chemin faisant au dangereux jeu de la guerre, matrice, hélas, de plus terribles inventions, et créant sans cesse de nouvelles façons de faire et d'agir, et élargissant sans arrêt l'espace qu'il domine. Il s'est mis en tête, par nécessité vitale ou ambition parfaitement humaine, de bouleverser son écosystème. Si on fait abstraction de tout jugement moral, on peut dire qu'il a fait preuve d'une intelligence à nulle autre pareille. Cette intelligence est faite de curiosité intellectuelle, d'adaptation constante, parfois de discernement, de partage et de sens porteur de valeurs que les religions et les croyances, dans leur diversité, ont entretenus à travers les siècles. Des bienfaits pour le plus grand nombre en ont résulté, car l'humanité en a tiré globalement des bénéfices innombrables. Mais l'avidité et l'exploitation des masses, les conquêtes et leurs violences, la guerre et ses horreurs, l'hubris et ses miroirs aux alouettes, sont toujours là pour nous rappeler que les risques sont grands de voir l'humanité creuser sa propre tombe.

Nous vivions, jusqu'il y a peu, dans une époque de changements rapides en pensant, comme d'habitude, de façon linéaire et que tout obéirait à notre intelligence et empire. Ainsi est l'intelligence humaine, capable du meilleur comme du pire, parfois imprévisible, prenant des cheminements inattendus, variables, prometteurs et dangereux à la fois.

Nous sommes à un nœud de chemins qui bifurquent... Un gros écriteau indiquant une route, une autoroute à vrai dire, porte la mention suivante : Intelligence Artificielle... Dans quelle direction l'intelligence humaine, grâce ou à cause de l'IA, va-t-elle se déployer à l'avenir, un avenir qui fait déjà partie de notre présent ?

L'IA peut être perçue de deux façons différentes :

- Une remise en cause de notre humanité

- La continuation de notre humanité par d'autres moyens

Des esprits, et pas des moindres, attirent l'attention sur les dangers liés à son irruption dans notre univers en recommandant des moratoires et des garde-fous face aux risques qu'elle charrie. Certains d'entre eux estiment que l'homme peut devenir obsolète – il l'est déjà aux yeux de certains –, puis inutile. Une telle vue n'est pas complètement dénuée de fondement. Bien des livres et des films de science – fiction ont mis en scène des scénarios catastrophes qui ne sont pas totalement fantaisistes. Nous savons d'expérience que ce qui paraissait fantastique autrefois fait partie de notre quotidien aujourd'hui.

Pour ma part, je suis parmi ceux qui pensent qu'il n'y a rien de plus naturel que l'intelligence artificielle, enfant naturel de l'intelligence humaine. À cet égard, je suis optimiste. Pourquoi ?

Passons sur les mille et une facilités qu'elle met à notre disposition et que nous utilisons quotidiennement. Mais en outre, elle peut constituer un instrument remarquable pour l'approfondissement et le développement de nos capacités cognitives, de notre intelligence sociale, relationnelle et émotionnelle et de notre maîtrise de notre environnement. Elle peut aussi nourrir notre sens de l'éthique de par les interrogations qu'elle nous oblige à avoir vis-à-vis de nous-mêmes. Elle constitue pareillement une motivation forte pour notre questionnement sur le sens des choses à travers l'art et les voies mystiques. Enfin, last but not least, elle nous offre la chance d'avoir à disposition un outil incomparable pour accéder à deux champs infinis qui ont de tout temps interpellé l'intelligence humaine, à savoir :

– L'exploration de l'inconnu

– La conquête de l'espace

L'importance de l'exploration de l'espace pour l'humanité est d'un intérêt indiscutable. Elle l'est plus que jamais au vu des projets en développement par les plus grandes puissances du monde et par des opérateurs privés. L'IA est le vecteur incontournable de l'exploration spatiale.

Le Maroc se doit d'être en phase, autant que possible comme acteur, mais certainement, comme tous les pays, en tant qu'observateur attentif, pour profiter des opportunités, contribuer au progrès scientifique et éviter les dangers potentiels.

V
SYNTHÈSE ET CONCLUSIONS

VERS UNE NOUVELLE ÈRE DE L'INTELLIGENCE ÉCONOMIQUE ?

Driss Guerraoui

Le Forum des Associations Africaines d'Intelligence Economique, crée sous l'égide de l'Association d'Études et de Recherches pour le Développement, par l'Université Ouverte de Dakhla, a essayé dans le présent ouvrage de tenter un bilan raisonné de l'état de l'intelligence économique en Afrique et dans le Monde, d'explorer de nouveaux champs de l'intelligence économique qui sont en train de connaître un développement impressionnant, d'examiner quelques expériences nationales et de tirer des enseignements à partir de témoignages d'acteurs et d'institutions des nouveaux territoires de l'intelligence économique. Il l'a fait au terme de deux jours de débat très intense, de présentations fouillées, d'analyses approfondies et d'échanges fructueux, riches et ouverts sur l'avenir par d'éminents chercheurs, experts et d'institutions connus et reconnus par leurs pairs.

Au terme de tout ce processus, nous voilà arrivés à la phase ultime qui celle de procéder à la synthèse des travaux présentés et celle qui consiste en à tirer des conclusions dans la perspective de mieux connaître le présent en vue d'apporter un éclairage sur l'avenir de cette discipline.

Tenter cet exerce nécessaire dans ce genre de rencontre est louable, mais Il est bien prétentieux de vouloir s'y engager sans être incomplet tant les communications étaient nombreuses, leurs contenus très riche, dense et diversifié et les apports multiples.

Aussi, ce que je vais tenter de présenter dans cette conclusion quatre enseignements qui me paraissent essentiels :

1. Un constat majeur ;
2. Une donnée nouvelle ;
3. Des défis à relever ;
1. Et enfin des interrogations cruciales qui se posent à la discipline de l'intelligence économique.

Un constat majeur :

Ce constat réside dans le fait que les interventions présentées lors de notre rencontre ont montré que l'intelligence économique est en train de connaître une véritable révolution au niveau de sa définition, de ses missions et de ses pratiques, l'érigeant en un écosystème complexe, pluriel et intégré. Cet écosystème embrasse de nouveaux champs, avec des missions partagées, des outils spécifiques, et des instruments de plus en plus sophistiqués empruntés aux meilleurs apports offerts par la nouvelle révolution digitale et artificielle de l'ère postindustrielle. Cette révolution annonce la fin d'un modèle d'intelligence économique et l'émergence d'un nouveau.

Si ce nouveau modèle est porté par l'intelligence économique pratiquée par une diversité d'acteurs que sont les États, les territoires, les entreprises financières et non financières, les Conseils Nationaux de régulation, mais aussi les think tanks, les associations socioprofessionnelles, les Armées, les services de sécurité, les centres de recherches et les universités, son champ d'action est en train d'embrasser tous les domaines de la vie : l'économie, la finance, la comptabilité, le management, le social, le climat, la politique, le Droit, la diplomatie, la stratégie, la défense, la sécurité, mais aussi la culture, le patrimoine, l'émotion et le sport, d'une part, et d'autre part elle embrasse de façon concomitante les dimensions micro, macro et méso de l'intelligence économique, élevant ainsi l'ensemble de l'écosystème en véritable totalité.

Ce n'est pas parce que tout est devenu économique, mais plutôt parce que tous les acteurs de ces champs de la vie ont aussi besoin de plus en plus d'un écosystème d'informations approprié, pour prendre des décisions pertinentes et utiles, à finalités stratégiques et opératoires en vue d'accroître leurs performances globales, d'étendre leur spectre d'influence et de rayonnement, de se protéger au présent contre les concurrents légitimes et les ennemis potentiels, et de se projeter sur l'avenir. Une telle perspective trouve sa raison d'être dans une donnée nouvelle. D'où mon deuxième enseignement.

Une donnée nouvelle

Cette donnée nouvelle a trait au fait que l'intelligence économique devient au cœur des trois composantes de la richesse des Nations, des territoires et des entreprises, c'est-à-dire au cœur du capital naturel, du capital produit et du capital immatériel.

En effet, quand on observe, les transformations majeures que connaît le Monde Nouveau en cours de formation, on constate que les pratiques de l'intelligence économique sont appelées au secours des politiques publiques et des stratégies des Nations visant la recherche de leur souveraineté, de leur influence, de leur attractivité, de leur compétitivité, de leur sécurité et in fine de leur prospérité.

Le premier champ concerné par cette évolution est le capital naturel à partir de l'introduction des pratiques de l'intelligence des dépendances stratégiques. En effet, nous constatons, en particulier depuis la crise pandémique, la guerre Russie-Ukraine et les diséconomies externes causées par les impacts des changements climatiques que :

1. L'intelligence des dépendances stratégiques touche tous les éléments constitutifs du capital naturel, qu'il s'agisse des ressources naturelles, des ressources minières, des ressources énergétiques ou des ressources halieutiques.

- L'intelligence des dépendances stratégiques, qui est le pendant de la souveraineté économique, englobe la dépendance alimentaire, sanitaire, énergétique, minière, marine et hydrique, d'un côté, l'intelligence climatique et l'intelligence stratégique, de l'autre.

2. Le deuxième champ réside dans le fait que le recours aux pratiques de l'intelligence économique embrasse aussi et de façon renouvelée le capital produit dans toute sa diversité, l'industrie l'agriculture, l'agroalimentaire, la banque, la finance, l'assurance, la bourse et les autres services aux entreprises, aux ménages aux territoires et aux autres organisations publiques et privées comme la logistique, la maintenance, les transports, l'offshoring, le management des parcs industriels, des zones d'activité économique et des zones de libre-échange.

Tous ces secteurs et acteurs sont en train de développer des pratiques de l'intelligence économique qui leur sont propres, et ce dans tous les domaines stratégiques pour eux.

Parmi les pratiques développées par ces secteurs et acteurs :

- La sécurité économique versus la protection des données sensibles contre l'espionnage, le piratage, la contre-influence, la contrefaçon et la cyberattaque ;
- Le benchmarking versus analyse des risques pays ;
- Le lobbying ;
- L'influence ;
- L'intelligence diplomatique ;
- Le marketing territorial et plus globalement l'intelligence économique des territoires.

- Et l'innovation et l'intelligence économique des composantes d'avenir du capital produit comme les industries électriques et électroniques, les technologies médicales, les techniques audiovisuelles, les télécommunications, le génie chimique, les biotechnologies, les technologies de l'espace, l'économie bleue, l'économie verte, l'énergie, l'eau et l'armement.

3. Mais le fait le plus important et le plus novateur des 10 dernières années est que les pratiques de l'intelligence sont en train d'englober à un rythme accéléré un levier essentiel de la richesse des Nations, de leurs États, leurs territoires, leurs entreprises et leurs autres acteurs, qui est la troisième composante de la richesse des Nations, des territoires et des entreprises qui est le capital immatériel.

Ces pratiques touchent en effet les 4 leviers du capital immatériel : le capital humain, le capital institutionnel, le capital social et le capital culturel.

Le capital humain :

Le Professeur et éminent expert de l'intelligence économique mon cher et estimé ami Philippe Clerc qualifie ces pratiques « d'intelligence des ressources humaines ». Les piliers de ce capital sont l'éducation, la formation et l'innovation et les outils en sont les cités de l'innovation, les pôles de compétitivité, les think tanks, les cercles de réflexion, les laboratoires des universités et les centres de recherches.

Le capital institutionnel :

Les pratiques de l'intelligence économique développées par ce levier ont trait à la gouvernance intelligente au moyen de l'administration électronique et de l'aménagement numérique du territoire, l'intelligence juridique, le management des transformations par les outils de la prévention des risques sociaux et la conduite du changement par le recours à la prospective et à l'intelligence managériale.

Le capital social :

Il s'agit des pratiques de l'intelligence sociale, de l'ingénierie du dialogue social, de la négociation, de la concertation, de la médiation, de la protection sociale et sur un autre domaine socio-économique des pratiques de l'intelligence sportive.

Le capital culturel :

Il s'agit ici des pratiques de l'intelligence culturelle, de l'ingénierie, de la préservation et de la protection du patrimoine.

Les défis à relever

1. Le défi du temps

Ce défi comporte trois éléments concomitants :

- Le premier élément réside dans le fait que les États, les territoires et les entreprises évoluent aujourd'hui dans des contextes nationaux, continentaux et mondiaux marqués par l'obsolescence rapide des savoirs, des savoir-faire, des technologies, des métiers et des qualifications. Ce faisant, il n'y a plus de droits acquis pour les États, les territoires et les entreprises. Et pour survivre à la compétition, il est de la plus haute importance de s'armer du savoir, de la connaissance, de l'intelligence, du génie et de la veille stratégique ;
- Le deuxième élément a trait à la profusion de l'information scientifique, technologique, économique, commerciale et financière amplifiée par les possibilités extraordinaires qu'offrent à l'heure actuelle les révolutions digitale et artificielle. Aussi, gérer cette profusion des flux d'informations en temps réel au regard de leur obsolescence rapide devient un défi majeur pour les États, les territoires et les entreprises dans le cadre de la valorisation de leurs avantages comparatifs, compétitifs et stratégiques ;
- Le troisième élément réside dans le fait qu'aujourd'hui tout est en train de changer de façon à la fois rapide et structurelle dans le monde. Les changements en cours touchent, de surcroit, tous les paramètres de nos économies, nos sociétés, nos institutions, nos territoires et nos entreprises, la démographie, l'économie, le politique, le social, certes, mais aussi le culturel, les valeurs, la donne militaire, sécuritaire et géostratégique, le tout impacté et aggravé par les effets divers des changements climatiques.

Aussi, les chercheurs, les analystes, les experts et les institutions dédiées à l'intelligence économique sont-ils appelés à relever le défi de l'accélération du temps dans le Monde du XXIe siècle en repensant leur vision de toutes les problématiques qu'impose ce changement permanent, et ce en renouvelant en permanence les approches, les instruments et les pratiques de leur discipline.

2. Le deuxième défi est celui de bâtir un écosystème d'intelligence économique dans un Monde incertain

Les sources de cette incertitude sont multiples. Il y a :

- Les incertitudes géostratégiques ;
- Les incertitudes liées à la raréfaction accélérée des ressources stratégiques (l'eau, l'énergie, les terres à usages agricoles, les forêts, les minerais technologiques, la biodiversité) ;

– Les incertitudes institutionnelles ;
– Les incertitudes financières (dettes, fiscalité, rationalisations des choix budgétaires versus, production de ressources nouvelles).
– Les incertitudes liées à l'aggravation des impacts des dérèglements climatiques sur les économies, les sociétés, les entreprises et les territoires.
– Les incertitudes liées aux nouveaux risques et aux nouvelles générations de guerres.

3. Le défi lié aux exigences des grandes transitions du futur pour lesquelles il convient de promouvoir des pratiques de l'intelligence économique dédiées.

Il s'agit en particulier des transitions suivantes :

– La transition climatique ;
– La transition énergétique ;
– La transition numérique versus intelligence artificielle ;
– La transition des territoires versus, gouvernance urbaine (Villes intelligentes, mobilité urbaine durable, sécurité urbaine, gestion durable des déchets solides et liquides, aménagement numérique du territoire) ;
– La transition économique (Changement du modèle économique : produire plus, mieux, durable et bon marché/ produire des richesses/préserver les ressources pour tenir compte des intérêts des générations futures / et mieux répartir les richesses produites) ;
– La transition sociétale (nouvelles générations de citoyens, d'entreprises, de territoires, de gouvernants et d'élites politiques nouvelles valeurs/lien social, vivre ensemble versus cohésion sociale).

Des interrogations cruciales qui se posent à la discipline

Les communications présentées lors de notre rencontre et les débats qui s'en sont suivi ont mis en exergue plusieurs interrogations dont les réponses vont conditionner les évolutions et les configurations futures que va connaître notre discipline.

Ces interrogations sont au nombre de 5, il y a en a certainement d'autres :

1. Quelles informations produire par les États, les territoires, les entreprises, les chercheurs et les professionnels de l'intelligence économique à l'heure de l'intelligence artificielle ;

2. Quelles formations en intelligence économique promouvoir dans l'avenir par les universités, les centres de recherches, les think tanks et les professionnels des organisations publiques et privées ;

3. Quels programmes de recherches fondamentales et appliquées mettre en place par l'ensemble de ces acteurs ;

4. Quelles formes d'organisations des chercheurs et des professionnels de l'intelligence économique développer en Afrique et dans le Monde au vu des nouvelles réalités de nos économies, de nos sociétés, de nos territoires et de nos entreprises et aux regards des nouveaux que ces acteurs doivent relever en matière de pratiques de l'intelligence économique dans le Monde Nouveau qui se profile à l'horizon ;

5. Et enfin, quels partenariats panafricains et internationaux developper, sur les plans bilatéral et multilatéral, initier pour accompagner les transformations profondes que connaît l'intelligence économique dans ses liens avec les mutations structurelles que l'Afrique et le Monde connaissent aujourd'hui.

Défis cruciaux que notre discipline, et à travers elle notre communauté se doivent de relever dans les années à venir en mobilisant l'intelligence collective de ses membres.

Puisse la création à Dakhla le 8 décembre 2023, à l'issue de notre 4e rencontre, du « **Centre International de Recherches et de Formation en Intelligence Economique** » dans le cadre d'un partenariat entre l'AIFIE, SCIP et le FAAIE, nous y aider dans ce sens.

Il est fort à parier que la réunion des présidents des trois organisations, qui se tiendra au Maroc en mai 2024 pour statuer sur les modalités de la mise en place de ce centre ainsi que pour élaborer une feuille de route pour la période 2024-2026, constituera le point de départ d'une dynamique qui contribuera à la réalisation de cet objectif stratégique de nos organisations ; objectif qui demeurera celui de promouvoir les bonnes pratiques de l'intelligence économique en Afrique et dans le Monde.

POSTFACE

Hommage au professeur Driss Alaoui Mdaghri

Membre fondateur et premier président de l'Association Marocaine d'Intelligence Economique (AMIE)

Driss Guerraoui

Honorable présence chacun en son nom et en son rang,

Je voudrais, tout d'abord, vous dire combien je suis particulièrement touché par cet hommage rendu à notre cher et estimé ami et collègue le professeur Driss Alaoui Mdaghri et de dire quelques mots en signe de reconnaissance à un grand homme qui a consacré toute sa vie au service du développement et du rayonnement de notre bien aimé Pays et une vie que je prie Allah le très Haut qu'elle soit longue, pleine de réalisations et plus particulièrement dans les domaines de la connaissance et de la culture en formant en tant qu'éminent professeur de très nombreux cadres et en contribuant en tant qu'homme de savoir à la recherche scientifique en sciences économiques et de gestion et en management culturel au Maroc et dans de nombreuses universités et institutions de par le monde, et plus particulièrement ces dernières années dans notre Continent l'Afrique d'où il est revenu juste il y a quelques jours.

Que dire de cet Homme exceptionnel à tout point de vue si ce n'est de relater les multiples traits de la personnalité du professeur Driss Alaoui Mdaghri, tel que je les ai senties, perçues et vécues depuis plus de 25 ans de travail en commun, d'amitié fraternelle et de complicité humaine spontanée partagée tel un don de Dieu.

Honorable présence,

Tout un chacun parmi les membres de l'Association Marocaine d'Intelligence Economique, dont le professeur Alaoui Mdaghri est membre fondateur et premier président, a été marqué par les qualités humaines et professionnelles de Driss.

Depuis la date de la création de l'AMIE en 2006, avec un groupe de pionniers composés notamment mes amis les professeurs Larbi Belarbi, Mohamed Benabid, Mounir Rochdi,, qui sont là avec nous, mais aussi des professeurs Mohamed Ourdedine et Ahmed Azirar, nous avons bâti ensemble une véritable entreprise de la recherche, dont la dynamique et le rayonnement nous a permis de la développer et de la renforcer avec la création de l'Université Ouverte de Dakhla en 2010, du FAAIE en 2019 et du master international intelligence économique et prospective des territoires en 2021, à Dakhla, au cœur des provinces du Sud du Royaume.

C'est cette aventure commune qui m'a permis dans la longue durée de découvrir les multiples traits de la personnalité de Driss Alaoui Mdaghri.

1. L'homme

Tous ceux qui ont eu à fréquenter et à connaitre le Professeur Alaoui Mdaghri sont impressionnés par les qualités très distinguées Driss l'homme.

En effet, il s'agit d'un homme de grande culture, humble, jovial, toujours souriant même dans les moments difficiles parce que doté d'un réel optimisme mesuré, n'aime pas les conflits, respectueux de ses engagements, ouvert d'esprit, amoureux de la vie, très attaché à sa famille, habité par les problèmes et les espérances de son temps, dévoué pour les bonnes causes, et disponible pour ses amis, fervent défenseur des valeurs humaines universelles de tolérance et de dialogue entre les cultures, les civilisations et les religions, valeurs et principes faisant de Driss un grand Tisserant des liens humains et bâtisseur des réseaux collectifs de travail, d'amitié.

2. Le savant

Fils de son père comme on dit dans la tradition orale populaire dans notre pays, père rahimahollah, Al fakih Alaoui Mdaghri, ancien directeur de l'université al karaouiine, l'une des premières universités du monde, Driss est réellement aalem, un savant doublé d'un érudit, connu et reconnu par ses pères.

Tous ceux qui connaissent ou ont eu à côtoyer Driss en tant que chercheur sont impressionnés par les qualités qui le caractérisent et qui sont celles des éminents savants qui marquent leur domaine de spécialisation, bien que Driss a plusieurs spécialités à son arc, car il est aussi poète, peintre et grand joueur d'échecs.

Auteur de plusieurs ouvrages, le Pr. Alaoui Mdaghri fait partie de cette génération de savants que l'Université du XXI^{éme} siècle produit de moins en moins ; génération dont les traits majeurs sont l'érudition, un stade élevé de la compétente, une impressionnante capacité du travail, de grandes facultés d'écoute, une ouverture d'esprit, et un refus manifeste de toutes les formes de dogmatisme.

Mais les qualités du Professeur Driss Alaoui Mdaghri le savant sont, en effet, la rigueur, l'honnêteté scientifique, la croyance au bienfondé et l'utilité de la pluridisciplinarité, le pragmatisme, l'engagement et la responsabilité du chercheur, au sens où il est en permanence animé par une conviction affirmée selon laquelle la science économique doit être une science au service de l'homme.

3. Le Haut Commis de l'Etat

Ancien directeur de l'"ISCAE et du Centre Islamique pour le Développement et le commerce, organisme dépendant de l'Organisation de la Coopération islamique, Driss Alaoui Mdaghri est un véritable haut commis de l'Etat. Il a été pendant environ 10 ans Secrétaire d'Etat aux Affaires Etrangères, Ministre de l'Energie et des Mines, Ministre de la Jeunesse et des Sports, et Ministre de la Communication porte-parole du Gouvernement.

Ce qui marque le parcours et la carrière du Professeur Alaoui Mdaghri Haut Commis de l'Etat ce sont 6 spécificités qui se réunissent rarement dans une personne à ce niveau de la responsabilité, que sont :

Jeunesse, caractère atypique au sens noble du terme, créativité, audace, originalité, en avance sur son temps et une grande capacité d'écoute et de communication.

Pour l'anecdote, alors qu'il était ministre de la communication, porte-parole du gouvernement, sous le règne de Feu Sa Majesté le Roi Hassan II, Que Dieu ait son âme en sa sainte miséricorde, il a animé brillamment une émission télé à la 2e chaine, tout une soirée durant, faisant de lui l'unique et seul ministre à avoir oser expérimenter cet exercice.

4. L'ami

Pour l'avoir côtoyé depuis quelques années déjà je peux affirmer que Driss est réellement ami fidèle, loyal, solidaire, généreux, respectueux de la différence, reconnaissant, compréhensif, cherchant toujours à partager ce qu'il a avec les autres en les mettant en réseau et en veillant à entretenir ce réseau et à l'étendre.

Pour toutes ces raisons réunies il est l'ami de tous. La preuve en est la présence parmi nous à ce vibrant hommage de toute cette brochette d'amis et de collègues, certains venus spécialement pour lui.

Ce faisant Driss est à l'image du monde qu'il chérit et pour lequel il continue à mobiliser son intelligence et sa créativité.

Au cœur de cette quête permanente d'un monde meilleur Driss voyait se réaliser par la valorisation du savoir, de la connaissance, de la recherche et de la création culturelle et musicale, voir par la poésie.

5. Enfin, le Citoyen

Driss est un citoyen enraciné dans sa terre, habité par son pays et sa société, notre pays, notre société. Il est aussi un citoyen soucieux de la chose publique, dévouée pour les bonnes et grandes causes humaines, défenseurs des valeurs d'humanisme, de solidarité, de créativité, de tolérance et de dialogue entre les religions et les civilisations par le savoir, la culture, la peinture et la poésie.

Ce qui est frappant, chez Driss le citoyen c'est son attachement à son socle Africain. D'où son intérêt croissant pour l'histoire de l'Afrique et ses héritages multiples et son engagement à sa manière pour son développement, son unité, sa stabilité, sa sécurité, son rayonnement et sa prospérité.

Pour toutes raisons réunies, Notre cher et estimé collègue et ami le professeur Driss Alaoui Mdaghri, mérite bel et bien ce bel hommage à Dakhla, au cœur des provinces du Sud du Royaume. C'est tout un symbole, pour nous tous et pour lui, lui qui animé tant de conférences, de rencontres et de concerts de poésie dans cette belle ville de Dakhla, que nous chérions toutes et tous.

TABLE DES MATIÈRES

Structures éditoriales du groupe L'Harmattan

L'Harmattan Italie
Via degli Artisti, 15
10124 Torino
harmattan.italia@gmail.com

L'Harmattan Hongrie
Kossuth l. u. 14-16.
1053 Budapest
harmattan@harmattan.hu

L'Harmattan Sénégal
10 VDN en face Mermoz
BP 45034 Dakar-Fann
senharmattan@gmail.com

L'Harmattan Cameroun
TSINGA/FECAFOOT
BP 11486 Yaoundé
inkoukam@gmail.com

L'Harmattan Burkina Faso
Achille Somé – tengnule@hotmail.fr

L'Harmattan Guinée
Almamya, rue KA 028 OKB Agency
BP 3470 Conakry
harmattanguinee@yahoo.fr

L'Harmattan RDC
185, avenue Nyangwe
Commune de Lingwala – Kinshasa
matangilamusadila@yahoo.fr

L'Harmattan Congo
219, avenue Nelson Mandela
BP 2874 Brazzaville
harmattan.congo@yahoo.fr

L'Harmattan Mali
ACI 2000 - Immeuble Mgr Jean Marie Cisse
Bureau 10
BP 145 Bamako-Mali
mali@harmattan.fr

L'Harmattan Togo
Djidjole – Lomé
Maison Amela
face EPP BATOME
ddamela@aol.com

L'Harmattan Côte d'Ivoire
Résidence Karl – Cité des Arts
Abidjan-Cocody
03 BP 1588 Abidjan
espace_harmattan.ci@hotmail.fr

Nos librairies en France

Librairie internationale
16, rue des Écoles
75005 Paris
librairie.internationale@harmattan.fr
01 40 46 79 11
www.librairieharmattan.com

Librairie des savoirs
21, rue des Écoles
75005 Paris
librairie.sh@harmattan.fr
01 46 34 13 71
www.librairieharmattansh.com

Librairie Le Lucernaire
53, rue Notre-Dame-des-Champs
75006 Paris
librairie@lucernaire.fr
01 42 22 67 13